空间 制度 社会

中国古代史地新探

鲁西奇 著

长江出版传媒
崇文书局

图书在版编目（CIP）数据

空间·制度·社会：中国古代史地新探 / 鲁西奇著
. -- 武汉：崇文书局，2022.8
ISBN 978-7-5403-6823-4

Ⅰ. ①空… Ⅱ. ①鲁… Ⅲ. ①中国历史－古代史－文集 Ⅳ. ①K220.7-53

中国版本图书馆 CIP 数据核字（2022）第 116603 号

出 版 人：韩 敏
策划编辑：鲁兴刚（lu_9025@163.com）
责任编辑：鲁兴刚
封面设计：杨 艳
责任校对：董 颖
责任印制：李佳超

空间·制度·社会：中国古代史地新探
KONGJIAN·ZHIDU·SHEHUI: ZHONGGUO GUDAI SHI DI XIN TAN

出版发行：长江出版传媒 | 崇文书局
地　　址：武汉市雄楚大街 268 号 C 座 11 层
电　　话：(027)87677133　邮政编码　430070
印　　刷：中印南方印刷有限公司
开　　本：880mm×1230mm　1/32
印　　张：18.875
字　　数：422 千字
版　　次：2022 年 8 月第 1 版
印　　次：2022 年 8 月第 1 次印刷
定　　价：108.00 元

读者服务电话：027-87679738

“中国历史的南方脉络”再思考（代序）

2008年初，我起草了一个工作计划，题为“关于南方中古历史研究的几点思考”，后来经过几次修改，定名为“中国历史的南方脉络”，作为论文集《人群·聚落·地域社会：中古南方史地初探》的代序，于2012年发表。[1]此后十年中，我关于古代南方史地的探讨，基本上是沿着其中所谈到的研究理路展开的；在相关研究中，也着意揭示所谓“南方因素”及其在中国历史进程中的意义。[2]可是，正是在研究过程中，我逐步警醒地

---

1 鲁西奇：《中国历史的南方脉络》，收入所著论文集《人群·聚落·地域社会：中古南方史地初探》，厦门：厦门大学出版社，2012年，第1-22页。

2 在关于买地券的研究中，我着意探究买地券的“南方源头”，特别强调古代买地券可能起源于楚地，以及六朝时期在长江中下游地区的使用（鲁西奇：《中国古代买地券研究》，厦门：厦门大学出版社，2014年，第45-77、145-161页）。在关于古代乡里制度的研究中，我也特别注意考察不同时代乡里制度在实行与演变过程中所表现出来的地域差异，特别是北、南方的差异（鲁西奇：《中国古代乡里制度研究》，北京：北京大学出版社，2021年）。关于滨海地域的研究，实际上也是从“南方脉络”的思路中延伸出来的（鲁西奇：《中国汉唐时期的滨海地域》，《南国学术》2016年第4期；鲁西奇：《人群、生计与社会——中古时代的滨海地域》，郁振华主编：《中国叙事与世界历史》，北京：商务印书馆，2020年，第175-198页）。

意识到，“中国历史的南方脉络”的研究理路，本身就是一种学术预设：它假定在中国历史上存在着一条不同于“中原道路”的“南方道路”，并由此出发，有目的地、有方向地“寻觅”历史进程中的“南方因素”，揭示出这些因素，分析其在历史进程中之作用、地位与意义，然后将这些因素联系起来，形成所谓“中国历史的南方脉络”。在写作《中国历史的南方脉络》时，我并没有如此明晰的目标，但实际上潜含了这种方向。2013—2015年间，在关注有关“新清史”及所谓“内亚”因素的讨论时，我反思“南方脉络”的提法及相关研究理路，逐步明晰了“追寻南方脉络”的意义及其潜在的“危险”——对于“以北方中原历史为主线索的中国古代史叙述”而言，它显然是一种强有力的批判工具，提供了中国历史叙述与研究的多元视角，从而丰富了对中国历史的全面认识；但它也可能只是一种“被找出”或“被发现”的历史脉络，而非“实然”的历史道路。大约与此同时，我越来越明确地认识到，“区域”（包括南方地区、北方地区等）只是观察、认识世界的一种方法，任何区域分划与界定均建基于人的主观认知及其认知目标之上。[1]基于这些认识，我逐步调整了相关研究理路，尽可能淡化“南方脉络”的研究预设：将研究视野扩展到全国范围，并不专门做南方地区的研究；在研究南方地区的具体历史问题时，也不刻意站在与北方地区相比较的立场上，而是将之置入中国历史的总体背景下加以考察。当然，我仍然在做区域研究，但无论是“南方地区”，还是“滨

1　鲁西奇、江田祥：《区域，是认识世界的一种方法》，《澎湃新闻 · 私家历史》，2019 年 8 月 30 日，https://www.thepaper.cn/newsDetail_forward_4274103。

海地域”，都只是我试图探究人类某种生存状态时“选择”的一个地点或地方，其本身的历史进程与特性，已不再是我的主要目标。质言之，我不再“追寻”“中国历史的南方脉络”，即便确实存在“中国历史的南方道路”。

《中国古代早期的南方人群》所收的八篇文章（《楚秦汉之际的“楚人”》《“越”与“百越”：历史叙述中的中国南方“古族”》《释“蛮”》《中古时代的“獠”》《中古时代滨海地域的“水上人群”》《流求王欢斯渴剌兜：台湾历史上的“印度化时代”》《中古东南海岛上的“外国人”》，以及作为附录收入的《观念与制度：魏晋十六国时期的“杂胡”与“杂户”》），基本上是围绕《中国历史的南方脉络》所提出的第一个问题“古代南方人群的来源、族群分划”而展开的。[1]它试图回答，中国古代早期，居住、活动于中国南方地区的土著人群，究竟是些怎样的人群。这是我在《中国历史的南方脉络》中提出的第一个问题，所以，这一组文章表现出鲜明的“南方色彩”。通过这一组文章，我粗略地回答了这个问题，但距离“系统地解决”还非常遥远。

本书所收文章，虽然有的写作于2015年之前，但在整体上却表现出我试图“走出”或“偏离”“南方”的取向——除《“层累、汇聚地造成的”地域古史系统——以先秦越国历史的叙述为中心》《中古早期中国南方地区普通僧人的生计》两篇文章明显立足于南方地区之外，其他八篇都没有较为清晰的地区倾向。我所关注的问题，仍然是在《中国历史的南方脉络》中所谈到

1　鲁西奇：《中国古代早期的南方人群》，成都：四川人民出版社，2023年。

的空间、人群、制度与社会等方面，但是，已不再将研究空间限定在南方地区，而是更着意于从整体上展开考察，然后再分析其区域差异，从中“发现南方”。换言之，与《中国历史的南方脉络》中所设想的立足于南方地区不同，本书所收的大部分文章更着意于立足全国。正因为此，我将本书题为“空间·制度·社会：中国古代史地新探”。

“空间”（地理）是我大部分研究的出发点。我也一直在思考空间究竟是什么、有怎样的意义，以及应当如何研究空间。[1] 近十年来，在空间问题上，我侧重于空间的表达，即怎样表现空间、如何叙述空间。本书所收的《封、疆、界：中国古代早期对于域界的表示》《“层累、汇聚地造成的”地域古史系统——以先秦越国历史的叙述为中心》两篇文章，就是这些思考在实证领域的反映。

《封、疆、界：中国古代早期对于域界的表示》试图考察中国古代早期用于界定和表达空间的符号。文章讨论封、疆、界三个字，认为：甲骨文、金文以及秦楚瓦文、简牍中所见的“封”（“丰”）乃是人工堆筑的土堆，其上或植有树木；“封”多沿着道路设置，用以表示其地域之归属；田地中的“封”则置立于田畔或阡道上，用于标识田地的归属。金文与楚秦简牍中所见的“疆”“畺”或“彊”，则是人为划出的界线，它可以但并不必然表现为自然或人为的地理事物。“界”也是一种人为的划分，却有具体的自然或人为的地理事物作为标识；用于表示

1　鲁西奇：《空间的历史与历史的空间》，《澳门理工学报》（人文社会科学版）2021 年第 1 期；《中国历史学的空间取向》，《社会科学战线》2021 年第 8 期。

“界”的地理事物主要有关、垣、离、格、堑、封、刊、坞、虎落、天田、立石等人为的地理事物，以及山、川等自然地理事物。在中国古代早期，人们首先使用堆“封”的方式，表示地域的归属；之后，逐步形成了疆域的观念，并以“封疆”指称隶属关系与域界较为明确的疆域；直到战国、秦汉时期，人们才使用人为的或自然的地理事物，以明确地表示疆域的边界，从而形成了明确的“界”。[1]

《“层累、汇聚地造成的”地域古史系统——以先秦越国历史的叙述为中心》则试图分析符号（“越”）的历史空间内涵及其意义。关于先秦越国历史、文化的认识与叙述，不仅是由不同时期的相关记载与传说不断累积而成,亦即“层累地造成”的，还是由来自不同地域的认识逐步汇聚、逐渐融汇而成，亦即“汇聚地造成”的。先秦时期有关越国历史与文化的叙述，可区分为三个地域知识系统:（1）越人自身的认识与叙述,（2）楚人有关越人的认识,（3）中原士人有关越人的认识。这三个知识系统，在西汉中期汇聚在一起，司马迁据之而纂成《史记·越王句践世家》，提供了一个关于越国历史的系统叙述体系。后世学者多因袭其说，且兼采志怪小说之所言，“相容并蓄”，附会成说，从而使有关先秦越国历史的叙述越来越丰富、系统，也越来越纷歧、复杂。由关于先秦越国历史叙述的“层累”与“汇聚”，或可推论:关于先秦地域历史乃至中国古史的叙述与阐释，实源自不同地域的知识系统；自秦汉统一之后，逐步融合汇聚而成为一个统一的知识体系；后世乃至今日之叙述，乃是融汇

1　鲁西奇：《封、疆、界：中国古代早期对于域界的表示》，《史学集刊》2020 年第 1 期。

不同时期、不同地域的相关认识与叙述而成的，故可称为"层累、汇聚地造成的地域古史系统"。[1]

"古代制度的南方类型与制度演变的南方道路"是我在《中国历史的南方脉络》中设想的第二个核心论题。本书所收的《秦代的县廷》《王朝国家的社会控制及其地域差异——以唐代乡里制度的实行为中心》《唐宋城市的"厢"》《新县的置立及其意义——以唐五代至宋初新置的县为中心》《宋代农田水利规章的结构及其成立——以〈通济堰规〉为中心》等五篇文章，都是关于制度史的研究，只是不再着意于追寻"古代制度的南方类型与制度演变的南方道路"而已。

《秦代的县廷》主要使用可以信靠的秦代文献，特别是出土简牍资料，就秦人的记载与认识来考察秦代的县廷，尽可能描绘出秦代县级行政机构的总体图景及其运行机制，认为秦代的县廷以令、丞或守为长官：令得掌兵，丞无兵权，守是不具充足任职资格的县长官。守丞负责县廷机构的日常运行与文书事务。县廷分设令、吏、户、金布、司空、仓等六曹，作为县廷的政务机构，各以令史主持；分设少内、司空、田官、仓、库、畜官等具有管理与经营双重职能的诸官，作为县廷直属机构，以"守"（啬夫）为长官。尉受郡尉与县啬夫"双重领导"，有独立衙署，置尉（守）与"佐"，以"尉史"实际负责尉官的日常行政事务。狱史受郡卒史与县廷长吏的"双重领导"，具体负责县中司法案件的审理，并具有监察职能。秦汉之间，县廷分

1 鲁西奇：《"层累、汇聚地造成"的地域古史系统——以先秦越国的历史叙述为中心》，《历史人类学学刊》第十一卷第二期（2013 年 10 月），第 23-83 页。

设长吏与少吏两个层级的吏员、以列曹与诸官分治政务与管理、经营的基本格局并未发生变化，然丞、尉实已成为令（长）的佐贰官，狱史则成为县丞的属吏。[1]

《王朝国家的社会控制及其地域差异——以唐代乡里制度的实行为中心》从王朝国家的政治控制与社会控制的分别入手，考察作为唐王朝社会控制方式的乡里制度在“有版”羁縻州、开边所置新州县以及“内部的边缘”区域的施行情况，分析唐代社会控制的区域差异性在乡里制度实行方面的表现，以进一步揭示唐代社会控制体系的结构性特征。文章认为：乡里制度在不同地区是否得到实行，在多大程度上、以怎样的方式实行，反映了王朝国家对于不同地区的社会控制方式与程度的差异。根据唐代乡里制度在不同地区的实行状况，可以将唐代对其疆域与民众的社会控制区分为四个圈层：第一圈层是以汉户为主的正州县，较严格地实行乡里制；第二圈层是以蕃胡夷蛮为主体的正州县，努力实行统一的乡里制度，但其乡里编排或未能全面遵守相关规定，且不稳定；第三圈层是有版羁縻州县，其首领多以其固有的社会组织管理其部众，并向唐王朝申报所领民户，但也有部分有版羁縻州县编排了乡里；第四圈层是无版羁縻府州，仍然实行其固有的社会控制制度，且不向唐朝上报户口版籍。唐代对于不同地区的社会控制，本质上乃是“因地制宜”，即根据不同地区的政治经济社会环境与历史文化背景，而采取不同的社会控制方式。[2]

---

1 鲁西奇：《秦代的县廷》，《史学月刊》2021 年第 9 期。

2 鲁西奇：《王朝国家的社会控制及其地域差异——以唐代乡里制度的实行为中心》，《陕西师范大学学报》（哲学社会科学版）2019 年第 1 期。

《唐宋城市的“厢”》在前人研究的基础上，从制度变迁与城市个案考察入手，围绕厢的起源、权能及其性质，厢在各地方城市的设置及其不同类型等问题，进一步展开考察，以期对唐宋城市的“厢”形成更为全面切实的认识。文章认为：将城郭之内区域分为左、右两部分，或可上溯至北朝时代以左、右厢编制隶属于军府、居于城郭之中的镇民、城民；在城市中分区而治，至少可上溯至长安城中的左、右街使。中唐以后，诸节镇治所及部分州府城市，因屯驻的军队大都分置左、右厢，其在城内的屯驻、防守之区遂相应地亦分为左、右厢，而子城则别为一区，多由节镇或州府长吏之亲信将领直接负责，城中遂别为三个（罗城左、右厢与子城）或两个（子城与罗城）屯驻、防守和治安区域。至北宋时代，在制度上规定由马、步司大将分任都城巡检，由都监、监押等统兵官分任驻在州军治所城市巡检，从而将此种军将分区负责城市防卫、治安的做法制度化。北宋中后期以迄南宋，随着禁厢军统兵官地位的降低及其所统军队实力的衰退，大部分州府治所城市的厢巡检，渐次沦落为州府长吏的属官，其分割州府长吏权力的功能降低乃至丧失；然与此同时，厢巡的权能逐步向赈济、防火等公共事务领域拓展，在有的城市，甚至演变成为民间色彩较为浓厚的地方社会组织。[1]

《新县的置立及其意义——以唐五代至宋初新置的县为中心》考察唐五代至宋初新县置立的原因、过程及其意义。文章将唐贞观十四年至宋端拱元年（640—988）三百余年间县级政区的增设，区分为唐前期（贞观后期至长安末年，640—704）、

1 鲁西奇：《唐宋城市的“厢”》，《文史》2013 年第 3 期。

唐中期（神龙元年至天宝十四载，705—755）、唐后期（至德元载至天祐四年，756—907）以及五代十国至宋初（907—988）四个时期，分别讨论不同时期在新拓疆域、“内地的边缘”区域置立的新县，以及分割旧县置立的新县，然后加以综合分析。唐五代至宋初（640—988）三百余年间，共置立416个新县，其中，处于新拓疆域者62县，均置于唐前中期；可以确定处于“内地的边缘”区域者94县；其余260县多为析分原有县境之偏远地区或合并毗邻诸县交界地带而置。朝廷、地方官府、割据政权置立新县之动因，主要是出于政治控制、赋役征发与行政管理的考虑，是为了更好地控制人户与资源、征发赋役，并强化对地方社会的控制。在新拓疆域置立新县，是帝国体系不断“向外扩大”的表现；而在内地府州置立新县，则填充了帝国体系的内部空间，使其变得越来越细密而坚实，是帝国体系不断“向内充实”的过程。晚唐五代十国时期，至少在南方地区，正是帝国体系不断“向内充实”的时代。[1]

可以见出，县级行政管理机构以及乡里制度，一直是我关注的重心。无论县、厢，还是乡里，都是王朝国家设置、实行的制度，是自上而下的控制制度。我也一直试图观察、分析民间社会自生的、内在的制度。《宋代农田水利规章的结构及其成立——以〈通济堰规〉为中心》就是一个初步尝试。在这篇文章中，我试图以《通济堰规》为例，分析宋代农田水利规章的内容、结构及其形成过程，探究其根源，以期进一步明晰传统

1 鲁西奇：《新县的置立及其意义——以唐五代至宋初新置的县为中心》，《唐研究》第十九卷，北京：北京大学出版社，2013年，第151-232页。

中国农田水利规章的实质：它究竟是官法，还是民约？抑二者兼而有之？其有效性与权威性或合法性究竟源于何处？其结论性的认识是：在具体水利实践中，特别是在构建并维护水利秩序的过程中，真正发挥作用的乃是民间水利惯习，即"民约"，而非"官法"。这些根基于具体水利实践的农田水利章程，既生自民间，为地方民众所创造、拥有和遵从，且以此为基础，构成水利秩序的基本格局，无论它们在多大程度上获得官府的承认，甚或"上升"为"官法"，其权威和有效性都主要来自民间社会，而并非官府。[1]

"人"是我近年来所关注的核心论题之一。在研究过程中，我逐步将历史过程中的"人"，落实为个体的人、人群（包括族群、地域人群等）、集团（如权力集团、海盗集团等）以及阶层或阶级等四个层面，希望在不同层面上"抓住"并描绘、分析历史进程中不同的"人"。《喜：一个秦吏和他的世界》是我试图描述历史进程中一个个体的人的尝试，[2]《中国古代早期的南方人群》集中体现了这些年在"人群"层面上的探索。本书所收《中国古代早期庶人的"名"与"姓名"》《秦统治下人民的身份与社会结构》《中古早期中国南方地区普通僧人的生计》等三篇文章，则主要是在阶层或阶级层面上的探索。

《中古早期中国南方地区普通僧人的生计》试图从生计方式的角度，分析并描述作为一种社会阶层的普通僧人，认为：中

---

1 鲁西奇、林昌丈：《宋代农田水利规章的结构及其成立——以〈通济堰规〉为中心》，收入吴松弟主编《走入历史的深处——中国东南地域文化国际学术研讨会论文集》，上海：上海人民出版社，2011 年，第 110-125 页。

2 鲁西奇：《喜：一个秦吏和他的世界》，北京：北京日报出版社，2022 年。

古早期南方地区的普通僧人，主要依靠向原有地方神庙争夺资源与信众、向商贾求取布施、乞食等方式维持生计；他们特别着意于在滨海、河湖地带以及山区活动，以得到渔人、山民的供养。南方佛教寺院较少得到君王贵族布施的田产，故普通僧人一般亦不从事耕作。北、南方地区僧人生计的差别，根源于北、南方地区政治经济与社会文化环境之差别，对于佛教的传播、影响及其派别的形成与演化也产生了深刻的影响。[1]

“庶人”是一种社会阶层，它包括诸多普通的个体的人和家户。《中国古代早期庶人的“名”与“姓名”》试图从庶人“名”与“姓名”的获取与记录入手，考察庶人身份的界定与表达。文章认为：西周春秋之世，姓、氏为贵族阶级所独用，庶人称名不称氏（姓）。战国时期，齐国仍秉持旧规，庶人称名；楚国无论贵族、平民，较普遍地使用“氏＋名”，楚法且规定凡诉讼，必书明当事人之“居处名族”；秦国贵族官民，多以名为称，秦律要求涉事人要“定名事里”。西汉前期，姓、氏合而为一，称名方式的贵贱之别渐趋泯灭，庶人逐步普遍使用姓名。庶人之名，多由书吏在庶人著籍、行役、诉讼时，或在其他要求庶人负责的情况下，根据庶人名的口语发音，书写为特定的汉字，故以简易之单字或单纯词为便。复合词构成的双字或多字人名一般由限定或说明性语素和主体语素构成，具有特定的内涵与意义。“姓名”是由两个平等并列的词汇构成的联合型复合词，“姓”具有说明、限定“名”的作用。庶人姓名的文字化与普遍化，

---

1 鲁西奇：《中古早期中国南方地区普通僧人的生计》，《首都师范大学学报》（社会科学版）2017 年第 5 期。

当源于战国以来因战乱、迁徙与行役而导致的古代血缘、地缘人群组织的解体，以及国家权力直接控制庶人阶级的不断努力：编户著籍使庶人名普遍文字化，而离乡、行役则促进了庶人姓氏的普遍化。[1]

《秦统治下人民的身份与社会结构》主要根据简牍资料，分析秦统治下人民的诸种身份，及其社会阶层结构，认为：吏卒、黔首与徒隶，是秦对其所统治人民的身份划分。"吏卒"包括吏与卒："吏"分为长吏与少吏，"卒"分为屯戍、求盗等；吏、卒在任职、服役期间，均由国家发放稟食，长吏且得享秩禄。"黔首"指著籍的编户齐民。统一后"新黔首"皆得应征从军，却未得普遍授田。"徒隶"包括刑徒和隶臣妾，受官府强制，从事各种劳作。在秦统治的十余年中，迁陵县吏卒、黔首与徒隶三种人在可统计的总人数中，分别占 37.5%、50.6% 和 11.9%，这在一定程度上反映出秦统治下社会结构的部分特征。[2]

生计方式（以及经济地位）与身份，是我考察阶层或阶级的两个重要指标，而这两者又是密切联系在一起的。在这一研究中，我的指向，是个体的人与人群如何被界定、"归属"于某一集团、阶层或阶级的，并非个体的人、人群如何"构成"社会。实际上，我更强调王朝国家通过诸种权力方式界定人们的身份、地位，确定其各自可以占有、使用的经济资源，从而"形塑"阶层或阶级，并由此构造"社会"及其结构。正是从此出发，我将对中国古代"人"的研究，转换为对作为国家与社会"制

---

1 鲁西奇：《中国古代早期庶人的"名"与"姓名"》，《陕西师范大学学报》（哲学社会科学版）2021 年第 6 期。

2 鲁西奇：《秦统治下人民的身分与社会结构》，《中华文史论丛》2021 年第 1 期。

造物”的人的研究，从而进入“社会及其结构的分析”。

本书只是一本论文集，它与《中国古代早期的南方人群》一起，构成了2011—2022年间我关于古代南方史地研究的阶段性成果（虽然已不限于南方地区）。人群、空间、制度以及社会，都是具有深广潜力和远大前景的研究课题，我迄今为止所做的一些工作，与其说解决了部分问题，毋宁说提出了更多的问题。也许，更有价值的，不是我的一些论点，而是这些问题。

目 录

卷一 空 间

卷二 制 度

卷三　社　会

卷一 空间

封、疆、界：中国古代早期对于域界的表示

一、“封”

九年卫鼎出土于陕西岐山县董家村。铭文记载裘卫用车和各种皮革同矩伯交换土地的经过，是一篇关于土地置换的记录。

> 隹九年正月既死霸（魄）庚辰，/王在周驹宫，各庙，眉敖者/膚为吏，见于王，王大（致）。矩取/眚车，较、贲鞃、虎冟、希袆，画/轉、攴（鞭）、师（席）鞣，帛辔乘，金鹿镫。/舍矩姜帛二两。廼舍裘卫林/晉里。叡，厥惟颜林，我舍颜/陈大马两，舍颜姒虡各，舍/颜有嗣寿商圝裘盠冟（幎）。矩/廼罘濌粦，令寿商罘，曰：/“顜，履付裘卫林晉里。”则乃/成夆四夆，颜小子具叀夆，寿/商□。舍盠冒□羝皮二，巠/皮二，业舄俑皮二，朏帛金一/反，厥吴鼓皮二。舍濌虡冟/□贲□鞃，东臣羔裘，颜下/皮二。罘受。卫小子家

> 逆者其 / 剩，卫臣虣朏。卫用乍朕文 / 考宝鼎。卫其万年永宝用。/[1]

铭文大意是：在共王九年（前 914）正月既死霸的庚辰日，王在周的驹宫。在太庙，眉敖的使者膚来朝见王，王举行衣裳之会。矩向裘卫取了省车，以及诸种马车上的用具和装饰。矩于是给予裘卫位于“林”中的舀里。由于舀里是在矩所封给颜氏的远郊区（颜林）之中，所以裘卫给颜陈大马二匹，给颜姒妇人穿的青黑色的衣服，给颜的官员寿商一件貈裘和猪皮幎。矩于是和濂共同命令寿商，同去踏勘矩所交付给裘卫的舀里，在舀里堆起了作为疆界的土封。颜的小子都参与了堆封，寿商也从旁察看、指导。事后又给了盠冒梯羝皮二块，𣪘皮二块，给了业舄俑皮二块，给了朏白金二块，给了吴鼓皮二块，又给了濂虡皮做的幎，以及车轼上的皮具装饰。给东臣的是羊羔皮做的皮衣，给颜两块五色的皮。卫的小子家和卫臣虣朏负责分发上述礼物之事。

值得注意的是，寿商等受命交割舀里，乃是“履付”，即实地踏勘舀里的土地范围。“履”的本义是行走、践踏，在金文中一般作动词用。“履付”或有以步测量、之后交付之意。“履付”之后，寿商等乃“成夆四夆”，而颜的小子“具叀

1 庞怀清等：《陕西省岐山县董家村西周铜器窖穴发掘简报》，《文物》1976 年第 5 期；唐兰：《陕西省岐山县董家村新出西周重要铜器铭辞的译文和注释》，《文物》1976 年第 5 期，又见故宫博物院编：《唐兰先生金文论集》，北京：紫禁城出版社，1995 年，第 194-204 页；龚军：《九年卫鼎新析》，《华夏考古》2014 年第 2 期；叶达雄：《西周土地制度探研》，《台湾大学历史学系学报》（台北）第 14 期（1988 年 7 月），第 75-78 页。

夆”。唐兰先生释此二句，作：“于是在四面堆起土垄为界，颜小子办理立垄”，并解释说：“原作‘封’，是把土堆起来作疆界……《小尔雅 · 广诂》：‘封，界也。’”[1]然寿商等既已在四面堆起了土垄，颜小子何以又要办理立垄？且“成夆四夆”前后两个“夆”显然并非同义，而“具叀夆”之“具”当作“完成”解；“叀”字则当为动词，唐先生盖解作“立”，而未作说明。按：“叀”字，当即甲骨文所见之“”（，）字，金文一般作“”，《说文》叀部作“”，古文作“”。关于其本义，自来有不同说法。徐中舒先生谓甲骨文字，“象纺塼上有线穗之形。”[2]颇有启发。盖“叀”字本当象以线系石块之类重物。若然，则“叀夆”当即在“夆”上挂以线系石块之类，作为标识。然则，“叀峯”及“成夆”之“夆”就当是土堆，而不会是一条长长的土垄。这样，寿商等“成夆四夆”，颜小子“具叀夆”，就是寿商等在𦿣里堆筑了一些土堆，而颜的小子在那些土堆上挂了石块之类，以表示其归属。

叀与邦、封相联系，在甲骨文中即有所见。《甲骨文合集》36530：

> 己酉，王卜，贞。余征三邦……叀令邑，弗每。不……亡……在大邑商。王固曰：大吉。在九月，遘上甲□五牛。
>
> 叀𣪕令。[3]

---

1 唐兰：《陕西省岐山县董家村新出西周重要铜器铭辞的译文和注释》，《文物》1976 年第 5 期，又见《唐兰先生金文论集》，第 199 页。

2 徐中舒主编：《甲骨文字典》卷四，成都：四川辞书出版社，2014 年，第 452 页。

3 胡厚宣主编：《甲骨文合集释文》，北京：中国社会科学出版社，1999 年，第 1801 页。

邦，或释作“丰”，同“封”。甲骨文中，封、邦、对三字大致通用，且不论。“叀𢆶令邑，弗每”，当解作征服了三邦（封）之后，在那里标志了“𢆶”的符号，任命了邑的首领或长官，却未加以训诲。这个邑，很可能就叫作“𢆶”邑。叀𢆶，也就是命名此邑叫“𢆶”。“叀叡令”，也是指命名叡邑、任命其首长。

那么，卫鼎铭文所谓“成夆四夆”，是不是在舀里的四周堆筑了一些“封”，其所包围起来的地域就是舀里呢？我们以为并非如此。著名的散氏盘铭文记眉、井二邑之疆界甚详。铭文曰：

> 用夨𨫢散邑，廼即散用田。眉：自濡涉，以南至于大／沽，一封。以陟，二封，至于边柳。复涉濡，陟雩、叡、𨿗、㨾，／以西，封于𢼸城，楮木，封于刍逨，封于刍𧊒内。陟刍，／登于厂湶，封割，杆；㨾、陵、刚，杆。封于𠷎道，封于原道，／封于周道。以东，封于𩰫东疆右。还，封于眉：道以南，／封于𨑊逨；道以西，至于难，（莫）［叀］“眉”。井邑田：自根木道／左，至于井邑，封。道以东，一封；还，以西一封；陟刚，三／封。降，以南，封于同道；陟州刚，登杆，降棫，二封。夨人／有𤔲眉田鲜、且、微、武父、西宫、襄，豆人虞丂、录贞，师／氏右眚，小门人䌛，原人虞艿，淮𤔲工虎孝、𠼇丰父，／难人有𤔲荆、丂，凡十又五夫，正眉、夨舍散田。𤔲土／□□、𤔲马兽𩵦，𢉅人司工骏君、宰德父，散人小子眉／田戎、段父、效栗父，𨟭之有司橐、州𣥐、倞从𦅫，凡散／有司十夫。隹王九月辰才乙卯，夨俾鲜、且、□、旅誓／曰：“我既付散氏田器，有爽实，余有散氏心贼，则爰／千罚千，传弃之。”鲜、且、□、旅则誓。廼俾西宫、襄、武

父 / 誓曰："我既付散氏湿田、田，余有爽变，爰千罚千。" / 西宫、襄、武父则誓。厥为图矢王于豆新宫东廷。/ 厥左执綏史正中农。/

𩠦，小川琢释作"𠛱"，引《方言》："𠛱，续也。"解作矢地与散邑相连。陈梦家释为"接"，谓矢地接壤于散邑，故租用其田而田之。[1] 矢、散二地接壤，二者之间围绕着土地问题发生了一些纠纷，乃共同划定了疆界，并将过程与结果铭于此盘。"封"字于铭文中凡十七见。陈梦家先生说：

（"封"）实乃《说文》卷二廾部奉（从手）所从而省手，象两手封（植）树之形……此铭"封于某地"之封为动词，"二封""三封"之封为名词。古代封立田界，乃是在人工堆聚的土堆上更植以相宜的树木，以为标志，故封有聚土之义。《周礼·大司徒》注"封，起土界也"；《周礼·封人》序官注"聚土曰封，谓壝埒及小封疆也"；崔豹《古今注》曰"封疆画界者，封土为台以表示疆境也，画界者，于二封之间以为壝埒以画分界域也。"封土之上，树以树木。[2]

铭文涉及眉、井二邑田地的疆界。自第一行"眉"，至第六行"(莫)[吏]眉"，述眉的界域：(1)从眉溯浇水而上，向南行，在大沽（当即大湖），做第一个封；渡过大沽（大湖），到边，

1 陈梦家：《西周铜器断代》，上册，北京：中华书局，2004年，第345页。

2 陈梦家：《西周铜器断代》，上册，第346页。

做第二个封，上植以柳。再溯涚水而上，登上雩、𫮃、𡊨、陕（当是不同的塬）。（2）向西行，在𢼄城做一个封，上植楼树；在刍的谷口做一个封，然后在刍的谷道里再做一个封。登上刍（当是山名），越过山崖和泉源，在𠛱做一个封，上面植以棈木。在陕、陵、刚（岗）各做一个封，各植有棈木。然后再在通往䍐的道路口立了封，在通往原的路口立了封，在通往周的路口立了封。（3）在东面，沿着𦼚的东界立封，界的右边（西面）属于眉。（4）回到眉邑，在眉地做封：沿着道路向南，在通往䜌的谷口做一个封；沿着道路向西，到堆，立一个封，在封上标明是"眉"。自第六行"井邑田"，至第八行"二封"，述井邑的疆界：从眉，沿着根木道东行，到达井邑，在井邑立一个封。沿着道东行，做一个封；回到井邑，沿着道路西行，做一个封。（向南）登上山冈，做第三个封。越过山冈，在通往同的道路口做一个封。（向北）越过州岗，做两个封：岗上的封植棈木，岗下的封植棫木。这些封，有的位于湖边，有的位于谷口或谷道内，有的位于岗塬之顶或岗塬之麓，有的位于道路之侧。封大抵多沿着道路设置，只是在路上某处堆起土堆，上面植有相应的树木，表示这些封所标志的地域属于某邑。各封之间其实并不能连成一条线，明确表示某邑的界域，而只是在道路或山谷口、山顶显要处置立标识，以表明其地之归属。据此，卫鼎铭文中的"成夆四夆"，也当解作"做了四个封"，而不能理解为在瞀里的四周都做了"封"。

据散氏盘铭文所记，参加勘定眉、井二邑疆界的双方，矢人有十五夫，眉人有十夫。陈梦家先生说："此二十五人，皆属于双方的有司，其官名有司工、司马、田、虞、录、小子、师氏、鼏、宰、效。”值得注意的是，代表夨人参与勘界的有司除了眉田鲜、且、微、武父、西宫、襄六人之外，还包括豆人虞丂、录贞、师氏右眚、小门人繇等四人，以及原人虞艿，淮的司工虎孝、鼏丰父，琟人的有司荆、丂。参与勘界的散有司，除了司土□□、司马单𢀖，散人小子眉田戎、段父、效䙴父等五人外，还包括𣪘人司工骍君、宰德父，𣪘之有司橐，州𡨻，焂从鬲等五人。据上引铭文，由眉向西行，有一条通向“原”的道；琟则是靠近眉、立有封的一处地名。据此推衍，原、琟、豆、淮、𣪘、𣪘，以及州、焂，都应当是在眉邑附近的聚落名。这些聚落的有司（焂的从也应当是一种有司）都参与了勘界，说明这些聚落均包括在勘界所及的地域中。他们当然也参与了堆筑“封”的活动。然则，这些封，联结起来，也并不构成一个相对封闭的地域，而是用以表示地里之所至，是标识“封”所在地域之归属的。

弄明白此点之后，我们对于《周礼》等文献中所记的“封”就有了不同于前人的新认识。《周礼·地官司徒》“封人”条：“封人掌设王之社壝，为畿，封而树之。凡封国，设其社稷之壝，封其四疆。造都邑之封域者，亦如之。”[1]社壝，即社坛。封人负责建设王的社坛，在王畿的四周设立封，且于封上置树。这里的“封”，和社壝一样，也是土堆。凡封国，均在国都立有社壝，在四疆则用“封”表示其疆界所至。历来论者，对“封畿”“封其四疆”究竟如何“封”，颇多讨论，意见纷纭。而由散氏盘铭文所见，则知所谓“封畿”“封其四疆”及“封域”，并非在畿的四周、国的四疆或辖域的四面，各筑一系列的“封”，将畿、国、

1 孙诒让：《周礼正义》卷二二《地官司徒》，“封人”，北京：中华书局，1987年，第890-891页。

域围起来，而是在王都、国都或其他都邑设一个“壝”（可视为一个大的“封”），然后沿着向四疆伸展的交通道路，各堆筑有若干的“封”。距离王都、国都或其他都邑最远的“封”，当然就是王畿、国境、都邑辖境的边界。

秦封宗邑瓦书铭文所记是战国时期秦国分封宗邑的情况。其文曰：

> 四年，周天子使卿大夫辰来致文武之酢（胙）。冬十一月辛酉，大良造、庶长游出命曰：“取杜才酆邱到于潏水，以为右庶长歜宗邑。”乃为瓦书，卑司御、不更顝封之，曰：“子子孙孙以为宗邑。”顝以四年冬十一月癸酉封之。自桑𡸗之封以东，北到丁桑匽之封。一里，廿辑。大田佐、敖豪曰末，史曰初，卜蛰，史羁手，司御心，志是霾封。[1]

四年，一般认为即秦惠文王前元四年（前334）。歜受封的宗邑在杜（县、邑）之酆邱到潏水之间，具体范围是在桑𡸗界以东、桑堰界之南。“一里廿辑”，诸家解释不同，然大抵以“里”为居民编排单位，“辑”则或解作“家”，或解为“聚”。“敖豪”之“豪”，诸家多释为“童”，今细辨拓本图影，改释为“豪”。“大田”，应是“里”之上的管理单位，或即相当于乡。末是当地

1　关于此件瓦书的研究主要有：（1）陈直：《考古论丛：秦陶券与秦陵文物》，《西北大学学报》1957年第1期；（2）郭子直：《战国秦封宗邑瓦书铭文新释》，中国古文字学会等编：《古文字研究》第14辑，北京：中华书局，1986年，第177-196页；（3）尚志儒：《秦封宗邑瓦书的几个问题》，《文博》1986年第6期；（4）黄盛璋：《秦封宗邑瓦书及其相关问题考辨》，《考古与文物》1991年第3期；（5）刘杰：《秦封宗邑瓦书铭文研究述补》，《湖南科技大学学报》2013年第4期。

的豪帅（敖豪），担任大田佐，当即乡佐。司御、不更颧受命去“封”右庶长歜的宗邑，即去给歜的宗邑作标识。“封之”，当解作立封以志之。写明“子子孙孙以为宗邑”的瓦书当即悬于封上。颧至少主持置了两个封，一是“桑隉之封”，一是“桑匽之封”（两个封的四周当围以桑，或在封上植有桑）。具体参与立封的，有大田佐末、史初（名为初的史）、卜蛰（名为蛰的卜）、史羁以及司御心等人。

青川木牍中亦见有“封”，其性质当是“田封”，即用来表示田地归属的土堆。木牍正面文字有三行：

> 二年十一月己酉朔朔日，王命丞相戊（茂）、内史匽、氏臂更脩（修）为田律：田广一步，袤八则，为畮（亩）。畮（亩）二畛，一百（陌）道。百畮（亩）为顷，一 / 千（阡）道。道广三步。封，高四尺，大称其高；捋（埒），高尺，下厚二尺。以秋八月，脩（修）封、捋（埒），正疆、畔，及登千（阡）百（陌）之大草。九月，/ 大除道及阪险。十月为桥，脩（修）陂堤，利津梁，鲜草离。非除道之时，而有陷败不可行，辄为之。章手。/[1]

1　四川省博物馆、青川县文化馆：《青川县出土秦更修田律木牍》，《文物》1982 年第 1 期；于豪亮：《释青川秦墓木牍》，《文物》1982 年第 1 期，后收入《于豪亮学术文存》，北京：中华书局，1985 年，第 163-166 页；李学勤：《青川郝家坪木牍研究》，《文物》1982 年第 1 期；田宜超、刘钊：《秦田律考释》，《考古》1983 年第 6 期；胡平生、韩自强：《解读青川秦墓木牍的一把钥匙》，《文史》第 26 辑，北京：中华书局，1986 年，第 345-346 页；徐中舒、伍仕谦：《青川木牍简论》，《古文字研究》第 19 辑，北京：中华书局，1992 年，第 283-289 页。释文主要据于豪亮，参酌诸家考释，略有改动。

二年，即秦武王二年（前 309）。木牍文字大意谓：(秦武王）二年十一月初一，王命左丞相甘茂、内史匽、氏臂，更修为田律。律令如下：如果一块地宽一步、长八则（每则三十步），就是一亩；一亩地（二百四十步），要修二条畛、一条陌；一顷（一百亩）地，要修一条阡道。阡道宽三步。封，高四尺，其底部的长、宽均为四尺。埒，高一尺，下厚二尺。每年秋八月，修封、埒，端正疆、畔等域界，并刈杀阡陌上的荒草。九月，整修道路，一直到山阪高险之处。十月，造桥，修陂堰筑堤坝，清理河道湖陂中的杂草积木。纵使没到修整道路的时节，如果道路毁坏不能通行，亦当随时修治。

这里的"封"与"埒"并列。于豪亮先生说：封是田界的表示。汉尺一尺为二十三厘米，因此，封的长、宽、高各为九十二厘米。而埒高一尺，下宽二尺，是低矮的土垣。"田界除了以封作为标志外，封与封之间还以矮墙相连，这样，各户所占有的土地界限就很明确了。"并引崔豹《古今注》所云"封疆画界者，封土为台，以表识疆境也。画界者，于二封之间又为壝埒，以画分界域也。"[1]其说颇可信从。然谓埒联接二封，说服力则欠缺。盖田一顷修一条阡道，而每亩又要有一条陌道，自是便利田地耕作与联系；若各户耕种的土地四周又围以埒，则必然会阻断阡、陌。而且，上引《田律》谓"修封、埒，正疆、畔"，则封、埒与疆、畔相辅相成，但并非同一事物。如果疆、畔是界线（见下文），那么，封、埒就只能是界线上用于标识的点。所以，"埒"也应当是土堆，只是比"封"要低矮且小（"封"高四尺，"埒"高一尺）。

1 于豪亮：《释青川秦墓木牍》，见《于豪亮学术文存》，第 163-166 页，引文见第 164 页。

《睡虎地秦墓竹简·法律答问》亦见有“封”：

> “盗徙封，赎耐。”可（何）如为“封”？“封”即田千佰。顷半（畔）“封”殹（也），且非是？而盗徙之，赎耐，可（何）重也？是，不重。[1]

这里解释“封”即“田阡陌”。释文解释“即”作“就是”，遂将“封”等同于田中的阡陌。然简文又称“封”在“顷半（畔）”，即田地的边上，则“封”并不是阡陌。故“即”当作“在”“靠近”解。“封即田千佰”，当解作“封在阡陌之上或其旁”。“顷畔封”，当是在一顷田地的边上置立一个“封”，就在百亩之田的“畔”上。“盗徙封”，就是偷偷地移动“封”固有的位置。

二、“疆”

上引青川木牍《田律》中谓秋八月当“修封、埒，正疆、畔”。《国语·周语》：“修其疆畔”。韦昭解曰：“疆，境也。畔，界也。”[2]《礼记·月令》记孟春之月，“天气下降，地气上腾，天地和同，草木萌动。王命布农事：命田舍东郊，皆修封、疆，审端经、术，善相丘陵、阪险、原隰土地所宜，五谷所殖，以教道民，必躬亲之。田事既饬，先定准直，农乃不惑。”郑玄谓：“封疆，田首之分职。”

1 睡虎地秦墓竹简整理小组编：《睡虎地秦墓竹简》，北京：文物出版社，1990 年，“释文注释”部分第 108 页。

2 徐元诰撰，王树民、沈长云点校：《国语集解》，《周语》上，北京：中华书局，2002 年，第 21 页。

并释经作径，术即遂，而以步道为径，小沟为遂。[1]释“疆”为境，“畔”为界，就一般而言，自无疑义。然疆、畔究竟为怎样的境、界，却仍需再加考量。

《说文》释畔，谓“田界也，从田，半声”。[2]《左传》襄公二十五年（前548），子产曰：“行无越思，如农之有畔，其过鲜矣。”[3]农夫耕田，均有其界，很少越过，说明“畔”是农夫之田的界，有具体的地理事物作为标识。《诗经 · 国风 · 氓》：“淇则有岸，隰则有泮。”郑笺：“泮读为畔。畔，涯也。言淇与隰皆有厓岸以自拱持，今君子放恣心意，曾无所拘制。”[4]则“泮”指湖沼之崖岸。据此推衍，“畔”当指田地的边上与未经垦辟的草地或山林相分隔的那条线：畔并不是田地中间的道路或田埂，而是田地与其外的草地山林间的界线。《楚辞 · 渔父》：“屈原既放，游于江潭，行吟泽畔。”王逸注：“履荆棘也。”[5]则知“泽畔”是指湖泽与陆地相交的岸线。因此，“畔”乃是一种自然的边界，是垦殖的田地尽头处、与尚未垦辟的草地山林之间的交界线。

《说文》：“畺，界也，从畕，三，其界画也。”[6]畕，“比田也”，二田相联，中间无界；则“畺”就是将田地划分开来的界线，是人使用工具划分出来的界线。徐中舒先生解“畺”字，谓：“从

1 孙希旦撰，沈啸寰、王星贤点校：《礼记集解》卷十五《月令》之一，北京：中华书局，1989年，第417页。

2 许慎：《说文解字》，北京：中华书局，1963年，第291页。

3 《春秋左传集解》卷十七《襄公》四，上海：上海人民出版社，1977年，第1041页。

4 王先谦撰，吴格点校：《诗三家义集疏》卷三下《国风 · 氓》，北京：中华书局，1987年，第298页。

5 洪光祖撰，白化文等点校：《楚辞补注》，北京：中华书局，1983年，第179页。

6 许慎：《说文解字》，第291页。

畕从弓，为疆之原字。古代黄河下游广大平原之间皆为方形田囿，故畕正象其形。从弓者，其疆域之大小即以田猎所用之弓度之。”[1]所说颇有启发。永盂铭文曰：

> 唯十有二年初吉丁卯，益公 / 入即命于天子。公乃出厥 / 命，锡畀师永，厥田阴阳洛，/ 疆眔师俗父田。厥眔公出 / 厥命，邢伯、荣伯、尹氏、师俗父、/ 遣仲。公乃命郑司徒父、/ 周人司工眉、䢅史、师氏、邑 / 人奎父、毕人师同，付永厥 / 田。厥率履厥疆宋句。永拜 / 稽首，对扬天子休命。永用作朕文考乙伯尊盂。永其 / 万年，孙孙子子，永其率宝用。/[2]

十二年，唐兰先生认为当是指共王十二年（前 911）。铭文记周王分封土地给永（“师”是他的官号），益公负责传达周王之命。这年初吉丁卯，益公受天子之命，赐给师永田地。赐给永的土地之所在及范围是“阴阳洛疆眔师俗父田”。此句之句读，一般将“阴阳洛疆”连读。唐兰先生说“阴阳洛疆”是指陕西的洛河南北，“属于边疆，而敔簋记南淮夷来伐是一直到阴阳洛的。”[3]可是，若如此解释，则“阴阳洛疆”遂得与“师俗父田”并列，而前者只是指一块大致的地域，后者却有明确的归属。此句或当解作“锡畀师永，厥田阴阳洛，疆眔师俗父田”，即赐给师永

1 徐中舒主编：《甲骨文字典》卷十三，第 1475 页。

2 唐兰：《永盂铭文解释》，原载《文物》1972 年第 1 期，后收入故宫博物院编：《唐兰先生金文论集》，第 168-174 页。

3 唐兰：《永盂铭文解释》，见《唐兰先生金文论集》，第 168-174 页，引文见第 171 页。

的田位于洛水南北，其疆界与师俗父之田相接。师俗父之田显然就在阴阳洛，所以他也受命参与此次界田于师永之事。具体负责土地交付的，有郑司徒父、周人司工眉、敔史、师氏、邑人奎父、毕人师同。他们“率履厥疆”，当是指踏勘土地。宋句，诸家皆无解。句，《说文》：“曲也。”[1]宋句，很可能是宋地出产的一种曲状的测量工具。若然，郑司徒父等在划分给永的田地疆界时，使用了一种称作“宋句”的测量工具。《周礼 · 考工记》：“覆之而角至，谓之句弓；覆之而干至，谓之侯弓；覆之而筋至，谓之深弓。”贾疏云：“此以下论弓有六材，角干筋用力多，特言之。若三者全善，则为尤良；若一善者为敝，二善者为次。今此先察一善者至，谓若余干筋不善，直角善，可以为句弓。”[2]句弓用于射，乃是一种差的弓。“宋句”，或者就是与《考工记》所记句弓相似的一种测量工具。墙盘铭文述及康王时周的势力大张，“分（遂）尹啻（亿）彊（疆），弦鲁卲（昭）王，广能楚荆。”[3]“啻（亿）彊”之“彊”，当是一种计量单位，说明“疆”乃是用一种类似于弓的工具测量的，而这种测量工具的长度，就成为一种测量单位。

《春秋》经文昭公元年（前541）三月，鲁取莒之郓地；秋，“叔弓率师疆郓田。”《左传》曰：“叔弓帅师疆郓田，因莒乱也。”[4]叔弓率师去“疆”郓邑之田，“疆”乃是一个具体测量、确定界

1 许慎：《说文解字》，第50页。

2 孙诒让撰：《周礼正义》卷八六，《冬官 · 弓人》，第3567-3568页。

3 唐兰：《略论西周微史家族窖藏铜器群的重要意义》，原载《文物》1978年第4期，后收入《唐兰先生金文论集》，第209-223页。

4 《春秋左传集解》卷二〇《昭公》一，上海：上海人民出版社，1977年，第1169-1170、1195页。

线的过程。在此之前，叔弓请于楚曰："疆场之邑，一彼一此，何常之有？王伯之令也，引其封疆，而树之官；举之表旗，而著之制令。"杜预注曰："引，正也。正封界。"[1]《说文》释"引"，谓"开弓也"。[2]"引其封疆"，盖谓开弓以度量其疆域。据此推测，盖"叔弓"当是以善于制弓并以弓度量而得名，故鲁命之率师去划定郓的疆界。

《左传》定公四年（前 506）卫人祝佗说周初封建卫、晋，"分康叔以大路、少帛、綪茷、旃旌、大吕，殷民七族，陶氏、施氏、繁氏、锜氏、樊氏、饥氏、终葵氏，封畛土略，自武父以南，用圃田之北竟，取于有阎之土，以共王职。取于相土之东都，以会王之东蒐。聃季授土，陶叔授民，命以《康诰》，而封于殷虚。皆启以商政，疆以周索。分唐叔以大路、密须之鼓，阙巩、沽洗。怀姓九宗，职官五正，命以《唐诰》，而封于夏虚，启以夏政，疆以戎索"。[3]"启以商政，疆以周索"，杜预注："启，开也。居殷故地，因其风俗，开用其政。疆理土地以周法。""启以夏政，疆以戎索"，杜注称："亦因夏风俗，开用其政。""大原近戎而寒，不与中国同，故自以戎法。"杜注所说，当为引申之义。而"索"之本义，则当为长绳子。《说文》释索，谓"草有茎叶可作绳索"。[4]所以，"疆以周索""疆以戎索"的本初之义，当是指使用"周索"或"戎索"去测量、分划土地；"周索"和"戎索"，本来乃是两种不同的绳子（很可能是长度不同）。

---

1 《春秋左传集解》卷二〇《昭公》一，第 1179、1181 页。

2 许慎：《说文解字》，第 270 页。

3 《春秋经传集解》卷二七《定公》上，第 1620 页。

4 许慎：《说文解字》，第 127 页。

包山楚简 153—154：

> □□之田，南与郙君佢疆，东与蔆君佢疆，北与鄝君佢疆，西与鄱君佢疆。其邑：笑一邑，郯一邑，并一邑，郜一邑，余为一邑，鄣一邑。凡之六邑。
>
> 王所舍新大厩以啻蘆之田，南与郙君执疆，东与蔆君执疆、北与鄝昜执疆，西与鄱君执疆。[1]

整理者注释谓："佢，读如岠，字亦作岠。《广雅 · 释诂一》：'岠，至也。"是释"佢"为"至"。然"巨"字本象直角方形的工具。《说文》工部："规巨也。从工，象手持之。"[2]则"佢"之本义，当是指人持一种直角方形的工具。又，简 153 与简 154 合读，知"佢疆"与"执疆"当同义。执，简文作"鞁"，释作"执"，整理者未作解释。据其字形揣测，或可解作持有某种工具，其意当与"佢"大致相同。所谓"佢疆"和"执疆"，就皆当是使用工具，测量、确定并描画出来一种界线。

因此，"疆"（畺、彊）就是在田中人为地划出的一条界线。用来划分界线的工具，则为弓、句（包括宋句）、佢或鞁等。上引散氏盘铭文中所谓"封于䡴东疆右"之"疆"，就当是䡴的东界，是人为划出的一条界线，与铭文中以自然山川表示的其他界线不同。但是，"疆"乃是一条人为划分地域的线，既可能是一道山、一条河，或者一条路、一道土埂、一条沟渠，也可能只是穿过

1　湖北省荆沙铁路考古队：《包山楚简》，北京：文物出版社，1991 年，第 28 页。
2　许慎：《说文解字》，第 100 页。

田地（或地域）的一条分界线，未必有人为的具体地理事物（专门设置的堑、封、刊、碑等）将之表示出来。

金文中颇见有“无疆”或“无彊”。如师遽方彝铭文：“师遽拜稽首敢对扬天子不显休，用乍文且它公宝隮彝，用匄万年亾疆，百世孙子永保。”[1]不婴簋盖铭文：“不婴拜稽手休，用乍朕皇且公白孟姬簋，用匄多福，眉寿无彊，永屯霝冬，子子孙孙其永宝用享。”[2]万年亾疆，眉寿无彊，是说时间、寿命没有止境。所以，“无疆”的“疆”乃是指时间的终点，却无法用具体的“数”表示出来。这也有助于说明，空间意义上的“疆”，也未必有将之表现出来的具体的地理事物。

三、“界”

“界”也是一种人为的划分。《说文》：“界，境也，从田，介声。”段注云：“介者，画也；画者，介也。象田四界，聿所以画之。介、界，古今字。”[3]则“介”之古字作“⿱八人”，象以聿画分之意，故“畍”字乃表示划分田地。

里耶秦简 8-224+8-412+8-1415：

> 其旁郡县与椄（接）界者毋下二县，以□为审，即令卒史主者操图诣 / 御史，御史案雠更并，定为舆地图。有不雠、

1 陈梦家：《西周铜器断代》，上册，第 159 页。

2 陈梦家：《西周铜器断代》，上册，第 318 页。

3 许慎撰，段玉裁注：《说文解字注》，上海：上海古籍出版社，1981 年，第 1220 页。

> 非实者，自守以下主者 /[1]

“其旁郡县与椄（接）界者毋下二县”，意为不属于本郡的县与本郡县接界，二者之间的界线，其重要性不得低于同郡内县与县之间的界线。对于这种不同郡的县界的查验，要由负责的令卒史持着图，到御史处，由御史检查、勘定，然后确定为“舆地图”。这里的“界”，是在地图上的界线，代表此种界线的地理事物若何，并不详；但秦时“舆地图”上已标有明确的郡、县界线，当无疑问。

睡虎地秦墓竹简《法律答问》：

> 越里中之与它里界者，垣为“完（院）”不为？巷相直为“院”；宇相直者不为“院”。[2]

里与里之间筑有垣，作为“界”。作为里界的“垣”当然是人工建筑的。岳麓书院藏秦简 0466+0944：

> 一诸故同里里门而别为数里者，皆复同以为一里。一里过百而可隔垣益为门者，分以为二里。□▨ / ▨□出归里中、里夹、里门者，□车马，衷为门介（界），更令相近者，近者相同里。[3]

1　陈伟主编：《里耶秦简牍校释》第一卷，武汉：武汉大学出版社，2012 年，第 118 页。

2　睡虎地秦墓竹简整理小组：《睡虎地秦墓竹简》，“释文注释”部分第 137 页。

3　陈松长主编：《岳麓书院藏秦简（肆）》，上海：上海辞书出版社，2016 年，第 192-193 页。

则垣与门是两个里之间的界。在这里，“界”是用具体的人工建筑的垣和门表现出来的。

张家山汉简《二年律令 · 津关令》：

> □、相国、御史请：缘关塞县道群盗、盗贼及亡人，越关、垣、离、格、堑、封、刊，出入塞界，吏卒追逐者得随出入服迹穷追捕。令 / 将吏为吏卒出入者名籍，伍以阅具，上籍副县廷。事已，得道出入所出人〈入〉。盈五日不反（返），伍人弗言将吏，将吏弗劾，皆以越塞令论之。/[1]

塞界，当即缘关塞县、道的边界。用于标志“塞界”的地理事物，有关、垣、离、格、堑、封、刊等。“关”，即关口、关隘。“垣”，是在关口两侧修筑的土垣，羊马墙之类。“离”，即篱，指篱笆。“格”，即木格，以木做成十字交叉之形，置于平地，以阻碍人马通行。甘肃敦煌酥油土 D38 烽燧所出汉简：“丙午，虏可二百余骑，燔广汉塞格。至，其夜过半，时虏已去……”[2] 虏所燔的“格”属于广汉塞。“堑”，即壕沟。“封”，是堆筑的土堆，已见前。“刊”，《汉书·地理志》“随山栞木，奠高山大川”句下颜师古注曰：“栞，古刊字也。奠，定也。言禹随行山之形状，刊斫其木，以为表记，决水通道，故高山大川各得其安定。”[3] 则“刊”当是指斫木以作

1 彭浩、陈伟、工藤元男主编：《二年律令与奏谳书——张家山二四七号汉墓出土法律文献释读》，上海：上海古籍出版社，2007 年，第 310 页。句读有所不同。

2 李均明、何双全编：《秦汉魏晋出土文献 · 散见简牍合辑》，北京：文物出版社，1990 年，第 20 页。句读有所不同。

3 《汉书》卷二八《地理志》上，北京：中华书局，1962 年，第 2524 页。

为标志。关、垣、离、格、堑、封、刊等，都是人为的地理事物，它们共同构成并标识“塞界”。

又，坞也是表示疆界的地理事物。居延汉简 13.2：

到北界，举坞上旁蓬一通夜。坞上▨[1]

这个坞居于“北界”上，旁边有一个“蓬”。坞（包括其旁的蓬）构成了北界的组成部分。塞上又有所谓“天田”。居延汉简 18.8：

卒郭钤乙酉迹，尽甲午，积十日。/卒董圣乙未迹，尽甲辰，积十日。/卒郭赐之乙巳迹，尽癸未，积九日。/凡迹廿九日，毋人马兰越塞天田出入迹。/[2]

这是一份戍边士卒巡边的记录。郭钤、董圣、郭赐三人共巡察了二十九天，没有发现人、马越过边塞“天田”的踪迹。居延汉简 45.17：

▨北界毋兰越塞天田出入迹。[3]

居延汉简 206.2：

1 谢桂华、李均明、朱国炤：《居延汉简释文合校》，北京：文物出版社，1987 年，第 20 页。
2 谢桂华、李均明、朱国炤：《居延汉简释文合校》，第 28 页。
3 谢桂华、李均明、朱国炤：《居延汉简释文合校》，第 79 页。

吞远候史李赦之 / 三月辛亥迹，尽丁丑，积廿七日。从万年隧北界，南尽次吞隧南界，毋人马兰越塞天田出入迹。/ 三月戊寅，送府君至卅井县索关，因送御史李卿居延，尽庚辰，积三日不迹。/[1]

天田，又作“沙田”。《汉书 · 晁错传》“要害之处，通川之道，调立城邑，毋下千家，为中周虎落”句下注引苏林曰：“作虎落于塞要下，以沙布其表，旦视见迹，以知匈奴来入，一名天田。”师古曰：“苏说非也，虎落者，以竹篾相连遮落之也。”[2] 苏林以为“虎落”即“天田”，颜师古已指其非是，然苏林对“天田”的解释是正确的。据颜师古的解释，“虎落”乃是藩篱之类，置于关塞之下或险要之处，用于阻挡人马通行；根据苏林的说法，“天田”则是人工铺设或平整的沙地，亦设于关塞之下或险要之处，其用途却是检查有无人马通过。天田是“画”的。居延汉简 306.21:

	卒卅七人	
	其二病	十四人作堑
辛亥	三人养	九人画沙
	定作卅二人	九人累土[3]

这个守卫据点驻有士卒三十七人，辛亥日，除二人生病、三人

1 谢桂华、李均明、朱国炤：《居延汉简释文合校》，第 319 页。

2 《汉书》卷四九《晁错传》，北京：中华书局，1962 年，第 2286-2287 页。

3 谢桂华、李均明、朱国炤：《居延汉简释文合校》，第 502 页。

休假外，有三十二人参与劳作。其中，十四人“作堑”，即挖掘壕沟；九人“画沙”，即平整沙地；九人“累土”，即堆筑土封。堑、沙、封，都是用于标识边界的人为地理事物。

新始建国四年（12）连岛界域刻石，位于今连云港市连岛镇东连岛村。刻石有二，其一为苏马湾刻石，位于连岛苏马湾沙滩南缘一块独立的石壁上，存字十二行，约六十字：

> 东海郡朐，与 / 琅邪郡柜为 / 界：因诸山以南，/ 属朐；水以北，属 / 柜。西直况其，/ □与柜分高 / □为界。东 / 各承无极。/ 始建国四年 / 三月朔乙卯，以 / 使者徐州牧 / 治所书造。/

其二是羊窝头刻石，位于连岛最东端，共存字八行，约四十字：

> 东海郡朐，与 / 琅邪郡柜为 / 界：朐北界尽 / 因诸山山南，水以北 / 柜。西直况其，朐 / 与柜分高□为 / 界。东各承 / 无极。/ [1]

朐、况其、柜均为汉县名。《汉书 · 地理志》东海郡“朐”县原注：“秦始皇立石海上，以为东门阙。有铁官。”[2]《续汉书 · 郡国志》东海郡“朐”县刘昭注补引《博物记》：“县东北海边植石，

---

1 连云港市文管会办公室、连云港市博物馆：《连云港市东连岛东海琅邪郡界域刻石调查报告》，《文物》2001 年第 8 期；毛远明校注：《汉魏六朝碑刻校注》，第一册，北京：线装书局，2008 年，第 21-23 页。

2 《汉书》卷二八《地理志》上，北京：中华书局，1962 年，第 1588 页。

秦所立之东门。”[1]《水经注 · 淮水》谓淮水迳广陵郡淮浦县故城东，向北有一条分枝，称为游水。游水“历朐县，与沭合。又迳朐山西，山侧有朐县故城。秦始皇三十五年，于朐县立石海上，以为秦之东门。崔琰《述初赋》曰‘倚高舻以周眄兮，观秦门之将将’者也。东北海中有大洲，谓之郁洲。《山海经》所谓‘郁山在海中’者也。言是山自苍梧徙此，云山上犹有南方草木。今（郁）[青]州治”。[2]汉朐县故城，一般认为即在今连云港市海州区孔望山南。其时郁洲与朐县陆地尚未并岸，是海中的大岛；连岛更在其外。况其，又作“祝其”（东海尹湾汉简亦作“况其”）。《汉书 · 地理志》东海郡“祝其”县原注：“祝其，《禹贡》羽山在南，鲧所殛。莽曰犹亭。”[3]《水经注 · 淮水》说游水经朐县后，又北经东海郡利成县故城东、羽山西，然后经过祝其县故城西。其所记之此段游水，大致相当于今新沭河。故况其（祝其）县当在今赣榆区西北境、山东临沭县东南境一带，其治所很可能是在今赣榆区夹山乡祝其山一带。柜县属琅邪郡。《汉书 · 地理志》琅邪郡“柜”县原注：“根艾水东入海。莽曰祓同。”[4]《水经注》卷二六《胶水》记有艾水，谓：

> （艾）水出拒县西南拒艾山，即《齐记》所谓黔艾山也。东（北）[南]流迳拒县故城西，王莽之祓同也。世谓之王城，

1 《后汉书》志二二《郡国志》三，北京：中华书局，1965 年，第 3458 页。

2 杨守敬、熊会贞：《水经注疏》卷三〇《淮水》，南京：江苏古籍出版社，1989 年，第 2562-2564 页。

3 《汉书》卷二八上《地理志》上，第 1588 页。

4 《汉书》卷二八上《地理志》上，第 1586 页。

又谓是水为洋水矣。又东（北）[南]流，晏、伏所谓黔陬城西四十里有胶水者也。又东入海。《地理志》:琅邪有拒县，根艾水出焉，东入海，即斯水也。[1]

注文谓艾水东北流，然今山东半岛东南部的地形，决定诸水不可能东北流，而只能东南流，故径改。艾水（或作“拒艾水”）当即今流经山东日照市南境的傅疃河。然则，汉时拒（柜）县当即在今山东日照市一带。

连岛界域石刻所记，就是朐与柜（拒）二县的分界：朐县在南，柜（拒）县在北。结合二石所记，知二县东端的分界沿着“诸山”：山南属朐县，山北是柜县。诸山，当指从连岛到云台山（古郁洲）的东北—西南走向的山脉。调查报告说：“苏马湾刻石和羊窝头刻石的刻面面向均为0°，这绝不是偶然巧合，说明刻石者精心挑选出壁面面向为正南北的岩石作为刻立北界的所在。苏马湾刻石位于东西连岛中部偏西，羊窝头刻石则位于东西连岛的最东端，也正是控制南北海域的咽喉要地。再者，二刻石两点成一线，正好可作为划分界域的界线。”[2]可是，二刻石联线的走向，却与连岛—云台山的走向正相垂直，并不能构成“因诸山”为界。所以，二刻石正当是在“诸山”顶端的两侧，其中间则正是诸山的余绪。

刻石中的“水”当即指上引《水经注》所记之游水（大致相当于今新沭河），水南属朐县，水北属柜（拒）县。沿着游水

1　杨守敬、熊会贞：《水经注疏》卷二六《胶水》，第2280-2281页。

2　连云港市文管会办公室、连云港市博物馆：《连云港市东连岛东海琅邪郡界域刻石调查报告》，《文物》2001年第8期，第26页。

向西，直到祝（况）其县境，朐、柜（拒）二县分高□为界。“高”字下所缺之字，二刻均难以辨识，然其为地理事物，当无疑问。“东各承无极”，是指二县的领域向东延伸到大海，至于远望之极。

这样，东海郡朐县与琅邪郡（国）柜（拒）县间的分界，就是从今连岛的二刻石中间位置，向西南方向，沿着连岛—云台山的山脉脊线，向西（略偏南），至海边；渡过海峡，接着游水，溯游水而上，至于朐、况（祝）其、柜（拒）三县交界处的高□，朐、柜（拒）二县沿高□的分水岭分界。这条二县分界线虽然由山（诸山及高□）、水（游水）构成，但却是人为划定，并指明由上述山水作为分界标识的。

莒县宋伯望刻石，又称莒州刻石，现藏山东省石刻艺术博物馆。其四面刻文连读，曰：

> 汉安三年二月戊辰朔三日庚午平，[1] 莒男子 / 宋伯望、宋何、宋□□，在山东禺亭西界， / 有田在县界中□。元年十月中，作庐望田中，/ 近田。望恐有当王道。□曰：古有分堵，/ 无分民。望等不知县图、界□，有行 / 事。永和二年四月中，东安塞宜为 / 即丘民相、相弟明，所□发所在，望等 / 所立石，书：南下水阳，死千伯，上道东。/ 东安游徼玉纪，与莒 / 禺亭长孙著是□著山□ / 归□，莒贼曹掾□仲诚，游徼徐□、审 / □，贼曹掾吴分，长史蔡朔。望等告：/ □发

1 “平”字，旧释从后读，作“平莒”，不能解。盖“平”当从上读，作“平日”解。平日，日书中的一种日子，与建日、除日、盈日等并列，当即巳日。《睡虎地秦墓竹简 · 日书甲种》：“平日，可以取妻、入人、起事。”（睡虎地秦墓竹简整理小组编：《睡虎地秦墓竹简》，“释文注释”部分第 183 页）。

> 石，上有故千县界，有北行车道，千、封 / 上下相属，南北以千为界，下有受明。□□□ / 田名分明：千北行至侯阜北，东流水□ / 别界；南以千为界，千以东属 / 莒，道西□水南流属东安。明 / □宜以来，界上平安。后有畾 / 界，以立石□□□□□行事。/ □□壬、癸，□□□□；/ □在丙、丁，界上□□ / 立界，民无所□租以□ / 道地界，所属给发 / 出更赋，租铢不逋。/ [1]

按：此刻旧定名为“莒州宋伯望买田刻石”，然碑文并无有关买田内容，不知所据。今定为“莒县宋伯望刻石”。碑文字体朴拙，刻画粗陋，自来释文多不能通解。今在前人基础上，勉力试释如上，或可大致知其意：盖汉安二年（144 年，本年四月改元建康）二月三日，莒县男子宋伯望、宋何等，在山之东面、禺亭西面的一个地方，竖立此碑。宋伯望等有一块田地，正处于莒、东安二县的界线中间（田跨二县）。在此之前，元年（应当是汉安元年，即 142 年；但也可能是永和元年，即 136 年）十月中，宋伯望在自己田中建了一座草庐。宋伯望等担心这样做，不合乎朝廷的法规。有人说：“古有分地，无分民”，所以宋伯望等

1 此件石刻出土于光绪十九年，著录见于清末方若《校碑随笔》，名之为“莒州汉安三年刻石”。民初刘承幹《希古楼金石萃编》卷七，名之曰“汉平莒男子宋伯望买田记”。拓本图影与录文又见北京图书馆金石组编《北京图书馆藏中国历代石刻拓本汇编》，第一册，郑州：中州古籍出版社，1989 年，第 93-96 页；毛远明编《汉魏六朝碑刻校注》，第一册，第 144-149 页。承台湾“中研院”史语所邢义田先生赐示，此石现藏山东石刻艺术博物馆，邢先生曾于 2010 年 6 月 30 日得亲见此石，并据其前所见傅斯年图书馆藏拓本及前人录文校释（邢义田：《秦汉平民的读写能力——史料解读篇之一》，见邢义田、刘增贵主编《第四届国际汉学会议论文集 · 古代庶民社会》，台北：“中研院”，2013 年，第 241-288 页）。今参合诸家校释，录文如上。释文、句读，与旧释（包括邢先生释文），或有所不同。

没有去弄清楚两县分界地图及相关规定。永和二年四月中，东安县塞宜（乡）为即丘的民相和他的弟弟明，上报说：宋伯望等人的土地上，曾经有一方立石，上面写着“南下水阳，死千伯，上道东”等字样（这几个字当是所发现的原碑的残字，不能通读）。东安县的游徼玉纪，与莒县禺亭长孙著、莒县的贼曹掾□仲诚、游徼徐□、贼曹掾吴分、长史蔡朔等，乃一起调查东安、莒二县在宋伯望田地一带的分界情况。宋伯望等报告说：在自己田地里确实发现了界石，上面写明故阡道乃是县界，以及向北行的车道，阡道与土封相互对应，南北向以阡道为界。于是，两县官吏乃共同确立二县分界，明确田地、民户的归属：沿阡北行，至侯阜北，以东流水为界；向南，以阡为界，阡以东归于莒县；车道以西，水南流，属东安县。自从协商妥当以来，界上都很平安，以后如果发生田地纠纷，则以此次立石为准。县界阡道两边的田地，要根据其所属，纳赋服役，不得逃避赋役租税。

在上录背面碑文的上首，还刻有一个大圆圈。圆圈中有三行字，多不能辨识。邢义田据原碑首次识出了其中的三个字：

> □赋毋□
> □发□□□
> ……之……

结合上录右侧碑文所谓“民无所□租以□道地界，所属给发出更赋，租铢不逋”，可以推测，碑文的核心内容与目标，并不是划分并标识宋伯望等人的田界，而是在宋伯望等人的田地上明确莒、东安二县的界线，从而明确宋伯望等人的田地，哪一部分属于东安县，哪一部分属于莒县：属于东安县的部分，要向东安县纳赋服役；属于莒县的部分，要向莒县纳赋服役。此碑的意义，在于县界落实到了具体的田地中间，要求明确分辨出同一户主的田地，究竟属于哪一个县，以确定其赋役的归属。也因为此，界线的分划与标识更为具体、细致。有两点特别值得注意：一是在宋伯望等人的田地里，有古老的阡道和车道，阡与道相交处有"封"，与上文描述的先秦以来的情形相接近。而此次划分并确定县界，就是在已有阡、道基础上，立石以标明界线。二是以水的流向确定田地的归属，显然使用了"分水岭"的概念与方法。

因此，至迟到汉代，人们已较为普遍地使用不同的地理事物，包括自然的山、水，历史留存下来的古阡、道，以及人为造作的关、坞、垣、篱、格、堑、虎落、天田等，以边疆界线、行政区分划界线以及田地界线，并用刻石、立石以及"刊"等方式，表示界线两侧地域或田地的归属。

四、从"封""疆"到"界"

综上所考，可以认知：（1）甲骨文、金文以及秦楚瓦文、简牍中所见的"封"（"丯"）乃是堆筑的土堆，其上或植有树木。"封"多沿着道路设置，只是在路上某处堆起土堆，上面植有相应的树木，表示这些"封"所标志的地域属于某邑。各"封"之间并不能连成一条线，明确表示某邑的界域，而只是在道路或山谷口、山顶显要处置立标识，以表明其地之归属。田地中的"封"置立在"畔"与"阡"交汇的地点，用于标识田地的归属。（2）

金文与楚秦简牍中所见的“疆”“畺”或“彊”，则是人为地划出的界线，是用弓、句、佢或鞥等测量工具测量、分划的界线。可是,“疆”只是一条划分地域的线,并不必然有可以表示出“疆”的地理事物——它并不一定是一道山、一条河，或者一条路、一道土埂、一条沟渠，但却是实际存在的地理分界线。（3）“界”也是一种人为的划分，但与“疆”不同，界有具体的人为的或自然的地理事物作为标识。在秦汉简牍中，用于表示“界”的地理事物主要有关、垣、离、格、堑、封、刊以及天田等。连云港连岛界域刻石所见朐县与柜（拒）县间的分界,虽然由山（诸山及高□）、水（游水）构成，但却是人为划定，并指明由上述山水作为分界标识的。莒县宋伯望刻石所见莒、东安二县的分界线，穿过宋伯望等人的地中间，界线的标识更为具体、细致，特别是利用了固有的阡、道、封以及水流，并用立石的方式将界线明确表示出来。

今见甲骨文、金文中，有“封”“疆（彊、畺）”，却并无“界”字。在今见文献中，较为广泛地使用“界”字，盖不早于战国时期（《左传》中几乎未见到“界”字）。因此，认为“界”字较“封”、“疆（畺、彊）”二字晚出，当大致无误。据此，或可认为：在中国古代早期，人们首先使用堆封的方式，表示地域的归属及大致范围。与此同时或稍后，形成了疆域的观念，并以“封疆”指称隶属关系较为明确的疆域，然“疆”虽然是实际存在的地理分界线，却并不必然表现为某种地理事物，所以，“封疆”所表示的疆域实际上并没有稳定、明确的地理事物作为标识。直到战国时期，人们才使用人为的或自然的地理事物，以明确地表示、标识疆域的边界；到秦汉时期，“界”进一步落实为诸种特定的自然与人为的地理事物，疆域或地域的边界遂得以较为清晰地表现出来。

从“封”“疆”到“界”的演变，反映出中国古代早期的疆界观念，逐步由定点的归属指向（“封”），经过较为抽象的界线划分（“疆”），逐步落实到具体的自然或人为的地理事物上（“界”）；域界的标识方式从点到线，并表现为具体的地理事物，从而越来越明确、清晰；疆域（或地域）作为一种地理空间，越来越具有明确、清晰的界线。疆域界线的观念及其具体标识方式的形成与演变，是在复杂而漫长的经济、社会、政治与文化过程中进行的，分析这一过程，对于我们认识中国古代早期的国家形态、土地所有或占有观念，均有着十分重要的意义。

“层累、汇聚地造成的”地域古史系统

——以先秦越国历史的叙述为中心

一、引言

传世文献中有关先秦越国历史与文化的记载，根据其撰述年代，大致可别为三个系统：一是可信作成于先秦时期的传世文献中有关越国历史的记载，主要见于《春秋左传》、古本《竹书纪年》《国语》《战国策》以及《墨子》《荀子》《庄子》《韩非子》《吕氏春秋》等先秦典籍；二是成书于西汉前期的《史记》有关越国历史的叙述，主要集中于卷四一《越王句践世家》、卷一一四《东越列传》等部分；三是成书于东汉乃至更晚时期的《越绝书》《吴越春秋》《会稽典录》《会稽志》等文献，主要记录汉晋时代会稽、吴郡等越国故地的古迹与传说等。这三个系统的文献记载，既形成于不同时期，性质亦各异，其史料价值亦各有不同。总的说来，第一个系统的记载大抵来源于楚、吴、鲁、晋（魏）等国在与越人交往过程中对越国的了解，越人自身的历史记述，以及春秋战国时代华夏士人对越人与越国史事的认识，基本上可视为“当代人”对“当代”特定区域历史的记述，史料价值较高；第二个系统主要依靠西汉时期可以见到的部分先秦文献，加以综合排比、整理归纳，并结合西汉前期与南方“越人”之间战争、交往所得的部分认识，形成了对越国历史与越人、越文化的认识，既有较为详实的史料根据，又包括了西汉时期华夏士人立足于自身角度的考虑和认知；第三个系统的记载，则以先秦西汉文献中有关越国史事的记载为基础，采摭越国故地（汉会稽、吴郡）故老相传的佚闻传说，加以比附铺衍，甚至渗入大量想象、夸张之辞，追求对细节的描述与趣味性，因而介于史书与小说之间，可视为后世演史小说的滥觞。

自来论述先秦越国史事者，多兼用上述三个系统的史料，互相补充、比勘，并结合晋唐人的相关注释及金文文献中有关资料，以梳理越国历史的基本进程，考释其文物制度，进而分析其社会与文化。因为关于先秦越国史事的记载非常有限，研究者每每苦于史料之不足，故对上述三个系统的文献记载，均尽可能地使用，而甚少辨析这些记载的来源与价值。[1] 然这三个

---

1 1943 年，罗香林出版《中夏系统中之百越》（重庆：独立出版社，1943 年），论述中国东南及西南地区诸民族的源流及诸族自古以来与中夏系统的密切关系，率先综合运用正文所述传世文献中三个系统的相关记载，并与东南、西南地区后世诸民族之传说相互印证。1955 年，罗氏在前著基础上，复撰成《百越源流与文化》一书（台北：“编译馆”中华丛书编审委员会，1955 年；1978 年增补再版），进一步增补史料，以证其说。1983 年，蒙文通出版《越史丛考》（北京：人民出版社，1983 年；后收入氏著《古族甄微》，成都：巴蜀书社，1993 年，第 298-444 页），于先秦越国史事及古代越族考证甚详悉，然其对待相关记载之基本态度，实与罗氏并无根本性不同。20 世纪 80 年代以后，有关越国历史与文化的研究论著逐步增多，研究者除在传世文献之外，多得兼用部分考古材料，然对所用材料大抵不加仔细辨析，更遑论其来源。特别是对诸如《吴越春秋》等汉晋文献，在了解其大致仅可定性为“演史小说”的情况下，仍或径加引用，以为信史，颇让人奇怪。

系统的文献记载既有不同来源，其有关记述实颇多龃龉冲突，相互间不合之处甚多。由于相关记载往往只得一见，故无论持何说，大抵皆只能举出孤证，无从证实或证伪。论者对此既多采取“兼容并包”之处理办法，曲为解说，以弥合不同记载间的矛盾冲突。近年来，从事越史（及百越史）研究的学者，复颇受治上古史与地方史之弊习影响，举凡涉及某事记载之有早晚差别者，尽可能取“较早”之说；举凡涉及古国疆域及其影响之有大小之别者，尽可能取“较大”之说；举凡涉及某种地域文化在中国传统文化中的地位之有高低之别者，尽可能取“较高”之说。在此种“兼容并包”的史料处理方法与“尽可能早、大、高”的论断取向指引下，先秦时代的越国历史遂被越说越早，疆域与影响越说越大，在中国古代文化形成与发展过程的地位也被越说越高，而对相关史事的认识却越来越模糊，甚至引发了更多的混乱。[1]

根据这种研究理路而得出的对越国历史与文化的认识，实际上是将不同时期（春秋战国时期、西汉前中期、东汉至晋代等）有关先秦越国史事的记载与认识，累积在一起而形成的，亦即所谓“层累地造成的”。显然，欲真正弄清先秦越国历史进程的本来面目，必须溯本求源，理清有关先秦越国史事记载的文献来源，辨析其对于越国史事的记载究竟是来自同时代的记录和

1　采用这种研究理路的最新成果，当以孟文镛所著《越国史稿》（北京：中国社会科学出版社，2010年）为代表。陈桥驿有关越国历史与文化的系列论文，也大抵采用这种路数，见氏著《吴越文化论丛》（北京：中华书局，1999年），第1-80页。董楚平有关吴越文化的研究，主要立足于考古材料和金文资料，对传世文献的使用与分析，相对而言，比较审慎，见氏著《吴越文化新探》（杭州：浙江人民出版社，1988年）。

认知系统，还是后世的故老相传乃至想象虚构或文学创作，分析这些记载所反映的认知与述说是基于何种目的、意图及其背后的社会文化蕴含，然后才能对其与历史真实之间的关联作出判断，并进而窥知历史真相的若干侧面。本文即试图由此出发，尽可能细致地考察传世文献中越国史事记载的来源，分析留下这些记载的著作者的知识背景与认知局限，以进而判断这些记载的史料价值，并借此探讨有关越国历史与文化叙述和阐释体系的形成过程。

二、先秦文献中越国史事记载的来源及其价值

传世先秦文献（包括在汉代始成书，但可信主要作成于先秦时期的文献）中有关越国史事的记载，主要见于《春秋左传》、古本《竹书纪年》、《国语》之《越语》与《吴语》、《战国策》以及《墨子》《荀子》《庄子》《韩非子》《吕氏春秋》等先秦典籍。这些文献的成书过程本身即比较复杂，其中或包含部分汉代乃至汉代以后所羼入、增益者，故本文之分析，仅限于可信作成于先秦时期者。

（一）《春秋左传》关于越国史事的叙述：主要来自鲁国的记录

《春秋左传》关于“越”的最初记载，见于宣公八年（周定王六年，楚庄王十三年，前601），其经文谓：“楚人灭舒蓼”。传云：

> 楚为众舒叛，故伐舒蓼，灭之。楚子疆之，及滑汭，盟

吴、越而还。[1]

舒蓼为群舒之一种。《左传》记载的群舒之国，有舒、舒蓼、舒庸、舒鸠以及宗、巢等国。另据《左传》文公十二年孔颖达注疏引《世本》，群舒中还有舒龙、舒鲍、舒龚等国，其地当在淮水中游南岸，今安徽中部的六安、舒城、巢湖一带；舒蓼更在巢之东南，当在今巢湖市东南。[2]滑，杜预注云："水名"，未详其所在，或即为汉唐时代著称之濡须水、今之裕溪河。汭，为水之隈曲处。则滑汭当即在今巢湖东南、裕溪河两岸，很可能即在裕溪口附近。楚国灭舒蓼之后，复东南进至滑汭，"盟吴、越而还"。杜预注云："《传》言楚强，吴、越服从。"这是楚与越的第一次接触，越也很可能通过楚而首次为中原诸国所知。据此可知，其时吴、越当在群舒之东、南，应在今长江下游两岸地。[3]

1 杨伯峻编著：《春秋左传注》（修订本），北京：中华书局，1990 年，第 696 页；左丘明撰、杜预集解：《左传（春秋经传集解）》卷十《宣公》上，上海：上海古籍出版社，1997 年，第 564 页。

2 陈槃：《春秋大事表列国爵姓及存灭譔异》，上海：上海古籍出版社，2009 年，第 708-710 页；陈伟：《楚"东国"地理研究》，武汉：武汉大学出版社，1992 年，第 70-76 页；石泉：《从春秋吴楚边境战争看吴楚之间疆界所在》，见氏著《古代荆楚地理新探·续集》，武汉：武汉大学出版社，2004 年，第 304-305 页。

3 在此条记载之前，《春秋左传》于桓公元年（周桓王九年，郑庄公三十三年，前 711）经文称："夏四月丁未，公及郑伯盟于越。"传文云："夏四月丁未，公及郑伯盟于越，结祊成也。盟曰：'渝盟无享国。'"杜预注："公以篡立而修好于郑，郑因而迎之，成礼于垂，终易二田，然后结盟。垂，犬丘，卫地也。越，近垂，地名。"[《春秋左传注》，第 82 页；《左传（春秋经传集解）》卷二《桓公》，第 65-66 页]。这个"越"地位于鲁、郑之间，近垂，当也属于卫，显然与在吴之东南的"越"非一，不过是异地同名而已。一些研究越史的学者举这条材料，认为这里的"越"就是越国，并进而认为春秋早期越国已是天下强国，故鲁、郑二国会盟于越，是让越国作会盟的见证（如孟文镛著《越国史稿》，第 184-185 页），这一说法是完全没有根据的。

在此之后，中原诸国大抵将越与吴并提，然并不知其详。鲁襄公二十八年（周灵王二十七年，齐景公三年，前 545）冬十月，齐庆封田于莱，陈无宇（陈文子之子）从，陈文子将攻庆氏，使召无宇；庆嗣建议庆封速归齐都，庆封“弗听，亦无悛志”，庆嗣曰：“亡矣！幸而获在吴、越。”后庆氏败亡，先奔鲁，复奔吴，“吴句余予之朱方，聚其族焉而居之，富于其旧。”[1]然则，庆嗣所谓“幸而获在吴、越”，当主要是指“吴”而言，“越”不过是顺带提及。在此之前，成公七年（周简王二年，楚共工七年，吴王寿梦二年，前 584），“吴始伐楚、伐巢、伐徐，子重奔命。马陵之会，吴入州来，子重自郑奔命。子重、子反于是乎一岁七奔命。蛮夷属于楚者，吴尽取之，是以始大，通吴于上国。”[2]盖越国于此时服属于吴，并通过吴得与“上国”（诸夏）相通。

然越国服属于吴，并不稳固，故至吴王余祭时，吴复有伐越之举。《春秋左传》襄公二十九年（吴王余祭四年，前 544），经文云：“阍弑吴子余祭。”传文曰：“吴人伐越，获俘焉，以为阍，使守舟。吴子余祭观舟，阍以刀弑之。”[3]马王堆三号墓出土帛书《春秋事语》云：“吴伐越，复其民，以归，弗复［而］刑之，使守其周（舟）。……吴子余蔡观周（舟），闽（阍）人杀之。”[4]是知吴人伐越当在此之前。而在吴王余祭被杀之后八年，越国又参加了楚师伐吴之役，说明越国仍在吴、楚间摇摆，更多时候与楚结盟以抗吴。《春秋左传》昭公五年（周景王八年，楚灵

1 《春秋左传注》，第 1147-1148 页；《左传（春秋经传集解）》卷一八《襄公》五，第 1099-1101 页。
2 《春秋左传注》，第 835 页；《左传（春秋经传集解）》卷一二《成公》上，第 689 页。
3 《春秋左传注》，第 1153-1157 页；《左传（春秋经传集解）》卷一九《襄公》六，第 1111-1116 页。
4 裘锡圭：《帛书春秋事语校读》，《湖南省博物馆馆刊》2004 年第 1 期，第 92-150 页。

王四年，前537）经文谓：“冬，楚子、蔡侯、陈侯、许男、顿子、沉子、徐人、越人伐吴。”传曰：

> 冬十月，楚子以诸侯及东夷伐吴，以报棘、栎、麻之役。薳射以繁扬之师会于夏汭。越大夫常寿过帅师会楚子于琐。闻吴师出，薳启强帅师从之，遽不设备，吴人败诸鹊岸。楚子以驲至于罗汭。……楚师济于罗汭。沈尹赤会楚子次于莱山。薳射帅繁扬之师，先入南怀，楚师从之，及汝清，吴不可入。楚子遂观兵于坻箕之山。是行也，吴早设备，楚无功而还，以蹶由归。楚子惧吴，使沈尹射待命于巢，薳启强待命于雩娄，礼也。[1]

此役所涉及之地名，大抵皆在淮水中游南岸地区。夏汭，当即《水经注》卷三十所记夏肥水（今西淝河）入淮处；琐，杜注但云“楚地”；顾栋高《春秋大事表》卷七之四谓当在“今江南颍州府霍邱县东”，或近是；鹊岸，杜注云“庐江舒县有鹊尾渚”，应可从；罗汭、莱山、南怀、汝清地望均不可考，盖在楚、吴边界；坻箕之山亦当在淮水中游南岸不远处。此役中，楚师从西北向东南方向进军，在今霍邱县东之琐地会合前来参战之越师。石泉先生谓越人由南来，或即以今淠水为通道，盖以舟师溯江越湖而来。[2] 越大夫常寿过于此次帅师参与楚人伐吴之役后，似即留驻于淮水中游，并未返回越国。故至昭公十三年（周

1 《春秋左传注》，第1270-1272页；《左传（春秋经传集解）》卷二一《昭公》二，第1271-1272页。
2 石泉：《从春秋吴楚边境战争看吴楚之间疆界所在》，见《古代荆楚地理新探·续集》，第312-313页。

景王十六年，楚灵王十二年，前 529），常寿过乃裹入楚国内争，在薳氏、许围、蔡洧、蔓成然等鼓动下，发动叛乱，“围固城，克息舟，城而居之。”[1] 固城，当在今淠水西岸、霍邱县以南之固镇一带，息舟（或息、舟）则当在其附近。常寿过所部很可能为吴所阻隔，留驻楚国东境；无家可归之师，寄人篱下，故申之会，为楚灵王所辱，[2] 愤而举事。

昭公二十四年（周敬王二年，楚平王十一年，吴王僚九年，前 518），越又参加楚攻吴之役。《左传》云：“楚子为舟师以略吴疆。……越大夫胥犴劳王于豫章之汭，越公子仓归王乘舟。仓及寿梦帅师从王。王及圉阳而还。吴人踵楚，而边人不备，遂灭巢，及钟离而还。”[3] 豫章之汭及圉阳，皆当在淮水中游，与巢（当在今安徽桐城市南）、钟离（在今安徽凤台县东北）相近。越公子仓与大夫胥犴、寿梦并帅师从征，很可能是以越军主力参加楚征吴之役。

在此数十年间，越大抵已不仅是楚之“与国”，或更可能是楚的属国。昭公八年（前 534），楚灭陈，“执陈公子招，放之于越，杀陈孔奂。”[4] 楚把灭国之俘流于越，说明楚似将越视为属国。而越频繁参与楚征吴之役，在楚吴战争中发挥重要作用，则正可见出越、吴矛盾非常尖锐而深刻。由于越在吴之东南，虽然今见史籍中只有此一时期越溯江会楚师而征吴的记载，但可以揣测，越、吴在边界地带的冲突或迄未停息。《春秋》昭公三十二

---

1 《春秋左传注》，第 1344 页；《左传（春秋经传集解）》卷二三《昭公四》，第 1366 页。

2 《史记》卷四〇《楚世家》，北京：中华书局，1959 年，第 1706 页：“初，灵王会兵于申，僇越大夫常寿过，杀蔡大夫观起。”

3 《春秋左传注》，第 1452-1453 页；《左传（春秋经传集解）》卷二五《昭公》六，第 1510-1511 页。

4 《春秋左传注》，第 1300 页；《左传（春秋经传集解）》卷二二《昭公》三，第 1310 页。

年（吴王阖闾五年，前510）经文载：“夏，吴伐越。”左氏传称：“夏，吴伐越，始用师于越也。”[1] 由于吴在此前已与“中国”相通，公子季札更曾多次游历“诸夏”，《春秋》经及《左传》中关于此次吴越交争的记载，大抵主要来自吴国之“告”与吴、楚之传闻，故叙事多以吴为主体，而对于越国情形则不甚详悉。《左传》于此条下记史墨之言曰：“不及四十年，越其有吴乎？越得岁而吴伐之，必受其凶。”史墨，为晋赵简子的“史”，又作“史黯”。史墨之言，历来有不同解释，姑且不论，而由其言则可知，吴、越交争事，已为诸夏所知。定公五年（吴王阖闾十年，楚昭王十一年，前505），越趁吴师伐郢之机袭吴，《春秋》经书其事，谓“于越入吴。”左氏传云：“越入吴，吴在楚也。”[2] 叙事之主体则变为“越”（于越）。定公十四年（吴王阖闾十九年，楚昭王二十一年，前496），吴师伐越。《春秋》经书其事，作“五月，于越败吴于槜李。”左氏传曰：“吴伐越。越子勾践御之，陈于槜李。勾践患吴之整也，使死士再，禽焉，不动。使罪人三行，属剑于颈，而辞曰：‘二君有治，臣奸旗鼓，不敏于君之行前，不敢逃刑，敢归死。’遂自刭也。师属之目，越子因而伐之，大败之。”[3] 如此细致的描述，很可能来自越国。至哀公元年（吴王夫差二年，越王句践三年，前494）吴败越。《春秋》经文不载其事，左氏传曰：“吴入越，不书，吴不告庆、越不告败也。”[4] 据此则知，经文此前所书之吴越事，当多出于吴、越之“告”。而《左传》于

1 《春秋左传注》，第1516页；《左传（春秋经传集解）》卷二六《昭公》七，第1596页。

2 《春秋左传注》，第1549-1550页；《左传（春秋经传集解）》卷二七《定公上》下，第1636页。

3 《春秋左传注》，第1593、1595-1596页；《左传（春秋经传集解）》卷二八《定公》下，第1693、1696-1697页。

4 《春秋左传注》，第1607页；《左传（春秋经传集解）》卷二九《哀公》上，第1636页。

此役记载较详，特别是伍员谏吴王不纳越降之辞，则显然出自吴国之传闻。[1]

越国正式交通中原诸国之始，《左传》系于哀公二十一年（周元王二年，前474），谓："夏五月，越人始来。"杜注云："越既胜吴，欲霸中国，始遣使适鲁。"[2]而据上引《春秋》经传之文，则知吴王阖闾时期（其时之越王为允常），越国可能已与中原诸国相通闻。《史记》卷四一《越王句践世家》记句践会稽之败（事在哀公元年，前494）后，"拊循其士民，欲用以报吴"。大夫逢同谏曰："今夫吴兵加齐、晋，怨深于楚、越，名高天下，实害周室，德少而功多，必淫自矜。为越计，莫若结齐、亲楚、附晋，以厚吴。吴之志广，必轻战。是我连其权，三国伐之，越承其弊，可克也。"[3]结齐、亲楚、附晋之策实施情形如何不详，但可以断定，此时越已交结齐、晋等中原强国，与楚更有传统的联盟关系。或因为此故（更因为后来越胜吴败），《左传》于哀公十一年（吴王夫差十二年，越王句践十三年，前484）之后，至哀公二十二年（前473）吴、越间的战事，记载颇详，且多以越为叙事主体。如《左传》哀公十一年书吴伐齐事，谓："吴将伐齐，越子率其众以朝焉，王及列士，皆有馈赂。吴人皆喜……"哀公十三年（前482），越师伐吴，《春秋》经云："于越入吴。"传称："六月丙子，越子伐吴……吴人告败于王，王恶其闻也，自刭七人于幕下。"哀公十七年（前478），越复伐吴。《左传》记其事，作："三月，越子伐吴，吴子御之笠泽，夹水而陈。越子为左右句卒，使夜

1 《春秋左传注》，第1605-1607页；《左传（春秋经传集解）》卷二九《哀公》上，第1707-1708页。
2 《春秋左传注》，第1717页；《左传（春秋经传集解）》卷三〇《哀公》下，第1840页。
3 《史记》卷四一《越王句践世家》，第1743页。

或左或右，鼓噪而进。吴师分以御之。越子以三军潜涉，当吴中军而鼓之。吴师大乱，遂败之。”凡此，皆以越国为叙述主体，扬越而贬吴。[1] 哀公十九年（前476），越、楚发生交争。《左传》记曰：“春，越人侵楚，以误吴也。”[2] 将越人侵楚之目的一并指出，当出自越国方面。

黄池之会后，中原诸国对于越国所知渐多。哀公二十年（前475），越师已进围吴都，赵襄子家臣楚隆奉襄子之命前往吴越军前探视，先造越军，告越王句践曰：“吴犯间上国多矣。闻君亲讨焉，诸夏之人莫不欣喜，唯恐君志之不从，请入视之。”[3]“诸夏之人莫不欣喜”云云，固属外交辞令，然在吴师称霸中原的背景下，诸夏对拊强吴之背的越国抱有好感与期望，则甚可理解。其时华夏诸国盖对越甚有期望，也未见视越为蛮夷的记载。哀公二十二年夏四月，前此为吴所废、先奔鲁、复奔齐的邾隐公自齐奔越，以“吴为无道，执父立子”为由，向越国求助。越人送之归国，废黜吴所立邾君、隐公大子革。[4] 此事或颇得华夏诸国之认同。至哀公二十三年（前472），鲁国遂派出使节叔青出使越国，越亦遣使聘鲁；二十四年（越王句践二十六年，前471），鲁哀公亲赴越国，居留至翌年六月，则知鲁、越之间甚为亲密。[5]

越国平吴之后，“乃以兵北渡淮，与齐、晋诸侯会于徐州，

1 《春秋左传注》，第1664、1676、1707页。《左传（春秋经传集解）》卷二九《哀公》上，第1775、1790页；卷三〇《哀公》下，第1828页。

2 《春秋左传注》，第1717页；《左传（春秋经传集解）》卷三〇《哀公》下，第1837页。

3 《春秋左传注》，第1716页；《左传（春秋经传集解）》卷三〇《哀公》下，第1839页。

4 《春秋左传注》，第1719页；《左传（春秋经传集解）》卷三〇《哀公》下，第1842页。

5 《春秋左传注》，第1722-1723页；《左传（春秋经传集解）》卷三〇《哀公》下，第1840页。

至贡于周。周元王使人赐句践胙，命为伯。句践已去，渡淮南，以淮上地与楚，归吴所侵宋地于宋，与鲁泗东方百里。当是时，越兵横行于江、淮东，诸侯毕贺，号称霸王”。[1] 越既颇干预中原诸国事务，华夏之人遂往往视之为蛮夷，无复见其攻吴时“欣喜”之色。哀公二十六年（周元王七年，前469），越命皋如、舌庸帅师会鲁叔孙舒、宋乐茷致送被诸大夫逐出的卫侯辄归国。卫大夫公孙弥牟（文子）“致众而问”，曰：“君以蛮夷伐国，国几亡矣，请纳之。”[2] 径指越为“蛮夷”。二十七年二月，越遣大夫舌庸聘于鲁，与鲁、邾盟于平阳，鲁大夫季康子、叔孙文子、孟武伯皆从鲁哀公与盟。季康子病之，言及子赣，曰：“若在此，吾不及此夫！”杜注云：“耻从蛮夷盟。”[3] 是鲁国诸大夫亦视越为“蛮夷”。

总之，《春秋左传》中有关“越”的记载，在鲁定公五年（前505）越师伐吴之前，当主要来自吴、楚两国的“告”和传闻，华夏士人对越国并无直接认识；[4] 在此之后，越人可能逐渐直接交通中原，至越灭吴称霸，更直接与中原诸国接触，故华夏士人对越的认识渐趋丰富。然即使如此，直到春秋战国之际，华

---

1 《史记》卷四一《越王句践世家》，第1746页。

2 《春秋左传注》，第1728页；《左传（春秋经传集解）》卷三〇《哀公》下，第1852页。

3 《春秋左传注》，第1732-1733页；《左传（春秋经传集解）》卷三〇《哀公》下，第1858页。

4 我们认为在哀公元年之前，《春秋左传》中有关越的记载，主要来自吴、楚之告及传闻，还可举出一个重要的旁证。《国语》卷五《鲁语下》“孔丘论大骨”条：“吴伐越，堕会稽，获骨焉，节专车。吴子使来好聘，且问之仲尼，曰：‘无以吾命。’宾发币于大夫，及仲尼，仲尼爵之。既彻俎而宴，客执骨而问曰：‘敢问骨何为大？’仲尼曰：‘丘闻之：昔禹致群神于会稽之山，防风氏后至，禹杀而戮之，其骨节专车。此为大矣。’”（徐元诰撰，王树民、沈长云点校：《国语集解》，北京：中华书局，2002年，第202页）一般认为，《鲁语》乃出于当时人所记，其时代较早，应是春秋晚期至战国早期的作品，故此条记载应大致可信。据此，则知吴平越后，曾遣使至鲁国“好聘”，平越之事，得书于《春秋》，盖即源于吴使。

夏对越人仍不甚了解，今见春秋时期的文献中，对越国的族源、世系及其疆域均没有直接记载，大抵只知道越在吴之东南，境内有会稽山、甬东、冥，其西北邻吴，从属者又有“三夷”；越王（越子）之名，见于《左传》记载者只有勾践及其大子适郢。[1]

(二) 古本《竹书纪年》：来自晋（魏）国的记录

《竹书纪年》是战国时魏国的史书，晋武帝太康二年（281）出土于汲郡战国魏襄王墓中。原共有十三篇，叙述夏、商、西周和春秋、战国史事。周幽王以后用晋国纪年，三家分晋后用魏国纪年，至魏襄王二十年（前 299）为止。今见古本《竹书纪年》有关越的记载，均出于《史记》司马贞索隐之引述，共有七条。[2]

---

1 《左传》哀公十九年：“春，越人侵楚。以误吴也。夏，楚公子庆、公孙宽追越师，至冥。不及，乃还。”“秋，楚沈诸梁伐东夷。三夷男女及楚师盟于敖。”杜注：“冥，越地。”“三夷，从越之夷三种。敖，东夷地。”《春秋左传注》，第 1714 页；《左传（春秋经传集解）》卷三〇《哀公》下，第 1836 页。

2 《北堂书钞》（广州：南海孔氏三十有三万卷堂，光绪十四年，景宋刊本）卷一一四《武功部二 · 征伐三》“穆王伐大越”条引《竹书纪年》曰：“周穆王伐大越，起九师，东至九江，驾鼋鼍以为梁也。”（页五上）所见之“大越”，往往为部分学者指为春秋战国时期的“越”。然此句竹书原文如何，实不能确知。《广韵》（周祖谟著，《广韵校本》，北京：中华书局，2004 年，影印本）卷一（二十二“鼋”）所引作：“穆王十七年，起师至九江，以鼋为梁。”（第 115 页）《艺文类聚》（江绍楹校，上海：上海古籍出版社，1965 年，校点本）卷九《水部下》“桥”字下所引为：“周穆王三十七年，伐楚，大起九师，至于九江，比鼋鼍为梁。”（第 181 页）《太平御览》（北京：中华书局，1960 年，影印本）卷七三《地部》“桥”所引作：“周穆王七年，大起师，东至于九江，架鼋鼍以为梁。”（第 343 页）同书卷三〇五《兵部》“征伐下”所引作：“周穆王四十七年，伐纡，大起九师，东至于九江，比鼋以为梁。”（第 1402 页）同书卷九三二《鳞介部》“鼋”所引作：“穆王三十七年，起师，至九江，以鼋为梁也。”（第 4144 页）《初学记》（北京：中华书局，1962 年）卷七《地部下》“桥”所引为：“周穆王三十七年，东至于九江，比鼋鼍以为梁。”（第 158 页）《文选》（《六臣注文选》，北京：中华书局，1987 年，影印本）卷一二郭景纯《江赋》“想周穆之济师，驱八骏于鼋鼍”句下李善注所引作：“周穆王三十七年，征伐，大起九师，（转下页）

（1）“晋出公十年十一月，于粤子句践卒，是为菼执。”[1]晋出公十年为周贞定王四年、越王句践三十二年（前465）。据上引《左传》，当越师围吴之时，晋国执政的赵襄子曾派家臣楚隆前往军前察看，盖与越早已有联系。而越国一举覆灭进逼齐、晋的吴国，故颇得晋国之好感。晋国史官于句践卒后，书此一条，盖有以也。“是为菼执”句，诸家皆无解。菼，《诗·卫风·硕人》“葭菼揭揭”句下毛传曰：“菼，薍也。”朱熹集传曰：“薍也，亦谓之荻。”[2]《说文》“薍”下云：“剡也，从艹，乱声，八月薍为苇也。”“剡”字下云：“雚之初生，一曰薍，一曰騅，从艹，剡声。菼，剡，或从炎。”则“菼”又作“剡”，是一种初生的芦苇。[3]《尔雅·释草》释“菼”为“薍”，郭璞注：“菼，似苇而小，实中，江东呼为乌蓲。”[4]也释“菼”为较小的苇荻。执，当作“势”解。《说文》“禾”部：“穜，执也，从禾，童声。”[5]穜，《周礼·天官·内宰》“而生穜稑之种”句下郑玄注引郑司农曰：“先种后孰谓之

（接上页）东至于九江，叱鼋鼍以为梁。”（第245页）同书卷一六江文通《恨赋》“方架鼋鼍以为梁，巡海右以送日注”句下李善注所引为：“周穆王三十七年，伐纣，大起九师，东至于九江，叱鼋鼍以为梁。”（第304页）诸书所引，文字或有不同，然除《北堂书钞·武功部》所引外，均无“大越”字样。方诗铭先生以为此条所记当即穆王伐徐事，其所攻即徐偃王。方氏又引《楚辞·离骚》“麾蛟龙使梁津兮”句下王逸注：“似周穆王之越海，此鼍鼋以为梁也。”认为《北堂书钞》引作“伐大越”者，当为“越海”之误（方诗铭、王修龄：《古本竹书纪年辑证》，修订本，上海：上海古籍出版社，2005年，第52-54页）。因此，引用此句《竹书纪年》文字，以证早在周穆王时，即已有征伐越人之事，在文献学上是靠不住的。故本文未将这条记载列入与越有关的记载中。

1 《史记》卷四一《越王句践世家》，“句践卒”句下索隐引，第1747页。

2 王先谦：《诗三家义集释》卷三下《卫风·硕人》，北京：中华书局，1987年，第287页。

3 许慎：《说文解字》，北京：中华书局，1963年，第20页。

4 郭璞：《尔雅注疏》卷八《释草》，北京：中华书局，1962年，《十三经注疏》本，影印本，第343页。

5 许慎：《说文解字》，第144页。

穜。”[1]然则，“茇执”之意，当是说一种荻先种而后熟。正是对句践一生颇历磨难、后乃大成的总结。因此，此“茇执”当是句践卒后的谥称。如所说不误，则知句践（金文多作“九戋”）卒后或谥称“茇执”。

（2）“（卫悼公）四年卒于越。”[2]事在晋出公十年（前465），亦即句践卒之同年。按：卫悼公之立，见《左传》哀公二十六年（晋出公六年，前469）。卫悼公何时如越不详，然在此之前，卫出公在越师帮助下试图归国复位而未果，出亡越国，亦卒于越；悼公之如越，或与卫出公之丧有关。然则，两代卫君均卒于越国。

（3）“于粤子勾践卒，是茇执。次鹿郢立，六年卒。”[3]《史记》正文谓继承句践王位者为“鼫与”。索隐引乐资云：“越语谓鹿郢为鼫与也。”然据今见越王者旨于赐钟、越王者旨于赐剑（四件）、越王者旨于赐矛（二件）、越王者旨于赐戈（二件）铭文，可知继句践之位者名“者旨于赐”[4]，“鼫与”二字当为“者旨于赐”之异写。[5]然则，者旨于赐、鼫与皆当为古越语之对写。鹿郢，《左传》哀公二十四年作“适郢”。“适”，甲骨文作“”；金文写作“”；《说文》“”。“鹿”字，甲骨文写作“”；金文作“”；《说文》作“”。颇疑晋时荀勖、和峤整理汲冢书时，

1 孙诒让：《周礼正义》卷一三《天官·内宰》，北京：中华书局，1987年，第523页。

2 《史记》卷三七《卫康叔世家》，“悼公五年卒”句下索隐引，第1603页。

3 《史记》卷四一《越王句践世家》，“子王鼫与立”句下索隐引，第1747页。

4 董楚平：《吴越徐舒金文集释》，杭州：浙江古籍出版社，1992年，第162-170、213-218、222-227页。

5 马承源：《越王剑·永康元年神禽兽镜》，《文物》1962年第12期；林沄：《越王者旨于赐考》，《考古》1963年第8期；陈梦家：《蔡器三记》，《考古》1963年第7期。

误释“适”字为“鹿”。如所说不误，则“鹿郢”当为“适郢”之误，而“适郢”则当是“者旨于赐”“鼫与”的另一种异写。

（4）“不寿立十年见杀，是为盲姑。次朱句立。”[1] 据上引竹书文，适（鹿）郢立六年卒，当在晋出公十六年（周贞定王十年，前459），与《史记》所记相合。不寿继鼫与（适郢）立，王十年被杀，卒于晋敬公四年（周贞定王二十九年，赵襄子二十八年，前448）。“盲姑”，诸家亦皆无解。以上引竹书谓句践卒“是为菼执”之例，“盲姑”亦当为不寿之谥。按：盲姑，当即“盲瞽”。《说文》“目部”：“盲，目无牟子。从目，亡声”；“瞽，目但有眹也。从目，鼓声。”[2] 是“盲瞽”二字实为恶谥，当是不寿被杀后被给予的谥号。[3] 朱句，当即金文所见之“州句”。传世之“越王州句”剑有十件，矛一件，铭文或作“戉王州句自乍用佥”，或为“戉王州句自乍用矛”，[4] 知州句、朱句皆当为同音之异写。《史记》记继不寿为越王者名“翁”。《说文 · 羽部》：“翁，颈毛也，从羽，公声。”[5] 盖“翁”古音与“句”（勾）相近，则“翁”当为朱句之名的另一种异写。

---

1 《史记》卷四一《越王句践世家》“王鼫与卒，子王不寿立。王不寿卒”句下索隐引，第1747页。

2 许慎：《说文解字》，第73页。

3 传世的越国铜器中，有一件“越大子不寿”矛（上海博物馆藏），两件“越王盲姑”剑（《吴越徐舒金文集释》，第219-221、227-229页）。如果按照我们的解释，两件“越王盲姑”剑就应当是不寿被杀后的随葬品。然上海博物馆所藏越王盲姑剑剑格正面左右各铭“戉王丌北古”五字，背面左右各铭“自乍用□自”五字，剑首环铭“戉王丌北自乍□之用之佥□”十二字（马承源：《越王剑 · 永康元年神禽兽镜》，《文物》1962年第12期）。据马先生考释，“丌北古”就是越王盲姑，应可从。然越兵铭文所谓“自乍用佥”之类表达，并不能径理解为器主生前所作，或只是铸造兵器时之惯用语。

4 董楚平：《吴越徐舒金文集释》，第236-247页。

5 许慎：《说文解字》，第75页。

（5）“于粤子朱句三十四年灭滕，三十五年灭郯，三十七年朱句卒。”[1]据上条竹书所记，朱句于晋敬公四年（前448）立，三十四年当为晋烈公元年（魏文侯三十一年，韩武子十年，楚简王十七年，前415）。滕为姬姓侯国，都在今山东滕州西南；郯为己姓子国，都在今山东郯城县西南。[2]朱句在位三十七年（前448—412），后期灭亡滕、郯等国，其北疆当已与宋、鲁等国接壤。朱句之世，当是句践之后越国扩张的又一时期。

朱句灭郯事又见于《水经注》卷二五《沂水》篇所引《竹书纪年》，谓：“晋烈公四年，越子朱句灭郯，以郯子鸪归。”[3]引文与《史记》索隐所引不同，说明竹书原文当较今见者为详。

（6）“翳三十三年迁于吴，三十六年七月太子诸咎弑其君翳，十月粤杀诸咎。粤滑，吴人立子错枝为君。明年，大夫寺区定粤乱，立无余之。十二年，寺区弟忠弑其君莽安，次无颛立。无颛八年薨，是为菼蠋卯。”[4]翳继朱句（翁）而立，事在魏文侯三十四年（前412）；三十三年迁于吴，当在魏武侯十七年（周安王二十三年，楚肃王二年，齐侯剡五年，前379）；又三年（周安王二十六年，魏武侯二十年，前376），翳为太子诸咎所杀，诸咎又为粤所杀，粤立诸咎之子错枝为王；粤复为大夫寺区所杀，寺区立无余之为王（当为翳之子），事在魏武侯二十一年（周烈王元年，前375）。

---

1 《史记》卷四一《越王句践世家》，“王翁卒”句下索隐引，第1747页。

2 陈槃：《春秋大事表列国爵姓及存灭表撰异》，上海：上海古籍出版社，2009年，第25-29、723-735页。

3 杨守敬、熊会贞：《水经注疏》卷二五《沂水》，南京：江苏古籍出版社，1989年，第2172页。

4 《史记》卷四一《越王句践世家》，“子王翳立。王翳卒，子王之侯立”句下索隐引，第1747页。

翳三十三年（前379）迁都于吴，乃越国历史上之大事，然其事不见于他处记载；翳为越王长达三十六年，今见越国铜器中亦未见翳为器主者。颇疑其时越国已衰退，或其所统吴国故地颇生变乱，致越人无力控制其广大疆域。诸咎、无余之皆当为翳子。诸咎，金文作“者汈”。[1]《史记》记翳卒，子之侯继立。咎，《说文 · 人部》：“咎，灾也。从人，从各。”[2]其甲骨文作“”，金文作“”，篆文作“”。侯，本字作“矦”，《说文 · 矢部》：“春飨所躲矦也。从人，从厂，象张布，矢在其下。”[3]其甲骨文作“”，金文作“”，篆文作“”。颇疑当年荀勖、和峤等整理竹书时，误将“矦”释作“咎”。如所说不误，则《史记》所记“之侯”、竹书“诸咎”（当为“诸侯”之误）、金文“者汈”皆当为一名之异写。

无余之立为越王后十二年（周显王六年，梁惠王七年，前363），越国又发生一次变乱。竹书但称“寺区弟忠弑其君莽安，次无颛立。”莽安，或即无余之的谥称。无颛，《史记》索隐认为即无强之兄，应可从；无强，据《史记》正文，当为之侯（即竹书所见之“诸咎”）子，则无颛亦当为之侯子。无颛在位八年卒，当在周显王十四年（梁惠王十五年，前355）。“菼蠋卯”三字，历来亦均无释。今按：蠋，即“蜀”。《说文 · 虫部》：“蜀，葵中蚕也。从虫，上目，象蜀头形，中象其身蜎蜎。《诗》曰：‘蜎蜎者蠋’。”[4]《诗 · 豳风 · 东山》“蜎蜎者蠋”句下毛传曰：“蜎蜎，

---

1 郭沫若：《者汈钟铭考释》，《考古学报》1958年第1期；何琳仪：《者汈钟铭校注》，《古文字研究》第17辑，北京：中华书局，1989年，第147-159页；董楚平：《吴越徐舒金文集释》，第170-195页。

2 许慎：《说文解字》，第167页。

3 许慎：《说文解字》，第110页。

4 马端辰：《毛诗传笺通释》卷十六《豳风》，北京：中华书局，1989年，第478页。

蠋貌，桑虫也。”[1]《韩非子·说林下》：“鳣似蛇，蚕似蠋。人见蛇则惊骇，见蠋则毛起。”[2]则蠋为恶虫，与桑蚕异。卯，疑为“卵”字之误，盖篆书“卯”作“”，“卵”作“”，形近而易讹。若然，则“莰蠋卵（卯）”当为无颛之谥，意谓“嫩苇叶上一种恶虫的卵”，亦为恶谥。

（7）“粤子无颛薨后十年，楚伐徐州。”[3]按：索隐所引此句竹书当为节引，并非原文，其原文如何已不可知。无颛卒后之越王，当即无强（无颛弟）。无颛薨后十年，当即越王无强十年，亦即梁惠王二十五年（周显王二十四年，楚宣王二十五年，前345）。此次楚伐徐州不见他书记载，然与《史记》所记楚威王七年（齐威王二十四年，前333）的徐州之役并非一事，则无疑问。

（三）《国语》之《吴语》《越语》篇：越人的述说

今本《国语》之《吴语》《越语》篇专记二国争霸事，而多兵家权谋之语，特别是《越语下》只记范蠡，语言讲究对仗押韵，作成时代当最晚，但也不会晚过战国末叶，盖马王堆汉墓出土的帛书《黄帝书》中有不少同于《越语下》的句子，其抄写时间当在秦汉之际。[4]然则，今本《国语》之《吴语》《越语》篇究成于何人之手、所反映的是何人观点与言论呢？

《越语下》作成最晚，议论色彩最为浓厚。就其内容言，《越

1 许慎：《说文解字》，第279页。

2 王先慎撰，钟哲点校：《韩非子集解》卷八《说林》下，北京：中华书局，1998年，第186页。

3 《史记》卷四一《越王句践世家》“楚威王兴兵而伐之，大败越，杀王无强，尽取吴故地至浙江，北破齐于徐州”句下索隐引，第1751页。

4 王树民：《国语集解前言》，见徐元诰撰，王树民、沈长云点校：《国语集解》，修订本，北京：中华书局，2002年，第4页。

语下》可分为四部分:（1）自“越王句践即位三年”至“令大夫种为之”（今本第一节），记句践即位之三年（鲁哀公元年，吴王夫差二年，前494），欲伐吴，范蠡进谏句践，宜持盈、定倾、节事；越师败绩，栖于会稽，范蠡上以“卑辞尊礼”以事吴之策;句践归国，范蠡对以节事、待时、因天之计。（2）自“四年，王召范蠡而问焉”至“王姑待之”（今本第二、三、四、五节），分记范蠡谏句践待时而动之语：反国之四年（鲁哀公九年，吴王夫差十年，越王句践十一年，前486），范蠡劝句践勿早图吴，以天时不至也；又一年，范蠡谓伐吴之天应未至；又一年，范蠡言伐吴之天应已至而人事未备；又一年，范蠡言人事必与天地相参,然后方可以成功。（3）自“至于玄月”至“遂灭吴”（今本第六、七节），记越伐吴过程中范蠡的建议与计谋：范蠡先建议句践兴师伐吴而弗与战；居军三年，吴师溃，范蠡谏句践勿许吴成卒灭吴。（4）自“反至五湖”至篇末（今本第八节），记范蠡乘轻舟以浮于五湖。其中，第四部分实为缀述，而前三部分则为范蠡为句践灭吴所谋划之计策。《史记》卷一二九《货殖列传》云：

昔者越王句践困于会稽之上，乃用范蠡、计然。……范蠡既雪会稽之耻，乃喟然而叹曰：“计然之策七，越用其五而得意。既已施于国，吾欲用之家。”乃乘扁舟，浮于江湖，变名易姓，适齐为鸱夷子皮；之陶，为朱公。[1]

1 《史记》卷一二九《货殖列传》，第3256-3257页。

计然，集解引徐广及索隐引韦昭注并以为人名，乃范蠡之师；蔡谟以为非人名，乃范蠡所著书之篇名，钱穆先生详证之，当可从。[1]范蠡既称“计然之策七，越用其五而得意”，则《计然》本多兵家权谋之策。《货殖列传》节引《计然》句云：“知斗则修备，时用则知物，二者形则万货之情可得而观已。”其所反映之意旨正与《越语下》所记范蠡谏句践宜持盈、定倾、节事之辞相符。故颇疑《越语下》实据范蠡《计然》篇而改写者，源于范氏《计然》篇。而《越语下》末节称：

> （范蠡）遂乘轻舟以浮于五湖，莫知其所终极。王命工以良金写范蠡之状而朝礼之，浃日而令大夫朝之，环会稽三百里者以为范蠡地，曰：“后世子孙，有敢侵蠡之地者，使无终没于越国，皇天后土、四乡地主正之。”[2]

此言当系作成此篇者为彰大范蠡功业的夸张之辞，不能信靠，然却正透露出《越语下》之撰作者的真实意图，乃是为以范子为代表的兵权谋家张目。

《越语上》围绕句践灭吴事而展开，行文结构最为紧凑，约可分为三部分：（1）自“越王句践栖于会稽之上”至“夫差与之成而去”，记文种进谋，行成于吴；伍子胥谏阻吴王夫差许越行成；越赂吴大宰嚭，夫差许成。（2）自“句践说于国人”至“民俱有三年之食”，记句践谢罪于民，卑事夫差，卧薪尝胆，生聚

1 钱穆：《计然乃范蠡著书篇名非人名辨》，见氏著《先秦诸子系年》，北京：中华书局，1985 年，第 103-107 页。

2 《国语集解》卷二一《越语下》，第 588-589 页。

教训。（3）自“国之父兄请曰”至文末，记越民请雪国耻，越兴师伐吴，三败吴师；句践不许吴成，遂灭吴。其行文称句践为“越王”，而径称夫差以名，叙事议论显然站在越国立场上，记句践、文种言行皆颇具体、可信。因此，《越语上》当本诸越国自身的记载。

《吴语》的行文结构较为复杂，一波三折。就其内容而言，亦大致可分为四部分：（1）自“吴王夫差起师伐越”至“吴王乃许之，荒成不盟”（今本第一、二节），记吴师败越，越王句践纳大夫种之谋，命诸稽郢行成于吴；夫差不纳申胥之谏，许越成。（2）自“吴王夫差既许越成”至“而投之于江”（今本第三、四、五节），记夫差不听申胥之谏，伐齐，败之于艾陵；夫差使行人奚斯释言于齐；夫差责申胥，申胥自杀。（3）自“吴王夫差既杀申胥”至“伯父秉德已侈大哉”（今本第六、七、八节），记夫差北征，会晋公于黄池；越趁机起师伐吴，入其郛；吴王君臣商讨对策，定议先主盟会然后回师；吴师整军威摄晋师，与晋国交涉，得为盟主；夫差退于黄池，使王孙苟告劳于周。（4）自“吴王夫差还至黄池”至文末（今本第九节），记越灭吴，夫差自杀。

综观《吴语》全篇，大抵以叙事为主，而叙事又以时间先后为序，并不专事议论。其行文称夫差为“吴王”，然亦称句践为“越王”，与《越语上》尊句践而贬夫差异。其所记内容，夫差不纳申胥之谏、责申胥逼令其自杀之辞，以及吴王君臣商讨对策、定议先主盟会然后回师，吴陈兵欲与晋战、晋大夫董褐与吴王夫差问答之辞，王孙茍与周王应答之辞，均甚为详悉，出于吴国史官之记载应无疑问。然末一节有关越灭吴始末之记载，却先叙越大夫种倡谋伐吴，然后记楚申包胥使越、越王句践问战，以及越王召五大夫问战，再后记越王辞夫人及诸大夫、徇军誓师，最后记越、吴会战，大败吴师，越不许吴成、卒灭吴，叙述之主体不再是吴国而变为越国，颇启人疑窦。实际上，《吴语》第一节言文种之谋，亦以越国为叙述主体。因此，《吴语》首尾两节叙事皆以越为主体，与中间各节叙事以吴为主体，显然不同，以致有论者认为《吴语》首、尾两节可能是《越语上》的错简。[1]然若将此两节加入《越语上》，则其所述内容势必重复而且冲突，因此，不太可能是《越语上》的错简。即便是在以吴为叙事主体的中间各节，对吴王夫差也多有贬斥，而于越王句践则多褒扬。如第三节记申胥谏阻与越成之辞，谓“越王好信以爱民，四方归之，年谷时熟，日长炎炎”，而吴王则“盖威以好胜”。又谏阻夫差伐齐，称道“越王句践恐惧而改其谋，舍其愆令，轻其征赋，施民所善，去民所恶，身自约也，裕其众庶，其民殷众，以多甲兵”；而称吴王夫差（“今王”）则“既变鲧、禹之功，而高高下下，以罢民于姑苏。天夺吾食，都鄙荐饥。”[2]此类言语，虽为劝谏之辞，似亦不当如此崇隆敌方而贬低己方，颇疑其非出自吴国记载，而是越国取胜后所“增益”改写者。至于申胥遗言悬目于吴之东门、以见越入吴亡以及吴王夫差“使取申胥之尸，盛以鸱夷，而投之于江”的记载，更不能具信，必皆出于越灭吴后之追述或传说。凡此，皆使我们倾向于相信：《吴语》乃是越国灭亡吴国后，以吴国记载为基础，站在越国的立场上，

---

1 张以仁：《从国语与左传本质上的差异试论后人对国语的批评》，见氏著《春秋史论集》，台北：联经出版事业公司，1990 年，第 105-182 页，特别是第 171-173 页。

2 《国语集解》卷一九《吴语》，第 540 页。

加以改写而成的。

如果上述辨析不误，那么，今本《国语》中《吴语》《越语上》《越语下》三篇皆当出自越人之手，或是站在越国立场上撰写的，大抵均反映了越人自身对越（越人、越国）的看法。除了具体史事的叙述之外，其中涉及越人族源、越国制度与疆域等问题者，主要有如下四点：

（1）越本蛮夷小国，不入周室爵列，居于东海之滨。《越语下》范蠡答求成之吴使王孙雒曰：

> 昔吾先君固周室之不成子也，故滨于东海之陂，鼋鼍鱼鳖之与处，而鼃黾之与同渚。余虽腼然而人面哉，吾犹禽兽也，又安知是谗谗者乎？

“不成子”，韦昭解云：“子，爵也。言越本蛮夷小国，于周室爵列不能成子也。周礼，诸子之国，封疆方二百里。”[1]范蠡之言，虽系外交辞令，为拒吴请，自卑以不知礼义，然仍可见出越人自以“周室之不成子”自居，即自认不入周室爵列，与吴汲汲以太伯后裔自许迥异。又其居地滨于东海之陂，“鼋鼍鱼鳖之与处”，强调其居于海滨水乡，与中原诸国异。

（2）当句践之时，越国有五大夫，有“国”，行军则有左右军与中军之别；越国有较为强大的水师。《吴语》记句践欲伐吴，“乃召五大夫”问之，其下见有五大夫之名，即舌庸、苦成、文种、范蠡与皋如。越王又“命有司大令于国曰：‘苟任戎者，皆

1 《国语集解》卷二一《越语下》，第 587 页。

造于国门之外。'” 则知其时越国都城当筑有城垣。[1]《吴语》又记越师与吴师隔江对阵，“越王乃中分其师，以为左右军，以其私卒君子六千人为中军。”[2] 当越王栖于会稽之时，文种使吴，称越仍“有带甲五千人，将以致死”，盖其时越军残部当不足五千人。至伐吴之时，以“私卒君子”而组成的中军即有六千人，越军总数远超此数，然估计亦不过数万人。又《吴语》记吴王夫差会晋公午于黄池，“于是越王句践乃命范蠡、舌庸，率师沿海泝淮以绝吴路。”则知越军水师已可远渡东海，有较强实力。

（3）越、吴二国生存环境与生活方式相对一致。《越语上》载子胥谏阻吴王夫差许越成之言曰：

> 夫吴之与越也，仇雠敌战之国也。三江环之，民无所移，有吴则无越，有越则无吴，将不可改于是矣。员闻之，陆人居陆，水人居水。夫上党之国，我攻而胜之，吾不能居其地，不能乘其车。夫越国，吾攻而胜之，吾能居其地，吾能乘其舟。此其利也，不可失也已，君必灭之。[3]

三江，韦注以岷江（即长江）、松江（即吴淞江）、浙江（即钱塘江）当之，或可从。“上党之国”，韦注：“党，所也。上所之国，谓中国。”此以吴、越合称，谓吴越二国为三江所环绕，居于水，乘舟，生存环境与生活方式相对一致；而“上党之国”（中国）则居于陆，乘车，生存环境与生活方式与吴、越异。

---

1 《国语集解》卷一九《吴语》，第 558 页。

2 《国语集解》卷一九《吴语》，第 560 页。

3 《国语集解》卷二〇《越语上》，第 568-569 页。

（4）越国灭吴前，疆域大致包括今浙江省北、中、东部的杭、嘉、绍、宁地区。《越语上》述越为吴所败后，句践率宦士三百人入吴，卑事夫差，其时，“句践之地，南至于句无，北至于御儿，东至于鄞，西至于姑蔑，广运百里。”[1]句无，韦昭注：“今诸暨有句无亭。”沈镕曰：“今浙江诸暨县五十里有句乘山，《括地志》以为即句无也。”御儿，又见于《吴语》，韦注：“越北鄙，在今嘉兴。”徐元诰按语称：“御儿，即春秋之槜李地也。御，《汉书》两越传作‘语’。今浙江崇德县东南一里有语溪，即御儿乡地也。”[2]鄞，韦注：“今鄞县是也。”沈镕曰：“今浙江奉化县东五十里有赤堇山，即越之鄞邑，亦曰鄞城山。”姑蔑，韦注：“今太末是也。”沈镕曰：“今浙江龙游县北有姑蔑城，故姑蔑地也。”然则，当越王句践栖于会稽之时，其所统境域大致在今浙江杭州、嘉兴、绍兴、宁波地区。这里应当是春秋晚期越国的核心地带。越国灭吴后，疆域当有大幅度扩张，然由今见记载看，越国扩张的主要方向是在吴国故地及江淮地区，并未向南、西南方向推进。换言之，到战国时期，越国在浙赣地区的势力范围，大抵仍集中于今浙江东部、北部与中部地区，其向南、西南方向上的推进都相当有限，并未及于今江西，更未及于闽粤地区。

（四）诸子书中有关“越”的记载与认识

1.《墨子》有关“越”的记载

先秦诸子中，墨子曾长期居于鲁，其所处时代正是越国灭

1 《国语集解》卷二〇《越语上》，第570页。

2 《国语集解》卷一九《吴语》“吾用御儿临之”句下集注，第556页。

吴之后、称霸中原的战国前期（约前468—前376），而此一时期鲁、越间交往甚密，故今本《墨子》述及越事甚多。其《亲士》云："昔者文公出走而正天下，桓公去国而霸诸侯，越王句践遇吴王之丑，而尚摄中国之贤君。三子之能达名成功于天下也，皆于其国抑而大丑也。"《所染》谓："齐桓染于管仲、鲍叔，晋文染于舅犯、高偃，楚庄染于孙叔、沈尹，吴阖闾染于伍员、文义，越句践染于范蠡、大夫种。此五君者所染当，故霸诸侯，功名传于后世。"[1] 皆以越王句践与齐桓公、晋文公、楚庄公、吴王阖闾并列。又《非攻下》称："今天下好战之国，齐、晋、楚、越，若使此四国者得意于天下，此皆十倍其国之众，耐水能食其地也。"[2] 反映的正是战国早期的观念。据墨子弟子所录墨子言行的《鲁问》篇记载：

> 子墨子游公尚过于越。公尚过说越王，越王大说，谓公尚过曰："先生苟能使子墨子于越而教寡人，请裂故吴之地，方五百里，以封子墨子。"公尚过许诺，遂为公尚过束车五十乘，以迎子墨子于鲁，曰："吾以夫子之道说越王，越王大说，谓过曰：'苟能使子墨子至于越，而教寡人，请裂故吴之地，方五百里，以封子。'"子墨子谓公尚过曰："子观越王之志何若？意越王将听吾言，用我道，则翟将往，量腹而食，度身而衣，自比于群臣，奚能以封为哉？抑越不听吾言，不用吾道，而吾往焉，则是我以义粜也。钧之粜，亦

1 吴毓江撰，孙启治点校：《墨子校注》卷一《亲士》，北京：中华书局，1993年，第1页；卷一《所染》，第16页。《亲士》篇所述，多与儒言相近，前人或疑为伪作。

2 《墨子校注》卷五《非攻下》，第219-220页。

于中国耳，何必于越哉？”[1]

此事之真实性虽不能确定，然墨子尝欲适越，大抵有据，其事大致在越王朱句（翁）在位时期。又《兼爱中》记子墨子在论及“君悦臣行”时举例说：

> 昔越王句践好士之勇，教驯其臣，（和合之）[私令人]焚舟失火，试其士曰：“越国之宝尽在此！”越王亲自鼓其士而进之。士闻鼓音，破碎乱行，蹈火而死者，左右百人有余。越王击金而退之。[2]

《兼爱下》亦称：

> 昔者越王句践好勇，教其士臣三年，以其知为未足以知之也，焚舟失火，鼓而进之，其士偃前列，伏水火而死，不可胜数也。当此之时，不鼓而退也，越国之士可谓颤矣。故焚身为其难为也，然后为之，越王说之，未逾于世而民可移也，即求以乡上也。[3]

则知《墨子》于越国故事颇有所闻，故频举以为证。

分析今本《墨子》诸篇有关越的记载，大致反映出如下四点认识：

1 《墨子校注》卷一三《鲁问》，第 737 页。
2 《墨子校注》卷四《兼爱中》，第 159-160 页。
3 《墨子校注》卷四《兼爱下》，第 180 页。

（1）越与楚、吴并列，并非“蛮夷”。《兼爱中》记子墨子述及“古者禹治天下”，疏通河渠，“南为江、汉、淮、汝，东流之，注五湖之处，以利荆、楚、干、越与南夷之民。”[1]干，即邗，指吴。此以荆楚吴越与“南夷”并提，显然未将荆楚吴越包括在“南夷”之内。《非攻中》述及吴王阖闾、夫差之功业，谓：

> 古者吴阖闾教七年，奉甲执兵奔三百里而舍焉，次注林，出于冥隘之径，战于柏举，中楚国而朝宋与及鲁。及至夫差之身，北而攻齐，舍于汶上，战于艾陵，大败齐人而葆之大山；东而攻越，济三江五湖，而葆之会稽，九夷之国莫不宾服。[2]

是以吴所统者有“九夷之国”，而越不与焉。又《非葬下》谓：“昔者，越之东有輆沐之国者，其长子生，则解而食之，谓之‘宜弟’；其大父死，负其大母而弃之，曰‘鬼妻不可与居处’。”[3]显然是以越之东的“輆沐之国”为蛮夷，而越则非其同类。而在据信为墨子弟子所记墨子言论的《公孟》篇中，墨子在与公孟子论及“行不在服”时说：

> 昔者齐桓公高冠博带，金剑木盾，以治其国，其国治。昔者晋文公大布之衣，牂羊之裘，韦以带剑，以治其国，其国治。昔者楚庄王鲜冠组缨，绛衣博袍，以治其国，其国治。昔者越王句践剪发文身，以治其国，其国治。此四君者，其

1 《墨子校注》卷四《兼爱中》，第 160 页。

2 《墨子校注》卷五《非攻中》，第 204 页。

3 《墨子校注》卷六《非葬下》，第 267-268 页。

服不同，其行犹一也。翟以是知行之不在服也。[1]

此处虽称越王句践“剪发文身，以治其国”，然以句践与齐桓、晋文、楚庄并列，并无视越为蛮夷之意。

（2）越之先，出自有遽。《非攻下》引“好攻伐之君”之言曰：“昔者楚熊丽始封此睢山之间，越王繄亏出自有遽，始邦于越，唐叔与吕尚邦齐、晋。此皆地方数百里，今以并国之故，四分天下而有之。”[2]吴毓江认为“繄亏”即《史记·越王句践世家》索隐引《纪年》所记之越王翳（为句践之后四世之越王）。这里将“有遽”与楚熊丽、唐叔、吕尚并举，分别为越、楚、晋、齐立邦之君，然并未言及其族源。

（3）春秋战国间越人之势力确曾及于齐、鲁之东滨海地带。《非攻中》子墨子举例以证攻战之非云：

东方有莒之国者，其为国甚小，间于大国之间，不敬事于大，大国亦弗之从而爱利。是以东者越人夹削其壤地，西者齐人兼而有之。计莒之所以亡于齐、越之间者，以是攻战也。[3]

春秋中晚期之莒国，在今山东莒县，自古无异辞。莒东（当为南）受越人夹削，西（当为北）被齐国兼并，说明春秋战国之际，越人势力确曾到达鲁东南滨海地带。

（4）越人善用舟，舟战为胜，尝与楚争战江淮间。《鲁问》载：

---

1 《墨子校注》卷一二《公孟》，第 703 页。

2 《墨子校注》卷五《非攻下》，第 221 页。

3 《墨子校注》卷五《非攻中》，第 203 页。

> 昔者楚人与越人舟战于江，楚人顺流而进，迎流而退，见利而进，见不利则其退难。越人迎流而进，顺流而退，见利而进，见不利则其退速，越人因此若埶，亟败楚人。公输子自鲁南游楚焉，始为舟战之器，作为钩强之备，退者钩之，进者强之，量其钩强之长，而制为之兵。楚之兵节，越之兵不节，楚人因此若埶，亟败越人。公输子善其巧，以语子墨子曰……[1]

公输般游楚时间，据钱穆先生所考，当在楚惠王四十四年（周贞定王二十四年，前445）以前。[2] 盖其时楚东侵江淮间，楚越间多水战，初以越舟师较胜，后公输般入楚，而楚乃得胜算。

2.《庄子》有关“越”的记载

庄子属于战国中期人（约前369—前286）。今本《庄子》中，“内篇”七篇当为庄子所写，“外篇”十五篇则大抵为庄子之弟子们所写，反映的也基本是庄子的思想；“杂篇”十一篇则为庄子学派或后来的学者所写。其内篇第一《逍遥游》云：“宋人资章甫而适越，越人断发文身，无所用之。”[3] 是以越人断发不冠，与华夏不同。又杂篇《让王》称：

> 越人三世弑其君，王子搜患之，逃乎丹穴。而越国无君，求王子搜不得，从之丹穴。王子搜不肯出，越人熏之以艾。乘以王舆。王子搜援绥登车，仰天而呼曰：“君乎！君乎！

1 《墨子校注》卷一三《鲁问》，第739页。

2 钱穆：《先秦诸子系年》卷二《公输般自鲁游楚考》，北京：中华书局，1985年，第137-138页。

3 郭庆藩撰，王孝鱼点校：《庄子集释》卷一《逍遥游》，北京：中华书局，1963年，第31页。

> 独不可以舍我乎！”王子搜非恶为君也，恶为君之患也。若王子搜者，可谓不以国伤生矣，此固越人之所欲得为君也。[1]

按：此事当出于传闻或寓言，非可信为史实。此篇上文所举尧、舜等故事多出于传说，故此条亦必出于传说。然越人曾屡次发生变乱，弑君另立，当有所据。论者特标举越人弑君故事，正可见出其心目中将越视作与华夏不同之国。

3.《荀子》有关“越”的记载

荀子生活的时代（约前313—前238），已至战国晚期，其时越国盖已衰亡，且荀子主要活动于赵、齐、秦、楚诸国，足迹未履吴越故地，故《荀子》所及越国史事甚稀。其《劝学篇》谓：“干、越、夷、貉之子，生而同声，长而异俗，教使之然也。”是以吴（干）、越与夷、貉并称。其《儒效篇》则云：“故工匠之子莫不继事，而都国之民安习其服。居楚而楚，居越而越，居夏而夏，是非天性也，积靡使然也。”《荣辱篇》谓：“越人安越，楚人安楚，君子安雅。”雅，王引之曰：“读为夏，夏，中国也，故与楚、越对文。”[2]则以楚、越与夏分别是三种地域与人群。《正论篇》举“世俗之为说”，以为汤、武之时，楚、越不受制。荀子驳之，以为：王者之制，“视形势而制械用，称迩远而等贡献”，本不必“齐一”；“故诸夏之国同服同仪，蛮、夷、戎、狄之国同服不同制”；楚、越“时享、岁贡”，乃“终王之属”，即属

1　《庄子集释》卷九下《让王》，第868-969页。

2　王先谦撰，沈啸寰、王星贤点校：《荀子集解》卷一《劝学篇》，北京：中华书局，1988年，第2页；卷四《儒效篇》，第144页；卷二《荣辱篇》，第62页。

于荒服，而“戎狄荒服”，故在荀子看来，楚、越实属于戎狄。[1]

4.《韩非子》有关“越”的记载

韩非子是战国晚期人（约前281—前233）。其时越国已久为楚所灭，故韩非子所言之越国史事文化，当多得之于传言。今本《韩非子》中，论及越国或越人之事者约有数端：

（1）越虽国富民强，然地僻途远，无预华夏之事。《孤愤》篇云：“夫越虽［国］富兵强，中国之主皆知无益于己也，曰：‘非吾所得制也。’”[2] 李瓒注云：“越国为异国，即敌国也。”王先慎曰：“中国视越国最远，故取以为况。”又《说林上》记齐庆封为乱于齐而欲走越，其族人曰：“晋近，奚不之晋？”庆封徐曰：“越远，利以避难。”[3] 战国前中期，越国屡次进至淮北、鲁南地区；越王无强时，更“兴师北伐齐，西伐楚，与中国争强。”[4] 然韩非子论辨时仍以越地僻途远，认为“中国之主皆知无益于己”，因此未能参与华夏诸国间的事务，这也说明，在战国末期华夏之人的观念里，“越”早已成为僻处南方偏远之地的异族。

（2）越人被发跣行而善游。《说林上》云：

> 鲁人身善织屦，妻善织缟，而欲徙于越，或谓之曰：“子必穷矣。”鲁人曰：“何也？”曰：“屦为履之也，而越人跣行；缟为冠之也，而越人被发。以子之所长，游于不用之国，欲使无穷，其可得乎？”[5]

---

1 《荀子集解》卷一二《正论篇》，第329-330页。

2 王先慎撰，钟哲点校：《韩非子集解》卷四《孤愤》，北京：中华书局，1998年，第81-82页。

3 《韩非子集解》卷七《说林上》，第172页。

4 《史记》卷四一《越王句践世家》，第1748页。

5 《韩非子集解》卷七《说林上》，第180页。

则在华夏士人观念中，越人披发跣行。又《说林下》称：

> 公孙弘断发而为越王骑，公孙喜使人绝之曰："吾不与子为昆弟矣。"公孙弘曰："我断发，子断颈而为人用兵，我将谓子何？"周南之战，公孙喜死焉。[1]

据此，则知越国兵卒须断发（剪发），与中原异。又《说林上》记犁钼之言曰："假人于越而救溺子，越人虽善游，子必不生矣。"[2]则知越人以"善游"称。谓越人被发善游，或得其实；然谓越人率皆跣足，则未必然。被发、跣行、善游，盖皆为中原之人对南方越人的认识与想象。

（3）越灭吴之役，实力大受损伤，战后曾割露山之阴以赂楚。《说林下》云：

> 越已胜吴，又索卒于荆而攻晋。左史倚相谓荆王曰："夫越破吴，豪士死，锐卒尽，大甲伤。今又索卒以攻晋，示我不病也，不如起师与分吴。"荆王曰："善。"因起师而从越。越王怒，将击之。大夫种曰："不可。吾豪士尽，大甲伤，我与战必不克，不如赂之。"乃割露山之阴五百里以赂之。[3]

越灭吴之后索卒于楚以攻晋之事，不见于他书记载，然其所云越在灭吴之役中实力大受损折及不得不割地赂楚之情形，当与

1 《韩非子集解》卷八《说林下》，第 190 页。
2 《韩非子集解》卷七《说林上》，第 177 页。
3 《韩非子集解》卷八《说林下》，第 193-194 页。

实际情况不殊。[1]《史记》卷四一《越王句践世家》记徐州之会后，“句践已去，渡淮南，以淮上地与楚，归吴所侵宋地于宋，与鲁泗东方百里。”同书卷四〇《楚世家》记楚惠王之世，“越已灭吴而不能正江、淮北，楚东侵，广地至泗上。”[2]则所谓“露山之阴五百里”当即“淮上地”与“泗上地”。

（4）战国晚期，越国虽已“政乱兵弱”，但仍得苟延残喘。《喻老》篇云：

> 楚庄王欲伐越，庄子谏曰：“王之伐越何也？”曰：“政乱兵弱。”庄子曰：“臣患智之如目也，能见百步之外，而不能自见其睫。王之兵自败于秦、晋，丧地数百里，此兵之弱也。庄跻为盗于境内，而吏不能禁，此政之乱也。王之弱乱非越之下也，而欲伐越，此智之如目也。”王乃止。[3]

顾广圻曰：“《荀子》杨倞《注》引无‘庄’字。按庄王与庄跻不同时，或此庄王亦谓威王也。”钱穆谓此处之“庄王”当指顷襄王；蒙文通以“庄”为衍字，并据史事推定于顷襄王初年（前298）。[4]若然，则至楚顷襄王之世，越国虽已称“政乱兵弱”，但并未在此前亡于楚，而仍然存国。又《内储说下·六微》记楚人干象对楚王之言曰：“前时王使邵滑之越，五年而能亡越，

1 辛德勇：《越王句践徙都琅邪事析义》，《文史》2010 年第 1 期。

2 《史记》卷四〇《楚世家》，第 1719 页。

3 《韩非子集解》卷七《喻老》，第 168-169 页。

4 钱穆：《先秦诸子系年》卷四《楚顷襄王又称庄王考》，第 405-406 页；蒙文通：《越史丛考》，见氏著《古族甄微》，成都：巴蜀书社，1993 年，第 332-333 页。

所以然者，越乱而楚治也。(日)[昔]者知用之越，今忘之秦，不亦太亟忘乎！”[1]《史记》卷七一《甘茂列传》载范蜎对楚怀王之言曰：“王前尝用召滑于越，而内行章义之难，越国乱，故楚南塞厉门，而郡江东。计王之功所以能如此者，越国乱而楚治也。今王知用诸越而忘用诸秦，臣以王为钜过矣。”[2]《战国策》楚策一《楚王问于范环章》记范环对楚王之辞云：“王尝用滑于越而纳句章，昧之难，越乱，故楚南塞濑湖而郡江东。计王之功，所以能如此者，越乱而楚治也。”[3]三书所载同为一事而文字略异。据此，则楚怀王时越国尚存，怀王且曾用召(邵)滑之越为间，遂得五年而亡越。则知越国之亡，当在楚怀王之世，而非如《史记·越王句践世家》所记，亡于楚威王之时。[4]

(五)《吕氏春秋》有关“越”的记载

《吕氏春秋》成书于战国末年(前239左右)，成于众“儒生”

1 《韩非子集解》卷十《内储说下》，第257-258页。

2 《史记》卷七一《甘茂列传》，第2317-2318页。

3 缪文远：《战国策新校注》卷一四《楚策一·楚王问于范环章》，成都：巴蜀书社，1987年，第493页。

4 《史记·越王句践世家》记越王无强时，“兴师北伐齐，西伐楚，与中国争强。当楚威王时，越北伐齐。”后受齐人鼓动，转而攻楚。“楚威王兴兵而伐之，大败越，杀王无强，尽取故吴地至浙江，北破齐于徐州。而越以此散，诸侯子争立，或为王，或为君，滨于江南海上，服朝于楚。”(第1751页)越、齐徐州之役，发生于楚威王七年(周宣王三十六年，齐威王二十四年，前333)，则楚败越杀越王无强事当在此稍前。后世多据此将楚亡越时间定在此年(前333)。然由于楚怀王后期还有针对越国的战事，清代以来即有学者认为《史记·越世家》所记楚亡越时间有误，而将楚灭越之役改订于楚怀王二十三年(前306)。参阅杨宽：《战国史》，上海：上海人民出版社，1980年，第330页；李学勤：《关于楚灭越的年代》，《江汉论坛》1985年第7期；何浩：《楚灭国研究》，武汉：武汉出版社，1989年，第307-311页。

之手，杂采先秦诸家之言，然仍颇可见出战国晚期的观念。其中关涉越国与越人者约有数端：

（1）越为猛虎。《季秋季·顺民》云：

> 齐庄子请攻越，问于和子。和子曰：“先君有遗令曰：‘无攻越，越猛虎也。’”庄子曰：“虽猛虎也，而今已死矣。”和子（曰）以告鸮子。鸮子曰：“已死矣，以为生。”

齐庄子即田庄子，为齐田常之孙、田和之父，名白（伯），相齐宣公；和子，即田和。据《史记》卷四六《田敬仲完世家》索隐所引《竹书纪年》，田庄子卒于齐宣公四十五年（前411）。然则，田庄子与和子间此段对话当在此之前，而和子所称之“先君”当指田襄子盘。《史记·田敬仲完世家》谓田常既杀齐简公（事在春秋末年，周敬王三十九年，前481），“惧诸侯共诛己，乃尽归鲁、卫侵地，西约晋韩、魏、赵氏，南通吴、越之使”。[1] 则齐在田常当政时，即已与越通使。田常、田襄子秉齐政之时，越国势力正盛，故田襄子遗令毋与越相争；至田庄子秉政，句践已卒，故有攻越之谋。鸮子，即鸱夷子皮。“已死矣，以为生”，高诱注：“为民所说。”陈奇猷释云：“言句践深得民心，使其民强悍勇战，今句践虽死，而其教犹存，故谓句践虽已死而如生也。”[2] 然则，至少在春秋战国之际，齐人视越为“猛虎”，说明其时越国势力强盛。

---

1 《史记》卷四六《田敬仲完世家》，第1884页。

2 陈奇猷校释：《吕氏春秋校释》卷九《季秋季·顺民》，上海：学林出版社，1984年，第480、488-489页。

（2）楚王翳（约于前412—前376间在位）之后，越国可能较长时间陷于内乱。《季秋季 · 审己》载：

越王授有子四人。越王之弟曰豫，欲尽杀之，而为之后。恶其三人而杀之矣，国人不说，大非上。又恶其一人而欲杀之，越王未之听。其子恐必死，因国人之欲逐豫，围王宫。越王太息曰："余不听豫之言，以罹此难也。"亦不知所以亡也。[1]

越王授当即见于同书卷二《仲春季 · 贵生》及上引今本《庄子》杂篇《让王》之王子搜。《贵生》篇云：

越人三世杀其君，王子搜患之，逃乎丹穴。越国无君，求王子搜而不得，从之丹穴。王子搜不肯出，越人熏之以艾，乘之以王舆。王子搜援绥登车，仰天而呼曰："君乎，独不可以舍我乎！"王子搜非恶为君也，恶为君之患也。若王子搜者，可谓不以国伤其生矣，此固越人之所欲得而为君也。[2]

越王授或王子搜，一般认为即越王翳之子无颛。据上引古本《竹书纪年》，自越王翳三十六年（魏武侯二十年，前376）起，十余年间，越国发生多次变乱。这当即今本《庄子·让王》与《吕氏春秋·贵生》所记"越王三世杀其君"、王子搜恶为君以及《审己》所记越王授之弟豫欲尽杀授之四子的背景。这两则记载虽

1 《吕氏春秋校释》卷九《季秋季 · 审己》，第499页。
2 《吕氏春秋校释》卷二《仲春季 · 贵生》，第74页。

然都出于传说，不能尽信为史实，但曲折地反映了越国长期陷入内乱的事实，应无疑义。

（3）越人信机。《孟冬季 · 异宝》载：

> 孙叔敖疾，将死，戒其子曰："王数封我矣，吾不受也。为我死，王则封汝，必无受利地。楚、越之间有寝之丘者，此其地不利，而名甚恶。荆人畏鬼，而越人信机。可长有者，其唯此也。"孙叔敖死，王果以美地封其子，而子辞，请寝之丘，故至今不失。[1]

孙叔敖为楚令尹时（约在楚庄王十三年至二十一年间，即前601—前593间），越尚在吴之东，不太可能直接与楚接壤。寝丘，一般认为即在西汉寝县、东汉魏晋固始县，当在今安徽临泉县境。[2]只有在越灭吴称霸之后，这里才勉强可称为"楚、越之间"，故这一故事只能产生于战国时期。"荆人畏鬼，而越人信机"，高诱注云："言荆人畏鬼神，越人信吉凶之机祥。"陈奇猷曰："《说文》：'主发谓之机。'《素问 · 离合真邪论》：'机者，动之微。'故机者即是先兆，亦即今语'兆头'。《韩非子 · 亡征》云：'两尧不能相王，两桀不能相亡，亡王之机，必其治乱、其强弱相踦者也。'谓亡王之兆，亦可为证。越人因信于先兆，故以戾有罪、破之义，而以为先兆不良也。"[3]越人信机的详情虽不得知，但在战国时人看来，"信机"是越人的特点之一，应无疑问。

1 《吕氏春秋校释》卷十《孟冬季 · 异宝》，第551页。

2 陈伟：《楚"东国"地理研究》，武汉：武汉大学出版社，1993年，第33-36页。

3 《吕氏春秋校释》卷十《孟冬季 · 异宝》，第554-555页，注（六）。

（4）越为九州中之扬州。《有始览 · 有始》云：

何谓九州？河、汉之间为豫州，周也。两河之间为冀州，晋也。河、济之间为兖州，卫也。东方为青州，齐也。泗上为徐州，鲁也。东南为扬州，越也。南方为荆州，楚也。西方为雍州，秦也。北方为幽州，燕也。[1]

童书业先生谓："（此一）'九州'制度之背景，实为春秋、战国之疆域形势。越为扬州、燕为幽州，乃字之声转；楚为荆州，乃沿用旧名；秦为雍州，因雍为秦都；齐为青州，因齐在东方，东方色青，乃五行说既起后之规定。……冀州之名源于春秋时之冀国（见《左传》），冀为晋所灭，故以冀称晋。'兖'与'衣'声近，'衣'即殷，卫本殷地。徐州源于徐国，鲁故徐戎之地也。"[2] 其说颇可从。就扬州而言，《尚书 · 禹贡》云：

淮、海惟扬州。彭蠡既猪，阳鸟逌居。三江既入，震泽厎定。筱簜既敷，草夭木乔。厥土涂泥。田下下，赋下上错。贡金三品，瑶、琨、筱簜，齿、革、羽毛，鸟夷卉服，厥篚织贝，厥包橘、柚，锡贡。均江海，通于淮、泗。

扬州北距淮、南距海，西与荆州相邻。虽然彭蠡、三江、震泽、鸟夷等地名的具体位置有不同解释，但大抵皆不出长江下游两

1 《吕氏春秋校释》卷一三《有始览 · 有始》，第 658 页。

2 童书业：《中国疆域沿革略》第一篇第二章《传说中之州服制》，见《童书业历史地理论集》，北京：中华书局，2004 年，第 49 页。

岸及钱塘江以南地区。[1]然则，《禹贡》扬州之地域范围，正与战国前中期越国之疆域大致相合。而“均江海，通于淮、泗”之句，则正反映了越国航海与淮、泗相通的交通格局。

（5）越属蛮夷。《孝行览·义赏》在论及教化与赏罚之关系时说：“善教者，不以赏罚而教成，教成而赏罚弗能禁”；反之亦然，“奸伪贼乱贪戾之道兴，久兴而不息，民之雠之若性，戎、夷、胡、貉、巴、越之民是以，虽有厚赏严罚弗能禁。”[2]这里将“戎、夷、胡、貉、巴、越之民”视为“奸伪贼乱贪戾”习以成性之人，与华夏之人非为同类，显见蔑视之态。《孝行览·遇合》论及音律须遇知音方得欣赏时举例说：“客有以吹籁见越王者，羽角宫征商不谬，越王不善，为野音而反善之。”[3]是以越王为不通音乐之蛮王。

（6）越与吴接土邻境，道易人通，习俗同，言语通。《孝行览·长攻》记越国大饥，越王用范蠡之谋，“重币卑辞以请籴于吴”，吴王将与之，伍子胥进谏曰：

> 不可与也。夫吴之与越，接土邻境，道易人通，仇雠敌战之国也，非吴丧越，越必丧吴。若燕、秦、齐、晋，山处陆居，岂能踰五湖九江、越十七阸以有吴哉？故曰非吴丧越，越必丧吴。今将输之粟，与之食，是长吾雠而养吾仇也。财匮而民恐，悔无及也。不若勿与而攻之，固其数也，此昔吾

1 参阅顾颉刚：《禹贡注释》，见侯仁之主编：《中国古代地理名著选读》第一辑，北京：学苑出版社，2005年，第17-18页。

2 《吕氏春秋校释》卷一四《孝行览·义赏》，第779页。

3 《吕氏春秋校释》卷一四《孝行览·遇合》，第815页。

先王之所以霸。[1]

越贷粟于吴事亦见于《史记 · 越王句践世家》，然不载伍子胥谏夫差之语。又《贵直论 · 知化》记子胥谏夫差伐齐之言曰：

夫齐之与吴也，习俗不同，言语不通，我得其地不能处，得其民不得使。夫吴之与越也，接土邻境，壤交通属，习俗同，言语通，我得其地能处之，得其民能使之。越于我亦然。夫吴、越之势不两立。越之于吴也，譬若心腹之疾也，虽无作，其伤深而在内也。夫齐之于吴也，疥癣之病也，不苦其已也，且其无伤也。今释越而伐齐，譬之犹惧虎而刺猏，虽胜之，其后患未央。[2]

此两处虽皆引伍子胥之言以为喻，然亦得见出华夏士人亦多以吴、越两国壤地相接，习俗、言语相通，人民互通往来，是以视吴越为一也。

（7）百越在扬、汉之南，多无君。《恃君览 · 恃君》云：

（非）[渭]滨之东，夷、秽之乡，大解、陵鱼、其、鹿野、摇山、扬岛、大人之居，多无君；扬、汉之南，百越之际，敝凯诸、夫风、余靡之地，缚娄、阳禺、驩兜之国，多无君；氐、羌、呼唐、离水之西，僰人、野人、篇笮之川，舟人、送龙、

1 《吕氏春秋校释》卷一四《孝行览 · 长攻》，第 791 页。

2 《吕氏春秋校释》卷二三《贵直论 · 知化》，第 1552 页。

> 突人之乡，多无君；雁门之北，鹰隼、所鸷、须窥之国，饕餮、穷奇之地，叔逆之所，儋耳之居，多无君；此四方之无君者也。其民麋鹿禽兽，少者使长，长者畏壮，有力者贤，暴傲者尊，日夜相残，无时休息，以尽其类。[1]

陈奇猷指出：《恃君》篇系道家伊尹学派之言，其要旨在于明个人之力不足以趋利避害，故群聚，因群聚而立君，故立君所以利群；若君不利群，则可废之。本段引文，乃举周边疆外之国以为喻，"(非)[渭]滨之东"为东疆，"扬、汉之南，百越之际"为南疆，"氐、羌、呼唐、离水之西"为西疆，"雁门之北"为北疆。其下所列大解、陵鱼诸国，大抵皆为譬喻之辞，不能尽指以为实。

在今见文献中，"百越"之称，首见于此篇。高诱注云："越有百种。"盖瓯凯诸、夫风、余靡及缚娄、阳禺、驩兜等，皆为百越之属。《本味》篇(据陈奇猷之说，亦出自伊尹学派)论及"和之美者"，提到"越骆之菌"。[2]高诱注云："越骆，国名。"《太平御览》卷九九八引此句作"骆越"，故孙蜀丞、陈奇猷并以"越骆"为"骆越"之误，应可从。然则，骆越亦为百越之一种。百越在"扬、汉之南"，高诱注："扬州汉水南。"扬州地域，与战国早中期之越国疆域大致相同，且百越"无君"，而越国自有君，故越国实不在百越之中。又，汉，高诱释为汉水，固足成说，然汉水以南乃为楚地，不当称为"百越"。蒙文通释"扬汉"为扬州之汉水，

1 《吕氏春秋校释》卷二〇《恃君览·恃君》，第 1322 页。
2 《吕氏春秋校释》卷一四《孝行览·本味》，第 741 页。

认为当即豫章之湖汉水（即今之赣江水系），[1]或可从。

(六)《战国策》关于“越”的记载

《战国策》之成书，一般认为是在秦统一以后，也可能晚至西汉初年。长沙马王堆汉墓所出《战国纵横家书》27篇，其中有11篇与今本《战国策》相同，说明《战国策》早在西汉末年刘向整理编校前即已成书，故一般均将其视为先秦文献，反映的主要是战国时期特别是战国晚期的观念。《战国策》所收，大抵皆为战国时纵横家之说辞，作之非一人，成之亦非一地，其中或与史实符合，或纯为游士辩论游说之言，多渲染夸张，不能尽信为史实。太史公尝谓：“三晋多权变之士，夫言从衡强秦者，大抵皆三晋之人也。”[2]张仪、陈珍、公孙衍、苏秦、代、厉之属，率皆三晋、周、秦之人，故其所述吴越情形，大抵反映中原士人的相关认识，亦并不能视为南方吴越地区之实情。

（1）楚国南境称为“杨越”。《秦策三 · 蔡泽见逐于赵章》载蔡泽说范雎之言，曰：

> 吴起为楚悼罢无能，废无用，损不急之官，塞私门之请，壹楚国之俗，南攻杨越，北并陈、蔡，破横散从，使驰说之士无所开其口。功已成矣，卒支解。[3]

1　蒙文通：《越史丛考》，见氏著《古族甄微》，第300页。

2　《史记》卷七〇《张仪列传》，第2304页。

3　缪文远：《战国策新校注》卷五《秦策三 · 蔡泽见逐于赵章》，成都：巴蜀书社，1987年，第207页。

蔡泽为燕人。据《史记》卷七九《蔡泽列传》，蔡泽说范雎事在秦昭王五十二年（楚考烈王八年，前255）。《史记·蔡泽列传》亦收有此章，其中“南攻杨越”作“南收杨越”。[1]吴起变法在楚悼王后期（楚悼王十五年至二十一年间，即前387—前381），其攻取杨越事又当在其变法后期。然蔡泽此言或有夸张，盖陈、蔡二国春秋时期即已并入楚国，吴起不过是收复了部分被韩、魏侵夺的陈、蔡故地而已；[2]而吴起之时尚无连横、合纵之说，“破横散从”之说无从谈起。故吴起“南攻（收）杨越”云云，当是战国后期蔡泽追述吴起功业时的用辞，吴起之时未必即有“杨越”之称。《史记》卷六五《吴起列传》则称吴起“南平百越”，则“杨越”“百越”所指大致相同，均指楚国向南开拓的疆域及其上之人群。

吴起相楚悼王时所攻取之杨越地，后世多指以为洞庭、苍梧。其所举证据有二：一是《战国策》卷一四《楚策一·苏秦为赵合从说楚章》云：“楚地西有黔中、巫郡，东有夏州、海阳，南有洞庭、苍梧，北有汾陉之塞、郇阳。”[3]然此章一般认为乃拟托之辞，反映的应是战国晚期的情形。即便如此，此章并未将吴起南收杨越与洞庭、苍梧联系起来。二是《后汉书》卷八六《南蛮传》所谓“及吴起相悼王，南并蛮越，遂有洞庭、苍梧。秦昭王使白起伐楚，略取蛮夷，始置黔中郡。”[4]揣其文义，是以“蛮

1 《史记》卷七九《范雎蔡泽列传》，第2423页。

2 参阅诸祖耿：《战国策集注汇考》，南京：江苏古籍出版社，1985年，第346页，注80；何浩：《楚灭国研究》，武汉：武汉出版社，1989年，第319-344页。

3 《战国策新校注》卷一四《秦策一·苏秦为赵舍从说楚章》，第496页。

4 《后汉书》卷八六《南蛮传》，北京：中华书局，1962年，第1831页。

越”当楚之洞庭、苍梧及秦之黔中郡。范晔《后汉书》之成书距吴起相楚之时已逾八百年，显然是以后世之地理观念追述先秦史事，“蛮越”之辞，显是将“蛮”与“越”合称，共指楚国南疆之土著人群。

（2）越在楚东，盖亡于楚怀王十一年至二十年间（前318—前309）。《楚策三 · 五国伐秦魏欲和章》记杜赫劝昭阳和魏之辞，云：“东有越累，北无晋，而交未定于齐、秦，是楚孤也。不如速和。”[1]魏、韩、赵与楚、燕五国伐秦事在周慎靓王三年（楚怀王十一年，前318），杜赫此论即在其时。杜赫为楚人，其所言当时楚国形势当较为确切。据杜赫所言，越国当时位于楚东，仍有相当实力，成为楚国攻秦的后顾之忧。然《楚策一 · 楚王问于范环章》称：

> 王尝用滑于越而纳句章，昧之难，越乱，故楚南塞瀨胡而郡江东。计王之功所以能如此者，越乱而楚治也。[2]

此章当在周赧王九年（秦昭王元年，楚怀王二十三年，前306）。上引《韩非子 · 内储说下》记干象之言有“前时王使邵滑之越，五年而能亡越”之语，则知其时楚已灭越。《史记 · 楚世家》记楚怀王二十年齐愍王遗楚怀王书中谓：“王取武关、蜀、汉之地，私吴、越之富而擅江海之利，韩、魏割上党，西薄函谷，则楚之强百万也。”[3]则怀王二十年（前309）楚国已据有吴越故地。

1 《战国策新校注》卷一六《楚策三 · 五国伐秦魏欲和章》，第544页。

2 《战国策新校注》卷一四《楚策一 · 楚王问于范环章》，第493页。

3 《史记》卷四〇《楚世家》，第1725页。

然则，战国后期之越在楚之东，盖亡于楚怀王十一年至二十年间（前318—前309）。

（3）瓯越之民“被发文身，错臂左衽”。《赵策二·武灵王平昼闲居章》载赵武灵王说王子成以胡服之必要，云：

> 夫服者，所以便用也；礼者，所以便事也。是以圣人观其乡而顺宜，因其事而制礼，所以利其民而厚其国也。被发文身，错臂左衽，瓯越之民也。黑齿雕题，鳀冠秫缝，大吴之国也。礼服不同，其便一也。[1]

缪文远系此章于赵武灵王二十四年（周赧王十三年，前302），应可从。此处首见“瓯越”之称，后世学者多指为汉代文献中屡见之瓯越。然此文中将“瓯越”与“大吴”对举，“瓯”当为修饰之辞，与“大”相类。兹考《说文解字》“瓦”部：“瓯，小盆也。从瓦，区声。”[2]《楚辞·七谏》“甂瓯登于明堂兮”句下洪兴祖补注亦释作“小盆也”。[3]故此处之“瓯越”当作“小越”解，正与“大吴”相对。又“错臂”与“雕题”皆指文身；“鳀冠”，鲍彪注：“鳀，大鲶。以其皮为冠。”以鱼皮为冠，与“被发”之间相差亦无几；“秫缝”，盖言女工针缕之粗拙也。故赵武灵王所言瓯越与大吴之俗，其实并无太大区别；且其言当出于传闻之辞，而其时吴、越国均已不存，故未必可视为战国后期越、吴之实况。

---

1 《战国策新校注》卷一九《赵策二·武灵王平昼闲居章》，第661-662页。

2 许慎：《说文解字》，第269页。

3 洪兴祖撰，白化文等点校：《楚辞补注》，北京：中华书局，1983年，第257页。

（4）越王翳时曾灭缯国。《魏策四 · 八年谓魏王曰章》记楚考烈王二十二年（秦王政六年，前 241）某人（说者怡阙）谓魏王曰：

> 昔曹恃齐而轻晋，齐伐厘、莒而晋人亡曹。缯恃齐以悍越，齐和子乱而越人亡缯。[1]

缯（鄫）国于鲁襄公六年（前 567）为莒所灭，见于《左传》襄公六年，故缪文远以为缯（鄫）国之灭与齐、越无关，《战国策》所言有误。然鄫为莒所灭后不久或即复国。《左传》昭公十三年（前 529）晋使叔向威胁鲁人曰："若奉晋之众，用诸侯之师，因邾、莒、杞、鄫之怒，以讨鲁罪，间其二忧，何求而弗克？"则其时鄫国尚存。齐和子之乱，当指齐康公元年（田齐和子元年，周威烈王二十二年，前 404）田会（公孙会）反于廪丘、田齐大举围攻廪丘之事。[2] 盖越趁齐国内乱之机，灭亡依附齐国的鄫（缯）国。

（七）以先秦文献记载为据的越国史事编年

综上考述，我们可以主要根据今见先秦时期的文献（包括部分成书于秦代以至秦汉之际的文献）的记载，对春秋战国时期的越国史事，加以编排，形成若干认识：

（1）传世先秦文献中关于"越"的最初记载，初见于《左

---

1 《战国策新校注》卷二五《魏策四 · 八年谓魏王曰章》，第 891 页。

2 《史记》卷三二《齐太公世家》，第 1512 页；卷四六《田敬仲完世家》，第 1886 页。

传》宣公八年（前601）。换言之，直到公元前7世纪末叶，“越”才进入中原华夏士人的视野。其时，“越”与吴一起，被看作是楚国的盟国，居于南方地区。

（2）自公元前7世纪末叶至前6世纪末约百年时间里，越与吴、楚之间往来较密切，至少有两次参加楚伐吴之役（前537，前518），其军队曾进入淮水中游地区活动，其大夫常寿过甚至裹入楚国内争，在淮水中游举事反楚(前529)。前510年，吴伐越，是今见文献中有关吴越战争的最早记载，其时应当在吴王阖闾与越王允常时期。

（3）越王世系，在先秦文献中，大抵最早只可追溯到“有遽”，被认为是越国的开国之君（“始邦于越”），其时代不详。下一个见于记载的越王即是允常，为句践之父，其在位时间不详。句践之继为越王，先夫差之为吴王一年，即前496年。

（4）前494年（吴王夫差二年，越王句践三年，鲁哀公元年，周敬王二十六年），吴败越，越国降吴。其时越国之疆域，大致在今浙江杭州、嘉兴、绍兴与宁波地区。历春秋战国，此一地区迄为越国之核心地带。越王句践生聚教训，着意国家建设，营建都城。其时越国有五大夫，国君似与大夫共治国事。越国奉行结齐、亲楚、附晋的外交策略，与中原诸国间的交往日益频繁。自前482年起，越国多次伐吴，至前473年，终得灭吴。越国灭吴以后，尽有吴地，其疆域可能北至泗上，及于邾、莒海滨，与齐、鲁、邾、莒诸国交界，西及于淮水中游，与楚交界。越国进而得与齐、晋诸侯会于徐州，受周元王之封，得为中原霸主。在灭吴至句践卒的近十年间（前473—前465），越国两次变更邾君，派兵护送失位的卫出公归国争位，干预鲁国哀公与“三桓”之间的内争，与鲁、邾盟于平阳，派出使节调解鲁、邾边界争端，充分扮演了中原霸主的角色。然其时越国之实力并不强大，其主力或不过数万，以舟师为主；灭吴后所得吴军，大抵不足为用。故徐州之会后，越国即可能大幅度收缩兵力，放弃淮、泗地区（大部为楚所得，部分则为宋、鲁所得），其是否保有鲁东海滨之地，则不能详。前465年句践卒后，越国之疆域大抵限于淮水以南。至朱句后期，越国方得重回淮、泗，灭亡滕、郯诸小国。

（5）越王句践之后越王之传承与越国之大事，据古本《竹书纪年》所记，可大致梳理如次：

1）句践，前465年卒，谥曰“菼执”。同年，卫悼公亦卒于越国。

2）适（鹿）郢（者旨于赐、鼫与），前465年继位，前459年卒。

3）不寿，前459年即位，前448年被杀，谥曰盲姑。

4）朱句（州句、州勾、翁），前448年即位，前415年灭滕，前414年灭郯，前412年卒。

5）翳，前412年即位，前379年迁都于吴，前376年被杀。

6）诸侯（咎）（者沥，之侯），前375年七月即位，十月被杀。

7）错枝，前375年十月即位，翌年被杀。

8）无余之，前374年即位，前363年被杀，或谥称“莽安”。

9）无颛，前363年即位，前355年薨，谥为“菼蠋卯（卯）”。

10）无强，前355年即位，卒年《竹书》未见载。

（6）春秋后期，越国灭吴之前，中原华夏士人对“越”所知甚少，一般将之与吴、楚并提，并不特别强调其为蛮夷之国。灭吴之后，随着越国较多地干预中原诸侯国的事务，华夏士人逐渐将其视为蛮夷。越人中具有华夏文化背景的大夫如范蠡，也自以“周室之不成子”自居，强调越人居于海滨水乡，与华夏诸国异。但活动于春秋战国之际的墨子则并未将越视为蛮夷，说明越的蛮夷属性并不强烈。然至战国中后期，越人则普遍地被视为蛮夷。在华夏士人看来，越人善用舟，舟战为胜；被发跣行，士卒则须断发为之；信机，即相信预兆，可能即为扶乩卜筮者流；善战、勇敢，如猛虎。

（7）在春秋战国时期，无论是越人自身，还是华夏士人，均认识到吴、越二国有诸多相同之点，为“三江”所环绕，居于水，乘舟，其生存环境与生活方式相对一致，道易人通，习俗相同，言语相通。

（8）“百越”“杨越”“骆越”之记载，大抵皆见于战国晚期（《吕氏春秋》《战国策》中）。“百越”处扬、汉之南，当指越国与楚国疆域以南（或包括越、楚二国之南疆）地区的土著人群，并不包括越国之“越”在内。骆越当为百越之一种，其地不详。“杨越”初见于《战国策》，当指楚国向南开拓疆域（大致包括今湖南、江西地区）的土著人群。瓯越亦见于《战国策·赵策》，当作“小越”解，与“大吴”相对举，非为实指，仅为借譬之言。战国后期，“越”逐渐成为泛称，与“胡”相类，用以泛指楚、越南疆及其以南地区的土著人群。

三、《史记》关于先秦越国历史记载的史源学分析

《史记》有关先秦越国史事的记载，主要集中于卷四一《越王句践世家》、卷一一四《东越列传》，并散见于卷三一《吴太伯世家》、卷四〇《楚世家》、卷一四《十二诸侯年表》、卷一五《六国年表》等部分。其中，《十二诸侯年表》记有三事，均在吴国栏中：一在吴王阖闾十九年（鲁昭公十四年，前496），谓"（吴）伐越，败我，伤阖闾指，以死"；二在吴王夫差二年（鲁哀公元年，前494），谓"伐越"；三在吴王夫差十八年（鲁哀公十七年，前478），谓"越败我"。[1]《六国年表》于楚国栏记有关于越国者二事：一在楚惠王十四年（前475），"越围吴，吴怨"；一在楚惠王十六年（前473），"越灭吴"。于齐国栏记有一事，在齐平公七年（楚惠王十五年，前474），"越人始来"。[2]凡此六事，皆与今本《春秋左传》所记相同，或即本于《春秋左传》。《六国年表》又于秦国栏秦厉共公二十八年（前449）下记载："越人来迎女。"[3]按：据上引古本《竹书纪年》，其时之越王当为不寿，其与秦国交聘事不见于他处记载，太史公所据，当为秦国方面的记载。

《史记·楚世家》有关越国史事的记载，主要有如下数条：（1）庄王即位三年，不出号令，日夜为乐，伍举入谏，"庄王左抱郑姬，右抱越女，坐钟鼓之间。"若此言为确，则在楚庄王初年（前613）或此前，越国即当已建国，并与楚国交通（很可能是楚的

1 《史记》卷一四《十二诸侯年表》，第670-671、681-682页。

2 《史记》卷一五《六国年表》，第688-689页。

3 《史记》卷一五《六国年表》，第699页。

属国)。然这段记叙,颇类战国游士之言,似不足凭信。[1]而且,在此条纪事之前,太史公述及楚成王恽初即位(前671),使人献周天子,天子赐胙,曰:“镇尔南方夷越之乱,无侵中国。”[2]此处所言之“夷越”,大抵也只能理解为夷蛮之属,且颇令人怀疑。然无论其情形如何,这两条记载当出自楚人之手,应无疑问。(2)楚灵王十二年(前529),越大夫常寿过参与楚国内乱。《史记·楚世家》关于此事之记载,与《春秋左传》大致相同而略简,显然出于同一史源。(3)楚昭王二十一年(前495),“吴王阖闾伐越,越王句践射伤吴王,遂死。吴由此怨越而不西伐楚。”[3]《楚世家》将阖闾伐越身死事系于昭王二十一年,较之《春秋左传》所记晚一年,说明其所据当是楚国方面的记载。(4)楚惠王时,吴、越争战;越灭吴后,与楚交争于江淮间。《楚世家》云:

> 十三年,吴王夫差强,陵齐、晋,来伐楚。十六年,越灭吴。四十二年,楚灭蔡。四十四年,楚灭杞。与秦平。是时越已灭吴而不能正江、淮北。楚东侵,广地至泗上。[4]

楚惠王十三年即吴王夫差二十年(前476),《左传》记此年春越人伐楚以误吴,不见吴伐楚事,而《楚世家》称吴王夫差不仅“陵齐、晋”,且“来伐楚”,当出自楚国文献。楚惠王后期相当于越王朱句前期,楚相继灭蔡、杞,且东侵至泗上,显然

1 《史记》卷四〇《楚世家》,第1700页。
2 《史记》卷四〇《楚世家》,第1697页。
3 《史记》卷四〇《楚世家》,第1717页。
4 《史记》卷四〇《楚世家》,第1719页。

在句践卒后到朱句前期，越国势力曾大幅度衰退，“不能正江淮”，故楚国得趁机“广地”。据上引《竹书纪年》，则知至朱句后期，越国方得灭滕、郯等小国，重回泗上。

《史记》卷三一《吴太伯世家》关于吴、越间战事的记载，大抵皆源于《春秋左传》与《国语 · 吴语》，或与其同源。其书吴越间战事，始于吴王阖闾五年（前510），与《春秋左传》同。至阖闾十年，越趁吴师入郢之机，伐吴，“吴使别兵击越”，亦与《春秋左传》所记相同。自阖闾十九年吴伐越、阖闾败死以下之记事，多与《左传》及《国语 · 吴语》所记同，很可能系融汇二者而成。

《史记》关于先秦越国历史的系统叙述，集中见于卷四一《越王句践世家》。就其内容言，《越王句践世家》约可分为四个部分：

（1）越国族源与早期世系。《越王句践世家》起首云：

> 越王句践，其先禹之苗裔，而夏后帝少康之庶子也。封于会稽，以奉守禹之祀。文身断发，披草莱而邑焉。后二十余世，至于允常。允常之时，与吴王阖庐战而相怨伐。允常卒，子勾践立，是为越王。[1]

按：越王系出禹后之说，不见于先秦典籍，《史记》所记，乃今存文献中关于越为禹后的最早记载。关于“越为禹后”说之不

1 《史记》卷四一《越王句践世家》，第1739页。

能成立，蒋炳钊、陈桥驿诸氏论之已详，[1]兹不再赘。然太史公既有此说，则必有相关文献根据。陈桥驿先生认为“越为禹后”之说乃越国强大后，越国内部编造出来的，很可能即出现于句践称霸时代，是句践称霸中原的策略之一，或可从。越王允常之名,亦首见于《史记》,而不见于《春秋左传》《国语》《战国策》及先秦诸子书中。张守节《正义》引《舆地志》云:“越侯传国三十余叶,历殷至周敬王时,有越侯夫谭,子曰允常,拓土始大,称王。《春秋》贬为子，号为于越。”其说亦为后起。然允常之为句践父，并与吴王阖庐“战而相怨伐”，必当有所本。然则，司马迁述越国史事，所据之文献当另有今所不见者。太史公自序谓年二十即南游江淮，“上会稽，探禹穴”，[2]必曾采稽越国故地之故老传说，“越为禹后”之说或即源于此种传说。

（2）句践时期吴越间的战事。《越王句践世家》中关于吴越间战事的叙述，大抵本诸《春秋左传》、《国语》之《越语》《吴语》篇，略加采择编撰而成。然太史公所记，亦有与今见先秦诸书不同者。如大夫逢同谏句践结齐、亲楚、附晋以厚吴，即不见于《国语》;哀公十三年（吴王夫差十四年、越王句践十五年,前482）越攻吴之役,“发习流二千人,教士四万人,君子六千人,诸御千人，伐吴”，杀吴太子友，与《左传》所记亦不同；平吴之后，越“乃以兵北渡淮，与齐、晋诸侯会于徐州，致贡于周。

1　蒋炳钊：《“越为禹后说”质疑——兼论越族的来源》，《民族研究》1981年第3期，另见氏著《东南民族研究》，厦门：厦门大学出版社，2002年，第1-19页；陈桥驿：《“越为禹后说”溯源》，《浙江学刊》1985年第3期，另见氏著《吴越文化论丛》，北京：中华书局，1999年，第30-39页。

2　《史记》卷一三〇《太史公自序》，第3293页。

周元王使人赐句践胙，命为伯。句践已去，渡淮南，以淮上地与楚，归吴所侵宋地于宋，与鲁泗东方百里。当是时，越兵横行于江、淮，东诸侯毕贺，号称霸王”。[1] 亦不见于《左传》《国语》及先秦诸子书中。然则，太史公所述，亦当另有所据。

（3）句践之后的越王世系，越王无强时与齐、楚间的交争，以及越亡于楚后之离散。《史记》记句践之后的越王世系，为句践—鼫与—不寿—翁—翳—之侯—无强。这个世系表，经过考订之后，在之侯（即古本《竹书纪年》所记之“诸咎”、金文所见之“者汈”）之前，大抵与古本《竹书纪年》所记及金文所见者相符，而不见于《左传》《国语》及今存先秦其他典籍，说明太史公所据者今已不得见。然据上引古本《竹书纪年》，知之侯之后、无强之前，另有错枝、无余之、无颛三王，特别是无余之、无颛，在位时间并不短，而太史公未述及，说明其所据史料并不全面。然太史公记越王无强之事又较详，其中齐使者对越王之言，则显系战国游士之辞，必当出于《战国策》之属，未必尽为可信。至于“楚威王兴兵而伐之，大败越，杀王无强。尽取故吴地至浙江，北破齐于徐州。而越以此散，诸族子争立，或为王，或为君，滨于江南海上，服朝于楚”，[2] 叙事以楚为主体，很可能源自楚国史籍。由于句践之后越国最主要的争战对手为楚国，且后来亡于楚，颇疑越国史籍多入于楚。《史记》所记的越王世系，及其与楚国间的战事，可能本自楚国方面的记载。

越国为楚所破之后，“后七世，至闽君摇，佐诸侯平秦。汉

1 《史记》卷四一《越王句践世家》，第 1744、1746 页。引文句读有所不同。
2 《史记》卷四一《越王句践世家》，第 1751 页。

高帝复以摇为越王，以奉越后。东越、闽君，皆其后也”。[1]《史记》卷一一四《东越列传》所记与此相照应：

> 闽越王无诸，及越东海王摇者，其先皆越王句践之后也，姓驺氏。秦已并天下，皆废为君长，以其地为闽中郡。及诸侯畔秦，无诸、摇率越归鄱阳令吴芮，所谓鄱君者也。从诸侯灭秦。当是之时，项籍主命，弗王，以故不附楚。汉击项籍，无诸、摇率越人佐汉。汉五年，复立无诸为闽越王，王闽中故地，都东冶。孝惠三年，举高帝时越功，曰闽君摇功多，其民便附，乃立摇为东海王，都东瓯，世俗号为东瓯王。[2]

此处既称无诸、摇皆越王句践之后，复称其姓驺氏，显然不合。盖无诸、摇之所出，本与先秦时期建立越国的句践之族并非同一族群，入汉以后，溯其族源，方与句践之族联系在一起。无诸、摇之事，于太史公而言，皆为“当代史”，其所据者，大抵为汉代之官书记录及入汉越人（特别是内迁的越人）之叙述。

（4）范蠡去越后的事迹。范蠡去越后适齐，化名鸱夷子皮，致身齐相；复居陶，致富，为“陶朱公”；遣长子入楚，过庄生以救其中子，而中子卒见杀。凡此诸事，皆扑朔迷离，不能据考。钱穆先生谓凡此或皆出于战国策士之虚构，或为不同时期不同地区之传说，“史公好奇博采，后世爱其文，传诵弗衰，遂若为信史耳。”[3]应可从。

---

1 《史记》卷四一《越王句践世家》，第 1751 页。

2 《史记》卷一一四《东越列传》，第 2979 页。

3 钱穆：《先秦诸子系年》卷二《附鸱夷子皮及陶朱公非范蠡化名辨》，第 107-109 页。

要之，《史记》关于先秦越国史事的记载，大抵为兼采《左传》、《国语》之《越语》《吴语》、楚国文献中的相关记载、越国故地关于越国历史的传说、战国以来流传的策士之言，以及汉代官书的相关记录、内迁越人的叙述等，融汇整理编撰而成。它不仅包括了先秦以来华夏之人对南方越国、越人的认识与记录，也包括了楚人、吴人对越人的认识与记载，还涵盖了先秦越人及汉代越人对自身历史的记录与想象或“构建”。因此，这一有关先秦越国历史与文化的知识系统，既是由先秦以来至西汉中期有关越国史事的认识“层累地造成的”，也是由分别来自中原、楚地、吴地、越地等不同地区有关越国历史与文化的知识“汇聚地造成的”。也就是说，这一认识体系的形成，不仅有时间上的“层累”，还有空间上的“汇聚”。

四、《越绝书》《吴越春秋》关于越国历史叙述的虚与实

一般认为：《越绝书》非一时一人之作，盖战国后人所为，而汉人又附益之，最后到东汉，始由袁康、吴平抄录、整理编纂而成为定本，但在六朝时期，仍间有增益，羼入了后世的一些史事和认识。[1]因此之故，其体例既无一定之规，所记内容又驳杂不纯，多有委巷之说，迂怪妄诞，虚实莫测，故《隋书·经

1 陈桥驿：《关于〈越绝书〉及其作者》，《杭州大学学报》1979 年第 4 期；陈桥驿：《点校本〈越绝书〉序》，乐祖谋点校本《越绝书》，上海：上海古籍出版社，1985 年，第 1-21 页；黄苇：《关于〈越绝书〉》，《复旦学报》1983 年第 4 期；仓修良：《〈越绝书〉是一部地方史》，《历史研究》1990 年第 4 期。

籍志》列入"杂史",以为"非史策之正也"。[1]其中关于先秦越国历史的记载,固多杂采《左传》《国语》,兼以委巷之谈,致扑朔迷离,真假难辨;然其所记越国故地之地理古迹,却多以汉代地理观念为基础,实多虚少。且是书虽出于众人之手,然撰写、编纂者大抵皆为吴越之人,诸家于此点迄无疑义,故将此书有关越国历史的记述,视为战国后期(越国败亡后)至汉晋间吴越之人对先秦越国历史的认识与想象或建构,当不致大谬。

与《越绝书》的驳杂支离不同,《吴越春秋》有关先秦越国历史的叙述相当全面而系统,特别是卷七至卷十,分别叙述句践入吴、臣事夫差(卷七《勾践入臣外传》),归国后卧薪尝胆、修德行道(卷八《勾践归国外传》),与群臣设计定策、富国强兵、贫吴弱敌(卷九《勾践阴谋外传》),以及出兵灭吴、称霸中原(卷十《勾践伐吴外传》),首尾完整、结构合理,叙事层层展开,循序渐进,引人入胜。其总体框架虽在《左传》《国语》《史记》等典籍中隐约可见,部分情节在先秦诸子书及《战国策》《吕氏春秋》中亦间或可寻,然大量具体生动的描述显然出自作者的想象,只能看作文学作品,而不能视为信史。《隋书》卷三三《经籍志》乙部"杂史"条云:"后汉赵晔,又为《吴越春秋》。其属辞比事,皆不与《春秋》《史记》《汉书》相似,盖率尔而作,非史策之正也。"[2]"率尔而作"四字,确然道出《吴越春秋》之性质:实为"历史小说",绝非历史记录也。《吴越春秋》之成书,约

1 《隋书》卷三三《经籍志》二,北京:中华书局,1973 年,第 962 页。

2 《隋书》卷三三《经籍志》二,第 962 页。

与《越绝书》相同时而稍晚，作者赵晔可能以《越绝书》为基础而进一步发挥、创作，也可能当时吴越故地流传着《越绝书》所记的种种故事，赵晔将之系统化，铺衍成文。就所叙史事论，《吴越春秋》所记，较之《越绝书》更为详细、具体，增添了诸多细节性描写，也正因为此，其虚构色彩也就更为浓郁。

从上述认识出发，我们可以将《越绝书》《吴越春秋》中有关越国历史的叙述与认识，归纳为关于越国族源与越王世系的传说，以及关于越国兴起、伐吴、称霸过程的重构两个方面。

（一）关于越国族源与越王世系的传说

1.《越绝书》所记越国族源与越王世系

《越绝书》卷八《外传记地传》云：

> 昔者，越之先君无余，乃禹之世，别封于越，以守禹冢。……无余初封大越，都秦(余)望南，千有余岁而至句践。[1]

“无余”之名，首见于《越绝书》，与上引《墨子·非攻下》所记“始邦于越”的“有遽”不同，显系后出。下文详述禹治水至大越，“上茅山，大会计，爵有德，封有功，更名茅山曰会稽。及其王也，巡狩大越，见耆老，纳诗书，审铨衡，平斗斛。因病亡死，葬会稽”，从而叙明无余封于越地之缘由。无余所都在“秦（余）望”之南（“余”字当衍）。《水经注》卷四〇《渐江水》记秦望山“在州城之南，为众峰之杰，涉境便见。《史记》云：秦始皇

1　李步嘉：《越绝书校释》卷八《外传记地传》，武汉：武汉大学出版社，1992年，第195页。

登之以望南海。……山南有嶕岘，岘里有大城，越王无余之旧都也。”[1] 则越王无余旧都在秦望山之南，在汉魏六朝时期已广为人知。然《越绝书·记地传》另有一条记事，与此传说迥异，谓：“自无余初封于越以来，传闻越王子孙，在丹阳皋乡，更姓梅，梅里是也。”[2] 则无余之后数世，越王子孙又居于汉时丹杨郡丹阳（杨）县皋乡梅里。越人早期居地之不同说法，正反映出越王无余的传说本身即扑朔迷离，当是汉代渐起之说。

无余之后，至于夫镡，《越绝书》亦称“久远，世不可纪也”。《越绝书》所记连贯之越王世系，自夫镡始，迄于亲。其卷八《外传记地传》云：

> 夫镡子允常。允常子句践，大霸称王，徙琅琊，都也。句践子与夷，时霸。与夷子子翁，时霸。子翁子不扬，时霸。不扬子无强，时霸，伐楚，威王灭无强。无强子之侯，窃自立为君长。之侯子尊，时君长。尊子亲，失众，楚伐之，走南山。亲以上至句践，凡八君，都琅琊二百二十四岁。无强以上，霸，称王。之侯以下微弱，称君长。[3]

夫镡，亦不见于先秦文献。《越绝书·外传记地传》下文记有若耶大冢，谓为“句践所徙葬先君夫镡冢也，去（山阴）县二十五里”。[4] 则知夫镡卒时葬地或甚简陋，故句践强大后徙葬

---

1 《水经注疏》卷四〇《渐江水》，第 3306-3307 页。

2 《越绝书校释》，第 203 页。

3 《越绝书校释》，第 196 页。

4 《越绝书校释》，第 199 页。

于若耶山。夫镡为允常父，句践且为之营葬地，当属可信。允常，已见于《史记·越王句践世家》；《外传记地传》下文并记有木客大冢，谓为“句践父允常冢”。《越绝书》所记句践之后的越王世系，作：句践—与夷—子翁—不扬—无强—之侯—尊—亲。与夷，或即《史记》所记之鼫与、古本《竹书纪年》所记之适（鹿）郢、金文所见之者旨于赐，子翁或即《史记》所记之翁、竹书所见之朱句、金文所见之州句（勾），则《越绝书》于鼫与、翁之间，缺不寿一世。不扬，不见于《史记》、古本《竹书纪年》及金文；之侯，《越绝书》作为无强子，与《史记》所记倒错，与竹书所见亦不合。显然，《越绝书》所记越王世系，颇有错漏舛误，且诸世皆为父子相继，当出于后世父死子继之观念，绝非越王世系之实录。然其称“无强以上，霸，称王。之侯以下微弱，称君长”，确又符合越国历史演进的大势，说明它在总体上还是可信的。

无强之后的越王（君长），全不见于先秦文献及《史记》记载，《越绝书》独列出尊、亲二世，或有所据。而在《外传记地传》所记的越王世系之外，《外传记吴地传》中又见有越宋王、越摇王（摇城王）、越荆王、越王余复、王史、孙开等六个越王。兹略考之：

（1）越宋王。《越绝书》卷二《外传记吴地传》云：

> 巫门外麋湖西城，越宋王城也。时与摇城王周宋君战于语招，杀周宋君。[1]

1 《越绝书校释》，第29页。

巫门，据《吴郡志》卷三《城郭》，当即吴城东北门平门之异名。[1]《太平御览》卷五五六《礼仪部·葬送四》引《吴越春秋》（今本《吴越春秋》无此条）云：

> 升平门外麋湖西城者，麋王城也。与越王遥战，越王杀麋王。麋王无头，骑马还武里，乃死，因留葬武里城中。以午日死，至今武里午日不举火。[2]

则“越宋王”又作“麋王”；“摇城王”又作“越王遥”。二王均带“越”称，而互相征伐，且摇城王得称为“周宋君”。上引《史记·越王句践世家》谓无强为楚所破之后，“越以此散，诸族子争立，或为王，或为君”。越宋王（麋王）、摇城王（越王遥、周宋君）很可能就是这些君、王中的两个。又，宋、亲二字形近，亲、麋（麋或为麋字之讹）音同，故颇疑此处所见之越宋王或即上引越王世系中的“亲”。

（2）越摇王。即摇城王（周宋君、越王遥）。摇城王尝与越宋王争战，已见上引。《记吴地传》又云：

> 摇城者，吴王子居焉，后越摇王居之。稻田三百顷，在邑东南，肥饶，水绝。去（吴）县五十里。

---

1 《吴郡志》卷三《城郭》，《宋元方志丛刊》，第一册，北京：中华书局，1990 年，影印本，第 709 页。

2 《太平御览》卷五五六《礼仪部·葬送四》引《吴越春秋》，北京：中华书局，1960 年，影印本，第 2514 页。

则越摇王的据点，在吴城之东南（越宋王的据点，当在吴城东北），曾是吴王子所居之地。同卷复称："通江南陵，摇越所凿，以伐上舍君。去（吴）县五十里。"摇越，当即越王摇；上舍君，应是另一个争立的越君。《记吴地传》又于海盐县下记曰："宿甲者，吴宿兵候外越也，去（海盐）县百里，其东大冢，摇王冢也。"[1]则知越摇王死后葬于汉时海盐县东南境，其所统地域似较为宽广。

（3）越荆王。《外传记吴地传》云："吴东徐亭东西南北通溪者，越荆王所置，与麋湖相通也。"[2]此处见有越荆王，其所凿之通溪，在吴城东，与麋湖相通，所统地域或与越宋王相同。

（4）越王余复。《外传记吴地传》云：

> 娄门外马亭溪上复城者，故越王余复君所治也，去（吴）县八十里。是时烈王归于越，所载襄王之后，不可继述。[3]

按：娄门为吴城东门。复城，当因"余复君"而得名。烈王当指楚考烈王（前262—前238）。"是时烈王归于越"，盖谓其时越地已归楚，而余复君仍据有复城。

（5）越王史。《外传记吴地记》云：

> 巫门外冤山大冢，故越王（王）史冢也，去（吴）县

1 《越绝书校释》，第31-32页。
2 《越绝书校释》，第31页。
3 《越绝书校释》，第30页。

二十里。[1]

冤山大冢在吴城东北二十里处，则越王史所统地域，或与越宋王、越荆王所治者大致相同。

（6）越王孙开。《续汉书·郡国志》吴郡“安”县下刘昭注补引《越绝书》云：“有西岑冢，越王孙开所立，以备春申君，使其子守之。子死，遂葬城中。”[2] 按：春申君之相楚，在楚考烈王时；其请改封江东，营吴墟为都邑，在考烈王十五年（前 248）之后。越王孙开立西岑城以备春申君，其事当在考烈王后期。

凡此诸越王，大抵皆无强为楚所破后，离散为各部的越人君长。《越绝书》所记，虽简略零散，然述诸越王之居地、葬地，皆能的指，且未纳入越王世系，故所记反较为可信。据此可知：在楚击败越王无强之后，并未能有效地控制越国故地，即便是在吴城周围，仍有众多的越人部落活动，其首领且仍得称为王、君。直到战国末年，吴城附近仍有越人抵抗春申君。

2.《吴越春秋》所记越国族源与越王世系

《吴越春秋》卷六《越王无余外传》记越之前君无余，乃“夏禹之末封”，禹以下六世帝少康之庶子，尚不出《史记》《越绝书》之所言。然下文续云：

无余传世十余，末君微劣，不能自立，转从众庶为编户之民，禹祀断绝。十有余岁，有人生而言语，其语曰“鸟禽

1 《越绝书校释》，第 31 页。

2 《续汉书·郡国志》四，吴郡“安”县下刘昭注补引《越绝》，中华书局校点本《后汉书》，北京：中华书局，1965 年，第 3490 页。

> 呼”，咽喋咽喋，指天向禹墓曰：“我是无余君之苗末。我方修前君祭祀，复我禹墓之祀，为民请福于天，以通鬼神之道。”众民悦喜，皆助奉禹祭，四时致贡，因共封立，以承越君之后，复夏王之祭，安集鸟田之瑞，以为百姓请命。自后稍有君臣之义，号曰无壬。壬生无𥈞，专心守国，不失上天之命。无𥈞卒，或为夫谭。夫谭生元常，常立，当吴王寿梦、诸樊、阖闾之时。越之兴霸自元常矣。[1]

元常，当即《史记》《越绝书》所记之“允常”；夫谭，当即夫镡。此处述越王早期世系，较之《越绝书》在无余与夫镡之间，增加了无壬、无𥈞二世，且无壬为无余苗裔之事，实出怪诞，说明无壬很可能是越巫。无𥈞之后，“或为夫谭”，似暗示夫镡、允（元）常、句践一系与无壬、无𥈞之间可能并非嫡传，更非无余苗裔之正统。《吴越春秋》又谓无余“始受封，人民山居，虽有鸟田之利，租贡才给宗庙祭祀之费。乃复随陵陆而耕种，或逐禽鹿而给食。无余质朴，不设宫室之饰，从民所居。春秋祠禹墓于会稽”。[2] 鸟田，《水经注》卷四〇《渐江水》记大禹死后，葬于会稽，“有鸟来为之耘，春拔草根，秋啄其秽。”[3] 其说不能解，然“鸟田”乃为南方地区一种原始的耕作方式，当无疑问。[4]“随陵陆而耕种，或逐禽鹿而给食”，说明越人当频繁迁

1 赵晔著，徐天祜音注：《吴越春秋》卷六《吴王夫余外传》，南京：江苏古籍出版社，1999 年，第 85-87 页。

2 赵晔著，徐天祜音注：《吴越春秋》卷六《吴王夫余外传》，第 101-102 页。

3 《水经注疏》卷四〇《渐江水》，第 3309 页。

4 游修龄谓“鸟田”可能是汉人对“雒田”的越语意译，雒田则是越语的音译，所以也可写作“骆田”，骆田即是稻田。见游修龄：《中国稻作史》，北京：农业出版社，1995 年，第 136 页。

徙，以选择更适宜的农耕、渔猎地点，其耕作方式当以撂荒游耕制为主。这里描述了早期越人居于山区、频繁迁徙、农耕与渔猎并重的生活形态。据此，我们认为此处记载的早期越王世系,很可能反映了主要居住于山区的汉代“东越”及东汉“山越”人的祖源记忆和述说。

句践之后的越王世系,《勾践伐吴外传》称:“(勾践卒)，兴夷即位，一年卒，子翁；翁卒，子不扬；不扬卒，子无强；强卒，子玉;玉卒，子尊;尊卒，子亲。自勾践至于亲，其历八主，皆称霸，积年二百二十四年。亲众皆失，而去琅邪，徙于吴矣。”然在其下所列越王表中，又无子翁，而有不寿。又谓:“鲁穆柳有幽公为名，王侯自称为君。尊、亲失琅邪，为楚所灭。勾践至王亲，历八主，格霸二百二十四年。从无余越国始封，至余善返,越国空灭,凡一千九百二十二年。”[1]所说多不能通解。显然,作者对越王世系很可能本即没有理清楚,杂乱书之,遂更增紊乱。但这个世系,较之《越绝书》所记,在无强与尊之间,增加了“玉”一世,并谓直到尊、亲时,越国才失去琅邪,徙于吴,后为楚所灭。其最后又提到“余善返,越国空灭”,显然指汉武帝元鼎六年(前111)东越王余善反汉、为汉军攻灭，武帝“诏军吏皆将其民徙处江淮间，东越地遂虚”之事。[2]换言之，作者似乎将东越(东瓯及闽越)诸王与先秦越王的世系串连在一起，然所言又多有阙略，故无以通解。据此揣测,《吴越春秋》所述的越王世系，很可能有某些“东越”人祖源记忆的踪影。

1 《吴越春秋》卷一〇《勾践伐吴外传》，第178-179页。

2 《史记》卷一一四《东越列传》，第2984页。

（二）越国兴起、伐吴、称霸过程的重构

《越绝书》之主旨，既在述越兴而吴亡之轨迹、追述其缘由，故其中以越王句践为叙述主体者，占据了全书的相当部分。《计倪内经》《请籴内传》《外传记范伯》，以及《吴内传》《外传记地传》《外传本事》《德序外传记》等篇中均有关于越王句践兴起、伐吴、称霸的叙述。综合各篇所述，可将这一脉络梳理如次：

（1）句践事吴三年，吴王复封之于越，东西百里。《越绝书》卷八《外传记地传》云：

> 吴王夫差伐越，有其邦，句践服为臣。三年，吴王复还封句践于越，东西百里，北乡臣事吴，东为右，西为左。大越故界，浙江至就李，南姑末、写干。[1]

吴王还封句践于越事，不见于先秦文献及《史记》，《越绝书》盖极言句践败后地位之低贱。而其所记句践败后疆域，则大抵据《国语 · 越语》所记。姑末，当即《国语》所记之“姑蔑”；写干，据《越绝书》下文，“今属豫章”。则其疆域并不止于“东西百里”，盖极言其狭也。

（2）句践谋臣中有计倪。《越绝书》卷四《计倪内经》起首曰：“昔者，越王句践既得反国，欲阴图吴，乃召计倪而问焉。”其下所记计倪答问之辞，盖不出蓄积食钱布帛、省赋敛、劝农桑、通习源流、任贤使能、顺四时、参阴阳、审五行等数端，末谓

1 《越绝书校释》，第 203 页。

计倪“乃著其法，治牧江南，七年而禽吴也”。[1]据此，则计倪似为句践最重要的谋臣之一。卷九《外传计倪》亦首叙计倪之献策，谓“计倪官卑年少，其居在后，举首而起”，其所上之策，主旨则在于“谨选左右”、明赏罚、任贤能。越王持其策而“行之六年，士民一心，不谋同辞，不呼自来，皆欲伐吴。遂有大功而霸诸侯”。[2]然则，计倪乃有大功于越国者。此计倪，论者或谓即《史记》所见之“计然”。然《史记》之计然实为范蠡著书之篇名，并无计然其人，钱穆先生证之已详，则计倪必为《越绝书》作者所杜撰者。钱穆先生谓：“《吴越春秋》、《越绝书》出东汉，乃误读《史记·货殖列传》而妄为之，与班氏同耳。”[3]应可从。且观夫《计倪内经》与《外传计倪》二篇所记计倪之策，显系西汉前期流行之思想，绝非战国策士所能有，更遑论春秋晚期之越国大夫。因此，《越绝书》所记句践重要谋臣计倪及其对策，当出于《越绝书》作者对越国历史的重构，非有先秦文献作为根据。

文种（大夫种）、范蠡则屡见于先秦文献，在越国历史中曾发挥重要作用。《越绝书》多将种、蠡并举。如卷八《外传记地传》称：“句践喟然用种、蠡计，转死为霸。”[4]其关于文种的记载，主要见于卷五《请籴内传》、卷一二《内经九术》两篇中。盖请籴为文种“伐吴九术”之第三术，“贵籴粟槀，以空其邦”。文种请从吴贷粟之事，见于《史记·越王句践世家》，谓：“越大

---

1 《越绝书校释》，第 96-100 页，引文见第 100 页。

2 《越绝书校释》，第 238-240 页，引文见第 239 页。

3 钱穆：《先秦诸子系年》卷二《计然乃范蠡著书篇名非人名辨》，第 104 页。

4 《越绝书校释》，第 198 页。

夫种曰：'臣观吴王政骄矣，请试尝之贷粟，以卜其事。'请贷，吴王欲与，子胥谏勿与，王遂与之，越乃私喜。"[1]其事又见于《吕氏春秋·非攻》，然谓贷粟之谋出自范蠡。[2]《越绝书·请籴内传》盖因之而铺衍成文。伐吴九术中，三术治内（一曰尊天地，事鬼神；八曰邦家富而备器；九曰坚厉甲兵，以承其弊），六术谋吴（二曰重财币，以遗其君；三曰贵籴粟稾，以空其邦；四曰遗之好美，以为劳其志；五曰遗之巧匠，使起宫室高台，尽其财，疲其力；六曰遗其谀臣，使之易伐；七曰强其谏臣，使之自杀）。《史记·越王句践世家》记文种教句践伐吴为七术，句践用其三而败吴，与此不同，盖传闻异辞。《史记》不载文种七术详目。《越绝书》所载九术，治内三术大抵为常谈，谋吴三术多出诡道，为权谋家之言，且载文种之言，谓用此九术，"以取天下不难，况于吴乎？"[3]故九术之说，当成于战国末至西汉前期。

范蠡之事，除卷七《外传记范伯》、卷一三《外传枕中》两篇外，还散见于《外传纪策考》《吴内传》等篇中。《外传记范伯》起首谓蠡始居楚，曰范伯，"自谓衰贱，未尝世禄"，因"东南有霸兆"而入越；入越后复受大夫石买排斥，"游于楚越之间"；至句践栖于会稽，方得受信用。卷七《外传纪策考》也说：范蠡始居楚，"生于宛橐，或五户之虚"；后为大夫种所知，志合意同，"俱见霸兆出于东南"，相要往臣。[4]凡此，均不见于《国

1 《史记》卷四一《越王句践世家》，第1743页。

2 《吕氏春秋校释》卷一四《长攻》，第791页。

3 《越绝书校释》，第282-283页。

4 《越绝书校释》，第137页。

语·越语下》与《史记·越王句践世家》。《越绝书》载范蠡邀文种之言曰：

> 三王则三皇之苗裔也，五伯乃五帝之末世也。天运历纪，千岁一至。黄帝之元，执辰破巳。霸王之气，见于地户。子胥以是挟弓干吴王。[1]

“三皇五帝”之说，大抵至秦时方始形成；而汉初沿用本于《黄帝历》之秦历，至元封七年（前104）改行《太初历》，故此段言辞，当成于秦以后、汉武帝之前。“东南有霸兆”之谶，很可能是隐喻文景时吴王濞之割据江淮。因此，范蠡本为楚人、后由楚入越之说，亦当成于西汉前期。《外传枕中》篇所记，乃越王与范蠡的问答之辞。范蠡之策，亦不外乎多贮谷、富百姓、执中戒奢、应天时、顺阴阳、宽政纾民数端，多属抽象议论，并无具体对策，其中多言阴阳、农家之事，与本被目为兵家的范蠡不尽相同。

（3）句践灭吴之后，曾抑强扶弱，取舍有道。卷一《外传本事》云：

> 句践之时，天子微弱，诸侯皆叛。于是句践抑强扶弱，绝恶反之于善，取舍以道，沛归于宋，浮陵以付楚，临沂、开阳，复之于鲁。中国侵伐，因斯衰止。[2]

---

1 《越绝书校释》，第153页。

2 《越绝书校释》，第1页。

卷一四《德序外传记》亦称：

> 于是度兵徐州，致贡周室，元王以之中兴，号为州伯，以为专句践之功，非王室之力。是时越行伯道，沛归于宋；浮陵以付楚；临沂、开阳，复之于鲁。中邦侵伐，因斯衰止。[1]

按：上引《史记·越王句践列传》谓句践灭吴后，“以淮上地与楚，归吴所侵宋地于宋，与鲁泗东方百里”，不言付楚、归宋、与鲁之地名，《越绝书》则言其详。沛，当即汉代沛郡或沛县。《汉书·地理志》记战国后期（宋王偃四十三年，前295）齐、楚、魏三国灭宋，“魏得其梁、陈留，齐得其济阴、东平，楚得其沛。”[2]则知沛当在宋国之南境。浮陵，无考，或为“湖陵”之讹。汉庐江郡有湖陵邑，正在淮上。临沂、开阳均为汉县，属东海郡。开阳，即《左传》哀公三年所见之“启阳”，至汉景帝，避景帝讳始改为“开阳”。临沂、开阳均在泗水之东。显然，这里是用汉代地理观念解释先秦史事，并非先秦历史之事实。

（4）越国初都于秦望山南，句践时徙至山阴，灭吴称霸后复徙都琅邪。《越绝书》卷八《外传记地传》云：

> 无余初封大越，都秦（余）望南，千有余岁而至句践。句践徙治山北，引属东海，内、外越别封削焉。句践伐吴，霸关东，徙琅琊，起观台，台周七里，以望东海。死士八千人，

1 《越绝书校释》，第325页。

2 《汉书》卷二八下《地理志》下，北京：中华书局，1962年，第1664页。

> 戈船三百艘。居无几，躬求贤圣。孔子从弟子七十人，奉先王雅琴，治礼往奏。[1]

秦望山之越都已见前；山北，指秦望山之北，当即下文所见之山阴城。《外传记地传》记山阴城有小城、大城之别，谓小城“周二里二百二十三步，陆门四，水门一。今仓库是其宫台处也。周六百二十步，柱长三丈五尺三寸，溜高丈六尺。宫有百户，高丈二尺五寸。”则知小城内的核心建筑是越王宫台，至汉时犹存，改作仓库；小城至汉时也仍沿用，当即汉会稽郡山阴县城。大城周二十里七十二步，不筑北面，乃“范蠡所筑治也，今传谓之蠡城。陆门三，水门三，决西北，亦有事。到始建国时，蠡城尽。”[2] 则知大城规模甚大，至新莽始建国间（公元 9—13）已圮隳。

句践迁都琅邪事，不见于先秦文献与《史记》记载，然《越绝书》(及《吴越春秋》)频称之。除本条外,《越绝书》卷一《外传本事》云:“夫越王句践，东垂海滨，夷狄文身，躬而自苦，任用贤臣，转死为生，以败为成。越伐强吴，尊事周室，行霸琅邪,躬自省约,率道诸侯。”[3] 则以灭吴后即徙都琅邪。卷二《外传记吴地传》称:“越王句践徙琅邪，凡二百四十年，楚考烈王并越于琅邪。后四十余年，秦并楚。复四十年，汉并秦。到今二百四十二年。句践徙琅邪到建武二十八年,凡五百六十七年。”[4]

---

1 《越绝书校释》，第 196 页。

2 《越绝书校释》，第 196-197 页。

3 《越绝书校释》，第 2 页。

4 《越绝书校释》，第 37 页。

按：越灭吴事在周元王四年（前473），下距秦灭楚（前223），首尾仅251年；秦并楚到汉并秦（前206），亦只有17年；汉立至建武二十八年（52），则有258年，故此段记载所涉时间多不合，不能据以推定句践徙都琅邪之年。而上引《外传记地传》谓句践都琅邪后，“孔子从弟子七十人，奉先王雅琴，治礼往奏”，更不可信靠。然《外传记地传》“独山大冢”条云：“独山大冢者，句践自治以为冢。徙琅琊，冢不成。去（山阴）县九里。”“木客大冢”条称：“初徙琅琊，使楼船卒二千八百人伐松柏以为桴，故曰木客。”[1]则徙都琅邪似并非全无所据。又《汉书 · 地理志》琅邪郡“琅邪”县原注称：“越王句践尝治此，起馆台。有四时祠。”[2]则越都琅邪事，在汉时乃广为人知。[3]

《越绝书》卷一《外传本事》谓：“《越绝》谁所作？吴越贤者所作也。”虽然对此书之作者与成书年代有各种不同认识，但其作者盖出于“吴越贤者”，向无疑义。因此，认为今本《越绝书》有关先秦越国历史文化的记载，主要反映了汉代越国故地之人对先秦越国历史的认知与想象或建构，应当不致大谬。其史源基础，除了今仍可见的《左传》《国语》等先秦文献及《史记》之外，大抵还包括汉代会稽、吴郡地区流传的部分地方文献，以及当地人的传说。在《外传记吴地传》《外传记地传》两篇中，述及先秦古地名时，往往注明“去（今某）县若干里”，甚至是“今某里”。在上引山阴小城的记载里，还说明小城中的越王宫台

1 《越绝书校释》，第199、200页。

2 《汉书》卷二八上《地理志》上，第1586页。

3 关于句践徙都琅邪事，辛德勇近撰《越王句践徙都琅邪事析义》（《文史》2010年第1期）考证辨析甚详，请参阅。

就是“今仓库”。则这一部分的撰作者很可能还进行过一些实地考察。显然，《吴地传》《记地传》中有关地理古迹的记载，是今本《越绝书》中最“实”、较可信靠的部分，其中所见无强之后的越人君长及其居地、越国都城的情况，大抵皆有所据，至少在汉代吴越人的观念里应是如此。而有关越兴吴亡的述说，却与先秦文献及《史记》记载多不能相合，虽然很难遽然判定其非属历史事实，但却可肯定它属于另一个知识系统，即战国后期以来至汉代吴越故地（汉会稽、吴二郡为其核心）的士人对先秦越国历史的重构。

与《越绝书》相比，《吴越春秋》关于越兴吴亡过程的叙述不仅更为系统、具体，而且增添了许多重要人物和环节。如句践臣属，《国语》见有舌庸、苦成、文种、范蠡、皋如及诸稽郢，《史记》见有逢同，《越绝书》增加计倪，至《吴越春秋》又增加皓（浩）。又如：《越绝书》但称句践归国后吴王复封之于越，东西百里。《吴越春秋》则称初封百里于越，“东至炭渎，西止周宗，南造于山，北薄于海”；后复增封，“东至于勾甬，西至于槜李，南至于姑末，北至于平原，纵横八百余里。”[1] 人物与环节的增加，显然是为了使故事更为丰满、曲折，是文学创作的需要，并非另有所据。至于处女试剑、老人化猿、公孙圣三呼三应之类，更是小说家言，无需辨析。

1 《吴越春秋》卷八《勾践归国外传》，第 126、129-130 页。

五、结语："层累、汇聚地造成的"先秦越国历史

综上辨析，可以认知：关于先秦越国历史与文化的认识和叙述，首先有一个不断累积的过程。以越国族源为例。在《春秋左传》、《国语》之《吴语》《越语》篇、古本《竹书纪年》中，并没有关于越国族源的记载。《墨子 · 非攻下》提到越国的立邦之君为有遽，与楚熊丽、晋唐叔、齐吕尚并列，是先秦文献中关于越君始祖的最早说法。到了《史记》，太史公采择越国故地的传说，认为越国先祖系出大禹，是夏后帝少康之庶子，受封于会稽，以奉祀禹陵。但《史记》还没有说明越国始祖之名，于其苗裔世系亦不能详，只是笼统地说："后二十余世，至于允常。"《越绝书》则给出了越国始祖的名字（无余），并谓无余都秦望之南，然后在允常之前增加了夫镡。至《吴越春秋》，又增加了夫余传十余世、末君微劣、禹祀断绝、无壬出而被立为君的故事，并在无壬、夫谭（镡）、元（允）常之间建立起联系。显然，关于越国族源与早期世系，存在着一个不断累积、越说越系统的演变过程，而越为禹后、无余、无壬乃至夫镡之事，很可能都是在越国兴起之后不断追溯其先祖历史的过程中，被"追忆"出来的。

句践兴越灭吴的历史叙述，也有一个由简到繁、不断系统化和具体化的过程。《春秋左传》记吴越间战事，始于昭公三十二年（前 510），经、传均只有"夏，吴伐越"的简单叙述。定公五年（前 505），越袭吴，《春秋》经书其事，谓"于越入吴"；左氏传也并无详述，只称"吴在楚也"。定公十四年（前 496）吴师伐越，《春秋》经谓"于越败吴于檇李。吴子光卒"。左氏

传则详述吴越阵于檇李、越大夫灵姑浮击伤阖闾之事，并谓夫差继位，以报越为志。哀公元年（前494）夫差败越，经文不书，左氏传则详记吴越夫椒之役、句践保于会稽及大夫种因吴太宰嚭以求成之事。哀公十三年（前482）句践伐吴，及于吴郊，大败吴大子友所部吴师；哀公十七年越师复伐吴，战于笠泽，吴师败绩；哀公二十年越师进围吴都，至二十二年灭吴，《春秋左传》皆有较详悉记载。然凡此记事，皆以吴越间战事为主线，二国臣子之议论与计谋则大抵阙略。《国语》既以议论为主，故《吴语》《越语》乃多权谋之语，于二国臣属之议论、谋略记载甚为详悉，文种、范蠡之主张、谋划遂得全面展现，而吴越战事背后之阴谋亦得充分揭示，从而使越兴吴亡的故事更为丰富。太史公兼采《左传》《国语》二书所记，将《左传》之记事与《国语》之记言融汇为一体，遂使越兴吴亡的故事首尾完整、理路清晰、结构合理。至《越绝书》与《吴越春秋》，特别是《吴越春秋》，更将史事与议论进一步铺衍发挥，加上诸多传说、歌谣，再辅之以充分想象，遂造成小说体的“历史演义”，成为我国演史小说之滥觞，而句践卧薪尝胆、范蠡功成身退以及西施、越女剑等，更因之而脍炙人口、流传久远。

然而，有关越国历史与文化的认识，不仅是不同时期的相关记载与传说不断累积，亦即“层累地造成”的结果，还存在着一个来自不同地域的认识逐步汇聚在一起、逐渐融汇起来的过程，也就是说，它还是由不同地域的知识系统“汇聚地造成”的。

如上所述，《春秋左传》中关于早期越国史事的记载，大抵主要来自楚、吴二国的记录及其向中原诸国的“告”和中原诸国通过不同途径所得之传闻。吴师入郢之役（前 505）后，中原诸国与越国有了直接交往,《春秋左传》有关越国的部分记载，可能直接来自越国的“告”与传闻，如哀公十三年越师败吴军、俘吴大子友，及哀公十七年笠泽之役，记事多以越国为主体；也有的是来自中原诸国的直接观察，如记哀公二十年（前 475）赵襄子家臣楚隆往吴越军前探视，即当来自晋国方面的记录或传闻。哀公二十一年越国正式遣使适鲁之后，与鲁国交往甚密，《左传》中的有关记载可能直接来源于鲁国的记录，如鲁、越间交聘，越国干预邾君废立等，大抵皆据鲁国方面的记载。要之，《春秋左传》有关越国史事的记载，主要反映了华夏诸国特别是鲁国士人对于南方越国的了解和认识，其史源则主要有三：一是楚、吴二国的记录及其向中原诸国的“告”和传闻，二是越国本身向中原诸国的“告”和传闻，三是鲁、晋等国与越国交往过程中的直接观察与记录。

《国语》之《吴语》《越语》篇虽皆当出于越人之手，或者是站在越人立场上撰写的，基本反映了越人对自身历史的看法，但显然也潜含着某些楚人、吴人的观念。如《越语上》记子胥谏阻吴王许越成之言，谓吴越生存环境与生活方式一致，而异于华夏（上党之国），即可看作楚、吴人对越的认识（子胥为楚人而居吴）。至于吴王夫差、太宰嚭之轻越，则表现出吴人“大吴而小越”的倾向。

先秦诸子中，墨子久居鲁、宋，虽然其是否到过越不能确定，但显然对越国比较了解，其所说反映了战国早期鲁、宋之地士人对越国的认识。庄子、荀子主要在宋、赵、齐、秦等国活动，其时越国势力已衰，故于越国史事所知甚少，偶有论及，不过将之视为蛮夷而已。韩非子生当战国晚期的韩国，所述越事也多出于传闻。《吕氏春秋》杂采先秦诸家之言，关于越国史事与文化的叙述或有部分出自楚人的认识，但大部分仍是中原士人的观念。《战国策》集战国游士之言，各篇来源不同，其中《楚策一·楚王问于范环章》所记杜赫之言，应是战国后期楚人对越国的认识，其他各条则大抵皆出于中原之人。

至西汉初年，因部分越人曾参与反秦及楚汉战争，越人首领无诸、摇且受封为闽越王与东海王（东瓯王），[1] 武帝时更两次迁徙越人进入江淮之间，[2] 部分越人首领又参加汉征闽越、南越之役，[3] 故华夏士人对越人历史与文化的了解愈来愈多。因此，太史公作《史记》，除采用《春秋左传》《国语》及诸子书等先秦文献中有关越国历史的记载外，还得采择内迁越人及越国故地的越人有关自身历史与文化的叙述或想象，从而形成第一个既是由先秦以来不同时期的文献记载“层累地造成的”、又是由

1 《史记》卷一一四《东越列传》，第 2979 页；《汉书》卷一下《高帝纪》下，高祖五年封闽粤王诏书，第 53 页。

2 武帝时越人内徙主要有两次：(1) 建元三年（前 138），“东瓯王广武侯望率其众四万余人来降，处庐江郡”。(《史记》卷二二《汉兴以来将相名臣年表》，第 1134 页）(2) 元封初（前 110），汉平闽越，“诏军吏皆将其民徙处江淮间，东越地遂虚”。(《史记》卷一一四《东越列传》，第 2984 页）

3 《史记》卷一一三《南越列传》载：元鼎五年（前 112）汉军兵分四路征南越，其中一路由归义越侯二人为戈船、下厉将军，出零陵，或下离水，或抵苍梧。至元鼎六年汉军征闽越，仍以越侯为戈船、下濑将军，出若邪、白沙（《史记》卷一一四《东越列传》，第 2983 页）。这里的归义越侯，据《汉书》卷六《武帝纪》，分别名严和甲。颜师古注引张晏曰：“严，故越人，降为归义侯。越人于水中负人船，又有蛟龙之害，故置戈于船下，因以为名也。”服虔曰：“甲，故越人归汉者也。”（第 186-187 页）严、甲皆为降汉的越人（很可能是内迁的东瓯人），他们在汉朝被封为侯，参与征伐南越、闽越的战争，可证武帝时越人已较多参与到汉朝政治生活中。

不同地区有关越国历史的叙述"汇聚地造成的"越国历史与文化的叙述与阐释体系。

《越绝书》与《吴越春秋》(及后世虞预《会稽典录》、贺循《会稽志》等地志)则大致可视为战国后期至汉晋间汉代越国故地(汉会稽、吴郡)的士人及普通民众对先秦越国历史与文化的认识、想象或建构。其中,《越绝书》关于吴、会稽二郡地理、古迹的记载,当大抵属实,其所记载的战国后期越王无强之后离散为群落的越人君长,亦当大致可信。而其关于越国族源、越王早期世系的叙述,则大抵出于传说;至于越亡吴兴的故事,则在史事与传说之上,又兼以文学创作,属于演史小说的范畴。

太史公作《史记》时,并未得见今之所谓古本《竹书纪年》,故其关于越国历史的叙述,未得采用来自晋(魏)国方面的记载。吾人今日不仅可得而见之,更可运用诸多越国铭文材料及其他考古发现,而此类越国铭文及来自越国故地的考古发现,又大致可看作为越人自身留下的记录。

要之,我们可以将先秦时期有关越国历史与文化的记载,区分为三个地域知识系统:(1)越人自身的认识与叙述。包括先秦越国自身及吴国方面的记录,以及战国后期至汉晋间越国故地(汉会稽、吴郡)之人对先秦越国历史与文化的认识、想象或建构等方面,主要留存在今见越国铭文材料及来自越国故地的其他考古发现,《春秋左传》中可信来自吴、越国的"告"或越国方面的记载,《国语》之《越语》《吴语》篇,《史记·越王句践世家》,《越绝书》与《吴越春秋》及《会稽典录》等六朝地志的相关记载中。这一知识系统虽然生成于越国或越国故地，但并不意味着它更符合历史真实。事实上，即便在先秦越国时期，有关其族源、世系的说法，很可能就有相当部分（如“越为禹后”说）属于“文化建构”，是一种叙说，未必即有坚实的历史根据。这些传说，越到后来，越为详密、系统，但距历史真实也就越远。（2）楚人有关越人的认识。在先秦诸国中，吴、楚与越国的交往最早，由于吴国后为越所灭，吴国方面关于越国的记载多与越国自身的记载融合在一起，或者湮灭不传，而楚国在战国时期则与越国长期争战并最后吞并越国，所以来自楚国方面的记录又尤为重要。这一部分认识，主要留存在《春秋左传》中可信来自楚国方面的记录、《战国策》与《吕氏春秋》部分篇章所述楚人对越国的看法，以及《史记·越王句践世家》关于句践之后越王无强事迹的记载，等等。（3）中原士人有关越人的认识。包括春秋战国时期鲁、宋、晋、齐等国与越国直接交往后对越人的了解与记录，主要见于《春秋左传》、古本《竹书纪年》，以及《墨子》《韩非子》《吕氏春秋》等子书和《战国策》的有关篇章中。这一部分认识虽非出自越人，但多属“不经意的史料”，故较少“文化建构”的痕迹，因而其反映的历史真实性较高。

上述三方面关于先秦越国历史与文化的知识系统，在西汉中期即已汇聚在一起，太史公据之而纂成《越王句践世家》，提供了第一个相对系统的越国历史叙述体系。后世方志多因袭其说，且兼采《越绝书》《吴越春秋》乃至志怪小说之所言，“相容并蓄”，附会成说。近世学者抑或因先秦越国史料本即缺乏，往往兼而用之，而不加辨析，遂致关于先秦越国历史与文化的认识与阐释体系愈发纷歧。

早在20世纪20年代，顾颉刚先生即提出“层累地造成的中国古史”观，认为战国、秦、汉以来的古书中所讲的古史系统，是由不同时代的神话传说一层一层积累起来造成的，不同的古帝神话传说发生时代的先后次序和古书中所讲的古史系统排列的先后恰恰相反。[1]在越国历史的叙述问题上，虽然关于早期越王世系的排列与其在文献中出现的次序并不完全如顾先生所言恰恰相反，但总的说来，早期越王世系越到后来越成系统，是没有问题的。同样，形成越晚的文献关于越国历史的记述越详细、丰富，也更为全面、系统，其所描述的句践、范蠡等中心人物的形象也“愈放愈大”，也很好地证明了顾先生古史叙述与阐释体系乃是“层累地造成的”说法。因此，本文关于先秦越国史事的文献学考察，可以说是给顾先生“层累地造成的中国古史”观添加了一个不太完美的注释。但这只是本文的出发点之一。本文之主旨，更在试图通过辨析有关先秦越国史事记载的文献来源，说明有关越国历史与文化的叙述和阐释，不仅是不同时期的相关记载与传说不断累积，亦即“层累地造成”的结果，还是由不同地域的知识系统“汇聚地造成的”。

实际上，顾先生在论述古史由不同时代的神话传说“层累

1 顾颉刚：《古史辨第一册自序》，见《顾颉刚古史论文集》第一册，北京：中华书局，1988年，第1-100页，特别是第50页；《与钱玄同先生论古史书》，见《顾颉刚古史论文集》第一册，第101-108页，特别是第102页。

地造成”时，即已涉及造成古史的神话传说来自不同地域，[1]但因其着眼点乃在强调诸种不同时代的神话传说在时间方向上的累积，对来自不同地域的传说与知识系统的汇聚、融合，则未及充分论证。后之学者，无论赞同或反对顾先生之说者，亦多重视古史在时间维度上的“层累”，而甚少关注其在空间维度上的“汇聚”。本文不惧繁琐地引述、考辨先秦以来有关越国史事的记载，追溯其所产生的地域背景，除意在梳理头绪纷杂、诸种线索纠缠在一起的先秦越国历史叙述之外，更在试图通过这一实例，说明有关先秦历史的叙述与阐释，实源自不同地域的知识系统，自秦汉统一之后，逐步融合汇聚而成为一个统一的知识体系。不仅有关越国的历史叙述如此，关于吴国、楚国、巴蜀以及中原各国的历史叙述也当如此，甚至整个中国古史的认识体系，可能也是如此。

---

1 在《战国秦汉间人的造伪与辨伪》（吕思勉、童书业编著：《古史辨》第七册，上海：上海古籍出版社，1982年，影印本，第1-64页）一文中，顾先生指出：诸夏的基本团体，夏商姬姜四族，本非出于一家；华夏之外的各部落，白狄、赤狄、犬戎、骊戎、山戎、卢戎、莱夷、淮夷、群蛮等，亦皆各有其自身的历史与文化，并无公认的共同始祖。春秋以后，经过二百多年的大国攻灭小国，把无数种族并到一起，为了使他们能融合起来，就用了同种的话来打破各方面的种族观念。“本来楚的祖是祝融，到这时改为帝高阳（后人说他就是颛顼）了。本来秦是玄鸟陨卵，女修吞而生子的，到这时也是颛顼的苗裔了。赵祖非子，非子也是女修之后，秦和赵就同祖了。本来越是纯粹南方部族，和诸夏没有丝毫关系的，到这时也是禹的子孙了。本来匈奴在极北，越在极南，无论如何联不起来的，到这时都成了夏禹的后裔了。禹是被称为颛顼之孙的，那么越和匈奴也就同祖了颛顼了。田齐自称舜后，而舜是颛顼的六世孙，他们也就与秦、赵、楚、越、匈奴为一个系统下的分支了。”商、周是两个很不同的种族，到这时商祖契，周祖后稷，都是帝喾的儿子，变成亲兄弟，连帝尧也是他们的兄弟。而颛顼和帝喾，又是黄帝的孙子和曾孙。这样，就出现了唐、虞、夏、商、周同出于黄帝的说法。在这里，顾先生的着眼点虽然是论证华夏民族同祖共源说的形成过程，但也同时暗示，这一祖源述说的背后实际上隐含着不同地域的祖先记忆与传说，同祖共源说正是在不同地域的祖源传说之上融汇而成的（第18-19页）。

卷二 制度

秦代的县廷

“县”是战国以降郡（州）县体制下基本的行政区划与管理单位，是王朝国家控制地方与人民、实施统治的最重要的行政建置。秦虽非最早置县之国，然秦统一后，以秦国固有县制及六国已置之县为基础，调整全国县（道）区划与官属设置，建立起整齐划一的秦代县制，确立了中国古代县级区划的总体格局与县级官属的基本架构与运行机制，故秦县制实为中国县制之根源。

秦县研究，主要围绕两方面问题展开：一是秦县的置立沿革、定位（治所所在及统辖区域）及其总体格局，此即秦县的政区沿革地理或历史地理研究；二是秦县管理机构（官属）与吏员的设置、运行机制及其与郡、朝廷的关系，此即秦县的行政制度史研究。前一方面向来受到重视，研究较为深入细致，成果亦较为丰厚。[1]后一方面，则受到文献记载阙略之制约，研究

1 后晓荣：《秦代政区地理》，北京：社会科学文献出版社，2009 年，第 118-455 页；周振鹤、李晓杰、张莉：《中国行政区划通史 · 秦汉卷》（修订本），上海：复旦大学出版社，2017 年，第 57-100 页。

相对薄弱；[1] 直到睡虎地、里耶所出及岳麓书院所藏秦简问世，学界方得主要立足于出土文献，展开深入全面的研究，取得了较为丰硕的成果。[2] 然相关研究或秉承“汉承秦制”的认识，多以汉制或汉人的认识反推、解释秦制，对简牍相关文献记载的释读抑或可商，故所得认识未尽能妥恰，仍有进一步探究之必要。

因此，本文即试图主要使用可以信靠的秦代文献，特别是出土简牍资料，就秦人的记载与认识来考察秦代的县廷，尽可能描绘出秦代县级行政机构的总体图景及其运行机制。

1 实际上，在大量的秦代简牍面世之前，利用传世文献，只能依靠《汉书·百官公卿表》叙、《续汉书·百官志》的简略记载，在“汉承秦制”的前提下，通过汉代县制反推秦代的县制。请参阅严耕望：《中国地方行政制度史——秦汉地方行政制度》，上海：上海古籍出版社，2007 年，第 216-233 页。

2 仲山茂较早使用睡虎地秦简及部分秦汉封泥、题铭资料，讨论了秦汉时期县的“廷”“府”与“官”“曹”之别。仲山茂：《秦漢時代の「官」と「曹」：県の部局組織》，《東洋學報》第 82 卷第 4 号，2001 年，第 35-65 页。青木俊介、土口史记、孙闻博、邹水杰等则主要使用里耶秦简讨论县廷的组成，特别是列曹与诸官的问题。青木俊介：《里耶秦簡に見える県の部局組織について》，中國出土資料學會：《中國出土資料研究》第 9 號，2005 年，第 103-111 页；土口史记：《战国 · 秦代的县——以县廷和“官”的关系为中心的考察》，朱腾译，周东润、朱腾主编：《法律史译评》2013 年卷，北京：中国政法大学出版社，2014 年，第 1-27 页；土口史记：《里耶秦簡にみる秦代縣下の官制構造》，《東洋史研究》第 73 卷第 4 号，2015 年，第 1-38 页；土口史记：《秦代の令史と曹》，《東方学報 京都》第 90 册，2015 年，第 1-47 页（中译文《秦代的令史与曹》，刊《中国中古史研究》第六卷，上海：中西书局，2018 年，第 3-35 页）；孙闻博：《秦县的列曹与诸官——从〈洪范五行传〉一则佚文说起》，《简帛》第 11 辑，上海：上海古籍出版社，2015 年，第 75-87 页；邹水杰：《简牍所见秦代县廷令史与诸曹关系考》，杨振红、邬文玲主编：《简帛研究 二〇一六》春夏卷，桂林：广西师范大学出版社，2016 年，第 132-146 页。关于秦县廷研究的学术回顾，请参阅土口史记：《秦代“县廷”研究的回顾与展望》，《中国中古史研究》第七卷，上海：中西书局，2019 年，第 65-82 页。

一、县廷长吏：县啬夫，令、丞，守及守丞

秦时县（道）、都官及其所属行政机构（县中诸“官”、乡）的主官，大抵都可称为“啬夫”。睡虎地秦墓竹简《语书》起首即谓：“（秦王政）廿年四月丙戌朔丁亥，南郡守腾谓县、道啬夫”，[1] 这里的“县、道啬夫”，显然是指各县、道的负责人。《秦律十八种》“金布律”规定：县、都官在审计中发现有亏欠，判定要予以赔付（“县、都官坐效、计以负赏［偿］者，已论”），“啬夫”就把应当偿还的钱数，分配给县、都官所属机构的责任人、吏员（包括编外的吏员），每个人都给一支三分的券（上面写明应偿付的钱数），而由少内负责收取（“即以其直［值］钱分负其官长及冗吏，而人与参辨券，以效少内，少内以收责之”）。[2] 这里的“啬夫”，也是指县、都官的负责人。岳麓书院藏秦简《秦律令》（一）“置吏律”规定：各县任用有秩吏，要尽可能任用县中之人；也可以任命能够胜任的他县之人及前来投附且得到接纳安置的人（“有谒置人”）“为县令、都官长、丞、尉有秩吏”；“县及都官啬夫”被免职或改任他地（“其免、徙”），允许他解除其所任用人的职务（“而欲解其所任者，许之”）。[3] “县及都官

1 睡虎地秦墓竹简整理小组编：《睡虎地秦墓竹简》，北京：文物出版社，1990 年，“释文注释”部分第 13 页；陈伟主编：《秦简牍合集》［壹］上，武汉：武汉大学出版社，2014 年，第 30 页。

2 《睡虎地秦墓竹简》，“释文注释”部分第 39 页；《秦简牍合集》［壹］上，第 97 页。本文引用简牍文字的识读、句读、标点，是在前人基础上，根据作者的认识做出的，或与所引出处的原文有所不同。

3 陈松长主编：《岳麓书院藏秦简》（肆），上海：上海辞书出版社，2015 年，第 136-137 页，简 1272+1245+1247。

啬夫”，显然就是上文中提到的“县令、都官长”。又有一条律令规定，如果里典、父老将未满十八岁的小男子及女子登记入“数”，“县、道啬夫谇，乡部吏赀一盾，占者赀二甲，莫占吏数者，赀二甲”。[1]这里的“县、道啬夫”与“乡部吏”、里典父老，正是县、乡、里三级行政管理机构的负责人。

县（道）、都官的直属机构（“官”）的负责人，即称为“官啬夫”，其中的“官”指各种机构、衙署。睡虎地秦简《效律》说“官啬夫”免职，县令命人去审计他所负责的官署（“县令令人效其官”）。如果“官啬夫”在审计中被发现有罪（“官啬夫坐效以赀”），“大啬夫及丞”不需要负责；如果县令免职，新任的县啬夫本人负责审计，如果发现有亏欠，其前任县啬夫、丞都要承担责任。[2]在这里，“大啬夫”指县令，“官啬夫”指县中诸“官”的“啬夫”，即县属机构的首长。《效律》又规定：如果审计时适用法律不严谨而导致审计结果有盈余或亏欠，要按审计盈余、亏欠的律令予以罚赀：“官啬夫赀二甲，令、丞赀一甲；官啬夫赀一甲，令、丞赀一盾”，负责的吏（“其吏主者”）和“官啬夫”一样予以罚赀、斥责。[3]在这里，“官啬夫”也是指县属机构的长官，而不包括县中的长吏令、丞（以及尉）。岳麓书院藏秦简《秦律令》（一）“仓律”规定：“县官”称量出入的粮食、物资，一定要使用统一标准，谷粟要好坏搭

1 《岳麓书院藏秦简》（肆），第 42 页，简 0797+2037+2090。这条简文中的“数”，当指“吏数”，应当是具备作“吏”资格的一种名单。“莫占吏数者”，承其上文之意，当释为“默认自己被登记入吏数的未满十八岁的小男子及女子”。整理者释为“不去吏处如实登记年龄超过十八岁的黔首”，恐未必恰，兹未从。

2 《睡虎地秦墓竹简》，“释文注释”部分第 72 页；《秦简牍合集》[壹] 上，第 156-157 页。

3 《睡虎地秦墓竹简》，“释文注释”部分第 75 页；《秦简牍合集》[壹] 上，第 162 页。

配。大宗的物资出入（“大输”）要由令、丞监督，令史、官啬夫检查是否合乎标准（“大输，令、丞视，令史、官啬夫视平”）；较小量的物资出入，则由令史负责检查。[1]这里的“县官”指县里主管粮食、物资储存、发放的机构“仓”，“官啬夫”即指县仓的负责人。其“司空律”说：犯罪而判以赀赎罪或因债务而被系于“县官”（“有辠以赀赎及有责［债］于县官”），劳作一天，折抵八钱；如果需要“县官”提供稟食，则只算六钱（“食县官者，日居六钱”）；居于官府又食于“县官”者，男子每日算三钱，女子算四钱。如果应当折抵而未予折抵，“官啬夫”、主吏要各罚赀一甲，丞、令、令史各一盾。[2]这里的“县官”，当是指县里主管工程与徒隶的司空；“官啬夫”则是指司空的长官。同样，县里的少内、田官、畜官、库、仓等机构的长官，皆可称为“官啬夫”。

诸乡的负责人，“乡啬夫”，也属于“官啬夫”。岳麓书院藏秦简《秦律令》（一）“田律”规定，征收的租赋都要在年终前交清，如未交清或者欠其他“县官”的债，要报告给主管的“县官”；如果满三十天仍未能交清或逃亡不交的，其人及“官啬夫、吏主者”要各罚赀一甲，丞、令、令史各罚赀一盾。[3]这里的“县官”，当包括县中诸乡；“官啬夫”，则当指对征收租赋负有责任的“乡啬夫”。简 2106+1990+1940+2057+2011 规定：如果有函谷关外及原秦国边地的人逃亡到畿内的县、道（“中县、道”），并留居下来，“乡部吏弗能得”，却为他人捕获，无论男女少长，

1 《岳麓书院藏秦简》（肆），第 122 页，简 1251+1254。

2 《岳麓书院藏秦简》（肆），第 153-154 页，简 0350+0993+0793。

3 《岳麓书院藏秦简》（肆），第 103 页，简 1278+1282+1283。

若有五个人，要“谇乡部啬夫”；二十人，“赀乡部啬夫一盾”；三十人以上，“赀乡部啬夫一甲，令、丞谇，乡部吏主者，与乡部啬夫同罪。”[1] 这里将“乡部啬夫”与“乡部吏主者”并列，显然是指乡部的负责人。

因此，所谓“官啬夫”大抵是指县（道、都官）所辖诸官的“啬夫”。里耶秦简 9-633《迁陵吏志》记迁陵县有官啬夫十人，[2] 当即县直属的少内、司空、田官（分左、右）、畜官（司马、厩）、仓、库等七个“官”（见下文）以及都乡、启陵、贰春三个乡的负责人。

“啬夫”的本义，就是“穑夫”，亦即收谷的人，引申为收取租赋的人。[3] 所以，被称为“啬夫”的职位，大抵都是主管行政事务的负责人；而军事主官得称为“啬夫”，盖因为其负责发放稟食之故。[4]

“啬夫”虽然是对于县（都官、道）及其所属诸“官”与乡的负责人的称谓，但县级长官及其所属诸官、乡的负责人的正式称谓，却并不是“啬夫”。这些职位，均各有其正式的官称。

一县首长的正式官称，是令与丞。自商鞅变法以来，秦国

---

1 《岳麓书院藏秦简》（肆），第 56-57 页，简 2106+1990+1940+2057+2011。

2 陈伟主编，鲁家亮、何有祖、凡国栋撰：《里耶秦简牍校释》第二卷，武汉：武汉大学出版社，2018 年，第 167 页。以下凡引用里耶秦简，除非必要，一般仅注明简号。

3 裘锡圭：《啬夫初探》，《云梦秦简研究》，北京：中华书局，1981 年，第 226-301 页，后收入氏著《古代文史研究新探》，南京：江苏古籍出版社，1992 年，第 430-523 页。钱剑夫：《秦汉啬夫考》，《中国史研究》1980 年第 1 期。

4 睡虎地秦墓竹简《秦律杂抄·除吏律》见有“发弩啬夫”，简文说：“除士吏、发弩啬夫不如律，及发弩射不中，尉赀二甲。发弩啬夫射不中，赀二甲，免。”《睡虎地秦墓竹简》，“释文注释”部分第 79 页；《秦简牍合集》［壹］上，第 166 页。

即以令、丞作为一县的长官。[1]睡虎地秦简《语书》前半部分是秦王政二十年（前 227）四月南郡守“腾”给南郡所属“县、道啬夫”的指令。文中述及所属各县道吏民的“私好、乡俗”未加改变，“犯法为间私者不止”，“自从令、丞以下”知而不举，而令、丞则对此并不了解（“弗明知，甚不便”）；又说：如今派人前往巡视，检举未能遵从相关命令者，按照法律论处，论处的范围，包括令、丞（“今且令人案行之，举劾不从令者，致以律，论及令、丞”）；又要考察各县的诸“官”，对于其中违反律令较多，而令、丞未予报告者，要追究令、丞的责任（“有［又］且课县官，独多犯令而令、丞弗得者，以令、丞闻”）。[2]文中的“令”“丞”并列，显然就是指文首所说的“县、道啬夫”，“丞”不会是“令”之佐贰。其下文述及如发现“恶吏”之行，其所在衙署要报告给令、丞（“当居曹奏令、丞”），令、丞若以为其人其行确有不当（“令、丞以为不直”），要报告给郡府（“志千里使”），并且记录在档案中，标明他是“恶吏”（“有［又］籍书之，以为恶吏”）。[3]在这里，令、丞也是平级的，分别向郡府负责。里耶秦简 8-959+8-1291

1 于振波：《说“县令”确为秦制——读里耶秦简札记》，《中国历史文物》2006 年第 3 期；孙闻博：《商鞅县制的推行与秦县、乡关系的确立——以称谓、禄秩与吏员规模为中心》，武汉大学简帛研究中心编：《简帛》第十五辑，上海：上海古籍出版社，2017 年，第 117-131 页。据《史记》卷五《秦本纪》、卷十五《六国年表》，其时秦以“令”为县的长官（北京：中华书局，1959 年，第 203、723 页）。同书卷六八《商君列传》则称“置令、丞”（第 2232 页）。一般以为，丞为令之佐贰，然细绎其意，令、丞实当并列，盖其时有的县置令，有的县置丞（或者大县置令，普通县置丞），令、丞皆为县的长官，或并不于同一县之中同时置令、丞，以丞为令之副。

2 《睡虎地秦墓竹简》，“释文注释”部分第 13 页；《秦简牍合集》［壹］上，第 30 页。

3 《睡虎地秦墓竹简》，“释文注释”部分第 15 页；《秦简牍合集》［壹］上，第 34-35 页。“志千里使，有（又）籍书之，以为恶吏”，诸家句读、解释各有不同。今按：千里，当指郡；千里使，当指郡守；则“志”当释为“致”，解为报告。籍，当指吏籍，亦即“吏数”。

记狱东曹书一封，用令印，诣洞庭守府；简 9–1593 则记秦始皇三十年（前 217）五月，金布曹的书一封，用丞印，送往洞庭泰守府。凡此，均说明迁陵令、丞都可以代表迁陵县向洞庭郡太守府发文。

睡虎地秦简《秦律十八种》“仓律”规定：凡是交纳的粟谷入仓，“县啬夫”比如“丞”，会同仓、乡啬夫，一起用印封存（“县啬夫若丞，及仓、乡相杂以印之”）。“县啬夫若丞”，则“丞”自当就是“县啬夫”，亦即县的长官。[1]其“金布律”规定：官府受钱，以千钱为一畚，“以丞、令印印”；出钱，“献封丞、令”，之后才可以打开钱封，使用那些钱。[2]在这里，丞、令各有印，都是负责任的长官；而“丞”置于“令”前，也不能说“令”是“丞”的佐贰官，二者只能是并列的关系。[3]

睡虎地秦简中又见有“大啬夫”，且往往与“丞”并列。如上引《效律》中见有“大啬夫及丞”。《法律答问》有一条问答，问曰：所谓“假造‘丞’作为‘令’”（“侨［矫］丞令”）是什么意思呢？回答说：是指“有秩”假造自己的官印，为“大啬夫”

1 《睡虎地秦墓竹简》，“释文注释”部分第 25 页；《秦简牍合集》［壹］上，第 59-60 页。“县啬夫若丞”中的“若”，诸家大抵将之忽略，以将“丞”解释为“县啬夫”之佐贰。

2 《睡虎地秦墓竹简》，“释文注释”部分第 35 页；《秦简牍合集》［壹］上，第 90 页。

3 在岳麓书院藏秦简《秦律令》（一）所录律令中，“丞”经常置于“令”之前。如《田律》规定：如果黔首居田舍者卖酒，“田啬夫、吏、吏部弗得”，要罚赀二甲，“丞、令、令史各一甲”［《岳麓书院藏秦简》（肆），第 106 页，简 1400］。《尉卒律》规定：“黔首失令，尉、尉史、士吏主者，赀各一甲；丞、令、令史各一盾。”［《岳麓书院藏秦简》（肆），第 112 页，简 1292］在这里，“丞”之所以置于“令”前，盖因为“丞”的设置比“令”普遍。

的印。[1]显然，令是“大啬夫”。令与丞都是县啬夫，而令的地位要高一些，故称为“大啬夫”，丞则只是“县啬夫”。

那么，“令”何以比“丞”高一些呢？迁陵县于秦王政二十五年（前222）置县，其首任的长官可能就是“禄”，称为“迁陵守”。秦始皇二十六年（前221）十二月八日，“迁陵守禄”报告说：“沮守廖”致书称：在二十四年沮县的考课中，畜官卖幼畜所得收入最少，应当由前任沮县守“周”负责。“周”现在被任为“新地吏”，请迁陵县协助追查。“禄”报告查问的结果，说迁陵县并没有“周”这个人。这份文书用上“荆山道丞”的印发出，在迁陵县启陵乡任“乘城卒”的秭归某里的士伍“顺”受命传送这份文书。[2]在这里，“迁陵守禄”与“沮守瘳”互通文书，显然分别是迁陵县与沮县的首长，就是二县的“大啬夫”。其所以不被任为“令”，而仅得称“守”，则当因为其爵级不够。根据秦制，只有爵已至大夫，方得被委任管理一方政务，并同时得晋爵为“官大夫”。[3]“禄”与“瘳”的爵位显然不够高，所以虽然是迁陵、沮县的长官，却不能被任为“令”，只是“守”。

---

1 《睡虎地秦墓竹简》，“释文注释”部分第106页；《秦简牍合集》[壹]上，第216页。“侨（矫）丞令”一句，诸说多解为假造丞的命令。然如此解释，下句的回答实为答非所问，不能通解。“侨（矫）丞令”，当释为“矫丞为令”，即“丞”假托为“令”。丞与令都为有秩吏，答句中的“有秩”，即指丞。

2 陈伟主编，何有祖、鲁家亮、凡国栋撰：《里耶秦简牍校释》第一卷，第343页，简8-1516。在这件文书中，另见有沮县守“瘳”。迁陵于秦始皇二十五年立县，“禄”似乎为首任长官（“守”）。

3 《商君书·境内》说：“爵大夫而为国治，就为（官）大夫”。意思是：如果爵已至大夫，且被委任管理一方政务，则晋升为“官大夫”（蒋礼鸿：《商君书锥指》卷五《境内》，北京：中华书局，1986年，第116-117页；高亨：《商君书注译》，北京：中华书局，1974年，第149页）。那么，秦时任为县长官的资格要求，应当是最低具有大夫以上的爵位（第五级）；任为县令、丞之后，则当授予官大夫的爵位（第六级）。

但是，“守”也是“负责”的意思，并非指“代理”，因为并没有别的正式长官。

在“禄”之后，担任迁陵县“守”的，应当就是“兴”；“兴”之后，是“拔”。秦始皇二十七年（前220）十二月，时任迁陵守“拔”报告说：迁陵县的守“兴”、尉“瞑”、丞“阴”等均战死于“鄣中”，其时迁陵县的“里卒”皆暂归司马（当是洞庭郡的司马）“媱”、夷道县尉“得”统领；现在，仍将迁陵县士卒的籍移交给迁陵县，夷道尉“得”、州陵县尉“猲”亦交出临时统领权（简9–705+9–1111+9–1426）。迁陵守“兴”与“拔”都可以率领本县里卒，拥有军事权。[1]“拔”大概在秦始皇二十六年（前221）六月至二十八年（前219）八月间担任迁陵县的“守”；[2]在此之后，一直到秦始皇三十五年（前212）七月，

1 里耶简9-1112记：秦始皇二十六年二月二十四日，唐亭假校长“壮”报告说：唐亭附近有一支大约三十人的盗贼，唐亭兵卒少，无力追击，请增派兵力搜捕。二月二十九日，迁陵守丞“敦狐”致书县尉和贰春乡（唐亭在贰春乡）主，要求各以律令从事，“尉下亭鄣、署士吏，谨备。贰卿（乡）上司马丞。”守丞“敦狐”显然是代表县廷（守拔）致书于尉的，说明“守”对于尉有节制权。

2 简8-209：秦始皇二十七年八月丙戌，但称“迁陵拔”，未言其为“守”。简8-406：秦始皇二十六年六月癸亥，“迁陵拔、守丞敦狐、史畸治”男子“皇楗”狱，“拔”位置在守丞“敦狐”之上；简8-918：秦始皇二十六年六月丙辰，“迁陵拔”的爰书。简8-985：称为“迁陵拔”。简8-1743+8-2015：秦始皇二十六年八月丙子，“迁陵拔”与“守丞敦狐”一起讯治“般刍”等。简9-482：作“迁陵拔”。简9-705+9-1111+9-1426：“迁陵拔”报告说“迁陵兴、尉瞑”、丞阴等，均在鄣中死，应为之置后。背面有“迁陵守丞敦狐”的报告，以及“迁陵拔”的续报告。简9-706：秦始皇二十七年八月辛丑，作“迁陵拔”，与“丞欧”共同征讯“启”。简9-986：秦始皇二十八年八月甲午，“迁陵拔”指令都乡啬夫，“以律令从事”。在上引文书中，“拔”并未称为“守”，然其地位明显在丞、尉及守丞之上，当是迁陵县的长官。简7-304所记是秦始皇二十八年迁陵县隶臣妾及黔首居赀赎责作官府课，牍背署有“令拔、丞昌、守丞膻之、仓武、令史上。上逐除，仓佐尚，司空长、史郃，当坐。”（郑曙斌、张春龙、宋少华、黄朴华编著：《湖南出土简牍选编》，长沙：岳麓书社，2013年，第18页）则“拔”后来抑或称为“令”。据上引简文，“拔”在秦始皇二十六年至二十八年间担任迁陵县的长官（守）。

见有“迁陵守建”(秦始皇三十五年七月在任),[1]到秦二世元年见有迁陵守“加”与“颀”[2],其间未见有其他人得任迁陵守。那么,在秦始皇二十九年(前218)至三十五年(前212)间,迁陵县似未置“守”,而以“丞”作为长官。在这期间,长期担任迁陵县丞的,就是“昌”(秦始皇二十九年正月至三十四年六月间在任)。[3]

1 里耶秦简 8-673+8-2002+9-1848+8-1849,秦始皇三十五年七月丙申,“迁陵守建下仓、司空”。

2 里耶秦简 9-728。根据杨智宇的意见,这份文书应当是秦二世元年迁陵县守、佐、守丞、令佐的视事情况的记录(杨智宇:《里耶秦简牍所见“迁陵守丞”补正》,武汉大学简帛研究中心编:《简帛》第13辑,上海:上海古籍出版社,2016年,第119-130页)。其中,守“加”、佐“集”、令佐“获”的视事时间均为44日,守“颀”、佐“苏”的视事时间均为310日,令佐“贺”与“章”二人的视事时间,合计为310日。显然,加、集、获三人是一组,一起视事44日;颀、苏与贺、章是另一组,一起视事310日。这一年中,迁陵县的“守”正好发生了交接,“加”与“颀”是前后任的两个“守”(孰前孰后不能确定)。

3 里耶秦简 8-62:秦始皇三十二年三月丁丑朔日,“迁陵丞昌”回复“泰守府”命令的报告。简 8-71:秦始皇三十一年二月四日,“迁陵丞昌”给上级的报告。简 8-140,当是“迁陵丞昌”给洞庭郡的尉守(尉守是尉府的长官,亦即尉主)“傰”的报告。简 8-157,秦始皇三十二年正月,是“迁陵丞昌”对启陵乡要求增设里典和邮人的批复。简 8-198+8-213+8-2013,是“迁陵丞昌下乡官”的指令。简 8-60 背 +8-656 背 +8-665 背 +8-748 背,中有“迁陵丞昌”给少内主的“告”。简 8-754+8-1007,是“迁陵丞昌”接受“狱史堪”的讯问,昌并有辩辞,讯问的内容是关于对乡渠、史获二人失期之罪的处理不当。简 8-1246,是秦始皇二十九年正月,“迁陵丞昌”讯问某事的残简。简 8-1511,秦始皇二十九年九月,是“迁陵丞昌”令令史“感”给上级致送牒文的报告。简 8-1345+8-2245,秦始皇三十一年五月,“迁陵丞昌”领取当年三、四月份的稟食。简 8-1560,秦始皇三十一年后九月,“迁陵丞昌”给仓啬夫的指令。简 9-30,秦始皇三十二年十月,“迁陵丞昌”给仓啬夫以指令。简 9-33,“迁陵丞昌”讯治某人;简 9-48,秦始皇三十二年十月,“迁陵丞昌”“下仓,以律令从事”。简 9-450,秦始皇三十一年二月,“迁陵丞昌”令启陵乡尚独行。简 9-710 背,秦始皇三十一年十二月,“迁陵丞昌下仓、司空”。简 9-885,秦始皇三十四年六月,见有“迁陵守丞昌”。简 9-991,仍作“迁陵守丞”。据上可知,大约从秦始皇二十九年正月始,昌任迁陵县丞,其时未置“守”,故昌以丞的身份主持迁陵县政务,为实际上的长官。至秦始皇三十四年,政府任命了迁陵守(可能就是“建”),所以,昌又回到“丞”任(可能因为处理乡渠、史获二人失期案不当而降了级,故成为“守丞”)。

何以会如此？最合理的解释就是“守”有兵权，而“丞”无兵权。当秦始皇二十六年（前221）至二十八年（前219）间，天下初定，迁陵亦刚刚建县，故置“守”综理军、政，迁陵守“兴”并携手尉“瞤”、丞“阴”，率领本县“里卒”前往鄣中作战，战死在那里；继任的迁陵守“拔”亦得领有本县兵权。秦始皇二十九年（前218）之后，迁陵地区不再有战事发生，故“昌”任“丞”作为迁陵县的长吏。至三十五年（前212），地方或又多有动乱发生，故又任命“建”为迁陵守。

“守”本身即有负责之意，故在政区、机构名之后缀以“守”，就是指此一政区、机构的负责人。[1] 所以，迁陵守、沮守，实际上就是迁陵、沮县的长官，也就是“县啬夫”。虽然其爵级不够任为“令”，但其职守却与“令”相同，亦得掌兵。因此，“令”与“丞”的区别，就在于“令”得掌兵，而“丞”不掌兵。在一县同置令、丞时，令得称“大啬夫”，丞虽然也是县啬夫，但事实上沦为令（大啬夫）的副手。依次类推，“田守”（田官守）、“少内守”、“司空守”以及“乡守”等县中诸“官守”，也就是“官啬夫”，是诸“官”的负责人（见下文）。他们也不是这些机

1　陈松长较早指出此点，认为“守”就是掌管、主管之意；秦代所设郡守的“守”字，其字义也就是掌管、主管的意思；秦简中反复出现的“守”字，除“郡守”的“守”是固定的官名之外，其他如“司空守”“少内守”“田官守”“都乡守”等中的“守”字均应是表示一种掌管、主管的泛称。陈松长：《〈湘西里耶秦代简牍选释〉校读（八则）》，《简牍学研究》第四辑，兰州：甘肃人民出版社，2004年，第21-26页，特别是第23-24页。睡虎地秦简《秦律十八种》“置吏律”：“官啬夫节（即）不存，令君子毋（无）害者若令史守官，毋令官佐、史守。”（《睡虎地秦墓竹简》，“释文注释”部分第56页；《秦简牍合集》［壹］上，第136页）这里的“守”，亦当解作“负责”“掌管”，而不能解作“代理”。

构的代理长官，而是正式长官，“守”就是其职位的正式称谓；[1] 而“守”的官邸，就是“守府”。[2]

在守、丞之外，里耶秦简中又多见有“守丞”，论者一般解释为“代理县丞”。[3] 可是，从秦始皇二十九年（前 218）至三十四年（前 213），“昌”久任迁陵县丞（已见前文）；在“昌”之前，有迁陵丞“阴”死于鄢中战事（简 9-705+9-1111+9-1426），“欧”曾于秦始皇二十七年（前 220）三月至八月间任迁陵县丞，[4]“膻”在秦始皇二十九年（前 218）十二月时任为迁陵丞。[5]

---

1 里耶简 9-50“卅四年二月丙申朔己亥，贰春乡守平敢言之：廷令平代乡兹守贰春乡”。即迁陵县廷让“平”接替“兹”掌管贰春乡，可见乡守平就是正式的贰春乡长官。

2 里耶秦简中颇见有“守府”之称，论者颇多讨论，认识并不一致。实际上，无论何种官衙的负责人（“守”），其官邸均可称为“守府”。如简 8-663 见有“廷守府”，显然是指县廷“守”的府，亦即县守的官邸；在简 8-60 背 +8-656 背 +8-665 背 +8-748 背中，“六月庚辰，迁陵丞昌告少内主，以律令□☑手。六月庚辰水十一刻刻下六，守府快行少内。”这里的“守府”显然是指迁陵丞“昌”的官邸。其时迁陵县没有任命令，“昌”就是迁陵县的守。

3 李学勤：《初读里耶秦简》，《文物》2003 年第 1 期，第 73-81 页；湖南省文物考古研究所、湘西土家族苗族自治州文物处：《湘西里耶秦代简牍选释》，《中国历史文物》2003 年第 1 期，第 8-25 页；杨宗兵：《里耶秦简县“守”、“丞”、“守丞”同义说》，《北方论丛》2004 年第 6 期，第 11-14 页；陈治国：《里耶秦简“守”和“守丞”释义及其他》，《中国历史文物》2006 年第 3 期，第 55-60 页；孙闻博：《里耶秦简“守”、“守丞”新考——兼谈秦汉的守官制度》，卜宪群、杨振红主编：《简帛研究 二〇一〇》，桂林：广西师范大学出版社，2012 年，第 66-75 页。

4 里耶秦简 9-2283，秦始皇二十七年三月；简 9-706，秦始皇二十七年八月，其时“拔”任迁陵守；简 9-2318，秦始皇二十七年八月。

5 里耶秦简 8-60+8-656+8-665+8-748。此简共包括三份文书，一是十二月戊寅都府守“胥”的报告，在报告中，“胥”引用“迁陵丞膻”的报告，其中提到二十八年“计”的情况；二是十二月己卯，僰道守“郤”致“迁陵丞主”的函，说明将上件文书“写”，“移”给迁陵县丞主；三是六月庚辰，迁陵丞“昌”给少内守的指令。“昌”至迟于秦始皇二十九年正月任迁陵丞，此处的“六月”，当是指秦始皇二十九年六月；十二月，也应当是二十九年的十二月。那么，“膻”任迁陵丞，当在秦始皇二十八年间。这个“膻”，应当就是久任迁陵县守丞的“膻之”（见下文），他应当是由守丞升任丞的。

在“昌”之后，秦始皇三十五年（前212）八月间，则有“迁”在任为迁陵丞（里耶简 8–137，8–378+8–514）。也就是说，从秦始皇二十五年迁陵建县至三十五年大约十年间，迁陵县一直是有“丞”的。而在同一时期，迁陵县也一直设有“守丞”，有的年月里，同时在任的守丞还不止一位（见表 1）。里耶简 9–728 所记，一般认为是秦二世元年（前209）迁陵县守（这一年的迁陵守是“加”和“颀”）、佐、守丞、令史的视事记录，其中见有三个守丞（“枯”“平”“固”）。如果“守丞”是代理县丞的话，那么，在已任命县丞的情况下，何以又要任命代理县丞、甚至同时有几位代理县丞在任或在同一年里轮流视事呢？[1]

表 1　秦始皇二十六年至三十五年间迁陵县的“守丞”

人 名	在任时间	简文出处
戍	秦始皇二十六年十一月	简 9–1114
敦狐	秦始皇二十六年二月、四月、五月、六月、八月、九月，二十七年十一月、十二月、三月	简 6–4、简 8–135、简 8–138+8–174+8–522+8–523、简 8–406、简 8–1510 背、简 8–1743+8–2015、简 9–23、简 9–705+9–1111+9–1426、简 9–1112、简 9–1408+9–2288、简 9–1861 背
敬	秦始皇二十七年十月	简 8–63
陉	秦始皇二十七年八月	简 8–133 背

1　孙闻博注意到丞与守丞同时并存的情况，并试图给出解释，认为守丞的任命并非是在县丞出缺、上级尚未正式任命之时，而是多在县丞在职但不在署之时，丞归即罢，但并未能给出充分的证据。见孙闻博：《里耶秦简“守”、“守丞”新考——兼谈秦汉的守官制度》，《简帛研究 二〇一〇》，第 73 页。

人名	在任时间	简文出处
𦣇之（𦣇）	秦始皇二十八年十二月、正月、三月、七月	简 8-75+8-166+8-485、简 8-657、简 8-1563、简 9-298、简 9-470 背、简 9-995、简 9-1095 背、简 9-2107、简 9-2346、简 9-3160+9-3162
胡	秦始皇二十八年九月	简 8-1463 背
色	秦始皇三十二年四月	简 8-155、简 8-158、简 8-904+8-1343、简 9-2251
都	秦始皇三十二年八月、九月，三十三年十月、二月、五月	简 8-154、简 8-664+8-1053+8-2167、简 9-21、简 9-756、简 9-1420+9-1421、简 9-2721
有	秦始皇三十三年六月	简 9-795、简 9-2314、9-1438+9-2199
殷	秦始皇三十三年四月、五月	简 9-1871 背 +9-1883 背 +9-1893 背 +9-2469 背 +9-2471 背
说	秦始皇三十四年十月	简 8-183+8-290+8-530、简 9-1864 背
配	秦始皇三十四年正月、二月、七月、八月	简 8-197、简 8-730、简 8-896、简 9-912、简 8-1525、简 8-1538+9-1634、简 9-49、简 9-453、简 9-1695、简 9-2203、简 9-2314 背
衔	秦始皇三十四年六月	简 9-757、简 9-336、简 9-1223
兹	秦始皇三十四年八月、后九月	简 8-1449+8-1484、简 8-1456 背、简 9-1886 背、简 9-2224
绎	秦始皇三十五年十一月	简 9-1088+9-1090+9-1113
律	秦始皇三十五年五月	简 8-770

岳麓书院藏秦简《秦律令》(一)第三组简 0019 前文缺失，揣其意，应当是规定黔首在应役期间不得回乡，以免耗费时日；如果黔首无病而装病，“黔首为故不从令者，赀丞、令史、执法、

执法丞、卒史各二甲。”[1]“执法丞”显然是“执法”的助手，或者说是“执法”的“丞”。睡虎地秦简《秦律杂抄》中有一条律规定：如果在年度考核中位居末位（“省殿”），工师要罚赀一甲，“丞及曹长”罚赀一盾。[2]这里的“丞”是“工师”的“丞”。里耶秦简 9–708+9–2197 见有“洞庭发弩守丞”，则应当是洞庭郡“发弩守”（即简 9–490 所见的“发弩啬夫”）的“丞”。“执法丞”、“工师丞”、“发弩守丞”的称谓，说明“守丞”当是指“守”的“丞”，也就是“守”的长史，秘书长。[3]无论县“守”称为“令”，还是称为“丞”，他都有一个秘书长，这就是“守丞”，亦即县政府的秘书长和办公室主任。

里耶秦简中“守丞”所涉及的职责非常广泛，论者颇有罗列。然细究其事，守丞实际上所负担的责任，主要是在文书方面，并不真正涉及对事务的处理。如里耶简 8–75+8–166+8–485 所记文书，实际上由三部分组成：一是由“犯”书写，说明秦始皇二十八年（前 219）十二月癸未守丞“膻之”用这份文书，确认之前少内发出的公文（“迁陵守丞膻之以此追如少内书”）；二是抄录上一年七月辛亥少内守“公”关于鄢县少内要求迁陵县协助追讨“缪”所欠金钱的调查结果和处理意见（“缪任不在

1 《岳麓书院藏秦简》（肆），第 190 页。

2 《睡虎地秦墓竹简》，“释文注释”部分第 83 页；《秦简牍合集》［壹］上，第 177 页。

3 《汉书》卷三一《陈胜传》记陈胜兵起，攻陈，“陈守令皆不在，独守丞与战谯门中”。颜师古曰：“守丞，谓郡丞之居守者。一曰郡守之丞，故曰守丞。”（北京：中华书局，1962 年，第 1787-1788 页）。这里的“守丞”，盖当解作“守之丞”为妥恰。同书卷六四上《朱买臣传》说朱买臣被任为会稽太守，步归郡邸，守邸“白守丞”。服虔曰：“守邸丞也。”（第 2792-2793 页）这里的“守丞”，显然是太守府邸的“丞”。汉时太守府邸多置有丞，称为“太守丞”或“守丞”，其职责亦大抵就是太守府的办公室主任。

迁陵”，“后计上校以应迁陵，毋令校缪”）；三是抄录七月壬子迁陵守丞膻之将上述少内守“公”的报告转致鄢县丞的函。虽然文书首尾均以“守丞膻之”为主体，但其实际作用不过是转发、确认少内守“公”的调查结果和处理意见。简 8–770 是秦始皇三十五年（前 212）五月十二日（庚子）迁陵守丞“律”致启陵乡啬夫（乡司）的指令，说乡守“恬”受到指控（“有论事”），要他在早饭时自行到达县廷（“以旦食遣自致”），接受检查。简 9–1871+9–1883+9–1893+9–2469+9–2471 所记，是秦始皇三十三年（前 214）三四月间库守“□”（人名，缺）为追讨某物的一系列文书，到五月二十二日，“迁陵守丞殷告库主：书皆已下，听书，以律令从事。”更清楚地说明，守丞的职责之一，就在于发送、转呈文书。

守丞应当负责县廷的日常工作程序以及令史、史等文书吏的调配。里耶秦简 8–138+8–174+8–522+8–523 所记是秦始皇二十六年（前 221）六月迁陵县守丞“敦狐”关于县廷令史轮流巡视县庙（“行庙”）的通知。通知要求负责行庙的吏认真检查各自负责行庙之日的吉凶宜避，并说明行庙的顺序是按照县廷诸曹的排列安排的，以各曹令史的“坐次相属”。显然，县廷诸曹令史的日常工作，是由守丞统筹安排的。在简 6–4 中，守丞敦狐致函船官，说令史“慶”到沅陵去校核有关律令，需要借用两只船，不得拖延不给（“令史慶讎律令沅陵，其假船二樓，勿留”）。很明显，“令史”是一县长官（令、县啬夫、丞）的“史”，故统由“守丞”具体调配。里耶简 8–197 中，秦始皇三十四年（前 213）正月初五日，迁陵守丞“配”报告说：县廷在职的吏员多被征发从事徭役，可以任用的吏员人数少，“不足以给事”。里耶简 8–768 中，秦始皇三十三年（前 214）六月八日，迁陵守丞“有”说：根据守府关于呈报吏员编制（“吏缺式”）的规定，现呈上迁陵县的“吏缺式”。上引里耶简 9–633 所见的《迁陵吏志》，很可能就是由守丞负责编制的“吏缺式”，二者之间至少存在某种关联。

二、县廷政务机构：列曹

据《迁陵吏志》，迁陵县编制令史二十八人，其中十人受命“徭使”，十八人在职。据上引里耶秦简 8–138+8–174+8–522+8–523，知令史分曹治事，诸曹盖即以令史为负责人。参与行庙的令史，共有十二人（庆、麆、阳、夫、韦、犯、行、莫邪、钔、上、□、除），可能都是在县廷列曹和诸官任职的令史。简 8–269 记资中阳里“钔”的履历（“阀阅”），说他在秦王政十一年（前 236）九月获得“史”的任职资格，作乡史九年一日，田部史四年三个月十一日，任令史两个月，年三十六岁，通过了审计程序，“可直司空曹”，当即以令史身份主持司空曹。[1] 在令史之下，各

1 土口史记指出令史是按曹分配其职事的，但同时认为在秦代地方行政机构中，“曹”尚极未成熟，法律条文与地方官吏籍簿均未见有分曹；“曹”只是一种分书分类的方式，并在整理文书时表现为“表题”，故仅可视为一种文书处理单位；直到西汉中期以后，“曹”才逐步演化为具有内在机能的、明确的行政组织。前揭土口史記：《秦代の令史と曹》，《東方学報 京都》第 90 册，2015 年，第 1-47 页。然在正文所引里耶秦简 8-138+8-174+8-522+8-523 中，行庙的顺序是以各曹令史的“坐次相属”的，说明各曹令史各有其“坐次”。又下注所引简 8-945，知“史”也是按曹分配的。因此，我们认为秦代县廷中的诸曹，不仅仅是文书处理单位，已经明确表现为行政部门。另请参阅邹水杰：《简牍所见秦代县廷令史与诸曹关系考》，杨振红、邬文玲主编：《简帛研究 二〇一六》春夏卷，桂林：广西师范大学出版社，2016 年，第 132-146 页。

曹又有若干名“史”（“曹史”），处理日常事务。

县廷列曹，当包括令曹、吏曹、户曹、金布曹、司空曹、仓曹等六曹。[1]

（1）令曹。主律令。里耶简 8-1859 见有“廷令曹发”，当指县廷令曹发出的文书；简 9-593+9-1274 见有“令曹书一封”，用县丞的印，送往酉阳。简 8-602+8-1717+8-1892+8-1922 应当是迁陵丞“□”（人名，缺，很可能是“昌”）的报告，其中说有“志四牒”，“有不定者，谒令饶定。”这里的“饶”，应当就是主管令曹的令史。简 8-1511 记秦始皇二十九年（前 218）九月二十日，迁陵丞“昌”报告说：“令令史感上水火败亡者课一牒。有不定者，谒令感定。”这里的“令令史”，显然就是主令的令史，亦即令曹令史。水火败亡课是金布曹的考课项目，而由主令令史“感”加以检定。对于县中不同部门编集的“志”，令曹要负责加以规范、修定，说明令曹有责任监督律令的执行。简 9-713 中，“酉阳报充，署令发”；“迁陵报酉阳，署主令发”。其中的“令”与“主令”，也都是指令曹。

据上引里耶简 6-4、8-173，“主令”的令曹令史要负责校雠律令。睡虎地秦简《秦律十八种》“尉杂”规定每年都要到御史处“雠辟律”，即校核刑律。[2] 盖其时律令多经辗转抄写，或有舛误，故需要仔细校雠。睡虎地十一号墓所出法律简中，

---

1 孙闻博据里耶秦简，列出户曹、仓曹、司空曹、吏曹、尉曹、金布曹、令曹、狱曹、覆曹等九个曹。孙闻博：《秦县的列曹与诸官——从〈洪范五行传〉一则佚文说起》，《简帛》第 11 辑，上海：上海古籍出版社，2015 年，第 75-87 页。其中，覆曹明显是狱曹之下的曹，而狱曹当即狱史之官署，尉曹则当即尉官，说详正文。

2 《睡虎地秦墓竹简》，“释文注释”部分第 64 页；《秦简牍合集》［壹］上，第 150 页。

收入《秦律十八种》的“效律”共有八条，十七支简；而《效律》（被认为是一篇首尾完具的律文）全文则有二十九条，六十支简，所以，前者被认为只是《效律》的摘抄本（简本）。收在《秦律杂抄》中的十一种律，更是根据需要摘录的一部分律文，有一些条在摘抄时还可能对简文作概括和删节。换言之，当时抄录律令的书手（史或令史）可能根据需要或自己的理解摘抄律令文字，甚至根据己意改写律令文字，故形成诸多结构与内容均不相同的摘抄本（简本）。而当此种简本不敷使用时，就需要寻求全本或详本予以补充。所以，校雠律令并非仅仅校核律令文字，还当包括补充律令条文，而后者可能更为重要。

然令曹最主要的职责，可能还是解释律令，明确其适用范围与程度。律令既详密繁多，所用语汇、表达多生涩冷僻，其内涵、意义或模糊不明，非专业人士往往不能把握。故律令之学，乃成为一种专门之学。睡虎地十一号墓所出《法律答问》，很可能就是此种学问的教材，也是司法官吏在司法实践中的重要参考书。《法律答问》有 187 条、210 枚简。简文采用问答形式，对秦律的一些条文、术语以及律文的内涵、意图做出解释，对律令条文的适用范围、特例以及相关案例做出说明，特别是对法律条文中未能做出明确规定的某些特殊情况，提供了处理办法。因此，《法律答问》不会是主要面向黔首百姓的，而是面向司法官吏的；其所提出并回答的诸多问题，主要是司法官吏在审理案件、处理司法事务的具体实践中所遭遇的。其中所引述的律令条文的成文年代，贯穿于商鞅时代至秦王政初年，说明这个文本是经历较长时间、不断累积形成的。所以，它很可能是墓主“喜”学习律令的“教材”，他得任为令曹令史并在鄢县“治狱”，在很大程度上可能得益于《法律答问》。[1]

（2）吏曹。又称为“主吏”，当负责吏员的考评、晋升与推荐等。《史记·高祖本纪》：“沛中豪桀吏闻令有重客，皆往贺。萧何为主吏，主进。”裴骃集解引孟康曰：“主吏，功曹也。”[2] 萧何正式的职位，应当是沛县吏曹的令史。里耶秦简 8-52 见有“廷主吏发”，简 8-98 见有“吏曹当上尉府”，8-241 所见“廷吏曹”等，都是指吏曹。

（3）户曹。又称为“主户”，当负责户籍、田地垦殖及赋役籍帐之事。里耶秦简 8-487+8-2004 所记，是秦始皇三十四年（前 213）八月十一日户曹令史雠所整理的、二十八年（前 219）至三十三年六年（前 214）间迁陵县的实存著籍户数，说明户籍与户口统计均由户曹负责。而简 8-488 则罗列了户曹统计与审计的项目（“户曹计录”），包括乡户计、繇（徭）计、器计、租质计，田提封计、髹计、鞫计等七计。其中“乡户计”当是各乡所管领的著籍户口统计，“徭计”当是诸乡徭役帐，“器计”当是诸乡农具帐，“租质计”当是各乡田租（税）与交易税统计帐，“田提封计”当是田官所管的公田数与收入总帐，“髹计”当是田官所属漆园的收入帐，“鞫计”则当是田官所属的“鞫”（似

1 关于《法律答问》的意义与性质，有很多的讨论。请参阅张平辙：《读秦简牍发微》，《兰州大学学报》（社会科学版）1985 年第 2 期；陈公柔：《云梦秦墓出土〈法律答问〉简册考述》，见氏著《先秦两汉考古学论丛》，北京：文物出版社，2005 年，第 146-184 页；夏利亚：《秦简文字集释》，上海：华东师范大学博士学位论文，2011 年，第 489-490 页。

2 《史记》卷八《高祖本纪》，第 344、345 页。

当释作“鞫”）生产的皮革制品的计帐。那么，户曹所管籍帐事务，包括了户口、租赋、田地以及手工业产出的籍帐。简 8–769 说县廷下“令书”，要启陵乡送鲛鱼和山今鲈鱼，启陵乡报告说无人认识这种鱼，文书末署“户曹”，说明县内物产的调查与统计，也应当是归户曹掌管的。而与户曹对应的机构，则主要是各乡及田官。

（4）金布曹，是县廷的财政机构，负责金钱、布帛的收支、账目及相关政策，然并不直接管理、经营金钱、布帛等财物（属少内的职能）。[1] 里耶秦简 8–454 当是金布曹所做的收入帐目录，包括漆税收入（“桼课”）、官营作坊的经营收入（“作务”）、竹园收入（“畴竹”）、湖池税（“池课”）、栗园收入（“园栗”）、铁冶收入（“采铁”）、市场交易税（“市课”）；并且注明当年没有赀赎、赀债，在这方面没有收入；又扣除了“县官”购买铸锻工具和竹箭所花销的钱，以及竹栗园和采金因水火灾害而造成的损失。据此做出的统计，实际上就是迁陵县除了租赋之外的各种财政收入（田租与户赋应当是上交给国家的，属于国家财政范畴；金布曹所统计的，应当是县地方财政的收入）。简 8–493 则是金布曹关于支出的统计、审计目录，共包括六项：“库兵计”是库官所掌管的各种兵器的统计，“车计”是库官所掌管的车的统计，“工用计”应当是库官所用人工的统计，“工用器计”是库官所掌管的诸种器物用具的统计；“少内器计”是少内官所掌管的器用工具的统计，“金钱计”则是少内所掌管的金钱布帛的统计。简 9–1115 见有秦始皇二十九年（前

1 “金布曹”之名，见于里耶秦简 9-741，作“廷金布曹”。

218）金布计，就包括了库、工用器、车、少内器等项，并谓各项都有“出入券”。所以，县廷的金布曹，主要对应着少内、库两个县直属机构。

（5）司空曹，是县廷里对应司空官的管理机构，其主要职责当是编制工程所需的人工与物资籍簿，并不直接管理工程事务与务工的徒隶。[1]里耶秦简8–480所记是司空曹的统计、审计目录，包括“船计”（当是造船及拥有的船只统计）、“器计”（当是县中使用的各种工具的统计）、“赎计”（当是赀赎的人数与赎赀的统计）、“赀责计”（当是赀债的人数与其所欠、还债款的统计）、“徒计”（当是县中使用各种徒隶的统计）等五计。简8–1428见有秦始皇二十八年（前219）十月司空曹所作的“徒簿”。司空曹的职责重点，应当是对县中所用工徒与赀赎、赀债的掌握。

（6）仓曹，又称为“主仓”。负责县中财产物资的登记、出入审核与统计等，并不负责物资的实际保管、出入（后者是仓官的职责）。里耶秦简8–481所记，是仓曹的审计目录（“仓曹计录”），包括“禾稼计”（应是入仓的谷粟刍稾的统计）、“贷计”（应是借出物资的统计）、“畜计”（应是入仓的各种牲畜的统计）、“器计”、“钱计”、“徒计”（应是仓官所使用的徒隶数的统计）、“畜官牛计”、“马计”、“羊计”（以上三计，当是关于畜官所有牛、马、羊的统计）、“田官计”（应当是田官经营收入的统计）等十计。这十计，涉及仓官、畜官与田官。那么，县廷的“仓曹”，主要是对应这三官的。简8–776记仓曹已“计”秦始皇三十年

1　里耶秦简9-1118见有“廷司空曹”，说明司空曹属于县廷，并不与司空官合署。

（前 217）四月至九月间所当计的“禾稼出入券”，并上报给县廷。简 8–1201 见秦始皇二十九年（前 218）“仓曹”“当计出入券甲笥”，简 8–500 见有秦始皇三十七年（前 210），“廷仓曹当计出券”，说明仓曹主要是负责统计与审核。仓曹内可又分设若干“笥”,分别对应不同的“官”事（至少“计券”是分笥存放的。“笥”才是文书分类单位）。

三、“受双重领导”的军事与司法机构：尉官与狱官

尉官（县尉的衙署）虽然属于县廷的组成部分，但因为尉乃是县中长吏，且接受郡尉的“垂直领导”，[1] 故其衙署应当是相对独立的。在里耶秦简 8–657 背简文中，秦始皇二十八年（前 219）八月，迁陵守丞“膻之”转发上级文书给本县“尉官”，告诉他“以律令从事”，并请尉官抄录一份文书，送到贰春乡卒长“奢”的军营（“传别书，贰春，下卒长奢官”）。显然，“尉官”并不与“县廷”在一起，而是另有官衙。在简 9–2283 中，秦始皇二十七年（前 220）三月，迁陵丞“欧”转发上级文书给本县尉，请他“听书从事”，并“别书都乡、司空”，也说明迁陵县的丞与尉并不同衙，且县尉得分管都乡、司空。所以，虽然在对上级或外地同级的文书中，“尉官”也可称为“尉曹”，但并不直

1　里耶秦简 8-1563 记载说：秦始皇二十八年七月六日，尉守“窃”报告说：洞庭尉派巫县安成里的居贷公卒“徐”到迁陵来办事（“署迁陵”），因昨日发生的一件事，需要延长时日，移书尉官，要求县仓贷给稟食。显然，洞庭郡尉派人到迁陵县来，是直接与迁陵尉联系的。

属于县廷，县廷列曹中，当没有“尉曹”。[1]

尉官的负责人，称为“尉”或“尉守”“尉主”“尉官主”。[2]里耶秦简 8–482 记县尉的考课项目，包括“卒死亡课”“司寇田课”“卒田课”等三课，说明县尉管辖的，除士卒外，还包括司寇。简 8–132+8–334 是一支残简，其大意是说尉守“狐”在十一月己酉至十二月辛未间视事，期间所领诸种士卒合计 626 人，死亡 1 人，显然就是简 8–482 所说的“卒死亡课”。简 8–1552 应当是迁陵县廷给县尉的文书，要求尉“以书到时，尽将求盗、戍卒喿（操）衣、器诣廷，唯毋遗”。则知县尉所领部队，分为“求盗”和“戍卒”两部分，分别负责治安与屯戍。无论是求盗还是戍卒，各基层部队的指挥官都是“校长”。据上引《迁陵吏志》，迁陵县编制有校长六人，则每位校长所领士卒，大约为一百人。

---

1 孙闻博认为，县廷列曹中有“尉曹”，与“尉官”相对应，是县廷中处理与县尉有关事务的相应机构。请见上引孙先生文。孙先生所引证的关键性材料，是里耶秦简 9-2313 所记：“迁陵廷尉曹卅一年、卅二年期会已事笥”（孙先生所引略有误），或者当断为“迁陵廷、尉曹卅一年、卅二年期会已，事笥”，即释为迁陵县廷列曹与尉官列曹三十一年、三十二年的“期会”已结束，可以归档。这样，所谓“廷尉曹”就不是县廷的尉曹，而是县廷与尉官的列曹。至于尉官对外行文用令、丞印，则易于理解。而县廷列曹与诸官对外行文，一般由守丞转行，列曹直接用令、丞印，对县外行文，似非律令所许可。孙先生所引用的简 8-453，“尉曹书三封，令印”，分别送往销、丹阳和□陵；简 8-1225：“尉曹书二封，迁陵印。一封诣洞庭泰（太）守府，一封诣洞庭尉府”；以及孙先生未引的简 8-1616：“尉曹书一封，诣洞庭主司空。”都不可能是县廷的曹吏送往郡外诸县或上级洞庭郡守、尉或郡司空的。这里的“尉曹”只能是“尉官”的另一种称法。

2 尉守，见于里耶秦简 8-67+8-652，简文说秦始皇二十六年十二月二十九日，尉守“蜀”报告说，太守有令：秦人及［候］（侯）中秦吏若有“自捕取”，每年要于九月望上其物数于太守府，“毋有亦言”。“蜀”说：“问之，尉毋当令者。”（校释此句断为：“问之尉，毋当令者。”）意思是：作了调查了解，尉官辖，没有符合上述情况的。这里的“尉守”，就是尉官的守，也就是尉（机构）的负责人。校释者释为尉的属吏，并不妥恰。简 8-132+8-334 所记“尉守狐课”的“尉守狐”，当然也是尉的长官。在简 8-140 中，“尉守傰”致书于迁陵丞“昌”，昌在回书中称：“迁陵丞昌告尉主，以律令从事。”“尉守傰”显然就是“尉主”。

尉守有“佐”，为其副手，[1]而以“尉史”实际负责尉官的日常行政事务。在岳麓书院藏秦简《秦律令》(一)“尉卒律”中，“尉史”一般列于“尉”之后。有一条律特别规定：县尉处理相关事务(“治事”)，不要让“史”单独处理，尉与士吏一定要参与(“毋敢令史独治，必尉及士吏与”)。[2]这恰恰说明，尉史实际上主持尉官的日常行政事务。里耶简 8–717 见尉史“福”为了与发弩守“安”有关的事务，向县廷“上”呈文书；简 8–761 见有尉史“过”与发弩“绎”一起，领取贷给罚戍士伍“禄”的稟食。显然，“尉史”在尉官的职责地位，有类于“守丞”在县廷中的职责地位，是“尉”的秘书长和办公室主任。

尉官中，大抵分列爵曹、发弩(官)等。简 8–1952 是一支残简，第一行存“迁陵尉计”四字，第二行存“主爵发敢言之”六字。按：简 8–247 见有“尉府爵曹卒史文、守府戍卒士五(伍)狗”，可知郡尉府设有爵曹，以“卒史”为负责人，则简 8–1952 所见的“主爵”应当是迁陵县尉下属的“主爵”，亦即尉官的爵曹。秦时黔首的爵级是由县尉主管的，[3]所以，尉官的爵曹(主

1 里耶秦简 8-565 见尉“广”、佐“犴”和校长“舍”各被罚赀四甲。《里耶秦简牍校释》第一卷，第 180 页。简 9-249+9-455 记载，有一匹马病股痈，“尉守平、令佐履、尉史过杂诊迁陵守丞就前，病马不可行”。尉守“平”、与尉史“过”当然是尉官的守、史，令佐“履”则可能是县廷派到尉官中、职司监察的，未必就是尉佐。

2 《岳麓书院藏秦简》(肆)，第 114 页，简 1409。

3 岳麓书院藏秦简《秦律令》抄录了五条《尉卒律》，其第二条规定：黔首到处游荡或者逃亡，无论其是否有“奔书”(应当是一种旅行许可证)，只要满了三个月，就要削去他的爵，降为士伍；有爵寡要改为无爵寡；小爵及公士以上年满十八岁的儿子，也都要削去其小爵或继承爵位的资格，已经继承了爵位并且拥有相应权利的公士以上的儿子，则都要登记为士伍。这一条规定列入《尉卒律》中，说明黔首爵位的授予与削夺是由尉负责的。《岳麓书院藏秦简》(肆)，第 112-113 页，简 1234+1259+1258。

爵）当不仅主管尉所部士卒军功授爵的上报等事宜，可能还负责普通黔首的爵位的审核及相关事项。在上引简 8-761 中，见有发弩“绎”与尉史“过”一起领取士卒的稟食，“发弩”显然是县尉的下属。简 8-141+8-668 是秦始皇三十年（前 217）十一月十七日“发弩守涓”给县廷的公文，他引用县廷所下御史书的要求，“书到尉言”，然后说：“今已到，敢言之。”那么，这封公文是代表尉回复县廷的，发弩守是县尉的属吏。简背注明：十一月丙子（十七日）早饭时（“旦食”），“守府定以来”。这里的“守府”，显然是指发弩守的“府”，“定”是发弩守派来致送公文的。那么，在尉官中，应当有一个以“发弩守”为负责人的机构（“发弩官”），主要负责士卒的训练。

狱官的性质与地位，也比较特殊。县狱官的负责人称为“狱史”，又称为“牢监”，其副手称为“狱佐”（见下文）。在体制上，狱史应当属于县廷，但同时接受郡府“卒史”的“垂直领导”，可以受命审查本县的长吏，所以，狱官大抵与尉官相似，也具有相对独立性。

秦始皇二十七年（前 220）八月十三日，时任迁陵县丞的“欧”受到迁陵守“拔”的讯问。案子的起因大约是：有一位名叫“毋害”的男子，以造假的方式获得了爵级，“欧”没有能够觉察（“弗得”）。狱史“角”参加了案件的审理。他调查发现，当年六月，“欧”曾因为不恰当地授予大男子“赏”“横”以爵级，而受到论处，被罚赀二甲（里耶秦简 8-209、9-2318）。在这个案子里，狱史“角”与迁陵守“拔”一起审理作为同僚的县丞“欧”。

“欧”并未因为此事而立即停职。半个月后，八月二十八日，他与“拔”一起征讯了“启”。“启”应当是某乡或某官的负责人（“守”），他被指控在审计、检查过程中犯有错误，甚至没有报告检查结果（“启计校缪，不上校，大误”）。狱史“角”监督了这个案件的审理〔“史（有）[角] 视狱”〕。[1]

秦始皇三十年（前 217）某月的丙申日，时任迁陵县丞“昌”接受了狱史“堪”的讯问。“昌”被指控对乡守“渠”、史“获”罚赀三甲的处罚“不应律令”。“昌”承认处理不当，并声称没有其他的过错。狱史“堪”亲自记录了这次讯问的情况（里耶秦简 8–754+8–1007）。

在以上三个案件中，狱史“角”和“堪”参与或主持了对本县同僚的讯问，而被讯问的“欧”与“昌”都是迁陵县的丞。显然，狱史绝不是普通的史，其地位比令史还要高，大致与守丞相近似。在里耶秦简 8–406 中，秦始皇三十六年（前 211）六月，迁陵守“拔”、守丞“敦狐”与史“畸”共同审理了男子“皇樓”的案子。这里的“畸”应当是狱史。里耶秦简 9–2203 中，秦始皇三十四年（前 213）八月己未日，迁陵守丞“瞗”为令史“唐”参与输送之事，致书狱史，起首说：“迁陵守丞瞗谓覆狱狱史□”，使用的是平行文书的行文。令史“唐”亲自致送此件文书。岳麓书院藏秦简《秦律令》（一）有一条规定：“狱史、令史、有秩吏、及属、尉佐以上”，在近两年内给人家做赘婿的，均予以免职。[2]“有秩吏”当指县中诸官（包括乡官）的“守”。在这里，狱史置于令史、有秩吏之前。所以，狱史的地位，大概在守丞与令史之间，比守丞略低，较令史高，较之县中诸官守更高一些（尉史的地

1 里耶秦简 9-706。简文中“史”的名字，校释者释为“有”，今细辨图版，改释为“角”。

2 《岳麓书院藏秦简》（肆），第 205 页，简 0559。

位，大约与狱史近似，或者略高一些。县廷的守丞与尉史、狱史，地位大致相近而略有差别）。

在岳麓书院藏秦简《狱状》“㲻盗杀安、宜等案”中，狱史“触”“彭沮”“衷”三人受命负责案件的侦破、审讯，并提出定罪量刑建议。破案后，长吏在状文中表彰其功绩，建议提升其考课等第（“任谒课”），晋升为郡府卒史。[1]在“同、显盗杀人案”中，狱史“洋”也被评为“清洁毋害，敦慤守事，心平端礼”，建议予以晋升，任为“卒史”。[2]在张家山汉简《奏谳书》“南郡卒史盖庐、挚田，叚（假）卒史䲷复攸庳等狱簿”中，南郡卒史“盖庐”、假卒史“䲷”等受御史之命，审理苍梧郡攸县令“庳”的案子。[3]凡此，说明在朝廷御史、郡卒史、县狱史之间，存在着“垂直领导”的关系。换言之，县狱史应当受到郡卒史与县啬夫（令、丞或守）的“双重领导”。

在《迁陵吏志》中，没有狱史，但却单列有“牢监一人”。里耶简 8–270 是关于出稟（发放口粮）的记录，接受稟食的有牢监“襄”和仓佐某。“牢监”应当是“狱史”的另一个称谓。而在睡虎地秦简中，并没有“狱史”之职。在《封诊式》所收录的诸多案例中，往往是让令史前往现场勘查案情（《告臣爰书》《争牛爰书》《贼死爰书》《经死爰书》《穴盗爰书》《告臣爰书》等）、

---

1 朱汉民、陈松长主编：《岳麓书院藏秦简》（叁），上海：上海辞书出版社，2013 年，第 47-50、185-195 页。

2 朱汉民、陈松长主编：《岳麓书院藏秦简》（叁），第 45-46、179-184 页。

3 张家山二四七号汉墓竹简整理小组编著：《张家山汉墓竹简（二四七号墓）：释文修订本》，北京：文物出版社，2006 年，第 103-105 页；彭浩、陈伟、工藤元男主编：《二年律令与奏谳书：张家山二四七号汉墓出土法律文献释读》，上海：上海古籍出版，2007 年，第 364-365 页。

执行逮捕（《盗自告爰书》《告子爰书》《出子爰书》等）。当秦王政十二年（前 235），“喜”受命审理鄢县的司法案件，《编年记》（《叶书》）记载说是“治鄢狱”，并未说其受命为狱史。那么，在统一之前，秦朝或者是从令史中挑出一位熟谙律令的人，委任他专门负责审理案件；后来（统一后），这类官员才逐步发展成为相对独立的狱史。即便如此，狱史仍多由令史升任。[1]

狱史有独立的官署，很可能与“牢”在一起。岳麓书院藏秦简《秦律令》（一）“尉卒律”规定：凡是有关黔首爵级及其变动的情况，各乡与诸官（“乡官”）要立即以“奔书”上报给县廷（“辄上奔书县廷”），县廷将之转给狱史保管。狱史逐月核查，统计日期，如果满三个月，就要召问乡、官的责任人；对于未报告的情况，即按律令论处，削夺其爵级，并予以审查（“狱史月案计日，盈三月即辟问乡官，不出者，辄以令论，削其爵，皆校计之”）。[2] 根据这个规定，狱史要负责审核黔首军功爵的变动，并保管相关记录，其衙署则显然与县廷不在一起。

狱史的属下，有狱佐、牢人。上引里耶秦简 8–988 见有迁陵狱佐“谢”，是来自朐忍县成都里的士伍。在简 9–786 中，秦始皇三十四年（前 213）六月十八日，狱佐“□”负责初审女子“□”的案子，需要进一步侦讯，未予判决（“须辟未决”）。据简 5–1 所记，秦二世元年（前 209）七月八日，零阳县的狱佐“辨”“平”以及士吏“贺”一起，到迁陵来办理结案手续（“具狱”）。在简

1 简 8-1470：“欲令（蚩）[史] 华治狱，可不可？报图□。”“华”前的字，整理者与校释者均释为“蚩”。细辨图版，很可能是“史”字涂改所致，仍当释为“史”。令史“华”又见于简 8-811+8-1572、简 8-984、简 9-913。在简 9-1141 中，则见有“狱史华断狱廿九”。显然，“华”是由令史升任为狱史的，亦即由令史转任为狱史。

2 《岳麓书院藏秦简》（肆），第 113 页，简 1258+1270。

8-255中，沅陵狱佐“己”受命到迁陵来核查案件（“覆狱”），并将所审理的案件情况上报洞庭郡（“覆狱，沅陵狱佐己治所迁陵，传洞庭”）。在简8-877中，狱佐“瞫”讯问“戌”，因为“戌”私自在苑中居留。凡此，均说明狱佐参与案件的审理、覆查等事务。

“牢人”则是狱官中的役人，有类于仓官中“稟人”。里耶简8-1401见有牢人“城”，身份是更戍的士伍；简8-1855则见有“牢人大隶臣□”；简8-2101又见有“牢司寇守”“囚”“嫭”等。看来担任牢人的，既有更戍卒，也有徒隶。

狱官分曹治事。里耶秦简8-728+8-1474说“狱南曹”发出了两封信，用迁陵县印，一封送往洞庭泰守府，一封送往洞庭尉府。这里的“狱南曹”，当是迁陵县狱的南曹。在简8-273+8-520中，有一封“狱东曹”的书，由牢人“佁”送往洞庭泰守府。简8-2550见有由“覆曹”签发的、通过邮传发往洞庭郡的文书。覆曹当负责覆狱，即重新审理案件。简8-389+8-404+9-1701见有“谳曹”，负责解释律令（“主令”）、追查“从人”的三族（“主三族从人谳”）、检举追究盗贼（“主盗贼发谳”）以及究问贰春、都乡、启陵及田官所属吏卒、黔首和奴婢。谳曹大抵是预审科。那么，迁陵县狱官所属，至少有南曹、东曹与覆曹、谳曹等四个曹。[1]

狱史审理案件，似乎有较强的独立性，长吏并不予以太多

---

1 简8-61+8-293+8-2012见有“署中曹发”。或以此“中曹”为狱官的中曹，当非是。盖此件文书的后半部分，乃是六月丙午，洞庭守“礼”给迁陵啬夫的指令，让他立即做出判决，尽快报告（“亟论言事”），报告要以“中曹”的名义签发。这里的中曹，当是指县廷的中曹，应是县廷诸曹的某一曹。

干预，或者无权干预。里耶秦简 8–141+8–668 中，秦始皇三十年（前 217）十一月十七日，发弩守“涓”报告说：县廷下发了御史府下达的“书”，说县中负责审理及复审案件的吏员，往往一个人独自审问囚犯（“或一人独讯囚”），作为负责人的长吏（长、丞）以及监督人（正、监）却不能参与。治狱、啬夫与正监三方不能同时参加，实有所不便（“不参不便”）。这一要求，恰说明狱史审理一般案件，经常是独立办案的。

尉与狱皆具有相对的独立性，严格说来，并不是县廷的下属机构——当县廷以“令”为长官时，自然可以指挥、节制县尉；而以“丞”为长官时，则大抵很难视“尉”为下属；狱史在受到上级（郡卒史）指令时，可以讯问县丞，地位也十分特殊。

四、县属管理与经营机构：诸官

少内、司空、田官、仓、库、畜官等诸“县官”，则是县廷直属机构（“县官”，即县属机构）。[1] 诸官大抵皆以“守”（啬夫）

1 孙闻博在前揭《秦县的列曹与诸官——从〈洪范五行传〉一则佚文说起》中，列举了秦简牍所见的诸官，有田官、畜官、仓、库、厩、司空、船官、狱、少内、尉、发弩、司马、乡官等十三种，而对其职掌与相互间关系，未加深究，故颇有值得商讨之处，如厩（官）实即畜官，船官当属司空（详正文），发弩应属尉官（已见上文）。其所论“司马”官，见于里耶简 8-135。简文说，秦始皇二十六年八月二十七日，迁陵县司空守“樛”说：前日已报告竞陵县汉阴里的“狼”借用迁陵县的“公船”一只，长三丈三尺，说是去寻找“故荆积瓦”，迄今未见归还。“狼属司马昌官”，请“谒告昌官，令狼归船”。“昌”是人名。此言“谒”，则知司马“昌”的地位在司空“樛”之上。下文的“报”称：“狼”已被逮捕，“在覆狱已卒史衰、义所。今写校券一牒上，谒言已卒史衰、义所，问狼船存所”。“卒史”是郡府负责司法刑狱的官吏，“狼”由郡中卒史，而非由迁陵县的狱史逮捕、羁押，说明其所属之司马“昌”的“官”不是迁陵县的官，而是郡府的官。故司马当是郡府之官，而非县廷之官。

为长官，“佐”为副手（有的佐称为“令佐”，应当是指由县廷派出的佐，对所在的“官”有监督权），“史”为秘书。

（1）少内。又称为“府中”，是掌管县政府金钱财物的机构。[1] 与县廷金布曹主要负责财政收支籍帐不同，少内具体负责政府金钱财物的收纳、支出乃至经营。里耶秦简 8–493 所记县廷金布曹的“计录”中，有“少内器计”和“金钱计”两项，说明少内所管，主要有“金钱”与“器”两项。“金钱”，除了金银铜钱之外，还包括丝帛等。里耶秦简 8–914+8–1113 见少内“沈”于秦始皇三十五年（前 212）八月十日接收“丝十八斤四两”；简 8–1751+8–2207 见少内守“绕”在秦始皇三十五年九月一日出锦缯一丈五尺八寸，以为献，少内令佐“倶”监督其事。少内所掌管的钱，则大约有两个主要来源：一是田官交纳的刍稾钱（黔首的刍稾或刍稾钱当交到仓官）。据里耶秦简 9–743，秦二世元年（前 209）二月二十九日，少内守“疵”接受右田守“纶”移交的田刍稾钱一千一百三十四，令佐“丁”在旁监督。二是各种罚赀、赎赀。睡虎地秦简《秦律十八种》“金布律”规定：县、都官若在考核、审计中被判定要赔付亏欠者，县、都官的长官（“啬夫”）就把应当赔付的钱款分配给所属机构的各级官吏，并责成少内收取。[2] 简 8–1783+8–1752 记载，秦始皇三十年（前 217）九月十九日，少内守“扁”接受了佐“鼂”“斗”、史“章”以及乡守“歜”、发弩“囚吾”、佐“狐”等人交纳的罚赀共二十五甲四盾。原注释称：简 8–1783 右侧

1　关于秦县的少内，最新的研究是王四维：《秦县少内财政职能及其管理制度》，《史学月刊》2020 年第 11 期，第 5-18 页。请参阅。

2　《睡虎地秦墓竹简》，“释文注释”部分第 39 页；《秦简牍合集》［壹］上，第 97 页。

刻齿为“八万五千一百”，则知所谓赀甲、盾，也都是折算为钱交纳到少内的。据简 9–86+9–2043，秦二世元年八月二十九日，少内“壬”接收了寡妇“变”交纳的赀钱若干，令佐“赣”在旁监督。

少内所管的“器”大抵是一些比较精制致的器具。据里耶秦简 9–14 记载，秦始皇三十三年（前 214）十一月戊戌，城父安杕里的不更“□”从迁陵县少内守“冣”处接受了莞席一领、一合竹笥、一合竹小笥、三合竹筥，一条三丈长的、用枲搓成的三股绞合在一起的绳子。秦始皇三十四年九月二日，少内守“狐”付给牢人“□”竹筥一合（简 8–1170+8–1179+8–2078）。莞席、竹笥、竹筥、绳索，都是个人生活和办公用品，不更“□”和牢人“□”都应当是低级的吏。少内可能负责向县里的各级官吏提供必要的生活与办公用品。据简 8–1457+8–1458，秦始皇三十五年（前 212）正月二十五日，迁陵少内“壬”付给“内官”翰羽千余镞。少内掌管的“器”大抵均属此类。

少内负责向县中政府机构发放经费。在里耶秦简 9–1872 中，秦始皇二十六年（前 221）六月二十五日，少内守“不害”报告说：支出钱二千二百四十四，用于给徒隶添置夏衣。现将十份证明支出的中辨券（三分券书的中间那份）呈上存档。据简 9–1144 和 8–838+9–68，秦始皇三十四年（前 213）九月十六日，少内守“狐”付出钱二千六百八十八；后九月六日，少内守“就”支给司空守“痤”钱二千六百八十八。据简 8–888+8–936+8–2202，秦始皇三十五年（前 212）六月十九日，少内“沈”报销了一笔市场工程的人工费（“市工用”），二千一百五十二钱（此前的代理少内“唐”曾经手这笔用项）。这些零星的材料，说明县府各部门的部分经费，是由少内支给的。

睡虎地秦简《法律答问》说："府中"管理的"公金钱"如果私自借用，等同于"盗"罪（"府中公金钱私贷用之，与盗同法"）。[1] 这条规定，反过来说明，府中（少内）所管的官钱，是可以依法借贷的。可是，如果出现亏欠，少内是要赔付的。里耶秦简 8–890+8–1583 记录了秦始皇三十年（前 217）九月五日的一份"赀券"，规定少内"增"出钱六千七百二十，"环（还）"，显然是填补少内官的亏欠。同时，令佐"朝""义"、佐"叀"各赀一甲，史犴赀二甲，应当是根据共同负责的规定，分担少内官的亏欠。

少内还要负责跨郡县追讨欠赀，并传送所得的金钱。简 8–60+8–656+8–665+8–748 记录了一个案件：迁陵县少内"卮"报告说：僰道西里的公士"亭"现在迁陵县任冗佐。他被罚赀三甲，值钱四千三十二。他自称家里可以交纳这笔罚赀，所以迁陵县移书僰道，要求僰道县帮助追讨。可是，"亭"的妻子"胥亡"却声称：家贫，无力交纳这笔钱。她要求告诉"亭"所在的官署，让"亭"亲笔写一封信来，说明要还这笔钱。"亭"要纳的这笔罚赀，是列入少内二十八年的"金钱计"上的，所以，迁陵县少内要移书僰道，设法追讨。据简 8–75+8–166+8–485，迁陵县少内应鄢县的要求，代为追讨"缪"的欠赀；而据简 8–1023，迁陵县付给鄢县少内"金钱计，钱万六千七百九十七"。二者虽然未必是同一事，但迁陵少内与鄢县少内之间存在金钱往来，却是没有疑问的。

---

1 《睡虎地秦墓竹简》，"释文注释"部分第 101 页；《秦简牍合集》[壹] 上，第 208 页。

（2）田官。田官是主管官营田地园林的机构，其长官称为“田啬夫”“田官守”“田守”或者“田”，有“佐”（田佐、田官佐）为其副，“史”为其秘书。

里耶秦简 8–383+8–484 和 8–479 分别记有“田课志”和“田官课志”，其下各有一课，即“髳园课”和“田提封课”。[1]那么，田官所管，主要是髳园和“提封”之田，而所谓“提封田”，当即“公田”或“官田”。简 8–672 见有秦始皇三十年（前 217）二月十四日田官守“敬”的报告，说是将“官田自食薄（簿）”上呈给泰守府。在简 8–63 中，秦始皇二十六年（前 221）三月二十二日，旬阳县的左公田“丁”报告说：本县州里人“烦”曾是公田吏，担任“左公田”的佐，因为征收豆田的租赋不够标准（“事荅不备”），被处罚赔付三百一十四钱，并徙往迁陵县任冗佐。其中，“丁”是左公田的守，“烦”是左公田的佐，所谓“左公田”，也就是“左田”。这说明，田官所管的“田”，是公田、官田，亦即政府直接掌管的田地。这些田地的来源则是“提封”，亦即征用和查封。其所管的髳园，也当是官园。[2]

在田官所管的公田（官田、提封田）及髳园中劳作的，主要是徒隶。里耶秦简中，多有田官接受徒隶的记录。简 8–1566 是秦始皇三十年（前 217）六月十八日，迁陵县田官守“敬”所条理的田官隶徒每天口粮（“日食”）簿，包括城旦、鬼薪十八人，

1 简 8-479 中，第二行“田”与“课”字之间二字，均看不清，故整理者与校释者均未释。然简 8-488“户曹记录”中见有“田提封计”与“髳计”。据此，简 8-479 田官课的一课，当是“田提封课”。

2 田官应当主要管理官田（公田，由徒隶耕种），并不管理编户齐民耕种的民田。或认为，田官（田啬夫）主管全县土地，或不甚妥恰。请参阅陈伟：《里耶秦简所见的“田”与“田官”》，《中国典籍与文化》2013 年第 4 期。

小城旦十人，舂廿二人，小舂三人，隶妾居赀三人，共五十六人。这可能是在迁陵县田官劳作的徒隶总数。

在上引简 8-63 中，旬阳县见有“左公田”；简 9-743 中，见少内守“疵”接收了“右田守纶”移交的刍稾钱。简 9-1418+9-1419+9-2190 是令佐“义”的爰书，其背面记录了诸官佐所当出的粟米数，其中见有右田佐“意”三斗，田官佐□（下残）。看来有的县（如旬阳、迁陵）分置左、右田官，亦即有两个田官。

（3）司空。司空的本职，当是掌管工程，因工程多用刑徒与隶臣妾，遂得兼管徒隶。里耶秦简 8-486 所记“司空课志”颇为残缺，然结合上引简 8-480“司空曹计录”及简 8-495“仓课志”，仍可推知司空官所管主要有三项：一是徒隶。“司空曹计录”中有“徒计”；在“司空课志”中，第四行为“舂产子课”，其前面的三行，或可补出为“□（为）[受][隶臣课]”、“[徒]课”和“[徒隶死亡]课”。此四课，皆当与司空所管理的徒隶有关。二是作务。“司空课志”中，第七行作“作务□□”，应当是与“作务”相关的考核。司空官所管的“作务”，包括城垣建设、基础设施等工程以及一些手工业。简 8-478 是秦始皇三十二年（前 215）正月初九日，少内守“是”接收司空“色”移交办公用品的清单，包括带柄的斧头二具（“斧二，有柯”），长木柯三件，盛钱的木匣一个，木梫用木梯各一个，还有其他一些木制品。凡此，都应当是司空作务的产品。三是制造、修理并保管船只。“司空课志”第五行作“□船课”，“司空曹计”中见有“船计”。简 8-2008 所记，当是司空“□”关于司空所管徒隶的劳作安排，其中有一个人受命“治船”。在简 8-1510 中，秦始皇二十七年

（前 220）三月四日，迁陵县库守“后”报告说：收到命令，要向内史输送兵器，需要使用六丈以上的船四艘，请县廷下令司空，派吏员、船工（“船徒”）交送船只。凡此，都说明船只的制造、维修与保管，皆当属于司空官；具体负责其事的，或者就是“船官”。[1]

（4）仓。里耶秦简 8–495“仓课志”记对仓官的考课，包括“畜彘鸡狗产子课”“畜彘鸡狗死亡课”“徒隶死亡课”“徒隶产子课”“作务产钱课”“徒隶行繇（徭）课”“畜鴈死亡课”“畜鴈产子课”，共八课，涉及县仓保管的畜彘鸡狗、畜鴈，其所管理和作务生产的产品与收入，以及在县仓劳作的徒隶三个方面。此三项考课内容，大致相当于上引简 8–481“仓曹计录”中的“畜计”“器计”和“徒计”。“仓曹计录”中所涉及的“禾稼”“钱”和“贷”则不见于“仓课”中。然据睡虎地秦简《秦律十八种》“仓律”，禾稼（田租）与刍稾（户赋）当然都是交纳到县仓中，由县仓保管；而且，收纳、保管禾稼（谷粟）、刍稾（可折为钱布），实际上是县仓最重要的职责。[2]

县仓的长官是“仓啬夫”，或者称为“仓守”。县廷多派出令史，监督县仓事务。县仓另置有佐、史以及稟人。仓中发放粟谷，一般由仓守、佐或史和稟人共同办理，而由令史监督。如据里耶秦简 8–211，秦始皇三十一年（前 216）九月庚申，仓守“是”、史“感”和稟人“堂”三个人一起，发放了给隶臣某的稟食，共稻五斗，令史“尚”在现场监督（“视平”）。在简 8–760

1 “船官”之称，见于里耶秦简 6-4。或以为船官是县直属机构之一，与司空官、田官等诸官并列，恐非。

2 《睡虎地秦墓竹简》，“释文注释”部分第 25-35 页；《秦简牍合集》[壹] 上，第 59-89 页。

中，秦始皇三十一年（前216）三月丙寅，仓守“武”、佐“敬”和稟人“援”发放给大隶妾“窕”粟米一石二斗半斗，令史“尚”监督。在同一个月癸丑日，仓守“武”、史“感”与稟人“援”发放了粟米一石二斗半斗给大隶臣妾“并”，在现场监督的，则是令史“犴”。显然，守、佐、史乃是县仓固定的吏员，而令史则是由县廷派出的，所以频繁更换，但也可能常统一县仓。

（5）库。“库”实际上是武库，是保管兵器等军事物资的仓库，与“仓”主要储藏禾稼、刍稾等物资有很大不同。简8-458所记当是迁陵县库实存物资（“库真”）的部分清单，包括甲三百四十九副、甲窕二十一具、鞮瞀三十九副、胄二十八副、弩二百五十一具、臂九十七具、弦千八百一根，矢四万九百□支，輚（戟）二百五十一支,全部是军用物资。在简8-26+8-752中，库守“武”、佐“横”向屯戍的士卒上造“竈”等发放了三根弦、一根旌弦、五十支矢，以及一个臬□，一只竹篮。说明武库负责向驻守的士兵发放武器等军用物资。在简9-1887中，秦始皇三十三年（前214）二月三日，库守“冣”报告说：县廷要求少内“冣”、令佐“勇”一起核查县库，查出库中的前袭甲不合规格（有的甲袖上及前下部分缺少甲片，有的部分却又多出了甲片），判定库守“武”和佐都应当负责，给予罚赀的处罚。在简8-686+8-973中，秦始皇二十九年（前218）八月乙酉，库守“悍”在作徒簿中记录说:接收司空和仓转来的徒隶共十一人，其中分配两个城旦去“缮甲”。则“库”不仅是保管兵器，还要负责维修。

在简8-493“金布计录”中，见有“库兵计”和“车计”。“兵”与“车”应当是“库”所管理的重要军用物资。上引秦始皇二十九年（前 218）库守“悍”的作徒簿记录，说派了城旦一人去“治输”，两个城旦去“约车”，当都是指修理车。简 8-405 见有车曹佐“般”与库守“建”一起，接受了仓守“择”付给的券。简 9-49 中，则见有“兵曹”，受迁陵守丞“配”的指令，提供“乘车”。兵曹与车曹，都应当属于县库。

（6）畜官。这是管理官有畜产的机构。简 8-490+8-501“畜官课志”包括“徒隶牧畜死负、剥卖课”（徒隶与牧畜死亡减损数与死亡牲畜剥卖收益统计）“徒隶牧畜畜死不请课”（未报告的徒隶与牧畜死亡减损数）“马产子课”“畜牛死亡课”“畜牛产子课”“畜羊死亡课”“畜羊产子课”，共八课。简 8-481“仓曹计录”中，包括“畜官牛计、马计、羊计”三计。所以，畜官主要是使用徒隶，牧养马、牛、羊。

畜官的长官，一般称为“厩啬夫”“厩守”或“畜官守”。睡虎地秦简《秦律杂抄》规定：马服役的劳绩被评为下等，“厩啬夫”要罚赀一甲。成年母牛十头，有六头不产小牛，啬夫、佐要各罚赀一盾；母羊十头，四头不产小羊，啬夫、佐也要各罚赀一盾。[1] 这里的“厩啬夫”负责管理马、牛、羊的畜养，就是畜官的责任。里耶秦简 8-163 所记，是秦始皇二十六年（前 221）八月十三日“厩守庆”的报告，说根据县廷的命令，司空佐“贰”改任为“厩佐”，已于七月二十八日到任。所以，县中的“厩”就是“畜官”，厩守、佐就是畜官的长、副。

1 《睡虎地秦墓竹简》，“释文注释”部分第 86-87 页；《秦简牍合集》［壹］上，第 182-183 页。

五、余论：秦汉间县廷体制的沿革

综上可知:（1）秦代的县廷以令、丞或守为长官，通称“县啬夫”（在令、丞并置时，令得称为“大啬夫”）：令得掌兵，丞无兵权,守则是不具充足任职资格（大夫以上爵）的县啬夫（责任长官）。（2）守丞是县守（县啬夫）的“丞”，负责县廷机构的日常运行与文书事务,有类于县府秘书长和办公厅主任。（3）县廷分设令、吏、户、金布、司空、仓等六曹，是县廷的政务机构，各以令史主持，各曹又各置有史，具体负责相关文书事务。（4）少内、司空、田官、仓、库、畜官等诸官是县廷直属机构，具管理与经营双重职能，各官以“守”（啬夫）为长官，“佐”为副手、“史”为秘书。（5）尉亦属县廷长吏，受郡尉与县啬夫“双重领导”；尉官有独立衙署，其长官得称为尉、尉守、尉主、尉官主；尉有“佐”为副手，以“尉史”实际负责尉官的日常行政事务;尉官中，分设爵曹、发弩（官）等机构。（6）狱史（又称为“牢监”）具体负责县中司法案件的审理，受郡卒史与县廷长吏的“双重领导”，可以受命审查本县长吏，具有监察职能;其副手称为“狱佐”，另有“牢人”行役；狱官亦有独立衙署，分曹办案，有南曹、东曹与覆曹、谩曹等。

《汉书 · 百官公卿表》叙云：

> 县令、长，皆秦官，掌治其县。万户以上为令，秩千石至六百石。减万户为长，秩五百石至三百石。皆有丞、尉，秩四百石至二百石，是为长吏。百石以下有斗食、佐史之秩，

是为少吏。[1]

此言汉代县廷以令、长、丞、尉为长吏，“掌治其县”，“主理其县内”，是责任官员（仍得称为“啬夫”[2]）；斗食（当包括令史、官啬夫等）、佐史等则为少吏。无论长吏还是少吏，皆食稟，为有秩之吏。里耶秦简 9-633《迁陵吏志》谓迁陵县有“长吏三人，其二人缺，今见一人”。其所说之长吏三人当即令、丞、尉，“今见一人”当即守或丞、尉。其余诸吏虽不合称为“少吏”，然皆斗食、佐史之类（令史、官啬夫、校长、牢监、官佐）。所以，秦制实际上也把县廷吏员分为两大类。以稟俸养吏以治县、将县廷吏员分为负责任的长吏与负责具体事务的少吏两个层级，秦汉县廷置吏设官的基本原则与结构是一致的。这是“汉承秦制”在县廷制度上的根本体现。

张家山汉简《二年律令》“秩律”说胡、夏阳等县之令秩各八百石，丞、尉半之，“司空、田、乡部二百石”；汾阴等县之令秩六百石，丞、尉半之，田、乡部二百石，司空及校长百六十石；阴平道等道、邑之长秩各五百石或三百石，丞、尉或三百石或二百石，其乡部百六十石。又说：“县、道司马、候、厩有乘车者，秩各百六十石；毋乘车者，及仓、库、少内、校长、髳长、发弩”等，

1 《汉书》卷十九上《百官公卿表上》，北京：中华书局，1962 年，第 742 页。

2 张家山汉简《奏谳书》第三个案例，是高祖十年（前 197）胡县令“状”、丞“熹”审理临淄狱史“兰”携带女子“南”出关案，奏谳书由状、熹署名，而廷报引行廷尉事公上不害之言，谓“胡啬夫谳狱史兰”。（《张家山汉墓竹简（二四七号墓）：释文修订本》，第 93 页；《二年律令与奏谳书：张家山二四七号汉墓出土法律文献释读》，第 338-339 页）则知汉初仍将县长官称为“啬夫”。

及“毋乘车之乡部”，秩各百廿石。[1]知汉初各县亦皆置有司空、田、厩（畜）、仓、库、少内（后改称“少府”）等官，诸官啬夫之秩则从二百石、百六十石至百二十石不等；而县、道之司马、候及校长、髳长、发弩等则当属县尉统辖，秩亦从百六十石至百二十石不等。诸官之设置及其职能，亦大抵与秦时相同。

列曹大抵亦仍沿袭秦制。《史记·萧相国世家》说萧何在秦时“为沛主吏掾”。[2]“主吏掾”之称，当是西汉前期的说法，当即指吏曹的负责人。主吏后来发展为功曹，职总县廷内外，并领少府（小府，主出纳），成为县廷属吏之首。张家山汉简《二年律令》“户律”规定：“恒以八月令乡部啬夫、吏、令史相襍案户籍，副臧（藏）其廷。”[3]这里的“令史”，当即户曹令史。金布曹或改为金曹，令曹与司空曹抑或名称有变，然其基本职能与组织当没有太大变化。

总之，以列曹为县廷政务部门，又分设诸官，作为县廷直属的管理与经营机构，这在秦汉间也是一脉相承的。

秦时或以未具任职资格（爵不及大夫以上）的吏担任县廷长吏，称为“守”，其性质也是责任长官，并非暂时代理。张家山汉简《二年律令》“具律”规定：“县道官守丞毋得断狱及潚（谳）”，只有“相国、御史及二千石官所置守、叚（假）吏”，及以尉任为守丞，方“得断狱、潚（谳）”。如果是令、长及“真丞”临时不在县廷或因病不能视事，“守丞”及令长“独断治论

---

1 《张家山汉墓竹简（二四七号墓）：释文修订本》，第 71-72、73-74、79-80 页；《二年律令与奏谳书：张家山二四七号汉墓出土法律文献释读》，第 264、269-270、290、293 页。

2 《史记》卷五三《萧相国世家》，第 2013 页。

3 《张家山汉墓竹简（二四七号墓）：释文修订本》，第 54 页；《二年律令与奏谳书：张家山二四七号汉墓出土法律文献释读》，第 222 页。

有不当者”，“真令、长”及当时不在的丞也要承担责任。[1]在这里，“守”与“假”并列，又与“真”相对，并且明言“若丞缺，令一尉为守丞”，则“守”即代理之意。守丞在原则上不得如真丞那样断狱、定谳，说明汉初即已放弃任命不具充分资格的吏为县廷责任长官的做法，只有“真”令（长）、丞、尉才是县廷的长吏。江陵凤凰山九号墓所出三枚木牍，皆见有文帝十六年（前164）后九月安陆守丞“贺”，其中第一枚木牍中见有“逮系，丞行，为郡买马”字样，推测当是安陆丞受命为南郡买马，离开安陆，故“贺”被任为守丞。则贺所任之守丞，即为代理丞。[2]这是秦汉间县廷的第一个变化。[3]

据上引《具律》，县丞在断狱、定谳文献负有主要责任，而如所断、论不当，令、长亦需承担责任。显然，丞不再是与令（长）地位相当的责任长官，已成为令（长）的佐贰。又《捕律》说：县、道发吏徒捕盗，以“尉分将，令兼将”，即由“令”统一指挥，“尉”率领分队，尉须受令的节制。[4]《续汉书·百官志》本注曰：“丞署文书，典知仓狱。尉主盗贼。”[5]丞、尉的职掌分划，盖自汉初即已明确。丞、尉演变为令（长）的佐贰，各有所掌与属吏，

---

1 《张家山汉墓竹简（二四七号墓）：释文修订本》，第23页，简102、104、105、106；《二年律令与奏谳书：张家山二四七号汉墓出土法律文献释读》，第133页。

2 湖北省文物考古研究所编：《江陵凤凰山西汉简牍》，北京：中华书局，2012年，第81-87页。

3 既然由县丞专署文书，则秦时职司县廷文书与日常行政运作的守丞遂不再置（汉时“守丞”已成为代理的丞，或“太守丞”的简称），县之令、长乃没有办公室主任，由此遂产生诸多不便。至西汉中期，内廷性质的“门下”乃渐次形成。“门下”形成后，汉代的县廷，在长吏之外，遂由门下、列曹及诸官三部分组成。

4 《张家山汉墓竹简（二四七号墓）：释文修订本》，第27页，简140；《二年律令与奏谳书：张家山二四七号汉墓出土法律文献释读》，第148页。

5 《后汉书》志二十八《百官志五》，北京：中华书局，1965年，第3623页。

这是秦汉间县廷的第二个变化。

狱史仍当负责司法案件的具体审理，但司法事务的责任长官明确为县丞，狱史的独立性受到极大削弱。张家山汉简《奏谳书》所记第一个案例，是高祖十一年（前 196）八月夷道县审理男子“毋忧”逃避屯戍案，奏谳书由夷道长“汵”、丞“嘉”署名，“廷报”（廷尉的批复）则由署狱史“曹”开启。[1]在第二个案例中（亦为高祖十一年八月），奏谳书署名的是江陵丞“骜”，廷报由“署史愆发”。[2]第五个案例发生在高祖十年，奏谳书由江陵令“余”、丞“骜”署名，廷报由“署狱史愆发”。[3]第十四个案例发生在高祖八年，安陆丞“忠”劾狱史“平”在家里藏匿（“舍匿”）未登记在籍（“无名数”）的大男子“种”一个月。“平”的爵位是五大夫，居安陆和众里。“忠”援引律令，断“平”舍匿罪，论当耐为隶臣妾。南郡守“强”、守丞（南郡太守丞）“吉”与卒史“建”共同审理，认定县丞“忠”的断、论。[4]在这些案例中，狱史已不能独立办案，似已成为县丞的属吏。狱史不再接受郡卒史的“垂直领导”，而成为县丞的属吏，乃是秦汉间县廷的第三个变化。

---

1 《张家山汉墓竹简（二四七号墓）：释文修订本》，第 91 页；《二年律令与奏谳书：张家山二四七号汉墓出土法律文献释读》，第 332-333 页。

2 张家山二四七号汉墓竹简整理小组：《张家山汉墓竹简（二四七号墓）：释文修订本》，第 92 页；《二年律令与奏谳书：张家山二四七号汉墓出土法律文献释读》，第 337 页。《释读》将“署史愆发”改释为“署中愆发”，兹不从。

3 《张家山汉墓竹简（二四七号墓）：释文修订本》，第 94-95 页；《二年律令与奏谳书：张家山二四七号汉墓出土法律文献释读》，第 343 页。《释读》将“署狱史愆发”改释为“署狱西愆发”，兹不从。

4 《张家山汉墓竹简（二四七号墓）：释文修订本》，第 97 页；《二年律令与奏谳书：张家山二四七号汉墓出土法律文献释读》，第 351 页。

王朝国家的社会控制及其地域差异

——以唐代乡里制度的实行为中心

一、问题之提出

唐代地方控制体系，可别为正州与羁縻府州两大系统。正州与羁縻州，不仅是唐代政区设置的两种类型，也代表着两种最基本的统治方式：正州代表着直接统治方式，即王朝国家通过军事、行政、赋税、教育等手段，将其所制订的政治、经济、社会与文化制度推行到其可以直接有效控制的地区；羁縻州则代表着间接统治方式，即对于未能有效、直接控制的地区，王朝国家采取委托或接纳代理人（或中间人）的方式，在维护国家核心利益（如维护国家政权的合法性与领土完整）的前提下，向代理人“让渡”部分国家权力和利益，委托其作为国家的代理人，代表国家统治或治理相关地区，程度不同地保留其所“代理统治”的地区固有的政治、经济、社会与文化制度和结构。因此，正州与羁縻州对于其管领人户的社会控制方式也是不同的：一般说来，正州县尽可能实行统一的乡里制度，将民户纳入王朝国家的政治经济与社会控制体系中；而羁縻州则保留其固有的部族编制或其他固有的社会组织，通过其固有的社会组织方式维持其统治秩序。可是，事实上，并非所有的正州县全面地实行了统一的乡里制度，也有一些羁縻州县部分地实行了乡里制度。此其一。

其二，从幽并陇右，到岭南剑川，沿边州县居住着诸种蕃胡蛮夷，直到南北朝后期以至于隋代，尚未纳入或未完全纳入王朝国家的控制体系中。《隋书 · 地理志》“扬州”后叙称：

> 自岭已南二十余郡，大率土地下湿，皆多瘴疠，人尤夭折……其俚人则质直尚信，诸蛮则勇敢自立，皆重贿轻死，唯富为雄。巢居崖处，尽力农事。刻木以为符契，言誓则至死不改。父子别业，父贫，乃有质身于子。诸獠皆然。并铸铜为大鼓，初成，悬于庭中，置酒以招同类。……俗好相杀，多构仇怨，欲相攻则鸣此鼓，到者如云。有鼓者号为“都老”，群情推服。本之旧事，尉陀于汉，自称“蛮夷大酋长、老夫臣”，故俚人犹呼其所尊为“倒老”也。言讹，故又称“都老”云。[1]

岭南地区的俚、獠，至隋唐之际，大抵仍有很多没有著籍、成为编户，亦未编排乡里，他们实际上处于各种酋长豪帅的控制之下。山南、剑南沿边州县及部分内地州县的僻远山区也是如此。《隋书 · 地理志》“梁州”后叙说：

1 《隋书》卷三一《地理志》下，“扬州”后叙，北京：中华书局，1973 年，第 887-888 页。

> 傍南山杂有獠户，富室者颇参夏人为婚，衣服居处言语，殆与华不别。西城、房陵、清化、通川、宕渠，地皆连接，风俗颇同。汉阳、临洮、宕昌、武都、同昌、河池、顺政、义城、平武、汶山，皆连杂氐羌。人尤劲悍，性多质直。皆务于农事，工习猎射，于书计非其长矣。[1]

南山（大巴山区）獠户中的“富室”，“与华不别”，则一般獠户，当与“华”有别。汉阳、临洮诸郡所杂之氐羌，抑或与“华”不同。《隋书》下文又称巴蜀之“边野富人，多规固山泽，以财物雄，役夷、獠，故轻为姦藏，权倾州县”。是边野之地多由“规固山泽”、拥有财富的“富人”称雄，役使夷、獠，藏纳奸轨，州县不能制，其乡里控制体系似尚未完全建立起来。《隋书·地理志》“荆州”后叙则说：

> 南郡、夷陵、竟陵、沔阳、沅陵、清江、襄阳、舂陵、汉东、安陆、永安、义阳、九江、江夏诸郡，多杂蛮左，其与夏人杂居者，则与诸华不别。其僻处山谷者，则言语不通，嗜好居处全异。……长沙郡又杂有夷蜒，名曰莫徭，自云其先祖有功，常免徭役，故以为名。其男子但著白布裈衫，更无巾袴；其女子青布衫、班布裙，通无鞋屩。婚嫁用铁钴鏻为聘财。武陵、巴陵、零陵、桂阳、澧阳、衡山、熙平皆同焉。其丧葬之节，颇同于诸左云。[2]

---

1 《隋书》卷二九《地理志》上，“梁州”后叙，第 829-830 页。

2 《隋书》卷三一《地理志》下，“荆州”后叙，第 897-898 页。

长江中游地区的蛮左，一部分与“夏人”杂居，与“诸华不别”，当已编入乡里，成为编户齐民；而“僻处山谷”的蛮左，则似尚未编排乡里，或并未著籍。长沙等郡的莫徭“常免徭役”，即并不应役，即使已经著籍，其身份、负担亦与一般编户不同。

入唐以后，自武德、贞观，以迄于开元、天宝之世，唐王朝不断开拓边疆，在边地蕃胡夷蛮地区增置正州县，编排乡里，将诸种蕃胡蛮夷逐步纳入王朝国家的控制体系之中。那么，居住在正州县境内的诸种蕃胡夷獠，是如何著籍、编排乡里的呢？正州县的蕃胡蛮户的身份、赋役负担情形若何？

其三，上引《隋书 · 地理志》所述长沙地区的莫徭，实居于内地州县的僻远地区。直到开元二十九年（741），仍有诏书称：“江淮之间，有深居山洞，多不属州县，自谓莫徭，何得因循致使如此？”[1]说明唐中期，江淮之间“不属州县”的“山洞”仍相当普遍。如所周知，在王朝国家的疆域内部，特别是州县交界地区，往往存在一些并未真正纳入王朝国家控制体系或国家控制相对薄弱的区域，这些区域多处于中华帝国政治经济乃至文化体系的空隙处，是帝国政治经济体系的“隙地”，或称为“内地的边缘”。[2]证圣元年（695），凤阁舍人李峤上表称：

> 臣闻黎庶之数，户口之众，而条贯不失、按比可知者，在于各有管统、明其簿籍而已。今天下之人，流散非一，或违背军镇，或因缘逐粮，苟免岁时，偷避徭役。此等浮衣寓

1 《册府元龟》卷一六二《帝王部·命使》二，北京：中华书局，1960 年，影印本，第 1956 页。

2 鲁西奇：《内地的边缘：传统中国内部的“化外之区”》，《学术月刊》2010 年第 5 期。

> 食，积岁淹年，王役不供，簿籍不挂，或出入关防，或往来山泽，非直课调虚蠲，阙于恒赋，亦自诱动愚俗，堪为祸患，不可不深虑也。[1]

大量亡人逃入、聚居在此种“内地的边缘”区域，不仅造成了王朝国家统治的“空隙”，而且成为王朝国家统治的一种“隐患”。因此，王朝国家往往致力于不断加强对此种区域的控制，而其手段则不外有二：一是驱令或劝诱逃人返归故里，复还本籍，或将山区诸种土著人群迁出山外，择地安置，著籍编户；二是在“内地的边缘”区域分置新县，编排乡里，将当地土著与亡人一起就地著籍，使之成为可以控制的编户齐民。那么，在“内地的边缘”区域，又是如何开置新县、编排乡里的呢？换言之，王朝国家不断强化对于“内地的边缘”区域的控制，是如何实现的呢？

王朝国家对于广大区域及其人民的控制，就其权力的层次与目标而言，大致可别为政治控制与社会控制两个层次或类型：前者乃是通过军事征服、暴力强制与威胁、行政管理等权力手段与方式，实现对于特定区域范围内诸种人群的人身控制，资源占有、分配和利用；后者则是指在政治控制的基础上，以社会关系体系的建构为中心，通过对社会诸种力量的利用、组合，社会资源的分配，将特定区域的社会关系体系纳入政治控制体系之中，使之成为政治控制体系的一部分或同构体，实现社会体系与政治体系的耦合。东汉人徐幹在论及“民数”乃是国家

---

1 《唐会要》卷八五《逃户》，北京：中华书局，1955年，影印本，第1560页。

治平的根本时说：

> 故民数者，庶事之所自出也，莫不取正焉。以分田里，以令贡赋，以造器用，以制禄食，以起田役，以作军旅。国以之建典，家以之立度，五礼用修，九刑用措者，其惟审民数乎？[1]

分配耕地与居宅（“分田里”），征发贡赋（“令贡赋”），制造礼器与兵器（“造器用”），规定、颁发官吏兵士的俸禄廪食（“制禄食”），征发兵役力役（“起田役”），建立军队并防守、征战（“作军旅”），制定国家典章制度（“建国典”），确定家庭之伦理（“立家度”），规范社会行为守则（“修五礼”），通过刑法惩戒违法犯罪行为（“措九刑”），这十个方面，乃是王朝国家权力的基本职能和主要运行方式。其中，制器用、制禄食、作军旅、建国典、修五礼、措九刑，基本上属于政治控制的范畴；而分田里、令贡赋、起田役、立家度，则大致属于社会控制的范畴。显然，社会控制乃是政治控制的基础，而乡里制度又是社会控制的核心。无论政治控制，抑或社会控制，均需要通过一系列制度性安排，将不同地区的各种人群“固定”在王朝国家的政治经济与社会文化体系中，使之成为体系的组成部分。

在边疆地区设置羁縻州县与正州县两种不同的政区、在“内地的边缘”区域置立新县，主要是政治控制方式的运用；而在

---

1 徐幹撰、孙启治解诂：《中论解诂》，《民数》第二〇，北京：中华书局，2014 年，第 370-371 页。

不同地区不断推行乡里制度，则是王朝国家不断强化对各地区的社会控制。在上述不同地区，乡里制度是否得到施行，在多大程度上、以怎样的方式实行，反映了王朝国家对于不同地区的社会控制的程度——全面实行统一的乡里制度，意味着王朝国家对于该地区的社会控制得到全面加强；若一个地区未能实行乡里制度，而是基本沿用其固有的社会控制方式，则其社会控制权力仍然操持在其固有的权力集团手中。正是基于这一认识，本文试图考察唐王朝的乡里制度在"有版"羁縻州、开边所置新州县以及"内部的边缘"区域的实行情况，分析唐代社会控制的区域差异性在乡里制度实行方面的表现，以进一步揭示唐代社会控制体系的结构性特征。

二、"有版"羁縻州的户数、赋役与乡里

《新唐书·地理志》说羁縻府州之"贡赋版籍,多不上户部",[1] 揣其意，当是说也有一些羁縻府州的版籍上于户部，则羁縻府州之贡赋版籍就有"上于户部"和"不上户部"两种,前者较少,后者占大多数。而在其下文所记陇右道松州都督府所领丛、岷、奉、岩、远、麟、可、阔、彭、直、肆、序、静、轨等十四羁縻州（大抵皆贞观初年置）下，注称"以上有版"；在研、探那等五十八州下，则注称"以上无版"。[2] 据此，则知唐羁縻府州可别为"有版"与"无版"二类。《旧唐书 · 地理志》"松州

1 《新唐书》卷四三下《地理志》七下，北京：中华书局，1975 年，第 1119 页。
2 《新唐书》卷四三下《地理志》七下，第 1132-1133 页。

下都督府”条云：

> 隋同昌郡之嘉诚县。武德元年，置松州。贞观二年，置都督府，督岷、懿、嵯、阔、麟、雅、丛、可、远、奉、严、诺、蛾、彭、轨、盖、直、肆、位、玉、璋、祐、台、桥、序二十五羁縻等州。永徽之后，生羌相继忽叛，屡有废置。仪凤二年，复加整比，督文、扶、当、柘、静、翼六州。都督羁縻三十州：研州、剑州、探那州、忙州、毗州、河州、干州、琼州、犀州、拱州、龛州、陪州、如州、麻州、霸州、礀州、光州、至凉州、蚕州、哗州、梨州、思帝州、戍州、统州、谷州、邛州、乐客州、达违州、卑州、慈州。据天宝十二载簿，松州都督府，一百四州，其二十五州有额户口，但多羁縻逃散，余七十九州皆生羌部落，或臣或否，无州县户口，但羁縻统之。[1]

据此，则知贞观二年（628）所置松州都督府领正州一（松州），羁縻州二十五；仪凤二年（677）整顿之后，松州都督府领正州七（松、文、扶、当、祐、静、翼），羁縻州三十；至天宝十二载（743），松州都督府所督一百四羁縻州中，二十五州有版籍户口，是为“有版”羁縻州，然已多逃散；其余七十九州本无户口籍帐，是为“无版”羁縻州。在“松州都督府”下所记二十五个有版州中，岷州（贞观元年招慰党项置）领县二、户一百五十五，盖州（贞观四年置）领县四、有户二百二十，直州（贞观五年置）领县二、户一百，位州（贞观四年降生羌置）领县二、

1 《旧唐书》卷四一《地理志》四，北京：中华书局，1975 年，第 1699 页。

户一百，玉州（贞观五年处降羌置）领县二、户二百一十五，嶂州（贞观四年处降羌置，当即璋州）领县四、户二百，其余诸州均无户口数。《旧唐书》并称：凡此二十五州，“贞观中，招慰党项羌渐置。永徽已后，羌戎叛臣，制置不一。今存招降之始，以表太平之所至也”。[1]则其所列崌、盖等六州户数，也是贞观中诸州设置之初的户数。诸州所领户数多为一百、二百、二百二十之类整数，且平均每县大抵仅领有五十户上下，说明诸州户数皆当是上报数，而非检校籍帐所得户数。

武德、贞观年间招慰戎羌置立的戎州都督府领有协、曲等十六个羁縻州。《旧唐书 · 地理志》记载了此十六州的设置、户口与里程情况，其中协州（武德元年开南中置）领三县，户三百二十九；曲州（武德元年开南中置恭州，后改为曲州）领县二，户一千九十四；郎州（武德元年开南中置南宁州，后改为郎州）领县七，户六千九百四十二；昆州（武德初招慰置）领县四，户一千二百六十七；盘州（武德七年开置）领县三，户一千九百六十；黎州（武德七年析南宁州置）领县二，户一千；匡州（武德七年开置南云州，后改为匡州）领县二，户四千八百；髳州（武德四年置西濮州，后改为髳州）领县四，户一千三百九十；尹州（武德四年置）领县五，户一千七百；曾州（武德四年置），领县五，户一千二百七；钩州（武德七年置南龙州，后改为钩州）领县二，户一千；靡州（武德七年置西豫州，后改为靡州）领县二，户一千二百；裒州（武德四年置）领县二，户一千四百七十；宗州（武德四年置西宗州，后改为

1 《旧唐书》卷四一《地理志》四，第 1706-1711 页。

宗州）领县三，户一千九百三十；徽州（武德七年置利州，后改为徽州）领县二，户一千一百五十；姚州（武德四年置）领县二，户三千七百。[1]武德初年，唐王朝的势力尚未及于南中地区，南宁州之地处于酋帅爨氏控制之下。《唐会要》卷九八谓：

西爨者，南宁之渠帅，自云本河东安邑人。七世祖事晋为南宁州太守，属中国乱，遂王蛮夷。梁元帝时，南宁州刺史徐文盛征诣荆州，有爨瓒者，遂据南宁之地。延袤二千余里。俗多华人。既死，其子震翫统其众。高祖受禅，拜翫子宏达昆州刺史，令持其父尸归葬本乡；益州刺史段纶又遣俞大施至南宁谕之，由是部落归款。武德七年七月二十四日来贡方物。[2]

拜宏达为昆州刺史，当在武德元年，南宁州（后改郎州）、协州、恭州、昆州之置亦当在同时或稍后。《旧唐书·地理志》所记四州户数，当即武德初置州时宏达等向唐朝申报之户数。《旧唐书·地理志》于“郎州”下谓：“武德元年，开南中置南宁州……武德四年，置总管府，管南宁、恭、协、昆、尹、曾、姚、西濮、西宗九州。五年，罢总管。其年冬，复置，寄治益州。七年，改为都督，督西宁、豫、西利、南云、磨、南笼、［西平］七州。

1 《旧唐书》卷四一《地理志》四，第1693-1697页。其中，徽州（利州），《旧唐书·地理志》作武德四年置。而据同书“郎州”下所述，其时并无利州，而在武德七年所置七州中，则有西利州。利州（西利州、徽州）当是武德七年置。

2 《唐会要》卷九八《西爨》，第1750页。

并前九州，合十六州。”[1]则西濮、尹、曾、裒、西宗等五州当是武德四年置总管府时所置。同时设置的，还有姚州。《旧唐书·地理志》“姚州”条称：“武德四年，安抚大使李英，以此州内人多姓姚，故置姚州，管州三十二。”[2]盖西濮等五州也是安抚大使李英招慰而置。《新唐书》卷一九七《循吏传 · 韦仁寿传》条载：

> 隋大业末，为蜀郡司法书佐……高祖入关，遣使者徇定蜀，承制擢仁寿嶲州都督府长史。南宁州纳款，朝廷岁遣使抚接，至率贪沓，边人苦之，多畔去。帝素闻仁寿治理，诏检校南宁州都督，寄治越嶲，诏岁一按行尉劳。仁寿将兵五百人循西洱河，开地数千里，称诏置七州十五县，酋豪皆来宾见，即授以牧宰，威令简严，人人安悦。[3]

结合《旧唐书·地理志》所记，知韦仁寿所置七州，即西宁州（黎州）、西豫州（靡州）、西利州（微州）、南云州（匡州）、西平州（盘州）、南龙州（钩州）等七州。武德、贞观年间，南宁州都督府所管南宁、恭、协、昆、尹、曾、裒、西濮、西宗、西宁、西豫、西利、南云、西平、磨、南龙（笼）等十六州皆为有版羁縻州。《旧唐书》所记诸州户数，皆当是置州之初被授以牧宰的诸州酋豪申报的户数。武德、贞观年间的姚州为有版州（户三千七百），而其所管三十二州则为无版羁縻州。

1 《旧唐书》卷四一《地理志》四，第 1694 页。
2 《旧唐书》卷四一《地理志》四，第 1697 页。
3 《新唐书》卷一九七《循吏传 · 韦仁寿传》，第 5616-5617 页。

因此，所谓有版羁縻州的户口数，当非如正州县一样，经过团貌检阅登记造册而合计出得其户口数，而是羁縻州县的长官（一般也是部落首领）申报的户数。

上引《新唐书 · 韦仁寿传》说韦仁寿循行将还，西洱河诸州酋长挽留，“仁寿以池壁未立为解，诸酋即相率筑城起廨，甫旬略具”。这说明有版羁縻州至少在原则上当立有城池，建有官廨，其居地与管领区域亦相对明确、稳定。《旧唐书 · 地理志》说武德四年置姚州，“在姚府旧城北百余步”；至麟德元年（664），“移姚州治于弄栋川。自是朝贡不绝”。[1] 说明姚州有明确的治所。据《旧唐书 · 地理志》，开元中，姚州管兵三百人，[2] 当即驻于姚州治所之弄栋川。弄栋川中有弄栋城，即姚州治城。樊绰《蛮书》说：“弄栋城在故姚州川中，南北百余里，东西三十余里。废城在东岩山上。当川中有平岩，周回五六顷，新筑弄栋城在其上。管杂蛮数部落，悉无汉人。姚州百姓陷蛮者，皆被移隶远处。”[3] 南北百余里、东西三十余里，是指弄栋川。川中居住杂蛮部落，并无汉人。而弄栋旧城与新城均位于川中岩上，居高险之地以便于控制。

贞观年间在河北道幽州境内设置的顺州，乃是有版羁縻州。《新唐书 · 地理志》称：贞观四年（630）平突厥，以其部落置顺州都督府于幽州之境，任阿史那什钵苾为顺州都督。六年，顺州侨治于营州南之五柳戍；又分思农部置燕然县，侨

---

1 《旧唐书》卷四一《地理志》四，第 1697 页。

2 《旧唐书》卷三八《地理志》一，第 1388 页。

3 樊绰著、赵吕甫校释：《云南志校释》卷六《云南城镇》，北京：中国社会科学出版社，1985 年，第 211 页。

治并州阳曲县；分思结部置怀化县，侨治忻州秀容县，隶顺州。其时顺州都督府所领突厥三部分置三处（营州五柳戍、阳曲县与秀容县），是典型的“大分散、小集中”。顺州复侨治于幽州城中，只领宾义一县。[1]《旧唐书 · 地理志》谓其“旧领县一，户八十一，口二百一十九。天宝，户一千六十四，口五千一百五十七”。[2]其所谓旧户，当时指治于五柳戍时顺州所领之户；天宝中，顺州已侨治于幽州城中，其所领户无论是否住于幽州城中，都应当是相对集中居住的。

又如归顺州，初置于贞观二十二年（648），以内属契丹别帅析纥便部置，其时应无版。至开元四年（716），弹汗州部落内徙于幽州怀柔县境，改称归顺州，则成为有版羁縻州，故《旧唐书 · 地理志》载归顺州天宝中领怀柔一县，户一千三十七，口四千四百六十九。[3]侨居于幽州怀柔县境的归顺州所领部落户，居住也应当是相对集中的。

除以上二州外，在幽州、营州境内的诸多羁縻府州，亦大抵为有版羁縻府州。《旧唐书 · 地理志》云：“自燕以下十七州，皆东北蕃降胡散诸处幽州、营州界内，以州名羁縻之，无所役属。安禄山之乱，一切驱之为寇，遂扰中原。”[4]凡此诸州，本多集中在营州城内或其周围地区。如威州初治燕支城，后侨治营州城内；昌州初治于营州之静蕃戍，后移治于三合镇；师州初治于营州之阳师镇。这些羁縻州在设置之初，即在首领率

1 《新唐书》卷四三下《地理志》七下，第 1125 页。

2 《旧唐书》卷三九《地理志》二，第 1520 页。

3 《旧唐书》卷三九《地理志》二，第 1520 页；《新唐书》卷四三下《地理志》七下，第 1127 页。

4 《旧唐书》卷三九《地理志》二，第 1527 页。

领下，以部落为单位，投附到唐军控制的军镇城戍附近。营州失陷后，“乃迁玄州于徐、宋之境，威州于幽州之境，昌、师、带、鲜、信五州于青州之境，崇、慎二州于淄、青之境，夷宾州于徐州之境，黎州于宋州之境。在河南者十州，神龙初乃使北还，二年皆隶幽州都督府”。[1]在这一系列迁徙过程中，这些州也是以部落为单位、整体迁徙的。《旧唐书·地理志》在有些州下记载了两组户口数，如威州，旧领县一，户七百二十九，口四千二百二十二；天宝，户六百一十一，口一千八百六十九。其旧领户口，当是威州治于营州城内时的户口；天宝户口，则是迁至幽州良乡县石窟堡之后的户口数。同样，师州下所记旧领户一百三十八，口五百六十八，也当是师州治于营州东北阳师镇时所领的户口数。神龙年间诸州回返幽州境内安置后，更是集中居住，有的城镇，甚至集中了两三个羁縻州。如良乡县的古广阳城，即集中安置了夷宾州、归义州、瑞州三个州；故都乡城安置了慎州、黎州两个州；潞县古潞城也安置了崇州、鲜州两个州。显然，内迁之后的羁縻州所领部落是集中居住的。[2]

《太平寰宇记》所见岭南的“羁縻卓牌州”也当是“有版”羁縻州。《太平寰宇记》卷一六六述及邕州都督府所管谭、石西、七源、思恩四州，谓“四州陷漏，不属都督府。检校户口既多，景龙二年十月敕邕州置都督府，管上件州卓牌。”四州检校户口，上报给邕州都督府。“卓牌”或即指版籍，“管上件州卓牌”，当即由邕州都督府管理谭、石西、七源、思恩四州的版籍。除以

1 《新唐书》卷四三下《地理志》七下，第 1128 页。

2 《旧唐书》卷三九《地理志》二，第 1521-1526 页；《新唐书》卷四三下《地理志》七下，第 1125-1128 页。

上四州外，《太平寰宇记》又记有左州、思诚州等十三个左江道与思恩州、鹣州等十七个右江道羁縻卓牌州，说这些州"承前先无朝贡，州县城隍不置立"；先天二年（713），邕州都督府司马吕仁高奏称：奉敕差副使韦道桢、滕崇、黄居左等巡谕左右江道羁縻卓牌州，"劝筑城隍。其州百姓悉是雕题凿齿，画面文身，并有赤裩、生獠、提毡相杂。承其劝谕，应时修筑，自后毁坏，不复重修"。[1]唐朝官府劝谕诸州百姓修筑城隍，也说明诸州所领百姓的居住相对稳定，而且比较集中，所以，唐王朝才能派人检校其户口。

《新唐书·地理志》北庭都护府管下有两个羁縻都护府，二十三个羁縻都督府；[2]《旧唐书·地理志》存盐治、大漠等十六州，注称："已上十六番州，杂戎胡部落，寄于北庭府界内，无州县户口，随地治畜牧。"[3]显然，无版羁縻府州或多为"行部"，随水草迁徙，或者唐王朝无力掌控，其首领既未申报其户口数，唐王朝也无从检校其户数。

《太平寰宇记》记泸州"元管溪洞羁縻州一十六，计县五十六"，其中能州（大足元年置，领二县，十二户）、浙州（仪凤二年置，领四县，户二十四）"二州连接黔府，及（柘）[拓]在生蛮，承前不输税课。"二州有户版（虽然很少），"承前不输税课"，说明其本当输税课，仅因其地僻远，故不输。纳州（仪凤二年开山洞置，领七县，户一百六十八）、蓝州（仪凤二年置，领一县，户五十一）、顺州（载初二年置，领四县，户

1 《太平寰宇记》卷一六六，"邕州"，北京：中华书局，2007年，第3175-3177页。

2 《新唐书》卷四三下《地理志》七下，第1130-1131页。

3 《旧唐书》卷四〇《地理志》三，第1646-1647页。

五十九)、宋州(领四县，户六十九)等四州“输纳半税，其州在边徼溪洞，不伏供输。”也是说此四州按规定应当输纳半税，然以其地远，经常不供输。高州(领三县、户二十一)、奉州(仪凤二年置，领三县，户三十九)、思峨州(天授元年置，领二县、户三十七)、萨州(仪凤二年招生獠置，领三县)、晏州(仪凤二年招生獠置，领七县、户七十七)、长宁州(领四县、户三十八)、巩州(仪凤二年开山洞置，领县五、户十五)、淯州(久视元年置，领二县、户十五)、定州(领二县、户十六)等九州“在沟井监,供输紫竹”。[1] 凡此诸州,皆为有版羁縻州,虽然各州以居地僻远，往往不伏供输，但根据规定，各州均需要输纳。因此,有版羁縻州与无版羁縻州的另一个重要区别，就在于前者需要供输赋税，而后者则只需进纳贡品。至于有版羁縻州县输纳赋税的标准，则并不一致。据上引《太平寰宇记》，泸州所管十六有版羁縻州中，纳、蓝、顺、宋四州为半税，高、奉等九州供输紫竹，能、浙二州不输税课。半税之制，与武德七年、开元二十五年所颁赋役制中有关岭南夷獠户“皆从半输”的规定相同(见下文)，很可能是对羁縻州县应纳税课的制度性规定(当然，所谓“半税”，是根据有版羁縻州上报的户数交纳的)，只是在实行过程中，根据不同的情况有所区别而已。

有版羁縻州所领蕃胡夷獠，亦须应役，特别是兵役。天宝十载(751)《李永定墓志》载永定曾祖延为“皇朝本蕃大都督兼赤山州刺史”，祖大哥为左鹰扬大将军兼玄州刺史，父仙礼为

1 《太平寰宇记》卷八八，“泸州”，第 1742-1744 页。

宁远将军、玄州昌利府折冲。永定即仙礼长子，开元六载（718）仲夏，“奏事玉阶，恩敕便留内供奉射生，更配左羽林上下”；至八年二月，“令充两蕃使薛泰下总管。当时戎夷背叛，侵轶边垂。公励铁石之心，纵不顾之操。掩袭是遇，戈矛见钬。公以死自誓，志无所诎，虏计穷力沮，而后见还。天子闻而嘉之，转授安东卢龙府折冲都尉”。后充范阳马军副使，开元十五年授上谷郡龙水府折冲都尉；二十一年，以军功制授忠武将军、左路卫率府中郎将，袭伯父青山州刺史。[1]按，《旧唐书·地理志》：“玄州，隋开皇初置，处契丹李去闾部落。万岁通天二年，移于徐、宋州安置。神龙元年，复旧。今隶幽州。天宝领县一，户六百一十八，口一千三百三十三。静蕃，州治所，范阳县之鲁泊村。”“青山州，景云元年，析玄州置，隶幽州都督。领县一，户六百三十二，口三千二百一十五。青山，寄治于范阳县界水门村。”[2]则玄州与青山州皆为幽州都督府所管有版羁縻州，分布于范阳县境内鲁泊村、水门村一带。李永定之祖任玄州刺史，伯任由玄州分置之青山州刺史，永定袭之，说明玄州（以及青山州）长期处于李永定之族的控制之下。玄州昌利府，应当是属于右卫的折冲府。李仙礼得任玄州昌利府折冲，说明其时有版羁縻州或编组折冲府。昌利府，很可能是由玄州所属蕃户组成的军府。又，《新唐书·白元光传》谓：“其先突厥人。父道生，历宁朔州刺史。元光初隶本军，补节度先锋。安禄山反，诏徙朔方兵东讨，元光领所部结义营，长驱从光弼出土门。”[3]白道声

---

1 周绍良、赵超主编：《唐代墓志汇编续集》，上海：上海古籍出版社，2001 年，第 635 页。

2 《旧唐书》卷三九《地理志》二，第 1522、1526 页。

3 《新唐书》卷一三六《白元光传》，第 4594 页。

所任之宁朔州刺史，当即宁朔州都督府所改之宁朔州的刺史。元光从军后所隶之本军，当即宁朔州的部落军；其后来以所部结义营，也是以其部落兵为基础组织的义营。[1]加入折冲府与组织义营，应当是有版羁縻州所领蕃胡夷獠应征兵役的两种主要方式。

在今见文献中，南方地区部分有版羁縻州县编排了乡里，至少是编排了乡。《元和郡县图志》载安南都护府领附贡州七，其中长州管四县，户六百四十八；郡州管二县，户三百三十五；谅州管二县，户五百五十；武安州管二县，户四百五十六；唐林州管二县，户三百一十七；武定州管二县，户一千二百；贡州管二县，户三百十八。[2]凡此诸州，皆当为有版羁縻州（另有三十二羁縻州则无版）。开成三年（838），安南都护马植上奏称：

当管羁縻州首领，或居巢穴自固，或为南蛮所诱，不可

---

1 侨置于朔方县境内的宁朔州都督府（或刺史州）应当属于内迁侨置的羁縻府州。樊文礼指出：与一般的羁縻府州不同，唐将内迁的游牧部落大都隶属当地军城节度使管辖，侨置府州的都督、刺史多在军城节度使内任职，其部落成为当地军城节度使的“蕃兵”。（樊文礼：《唐代灵、庆、银、夏等州界内的侨置府州》，《民族研究》1990 年第 4 期）白元光以宁朔州部落军，隶朔方节度使，亦属此例。在此基础上，我们进一步注意到，事实上，以军镇节制、控驭羁縻府州，乃是唐朝的固有统治方式。沿边将帅，以朝廷名义征召部落兵，加入节镇军队，实属常态。《旧唐书 · 地理志》说侨置于幽、营二州境内的燕、威等十七羁縻州所领东北蕃降胡，“无所役属。安禄山之乱，一切驱之为寇，遂扰中原”。（第 1527 页）也属于这种情况。同时，幽、营境内诸侨治有版羁縻州实际上均集中居住于营、幽城内或其周围镇、戍，其所领部落兵加入节镇军队后，很可能就是所谓“城傍”。参阅李锦绣：《城傍与大唐帝国》，见朱雷主编《唐代的历史与社会》，武汉：武汉大学出版社，1997 年，第 198-235 页。

2 《元和郡县图志》卷三八，“安南都护府”，北京：中华书局，1983 年，第 964-966 页。

> 招谕，事有可虞。臣自到镇以来，晓以逆顺，今诸首领愿纳赋税。其武陆县请升为州，以首领为刺史。[1]

“愿纳赋税”的州是有版州，而“居巢穴自固”“不可招谕”的州则是无版州。一年后，马植又奏称：

> 当管经略押衙兼都知兵马使杜存诚，管善良四乡，请给发印一面。前件四乡是獠户，杜存诚祖父以来，相承管辖，其丁口税赋，与一郡不殊。伏以夷貊不识书字，难凭印文，从前征科，刻木权用。伏乞给发印一面，令存诚行用。[2]

杜氏祖孙三代以来所统四乡獠户，似并未建置羁縻州县，而其“丁口税赋，与一郡不殊”，其性质与有版羁縻州相同。獠户以丁口纳税赋，其所纳当为口钱（户税）；而杜氏所领，别为四乡。又据《太平寰宇记》载，长州领县四，各一乡。由于其所记唐户与上引《元和郡县图志》所记相同（户六百四十八），故长州四县各有一乡，亦当是唐时情形。

乡之下抑或置有里，或者迳以县统里。《太平寰宇记》卷一六八“宜州”总叙引《图经》云：

> 见管四县一场，又管羁縻十六州、砂银两监。数内温泉、思顺等十二州，地理相近，见管逐州山川、四至、户口、城县、

---

1 《唐会要》卷七三《安南都护府》，第 1321-1322 页。

2 《唐会要》卷七三《安南都护府》，第 1322 页。

> 河江、古迹，可得而观。其文、兰等四州，最居偏僻，有州县，且无廨宇。所有赋租，宜州差人征催。皇朝因之。[1]

“皇朝”（宋）所“因”之例，应当是唐制。据《太平寰宇记》载，温泉州领二县，主客户一百七十四，其中温泉县无乡，管四里；洛富县，管二乡；思顺州领三县，各二乡，主客户三百五；归化州领四县，户一百一十六，其中归朝、洛廻二县各有三乡，洛都、洛巍二县各管一村；归恩州领五县，主客户二百一，其中履博、都恩、吉南、罗遵四县各二乡，许水县“无乡村，无廨署，伪汉时，县印纳在宜州”；纡州领六县，主客户二百九十一，其中东区、南山、纡质三县各一乡，吉陵、宾安、都邦三县各二乡；芝忻州领五县，户六百五十二，其中忻城县有三里，平西、富录、思龙三县各二乡，多灵县有一乡；述昆州领五县，管户三百七十一，其中夷蒙县管二里，夷水县管一乡，古桂、临山二县各管二村，都陇县管一村；蕃州领三县，管户三十七，其中都伊县有五乡，蕃水县管一乡，思寮县无乡村，无廨署；琳州领四县，管户二百四十，其中古阳、歌良、多奉三县各二乡，多梅县有一乡；环州领二县，管户二百四十，其中思恩县管三里，都亮县管四乡；金城州领二县，管户一百三十一，其中金城县有二乡；智州领五县，管户三十七，其中英罗县管二里，富力县有三乡，智本县有二乡，兰江、平林二县“无乡村、廨署”；文州领三县，主户五十二；镇宁州

1 《太平寰宇记》卷一六八，“宜州”，第3214-3215页。

领二县，管户五十一；兰州与抚水州则并无廨署，亦不供通户口。[1]其所记虽然是南汉至宋初的情形，但也间接反映了唐中后期的状况。各县乡、里、村并存，所领户口复寡少，甚至每乡、里、村只有几户，说明其所记只是供纳赋税的户数。

上述有版羁縻州县的乡里，应当是唐中后期至宋初王朝国家权力不断渗透的结果。各县管领的户数十分寡少，平均每乡、里甚至只有几户或十数户，说明乡、里很可能都是规模较小的村落或部落单位，县与州则是稍大的部落或部落联盟组织，各州的户数也就是不同层级的部落（村落）和部落联合组织上报的户数。

然北方沿边的有版羁縻州，却大抵皆未编排乡里，仍然长期维持其部落编制。寄治在夏州朔方、宁朔县境内的云中、呼延州、桑乾、定襄、达浑等都督府各领小州若干，平均每小州领户在二三十户至二百余户不等，小州下并未分县，更不当分划乡里。实际上，各小州多以部落为单位设置，如云中都督府所领舍利州即以舍利吐利部置，阿史那州即以阿史那部置，绰部州（绰州）即以绰部置。安化、宁朔、仆固三州都督府以及开元初置、寄治在回乐等县境内的燕然等六州虽不统小州，但各州所领户数亦在百余户至千余户之间，亦未分县，也当是部落编制（见表 1）。

1 《太平寰宇记》卷一六八，“宜州”，第 3216-3221 页。

表 1　北边部分有版羁縻府州与所领小州

羁縻府州	设置年代	所领部落	寄治州县	所领小州	户数	口数
定襄都督府	贞观四年	颉利左部	宁朔县	阿德、执失、苏农、拔延等四州	460	1463
云中都督府	贞观四年	颉利右部，党项部落	朔方县	舍利、阿史那、绰部、思壁、白登等五州	1430	5681
桑干都督府	龙朔三年	分定襄府置	朔方县	郁射、艺失、卑失、叱略等四州	274	1323
呼延都督府	贞观二十年	突厥、党项部	朔方县	贺鲁、那吉（或葛逻）、跌跌等三州	155	605
达浑都督府	贞观二十一年	延陀部落	宁朔县	姑衍、步讫若、嵠弹、鹘、低粟等五州	124	495
安化州都督府	贞观二十一年	回纥部落	朔方县		483	2053
宁朔州都督府	贞观二十一年	回纥部落	朔方县		374	2027
仆固州都督府	贞观二十一年	回纥部落	朔方县		122	673
燕然州	开元元年	突厥九姓部落	回乐县		190	978
鸡鹿州	开元元年	突厥九姓部落	回乐县		132	556
鸡田州	开元元年	突厥九姓部落	回乐县		104	469
东皋兰州	开元元年	突厥九姓部落	鸣沙县		1342	5182
燕山州	开元元年	突厥九姓部落	温池县		430	2176
烛龙州	开元元年	突厥九姓部落	温池县		117	353

资料来源:《旧唐书》卷三八《地理志》一，第 1414-1417 页;《新唐书》卷四三下《地理志》七下，第 1120-1122 页。

河北道所属的燕州、顺州等有版羁縻州，虽各领有县，但可能也未编排乡里。《旧唐书 · 北狄传》“靺鞨”条云：

> 有酋帅突地稽者，隋末率其部千余家内属，处之于营州，炀帝授突地稽金紫光禄大夫、辽西太守。武德初，遣间使朝贡，以其部落置燕州，仍以突地稽为总管。刘黑闼之叛也，突地稽率所部赴定州，遣使诣太宗请受节度，以战功封蓍国公。又徙其部落于幽州之昌平城。[1]

《旧唐书 · 地理志》“燕州”条云：“旧领县一，无实土户。所领户出粟皆靺鞨别种，户五百。”[2]其所谓“旧领”，当是指贞观中所领。其时燕州已自营州南迁，寄治于幽州城内；所领五百户的大部分则当处于幽州之昌平城，皆为靺鞨别种，并无本地实土的汉户。突地稽之子谨行在麟德中历迁营州都督，“其部落家僮数千人，以财力雄边，为夷人所惮”。[3]则燕州一直处于突地稽家族控制之下，长期保持部落编制，并未改编为乡里。威、慎、玄、崇、夷宾、师、鲜、带、黎、沃、昌、归义、瑞、信、青山、凛等州，也分别以靺鞨、契丹、奚、突厥或其他降附部落建置，也当长期保持其部落体制。

1 《旧唐书》卷一九九下《北狄传》，“靺鞨”，第 5358-5359 页。

2 《旧唐书》卷三九《地理志》二，第 1521 页。

3 《旧唐书》卷一九九下《北狄传》，“靺鞨”，第 5359 页。

三、正州县中蕃胡夷蛮户的乡里编排

《唐六典》卷三《尚书户部》记内附蕃胡赋役之制，谓：

> 凡诸国蕃胡内附者，亦定为九等，四等已上为上户，七等已上为次户，八等已下为下户；上户丁税银钱十文，次户五文，下户免之。附贯经二年已上者，上户丁输羊二口，次户一口，下户三户共一口。（无羊之处，准白羊估折纳轻货。）若有征行，令自备鞍马，过三十日已上者，免当年输羊。凡内附后所生子，即同百姓，不得为蕃户也。凡岭南诸州税米者，上户一石二斗，次户八斗，下户六斗；若夷、獠之户，皆从半输。轻税诸州、高丽、百济应差征镇者，并令免课、役。[1]

《旧唐书·食货志》所记与此大致相同而稍简。其所说“内附蕃胡”，是否包括羁縻府州统领的诸种蕃胡夷獠，论者颇有分歧。《旧唐书·太宗纪》于贞观三年末记户部奏言曰：“中国人自塞外来归及突厥前后内附、开四夷为州县者，男女一百二十余万口。”[2]则所谓“内附蕃胡”，似当包括羁縻府州所领蕃胡。然如上所论，羁縻府州或无户口版籍，或由其首领上报所领户数，并未经过貌阅造籍，所以，将羁縻府州管领蕃胡夷獠别为九等，并依根据户等交纳银钱，或输羊、纳米，事实上并无可能。而下文所说“附贯经二年以上者”，显然指居于正州县境内的蕃胡夷

---

1 《唐六典》卷三《尚书户部》，北京：中华书局，1992年，第77页。

2 《旧唐书》卷二《太宗纪》，第37页。

獠。因此，本段叙述中所说的“内附蕃胡”，当是指著籍的内附蕃胡，主要是指正州县的蕃胡（包括居住在汉人为主体的正州县境内的蕃胡夷獠，以及“开边”、以蕃胡夷獠为主体设立的正州县的蕃胡夷獠）。[1] 仪凤三年（678）度支奏抄、四年金部旨符第三十一条谓：

> 雍州诸县及诸州投化胡家，富者丁别每年请税银钱拾文，次者丁别伍文，全贫者请免。其所税银钱，每年九月一日以后、十月卅日以前，各请于大州输纳。[2]

“雍州诸县及诸州投化胡家”，当指居于雍州诸县与诸正州境内的投附胡人，其所纳银钱数，与上引《唐六典》所记“诸国蕃胡内附者”相同。那么，上引《唐六典》所说，编入正州县的蕃胡夷獠户，在入籍（“附贯”）两年之后，均当交纳户税（有输羊、折纳轻货或税米等不同方式）。《新唐书 · 张说传》记开元十四年（726），宇文融、崔隐甫与李林甫劾奏张说之罪，说张说“所亲吏张观、范尧臣依据说势，市权招赂，擅给太原九姓羊钱千万”。[3] 太原九姓，即开元四年来降、被安置于太原北

---

1 关于《唐六典》所记内附蕃胡赋役之制，学术界有较多讨论，意见亦并不一致。请参阅石见清裕：《唐の内附異民族対象規定》，见氏著《唐の北方問題と国際秩序》，东京：汲古书院，1998 年，第 164-173 页；斋藤胜：《唐代内附異民族への賦役規定と辺境社会》，《史学雑誌》第 117 卷第 3 号（2008 年），第 311-346 页；王义康：《唐代“蕃族”赋役制度试探》，《民族研究》2004 年第 4 期。

2 关于此件文书的复原与释读，根据大津透《唐律令國家の予算について —— 儀鳳三年度支奏抄 · 四年金部旨符試釋》，见氏著《日唐律令制の財政構造》，东京：岩波书店，2006 年，第 43 页。

3 《新唐书》卷一二五《张说传》，第 4409 页。

境的铁勒九姓；羊钱，当是按应输羊数折纳的银钱；给，当作“给复”解。宇文融等指责张说门下吏张观等受贿，擅自给复降附的太原九姓的羊钱，正说明投附蕃胡户按规定是应纳羊钱的。《唐开元十六年（728）庭州金满县牒》（“金满”县之印）曰：

金满县，牒上孔目司

开十六税钱，支开十七年用。

合当县管百姓、行客、兴胡，总计壹阡柒伯伍拾人，应见税钱，总计当

贰伯伍拾玖阡陆伯伍拾文。

捌拾伍阡陆伯伍拾文，百姓税。[1]

金满县合县百姓、行客、兴胡皆当纳税，其所纳之税当为户丁税。[2]此项税钱当供给当县公廨之用（包括官人俸料），故以开元十六年之入，作为十七年开支之用。其中兴胡附贯于金满县，亦纳税钱。庭州金满县是正州县，兴胡是附贯于金满县的蕃胡，与行客、百姓一起，交纳税钱。

据上引《唐六典》，岭南诸州的夷獠户，“皆从半输”，即交纳岭南诸州税米户所纳户税的一半，亦即上户六斗、次户四斗，下户三斗。《新唐书·刘延祐传》记垂拱年间（685—688）刘延

---

1 池田温：《中国古代籍帐研究》，龚泽铣译，北京：中华书局，2007年，录文，第210页。

2 关于唐代的户税，重要的研究有：(1) 吉田虎雄：《唐代租税の研究》，东京：汲古书院，1973年，第59-73页；(2) 张泽咸：《唐五代赋役史草》，北京：中华书局，1986年，第85-99页；(3) 周藤吉之：《唐代中期における戸税の研究》，见氏著《唐宋社會經濟史研究》，东京：东京大学出版会，1965年，第521-559页，请参阅。

祐任安南都护，“旧俚户岁半租，延祐责全入，众始怨，谋乱。延祐诛其渠李嗣仙，而余党丁建等遂叛，合众围安南府”。[1]《旧唐书·刘延祐传》记其事，作：“岭南俚户，旧输半课，及延祐到，遂勒全输。由是其下皆怨，谋欲将叛，延祐乃诛其首恶李嗣仙。垂拱三年，嗣仙党与丁建、李思慎等遂率众围安南府。”[2]则所谓“半租”“半课”均即指上引《唐会典》所说的“半输”，是指夷獠户（包括俚户）当交纳岭南正户一半的赋税（租）。《新唐书·南蛮传》综述剑南诸獠，谓“太宗再伐高丽，为舡剑南，诸獠皆半役，雅、邛、眉三州獠不堪其扰，相率叛”。[3]雅、邛、眉三州均为正州，境内獠户皆半役，则其他开生夷所置之正州县的獠户亦当应半役。据武德七年令，正户岁役二旬，则夷獠户当岁役一旬。

正州县的蕃胡夷獠户既然需要据户等纳税服役，就需要与汉户一样，检校户口、编排乡里，但在具体的实行过程中，却又必须“因地制宜”，“便利行事”。贞观十六年（642），唐朝在渝州以南的僰溪水流域开疆拓土，设置了溱、珍二州及荣懿、扶欢、乐来（属溱州）、夜郎、丽皋、乐源（属珍州）等六县。《元和郡县图志》卷三〇“溱州”叙云：“本巴郡之南境。贞观十六年，有渝州万寿县人牟智才上封事，请于西南夷窦渝之界招慰不庭，建立州县。至十七年置，以南有溱溪水为名。”同书卷“珍州”条谓：“本徼外蛮夷之地，贞观十六年置。”[4]则溱、珍二州之地，本属“徼外蛮夷之地”，二州及所领六县，皆当为开西南夷

1 《新唐书》卷二〇一《文苑传 · 刘延祐传》，第 5732-5733 页。

2 《旧唐书》卷一九〇《文苑传 · 刘胤之传》附《刘延祐传》，第 4995 页。

3 《新唐书》卷二二二下《南蛮传》下，第 6327 页。

4 《元和郡县图志》卷三〇，“溱州”“珍州”，北京：中华书局，1983 年，第 743-744 页。

之“山洞”区域而置。《旧唐书 · 地理志》记溱州领荣懿、扶欢二县，户八百七十九，口五千四十五。《元和郡县图志》卷三〇谓溱州开元户八百九十二，不记其乡数。然《太平寰宇记》卷一二二溱州记荣懿县有四乡，“唐贞观十七年与州同置，以领獠户”。扶欢县有一乡。[1]说明荣懿、扶欢二县在置县之同时，即当编排乡里，而其各乡户数，则远低于标准的五百户。然乐来县却可能并未编排乡里。《旧唐书 · 地理志》谓珍州领县三，天宝户二百六十三，口一千三十四。《元和郡县图志》卷三〇记珍州开元户为二千六百（当有误），然并未记有乡数。夜郎、丽皋二县并在州郭下。《元和郡县图志》说：“三县并在州侧近，或十里，或二十里，随所畲种田处移转，不常厥所。”[2]而《太平寰宇记》卷一二二记西高州（唐珍州所改）领（四）[三]县，[3]开元户二百六十三，并谓夜郎、丽皋县各领二乡。而乐源县则没有乡数。这说明当贞观中置溱、珍二州六县时，靠近州郭的荣懿、扶观及夜郎、丽皋四县编排了乡里，而地理位置较为偏僻的乐来、乐源二县则很可能未编排乡里。

思州思邛县是开元四年（716）开生夷所置的新县。《元和郡县图志》卷三〇思州“思邛县”：“开元四年招辑生夷所置。”[4]《元和郡县图志》记思州领务川、思王、思邛三县，开元户三千四百四十二，乡十；元和户四百二十九，乡六。《太平寰宇

1 《太平寰宇记》卷一二二，“溱州”，第 2427 页。

2 《元和郡县图志》卷三〇，“珍州”，第 744 页。

3 今本《太平寰宇记》卷一二二“西高州”下所记四县中，“荣德县”当为“荣懿县”之讹，而荣懿县又见于溱州下。唐珍州、宋西高州不当领有荣懿（荣德）县。

4 《元和郡县图志》卷三〇，“思州”，第 741 页。

记》卷一二二记思州开元户一千五百九十九，务川县二乡，思王县三乡，思邛县四乡。三县合计为九乡，与《元和郡县图志》所记十乡之制接近。故开元初思邛县初置时至少当有四乡。[1]

在剑南道西部及南部缘边地区，以已较稳定控制的州县为基础，唐朝逐步向疆域外的“蛮夷”区域扩展，在太宗朝后期与高宗朝，渐次增设了十七个新县。如沐州罗目县，麟德二年（665）置。《旧唐书·地理志》嘉州“罗目”县：“麟德二年，开生獠置沐州及罗目县。上元三年，俱废。仪凤三年，又置，治沲和城，属嘉州。如意元年，又自峨眉县界移罗目治于今所也。”《元和郡县图志》卷三一嘉州“罗目县”：“本汉南安县地。麟德二年，招慰生獠，于今县西南一百八十三里置沐州及罗目县。前上元三年，州县俱废。仪凤三年重置，属嘉州。罗目，獠中山名，因以名县。”其记嘉州领龙游、夹江、绥山、罗目、峨眉、玉津、平羌、犍为等八县，开元户二万二千九百一十二，乡五十三。元和户一千九百七十五（？），乡六十五。[2]《太平寰宇记》卷七四嘉州“罗目县”：“元八乡。唐麟德二年置沐州及罗目县，取夷中罗目山为名。上元三年俱废。仪凤三年又置县，属嘉州。罗目去州西南二百七十里。伪蜀明德三年獠乱，移于今所。”[3]其所说的“元八乡”，当指后蜀明德三年（936）罗目县迁移之前，亦即在唐时罗目县有八个乡。

柘州柘县、乔珠县，高宗上元二年（675）开置。《新唐书·地理志》记柘州所领柘、乔珠二县开元户四百九十五，口

---

1 《太平寰宇记》卷一二二，“思州”，第2421-2423页。

2 《元和郡县图志》卷三一，“嘉州”，第786-788页。

3 《太平寰宇记》卷七四，嘉州“罗目县”，第1511页。

二千一百二十。《太平寰宇记》卷八〇记柘州领柘、乔珠二县，“开元户四百”。其中柘县有二乡，乔珠县有一乡。“以上二县与郡同置。”[1]则柘、乔珠二县在开元、天宝时即当置有乡里，惟每乡平均户口数远低于标准。

姚州长城县，垂拱元年（685）置。《新唐书·地理志》姚州“泸南”县原注：“本长城，垂拱元年置，天宝初更名。”[2]按：姚州初置于武德四年，麟德元年（664）移治弄栋川，建都督府，每岁差兵募五百人镇守。咸亨三年（673），唐“发梁、益等一十八州兵募五千三百人，遣右卫副率梁积寿往姚州击叛蛮”。[3]长城县之置，当即平定姚州叛蛮之后的措置之一，也是“开夷蛮”所置的县。《太平寰宇记》卷七九姚州“泸南县”：“（姚州）北五里，元二乡。垂拱元年置长城县于此，天宝初改为泸南县，以在泸水之南为名。”[4]则长城县（泸南县）在唐时当有二乡。

再如霸州所属的安信、牙利、保宁、归化等四县，乃招附生羌置。《新唐书·地理志》记霸州领四县，户五百七十一，口千八百六十一。《太平寰宇记》卷八〇“霸州”下称：

> 唐天宝元年因招附生羌置静戎郡，便以羌附酋董嘉俊为刺史，领七部族，把蕃卓，子孙相绳不绝。乾元元年改为霸州。本属陇右道，永徽以后割属松州都督，入剑南道。皇朝乾德三年，西南夷首领兼霸州刺史上表内附。……唐开元户

1 《太平寰宇记》卷八〇，“柘州”，第1613-1614页。
2 《新唐书》卷四二《地理志》六，第1086页。
3 《旧唐书》卷五《高宗本纪》下，第96页。
4 《太平寰宇记》卷七九，姚州“泸南县”，第1600-1601页。

> 五百七十。皇朝户汉一百七十余，外并蕃户。

其下所记安信县，“去州二十里，二乡。在钵南村置”。牙利县，“去州五里。三乡。在小聋山上村置”。保宁县，“去州三十里。三乡。在质台村置”。归化县，“去州西北四百里。一乡。在移村置”。四县并依村而置，各领有一至三乡不等，说明各县在天宝置县时即当编排乡里。然此四县乡里，当很不稳定。《太平寰宇记》谓：“已上四县并与郡同置，各有部落主持，俱无征科。”所说当是晚唐五代至宋初的情形，说明四县乡里或已崩解。[1]

诸北边正州县中蕃胡的乡里编排比较复杂。《旧唐书·地理志》“丰州”条：“隋文帝置，后废。贞观四年，以突厥降附，置丰州都督府，不领县，唯领蕃户。十一年废，地入灵州。二十三年，又改丰州。”所领永丰县置于永徽元年（650），九原县置于永徽四年；天宝户二千八百一十三，口九千六百四十一。[2]据《元和郡县图志》，贞观四年（630）置丰州时，以史大奈为都督；[3]而史大奈是太宗麾下名将，与程咬金、秦叔宝等齐名，[4]故贞观四年以突厥降附户口（蕃户）所置之丰州乃是正州。其时丰州“不领县，惟领蕃户”，则其所领蕃户亦未编排乡里，盖仍以部落组织管理之。二十年后，相继设立永丰、九原二县。《元和郡县图志》谓丰州开元户一千九百，乡五。此五乡之制，很可能就是永徽年间置二县时所编排者。换言之，当贞观四年置丰州领降

---

1 《太平寰宇记》卷八〇，“霸州”，第1612-1613页。

2 《旧唐书》卷三八《地理志》一，第1417-1418页。

3 《元和郡县图志》卷四，“丰州”，第111-112页。

4 《旧唐书》卷二《太宗纪》上，第27页。

附的突厥蕃户时，并未编排乡里；至永徽中分置二县时，方将蕃户编排为五乡。或正因为此，两《唐书》与《元和郡县图志》中丰州无贞观户（“旧领”），却有开元、天宝户口数。

唐初置于原州境内的缘州本是羁縻州，后改为正县。《旧唐书·地理志》原州萧关县载：“贞观六年，置缘州，领突厥降户，寄治于平高县界他楼城。高宗时，于萧关置他楼县。神龙元年，废他楼县，置萧关县。大中五年，置武州。”[1] 贞观六年初置之缘州领突厥降户，当为羁縻州。至高宗时改为他楼县，属于正县。《太平寰宇记》记萧关县有四乡，而其时萧关县已久废，唐时原州所属各县亦久“落蕃”，故其所记萧关县四乡之制，当是唐制。[2]

居于正州县境内的胡人，当有相当一部分被编入所在州县的乡里系统。《唐开元年代北庭都护府流外官名簿》载：

> 北庭都护府功曹府流外肆品、云骑尉、营田第一等赏绯鱼袋王孝……
>
> 经考十 西州 高昌县 顺义乡 顺义里，身为户
>
> 北庭都护府仓曹府流外肆品、上柱国、赏绯鱼袋康处忠，年卌一
>
> 西州 交河县 安乐乡 高泉里，身为户
>
> 北庭都护府录事史流外伍品、骑都尉、营田第一等赏绯鱼袋曹怀嶷，年卌六
>
> 西州 高昌县 崇化乡 净泰里，身为户

1 《旧唐书》卷三八《地理志》一，第1407页。

2 《太平寰宇记》卷三三，“原州”，第701-706页。

> 北庭都护府户曹史流外伍品、武骑尉、营田第一等赏绯鱼袋张虔礼，年卌八[1]

康处忠、曹怀嶷皆当是蕃胡，分别被编入交河县安乐乡高泉里与高昌县崇化乡静泰里，乃是蕃胡户被编入正州县乡里系统的典型例证。[2]

然居于正州县境内的蕃胡，也有相当部分并未编排乡里，而是仍然维持其固有的部落体制。贞观中，党项野利氏等种落归附，被安置在庆州境内，置芳池、安定、安化三州都督府，各领小州十、七、七。[3]三都督府及所领二十四小州均属羁縻性质，亦无户口版籍，虽然居于庆州境内，与各县汉户杂居，却迄未纳入州县系统，更未编排乡里。直到代宗时，芳池、安定州的党项部落仍以部落形式被迁移至延、绥境内。[4]著名的"六胡州"也当迄未编排乡里。《元和郡县图志》卷四"新宥州"条称：

> 初，调露元年，于灵州南界置鲁、丽、含、塞、依、契

1 池田温：《中国古代籍帐研究》，龚泽铣译，北京：中华书局，2007年，录文，第236页。

2 荣新江曾把西州崇化乡安乐里、敦煌从化乡作为正式州县中胡人聚落改作乡里的证据，见荣新江：《北朝隋唐粟特人之迁徙及其聚落》，初刊北京大学中国传统研究中心编《国学研究》第6卷，北京：北京大学出版社，1999年，第27-86页；后收入氏著《中古中国与外来文明》，北京：生活·读书·新知三联书店，2001年，第37-110页。

3 《旧唐书》卷三八《地理志》一，第1409页。

4 《新唐书》卷二二一上《党项》，第6217页。《新唐书》说："(郭)子仪以党项、吐谷浑部落散处盐、庆等州，其地与吐蕃滨近，易相胁……先是，庆州有破丑氏族三、野利氏族五、把利氏族一，与吐蕃姻援，赞普悉王之，因是扰边凡十年……于是破丑、野利、把利三部及思乐州刺史拓拔乞梅等皆入朝，(宜)[安]定州刺史折磨布落、芳池州野利部并徙绥、延州。"则知庆州境内的党项诸族一直保持部族编制。

> 等六州，以处突厥降户，时人谓之“六胡州”。长安四年，并为匡、长二州。神龙三年，复置兰池都督府，在盐州白池县北八十里，仍分六州各为一县以隶之。开元十一年，康待宾叛乱，克定后，迁其人于河南、江、淮诸州。二十六年还其余党，遂于此置宥州，以宽宥为名也。后为宁朔郡，领县三：怀德、延恩、归仁。天宝中，宥州寄理经略军。宝应已后，因循遂废。[1]

《旧唐书·地理志》载宥州领三县、户七千八十三、口三万二千六百五十二，当是开元二十六年重置宥州时的领县与户口。突厥降户在贞观四年时按部来降，分置诸州以处之，其长官依然由其首领担任。至调露元年（679），所置六胡州以唐人为刺史，为正州；至神龙三年降六州为县，属之兰池都督府，说明六州降胡的部落编制并未因以唐人任刺史及并为二州而改变。康待宾之乱，《旧唐书·玄宗纪》录其事，作：“兰池州叛胡显首伪称叶护康待宾、安慕容，为多览杀大将军何黑奴，伪将军石神奴、康铁头等，据长泉县，攻陷六胡州。”[2]康待宾、安慕容等都是昭武九姓的首领。六胡州之叛被平定后，开元十年“诏移河曲六州残胡五万余口于许、汝、唐、邓、仙、豫等州，始空河南朔方千里之地。”[3]六州胡被分置于许、汝等六州，则其迁徙当是按其固有的六胡州部落编制进行的。至开元二十六年还其余党，分置三县，当是合原来的二州胡为一县，其固有的部

1 《元和郡县图志》卷四，“新宥州”，第106页。

2 《旧唐书》卷八《玄宗纪》上，第182页。

3 《旧唐书》卷八《玄宗纪》上，第184页。

落编制抑或并未打破。

散居于北方州县中的蕃胡，至少有一部分，并未纳入其所在州县的乡里系统，而是以“蕃胡”的身份，接受唐王朝的管理。在上引《唐开元十六年（728）庭州金满县牒》，兴胡与百姓并列，说明兴胡（以及行客）并未纳入“百姓”所属的编户系统。在仪凤三年（678）度支奏抄、四年金部旨符中，居于雍州诸县及诸州的“投化胡家”，被特别从普遍编户中分出，规定了其应纳的银钱数，以及交纳的时间、地点。关于诸州投化胡家输纳税钱的“大州”,学者们有不同的解释。然唐人所称之“大州”，大抵即指户口较多的州。如高祖第十八子李元名，为江州刺史,《旧唐书》本传说:“高宗每欲授元名大州刺史,固辞曰:‘忝预藩戚，岂以州郡户口为仕进之资？’”[1]所以，这里的“大州”，当即指“投化胡家”较多的州。即要求投化胡家到其同类人口较多的州集中纳税（雍州各县的投化胡家则在其居住的本县纳税）。这也说明，雍州诸县及各州的投化胡家没有被编入其所居地的乡里系统，而是由雍州诸县及各州直接管理的。

四、“开山洞”所置新县的乡里

唐代在“内地的边缘”区域所立新县，以福建地区最为集中。漳州及所属漳浦、怀恩二县，是在垂拱二年（686）开置的。《新唐书 · 地理志》漳州：“垂拱二年析福州西南境置，以南有漳水为名，并置漳浦、怀恩二县，初治漳浦，开元四年徙

1 《旧唐书》卷六四《舒王元名传》，第 2434 页。

治李澳川，乾元二年徙治龙溪。”[1]《元和郡县图志》卷二九“漳州”叙云：

> 本泉州地。垂拱二年析龙溪南界置，因漳水为名。初置于今漳浦县西八十里，开元四年移就李澳川，即今漳浦县东二百步旧城是。十二年，自州管内割属福州，二十二年又改属广州，二十八年又改属福州。乾元二年缘李澳川有瘴，遂权移州于龙溪县置，即今州理是也。[2]

同书卷“龙溪县”下述龙溪县四至，谓“县东十五里至山，险绝无路；西二十里至山，南在里至山，北十六里至山。”则知龙溪县本身即处于山间盆地。所谓“龙溪南界”，在垂拱二年之前，实无有效控制，故在漳州地方史上，往往将垂拱二年置漳州一事，称为“开漳”。北宋祥符四年（1011）成书的《漳州图经》“序”（吴与撰）云：

> 唐垂拱二年十二月九日，左玉钤卫翊府左郎将陈元光平潮寇，奏置州、县。敕割（福）[泉]州西南地置漳州。在漳浦水北。寻以地方多瘴疠，耆寿余若讷等乞迁他所。开元四年，敕移就李澳川置郡（故废绥安县地）……州本二县，一曰漳浦，即州治也；二曰怀恩，后（二十九年十一月二十二日）敕以户口逃亡，废之，并入漳浦。又割泉州龙溪

---

1 《新唐书》卷四一《地理志》五，漳州“漳浦郡”，第1066页。

2 《元和郡县图志》卷二九，“漳州”，第721页。

县隶本州。[1]

漳州开置后，陈元光家族世莅其土，直到贞元以后，唐王朝才真正将漳州收归直接控制之下。[2]然即便是在陈氏世袭统治漳州时，亦已推行唐王朝的乡里制度。《元和郡县图志》卷二九记漳州开元户一千六百九十，乡一十一。[3]其时龙溪县尚未度属漳州，故十一乡、一千六百九十户当为漳浦、怀恩二县乡、户数（《旧唐书 · 地理志》记漳州"天宝领县二，户五千三百四十六，口一万七千九百四十。"其时怀恩县已并入漳浦县，龙溪县度属漳州，故二县当指龙溪与漳浦）。上引《〈漳州图经〉序》说省废怀恩县，乃是因为"户口逃亡"，也说明在此前当地已建立起户籍乡里体系。漳州芗城北郊出土咸通二年（861）王楚中买地券记王杨树中生前籍属"漳州龙溪县永泰乡唐化里"，墓地所在为信义里箭竹洋村。[4]"永泰""唐化""信义"之类嘉名，正折射出唐王朝在这一地区推行教化、编组乡里的踪迹。

长汀、龙岩、宁化等三县均置于开元年间。《旧唐书 · 地理志》"汀州"叙云："开元二十四年，开福、抚二州山洞，置汀州。……天宝领县三，户四千六百八十，口一万三千七百二。"

1 光绪《漳州府志》卷之首，光绪丁丑冬芝山书院刻本，第一页。《全唐文》卷五一三误将此文作为唐文收入，并注其作者吴与为"贞元时人"（北京：中华书局，1983 年，影印本，第 5209 页），当误，说另详。

2 参阅谢重光：《陈元光与漳州早期开发史研究》，台北：文史哲出版社，1994 年，第 119-140 页。贞元初（兴元二年即贞元元年）柳少安请移漳州治所于龙溪并得以实施，很可能也是为了避开陈氏家族在旧治漳浦地区的势力。

3 《元和郡县图志》卷二九，"漳州"，第 721 页。

4 鲁西奇：《中国古代买地券研究》，厦门：厦门大学出版社，2014 年，第 208-210 页。

下记所领长汀（州治）、龙岩、宁化三县，皆与州同时“开山洞置”。[1]《元和郡县图志》谓：“开元二十一年，福州长史唐循忠于潮州北、广州东、福州西光龙洞，检责得诸州避役百姓共三千余户，奏置州，因长汀溪以为名。”[2]《太平寰宇记》卷一〇二“汀州”条下引牛肃《纪闻》曰：“江东采访使奏于虔州南山洞中置汀州，州境五百里，山深，林木秀茂，以领长汀、黄连、杂罗三县。地多瘴疠，山都、木客丛萃其中。”[3]则知汀州及所属三县皆为开山洞、检括逃户而置。《元和郡县图志》记汀州有十一乡。《太平寰宇记》记长汀县有五乡，宁化县二乡，龙岩县有四乡，正为十一乡。其“宁化县”条称：“（武德初）[开元中]为黄连县，以地有黄连洞，因以为名。至天宝元年改为宁化县。”[4]黄连县（宁化县）以黄连洞为基础置县，分设二乡，亦皆当处于“洞”（山间河谷地带）中。

古田县（属福州）置于开元二十九年。《旧唐书·地理志》福州“古田”县：“开元二十九年，开山洞置。”淳熙《三山志》卷三《地理类三·叙县》“古田县”条：“唐开元二十八年，洞豪刘强等三人以土地人民归于都督李亚丘，乃遣杨参军招致林镕等千余户，咸曰：‘祖父咸亨中来此潜焉，因古昔田亩垦辟而居。’以闻于朝。明年立县双溪之汇、屏山之南，平陆三十五里。”[5]此处的记载最为清楚：据林镕等洞民自述，其祖父辈自咸亨

1 《旧唐书》卷四〇《地理志》三，第1600-1601页。

2 《元和郡县图志》卷二九，“汀州”，第722页。

3 《太平寰宇记》卷一〇二，“汀州”，第2034页。

4 《太平寰宇记》卷一〇二，“汀州”，第2036页。

5 淳熙《三山志》卷三《地理类·叙县》，“古田县”，《宋元方志丛刊》第八册，北京：中华书局，1990年，影印本，第7808页。

（670—673）来此垦居，数十年间并无官府乡里之置，由刘强等洞豪统领“洞”中的“土地人民”；古田县初置时，所领地域“平陆三十五里”，显然是一处山间盆地。《太平寰宇记》卷一〇〇福州“古田县”：“元四乡。唐开元二十九年开山洞置。”则知古田置县后，分置四乡。此四乡，即处于平陆三十五里的山间谷地中。

古田县各乡之下分置诸里。《太平寰宇记》卷一〇〇“南剑州”条云：

> 伪唐保大四年立为延平军，因析沙县、建安、顺昌等县所管交溪、上阳、员当、逐咨、芹哨、富沙等六里户口，共成九里，为军额；至保大六年，升为剑州，仍割古田县积善、赖溪二里，共一十一里，为剑浦县。又割沙县、顺昌、尤溪等县来属。皇朝太平兴国四年割将乐县以隶焉。[1]

古田县的积善、赖乡二里，不知属于何乡，但这里的记载说明，在南唐控制闽北之前，古田县早已有完备的乡里系统。

尤溪县（属福州）亦置于开元二十九年。《元和郡县图志》卷二九福州“尤溪县”：“开元二十九年开山洞置。县东水路沿流至候官，县西水路泝流至汀州龙岩县。”[2] 显然，“山洞”就是指沿着溪流的河谷地带。《太平寰宇记》卷一〇〇南剑州“尤溪县”所述更为详悉：“四乡。按县理，今当延平东南二百四十里，

---

1 《太平寰宇记》卷一〇〇，“南剑州”，第 1996-1997 页。

2 《元和郡县图志》卷二九，福州“尤溪县”，第 717 页。

在福州城西北八百三十五里。其地与漳州龙岩县、汀州沙县及福州侯官县三处交界。山洞幽深，溪滩崄峻，向有千里，其诸境逃人，多投此洞。开元二十八年，经略使唐修忠使以书招谕其人，高伏等千余户请书版籍，因为县，人皆胥悦。此源先号尤溪,因为县名,属福州。”[1] 高伏等,当即如古田刘强之类的“洞豪”。于此广大山区，分立四个乡，各乡亦当处于河谷地带，且沿着河流分布。

实际上，这些“开山洞置”的县，在置县之前，未必全无官府的控制，只是控制微弱，官府仅得在局部地方编排乡里、征纳赋役而已。永泰县（属福州）置于永泰二年。《元和郡县图志》卷二九福州“永泰县”:“永泰二年观察使李承昭开山洞置。县东水路沿流至侯官，县西泝流至南安县，南北俱抵大山，并无行路。”[2] 淳熙《三山志》卷三《地理类三·叙县》“永福县”条:“州西百二十里，唐永泰二年节度使李承昭析候官、尤溪县各一乡置，号永泰。”[3] 永泰县地在置县之前分属候官、尤溪二县，各编有一乡，然《元和郡县图志》仍称其为“开山洞置”，说明在置县之前官府的控制实十分薄弱。《太平寰宇记》谓永泰县“元四乡”。则永泰县在置县后，曾重新编排乡里，在原有二乡的基础上，增至四乡。

岭南地区“开山洞”置新县，主要集中在高宗则天朝，如怀义县（来宾县）、归化县（属严州）、洛封县（属柳州），皆乾封二年（667）；怀仁（抚安）、善劳、善文、宁仁（属党州）、

1 《太平寰宇记》卷一〇〇，南剑州“尤溪县”，第 2000 页。

2 《元和郡县图志》卷二九，福州“永泰县”，第 718 页。

3 淳熙《三山志》卷三《地理类 · 叙县》，“永福县”，第 7809 页。

安仁（容山）、怀义、福阳、古符县（属平琴州），永淳元年至二年（682—683）置。这些县，在设置之初大抵皆编排了乡里，然在开元以后，著籍户口又有大幅度减耗，所领乡数也减少很多。如《元和郡县图志》记严州领循德、来宾二县，开元户一千六百六十，乡十四；元和户一百一十六，乡四。[1]

皖南、赣东北以及鄂东南山区也是唐中期设立新县较为集中的"内地的边缘"区域之一，从开元中至永泰间，相继设立了婺源（属歙州）、青阳（属宣州）、唐年（属鄂州）、太平（属宣州）、至德（属江州）、上饶、永丰（属信州）、贵溪（属信州）、石棣（属池州）、归德、绩溪、祁门（属歙州）、旌德（属宣州）等十三县。蜀中丘陵山地也颇多"内地的边缘"地区，相继增设了七盘（属巴州）、铜梁（属合州）、太平（属壁州）、巴川（属合州）、壁山（属渝州）、昌元、静南、大足（属昌州）、巴渠（属通州）等县。[2]这些新置立的县，大多在置县的同时编排了乡里，将土著人户与检括而得的逃户编入了版籍。如太平县（属壁州），开元二十三年（735）置。[3]《太平寰宇记》卷一四〇壁州通江县"废东巴县"条："二乡。本汉宕渠县地。唐开元二十三年，壁州三县耆老状论太平、曲水、王福村界东南连通州，即为浮游所集，州县不便理，请置邑就以抚之。由是敕许置太平县，因取彼太平川以为名。天宝十年改为东巴县，以处巴江之东为名。"[4]太平、

1 《元和郡县图志》卷三七，"严州"，第 927 页。

2 鲁西奇：《新县的置立及其意义——以唐五代至宋初新置的县为中心》，《唐研究》第 19 卷，北京：北京大学出版社，2013 年，第 155-232 页。

3 《新唐书》卷四〇《地理志》四，壁州东巴县原注："本太平，开元二十三年置，天宝元年更名。"

4 《太平寰宇记》卷一四〇，壁州通江县"废东巴县"，第 2723 页。

曲水、王福诸村“为浮游所集，州县不便理”，实际上就是州县间的“隙地”。在置县之前，太平、曲水、王福诸村称为“村”，可能未置乡里。立县后，合诸村为二乡。

北方地区也有一些山区，可以看作为“内地的边缘”，唐代在这些山区也增设了一些新县。如安业县（属商州），万岁通天元年（696）置。《太平寰宇记》卷二七雍州“乾祐县”称：“旧三乡，今四乡。本汉洵阳县地。唐万岁通天元年分丰阳县及招谕、左绵等谷逃户以置安业县。”[1]则此县所管户口，主要是检括南山诸谷所得逃户。在此前一年，证圣元年，凤阁舍人李峤上表，请检括诸州逃户，建议“逃人有绝家去乡，离失本业，心乐所在，情不愿还，听于所在隶名，即编为户”。[2]安业县之置当即实行此项政策之结果。

在“内地的边缘”区域置立新县，大约有两种情况：一是“开山洞”或检括“逃户”“客户”新置。在置县之前，其地民户并未纳入版籍，没有户籍登记与乡里编排，所以，置县意味着将归化的“山洞”民户或检括而得的户口，纳入版籍，登记造册，编排乡里。在此种新县中，乡里是新编排的。二是在原有县域的偏远地区或几个县的交界地区（一般是山区），为强化控制，而析分原有县域新置。在置县之前，其地民户实已纳入版籍，编有乡里，故往往是析分相邻各县的若干乡，组成新县。置县之后，大都对原有乡里作了程度不同的调整，或者重新进行编排。

---

1 《太平寰宇记》卷二七，雍州“乾祐县”，第586页。

2 《唐会要》卷八五《逃户》，第1560-1561页。

五、唐代乡里控制方式的区域差异

本文试图描述唐代在不同区域实行不同的乡里控制方式的基本图景:（1）在唐朝统治的基本区域内，从关内、河南、河东、河北、陇右，到淮南、江南、山南、剑南、岭南的广大地区，在三百余州府、一千五百余县中，全面推行百户为里、五里为乡的乡里制度，定期检括户口，编制籍帐，尽可能有效地控制其土地人民，建立并维护大唐统治的秩序。其中，又有三个方面值得注意：一是在诸如溱州、珍州等开拓“生夷”设置的正州县，朝廷虽然全力推行与内地一致的乡里、户籍、赋役制度，将之纳入到统一的制度体系中，但事实上，乡里制度在这些州县的实行并未能全面落实，乡里的编排往往不合唐制的规定，且不稳定;二是在福建、岭南的“山洞”等“内地的边缘”区域，设立新县，编排乡里，著籍户口，从而将这些国家控制体系内部的“隙地”更紧密地联系到体系中来,强化对体系内部的控制;三是居住在正州县境内的部分蕃胡蛮夷，并未纳入所在州县的乡里控制系统，而是通过其固有的社会组织方式，直接由州或县加以控制。（2）在溱州乐来县、珍州乐源县等正州中较为偏远的县，在其设置之初，并未编排乡里（后来才渐次编排）。在这些正州县之外，就是各种各样的羁縻府州。有版羁縻州县大抵不定期地申报其所领户口，根据其所申报的户口，以不同形式（纳钱、输羊或纳米等）交纳户税（口钱）；在部分内迁的有版羁縻州，所领民户可能需要服军役，参加本部落军，并应唐朝征召；在岭南、剑南一些有版羁縻州里，可能还根据所领民户的居地，编排了乡里。无版羁縻府州则并无此种义务，然唐王朝仍然通过军、镇、城、戍为核心的军事屯驻系统，将流移到无版羁縻府州地区的汉户团聚在军队驻屯地周围，并使之著籍纳税，以唐制加以管理。

由此，我们遂勾勒出唐朝乡里控制制度的圈层图：第一圈层范围较大，是核心，是以汉户为主的正州县，较严格地实行乡里制；第二圈层是以蕃胡夷蛮为主体设立的正州县，努力实行统一的乡里制度，却未能完全落实，乡里编排往往未能遵守法令规则，且不稳定；第三圈层是有版羁縻州，其部落首领（唐朝以都督、刺史之号命之）仍以部落为单位管理其部众，然所领民户相对集中地居住，国家通过羁縻府州掌握其大致的户口数，在部分有版羁縻州县编排了乡里，从而在一定程度上扰乱其固有的社会控制秩序；第四圈层是无版羁縻府州，仍然实行其固有的控制制度，并不向唐朝上报户口版籍，亦无应唐朝之召提供军队之义务，然唐朝仍得在其地驻守军队，设置屯戍，管理随军前来的部分汉户或附从军队的行客。显然，唐王朝对于其广大疆域与民众的社会控制方式，从第一圈层较为全面地实行乡里制度，逐步过渡到基本不实行乡里制度的第四圈层，社会控制的程度依次衰减，同时也有诸多的变化。

当然，四个圈层之间并无清晰的界线分划。一些正县在建置之初并未能编排乡里，只是直接控制部分百姓、行客；而部分有版羁縻州县后来演变成为正州县，正式编排了乡里。一些州县究竟属于有版羁縻州县，抑或正州县，因此而难以判断。同时，有部分无版羁縻府州地区，唐军将内地乡里制度的某些观念“移植”入唐人占据主导地位的部分区域，以坊、里之类名目指称某些居住和管理区域。尽管如此，唐朝乡里控制体系的空间结构仍然是大致清晰的。

贞观四年（630），唐朝击败东突厥颉利可汗，“北荒诸部相率内属”，朝廷任李大亮为西北道安抚大使，绥集散布在伊吾地区的大度设、拓设、泥熟特勤及七姓种落等。李大亮因上疏论统驭蕃夷之策，曰：

> 臣闻欲绥远者，必先安近。中国百姓，天下本根；四夷之人，犹于枝叶。扰于根本，以厚枝附，而求久安，未之有也。自古明王，化中国以信，驭夷狄以权……伊吾虽已臣附，远在蕃碛，人非中夏，地多沙卤。其自竖立称藩附庸者，请羁縻受之，使居塞外，必畏威怀德，永为蕃臣，盖行虚惠，而收实福矣。[1]

李大亮将大唐治下诸种人群分为“中国百姓”与“四夷之人”两大类，以前者为“天下本根”，当化之以信；后者乃属“枝叶”，当驭之以权。唐代政治控制的基本格局，实即建基于此种“中国”与“四夷”以及“本根”与“枝叶”的二元分化观念之上，并因此而表现为“中国”实行州县乡里之制、“四夷”实行羁縻府州制度的基本控制体系。但事实上，“中国”的内部仍然存在诸多的“隙地”，故需不断强化对此种“内地的边缘”区域的控制，通过检括户口、设置新县、编组乡里等手段，将王朝国家控制的触角伸展到“中国”的每一个角落；而对于作为“枝叶”的四夷，亦不断推进其“中国化”进程，以军镇城戍为据点，

1 《旧唐书》卷六二《李大亮传》，第2388-2389页。

不断强化对有版羁縻州县的控制，使其所领户口纳赋服役，甚至编排乡里，征发军役，使羁縻州县渐变为正州县。即便是在无版羁縻府州地区，也通过驻军、屯田、互市等途径，扩展大唐制度与文化的影响。尽管如此，唐代对于不同地区的政治经济与社会文化控制，在本质上仍然是“因地制宜”，即根据不同地区的政治经济社会环境与历史文化背景，而采取不同的控制方式。

唐宋城市的“厢”

一、问题之提出

关于唐宋城市中的厢制，前人已有较充分的讨论，[1]形成了若干得到较普遍认可的认识:（1）作为城市行政区的“厢”，起源于唐末藩镇兵制，特别是后梁开平三年（909）以左右军巡使分掌都城的警巡治安，遂使原来作为军队番号之用的左右厢，逐渐被用来称呼其巡察地域，进而演化成城市行政区划的名称。（2）入宋以后，首先在都城开封府设立厢制，然后推广到州府

1　曾我部静雄:《中国及び古代日本における鄉村形態の変遷》，第五章《都市区劃制の成立》之第二節《廂と隅》，东京：吉川弘文馆，1963 年，第 447-497 页；周宝珠：《宋代城市行政管理制度初探》，中国社会科学院历史研究所宋辽金元史研究室编：《宋辽金史论丛》第一辑，北京：中华书局，1985 年，第 152-167 页；陈振：《略论宋代城市行政制度的演变——从厢坊制到隅坊（巷）制、厢界坊（巷）制》，见本书编委会:《漆侠先生纪念文集》，保定:河北大学出版社，2002 年，第 339-349 页;包伟民:《宋代的城市管理制度》，《文史》2007 年第 2 期，第 182-227 页;韩光辉:《宋代厢制城市》，见氏著《宋辽金元建制城市研究》，北京：北京大学出版社，2011 年，第 1-35 页。

治所城市。北宋州府城市普遍设立厢区，实行以厢统坊的制度；至南宋，部分县城也有厢的设置。（3）厢的主管职官大致经历了从武官到文臣的变化过程：北宋都城开封府诸厢初由马、步军都指挥使兼任四厢都巡检，主管厢务，称为“四厢主”，下设各厢巡检，以及诸厢都所由、所由、厢典、街子、行官等厢吏；至天禧四年（1020）改由开封府推官掌左右军厢，熙宁三年（1070）又设勾当左右都厢公事所（都厢），以曾历通判、知县之京朝官分治京城四厢。南宋都城临安府亦仿开封府制度，每厢置巡检一人，以兵官充任；后增置城南北厢主管公事所、府城外四厢都巡检等，于临安府所辖兵将中遣员充任。州府治所城市所置之厢，一般不归附郭县管辖，而由本州府兵马都监等地方兵官主管，隶属于州府长官。（4）厢司的职责，主要包括负责辖区内的治安巡察，断决民事轻讼，掌管辖区内社会救济、公共设施维护等公共事务，故其性质基本上可断定为城市治安机构。（5）厢的设置，是坊市制破坏之后，为了应对城市人口增加、城市地域不断扩大所产生的城市管理问题，而采取的措施，是适应宋代城市社会经济高度发展的制度安排。

应当指出：对宋代城市中“厢”的关注与研究，出发点是“坊市制崩溃之后城市是如何管理的”。加藤繁论证说：最初的厢设在城外，“是为了住民增加，有规定部署、加以约束的必要，在人口溢出城防、城墙外面也接连造起很多住房的时候，这种需要更加切实”。所以，“厢的制度，是作为都市人口增加、都市地域的扩大的结果而产生的东西”。显然，加藤繁是把城外街区的出现与厢的设置均看作为对中古时代“城墙内城市”与坊市制的突破。[1]虽然加藤繁关于厢起源于城外街区的论点后来被大多数论者所忽略或放弃，[2]但他将厢制的形成与坊市制的崩溃联系起来的研究理路却得到继承和发展。如韩光辉认为：经济发展特别是商业经济的发展，在时空上极大地改变了城市面貌，给城市管理带来许多新问题，如城市人口的流动性增加、民居与商业区混杂，均给城市管理与治安带来困难，而旧有的坊市制既已受到破坏，就势必需要加强城市管理力度，以消除不安定因素，厢就是因应此种需要而出现的，"是随着城市经济的发展而出现的新事物，它是朝廷为解决日益增多的城市管理问题而设置的管理机构"。[3]这一研究理路，是以"唐宋变革论"特别是所谓"中世纪城市革命"论为前提的，或者说是其具体论说的组成部分；[4]如果以"坊市制的崩溃"为核心内容的"中世纪

1 加藤繁：《宋代都市的发展》，见氏著《中国经济史考证》第一卷，吴杰译，北京：商务印书馆，1959年，第239-277页，引文见第260-261页。

2 梁庚尧在《南宋城市的发展》一文中，将城外置厢作为城外市区扩张的重要指标，但因为主要讨论南宋时期城市的发展，故未与坊市制崩溃联系在一起。见台湾宋史座谈会编：《宋史研究集》第16辑，台北："国立"编译馆，1986年，第647-724页，特别是第699-714页。

3 韩光辉：《宋代厢制城市》，见氏著《宋辽金元建制城市研究》，第1-35页，引文见第31页。

4 关于"中世纪城市革命"，请参阅 Mark Elvin, *The Pattern of the Chinese Past: A Social and Economic Interpretation*, Stanford: Stanford University Press, 1973, pp.164-178；斯波义信《宋代商业史研究》，庄景辉译，台北：稻乡出版社，1997年，第313-394页。施坚雅曾经把这场革命概括为五个特点：(1) 放松了每县一市、市必须设在县城的限制；(2) 官市组织衰替，终至瓦解；(3) 坊市分隔制度消灭，而代之以"自由得多的街道规划，可在城内或四郊各处进行买卖交易"；(4) 有的城市在迅速扩大，城外商业郊区蓬勃发展；(5) 出现具有重要经济职能的"大批中小市镇"。施坚雅：《中华帝国的城市发展》，见施坚雅主编：《中华帝国晚期的城市》，叶光庭等译，北京：中华书局，2000年，第24页。

城市革命”论受到质疑甚或不能成立，[1]那么，在这一理路下有关厢的形成及其意义的论说和解释，也就势必失去理论基础。

相对而言，曾我部静雄与包伟民更着意从制度史层面梳理、解释厢的形成及其意义。曾我部认为：厢的形成，源于中古时代的城市治安管理制度，其源头则在唐前期封闭式坊市制度下都城长安设置的左右街巡使。太和九年（835）“甘露之变”后，由宦官统领的神策军全面控制京城，左右街使的武装被解除，都城治安之责转移到禁军之手；而在此之前，神策军已于德宗兴元元年（784）分为左右厢，故神策军全面控制京城后，当即分宿并巡察京城左右两部分。至天复三年（903）朱全忠进入长安，以步骑万人屯驻左右神策军营，置左、右军宿卫都指挥使以掌之，是以藩镇兵取代神策军掌控都城，然其以军兵分区控制京城的实质则是一致的。朱梁建国后，于开平三年（909）设置“左右军巡使”，从而确立了藩镇军队分区管理都城治安的制度。因此，五代至北宋时期逐步形成并定型的都城厢区制度，实际上是唐代中后期至五代都城治安体制一系列变化的结果，与唐代左右街巡使、神策军左右厢、左右军宿卫都指挥使以及朱梁左右军巡使分区主掌都城治安，是一脉相承的，与所谓“坊市制的崩溃”

1　近年来，越来越多的学者对所谓“中世纪城市革命”论提出了质疑，请参阅成一农：《走出坊市制研究的误区》，《唐研究》第12辑，北京：北京大学出版社，2006年，第305-318页；成一农：《“中世纪城市革命”的再思考》，《清华大学学报》2007年第2期，第77-87页；成一农：《古代城市形态研究方法新探》，北京：社会科学文献出版社，2009年，第66-93页；鲁西奇：《唐代地方城市中的里坊制及其形态》，《厦门大学国学研究集刊》第2辑，北京：中华书局，2010年，第1-17页，又见氏著《人群·聚落·地域社会：中古南方史地初探》，厦门：厦门大学出版社，2012年，第115-139页。

并无直接关联。[1]包伟民在曾我部研究的基础上，进一步推论说：作为区位概念的左、右厢，可能出现甚早，左右街巡使分巡的京师左右街区，很可能已被民众称为“左右厢”；文献所载各地城市出现的诸如“厢司”“厢界”“厢虞候”“厢狱”等名称，说明“厢”作为唐代后期城市城区管理机构，已具有一定的普遍性。[2]显然，此种立足于制度史的考察，在文献依据与逻辑推衍上都更具实证性的说服力，其认识可能更切近于历史真实。

包氏的论文是今见此一领域的最新研究成果。他在前人研究基础上，将制度史考察与城市个案分析结合起来，对宋代的厢制进行了深入细致的系统分析，形成了若干大致可以凭信的认识。但是，他的研究是在宋代城市管理制度这一大论题下展开的，厢制仅是其所论城市管理制度的一部分；且其长项在于制度史分析，而城市个案考察则相对薄弱，故对于这一主要立基于都城治安体制的厢制，如何“逐步推广到”地方州府治所城市的过程及其具体实施情况，论述尚较为薄弱，部分认识也还有可商之余地。本文即试图沿着包文所揭示的思路与方向，从制度变迁与城市个案考察入手，围绕厢的起源、权能及其性质，厢在各地方城市的设置及其不同类型等问题，进一步展开考察，以期对唐宋城市的“厢”形成更为全面切实的认识。

1　曾我部静雄：《中国及び古代日本における郷村形態の変遷》，第 447-463 页。

2　包伟民：《宋代的城市管理制度》，《文史》2007 年第 2 期，第 207-209 页。

二、晚唐五代洛阳、开封城的左右街使、左右军巡使与诸厢

自从曾我部静雄以来，论者均引《五代会要》卷二四《诸使杂录》的记载，以说明开平三年（909）分置左右军巡使，乃是开封府城分置左右厢之始。其文云：

> 以段明远为左军巡使，邓成为右军巡使。时以迁都之始，凡吾河南尹侍卫诸军，虽合差人巡警京都，往往滥发，分曹异职，多扰于民。乃置左军巡管水北，右军巡管水南，各置巡院。罢诸军巡检人员，仍令判六军诸卫张宗奭都管辖。[1]

曾我部指出：左右军巡使分别巡管水北、水南之“水”，就是贯穿开封府城的汴水。然其说实误。盖其时朱梁正谋迁都洛阳：是年正月，朱温自大梁至洛阳，并迁太庙神主于洛，而以朱友文为东都（开封府）留守；其后朱温虽曾出征关中，但七月中即回到洛阳，故置左右军巡使之时，朱温正在洛阳。[2] 且以上引文中明言，设置左右军巡使，乃是取代“河南尹侍卫诸军”的巡检人员。因此，开平三年所置左右军巡使的分巡区域，实为河南府洛阳城的洛水之南北，而非开封府城的汴水南北（实际上，其时开封府城尚未扩建，城区绝大部分均在汴水北，汴水以南部分非常小；长久乱离，更没有城外街区，所以不可能以左军巡使巡检水南城区）。张宗奭即张全义。自光启三年（887）以

---

1 王溥《五代会要》卷二四《诸使杂录》，上海：上海古籍出版社，2006 年，第 389 页。

2 《旧五代史》卷四《梁书 · 太祖纪》，北京：中华书局，1976 年，第 66-72 页。

来，张全义久据洛阳，其时被朱温任为河南尹、判六军诸卫。《旧五代史》卷六三《张全义传》云：

> 初，蔡贼孙儒、诸葛爽争据洛阳，迭相攻伐，七八年间，都城灰烬，满目荆榛。全义初至，唯与部下聚居故市，井邑穷民，不满百户。全义善于抚纳，课部人披榛种艺，且耕且战，以粟易牛，岁滋垦辟，招复流散，待之如子。每农祥劝耕之始，全义必自立畎亩，饷以酒食，政宽事简，吏不敢欺。数年之间，京畿无闲田，编户五六万，乃筑垒于故市，建置府署，以防外寇。梁祖迫昭宗东迁，命全义缮治洛阳宫城，累年方集。[1]

则知唐末洛阳颇残破，而张全义经营数年，略有起色。由上引《五代会要》，知洛阳本由河南尹所属军兵警巡，至是改由出自宣武军系统的亲信将领分巡，[2]显然是为了削夺张全义对洛阳的控制权。而其时在左右军巡使之外，洛阳城中仍置有左右街使。《旧五代史》卷二〇《寇彦卿传》："（梁）太祖受禅，为华州节度使，加检校太保。岁余，入为左金吾卫大将军，充街使。一日，过天津桥，有老人误冲其驺道者，排之，落桥而毙。"[3]天津桥是洛

1 《旧五代史》卷六三《张全义传》，第 839-840 页。

2 段明远即段凝。《旧五代史》卷七三《段凝传》云："段凝，开封人也。本名明远，少颖悟，多智数。初为渑池簿，脱荷衣以事梁祖，梁祖渐器之。开平三年十月，自东头供奉官授右威卫大将军，充左军巡使兼水北巡检使。凝妹为梁祖美人，故稍委心腹。四年五月，授怀州刺史。"据此可知，段凝（明远）当出自宣武军系统，是朱温的心腹。邓成之履历不详。

3 《旧五代史》卷二〇《寇彦卿传》，第 277-278 页。

阳城中跨洛水之上的著名桥梁，则寇彦卿以左金吾卫大将军所充任之街使，显系洛阳城中的左街使。

频为论者所引的后唐天成二年（927）敕书与长兴二年（931）左右军巡使奏，所涉及者也都是河南府城。《五代会要》卷一二《金吾卫》条录天成二年六月敕书云：“金吾卫每奏‘左右厢内外并平安’，有类藩方，宜改云‘军国内外并平安’。”[1] 今按：后唐庄宗李存勖于龙德三年（即后唐同光元年，923）十月入汴，废东京为汴州，旋即率文武百官赴洛阳。其时任命“左金吾卫大将军史敬镕为左街使，右金吾卫大将军李存确为右街使”，[2] 以左右金吾卫大将军分任左右街使，是恢复了唐制。上引诏书中所说之金吾卫，当即担任左右街使的左右金吾卫大将军；而其所奏称之“左右厢”，显然就是左右街。其时或曾废左右军巡使。然至天成元年（926）十一月，又恢复了左右军巡使。《五代会要》卷二六《市》下录后唐天成元年十一月二十一日敕：

> 在京市肆，凡是丝绢、斛斗、柴炭，一物已上，皆有牙人。百姓将到物货卖，致时物腾贵，百姓困穷。今后宜令河南府一切禁断。如是产业人口畜乘，须凭牙保，此外并不得辄置。仍委两军巡使觉察，切加捉获。如违，并当严断。[3]

则至少在天成元年底，洛阳仍置有左右军巡使。同书卷二六《街巷》录长兴二年（931）六月二十八日左右军巡使奏云：

---

1 《五代会要》卷一二《金吾卫》，第 204 页。

2 《旧五代史》卷三〇《唐书 · 庄宗纪》，第 420 页。

3 《五代会要》卷二六《市》，第 415 页。

> 诸厢界内，多有人户侵占官街及坊曲内田地，盖造舍屋，又不经官中判押凭据，厢界内不敢悬便止绝，切恐久后别有人户，更于街坊占射，转有侵占，不惟窄狭，兼恐久后别有人户，及致人户争竞。近日人户系税田亩，多被军人百姓作空闲田地，便立封疆，修筑墙壁占射，又无判押凭据。及本主或有文契典卖，兼云占射年深，或有税额，及无税空闲，拦悋不令修盖。以此致有争竞，厢界难以止绝者。[1]

其奏文之第三条建议京城内（洛阳城内）之未曾造盖房屋的空闲地，“宜令御史台、两街使、河南府依已前街坊田地，分劈划出大街及逐坊界分，各立坊门，兼挂名额”。据此观之，左右两街使所管当为街衢警巡，而军巡使所管则为坊曲内治安，其分工亦与唐制相类。

实际上，在朱梁开平三年于洛阳置左右军巡使、后唐同光元年冬恢复唐制置左右街使之前，唐代洛阳作为东都，很可能如长安一样，一直置有左右街使。大中五年（851）十月十一日李蜀撰《张季戎墓志》记会昌四年（844）冬，张季戎受东都留守李固言之委，任为同防御副使兼右街使，“自洛以南，三领其二；伐鼙聚橐，夜大无惊”。是右街使分巡洛水以南城区。会昌五年十月，其升为同押衙、勾当移造宫使，仍领街务；六年，狄兼谟任东都留守，又加张季戎右厢兵马使；冬十月，加正押衙兼知客；大中三年（849），“司徒李公（指李固言）再理留务，切

1 《五代会要》卷二六《街巷》，第 411 页。

于警巡，知公之才，又加右都虞候，及评刑谳狱，人无犯司”。[1]张季戎久任东都留守府之武职僚佐，官职屡变，然任职多以“右”为称，可能一直负责洛阳城右街（洛水以南城区）的警巡治安。因此，洛阳城至迟到会昌年间，已置有左右街使，以洛水为界，分别负责洛水北、南岸的警巡治安。

然上引长兴二年左右军巡使奏文中称“诸厢界内”，则知其时河南府城或分置“诸厢”，即不当只有左右二厢。那么，其所谓“诸厢”又是指什么呢？《五代会要》卷一二《京城诸军》条载后唐长兴三年三月敕：

> 卫军神威、雄威及魏府广捷已下指挥，宜改为左右羽林，置四十指挥，每十指挥立为一军，每一军置都指挥使一人，兼分为左右厢。[2]

《旧五代史》卷四三《明宗纪九》长兴三年三月亦书其事，并谓同时以右领军上将军翟璋为右羽林统军，周知裕为左神武统军。[3]《资治通鉴》卷二七九《后唐纪》清泰元年二月“以羽林都指挥使侯益为行营马步军都虞候”句下“宋白曰”，系此事于长兴二年二月，[4]当有所本。而《五代会要》卷一二《京城诸军》下又称：“应顺元年三月，改左右羽林四十指挥为严卫左右军，龙武、神武四十指挥为捧圣左右军。”则其时编组的左右羽林军及龙武、

1 周绍良编：《唐代墓志汇编》上册，大中〇五六，上海：上海古籍出版社，1992 年，第 2292 页。

2 《五代会要》卷一二《京城诸军》，第 205 页。

3 《旧五代史》卷四三《明宗纪》，第 590 页。

4 《资治通鉴》卷二七九《后唐纪》八，“清泰元年二月”，北京：中华书局，1956 年，第 9106 页。

神武军，共分为八军，每军分置左右厢，共为十六厢。凡此诸军，大抵多屯驻于洛阳城内，当划界驻屯，其所屯驻的地域，或即按其军号，称为“厢界”，故左右军巡使奏中称其巡管区域为“诸厢界”。

既然后梁开平三年分置左右军巡使是在洛阳，并不能把开平三年作为开封府城分置左右厢之源起，那么，开封府城又是何时分置左右厢的呢？段成式《酉阳杂俎》续集卷七《金刚经鸠异》载：

> 刘逸准在汴，时韩弘为右厢虞候，王某为左厢虞候，与弘相善。或谓二人取军情，将不利于刘。刘大怒，俱召诘之。弘即刘之甥，因控地碎首大言，刘意稍解。王某年老，股战不能自辩，刘叱令拉坐，杖三十。[1]

按：刘逸准即刘全谅，其任汴州刺史、宣武军节度在贞元十五年（799）二月，当年九月即由韩弘取代。据《旧唐书》卷一三《德宗纪》，知韩弘继任宣武军节度使之前，为都知兵马使。据此推测，其所任之右厢虞候的正式官称当是宣武军右都虞候，是宣武军的高级武官。故《酉阳杂俎》所记之左右厢，应是宣武军军队编制的左右厢，未必就是宣武军节镇驻地汴州城的左右厢。其时汴州城是否分置左右厢，不能据此确定。

朱梁开平间于开封府置东京留守，是否仿河南府洛阳之例，分置左右街使或左右军巡使，不能详知。贞明间，末帝朱友贞

1　段成式：《酉阳杂俎》续集卷七，《金刚经鸠异》，北京：中华书局，1981 年，第 266 页。

常居大梁。《旧五代史》卷九《末帝纪中》“贞明三年（917）十二月庚申”条见有左金吾卫大将军、充街使华温琪，左金吾卫上将军权兼左街使李周彝；“贞明四年正月甲午”条下又见有左金吾卫大将军、充街使齐奉国。[1]据此可知，至迟到贞明间，开封府已置有左右街使。其制当为晋、汉、周三朝所继承。[2]因此，开封府分置左右街使，当在后梁贞明间。考《元和郡县图志》卷七《河南道三》“汴州”，知唐睿宗延和元年（712）之后，汴州城内分置开封、浚仪二县，分管城内东、西二界。据此推测，贞明以后所置之左右街使，警巡地域或当与原开封、浚仪二县分管之城区部分相对应。而以洛阳之例推之，左右街所巡之东西城区，或亦得称为左右厢。

如所周知，开封外城是后周世宗于显德三年（956）修筑的，周围四十八里有余。《五代会要》卷二六《城郭》录显德二年四月诏书云：

> 惟王建国，实曰京师，度地居民，固有前则。东京华夷辐辏，水陆会通，时向隆平，日增繁盛。而都城因旧，制度未恢，诸卫军营，或多窄狭，百司公署，无处兴修。加以坊市之中，邸店有限，工商外至，亿兆无穷。僦赁之资，增添

---

1 《旧五代史》卷九《末帝纪中》，第 132-133 页。

2 《旧五代史》卷一〇一《汉书 · 隐帝纪》“乾祐元年（948）四月庚子”条下见有左金吾大将军、充两街使刘承赟（第 1347 页）；同书卷一二九《周书 · 翟光邺传》：“汉祖至汴，改左领卫大将军。乾祐初，迁右金吾卫大将军，充街使、检校太保。”（第 1699 页）同书卷一一一《周书 · 太祖本纪》“广顺元年（951）春二月癸巳朔”条下见有右金吾大将军、充街使翟光邺，左右金吾大将军、充街使符彦琳（第 1467 页）。据此，则知后汉、后周时都城开封府均当置有两街使。

> 不定，贫乏之户，供办实难。而又屋宇交连，街衢湫隘，入夏有暑湿之苦，居常多烟火之忧。将便公私，须广都邑。宜令所司于京城四面，别筑罗城，先立标识，候将来冬末春初，农务闲时，即量差近甸人夫，渐次修筑，春作才动，便令放散。或土功未毕，则次年修筑。今后凡有营葬及兴窑灶并草市，并须去标帜七里外。其标识内，候官中擘画，定军营、街巷、仓场、诸司公廨院务，了，即任百姓营造。[1]

诏书陈述“须广都邑”之理由数端，而首列“诸卫军营，或多窄狭，百司公署，无处兴修”。而其时当久乱之后，开封虽称首都，事实上并不繁盛。且就在此前五年，郭威代汉时，曾纵兵大掠，开封几成空城。在此短短四五年间，无论如何，开封城内均不致人口密集。因此，周世宗展拓新城的根本原因，实当即诸卫军营居地狭促，百司公署，无处兴修。其所规划的新城区域，也是先“定军营、街巷、仓场、诸司公廨院务”，然后方许百姓营造房屋。换言之，周世宗规划建设开封新城，主要是为了安置军营、仓场、诸司公廨院务的。

其时屯驻开封府城内的诸卫军兵，主要是殿前司之铁骑、控鹤与侍卫司之龙捷、虎捷军。显德元年（954）高平之役，周军几乎倾巢出动，其时，“以龙捷左厢都指挥使李千为蔡州防御使，以龙捷右厢都指挥使田中为密州防御使，以虎捷右厢都指挥使张顺为登州防御使，以龙捷左第二军都指挥使孙延进为郑州防御使……以殿前都虞候韩令坤为龙捷左厢都指挥使，以铁

---

1 《五代会要》卷二六《城郭》，第 417-418 页。

骑第一军都指挥使赵弘殷为龙捷右厢都指挥使；以散员都指挥使慕容延钊为虎捷左厢都指挥使，以控鹤第一军都指挥使赵鼎为虎捷右厢都指挥使”。[1]韩令坤在此之前曾任“控鹤右第一军都校”；[2]王审琦则初任“铁骑都虞候，转本军右第二军都校”，后又转“控鹤右厢都校”。[3]据此，则知后周时龙捷、虎捷、铁骑、控鹤四军皆分为左右厢，各置都指挥使，其下又分置数军。凡此诸军，未出征时多与其家属一起，屯驻京城；出征后亦大多返回京师。其在开封府城的屯驻情形不详，然推测其布局，当是各军分区屯驻，屯驻区或即以军为号，得称为“某军某厢界”。若果如此，则后周时开封城中即当划分有八厢，分别以军号相称。由于旧城规模较小，城中多为住宅、官廨所占据，故周世宗筹谋拓展城区，增筑外城。其所规划的外城，应当主要是为安置军兵及其家属的。久保田和男指出：“（周世宗）将禁军居住环境的恶化，视为城市建设的首要理由，在分配外城用地时，也给予军营以高度优先的排序。也就是说，由外城建设带来的城市空间扩大，其主要目的是适应禁军数量的增加，以及为禁军提供良好的居住空间。”[4]此说是有道理的。

我们认为后周时开封城中当已按军队的屯驻区域分划为各厢（可能有八厢），还可以举出一条重要的辅证。两宋之际人王铚撰《默记》卷上“王朴仕周世宗”条引《闲谈录》载：

---

1 《旧五代史》卷一一四《周书 · 世宗本纪》，第 1515 页。

2 《宋史》卷二五一《韩令坤传》，第 8832 页。

3 《宋史》卷二五〇《王审琦传》，第 8815 页。

4 久保田和男：《宋代开封研究》，郭万平译，上海：上海古籍出版社，2010 年，第 63 页。

> 朴植性刚烈，大臣藩镇皆惮之。世宗收淮南，俾朴留守。时以街巷隘狭，例从展拆，怒厢校弛慢，于通衢中鞭背数十。其人忿然叹云："宣补厢虞候，岂得便从决！"朴微闻之，命左右擒至，立毙于马前。世宗闻之，笑谓近臣云："此是大愚人，去王朴面前夸宣补厢虞候，宜其死矣。"[1]

据《旧五代史》卷一一七《周书·世宗纪四》及卷一二八《周书·王朴传》，此事发生在显德四年；而展拓内城街巷之诏，则颁于显德三年六月。《五代会要》卷二六《街巷》录世宗诏书云：

> 辇毂之下，谓之浩穰，万国骏奔，四方繁会。此地比为藩翰，近建京都，人物喧阗，闾巷隘陋，雨雪则有泥泞之患，风旱则多火烛之忧，每遇炎热相蒸，易生疾沴。近者开广都邑，展引街坊，虽然暂劳，终获大利。朕自淮上，回及京师，周览康衢，更思通济。千门万户，(靡存)[庶谐]安逸之心；盛暑隆冬，倍减寒温之苦。其京城内街道阔五十步者，许两边人户，各于五步内取便种树掘井，修盖凉棚；其三十步以下至二十五步者，各与三步；其次有差。[2]

其时外城尚在建设，故此诏所涉及者仅为内城。负责展拓整理内城街巷者，有"厢校"。此厢校之正式官称，据上引《默记》，乃为"厢虞候"，其地位不会太低，否则也无以在枢密副使、东

1 王铚：《默记》卷上，北京：中华书局，1981 年，第 8 页。

2 《五代会要》卷二六《街巷》，第 414 页。

都留守兼判开封府王朴跟前夸耀。这说明在显德三四年间，开封府内城中已分划诸厢，置有厢校（厢虞候）负责清理拥挤街巷等事宜，很可能也负责治安事务。盖其时内城中多由军兵及其家属居住，故由军队将校掌管“展引街坊”的事务，乃势所当然。

综上所考，可以认知：至迟到唐武宗会昌年间，东都洛阳城已置有左右街使，分掌洛水北、南岸城区的警巡治安。后梁开平三年在洛阳置左右军巡使，是削夺地方军阀张全义控制河南府城防卫治安之权的举措。后唐定都洛阳，仍恢复唐制，分置左右街使，后又同时并设左右军巡使。而其时羽林军分为四军，各置左右两厢，皆屯驻于河南府城内外，其屯驻之区，得以军号为称，故河南府城内外按照诸军屯驻区分划为“诸厢”。开封府城，至迟到后梁贞明年间，已置有左右街使，分巡城内东、西两部分。后晋、后汉、后周三朝沿袭之。后周时，殿前司所属之铁骑、控鹤与侍卫司所属之龙捷、虎捷军各分为二厢，共有八厢，各厢军兵及其家属分区屯驻于开封内城之中，所屯之区亦以军号为称，得称为“某军某厢界”。

三、晚唐五代节镇治所城市的厢

包伟民在上举论文中，曾引《唐语林》《北梦琐言》《太平广记》《蜀梼杌》等史料，论证唐后期扬州、江陵、杭州、成都城内均已分置左右厢，有厢司、厢狱、厢吏、厢虞候等。但因其所列举材料多为小说家言，且除《北梦琐言》成书于五代、北宋初外，其余各种文献均成书于北宋中期或更后，故尚不能确证晚唐五代至少在部分地方城市中已置有厢。而今见部分买地券资料，为这一论断提供了更为直接的证据。

（1）庐州城的左右厢。安徽合肥市政务新区工地五代墓所出杨吴大和六年（934）汲府君买地券，述亡人汲府君生前居里，作“大吴国庐州合肥县永宁乡右厢武德坊”，其墓地则在“县城西南去城十五里琮姓坊村之原”；合肥绩溪路省外贸宿舍工地五代墓所出南唐保大十一年（953）陈氏十一娘买地券，记亡人陈氏十一娘生前居里，作“永宁乡右厢南善政坊”，其墓地则在“府城西南去城伍里”；[1] 合肥城东南乡肥河农业社窑厂五代砖室墓所出姜氏妹婆买地券，记亡人天水郡姜氏妹婆生前居里，作“大唐国庐州合肥县右厢永宁乡纳善坊”，其墓地“去府城东南十五里之原”。[2] 买地券虽系虚拟的冥世土地买卖契约，但其所记亡人生前居里与墓地所在位置应属可信，故据此可以断定，在杨吴、南唐统治下的庐州城，置有右厢，厢下领有武德、南善政、纳善等坊。五代史料中虽未见庐州城有左厢，然合肥北门外宋墓出土北宋元祐七年（1092）梁大郎买地合同记梁大郎生前居地，作“大宋国庐州合肥县左厢慕善坊”，其墓地则在“府城正北方公城乡西村之内”，[3] 据此当可判定杨吴、南唐时庐州城亦置有左

1 汪炜、赵生泉、史瑞英：《安徽合肥出土的买地券述略》，《文物春秋》2005 年第 3 期，第 62-63 页。二券之释文另见鲁西奇：《隋唐五代买地券丛考》，《文史》2007 年第 2 期，第 139、145-146 页。

2 葛介屏：《安徽合肥发现南唐墓》，《考古通讯》1958 年第 7 期，第 56-57 页。释文另见池田温：《中国歴代墓券略考》，《東洋文化研究所紀要》第 86 号，1981 年，第 239 页；鲁西奇：《隋唐五代买地券丛考》，《文史》2007 年第 2 期，第 148 页。

3 汪炜、赵生泉、史瑞英：《安徽合肥出土的买地券综述》，《文物春秋》2005 年第 3 期，第 63-64 页。

厢，领有慕善等坊。

上引四种买地券述亡人墓地所在，除汲府君买地券外，皆称庐州城作“府城”。合肥政务新区工地五代墓所出吴大和三年（931）李赞买地券述李赞生前居里，作“大吴国庐州都督府合肥县永宁乡［长］直都”。按：两《唐书》及《通典》并记庐州为上州，不言其置都督府；此券称“庐州都督府”，不知所据，抑以杨吴时所置庐州观察使或德胜军节度使比附唐之都督府，[1] 故有此称。因此，诸券所称之“府城”，当系指“庐州都督府城”。此一“府城”，应是杨吴天祐四年至大和五年间（907—933）久镇庐州之张崇主持大规模改造、增筑罗城之后的庐州城。天祐十四年淮南节度掌书记殷文圭撰《张崇修庐州外罗城记》谓庐州“旧有罗郭，自咸通十年卢谏议出牧此州，值彭门用军，邻封多警，累拜表章之请，遂兴版筑之功，绵岁月以滋深，至缔建之匪固，渐成崩溃，难御奔冲”。则咸通间卢钰任庐州刺史时，曾维修庐州旧有罗郭，然似未完工，故城郭不固。张崇于天祐四年八月到任庐州刺史，旋即筹划大规模修筑庐州城垣，至天祐六年底完工。其所修外罗城周二十六里一百七十步，城身用砖砌，高三丈；濠阔七十丈至六十丈，深八丈；共有庐江、潜桥、独山、瓦步等十三座城门。其时之内城，则有东正门、崇化门、

1　庐州观察使置于何年，难以确考。《资治通鉴》卷二六六后梁开平元年（吴天祐四年，907）见有庐州观察使刘威，则庐州观察使之置必在此之前。后来，张崇久镇庐州，吴为之立德胜军号，任为德胜军节度使。《资治通鉴》卷二七七“后唐长兴二年（吴大和三年，931）十一月乙未”条：“赐德胜节度使张崇爵清河王。崇在庐州贪暴，州人苦之。屡尝入朝，厚以货结权要，由是常得还镇。为庐州患者二十余年。”则吴大和中，正是张崇在庐州任德胜军节度使之时。

怀德门及东、西水闾门等。[1]此次修筑的庐州外罗城规模甚大，包括了此前庐州城郊的乡村地区，上引诸买地券中所见之“永宁乡”当即于此时纳入罗城之内。殷文圭《张崇修庐州外罗城记》记罗城城垣筑成后，张崇又主持修造郭内官路，造小史桥、赤栏桥、东正门桥、崇化门桥、怀德门桥等十一所桥梁，显然是内城诸门通向罗城各处道路上的桥梁。盖其时郭城内仍多空旷，建筑稀少，甚或多为耕地，故仍沿用“永宁乡”之旧称。又上引大和三年李赞买地券记李赞之身份，为“永宁乡长直都管”。长直都，当为军队编制。“长直”，意即“常值”。晚唐五代，诸节镇或置有“长直军”。如《旧唐书》卷一八一《罗弘信传》附《罗威传》记天祐二年朱全忠谋取魏博，“遣长直军校马嗣勋选兵千人，密于舆中实兵甲入魏，言助女葬事”。[2]《旧五代史》卷二《梁书·太祖本纪》记同一事，谓马嗣勋为客将，所领长直军千人，另杂有工匠、丁夫。[3]同书卷九〇《张筠传》记筠在唐末由朱全忠署为“四镇客将，久之，转长直军使”，[4]则长直军当非主力部队。李赞殁亡时已八十一岁，显非在役军兵，而券文称其属“长直都管”，则长直都应有统辖民户之责任。长直都的驻地属永宁乡，也应是在庐州罗城内。换言之，原籍永宁乡的李赞家居罗城之内，属长直都巡察管辖范围，故券文得称为“长直都管”。

弄清此点之后，上引诸券所见合肥县永宁乡右厢武德坊、

---

1 殷文圭：《张崇修庐州外罗城记》，见《全唐文》卷八六八，北京：中华书局，1983年，影印本，第9093-9096页。

2 《旧唐书》卷一八一《罗弘信传》附《罗威传》，北京：中华书局，1975年，第4692页。

3 《旧五代史》卷二《梁书二·太祖本纪二》，天祐三年正月，第39页。

4 《旧五代史》卷九〇《晋书十六·张筠传》，第1181页。

永宁乡右厢南善政坊、右厢永宁乡纳善坊，就可以得到更清楚的解释：盖庐州外罗城之地，至少其西半部，本属合肥县永宁乡；营筑罗城后，被包在罗城内；同时罗城内区域被分划为武德、南善政（当另有北善政坊）、纳善诸坊，而分由长直都等军兵巡察，其居民则被编入“长直都”之类的军队单位管辖。右厢、左厢亦当即军兵分区屯驻、警巡的区划。而庐州城左、右厢的形成，则当是在天祐六年（后梁开平三年，909）张崇修筑庐州外罗城之后，是外罗城内的区划，其下统有各坊。入宋以后，该地继承了此种左右厢分划制度，故至北宋后期的元祐七年，仍得见以“合肥县左厢慕善坊”界定亡人生前居里与籍属，惟不再以“永宁乡”冠于“左厢”之上，说明罗城内已基本发展为城区（当然，也可能左厢所属之地，本就不是永宁乡地）。

（2）广州城的左金吾街与北厢。广州北郊小北下塘出土南汉大宝五年（962）马氏二十四娘买地券，谓马氏为“大汉国内侍省扶风郡殁故亡人”，墓地在“左金吾街咸宁县北石乡石马保菖蒲观界”。[1]南汉内侍省当为沿袭唐制而来。唐内侍省，例以宦者充之。《旧唐书》卷一八四《宦官传·序》谓：“唐制，有内侍省，其官员：内侍四人，内常侍六人，内谒者监六人，内给事八人，谒者十二人，典引十八人，寺伯二人，寺人六人。别有五局：掖廷局，掌宫人簿籍；宫闱局，掌宫内门禁，其属

---

1 关于马氏二十四娘买地券的释文与考证较多，请见叶昌炽撰、柯昌泗评《语石 语石异同评》卷九，北京：中华书局，1994年，第513页；罗振玉：《地券征存》，见《罗雪堂先生全集》五编，第三册，台北：大通书局，1973年，第1305-1307页；郭纪勇：《南汉〈马氏二十四娘〉买地石券简介》，《广州文博》1990年第2期；简又文：《南汉马廿四娘墓券考》，《大陆杂志》第17卷第12期（1958年12月）；曹腾骓：《广东出土买地券综述》，《广东省博物馆集刊（1999）》，广州：广东人民出版社，1999年，第49-56页。

有掌扇、给使等员；奚官局，掌宫人疾病死丧；内仆局，掌宫中供帐灯烛；内府局，主中藏给纳。五局有令、丞，皆内官为之。”[1]马氏二十四娘籍属内侍省，若非宫嫔，当即女官，即“白头宫女”之属，生前当居于南汉宫中或其附近。其葬地则在“左金吾街咸宁县北石乡石马保”所管之“菖蒲观界、地名云峰岭下”。左金吾街之置，当仿唐制而来。南汉既称帝立都，当仿唐制在都城兴王府（即广州城）置有左右金吾街使。而此券将“左金吾街”置于咸宁县之上，显然是以左金吾街作为高于县的一级管理区划。咸宁县，《十国春秋》卷五八《南汉高祖本纪》谓乾亨元年（后梁贞明三年，917）刘龑称帝，“改广州为兴王府，分南海为二县，曰咸宁、常康”。[2]盖亦仿袭唐长安城分立万年（天宝七载至至德三年间曾改为咸宁县）、长安二县之制。二县如何分治不详。据本券，知菖蒲观在咸宁县界。《太平寰宇记》卷一五七《岭南道一》广州“南海县”下记有“菖蒲涧，一名甘溪。裴氏《广州记》：‘菖蒲生盘石上，水从上过，味甘冷，异于常流。’《南越志》：‘昔交州刺史陆允之所开也。至今重之。每旦辄倾州连汲，以充日用，虽有井泉，不足食。太元中，襄阳罗支累石涧侧，容百许人坐，游之者以为洗心之域。咸平中，姚成甫常采菊涧侧，遇一丈夫，谓成甫曰：“此涧菖蒲，昔安期生所饵，可以忘老。”于是徊翔仰俯，倏然不知所终，盖仙者云’”。[3]券文所见之菖蒲观或即在此菖蒲涧之侧。而本券正出土于广州北郊，故或可推

1 《旧唐书》卷一八四《宦官传》，第 4753 页。

2 《十国春秋》卷五八《南汉高祖本纪》，北京：中华书局，1983 年，第 841 页。

3 《太平寰宇记》卷一五七《岭南道一》，广州“南海县”，北京：中华书局，2007 年，第 3012-3013 页。

断南汉时左金吾街咸宁县管辖兴王府城之北半部分及城北地区。

左金吾街咸宁县所领地域，或亦称为“北厢”。广州北郊三元里所出南汉光天元年（942）某氏买地券云：

> 今有龙山壹所，坐向南北，凭中买到，在泥城之北厢荷子岗，东至三元里，西至彩凤岭，南至大鹅山，北近甘溪。四至所到，龙脉正中。飞鹅彩凤，左右相逢。由白鹤仙师作主，点明吉穴山泉，云梦真人送冢，于金元帅冢安葬。……[1]

程存洁指出：泥城即指兴王府广州城。荷子岗、三元里、彩凤岭、大鹅山、甘溪，皆在广州北郊，故得称为“北厢”。然则，所谓北厢，大致即相当于上考左金吾街咸宁县所领地域，或包括在后者范围内。又以其为左金吾街所领，或亦可得称为“左厢”。

今按《读史方舆纪要》卷一〇一《广东二》广州府“广州城”条引《城冢记》曰：

> 郡南城，建安二十二年步骘迁州时筑，规模尚隘。唐广明间为黄巢所焚。天祐间清海军节度刘隐更筑，凿平禺山以益之，始称壮丽。[2]

考黄巢军围攻广州城，在乾符六年（879）五月，至九月陷之，

---

1 程存洁：《广州出土南汉买地券考》，《广东省博物馆集刊（1999）》，广州：广东人民出版社，1999年，第46-48页。

2 《读史方舆纪要》卷一〇一《广东二》，广州府“广州城”，北京：中华书局，2006年，第4595页。

执岭南东道节度使李迢，居月余后即北上，其焚广州城当即在其时。[1]刘隐于天复元年（901）自称清海军留后，天祐二年（905）任为节度使，后梁开平四年（910）三月卒，则刘隐重筑广州城当在天复元年至开平四年（901—910）间。刘隐重筑广州城，文献记载均甚为简略。康熙《新修广州府志》卷一二《建置志·城池》云："天祐末，（靖）[清]海军节度使刘隐以南城尚隘，凿平禺山以益之，规模宏大。"[2]按：汉番禺县因番、禺二山而得名，"番山在城中东北隅，禺山在南二百许步。两山旧相联属，刘龑凿平之"。[3]汉末步骘所筑广州城，以番山为中心，禺山尚在城外。刘隐凿平禺山，将之包括在城内。《舆地纪胜》卷八九《广南东路》广州"景物"栏"清海楼"条云："在子城上，下瞰番、禺二山。"清海楼，亦称清海军楼，即清海军节度使衙署之所在。据此，可知唐末清海军衙城、南汉宫城及北宋庆历四年（1044）魏瓘主持修筑的子城，均在番、禺二山之北；而以番山为中心，汉末步骘所筑、乾符末为黄巢所焚的六朝、隋唐广州城则在其南，故有"南城"之称。显然，当刘隐重筑广州城时，除了拓展南城、将禺山包括在城内之外，还在六朝、隋唐广州城之北另建清海军节度使衙署，后来即以衙署为中心形成南汉国的宫城。至刘龑称帝后，既改广州为兴王府，立为都城，同时置左右金吾街和咸宁、常康二县，当即以左金吾街、咸宁县领宫城（原清海

---

1 《资治通鉴》卷二五三《唐纪》六十九，乾符六年五月至十月下纪事，北京：中华书局，1956年，第8215-8217页。

2 康熙《新修广州府志》卷一二《建置志·城池》，《北京图书馆古籍珍本丛刊》本，北京：书目文献出版社，1988年，第39册，第135页。

3 《南海百咏》"番山"条引北宋初年南海主簿郑熊所撰《番禺杂记》，见刘纬毅等辑：《宋辽金元方志辑佚》，上海：上海古籍出版社，2011年，第688页。

军节度衙署）及其以北城区（或当称为“北城”）与郊区（即“北厢”），而以右金吾街、常康县统领南城及其以南的郊区（或有“南厢”之谓）。

如果上考不误，则可以认知：庐州与广州的“厢”，均是在晚唐五代重筑城垣、城市规模扩大的背景下出现的，也是以军兵分区屯驻、巡察城区及其近郊逐步制度化的结果。庐州分置左右厢、广州（兴王府）设立左右金吾街，虽然背景不同，但性质却是相近的。其事虽在后梁于洛阳分置左右军巡使之后，但其时庐州在杨吴、广州在刘氏控制之下，并无充足证据说明此事乃受后梁之影响，而更可能是直接从唐制演化而来的。

沿着这一分析理路，重新考虑晚唐五代成都、扬州、荆州、杭州等城市所见的厢，或可进一步明晰其形成过程及其意义。

（1）唐末五代成都府城的左右厢马步使与厢虞候。包伟民尝引《蜀梼杌》卷上“（以）府城为皇城使，防城使司依旧，两马步使为左右街使，厢虞侯为街巡使”的记载，[1] 认为在开平二年（蜀武成元年，908）王建称帝之前，成都已置有“两马步使”（相当于长安城的左右街使）及其副贰“厢虞候”，惟未再作深究。今按：《资治通鉴》卷二五三《唐纪》六十九“僖宗广明元年（880）五月乙亥”条下记青城妖人诈冒陈敬瑄之名，图入成都，“马步使瞿大夫觉其妄，执之”。胡注云：“马步使，掌马步军，盖唐末节度牙前职也。”[2] 则其时剑南节度使衙置有“马步使”一职。同书卷二六二“天复元年（901）四月甲戌”条载：“东

1　张唐英：《蜀梼杌》卷上，《丛书集成初编》本，第3855册，北京：中华书局，1985年，第3页。

2　《资治通鉴》卷二五三《唐纪》六十九，“僖宗广明元年五月乙亥”，第8226页。

川节度使王宗涤以疾求代，王建表马步使王宗裕为留后。”王宗裕原为剑南西川节度使衙前的马步使，至是为王建所表任为东川节度留后，显然是王建的心腹。而其时西川节度属下之马步使盖非一人。《旧五代史》卷七四《康延孝传》记后唐同光三年（925）平蜀，“邠州节度使董璋为行营右厢马步使，华州节度使毛璋为行营左厢马步使”。[1]则行营马步使分左右厢置。据此推测，《蜀梼杌》所记剑南西川节度使属下之“两马步使”，很可能就是左右厢马步使。又上引《资治通鉴》卷二五三青城妖人诈入成都城记事下章珏按语称：“十二行本‘射’下有‘止逆旅，呼巡虞候索白马甚急’十二字；乙十一行本同；孔本同；张校同；退斋校同。”则今本“有青城妖人乘其声势，帅其党诈称陈仆射”句下，当可补入“止逆旅，呼巡虞候，索白马甚急”二句，下接“马步使瞿大夫觉其妄，执之”。这样，则知巡虞候当为马步使之属官，而《蜀梼杌》所记之“厢虞候”则当是左右厢马步使的属官“巡虞候”。据此可知，至迟到广明元年（880），成都府城已由西川节度使的牙将左、右厢马步使分别掌管府城内外之警巡治安（以成都与青城间方位推测，瞿大夫当为右厢马步使），而具体负责警巡事务者，则为其下属之“巡虞候”（因其分属左右厢马步使，故亦可称为左右厢巡虞候，简称为“厢虞候”）。

唐成都城，自贞观十七年（643）分成都县东半部分置蜀县（后改华阳县）之后，即有二附郭县，蜀县（华阳县）在东，领有城内东部诸坊及城东地带；成都县在西，领有城内西部诸坊

---

1 《旧五代史》卷七四《康延孝传》，第 968 页。

及城西地带。僖宗乾符二年至五年间（875—878），高骈为剑南节度使，大筑成都罗城。中和四年（884）王徽撰《创筑罗城记》谓：

> 先是，蜀城既卑且隘，象龟行之屈缩，据武担之形胜，里闬错杂，邑屋阗委，慢藏诲盗，城而弗罗。……（罗城）南北东西凡（二）［三］十五里，拥门却敌之制，复八里。其高下盖二丈有六尺，其广又如是。……外则缭以长堤，凡二十六里，或引江以为堑，或凿地以成濠。[1]

则高骈所筑之罗城规模甚大。这样，成都城遂有三重城垣，即牙城、子城（即高骈修筑罗城之前的旧城）及罗城。[2] 其牙城为节度使衙署所在，王建称帝后改为宫城；成都府司原在子城内，上引《蜀梼杌》谓改成都府（城）［尹］为皇城使，则其时当改子城为“皇城”。《蜀梼杌》又谓“防城使司依旧”，则知在此之前当由防城使司负责子城防务与警巡，故其下之“两马步使”所管领地域显然是罗城。换言之，在高骈增筑成都罗城之后，成都府城的警巡治安，子城内当由防城使负责，罗城内则由左右厢马步使负责。此种由左右厢马步使分巡成都罗城的制度，应是在乾符中（875—878）高骈修筑罗城之同时确立的。

不仅如此。《新唐书》卷二二四《高骈传》记高骈初至成都，“蜀有突将，分左右二厢，厢有虞候，诘火督盗贼；有兵马

---

1 王徽：《创筑罗城记》，《全唐文》卷七九三，北京：中华书局，1983年，影印本，第8307-8310页，引文见第8308-8309页。

2 参阅严耕望：《唐五代时期之成都》，见氏著《严耕望史学论文选集》，北京：中华书局，2006年，第175-231页。

虞候，主调发。骈罢其一，各置一虞候”。[1] 则在高骈筑罗城之前，成都城内即有负责消防、巡捕盗贼的突将，其分为左右厢，当是分区巡察府城内（即筑罗城之后的子城内）的东西两部分（可能正分别对应华阳、成都二县所辖城区）。据上引《蜀梼杌》，分巡府城（后之子城）的左右厢突将，当属防城使管辖。

（2）扬州城的厢司、厢虞候与左厢子巡。包伟民文中引王谠《唐语林》卷七《补遗》有关杜牧在扬州冶游、为厢司所申的记事，以证太和六年至开成二年间（832—837）牛僧孺任淮南节度副大使时，扬州即已置有厢司、厢虞候，主警巡治安。其说应可从。实际上，扬州以厢虞候主巡察治安，有更为直接的史料。《旧唐书》卷一九〇下《文苑下 · 温庭筠传》记咸通四年（863），温庭筠“路由广陵，心怨令狐绹在位时不为成名。既至，与新进少年狂游狭斜，久不刺谒。又乞索于杨子院，醉而犯夜，为虞候所击，败面折齿，方还扬州诉之。令狐绹捕虞候治之，极言庭筠狭斜丑迹，乃两释之”。[2] 此处之虞候，与《唐语林》卷七所见之厢虞候职责、行为完全相同。又《旧唐书》卷一八下《宣宗本纪》大中二年（848）二月下引御史台奏，述江都县尉吴湘狱事甚悉，其涉案人中见有左都虞候卢行立、[右]都虞候刘群以及右厢子巡李行璠。[3] 子巡，又见于圆仁《入唐求法巡礼行记》卷一，为海州四县都游奕将所属之军将，应是负责巡察的低级武官，当即屡见于中唐以后文献中的“巡官”；子巡，

1 《新唐书》卷二二四《高骈传》，北京：中华书局，1975 年，第 6393 页。

2 《旧唐书》卷一九〇下《文苑下 · 温庭筠传》，第 5079 页。

3 《旧唐书》卷十八下《宣宗本纪》大中二年二月，第 619 页。

当解作“分巡”。[1]据此，则知太和以后，扬州当分置左、右厢，各有厢虞候、子巡，分司辖区内的巡察治安事务。

如所周知，唐前期扬州城沿用位于蜀岗之上的汉晋以来之广陵城，各种官府衙署皆聚于其中（即筑罗城之后的子城）。扬州罗城始建的时间，考古工作者一般定为中唐以后。今考《奉天录》卷二记建中四年（783）朱泚之乱，“淮南节度陈少游，领卒戍于盱眙，闻难即日还广陵，深沟高垒，缮甲完守”。[2]《太平广记》卷三六三《王愬》条记扬府功曹王愬旧宅在庆云寺西，听巫者之言，卖其旧宅，而于扬州城外河东（当即在官河之东）赁宅一所，并买竹编笼积之。建中四年春，“连帅陈少游，议筑广陵城，取愬旧居，给以半价。又运土筑笼，每笼三十文，计资七八万”。[3]陈少游于兴元元年（784）卒于淮南节度任上。则扬州罗城之筑，当即在建中四年至兴元元年间（783—784）。唐扬州城分置江都、江阳二县，大致以从北至南贯穿罗城的官河为界，江都县在西，江阳县在东。据墓志铭等资料可以考知，城内西半部分属江都县所管的坊有太平坊（里）、赞贤坊（里）、来凤坊（里）、会同坊、通闰坊、驯翟坊、尚义坊（里）、怀德坊、善膺坊、凤亭里、长寿里等；东半部分属江阳县所辖的坊，则有瑞芝坊（里）、临湾坊、弦歌坊（里）、崇儒坊、孝孺坊、仁风坊（里）、布政坊、庆年坊、道仁坊、清平坊、道化坊、延喜

1 小野胜年：《入唐求法巡礼行記の研究》，第一卷，京都：法藏馆，1989 年，第 484-512 页，特别是第 494 页注 15、第 497-498 页注 4。

2 《奉天录》卷二，《丛书集成初编》本，北京：中华书局，1985 年，第 3834 册，第 16 页。

3 《太平广记》卷三六三《王愬》，北京：中华书局，1961 年，第 2884 页。

坊（里）、集贤里、德政坊（里）、会义坊、太平里、文教坊等。[1]淮南节度使衙所属之左右都虞候以及左右厢虞候、子巡，也很可能是以官河为界，分巡罗城内东、西两部分。而此种制度之起始，或当在罗城修筑之后，亦即建中四年（783）之后。

（3）荆州城的左右厢与厢吏。包伟民又引《太平广记》卷三五二《李矩》（出《北梦琐言》）关于成汭镇荆南时，垫江县主簿李矩受诬系江陵左厢狱、为厢推吏常某刑构的记载，以证僖宗时荆州已置有左厢、厢有狱、厢狱有推吏。此条记事中又见有判官范某，曾阻止常某用刑，则知厢推吏当为判官属下。而范判官并不能有效节制厢推吏常某，当非荆南节度判官，应是厢司中负责推狱理讼的低级官员。

唐前中期荆州城，沿袭南北朝后期西魏、北周所立后梁都城江陵之旧，分为东、西二城，二城相连，中间隔以低垣，总管府、都督府、节度使衙等衙署盖在东城[2]。《旧唐书》卷三九《地理志》二"荆州江陵府"条下云：

---

1 关于唐代扬州城内外坊里的考证，请参阅朱江：《对扬州唐城遗址及有关问题的管见》，见南京博物院编：《文博通讯》1978 年第 7 期；爱宕元：《唐代の揚州城とその郊區》，《唐代地域社曾史研究》，京都：同朋舍，1997 年，第 357- 413 页；蒋忠义：《隋唐宋明扬州城的复原与研究》，见中国社会科学院考古研究所编：《中国考古学论丛——中国社会科学院考古研究所建所 40 年纪念》，北京：科学出版社，1995 年，第 445- 462 页；李孝聪：《唐代城市的形态与地域结构——以坊市制的演变为线索》，见李孝聪主编：《唐代地域结构与运作空间》，上海：上海辞书出版社，2003 年，第 266- 267 页；陈彝秋：《唐代扬州城坊乡里考略》，《扬州大学学报》（社会科学版）2000 年第 2 期，第 74-79 页。

2 《周书》卷四八《萧詧传》记西魏军队破江陵后，"立詧为梁主，居江陵东城，资以江陵一州之地。……置江陵防主，统兵居于西城，名曰助防"。（北京：中华书局，1971 年，第 859 页）据此，西魏军队在平毁汉魏以来著名之江陵城后，重建之江陵城分为东、西二城，东城为后梁宫城，西城为西魏驻防军屯驻之所。

自至德后，中原多故，襄、邓百姓，两京衣冠，尽投江、湘，故荆南井邑，十倍其初，乃置荆南节度使。上元元年九月，置南都，以荆州为江陵府，长史为尹，观察制置，一准两京。以旧相吕諲为尹，充荆南节度使，领澧、朗、硖、夔、忠、归、万等八州，又割黔中之涪，湖南之岳、潭、衡、郴、邵、永、道、连八州，增置万人军，以永平为名。二年，置长宁县于郭内，与江陵并治。[1]

《太平寰宇记》卷一四六《山南东道五》“荆州”下述上元元年（760）于江陵置南都，谓“官寮制置，一准两京”，较上引《旧唐书》所云“观察制置，一准两京”，易于通解。《旧唐书》卷一〇《肃宗纪》记其事，作“官吏制置同京兆”。盖其时江陵府官吏设置，多仿京兆尹。或即于此时仿长安分置左右街之制，设立相类似之机构、官吏。其同时增设长宁县，也当是仿长安制度，以二县分治郭内，其中长宁县在西，可能居原西城之中；江陵县在东，当居原东城之中。

僖宗之世，江陵颇受残破。乾符四年（877）冬，王仙芝部攻陷江陵，“尽焚荆南郛郭而去”。[2]其后十余年间，荆南持续动荡，变乱相仍，直到文德元年（888），成汭据有荆南后，方稍得休养生息。《旧五代史》卷一七《梁书·成汭传》云：“唐僖宗朝，为蔡州军校，领本郡兵戍荆南，帅以其凶暴，欲害之，遂弃本军奔于秭归。……后据归州，招辑流亡，练士伍，得兵千余人，沿流以袭荆南，遂据其地，朝廷即以旄钺授之。是时，荆州经

1 《旧唐书》卷三九《地理志》二，荆州“江陵府”，第1552页。

2 《旧唐书》卷一九下《僖宗本纪》，“乾符四年十二月”，第701页。

巨盗之后，居民才一十七家，汭抚辑凋残，励精为理，通商训农，勤于惠养，比及末年，仅及万户。”[1]然终唐之世，荆南并未营筑罗城。《旧五代史》卷一三三《高季兴传》：“荆州自唐乾符之后，兵火互集，井邑不完，季兴招辑离散，流民归复，梁祖嘉之，乃授节钺。梁开平中破雷彦恭于朗州，加平章事。荆南旧无外垒，季兴始城之，遂厚敛于民，招聚亡命，自后僭臣于吴、蜀，梁氏稍不能制焉。”[2]高季昌于天祐三年（906）十月受任为荆南留后，其筑江陵外城必在其后（《资治通鉴》卷二六八系其事于后梁乾化元年，911）。因此，唐时江陵左右厢所统，当是江陵城的东城与西城。

（4）杭州城的厢吏。包伟民复举《太平广记》卷三五四《柳鹏举》所记龙纪中（889）士人柳鹏举诱拐女仆、为“厢吏”所捕之例，证唐末杭州亦有“厢吏”。今按：此事在钱镠大规模扩修杭州城的前夕，其时杭州城之基本格局仍是隋初杨素主持修筑的杭州城，其规模较小，大致相当于五代北宋时期杭州子城、南宋临安的皇城，城周应不足十里，而非如流行说法所云有三十六里余，城中居民也并不甚多。[3]而且，厢吏是在舟中捕得柳鹏举所诱女仆，其地亦似非在城中，更可能是在城外运河道上。更为重要的是，其时杭州城内外之治安，早已为属于所

1 《旧五代史》卷一七《梁书 · 成汭传》，第 229 页。

2 《旧五代史》卷一三三《高季兴传》，第 1751 页。

3 隋唐杭州城的周长，一般据乾道《临安志》所记，认为有三十六里余，详见魏嵩山：《杭州城市的兴起及其城区的发展》，中国地理学会历史地理专业委员会编：《历史地理》第一辑，上海：上海人民出版社，1981 年，第 160-168 页；阙维民：《杭州城池——暨西湖历史图说》，杭州：浙江人民出版社，2000 年，第 124 页。然此说实有误，考详陈志坚：《杭州初史论稿》，杭州：杭州出版社，2010 年，第 250-274 页。

谓“杭州八都”的土团军所掌管。《资治通鉴》卷二五三《唐纪》六十九乾符五年（878）十二月条下记事云：

> 王郢之乱，临安人董昌以土团讨贼有功，补石镜镇将。是岁，曹师雄寇二浙，杭州募诸县乡兵各千人以讨之，昌与钱塘刘孟安、阮结、富阳闻人宇、盐官徐及、新城杜稜、余杭凌文举、临平曹信各为之都将，号杭州八都。[1]

《吴越备史》系其事于广明元年（880）十二月，谓：“广明元年冬十二月，黄巢犯阙，僖宗入兴元。杭州始建八都。临安县曰董昌，王（指钱镠）副之；余杭县曰陈晟，于潜县曰吴文举，盐官县曰徐及，新登县曰杜棱，唐山县曰饶京，富春县曰文禹，龙泉县曰凌文举，各聚千人以卫乡里。”[2]至中和元年（881）九月，董昌被任为杭州刺史；光启三年（887），董昌被任为浙东观察使、越州刺史，钱镠继为杭州刺史。董昌、钱镠入主杭州后，自然将自已赖以起家的军队带入杭州。据《吴越备史》所记，董昌、钱镠相继任为杭州刺史时，置有都知兵马使（董昌为刺史时，钱镠任此职）、浙江都游奕使（阮结）、诸都兵马使（阮结）、监阵使（钱爽）、遏后使（骆团）、江海游奕使（崔则）、杭州管内都指挥使等，并以都将驻屯各要镇，显然是以军事力量全面控制杭州及所属各县。杭州城内外的警巡治安，当即于此时被纳入军事系统之掌控中。因此，《北梦琐言》所记之杭州厢吏，应

1 《资治通鉴》卷二五三《唐纪》六十九，“乾符五年十二月”，第 8210 页。

2 范埛、林禹：《吴越备史》卷一《武肃王》，“广明元年十二月”，《丛书集成初编》本，北京：中华书局，1985 年，第 3843 册，第 4 页。

当属于杭州八都系统，是地方军队中负责治安巡察的部分。

“杭州八都”中的钱塘都，本以刘孟安及其弟刘孟宿为中心。《吴越备史》卷一《武肃王》“光启二年十二月”条：“北关镇将刘孟安与弟孟宿辄启府库，散其本部，仍执廉使牌印。王（指钱镠）因飨于踘场，遂面责之。孟安不服，立斩以徇。时孟宿部兵屯于外，王亲抚之，悉有其众。”[1] 则刘孟安之根据地在北关镇。咸淳《临安志》卷二一《疆域六·桥道》录南宋时人《中兴永安桥记》云：“钱塘大都，甲于二浙，中有两河，架桥数百所。府北十余里，号北关镇，商贾骈集，物货辐萃，公私出纳，与城中相若，车驰毂击，无间昼夜。”[2] 北关镇乃自杭州城经运河北行之所必经，故或可推测捕获柳鹏举所诱女仆的厢吏，可能就是北关镇将所属之军兵。

我们认为唐末负责杭州城内外警巡治安事务的，当是出自八都系统的地方军队，还可举出一条重要的辅证。《吴越备史》卷一“景福二年（893）秋七月丁巳”条载：

> 王（指钱镠）率十三都兵洎役徒二十余万众，新筑罗城，自秦望山，由夹城东亘江干，洎钱塘湖、霍山、范浦，凡七十里。……率十三都者，八都之外，有紫溪、保城、龙通、三泉、三镇，是为十三都。[3]

---

1 《吴越备史》卷一《武肃王》，“光启二年十二月”，第9页。

2 咸淳《临安志》卷二一《疆域六·桥道》，《宋元方志丛刊》本，北京：中华书局，1990年，影印本，第3567页。

3 《吴越备史》卷一《武肃王》，“景福二年秋七月丁丑”，第16页。

则其时以十三都军兵参与修筑杭州罗城之役。十三都军兵既然从事版筑城垣之役，警巡治安自亦属于职责范围。

总之，虽然并无更为直接的史料证据，但由上述分析，可大致肯定:《北梦琐言》有关晚唐杭州厢吏的记载应是可信的;其时杭州的厢，并不在城内，可能是在城外的北关镇，或者说，北关镇应属于厢的范围；负责巡察的厢吏，应是属于杭州八都或十三都系统的地方军兵;而此种设置，显然是在杭州八都崛起、并得以控制杭州之后所采取的举措，之前当无此制。

综上可知：今见唐末五代置有厢的地方城市，皆为节镇治所城市，其以军将分区负责城区及郊区警巡治安，显然是军事武力侵入地方行政事务的表现，也是中唐以后地方行政逐步军事化的反映。虽然今见材料中，可确定晚唐五代置有厢的城市仅有庐州、广州、成都、扬州、荆州、杭州以及河南府等，但推测其时于节镇驻在之城市，分置左右厢，以军使负责警巡、治安之事，从而渐次演变为城内（或者也包括部分城下街区）区划与行政单元，应为晚唐五代的一种普遍情形。此种制度，在庐州、广州与扬州，大抵是在修筑罗城或扩修城垣之后，为强化罗城及城外街区的控制而采取的措施；而杭州城的厢，至少在景福二年（893）修筑罗城之前，应是在包括北关镇在内的城外街区。然成都府城在乾符中（875—878）高骈修筑罗城之前，即置有左右厢虞候，掌城内（后来的子城、皇城）水火盗贼之事；江陵府城的左右厢，分治城内的东、西城，其事则或源于上元元年（760）升江陵府为南都，仿京师长安之制设置相关机构。凡此，又皆引导我们进一步推测：以军使分掌节镇治所城市内外治安，或可上溯至“安史之乱”后节镇成为全面控制各地的军政机构，原属州县行政系统的州府城市内外治安权，逐步受到军事武力系统的侵夺，遂从州县行政系统中分割出来，渐成为一种相对独立于州县行政系统的城市军政建置。

不仅如此。此种以军将负责州府城市治安、刑狱的举措，在官僚制度上还可追溯到唐前期甚至隋代。《资治通鉴》卷一九〇《唐纪》六“武德六年十月己未”条“右虞候杜士远”句下胡三省注云：“隋文帝于东宫置左右虞候府，掌斥候。是后州镇各置虞候，以为衙前之职，以‘备候不虞’名官。”[1]胡注所说之“是后”，当即指隋于东宫置左右虞候府之后。今检《旧唐书》卷五五《刘武周传》记炀帝时刘武周居于马邑，“太守王仁恭以其州里之雄，甚见亲遇，每令率虞候屯于阁下，因与仁恭侍儿私通”。[2]则知隋时州郡确已置有虞候，为郡守之亲信，每候于郡厅之阁下。唐前期左右虞候率（后改为清道率）仍为东宫官属，“掌东宫内外昼夜巡警之法”；[3]而诸州镇或仍隋时旧制，得置虞候多人，以备不虞之事，其首领则称为“都虞候”。盖东宫官属，虞候分置左右，即得称为左右厢虞候；诸州镇所置虞候，屯候于郡厅阁下（所谓“衙前虞候”，当即因此而得名），亦当别为左右厢。中唐以后，不仅节镇，即便是未带节度使、观察使、防御使等军号的普通州刺史，亦得设置。[4]虞候之职责，既是候

1 《资治通鉴》卷一九〇《唐纪》六，“武德六年十月己未”，第 5973 页。

2 《旧唐书》卷五五《刘武周传》，第 2252 页。

3 《旧唐书》卷四四《百官志》，“东宫武官”，第 1912-1913 页。

4 严耕望：《唐代府州僚佐考》、《唐代方镇使府僚佐考》，见氏著《唐史研究丛稿》，香港：新亚研究所，1969 年，第 103-236 页，特别是第 169-171、220-228 页；张国刚：《唐代藩镇军将职级》，见氏著《唐代藩镇研究》（增订版），北京：中国人民大学出版社，2010 年，第 90-101 页，特别是第 99-100 页。

屯衙前听命以应对不虞之事，包括巡察盗贼、擒奸摘伏、抚弱遏强，亦即诸多关涉治安之事，故至以军将负责警巡州府城市内外，遂以虞候任之。如元和十四年（819）二月，刘悟入郓州，擒斩淄青节度使李师道，“乃命两都虞候巡坊市，禁掠者，即时皆定”。[1]其所谓“两都虞候”，当即两厢都虞候，其时受命分巡坊市，亦当分左右厢而巡之。

但是，并非所有城市均以虞候分区警巡，亦可能只设置一名虞候，专门负责城市防卫和治安。《资治通鉴》卷二五三《唐纪》六十九“乾符六年五月”条下载：

> （五月，辛卯，河东）牙将贺公雅所部士卒作乱，焚掠三城，执孔目官王敬送马步司。节度使李侃与监军自出慰谕，为之斩敬于牙门，乃定。……河东都虞候每夜密捕贺公雅部卒，族灭之。丁巳，余党近百人称“报冤将”，大掠三城，焚马步都虞候张锴、府城都虞候郭昢家。节度使李侃下令，以军府不安，曲顺军情，收锴、昢，斩于牙门，并逐其家；以贺公雅为马步都虞候。锴、昢临刑，泣言于众曰：“所杀皆捕盗司密申，今日冤死，独无烈士相救乎！”于是军士复大噪，篡取锴、昢归都虞候司。寻下令，复其旧职，并召还其家；收捕盗司元义宗等三十余家，诛灭之。己未，以马步都教练使朱玫等为三城斩斫使，将兵分捕报冤将，悉斩之，军城始定。[2]

---

1 《资治通鉴》卷二四一《唐纪》五十七，“元和十四年二月”，第 7764 页。

2 《资治通鉴》卷二五三《唐纪》六十九，“乾符六年五月”，第 8214-8215 页。

则知太原府置有府城都虞候，负责全城防卫治安，其下当有捕盗司。又《金石续编》卷一二录广明二年（即中和元年，881）易州军事衙推王悚所撰易州《开元寺陇西公经幢赞》，文末署易州官属甚悉，其中有易州刺史、充高阳军使李綎，摄高阳军副使张建时，军事判官、摄易州长史郭筠，都押衙兼马步都虞候石彦昭，讨击副使、充军城都虞候张审言，左厢兵马使吴棠，衙城都虞候兼右厢兵马使王景芳。[1]显然，军城都虞候负责军城（即易州城）防卫，而衙城都虞候则负责子城（衙城）防卫。这种体制，与成都府以防城使负责子城（皇城）防卫治安、左右厢马步使分掌罗城左右厢防卫治安，异曲而同工。同书卷又录有乾宁二年（895）昌州军事判官、前静南县令胡密所撰《韦君靖建永昌寨记》，其后录有所谓“昌普渝合四州都指挥、静南军使”府所属军将，其中有先锋兵马使充牢城都虞候吴士伦，军事押衙、充左右两厢都虞候、牢城判官苏家□、李卓□、李德周，[2]也当是负责军城守卫之官。以军将负责治所城市之防卫治安，并全面侵夺城市内外的民政权力（见下文），应当是晚唐五代普遍的趋势。

四、宋代都城（北宋开封府城、河南府城、大名府城与南宋临安府城）的厢

自曾我部静雄及陈振以来，论者多引述太宗至道元年（995）

1 陆耀遹纂：《金石续编》卷一二，《石刻史料新编》本，台北：新文丰出版公司，1982年，第一辑，第五册，第3244-3245页。

2 《金石续编》卷一二，《石刻史料新编》本，第一辑，第五册，第3247-3253页。

十一月二十五日诏书，说明宋代厢坊制已见于宋初[1]。据此诏书，知其时开封旧城（内城）内置有左第一厢二十坊，左第二厢十六坊，右第一厢八坊，右第二厢二坊；新城（外城）内置有城东厢九坊，城西厢二十六坊，城南厢二十坊，城北厢二十坊，合计共为八厢一百二十一坊。陈振并指出：“厢统坊的厢坊制并非此时才开始，而是自来即是如此，当是沿自五代。”[2]但却未能指实。其时之厢，究竟设立哪些官吏、职掌如何，尚不能详，故对其性质，也还不能明确。韩光辉说：“宋承五代之制，首先在都城汴梁设立厢制。立国之初，各城乡社会秩序尚不稳定，而武人承五代以来之余绪，社会地位较高，故初期的厢主要是军兵为维持开封城内的治安而划分的防区。”[3]其说或近是，惜未提供证据。

《宋会要辑稿》兵三之三、四所录天禧五年（1021）开封新旧城内八厢（实为十厢）之目及各厢所设厢吏、所领坊数与编户数，亦频为论者所引。其记新旧城内诸厢之目，分别作左军第一厢（管二十坊，约 8950 户）、左军第二厢（管十六坊，约 15900 户）、城南左军厢（管七坊，约 8200 户）、城东左军厢（管九坊、约 26800 户）、城北左军厢（管九坊，约 4000 户），右军第一厢（管八坊，约 7000 户）、右军第二厢（管二坊，约 700 户）、城南右军厢（管十三坊，约 9800 户）、城西右军厢（管二十六

---

1 《宋会要辑稿》方域一之一二，北京：中华书局，1957 年，影印本，第 7324 页。

2 《略论宋代城市行政制度的演变——从厢坊制到隅坊（巷）制、厢界坊（巷）制》，见《漆侠先生纪念文集》，第 340 页。

3 韩光辉：《宋代厢制城市》，见氏著《宋辽金元建制城市研究》，第 13 页。

坊，约 8500 户）、城北右军厢（管十一坊，约 7900 户）。[1] 对于此处所记厢目中的左、右军之称，尚未见有论者予以深究。今按：在上列厢目中，明显可分为两组，即左军五厢和右军五厢。这里的左右军，当指左、右军巡使。成书于北宋元祐年间的《职官分纪》卷三八“左右军巡使、判官”条：“国朝开封府左右军巡使、判官，正八品。军巡使掌京城内风火、盗贼及推鞫之事，判官为之副。”原注云：“唐末置，后唐分左右，左掌水北，右掌水南，隶京府。国朝置左右军巡使、判官各一人，分治狱事。先是，左右军巡，开封府选牙校为之。开宝六年，始用士流，或以三班充。判官选幕职州县官充。”[2] 则早在太祖、太宗时期，开封府即置有左、右军巡使。《续资治通鉴长编》卷一“建隆元年（960）十月乙酉”条下纪事云：“先是，两京军巡及诸州马步判官，皆以补将吏，于是诏吏部流内铨注拟选人。”[3] 其所谓“两京军巡”，当指东京开封府与西京河南府的军巡使。则知建隆初开封府即已置有军巡使。《宋史》卷二〇〇《刑法志二》载：雍熙元年（984），“开封寡妇刘使婢诣府，诉其夫前室子王元吉毒己将死。右军巡推不得实，移左军巡掠治，元吉自诬伏”。后觉察其冤，太宗“遣中使捕元推官吏”，“推官及左、右军巡使等削任降秩”。[4] 据同书卷三〇七《张雍传》，知其时任开封

---

1 《宋会要辑稿》兵三之三、四，第 6803 页。

2 孙逢吉：《职官分纪》卷三八，“左右军巡使、判官”，《景印文渊阁四库全书》本，台北：台湾商务印书馆，1986 年，第 923 册，第 705 页。这里说唐末开封即置有军巡使，后唐分置左右军巡使，分掌水北、水南（当即汴水）城区，与正文所列其他材料均不相合，恐不足信。但开封府始设左右军巡使，在太祖开宝六年之前，则应属可信。

3 《续资治通鉴长编》卷一，“建隆元年十月乙酉”，北京：中华书局，1992 年，第 27 页。

4 《宋史》卷二〇〇《刑法志》二，北京：中华书局，1977 年，第 4986 页。

府推官者为张雍，左右军巡使为殿直庞则、王荣，左右军巡判官为韩昭裔、宋廷煦。则知雍熙中已置有左、右军巡使，掌理府城推鞫讼狱。据上引天禧五年开封府旧新城内十厢之目，可知左军巡使当管左军五厢，右军巡使管右军五厢。因此，十厢之制，应当是从左右军巡使分巡开封府旧新城之左右厢演化而来的。

左右军巡使属开封府序列，是地方行政机构。其时负责开封城之警巡治安者，除属于开封府序列的左右军巡使之外，还有属于军队系统的都巡检、巡检。《宋会要辑稿》兵三之一载大中祥符（1009）二年六月诏：

> 在京人户遗火，须候都巡检到，方始救泼，致枉烧屋。先令开封府，今后如有遗火，仰探火军人走报巡检，尽时赴救。都巡检未到，即本厢巡检先救。如去巡检地方遥远，左右军巡使或本地分厢界巡检、员僚、指挥使先到，即指挥兵士水行人等，与本主同共救泼，不得枉拆远火屋舍，仍钤辖不得接便偷盗财物。如有违犯，其军巡使、厢虞候、员僚、指挥使并勘罪以闻，其本犯人即送军头司引见。访闻近日须候都巡到，方始下手。宜令检会分明，榜示举行。违者，（计）［许］遗火人户、侧近公私人等陈告，当行重断。[1]

这里涉及三个治安系统，一是军巡使、厢虞候等，属于开封府

1 《宋会要辑稿》兵三之一，第6802页。

的行政系统；二是都巡检、本厢巡检、本地分厢界巡检等，属于军队系统；三是员僚、指挥使，属左右街司。[1]《宋会要辑稿》兵三之一载真宗景德四年（1007）闰五月诏书："京城内外诸厢，比差禁军巡检，盖察寇盗。如闻以觇事为名，取求财物，宜令开封府侦捕严断，仍委殿前、侍卫司常行约束。"[2]则知在京城内外诸厢中巡检的禁军，属于殿前司与侍卫司。绍兴二年（1132）四月，时任主管侍卫步军司公事的边顺追述东京旧事，谓："久来东京马步军司管军，内马军司兼旧城里都巡检，步军司兼新城里都巡检。"[3]两司长官分别兼任旧城（内城）、新城（外城）的都巡检，马军副都指挥使兼任旧城左、右厢巡检，而步军副都指挥使兼任新城左、右厢巡检。则军队系统的巡检，由里、外城都巡检——里城左右厢巡检、外城左右厢巡检（即"四厢主"）——地分厢界巡检（应是里城分为四厢，外城亦分四厢，

1 宋左右街使，当沿袭唐制而来。《续资治通鉴长编》卷六"乾德三年十一月庚午"条，"因诏左右（衔）[街] 使，京师阛肆，事有非常者，即以闻"。（第 159 页）则知乾德间即已置有左右街使。又据《宋史》卷二六八《张逊传》，雍熙间见有街使王宾及判右金吾街仗蔡玉。（第 9223 页）《宋会要辑稿》职官二二之一三："有左右街司，掌街鼓、警场、清道、请纳鼓契，巡徼阛肆，纠视违犯。"（第 2866 页）《续资治通鉴长编》卷三六"淳化五年八月丁酉"条："左神武大将军、权判左右金吾街仗事魏丕以新募街司卒千余人引对于崇政殿，上亲选得五百七十人。分四营，[营] 设五都，都有员寮、队长，一如禁兵之制。先是，上以京师浩穰，六街巡警皆用禁兵，非旧制，特命左右街各置卒千人，优其廪给，使传呼备盗。至是，始分营、（部）[都]，仍令丕更募，以充其数焉。"（第 792 页，此处原文"设五都"之前少一"营"字。今考宋禁军之制，百人为都，五都为营，五营为军。此处既称"一如禁兵之制"，则营当设五都。盖原文此处"营"字为复文，抄录时易遗漏。故今予补出。而下文之"部"字当为"都"字之讹。）《宋史》卷二七〇《魏丕传》所记大致相同。（第 9277 页）盖左右街使主掌街肆警巡，并不负责诸坊治安。其所领街司卒分四营，每营分五都，盖营（即指挥）之长官即为指挥使，都的长官则为员僚。

2 《宋会要辑稿》兵三之一，第 6802 页。

3 《宋会要辑稿》兵三之八，第 6805 页。

共由八厢巡检）构成。显然，巡检系统的分巡区域与左右军巡使系统的分巡区域并不吻合：前者首先按里（旧）、外（新）城分为两大块，而后者将里、外城从中间分为左、右两部分。前者在里、外城分置左、右两厢，各置巡检，共为四厢巡检（四厢主），其中里城左厢巡检包括了军巡使系统的左一厢、左二厢，右厢巡检包括了军巡使系统的右一厢、右二厢；外城左厢巡检则包括城东厢与城南厢，右厢巡检则包括城西厢与城北厢。这样，四巡检系统就共领有八个“本地分厢”（里、外城名四个），各置有厢巡检。因此，《宋会要辑稿》方域一之一二所记至道元年的八厢之制，实为军队系统的巡检分厢制度；而天禧五年的十厢之制，则是行政系统的军巡使分厢制度。二者虽大致相同，但在城北、城南二厢却明显区分开来（军巡使系统的分厢，将军队系统的城北、城南二厢各分为二厢，即城北左军厢、城北右军厢、城南左军厢、城南右军厢）。最重要的是：军队系统的分厢警巡，是按里、外城分划的；而军巡使系统的分厢治安，是按东、西两城区分划的。

由马军司负责里城巡检、步军司负责外城巡检（二都巡检）、里外城共设四厢主、八厢巡检的制度，很可能奠基于北宋初年。盖在后周末年，新城虽然建成，但时间短促，可能未及按照世宗当初的计划，调整各军在城内的屯驻区。[1] 入宋以后，禁军虽仍由殿前、侍卫两司统领，但侍卫司实已分为马军、步军二司，分由都指挥使主管。马军司管旧城、步军司管新城的格局，显

1 在后周时，已置有京城左右厢都巡检。见《宋史》卷二五〇《张令铎传》：“广顺初，迁控鹤指挥使。累迁本军左厢都指挥使、领虔州团练使。从世宗征淮南，移领虎捷左厢，加常州防御使。再征寿春，命与龙捷右厢柴贵分为京城左右厢巡检。”（第 8826 页）

然是在侍卫司长官空缺废置之后才形成的，应是太祖、太宗二朝一系列军政调整的结果。

如果此说不误，那么，我们对于大中祥符元年（1008）于新城外增置城外八厢之事，亦可获得新解。《续资治通鉴长编》卷七〇“大中祥符元年十二月庚戌”条：“置京新城外八厢。上以都门之外，居民颇多，旧例惟赤县尉主其事，至是特置厢吏，命京府统之。”[1] 此言因新城外居民繁多，故增置城外八厢，直隶开封府。而《宋会要辑稿》方域一之一三大中祥符二年三月九日开封府言称：

> 准诏：“以都城之外人户军营甚多，相度合置厢虞候管辖。”从之。仍诏：“勿多置人吏、所由，妄有骚扰。”[2]

其下所录即为新置九厢及其所属各坊之名目。这两条记载均笼统地称城外各厢直属开封府，然因厢虞候需由左右军巡使派出，故城外各厢亦当分属左右军巡使（院）。以城外各厢之方位推测，京东三厢、京北第一厢当属左军巡使，京西三厢、京北第二厢当属右军巡使，京南厢不能确定，或亦属左军巡使。开封府上言中所引诏书，特别强调“都城之外人户军营甚多”，则知于城外置厢的原因之一，是城外有很多军营（当然，人户增多也是原因之一）。《宋史》卷三一〇《王曾传》附《王子融传》记景祐初（1034）王子融权三司度支、监铁判官，盐铁副使任布提

1 《续资治通鉴长编》卷七〇，“大中祥符元年十二月庚戌”，第 1582 页。
2 《宋会要辑稿》方域一之一三，第 7325 页。

议铸大钱，行之京城，三司使程琳集官议，王子融曰：“今军营半在城外，独行大钱城中，可乎？”事遂寝。[1]则知至仁宗时，禁军军营已大量设于新城之外。

可能正因为有部分军营屯驻于城外，早在真宗景德年间，京城就已设置了城外都巡检。《续资治通鉴长编》卷六七“景德四年（1007）十二月丁酉”条：“京城河南草场遗火，城外都巡检、步军副都指挥使王隐命殿前虎翼都虞候高鸾以近便营兵救扑之。殿前司言鸾等非本属，当俟诏旨，请劾之。上以救焚之急，隐得便宜从事，因命释鸾等罪，仍戒自今各遵往制。”[2]城外都巡检由步军副都指挥使兼任，地位与旧城、新城的左右巡检地位大致相同，也属于“厢主”。殿前司的虎翼军（步军）盖屯驻于城外，与遗火的河南草场相近，故王隐命虎翼都虞候高鸾以近便营兵救火。这说明殿前司所属各军亦有部分驻在城外。而王隐的官职是“都巡检”，其下也当领有厢巡检。城外都巡检所领之厢巡检不详，以城内之例推测，当有京北、京东、京南、京西四厢。这里的“厢”显然也属于军队系统。直到大中祥符二年，开封才正式在城外设立由军巡院管辖的、属于行政系统的城外九厢。

大中祥符二年设置城外九厢之后，左右军巡院的管辖范围扩大，合计城内外各厢，每院所管为八厢或九厢。故在此后数年中，曾增加掌理左右军巡院刑讼事务的官员。明道二年（1033），试图增设左、右厢（当指左右军巡院）授事判官各一人，以士人充任（此前之军巡判官，是由武臣充任的），因士人不愿充任

1 《宋史》卷三一〇《王曾传》附《王子融传》，第10186页。

2 《续资治通鉴长编》卷六七，“景德四年十二月丁酉”，第1511页。

而罢。[1]至熙宁三年（1070），乃建置所谓“都厢”。《宋会要辑稿》职官三七之九“左右厢公事所”条录神宗熙宁三年五月诏：“以京朝官曾历通判、知县者四人分治京城四厢，其先差使臣并罢之。凡民有斗讼，事轻者，得以决遣。”此处所说之“四厢”，据绍圣元年（1094）开封知府钱勰所言，是指旧城内的左一、左二、右一、右二四厢。至本年十一月，编修条例所定制：左、右厢各置勾当断决公事官一员，断决杖六十以下之轻罪。此即为左右厢公事所，因仅掌管旧城内相关事务，故钱勰称为“旧城里左右厢公事所”。旧城里左、右厢公事所当分辖左一、左二厢与右一、右二厢。至哲宗元祐元年（1086）六月，又于新城内外分置左右二厢（元祐四年尝罢新城内二厢公事所，至绍圣元年复置），通为四厢，即新城内左、右厢与城外左、右厢。开封城内遂有六个厢公事所（内城、外城、城外各有左、右厢两个公事所）。[2]左、右厢公事所的增设，显然削夺了原由左右军巡院掌管的府城刑狱之权，但并未取代左右军巡院。

通过以上的梳理，结合前人研究，我们对北宋开封城内外的诸厢及其性质，可能会有一个更全面准确的认识：（1）北宋开封城内外的诸厢的分划，当源于五代特别是后周时期禁军在京城的分区屯驻与巡察；太祖、太宗朝，对京城驻军之屯驻及其防务做了一系列调整，逐步形成以马军司管旧城、步军司管新城的格局，二司又分别在旧城与新城内按军队编制，分置左右厢为巡检区，遂形成所谓“四厢主”分巡的局面；各厢主下

1 《续资治通鉴长编》卷一一三，“明道二年八月戊申”，第2633页。

2 《宋会要辑稿》职官三七之九至一〇，第3139页；《文献通考》卷六三《职官·都厢》，北京：中华书局，1986年，影印本，第568页。

又分设警巡区，遂形成八厢之制。至真宗时，又于城外增置城外都巡检，与城内“四厢主”并列，其下可能分划为四厢巡区。所以，真宗以后，军队系统的开封府城内外防卫治安分由马步二司（分掌内城与外城）、五“厢主”（内城二厢主、外城二厢主，城外一厢主）、十二厢巡检（内城、外城、城外各有四厢）掌管。（2）开封府城左右军巡使之设，也沿自五代，特别是后晋、后汉、后周三朝，但性质已发生变化。五代洛阳、开封所置军巡使，均当属于军队系统，是以军事武力侵夺行政系统的治安权。而宋代开封府城的左右军巡使（院）已列入开封府序列，直隶开封府尹，其司法审判则归府推判官指导、审查，属于行政系统。左、右军巡使所管各厢，最初应来自军队系统巡检区域的分划（巡检厢），后略有调整（主要是将城北、城南二厢，按左右军巡使辖区，分为城北左、右与城南左、右各二厢，遂成为十厢）。大中祥符元年（1008）于城外增置九厢后，左右军巡使的管辖范围扩展到城外，共辖有十九厢。各厢均由军巡院委任厢虞候（都所由），并设置厢典、书手、所由、街子、行官等厢吏若干，统领所管区域各坊巷的军巡铺。（3）京城旧城（内城）、新城（外城）与城外左右厢公事所之设置，一方面是适应治安事务复杂之需要，另一方面也是为了削夺左右军巡院的司法权。盖军巡使、判官多由武官担任，且与军队系统有密切关联，在“重文轻武”的政策背景下，势必属于加以抑制的对象。到北宋后期，开封府城共置有六个勾当公事所，分掌审理旧城、新城与城外左右厢的轻罪讼案，其性质基本上可界定为司法机构。左右厢公事所的司法管辖区，是在左右军巡使所辖两大分区（左右军巡院辖区）、十九厢的基础上划定的。（4）在上述三种性质的厢区分划中，行政系统的十厢（后为十九厢）、司法系统的六厢公所，都是在军队屯驻巡察系统的八厢（后来可能增至十二厢）基础上演变而来的，所以军队系统的八厢（十二厢）区划，是开封府城诸种厢区的基础和根源。

除都城开封外，宋朝还分别立河南府、大名府及应天府为西京、北京与南京。三京并置留守司，大抵亦皆如东京开封府一样，分置左、右军巡院，并分领诸厢。

北宋河南府城洛阳的城市形态，与唐时洛阳城大致相同。《宋史 · 地理志》谓其宫城周回九里三百步，皇城周十八里二百五十八步，外城周五十二里九十六步。[1]《续资治通鉴长编》卷一九“太平兴国三年正月己亥”条：“西京右军巡使、光禄寺丞李之才除名为民，永不齿叙。坐与布衣李承瑞携酒入宫殿中聚饮，为巡检所奏，按得实故也。”[2]同书卷八二“大中祥符七年四月癸亥”条：“知河南府冯拯言：军巡院自春狱空，有鸠巢其户，生二雏。”[3]卷二九八元丰二年五月癸酉：“监市易务门、河南府左军巡判官华申甫除名。”[4]卷三九三元祐元年十二月庚寅条又见有“河南府左军巡判官、礼部编修贡籍刘安世”。[5]据此，则知北宋西京河南府当如东京开封府一样，亦置有左、右军巡院，各置军巡使、判官，有军巡院狱，隶属河南府尹。而军巡使李之才违制，为巡检所奏而除名，说明军巡使与巡检非属同一系统，

1 《宋史》卷八五《地理志》一，第 2103 页。

2 《续资治通鉴长编》卷一九，“太平兴国三年正月己亥”，第 421 页。

3 《续资治通鉴长编》卷八二，“大中祥符七年四月癸亥”，第 1871 页。

4 《续资治通鉴长编》卷二九八，“元丰二年五月癸酉”，第 7243 页。

5 《续资治通鉴长编》卷三九三，“元祐元年十二月庚寅”，第 9552 页。

此处所见之巡检，当如东京一样，属于军队系统，故推测河南府城亦由屯驻军队，分遣军将，划区巡察。

河南府城既置有左右军巡使与巡检，亦当如开封府城一样，分划诸厢。张齐贤《洛阳缙绅旧闻记》卷四《洛阳染工见冤鬼》记开宝间，洛阳贤相坊染工李装花，“与亲家姓傅人相争，互擒拽至南州厢。厢有古狱，狱无门，李自投身狱中。会主厢吏边其姓偶适他所，李即于狱中谷树上以衣带自绞而死，厢吏由是获罪”。[1]贤相坊即张齐贤所居之坊，在洛水之南。南州厢，同书卷二《齐王张令公外传》记唐末张全义经营洛阳，“时洛城兵乱之余，县邑荒废，悉为榛莽，白骨蔽野，外绝居人。洛城之中，悉遭焚毁。初，巢、蔡继乱，乃筑三小州城，保聚居民，以防寇盗。及罕之等争夺，但遗余堵而已。初至洛，率麾下百余人与州中所存者仅百户，共保中州一城。洛阳至今尚存南州、中州之号”。[2]则南州本是唐末洛阳城中的一个小城，后来指称一片城区。据此推测，宋时洛阳城中另或有“中州厢”之目。

《宋会要辑稿》方域二之二记宋神宗熙宁八年（1075）十二月赐北京大名府并左右四厢二十三坊坊名。[3]论者多引此说明北宋时大名府分置四厢二十三坊，然对此四厢二十三坊的来源，则未见有人深究。今按：宋大名府即唐魏州，为晚唐五代著名之魏博节度使治所，郭下置有元城（后唐改为兴晋县）、贵乡（后唐改为广晋县、后汉改为大名县）二县，分领东、西界。唐

1 张齐贤：《洛阳缙绅旧闻记》卷四《洛阳染工见冤鬼》，《知不足斋丛书》本，北京：中华书局，1999年，影印本，第二册，第97-98页。

2 《洛阳缙绅旧闻记》卷二《齐王张令公外传》，《知不足斋丛书》本，第二册，第78-79页。

3 《宋会要辑稿》方域二之二，第7332页。

僖宗中和间（881—885），魏博节度使乐彦祯曾主持修筑魏州罗城。《旧唐书》卷一八一《乐彦祯传》："一旦征六州之众，板筑罗城，约河门旧堤，周八十里，月余而毕，人用怨咨。"[1]《宋史》卷八五《地理志》谓其时北京大名府城周"四十八里二百六步，门一十七"，应即晚唐魏州罗城的周长与门数。唐魏州子城，当即《宋史 · 地理志》所见北京大名府之子城，而宋时子城只有东、西二门，推测其北、南两面城垣可能与罗城北、南城垣重合。乐彦祯所筑罗城，当即在原城基础上向东、西两面拓展，特别是东面，贴近卫河西岸堤修筑城垣，故上引《旧唐书 · 乐彦祯传》称"约河门旧堤"。魏州罗城内的各坊，也当是此时设置的。[2]其时是否分置四厢或二厢，不详。后梁贞明二年（916）七月，晋王李存勖据有魏州，其后数年间，对魏州颇事经营，至同光元年（923）四月于魏州牙城称帝即位，同时升魏州为东京兴唐府。庄宗同光之政，颇复唐时旧制。兴唐府既列为都城，其时或曾仿唐西京长安、东都洛阳之例，分置左右金吾街使。入宋以后，大名府于庆历二年（1042）建为北京，置留守司。元丰元年（1078）曾巩撰《金华县君曾氏墓志铭》，谓曾氏之子王固曾任"大名府军巡判官"，[3]则知至迟到熙宁间，大名府当分置左、右军巡使、判官，应为北京留守司、大名府尹属官。大名府左、右军巡使应当是庆历二年建为北京后、仿东京开封府之制设置的，但其

1 《旧唐书》卷一八一《乐彦祯传》，第 4689-4690 页。

2 参阅李孝聪：《公元十——十二世纪华北平原北部亚区交通与城市地理的研究》，见中国地理学会历史地理专业委员会编：《历史地理》第九辑，上海：上海人民出版社，1990 年，第 244-246 页。

3 《曾巩集》卷四五《金华县君曾氏墓志铭》，北京：中华书局，1984 年，陈杏珍、晁继周点校本，第 607 页。

源头或可追溯到后唐初所置之左、右金吾街；其四厢之制，也当与开封府城左、右军巡使所领诸厢性质相同，属于行政系统。

弄清北宋都城开封府城及陪都河南府城、大名府城诸厢之来源及其性质之后，我们对南宋临安府城的各厢遂得一目了然。《宋会要辑稿》兵三之七至八录绍兴二年正月二十一日臣僚之言，曰：

> 钱塘州城内相去稍远，数有盗贼。又缘兵火之后，流寓士民往往茅屋以居，则火政尤当加严。虽有左右厢巡检二人，法制阔略，名存而已。乞下枢密院，委马、步军司措置。略效京城内外徼巡之法，就钱塘城内分为四厢，每厢各置巡检一人，权差以次军都指挥使有材能者充。每厢量地步远近，置铺若干。每一铺差禁军长行六名，夜击鼓以应更漏，使声相闻，仍略备防火器物。每两铺差节级一名，每十名差军员一名，皆总之于巡检。遇有收领公事，解送临安府，仍日具平安申马、步军司。本地分有盗贼，则巡检而下皆坐罪，如在京法。[1]

则知北宋时杭州城内即置有左、右厢巡检（当属于军队系统），亦即分置为左右厢。至是臣僚所上之策，是以次军都指挥使充任四厢巡检，有类于北宋开封府城中的“四厢主”。然四厢巡检“遇有收领公事”，需“解送临安府”，只是“日具平安申马、步军司”，显然是将四厢巡检隶属临安府序列，只在马、步军司具

1 《宋会要辑稿》兵三之七至八，第 6805 页。

名而已。本月二十六日，殿前、马步军司上言：

> 左右厢巡，乞与临安府都监司同共量度摊拨，定作一百二箭，计差禁军六百七十三人。内军员一十人，(丁)[十]将节级五十一人，长行六百一十二人，充巡防。契勘系将在京住营军兵，三司分定差拨。今来三司见管军兵共系畸零，逐司亦当准备缓急使唤。切见临安府即今见有将兵约二千人，不隶将兵一千人。欲将今来合差军兵以十分为率，五分令三司差，每月一替；余五分令临安府管认，应副差拨。[1]

则其时组建的府城巡检部队，由殿前、马步军司所属之禁军与临安府都监司所管将兵共同组成，各占一半。四月二十二日，主管侍卫步军司公事边顺上言：

> 近临安府略效京城设置铺分，及差置新城里六巡检。昨缘顺主管两司公事兼都巡检提举巡警，今来已差兰整主管马军司，所有兼都巡检职事，欲乞依旧例，与马军司官分隶新旧城主管。

"诏令马步军司分左右厢巡警照管"。至七月一日，又诏"左右厢都巡检差拨缉捕使臣军兵并罢"。[2]据此可知，其时临安府城分置左、右厢都巡检，由马军司与步军司的长官分任，与北宋

1 《宋会要辑稿》兵三之八，第 6805 页。

2 《宋会要辑稿》兵三之七至九，第 6805-6806 页。

时二司长官分任里城（旧城）与外城（新城）都巡检宗旨相同。边顺所说之“新城”，当指临安府的罗城，盖以开封外城被称为“新城”相比附。临安府罗城里所置的六厢巡检，当分属左、右厢都巡检。此六厢，当即左一、二、三厢（主要在御街西侧）与右一、二、三厢（主要在御街东侧）。绍兴二十六年（1156），绍兴知府荣嶷称:“本府城内虽有兵官七员，分厢领事。”[1] 则知其时城内已分为七厢（当是增置了右四厢），各置兵官（厢巡检），分厢领事。后来，左一厢分为南、北二厢，再加上宫城厢，故至咸淳间（1265—1274），临安府城内遂有九厢（除宫城外为八厢）。[2] 除宫城厢外，各厢均置有巡检，下辖巡铺若干。

临安城外都巡检，则置于乾道三年（1167）。《宋会要辑稿》兵三之九至一〇录乾道三年知临安府王炎之言曰：

> 契勘本府城外四厢，去巡尉廨远，应接不及。欲乞差临安府城外四厢都巡检使，就城西置廨宇，将兵内拨三十人，两月一替，量行添支食钱，专一往来提督城外巡尉，措置警捕。

则知此前临安城外已置有四厢，由巡尉掌管；至是，增置城外四厢都巡检使，专管城外警巡治安，其地位当与城内之左右厢都巡检相同，下设四厢巡检，廨宇置于城西。当月二十七日，王炎又称:“契勘本府城外四厢地分广阔，已差都巡检使，奉旨令更行添置。今于城东添置一员，以临安府城东厢都巡检使为

---

1 咸淳《临安志》卷一九《疆域四·厢界》，《宋元方志丛刊》本，北京:中华书局，1990年，影印本，第3541页。

2 咸淳《临安志》卷一九《疆域四 · 厢界》，《宋元方志丛刊》本，第3540-3541页。

名，分管地分，于本府三将内各差三十人，许带随身器仗巡警，两月一替。”则其时于城外分置城西厢、城东厢两个都巡检使。[1]据咸淳《临安志》卷一九《疆域四 · 厢界》，城东厢都巡检使司在崇新门外马婆旧铺，管城东、城南二厢；城西厢都巡检使司在钱粮司岭上，管城西、城北二厢。[2]

南宋临安府城未再沿用北宋旧制，设置左右军巡使，城内左、右厢与城外东、西厢都巡检及其所属各厢巡检，既职司警巡治安，遂得兼领部分司法诉讼。以兵官兼领词讼司法，显然于例不合。故绍兴十一年，率先在城外设立南北厢公事所。咸淳《临安志》卷一九《疆域四 · 厢界》谓：

> 绍兴十一年五月十日守臣俞俟奏请：府城之外，南北相距三十里，人烟繁盛，各比一邑，乞于江涨桥、浙江置城南北左右厢，差亲民资序京朝官主管本厢公事，杖六十以下罪听决。旨：依此。建置之始也。[3]

则临安府城南北厢公事所的职权性质，与北宋时开封府旧城、新城、城外诸公事所基本相同。临安府城南左厢公事所初治便门外浙江跨浦桥北，后移治嘉会门外、洋泮桥东，掌理城南、城东区域（包括城南厢、城东厢及东、南二壁）居民的词讼；城北右厢公事所在余杭门外、江涨桥东，审理城北、城西区域（包括城北厢、城西厢及西、北二壁）居民的词讼。咸淳《临安

1 《宋会要辑稿》兵三之七至九，第 6806 页。
2 咸淳《临安志》卷一九《疆域四 · 厢界》，“城东西厢”，第 3543 页。
3 咸淳《临安志》卷一九《疆域四 · 厢界》，“城南北左右厢”，第 3542 页。

志》卷五三《官寺二》录嘉定十一年（1218）郑湜《城南厢厅壁记》云：“幸今治平，中外绥靖，众大之区，编户日繁，南厢四十万，视北厢为倍”；宝庆二年（1226）程泌《续记》亦云：“钱塘版籍，百倍往昔。南、北二厢，设于关外，而分任之地，皆六七十里。顾南厢所统，尤为延袤，北至艮山，南氐南荡，五方杂居，水陆互市。”[1]则城南厢公事所管辖自艮山门（临安府城东北门）至城南浙江之滨的广大区域，人口繁盛。程泌《续记》中又说：“厢亡赋惟讼”；咸淳《临安志》卷一九于“城外四壁”下特别说明：四壁公事隶城南北公事所，“其警捕之事，则本府差总辖任之”，即由都巡检负责。[2]因此，南北厢公事所仍是较单纯的司法机构，并非民事行政机构。

绍兴二十六年，临安又增设城内左右厢公事所，翌年即罢。咸淳《临安志》卷一九《疆域四 · 厢界》据《国朝会要》录绍兴二十六年闰十月十七日临安知府荣嶷之言曰：

> 本府城内虽有兵官七员，分厢领事，而兵官多昧文法，徇私容情。乞照城外，亦置左右厢官两员，以京朝官亲民资序人充，所有兵官乞减罢三员，存留四员，止令分地巡警。[3]

《文献通考》卷六三《职官考》“都厢”下原注录绍兴二十六年侍御史周方崇上言曰：

---

1 咸淳《临安志》卷五三《官寺二》，第 3830 页。

2 咸淳《临安志》卷一九《疆域四 · 厢界》，“城外四壁”，第 3542-3543 页。

3 咸淳《临安志》卷一九《疆域四 · 厢界》，第 3541-3542 页。

> 临安府先依开封府例，于城外南、北厢置主管公事。近又于城内左、右厢添置官二员，欲令减在城词讼。本府每日词讼十有七八并判送二厢，逐厢公吏徇情曲法，非理追人，并不系公行遣送下。词讼既多，有非厢官所能行者，一切不决。州府既不与决，两厢又不行遣，人户怨嗟。缘临安府与昔日开封府繁简不同，本府长官置吏不少。今城南北厢官全阙，欲乞将在城左右厢废罢，其厢官二员却移往城［南］北厢。所有城内词讼，令本府依前自行理决。[1]

据此则知，城内诸厢刑狱诉讼事务，主要由临安府直接负责。

要之，南宋临安府城的治安、司法、行政机构，多仿自北宋开封府，但也有变化：（1）城内分置左、右厢都巡检，城外分置城东、城西都巡检，各任以次军都指挥使；城内二都巡检分辖六厢（后增至七厢、八厢）巡检，城外二都巡检分辖四厢巡检。这种制度设置与北宋开封府大致相同。惟府城内外诸都巡检虽来自殿前及马、步军三司，却主要向临安府负责；官兵也由三司与临安府各出一半，故诸厢巡检实际上已偏离军队系统。又因为不再设立左右军巡院，城内司法事务除短暂设立左右厢公事所外，主要由临安府直接负责，故诸厢巡检承担起部分司法职责，民政职权有所扩大。至以“吏部注大小使臣，分治烟火贼盗公事”，[2] 诸厢遂正式具有审理轻罪狱讼的职权。（2）城南、城北厢公事所与城东、城西都巡检及其所属厢巡检，属

1 《文献通考》卷六三《职官考 · 都厢》，第 568 页。

2 乾道《临安志》卷二《在城八厢》，《宋元方志丛刊》本，第 3223 页。

于两个系统，前者是司法机构，后者是治安警巡机构，二者辖区也并不吻合，故并非统一的城郊行政治安机构。

宋代都城（包括北宋都城开封、南宋都城临安府以及北宋陪都河南府、大名府以及应天府）所设置的各种厢及其机构，需要在地方权力高度分割的制度背景下加以理解，方能得其真相。宋代制度之设计，既多职权范围上的交叉与分离，又多管辖区域上的重合与分化，其要旨在于诸种机构互相牵制，不得专权。此种宗旨在城市管理制度上的表现，就是并不把城区及其郊区设定为完整的管辖区域，交由一个统一的机构予以控制、管理，而是按军事、治安、司法、民政等系统，分别划分其管辖区域，又尽可能不使之完全重合。北宋开封府城、南宋临安府城的诸厢及其机构的设定，均很好地体现了这一原则。

五、宋代地方城市的厢

论及宋代城市厢制者，除对北宋都城开封、南宋都城临安的厢制叙述较详外，于地方城市中厢，大多只是列举置厢城市、述略其所置厢区情形，而对其厢区分划究于何时形成、对于城市管理的实际作用如何，则一般并未展开深入细致的讨论。本节即试图尽可能详细地讨论宋代各置厢城市中厢的形成过程，以进一步探究厢的功能与意义。

（1）并州城的右厢、左第一厢。山西太原市西郊小井峪宋墓所出宋天圣十年（1032）王信为父母买地券，述王信身份，作“并州右厢开食店王信”；[1] 同墓地所出明道二年（1033）陶美墓志，谓陶美“在并州左第一厢、大铁炉为活”。[2] 宋时并州城已非唐五代著名的北京晋阳城（太原城）之旧，而是太平兴国四年（979）平北汉之后在阳曲县界唐明村新立的并州城，在唐五代晋阳城之北、汾水东岸（即今太原市区）。《永乐大典》卷五二〇一“原”字韵下引明初成书的《太原志》称：太原“罗城周一十里二百七十步，宋太平兴国七年筑，四门：东曰朝曦，南曰开远，西曰金肃，北曰怀德”；其子城位于罗城内西北部，周五里一百五十七步，亦有四门。淳化三年（992），又筑有南、东、北三关城，其中南关城“接府城之两隅，以处屯兵”。《太原志》又记有宋代太原城内坊名，共有二十四坊，然未见城内置厢之记载[3]。据上引两种买地券，可知北宋前中期并州城内分置左、右厢，其左厢可能后来又分立，故有“左第一厢”之称。此种厢区的划分，应非沿用晚唐五代晋阳城之旧制（但也不能排除晚唐五代之晋阳城即已分置诸厢、太宗新建并州城沿用故晋阳城旧制的可能），而是在北宋新筑并州城之后划分的。王信以开食店为业，陶美以大铁炉为活，显系普通百姓，而买地券界定其身份，以厢为标志，说明厢当有领民之责，是民户版籍的编排单位。

但是，并州城内诸厢的治安，应是由并州总管司管辖的。《宋

1 解希恭：《太原小井峪宋、明墓第一次发掘记》，《考古》1963 年第 5 期，第 250-258 页；池田温：《中国歴代墓券略考》，《東洋文化研究所紀要》第 86 冊，第 242 页。

2 戴尊德：《太原小井峪宋墓第二次发掘记》，《考古》1963 年第 5 期；池田温：《中国歴代墓券略考》，《東洋文化研究所紀要》第 86 冊，第 243 页。

3 《永乐大典》卷五二〇一“原”字韵，北京：中华书局，1986 年，影印本，第 2260 页。又见马蓉等点校：《永乐大典方志辑佚》，北京：中华书局，2004 年，第 120-125 页。

会要辑稿》兵三之二录天禧三年（1019）二月并代州走马承受张永和等之言曰：“并州城南草市关城内民户二千余，亦有军营在其间，止以厢[兵]四人巡逻。望诏并州总管司选指使忠佐一人，给兵健五人，每夜警巡。”[1]并州总管司需派出厢兵巡逻城外草市关城，可以推测，城内诸厢的治安警巡，也当是由总管司负责的。如所周知，宋制，诸路、府总管、钤辖、都监、监押等，皆为统兵之官，其负责警巡的区域，只能是军队系统的治安区域，不应负责司法、行政责任。但上引王信、陶美二券所见，并州城中的各厢又显然是行政单元。以开封府城之例推测，城内诸厢亦当置有厢司，掌管城内各厢的司法诉讼与民户版籍之事。

（2）邓州右厢第四界。河南邓州市张白砖场宋墓所出元祐元年（1086）赵怀为赵荣等买地契，述赵怀之身份，作“大宋国邓州武胜军右厢第四界居住”。[2]唐宋邓州治穰县，即今河南邓州市。《元和郡县图志》卷二一“邓州”条云：“（魏）太和中，置荆州，理穰县，今邓州所理是也。隋开皇七年，梁王岿入隋，自穰县移荆州还江陵，于穰县置邓州。大业三年，改为南阳郡。武德二年，复为邓州。”[3]五代至北宋，邓州为武胜军节度使驻所，筑有两重城垣。[4]据此券，知邓州城内当分置左右厢，厢各分若干界。上引买地券以“右厢第四界”界定亡人赵怀生前居里，说明厢、界皆当有明确的地域范围，且用以作为版籍登记单元。

---

1 《宋会要辑稿》兵三之二，第6802页。

2 南阳市文物研究所、邓州市文化馆：《河南省邓州市北宋赵荣壁画墓》，《中原文物》1997年第4期，第64-65页。

3 《元和郡县图志》卷二一《山南道二》，“邓州”，北京：中华书局，1983年，第532页。

4 鲁西奇：《城墙内外：古代汉水流域城市的形态与空间结构》，北京：中华书局，2011年，第197-200页。

（3）襄州左厢第二界。湖北襄阳磨基山东坡宋墓所出宋崇宁二年（1103）刘密为妻张氏二娘买地券，述刘密之身份，作“大宋国京西路山南东道襄州左厢第二界居住”。[1]宋代襄州城，乃沿用唐末天祐间（904—907）杨师厚为襄州节度使时所增筑扩大之后的城垣，“周十余里，郛郭完壮”。唐宋襄阳城内筑有子城、罗城两重城垣，罗城内复分置诸坊，[2]而本券则见有襄州左厢第二界，则知北宋时襄州城分置左右厢，每厢下又分置若干“界”。

（4）颍州的厢校。《宋会要辑稿》兵三之二记大中祥符六年（1013）四月，“诏禁诸厢、镇擅置刑禁者”。其后注称：“至道初，禁镇将、厢校妄理词诉而（禁）［擅］棰人者。至是，（颍）［颍］州厢校张珪强棰牛者为盗至死，刑部请申前制。”[3]此处之“厢校”与“镇将”并称，当指军队系统的“厢巡检”。盖镇将、厢巡检本无审理词讼之权，然因其职司治安，故颇有违制妄理词讼者。颍州本为团练州，开宝六年（973）升为防御州，同时移其首县汝阴县治于州城东南十里处，则其州城无附郭县。据此推测，颍州城的厢巡检当负责州城治安，因无附郭县，故得妄理词讼。

其时于普通州城置厢巡检，掌州城治安，或为一种普遍设置。《宋会要辑稿》兵三之二录大中祥符七年八月二十九日诏书称：“京城斗竞，愿送开封府者并听，本厢巡检不得断决。外州巡检

---

1 襄樊市博物馆：《襄阳磨基山宋墓发掘简报》，《江汉考古》1985年第3期，第26-30页。

2 鲁西奇：《城墙内外：古代汉水流域城市的形态与空间结构》，第178-194页。

3 《宋会要辑稿》兵三之二，第6802页。

亦准此，送所属州府。”[1]其所说之京城“本厢巡检”，即指上文所述属于军队系统的厢巡检，则其下文所说之“外州巡检”，即当指各州府城郭的厢巡检。

（5）楚州城外的厢官。《宋会要辑稿》兵三之一二录嘉定十一年（1218）正月六日楚州上言：

> （楚州）城外旧有西、北两厢官，靖康胡骑蹂践俱废，绍兴复置。逆亮犯淮，两厢官及教授、山阳簿俱不置。至淳熙二年，始复教官、山阳簿。如城北厢官，则以北神监镇兼领；若城西厢官，则因循不复。缘其地接连诸湖，向来湖海之叛，群小已并缘劫掠。今虽无他，不可以全无警逻。合复置城西厢官一员，容本州（路）[踏]逐经任有材力人选辟一次。[2]

据此，则知北宋时楚州城外即置有城北、城西二厢，各有厢官；南宋前期废置，至淳熙二年（1175）乃以北神监镇兼领城北厢厢官，嘉定中复置城西厢厢官。这里的厢官，职掌“警逻”，且由楚州知州选择“有材力人”任之，显非文官，当属武职，应是厢巡检之属。

楚州为团练州，治山阳县。楚州城北临长淮，西濒运河，其城外北、西二面，自隋代以来，即为商船市铺汇聚之区。《太平寰宇记》卷一二四《淮南道》楚州山阳县记有“故仓城”，谓其“东南接州城。隋文帝初将伐陈，因旧城修筑，储盖军粮，

1 《宋会要辑稿》兵三之二，第 6802 页。
2 《宋会要辑稿》兵三之一二，第 6807 页。

有逾百万。迄于大业末年，恒有积谷”。[1]则知早在隋代，楚州城北即已成为一片集聚区，并筑有城垣。至后周世宗谋伐淮南，自楚州北神堰凿老鹳河，北神镇遂得崛起。[2]又楚州城西有末口，太宗雍熙初（984），淮南转运使乔维岳“开故沙湖，自末口至淮阴磨般口，凡四十里”，[3]末口遂成为重要的船载转运口岸。因此，城北、城西二厢官（巡检）的设立，应当主要是为了加强北神镇、末口两处繁忙码头的治安。

（6）金州厢巡。《建炎以来朝野杂记》乙集卷一七《关外诸军多私役》条记嘉定二年（1209）家子钦任金州知州，“遇岁杪，有军士夜揭民居之楮镪者，为厢巡所缚”。[4]此处之“厢巡”，亦当指州城的厢巡检。

（7）建康府城内五厢与城外二厢。景定《建康志》卷二三《城阙志三 · 诸仓》“平止仓”条下录嘉定十七年（1224）建康知府余嵘所定《平止仓须知》，其第九、十二款云：

> 一、城内五厢、城外二厢，已造鱼鳞图，以银朱、土朱、墨字三色标题，其委系下户日籴之家，了然在目。恐民居迁移，增减不常，宜每岁春首编排一次，计口出给历头，大人日一升，小儿半升。既粜，即于各户历头内龊一某日籴讫印子。
>
> 一、每遇粜米，于广济仓诸廊置场，厢官弹压，般脚之

1 《太平寰宇记》卷一二四，淮南道楚州山阳县“故仓城”，北京：中华书局，2007 年，第 2462 页。

2 《宋史》卷四〇二《陈敏传》，第 12182 页。

3 《续资治通鉴长编》卷二五，“雍熙元年二月壬午”，第 573 页。

4 《建炎以来朝野杂记》乙集卷一七《兵马 · 关外诸军多私役》，北京：中华书局，2000 年，第 819 页。

费可省，出纳之弊易防。[1]

则知至迟到南宋后期，建康府城内已置有五厢，城外置有二厢，共有七厢，各厢置有厢官。此处之“厢官”，需要负责粜米现场的治安，当为巡检之属。然鱼鳞册亦按厢编造，又当为民政机构。真德秀《西山文集》卷六《奏乞为江宁县城南厢居民代输和买状》称：

窃见建康府南门之外，有草市，谓之城南厢，环以村落，谓之第一都、第二都、第三都，皆隶本府江宁县。绍兴中，行经界，府城坊郭与诸门外不过户纳两料役钱，谓如房地，日收赁钱一文，则每年纳钱四百省。……然马军行司移屯之始，连营列戍，军民憧憧，聚彼贸易，市廛日以繁盛，财力足以倍输。[2]

景定《建康志》卷四一《田赋志二》“蠲赋杂录”录嘉定八年六月初七日建康府帖转录尚书省札子节文云：

本路安抚转运奏请：建康府城南第一、第二、第三都，系江宁县，绍兴中推行经界，将人户房地起纳两料役钱，成年计六百四十四贯七百二十八文。后于淳熙五年内，本县将

---

1 景定《建康志》卷二三《城阙志三·诸仓》，“平止仓”，《宋元方志丛刊》本，北京：中华书局，1990年，影印本，第1687页。

2 真德秀：《西山先生真文忠公文集》卷六，《奏乞为江宁县城南厢居民代输和买状》，《宋集珍本丛刊》本，第75册，北京：线装书局，2004年，影印本，第712页。

> 家业营运创增作和买绵绢钱，共三千七十二贯八百五十六文，较以畴昔，已多二千四百二十八贯一百二十八文，民力重困。[1]

这里的城南厢，下辖三都，并编制有鱼鳞册，是经界法推行之后才形成的，可能是集司法、治安与民政管理（版籍编排、赋役征发等）为一体的地域性行政机构。景定《建康志》卷二三《城阙志四 · 庐院》“慈幼局”条下录咸淳元年（1265）所定慈幼局条式，其第五款云：

> 行下诸厢及两县尉司严督地分，巡逻诸处，如有抛弃小儿，仰实时申解提督厅。每收一人，与支犒酒一瓶；如卤莽失收，觉察到官，厢官阁俸，地分等人等第究断。[2]

诸厢厢官与上元、江宁二县尉司并列，职责均包括督责“地分”巡逻所辖地域。

建康府城内的五厢之目，零星地见于景定《建康志》中。如右南厢，卷二一《城阙志二 · 楼阁》记层楼，“在府城右南厢中界花行街，楼跨街东西”；南楼，“在府城右南厢中界宽征坊，与旧佳丽楼相对”；嘉会楼，“在府城右南厢北界大木头街”。[3] 同书卷四四《祠祀志》记武成王庙，“在右南厢镇淮桥之北、御

1 景定《建康志》卷四一《田赋志二》，“蠲赋杂录”，第 1999 页。

2 景定《建康志》卷二三《城阙志四 · 庐院》，“慈幼局”，第 1707 页。

3 景定《建康志》卷二一《城阙志二 · 楼阁》，第 1645 页。

街西”。[1] 据此，则知右南厢当在建康城西南部，御街之西。右北厢，卷二一记安远楼，“在府城右北厢太平桥西南”；和熙楼，“在府城右北厢太平桥西南”。[2] 可知右北厢当包括太平桥一带。左南厢，见于卷二〇《城阙志一·门阙》“古朱雀门”条，谓“在今镇淮桥北左南厢”。[3] 至大《金陵新志》卷四下《坊里》引《乾道志》载有四厢二十坊，分别为（在）[左]南厢（领嘉瑞、长乐、翔鸾、武定等四坊）、右南厢（领承贤、舜泽、建业、兴政、雅正、凤台、滨江、永安、敦教等九坊）、左北厢（领钟山、招贤二坊）、右北厢（领立德、修文、来苏、金陵、清化五坊）。[4] 凡此四厢，大致以御街为中心，其左（东）、右（西）各分为北、南二厢，故右南厢即在城内西南部（元代称为“西南隅”），左南厢在东南部（东南隅）。而对照上列诸坊名，则知天津桥以北之城内北部以行宫为中心的衙署区（皇城），不在以上四厢之内，当即五厢中的另一厢，或可称为“子城厢”。

按宋代昇州城（建康府城）沿用杨吴顺义年间（921—927）徐温、徐知诰所筑之金陵城。景定《建康志》卷二〇《城阙志一》“今城郭”条：

> 周二十五里四十四步，上阔二丈五尺，下阔三丈五尺，高二丈五尺，内卧羊城阔四丈一尺，皆伪吴顺义中所筑

---

1 景定《建康志》卷四四《祠祀志一·诸庙》，第 2057 页。

2 景定《建康志》卷二一《城阙志二·楼阁》，第 1645 页。

3 景定《建康志》卷二〇《城阙志一·门阙》，第 1632 页。

4 至大《金陵新志》卷四下《疆域志二·坊里》，《宋元方志丛刊》本，北京：中华书局，1990 年，影印本，第 5517 页。

也。……杨溥时，徐温改筑，稍迁近南，夹淮带江，以尽地利。城西隅据石头冈阜之脊，其南接长干山势，又有伏龟楼在城上东南隅。自开宝克复，昇州城郭皆因其旧。绍兴初，略加修固。[1]

顺义间所筑之金陵府城，即包括牙城与罗城两重城垣，故至杨吴天祚三年（937），徐知诰受禅，移都江宁府（金陵府所改），即以牙城为宫城。[2]金陵城内二十坊之制，也当是顺义中兴筑罗城时所规划。南唐颇仿行唐制，其时或设有左右金吾街使，江宁府城之分为左右厢，或即源于其时。

上引至大《金陵新志》卷四下《坊里》于"其时城内分四厢"句下注称："厢有厢官，掌民讼。"[3]则知北宋时建康府城中的厢官，正式官称应是某厢勾当公事官，是掌理司法狱讼的低级官员；南宋以后，其职权范围当有所扩大，遂致兼理治安、赈济乃至版籍编排等民政事务。

（8）镇江府（润州）城的五厢。嘉定《镇江志》卷一〇《兵防》"巡铺"条：

初，厢无巡铺，官无军巡。待制史弥坚谓：滨江为郡，军民错处，戢奸弭暴，宜不若是疏。乃于五厢、江口镇创置巡铺二十八所，以二十八宿为记，铺各厢军二名，专充巡徼。

1 景定《建康志》卷二〇《城阙志一》，第1629页。

2 《资治通鉴》卷二八一《后晋纪》二，"天福二年正月戊寅"，第9169页。

3 至大《金陵新志》卷四下《坊里》，第5517页。

其下记五厢及其所属之巡铺：东西厢（五铺）、左北厢（五铺）、左南厢（五铺）、右南厢（五铺）、右北厢（五铺）、江口镇（三铺）。[1] 按：史弥坚守镇江，在嘉定六年（1213）九月至八年九月间。其创置五厢及江口镇巡铺，即在此时。上引志文称镇江府城此前“厢无巡铺，官无军巡”，然已置有厢，却无疑问。至顺《镇江志》卷二《地理·坊巷》：

> 坊隅之设，所以分城市之居民，成井邑之定制。润齿下路，郡当要冲。土瘠民贫，无甲第巨室，富商大贾。其称上户者，不过逐什一之利，以肥其家耳，初匪实产地。古无录事司，城内以隶丹徒县。宋分为左右厢官，以任郡事，旧志弗载，其详不可得闻。中为七隅，归附后亦颇仍旧。比年以来，差调烦重，岁时不登，逃亡消乏，户数减少。故七隅并而为五，由五而四，四而二。[2]

则元时仍知宋代曾于镇江府城内分置左右厢官，而且认为宋时厢官与元时录事司职能大致相同，则其所说之左右厢官，亦当为左右厢勾当公事官。

宋润州城（镇江府城）沿袭晚唐五代之旧。其子城继承孙吴时期的军事要塞铁瓮城，城周六百三十步；罗城（东西夹城）大抵初修于唐太和中王播任浙西观察使时（832—834），唐末周宝任为镇海节度、浙西观察使、润州刺史时（979—887）又曾

1 嘉定《镇江志》卷一〇《兵防》，“巡铺”，《宋元方志丛刊》本，第 2393 页。
2 至顺《镇江志》卷二《地理·坊巷》，《宋元方志丛刊》本，北京：中华书局，1990 年，影印本，第 2621 页。

扩修，城周二十六里十七步。[1]嘉定《镇江志》卷二《坊巷》记城内有崇德、践教、静宁、化隆、还仁、临津、太平等七坊，“皆仍故号”。[2]此种七坊之制，当即晚唐修筑润州罗城时或其后所形成者。南宋时仍保存此七坊制度。同书卷五《均役》云：

> 郡当冲要，土瘠民贫，信使往来，差调繁重。所贵役简劳均，递年应办国信往来合用般担礼物人夫，不逾二千人，系丹徒县官差拨坊郭人户充应。然坊正、县吏不问实用人数多寡，遍于诸坊排门差拨，闾巷骚然。守臣待制史弥坚籍定在城七坊及江口镇户口姓名，图写住止，内从例合充般担人计七千九百三十八户，以嘉定八年北使回程为始，照合差实数。每遇应办，止于一坊差拨；或一坊人数不足，然后差及两坊；若一坊人数尚多，差使未遍，直候再有应办，以本坊差尽为度。然后及以次坊分上轮。下次周而复始，居民始获安。[3]

据此，则知直到南宋中后期，镇江城内的七坊仍是户籍编排、征发徭役的基本单元，而厢则是治安区划。此前曾设置的、作为司法机构的左右厢勾当公事则似未再设置。

镇江府城内的七坊，至元代改称为七隅。至顺《镇江志》卷二《坊巷》于录事司之下记有崇德、化隆、太平、践教、静宁、

1 嘉定《镇江志》卷二《城池》，第 2334-2344 页；至顺《镇江志》卷二《城池》，第 2619-2620 页；《新唐书》卷一七九《王播传》，第 5323 页；《资治通鉴》卷二五六《唐纪》七十二，“光启三年三月”，第 8345-8346 页。另请参阅刘建国：《晋陵罗城初探》；镇江博物馆：《镇江市东晋罗城的调查和试掘》，均见《考古》1986 年第 5 期。

2 嘉定《镇江志》卷二《坊巷》，第 2336 页；

3 嘉定《镇江志》卷五《均役》，第 2352 页。

临津、还仁等七隅，名目与上引嘉定《镇江志》所记之七坊完全相同，可知元代的七隅即为宋代七坊之改称，并非由五厢所改，而上引嘉定《镇江志》所说“中为七隅”，也是指七坊。至顺《镇江志》卷二《坊巷》下原注称：

> 归附之初，每隅设坊官、坊司，皆老胥旧吏为之。役轻事简，取于民亦微。大德十一年以来，里人有言之时官者，差选殷实人户充役。凡官府排办造作，祗应杂务，羁管罪人，递运官物，闭纳酒课，催征地钱，悉委隅正。重则废家，轻则逃窜，其弊有不可胜言者。至治元年十一月，耆老建言：差设隅正，循行岁久，科差繁重，逃移规避，隅分人户多有不等。议以还仁、静宁并作一隅，止设四隅。后经二十二年，至至顺二年九月，官司又为化隆、太平、还仁三隅，地僻民贫，别无堪充隅正之家，乃以化隆并崇德，太平并还仁，号崇化、还太两隅。[1]

各隅置有坊官、坊司，负责征发科差，与宋时所置七坊正同。也说明镇江府城的“隅”，实为“坊”之改称，并不存在所谓“由厢坊制向隅坊制演变”的问题。

（9）常州城内外的四厢。咸淳《毗陵志》卷九《秩官·州兵官》“兵马都监四员”下注称：“子城、河南厢差庶姓，左、右厢差宗室。”[2]今考《宋史》卷一六七《职官志》：“州府以下都

1　至顺《镇江志》卷二《坊巷》，第2621页。

2　咸淳《毗陵志》卷九《秩官》，“州兵官”，《宋元方志丛刊》本，北京：中华书局，1990年，影印本，第3032页。

监，皆掌其本城屯驻兵甲训练、差使之事。”[1]《毗陵志》并谓：“国朝诸州军监皆置都监，以阁门祇侯以上充；三班使臣，则为监押。掌郡屯驻兵及训练之政。邱裔天圣六年以右侍禁，刀绮景祐四年以东头供奉官，并为监押，仍兼在城巡捡。”[2]据此可知，北宋时常州城内即分为子城、河南、左、右厢共四厢，各以兵马都监或监押充在城巡检，故有在城四厢巡检。

宋代常州城是晚唐五代以来多次扩张而形成的三重城垣的大规模城郭。咸淳《毗陵志》卷三《城郭》载：

> 内子城，周回四里三百一十八步，高二丈一尺。甓之。唐景龙元年，淮南节度使杨行密遣节衙检校兵部尚书唐彦随权领州事重修……今为郡治。子城，周回七里三十步，高二丈八尺，厚二丈，甓之。上有御敌楼、白露屋。伪吴顺义中刺史悰增筑，号金斗城。门四：西迎秋，南金斗，北北极。外缭以池，公于内。国朝仍其旧制。……罗城，周回二十七里三十七步，高二丈，厚称之。伪吴天祚二年刺史徐景迈筑，门有九。[3]

内子城、子城、金斗城均在运河北岸；杨吴天祚二年（936）徐景迈所筑的罗城，夹运河而筑，包括了运河南岸部分。所谓“河南厢”，当即指运河南岸的城区。子城厢，当指内子城；左、右厢，应是指金斗城的左、右厢。宋代以驻屯兵官分巡四厢之法，

---

1 《宋史》卷一六七《职官志》，第3980页。

2 咸淳《毗陵志》卷九《秩官》，“州兵官”，第3032页。

3 咸淳《毗陵志》卷三《城郭》，第2982页。

可能早在杨吴、南唐时期即已如此。

（10）绍兴府城的五厢。嘉泰《会稽志》卷四《军营》记北宋中后期绍兴府城内外屯驻禁、厢军之驻地甚悉，如禁军所属“雄节系将第一指挥，营在第五厢秦望门，熙宁二年置，额五百人；威捷系将第二指挥，营在第一厢都亭桥，大观二年置，额五百人；威果系将第念二指挥，营在第四厢鲤鱼桥东，宣和五年十一月宣置……威果系将第念三指挥，营在第三厢水沟坊南，宣和五年置，额五百人；全捷系将第四指挥，营在第五厢秦望门，宣和五年十一月置……全捷系将第五指挥，营在第三厢水沟坊南，额五百人；威果不系将五十四指挥，营在第五厢卧龙坊，宣和五年置，额五百人；全捷不系将十三指挥，营在第五厢秦望门，宣和五年置，额五百人；防守步军司指挥，营在攒宫禁围外，绍兴二年以后置”。其厢军所属，则有“崇节第七指挥，营在第五厢秦望门，熙宁二年置，额五百人；崇节第八指挥，营在第一厢钱武肃庙东，熙宁二年置，额五百人；壮城指挥，营在第一厢北善法寺侧……牢城宁节第二指挥，营在第一厢马坊桥东……屯驻营，在第五厢，附威果营”。[1]据此则知，北宋时绍兴府城内至少当分划为五厢，其中第一厢有都亭桥、马坊桥、钱武肃庙，屯驻威捷系将第二指挥、崇节第八指挥、壮城指挥、牢城宁节第二指挥等四营；第三厢有水沟坊，屯驻威果系将第念三指挥、全捷系将第五指挥两营；第四厢有鲤鱼桥，屯驻威果系将第念二指挥一营；第五厢有秦望门、卧龙坊，屯驻雄节

1 嘉泰《会稽志》卷四《军营》，《宋元方志丛刊》本，北京：中华书局，1990年，影印本，第6775-6776页。

系将第一指挥、全捷系将第四指挥、威果不系将五十四指挥、全捷不系将十三指挥、崇节第七指挥、屯驻营等六营。据同书卷一《子城》，秦望门为子城南门，由秦望门入，直北过莲花桥，即为府治；秦望门街东有雄节营、五通庙、酒务坊等，街西有第七营、第四营等；越过莲花桥，街东有司理院，街西为卧龙坊，其西则有威果营。[1] 据此，则知所谓第五厢，即包括全部子城。从秦望门沿城垣而西，有念三营，而念三营驻地属第三厢，则知第三厢当在罗城内西南部。又据同书卷一一《桥梁》，都亭桥在城东礼逊坊傍，马坊桥在府城东南，则第一厢当在罗城东南部；鲤鱼桥在府城西北，则知第四厢当在西北部。[2] 因此，绍兴城内的五厢，第五厢当即在子城内，其他四厢当在罗城内：第一、第二厢当在东部，第三、第四厢当在西部。换言之，绍兴府城内所分五厢，子城为单独一厢，罗城内分置四厢。

屯驻城中的军队都监、监押，按规定兼任在城巡检，故城内各厢，当也由屯驻各营负责，所以此种五厢分划，最初应是军队驻防警巡区划。但至迟到南宋初年，这些巡检厢可能已具备一定的行政管理功能。《宋会要辑稿》食货五九之二三录绍兴十一年（1141）十一月六日绍兴知府陈汝锡向三省报告绍兴府城火灾受灾人户情形，称："寻分委四兵官抄札人户姓名，四厢共二百三十余户。"[3] 则知包括防火在内的治安事务，确由四厢兵官（厢巡检）负责，而四厢兵官又受命统计受灾人户，显然已具行政职能。此种趋势，到南宋中后期，当更为明显。故宝庆

---

1 嘉泰《会稽志》卷二《子城》，《宋元方志丛刊》本，第 6725 页。

2 嘉泰《会稽志》卷一一《桥梁》，第 6914、6916 页。

3 《宋会要辑稿》食货五九之二三，第 5850 页。

《会稽续志》卷一《坊巷》下记五厢之目，下系以所领各坊，[1]盖已以厢作为一种行政区划。

（11）庆元府（明州）城内四厢与城外二厢。明州置于开元二十四年（736）；广德元年（763）袁晁之乱，攻破明州城；长庆元年（821）再筑。其时明州城周四百二十丈，规模甚小，只相当于县城。唐末鄞县土豪黄晟自称刺史，增筑罗城，周十八里。[2]宋沿用之。宝庆《四明志》卷三《叙郡・坊巷》记有东南、东北、西南、西北四厢，各领若干坊。[3]同书卷四记府城内井、桥等，也均按四厢分区记载，说明厢已成为分划城内地域的单元。

庆元府（明州）城内四厢的来历及其性质若何？今考同书卷七《叙兵》“禁军厢军”条下记北宋中期以后屯驻城内的禁厢军驻地较详：禁军五指挥均置于北宋中期，其中威果三十指挥，营在西南厢顺城坊；威果五十五指挥与全捷指挥，营在子城东南之居养坊；雄节指挥，营在教场东北；威胜指挥，营在西北厢石板巷。[4]禁军五指挥分驻城内四厢，当即负责屯驻地之治安防卫，或亦兼任四厢巡检。因此，明州（庆元府）城之四厢，也当源自禁军之屯驻与分巡，其初当属于巡检厢。

除城内四厢外，庆元府城外还有甬东、府西二厢。宝庆《四明志》卷七《叙兵》记属于厢官系统的船场指挥，营在城外甬

1 宝庆《会稽续志》卷一《坊巷》，《宋元方志丛刊》本，北京：中华书局，1990年，影印本，第7095-7096页。

2 乾道《四明图经》卷一《城池》，《宋元方志丛刊》本，北京：中华书局，1990年，影印本，第4878页；宝庆《四明志》卷三《叙郡・城郭》，《宋元方志丛刊》本，北京：中华书局，1990年，影印本，第5020页。

3 宝庆《四明志》卷三《叙郡》，“坊巷”，第5020-5021页。

4 宝庆《四明志》卷四《叙水》，第5036-5039页。

东厢。[1]开庆《四明续志》卷七《楼店务地》见有府西厢。其所记绍兴经界内该载楼店务地计二万九千九百三十丈二尺五寸，并说明绍兴经界由诸厢抄具的楼店务地，未包括府西、甬东二厢之楼店务地，然后具录各厢地段及应纳官钱。[2]其卷八《赈济》又录有宝祐四、五、六三年（1256—1258）及开庆元年（1259）济惠字号大小人户数，均按六厢分列（见表1）。开庆《四明续志》卷四《厢院》云：

> 本府旧无厢院，附之牢城，然牢城古之圜土，囚有滨死而获宥者，则縶于是，不得与齐民齿。齐民有讼于有司，两造未备，无亲若故可保识，则寄之厢，以防窜逸，乃与城旦之囚伍杂处秽污，间毙于疫，岂国家爱民意哉？宝祐四年九月，大使丞相吴公始至，恻然矜之，委僚吏即醋库旧址，创建厢院，为屋凡□□楹，外植垣墙，内列户牖，男女异室，如民居然。且择老成吏卒，廪以粟，俾几其出入云。[3]

这里的厢院，显然是专门为厢而设的轻罪监狱。那么，其时当有专门审理府城六厢轻罪狱讼的勾当公事官。但在庆元府城，究竟是设有一个厢官，还是按厢设有六个厢官，却没有史料足以说明。由只有一个厢院推测，可能只设有一个厢官。

---

1 宝庆《四明志》卷七《叙兵》，“禁军厢军”，第5072页。

2 开庆《四明续志》卷七《排役》，《宋元方志丛刊》本，北京：中华书局，1990年，影印本，第6004-6005页。

3 开庆《四明续志》卷四《厢院》，第5979页。

表 1　南宋末年庆元府城六厢的楼店务地与赈济人户

		东南厢	东北厢	西南厢	西北厢	府西厢	甬东厢
楼店务地	地段（丈）	3053.566	6180.463	3727.973	3751.118	2665.423	5086.058
	官钱（贯）	1904.685	3978.393	2522.899	2262.880	1055.954	2014.100
宝祐四年济惠人户	大人	2581	2091	3313	3137	643	562
	小儿	1240	821	1518	1107	338	258
宝祐五年济惠人户	大人	2408	1346	3966	2733	597	2178
	小儿	1207	1028	2029	476	326	740
宝祐六年济惠人户	大人	1529	1893	2267	1072	1686	4073
	小儿	630	728	1004	356	949	1464
开庆元年济惠人户	大人	2260	2300	4097	3232	644	978
	小儿	1225	1028	1902	977	489	538

资料来源：开庆《四明续志》卷七《楼店务地》，第 6004–6005 页；卷八《赈济》，第 6014–6016 页。

庆元府城内诸厢，入元以后，盖改称为“隅”。延祐《四明志》卷八《社》记录事司所属各社，分别为东南隅二十八社、西南隅三十九社、东北隅二十六社、西北隅三十二社。[1]其所记之四隅，当即宋代之四厢。据同书卷八《公宇》，知甬东隅属鄞县，置有尉司署。[2]

（12）严州城的左右厢。宋严州城沿用唐睦州城。唐初睦州本治新安县（宋淳安县），州城规模甚小，且屡受洪水侵袭。万

1　延祐《四明志》卷八《社》，《宋元方志丛刊》本，北京：中华书局，1990，影印本，第 6279-6280 页。

2　延祐《四明志》卷八《公宇》，第 6262 页。

岁通天二年(697)移州治建德县,城周约三里(当即北宋的子城)。唐末中和年间(881—885),余杭镇使陈晟占据其地,增筑罗城,周十九里。北宋末年方腊之乱后,重筑,周十二里二步[1]。淳熙《严州图经》卷一《坊市》记州城内各坊,分别说明其处于左、右厢。据此,可知城内左厢当有亲仁、阜俗、辑睦、望云、建安、(字)[安]民、双桂、福善等坊及东巷、下市等;右厢有安泰、甘棠、陵仙、仁里、和平、诚孝、育英等坊。而子城中的二坊,惠政坊(旧名崇仁坊)与善教坊(旧名崇化坊),分别在左领军门前东街和右领军门前西街。[2]左、右领军门之目,当沿自唐代。故颇疑严州城内的左、右厢之置,很可能始于陈晟筑罗城之时,盖其时以左、右领军分掌城内防务治安,得有左、右厢之称。而宋代严州城内的左、右厢,至少在北宋时期,应当是巡检厢。淳熙《严州图经》卷一《廨舍》:"旧制有路钤、路分、本州驻札,及州钤、都监、监押。近岁省并,只留路分一员,都监、监押共三员。"[3]路分、州府兵官均可能兼任本城巡检,推测北宋时严州城内当设有左右厢巡检。

(13)湖州城的四厢。宋湖州城为两重城垣,其子城筑于唐初武德四年(621),周一里三百六十七步;罗城为唐末景福二年(893)李师悦所筑,周二十四里。[4]嘉泰《吴兴志》卷二《坊巷》下称:"《旧图经》统记坊十有六,多名存而无表识";其下所记

1 《元和郡县图志》卷二五《江南道一》,"睦州",第607页;《资治通鉴》卷二五六《唐纪》七十二,"中和四年末",第8317页;淳熙《严州图经》卷一,"城社",《宋元方志丛刊》本,北京:中华书局,1990,影印本,第4287页。

2 淳熙《严州图经》卷一,"坊市",第4291页。

3 淳熙《严州图经》卷一,"廨舍",第4289页。

4 嘉泰《吴兴志》卷二《城池》,《宋元方志丛刊》本,第4686页。

诸坊,多为坊额建筑,并非城坊。其《旧图经》所记十六坊之制,应当是唐末修筑罗城时或其稍后形成者,北宋之大部分时间里,可能也是十六坊之制。《吴兴志》续云:“坊名乡地久废,官司乡贯,止以界称。今为界十七,分属四厢。”其下分记四厢十七界之目:左一厢,管南门、崇节、飞英、报恩等四界;左二厢,管崇新、归安、中界、迎春等四界;右一厢管南市、鹅行、石鼎、鱼楼等四界;右二厢管西市街、仓场、乌程、济川、中书等五界。[1] 此十七界,很可能是从十六坊演变而来的。

湖州城内的四厢,各设有厢吏与厢巡。嘉泰《吴兴志》卷二《城池》湖州“子城濠”条云:

> 子城濠,分霅溪支流,自两平桥入。桥之西隅,有柱石存。旧可通舟楫,市鱼虾菱藕者集焉。谯门前覆以长石,衙东门城隍庙亦有桥,以便行者。其他为民居浮檐所蔽,郡岁时督厢吏浚治云。[2]

厢吏需要负责城内河道的疏浚,职责包括城内公共事务。同书卷八《公廨》“义舍”录隆兴二年(1164)州学教授撰《收养遗弃婴儿事目》第三款规定:“合于责厢巡知委,常切常巡,察知本地分内有遗弃婴儿,即时报所委人吏收取。其厢巡每报到有遗弃婴儿一名,支给钱百文。”[3] 此处之厢巡亦负责治安与公共事务,与上举厢吏同。

1 嘉泰《吴兴志》卷二《坊巷》,第 4688-4689 页。
2 嘉泰《吴兴志》卷二《城池》,第 4686 页。
3 嘉泰《吴兴志》卷八《公廨》,第 4724 页。

（14）福州城的诸厢。唐前中期福州城规模当甚小；至中和间（881—885）福建观察使郑镒扩其东南隅、文德元年（888）陈严又复修之后，其城周才二百三十三步。唐末王氏据有福州，方大规模修建福州城垣，在子城周边筑罗城（二十六里）与南、北月城，总计城垣长达四十余里。[1] 淳熙《三山志》卷四《地理类四》“子城坊巷”下引《治平记》，谓子城厢内有安定（在东）、宜兴（在西）二坊，后分别改为依仁、遵义坊。同书卷七《公廨类》“楼店务”条引《治平记》：“左厢属州东兵马监押治所，右厢属州南兵马都监治所，后合为一，以都监主之，淳熙元年以隶司法厅。”[2] 则知罗城内分置左、右二厢，分别由东兵马监押和南兵马都监管辖。所谓东兵马监押、南兵马都监，据同书卷“驻泊都监监押厅”条所记，是因为兵马监押厅、都监厅分别在州治东、南之故。同书卷“巡检厅”条：“旧在城巡检厅以都监、监押兼。天禧中尝令南台监仓兼管四城门外巡检公事，故巡检厅在盐仓之西，今闽县尉厅是也。”[3] 则知北宋中期福州城内置左、右二厢巡检，以兵官兼任；在城外置城外巡检，以南台监仓兼管。因此，北宋时期福州城内当有子城厢与左、右厢，共为三厢。子城厢可能也由兵官兼任巡检。

此种三厢区划及其性质，到南宋时发生了变化。淳熙《三山志》卷一四《版籍》：

> 建炎间，建寇窃发，城居编户自结忠义社，于是州置左、

1 淳熙《三山志》卷四《地理类》四，第 7815-7817 页。

2 淳熙《三山志》卷七《公廨类》，第 7854 页。

3 淳熙《三山志》卷七《公廨类》，第 7849 页。

> 右、南、北厢，以有产业人充社首、副。其后贼平，乃令专掌防火器、备缓急，以一年替。乾道二年，王参政之望增城外草市社，如城内法。闽县六厢：左一厢、左二厢、左三厢、斗南厢、南津厢、兆津厢，总三十七社；门外十社：行春门外三社，合沙门外四社，美化门外三社。绍兴二十八年，知县张维括产，业户外凡在市经营物力人并籍之，以流水法差一季替。候官县三厢：右一厢、右二厢、右三厢，总十四社，委丞轮差；城外西烟火厢三社，尉差，一年替。怀安县二厢：子城厢、东渎厢，并附左一厢、右二厢。[1]

则南宋初年，北宋时所置之厢巡检当已不再发挥作用，而州城内编户各结忠义社，并在官府协调下分为四厢。至乾道二年（1166），复整顿州城内外所置厢社，合计州城内外三县所领共有十二厢。此十二厢是版籍编排单元，掌理在福州城内外居住、经商的业户与有产业的人户。编入厢、社的人户有承担差役之责。淳熙《三山志》卷一三《版籍》记“州县役人”中有“客司”，原注称：“内十七人权募，或充诸厢虞候，及非泛差使。”[2]上引文中所见由县丞或尉轮差的各厢役职，除社首、副外，当即此种厢虞候。

乾道二年福州城内外三县所属之十二厢中，属闽县者六厢，属候官县者三厢，闽、候官二县并为福州附郭县，闽县在东，候官在西。属怀安县的子城、东渎二厢，“并附左一厢、右二

1 淳熙《三山志》卷一四《版籍类》五，第7901页。
2 淳熙《三山志》卷一三《版籍类》四，第7889页。

厢”，即分别附在属闽县的左一厢、属候官县的右二厢之下，却需略加辨析。怀安县，《太平寰宇记》谓在福州西北四十五里，领九乡，“皇朝太平兴国七年割闽县敦业等九乡置怀安县”。[1]《舆地纪胜》卷一二八福建路福州县沿革栏“怀安县”下称：“在州北二十里。《国朝会要》云：太平兴国五年，析闽县置。《图经》云：本朝太平兴国六年析闽县置怀安县，初治芋源，咸平二年移石岊山。”[2]淳熙《三山志》卷三《地理》“怀安”县云：“州西北二十里。皇朝太平兴国六年，郡守何允昭奏闽县画疆不啻百里，户仅二万，吏患簿籍繁、征输远，（折）［析］九乡八千户置。初治芋原，江北三十里。咸平二年，转运使丁谓奏移石岊，民便之，始广故驿为今治。”[3]则怀安县初治芋源，在福州西北四十五里；咸平二年（999）移治石岊山，在福州北二十里，或当在今福州新店镇一带。其所属之子城厢、东渎厢，却并不在其县治周围，而在福州城内及城东北郊之东湖附近。福州市北郊浮仓山所出黄氏买地券记黄氏生前籍属，作“福州怀安县八座乡观风里”。[4]八座乡观风里，据淳熙《三山志》卷三载，“附城。东渎、东湖。严高筑城日，与西湖同凿，今为田，人呼之为湖塍”。[5]湖塍，当即今之湖前，则观风里当即在今福州城东北部的湖前、龟山、五凤山一带。东渎厢显然因东渎而得名，与福州东湖相近。

---

1 《太平寰宇记》卷一〇〇《江南东道十二》，福州“怀安县”，第 1996 页。

2 《舆地纪胜》卷一二八，福建路福州“怀安县”，北京：中华书局，1992 年，影印本，第 3646 页。

3 淳熙《三山志》卷三《地理类》三，“怀安”，第 7813 页。

4 福建省博物馆：《福州市北郊南宋墓清理简报》，《文物》1977 年第 7 期；福建省博物馆编：《福州南宋黄升墓》，北京：文物出版社，1982 年，第 82-83 页。

5 淳熙《三山志》卷三《地理类》三，“怀安”，第 7814 页。

据同墓所出黄氏墓志铭，黄氏乃将仕郎赵与骏之妻，而赵与骏系出赵宋宗室，为赵师恕之孙。《舆地纪胜》卷一二八福州沿革“西外宗正司”引《长乐志》云：“绍兴三年，西外宗正置司福州，因以太平寺为西外宗正司，怀安天宫院今为西外睦宗院。”[1]则南来之赵氏宗室多隶籍于怀安县，而其居地则在福州城北之东渎厢与城内之子城厢。故上引淳熙《三山志》所记怀安县的子城厢与东渎厢，实际上都在福州城内外。

（15）池州城的四厢。《宋会要辑稿》方域一一之三五录嘉泰三年（1203）五月二十一日权知阁门使事张时修上言曰：“池州系江淮、蜀汉等路递角聚会去处，疆界阔远，盗拆奸弊多在本州管下。窃见本州城止分四厢，却有兵官五员，今除四员各管厢事外，乞差一员兼稽察本州界内三方递角，无妨兵官职事。”[2]则知池州城内分划为四厢，各有兵官掌管。

（16）潮州城的四厢。《永乐大典》卷五三四三“潮”字韵“潮州府”下录《三阳志》述潮州营筑城郭之始末，谓潮州子城本为土工，四围各六十步，北宋中期已圮。至和元年（1054），知州郑伸主持修筑，并以土筑外郛，周一千一百七十丈。绍兴十四年（1144），知州李广文主持重修，“四厢居民，各筑其地”，然卒未完工。“子城外带郭而家者，西、南、北各五里，东以江水隔，民居才二里。”端平初（1234），知州叶观“复檄厢官巡视，即两所坏处为之修补”。[3]则知南宋时潮州罗城内分置四厢，各有厢官。但这里的厢官负责巡视城池，并修补城垣，应是职

1 《舆地纪胜》卷一二八，福州沿革“西外宗正司”，第 3646 页。

2 《宋会要辑稿》方域一一之三五，第 7517 页。

3 《永乐大典》卷五三四三“潮”字韵“潮州府”，第 2451-2452 页。

司治安的厢巡兵官，而非审理狱讼的勾当公事官。

潮州外城四厢之目，据《三阳志 · 坛场》所记，有南厢（三阳门外）、北厢，推测当即称为南、北、东、西厢。《永乐大典》卷五三四三“潮”字韵下又录有《三阳图志》，谓“元平江南，至元二十七年大籍户，以本州为中路总管府，于城内设录事司，城外四厢隶焉”。[1]《三阳图志》又记城内四厢赋役，谓：“城内四厢居民旧有身丁钱，前此官吏只凭丁籍取办。然市井小民迁徙不常，无由追纳。其间又有老病而不为销去者，有物故而科及妻子者，公私交病焉。淳祐癸卯，郑侯良臣始编排在城白（于）[丁]，计七千七百单三户，尽为销豁。”[2]淳祐癸卯（三年，1243）郑良臣编排在城白丁，应即按厢编排，说明其时潮州城的厢已成为基层行政管理单元。

（17）广州城的诸厢。《宋会要辑稿》方域一九之三六至三七录嘉定六年（1213）五月二十八日枢密院上言引广东经略安抚司申状，谓：

> 又委官相度详议到：广州有右一厢兵马添监、右（一）[二]厢兵马监押、右三厢兵马都监，共三厢，所管界分坊巷次第连接。已将右一厢地分分而为二，东以属兵马监押兼管，西以属兵马都监巡捕，却合省并右一厢兵马添监一员，充流溪里赤岗巡检，兼烟火职事。[3]

1 《永乐大典》卷五三四三“潮”字韵“潮州府”，第 2449 页。

2 《永乐大典》卷五三四三“潮”字韵“潮州府”，第 2456 页。

3 《宋会要辑稿》方域一九之三六至三七，第 7643-7644 页。

此处见有右一、右二、右三厢，各由都监、监押等兵官分巡。嘉定六年的调整，将右一厢一分为二，分别由右二、右三厢的兵官负责巡察，将原右一厢兵官兵马添监调任流溪里赤岗巡检。申状中未提到广州城内的其他各厢，以情理推测，至少当有六厢，即左、右各三厢。

（18）西和州的厢司。《宋会要辑稿》方域六之一八录绍兴二十八年（1158）二月二十二日礼、户部上言引西和州申状，谓：

> 本州元系岷州，后改为西和州，其间名称未正。乞改纯礼观为天庆观，广慈院为报恩光孝禅院，酒税务为在城清酒商税务。镇司并厢司烟火公事委都监，市令司委知录，其余户婚民讼归倚郭长道县，或理断未尽，许诉于州。[1]

其所说之“厢司”，由都监负责，也是巡检厢性质。西和州附郭县为长道县。据《元丰九域志》卷三《陕西路》秦凤路岷州“长道县”下记载，北宋中期长道县有长道、故城、白石等八镇，则知所谓长道县本由长道镇所改。[2]西和州申状中所说之“镇司”，当即监镇。盖西和州治地本为长道镇，原置有监镇（镇司）；立为州治后，又置有厢司，故有“名称未正”、职司不明之事，州府方申言以厘正之。

（19）潭州的厢官。《宋史》卷四〇一《辛弃疾传》记淳熙六年（1179）辛弃疾在潭州知州、湖南安抚使任上的诸种举措

1 《宋会要辑稿》方域六之一八，第 7414 页。

2 《元丰九域志》卷三《陕西路》，北京：中华书局，1984 年，第 130 页。

特别是组建飞虎营事其悉，中谓："时秋霖几月，所司言造瓦不易。……令厢官自官舍、神祠外，应居民家取沟匨瓦二，不二日皆具，僚属叹伏。"[1] 此处之潭州"厢官"受命收集旧瓦，为营建飞虎军营做准备，应当是兼任厢巡检的州府兵官。《元史 · 地理志》天临路（宋潭州所改）"录事司"原注："宋有兵马司，都监领之。元至元十四年，改置。"[2] 其所说之兵马司，当即厢巡检司。

（20）温州的在城监与厢界义社。《宋会要辑稿》瑞异二之四四至四五录嘉定四年（1211）正月七日温州上言，云：

> 本州并海，每遇深冬，骤风时作。忽于十一月初十日夜在城监前界居民遗漏，知郡即同当职官躬率官兵并厢界义社前往救扑。是时风急火炽，遂亲督合干救火军民于火将至处拨屋，断截火路，并力运水救扑，即得熄灭。已委官括责被火沿烧居民七十六家，并拨倒赡军酒库门台外，不曾坏官舍。本州已抄札贫乏之家，支给钱米赈恤，并执状付被火人户收买竹木，起盖屋宇居住，免收税钱。[3]

包伟民说：这里的"在城监"，应该就是指厢区，估计是由于以州军兵马都监为"厢官"之故，而将厢转称为监，应可从（或者更可能就是"在城兵马都监"的简称）。然这里的厢官受命检括受灾人户，已具部分行政职能，与上论南宋后期绍兴、庆元

1 《宋史》卷四〇一《辛弃疾传》，第 12163-12164 页。
2 《元史》卷六三《地理志》六，北京：中华书局，1976 年，第 1528 页。
3 《宋会要辑稿》瑞异二之四四，第 2103 页。

府的情形相类似。而诸厢界立有义社，又与南宋时福州城内外所立之忠义社相似。

又，乾道中任为温州知州的王之望在《温州遗火乞赐降黜奏札》中详细叙述了一次温州火灾的情形，述及“是夜二更后，城外南厢居民遗火，亦即时救灭，烧一十五家，计二十间，并系茅屋”。则知温州城外有城南厢。[1]

（21）泸州城的左、右厢和城外巡检司。《永乐大典》卷二二一七“泸”字韵“泸州”下引《江阳谱》甚悉，其“城池”下谓宋初泸州本无城，仅设篱寨；皇祐二年（1050），始易以木栅。元丰六年（1083），泸南安抚使王光祖“帖差厢军作一千五百人展筑”，筑为土垣，上仍树木栅。其下录有崇宁五年（1106）泸州上梓州路提刑司申状，称：“七月初五日，节次据厢界并修城壕寨司等处申：‘今月初四日夜三更已后，大江并支江水泛涨，自外入城，水势湍猛，漂散木栅材料，相近十字街口，并合流注，淹浸城壁官私屋宇等事。州司已节次行遣，分头差官同与都监照管城壁，及逐急差拨壕寨、壮城、克宁兵级，守护土城，收救木栅材料。’”[2]则知北宋后期泸州城已分划厢界，由“都监”负责照管。

泸州城内受地势制约，城区集中在濒江地带，“其东顺江，自北而南，为一长街，其坊五”。此五坊被称为右厢。“其北自东而西，又为一长街，其坊一”，则为左厢。南门来远门外有酒

1 王之望：《汉滨集》卷七《温州遗火乞赐降黜奏札》，《景印文渊阁四库全书》本，台北：台湾商务印书馆，1986年，第1139册，第756页。

2 《永乐大典》卷二二一七“泸”字韵“泸州”，第629-630页。

务街、篋桥街，划分三坊，则属城外巡尉司管辖。[1] 显然，城内左、右厢与城外巡尉司一样，都是分巡治安机构。

（22）嘉兴府（秀州）城内的三厢。至元《嘉禾志》卷一《沿革》记元时嘉兴路领府一、县三、司一，其中录事司，“城以内隶焉。宋置南、北、西三厢。圣朝至元十三年废，遂置兵马司。至元十四年，改为录事司”。[2]《元史·地理志》嘉兴路“录事司”下所记与此相同。宋时嘉兴府城三厢之来源及其性质如何不详，然至元十三年改置兵马司，仍然是以防卫治安为其主要职能。

（23）宁国府（宣州）城的四厢。《元史》卷六二《地理志五》宁国路“录事司”下原注：“旧立四厢，元至元十四年，废四厢创立。”[3] 则知宋时宁国府城曾立有四厢。按：宁国府本为唐、北宋时期之宣州，南宋乾道三年（1167）升为宁国府。宣州城盖初筑于晋代，隋平陈后重修。中晚唐五代，宣州为宣歙观察使、宁国军节度使治所。南唐保大十四年（956），宣州巡检使柴克宏曾大规模扩修城垣，后林仁肇续修，城周达十里余。[4] 宋宣州（宁国府）城所置四厢，今见宋代文献中未见有直接记载，惟见于上引《元史·地理志》，其四厢之分划如何，不详。惟《永乐大典》卷一五一四〇“队”字韵引南宋嘉定初宁国知府赵希远所修《宣城志》，记府衙南设有潜火队，绍兴二十一年（1151）知州王晌置，

1 《永乐大典》卷二二一七“泸”字韵“泸州”，第 631-632 页。

2 至元《嘉禾志》卷一《沿革》，《宋元方志丛刊》本，北京：中华书局，1990 年，影印本，第 4417 页。

3 《元史》卷六二《地理志》五，第 1499 页。

4 韩熙载：《宣州筑新城记》，见《全唐文》卷八七七，北京：中华书局，1983 年，影印本，第 9171-9172 页。

兵百人，“例差提督指使一员”。[1] 州城防火事宜，向由厢巡负责；潜火队之提督指使，可能也由厢巡兼任。

（24）徽州城的四厢。《元史·地理志》徽州路“录事司”原注：“旧设四厢，至元十四年改置。”[2] 宋徽州城沿用唐歙州城。唐歙州城筑于大中九年（855），周一里四十二步；中和三年（883）筑罗城，周四里二步；中和五年复扩筑之，城周达九里七步；光化间（898—901），复以此前所筑罗城外西北的堤防为基础，加筑一段长四里的城垣，称为新城。[3] 北宋末年方腊之乱，尝毁其城；乱平后重建，不复保留子城，城周七里三十步，六门。据淳熙《新安志》卷一《官府》，南宋时徽州置兵马都监、添差兵马都监、兵马监押各一员，厅分别在司晨坊、通济坊和孝义坊，当分巡城内各厢。[4] 疑徽州城内本有三厢，四厢之制当是南宋末的情形。

（25）太平州城的四厢。《元史·地理志》太平路“录事司”原注：“旧设四厢，至元十四年改立。”[5] 太平州本唐宣州当涂县；后周据有江淮，南唐于当涂县立新和州，复建为雄远军；开宝八年（975）平江南，改为平南军，太平兴国二年（977）升为太平州。《续资治通鉴长编》卷一五“开宝七年十月壬戌”条：“曹

1 《永乐大典》卷一五一四〇，“队”字韵，第 6827 页。

2 《元史》卷六二《地理志》五，第 1500 页。

3 淳熙《新安志》卷一《城社》，《宋元方志丛刊》本，北京：中华书局，1990 年，影印本，第 7607 页；杨夔：《歙州重筑新城记》，见《文苑英华》卷八一一，北京：中华书局，1966 年，影印本，第 4287 页。

4 淳熙《新安志》卷一《官府》，第 7611 页。

5 《元史》卷六二《地理志》五，第 1502 页。

彬等至当涂，雄远军判官婺源魏羽以城降。”[1]则知其时太平州已筑有城垣。《舆地纪胜》卷一八江南东路太平州“景物”栏下记有碧云亭与清风亭，均谓“在子城上”，[2]则知太平州城亦有子城、罗城两重城垣。南宋时太平州一向屯驻大军，其所设四厢，当是南宋时的情形。

（26）饶州城的三厢与厢官。《元史·地理志》饶州路“录事司”原注：“旧设三厢，至元十四年改立。”[3]《夷坚志》丁志卷一四《孔都》记饶州狱卒孔都，溺死于澹津湖，由“厢官涝出尸”。[4]这里所见的厢官，亦当为负责治安之厢巡。

（27）隆兴府（洪州）城内六厢、城外三厢。《元史·地理志》龙兴路“录事司”原注：“宋以南昌、新建二县分置九厢。元至元十三年，废城内六厢，置录事司。”其“南昌”县下原注：“至元二十年，割录事司所领城外二厢、东南两关来属。”[5]按：南昌、新建二县均为洪州（隆兴府）附郭县，南昌在东，新建在西，二县辖区大致以赣水为界。据此可知：宋时洪州（隆兴府）城内当分置六厢，城外属南昌县者二厢，另一厢当属新建县。

（28）抚州城的三厢。《元史·地理志》抚州路“录事司”原注：“至元十四年，废宋三厢立。”[6]按：抚州罗城筑于唐光启三

1 《续资治通鉴长编》卷一五，“开宝七年十月壬戌”，第326页。
2 《舆地纪胜》卷一八，太平州“景物”栏，北京：中华书局，1992年，影印本，第825页。
3 《元史》卷六二《地理志》五，第1500页。
4 《夷坚志》丁志卷一四《孔都》，北京：中华书局，1981年，第656页。
5 《元史》卷六二《地理志》五，第1508页。
6 《元史》卷六二《地理志》五，第1511页。

年（887），周十五里三十步；内有子城，周一里二百二十二步。[1] 据宋末景定间知州家坤翁修、周彦约纂《临川志》所记，城内当有具庆、兴鲁、文公、招贤、仁孝、庆延等坊。又记其时抚州驻扎兵马都监、兵马监押、添差兵马监押各一员，[2] 推测城内的三厢或即此三兵官的分巡区划。

包伟民引南宋末年任抚州知州的黄震于咸淳七年（1271）所撰《乞省罢宜黄县监酒申省状》，其中提到“添差宜黄县不厘务监酒、权北厢监押赵与埛，私受饶县尉计置官会一千八百贯，将所分航步等三仓不尽行监贷，纵容仓干搬贩出界。”包先生认为此处所见的“北厢”是宜黄县所设。今细绎此状下文称：“契勘赵与埛，寅缘权摄，已三更郡守而不去，闻前后私受白状，扰人不一。近者，寄居乐县尉运米入城应粜，本州方令赵与埛监视，顷刻之间，即诈取乐县尉干人官会四十八贯。又欺诈斗子酒食，鞭之五十下。于此而犹忍为此，则他可知矣。前项赃数并系将厢吏亲随根究引对，赵与埛供认，入已实数分明。本州除已将厢吏亲随断讫编管外，所有赵与埛因监贷监粜非法取受情罪，所合具申公朝，取自指挥施行。仍乞钧慈，将宜黄县添差无用监酒一员省罢，下部照应，永不作阙。”[3] 据此，则知赵与埛之本职为“添差宜黄县不厘务监酒”，其权摄北厢监押，是他谋来的摄职；又由其受命监督州城赈粜事务观之，其所任之

1 《永乐大典》卷八〇九二“城”字韵，“抚州府城”引《临川志》，第 3777 页；又见马蓉等：《永乐大典方志辑佚》，第 1897-1905 页。

2 《永乐大典》卷一〇九五〇“抚”字韵，第 4546-4547、4551 页；又见马蓉等：《永乐大典方志辑佚》，第 1914-1915、1933 页。

3 黄震：《慈溪黄氏日钞》卷七五《乞省罢宜黄县监酒申省状》，《中华再造善本》本，据上海图书馆藏后至元三年刻本影印，北京：北京图书馆出版社，2005 年，第十七页上、下。

北厢监押，应当是抚州城的北厢监押，而非宜黄县的北厢监押。

（29）韶州城的城内二厢、城外三厢。《元史 · 地理志》韶州路“曲江”县下原注：“元初，分县城西厢地及城外三厢，属录事司。”[1] 曲江为韶州附郭县。“西”字当为“两”字之误，盖如果韶州城内除西厢外，尚有东厢，不当不入录事司管辖。据此，宋时韶州城内当有二厢，城外另有三厢。

（30）衡州城的五厢。《元史 · 地理志》衡州路“录事司”原注：“宋立兵马司，分在城民户为五厢。元至元十三年改立。”[2] 所谓“兵马司”，当指兵马都监、兵马监押等兵官所兼任之在城巡检司。据此，可知宋时衡州城分置五厢，领在城民户，厢当已成为民籍编排单元。

（31）武冈军城的四厢。《元史 · 地理志》武冈路“录事司”原注：“旧有兵马司，领四厢。至元十五年改立。”[3] 元武冈路为宋时武冈军所改。武冈是下州，北宋崇宁四年（1105）方立为军。然在北宋创置武冈军的敕牒中，已称其地“疆境阔，户口繁，市井稠密，商旅往还”。[4] 故武冈军城四厢之制，或可上溯至北宋末年立军之时。

（32）兴化军城的二厢。《元史 · 地理志》兴化路“莆田”县下原注：“宋置兴化军，迁治莆田。元至元十三年，割左、右二厢属录事司，县如故。”[5] 按：兴化军置于太平兴国四年（979），

---

1 《元史》卷六二《地理志》五，第 1515 页。

2 《元史》卷六三《地理志》六，第 1529 页。

3 《元史》卷六三《地理志》六，第 1531 页。

4 《舆地纪胜》卷六二，荆湖南路武冈军“风俗形胜”，第 2165 页。

5 《元史》卷六二《地理志》五，第 1505 页。

八年即移治莆田县。《永乐大典》卷七五一四“仓”字韵“平粜仓”引宋《莆阳志》,谓兴化军平粜仓“在子城西”,又记有都仓,“在军治之东隅天禧坊内”。[1]则知宋时兴化军城当有子城、罗城,罗城内分置诸坊。而此种子、罗城格局与左右二厢、诸坊之制,当形成于太平兴国四年移治莆田县之后。

(33)漳州城的城内三厢与城外二厢。万历《漳州府志》卷一三龙溪县《规制志 · 厢里》述明时漳州城的厢、图之制,谓:

> 东北隅:统图三,宋左厢。西隅:统图三,宋右厢。南隅:统图三,宋城内厢。东厢:统图一,在府城东门外,宋城东厢。南厢:统图一,在府城南门外,宋城南厢。[2]

则宋时漳州城内设有三厢,城外另有城东、城南二厢。《永乐大典》卷七五一六“仓”字韵引宋人纂《清漳志》,谓漳州有省仓,“在子城内东北隅”,[3]则知宋时漳州有子城。万历《漳州府志》所记“宋城内厢”,当作“内城厢”,亦即子城厢,盖左、右二厢均在城内,不当另有“城内厢”。

(34)泉州城的诸厢。《西山文集》卷四〇《泉州劝孝文》称:“数月以来,累据诸厢申到,如黄章取肝以救母,刘祥取肝以救

---

1 《永乐大典》卷七五一四“仓”字韵,“平粜仓”,第3431页;卷七五一六“仓”字韵,“都仓”,第3451页。又见马蓉等:《永乐大典方志辑佚》,第1114、1116页。

2 万历《漳州府志》卷一三《龙溪县》,《规制志 · 厢里》,吴相湘主编:《中国史学丛书 · 初编》本,据万历元年刻本影印,台北:学生书局,1966年,第236页。

3 《永乐大典》卷七五一六“仓”字韵,“省仓”,第3454页;又见马蓉等:《永乐大典方志辑佚》,第1152页。

父。”[1]则知南宋时泉州城内置有诸厢。《宋会要辑稿》瑞异二之四三录嘉定元年（1208）泉州申言，称：

> 九月四日夜，有衙门前厢、行春门内居民遗漏，州司躬亲领带潜火衙兵，关报左翼军差拨官兵并力救助，即时扑灭。本州于有管钱内支钱一千贯文，给与左翼军官兵犒设。所有被火沿烧之家，委晋江县赵迪功、权都监宋从义亲（谊）[诣]地体究，见得二十七家被烧，一十三家屋宇被拆。除二十一家系有力之家外，其余并系经纪小民。[2]

今考行春门为泉州子城南门，故行春门内之衙门前厢，当即子城厢。据说，泉州开元寺石塔有“右南厢”字样的石刻，一般认为是宋代石刻。[3]据此，或可推测宋代泉州城当有右南、右北、左南、左北四厢及子城厢，共五厢。

（35）建州（建宁府）城的六厢。《宋会要辑稿》食货二二之三五录《建安续志 · 盐课》记嘉定中建州盐法甚悉，谓盐纲运到南剑州后，建州即“差人船前去护至本府城下，即时扛入（覩）[都]盐仓，防沿路侵盗俵散。……府城内外人户、寺观，从旧多食私盐，公括责六厢坊巷人户及酒食面店淹藏等户，每户给历，请买官盐，仍别给簿，发下都盐坊、九城门坊收管。遇人

---

1 真德秀《西山先生真文忠公文集》卷四〇《泉州劝孝文》，《宋集珍本丛刊》本，第 76 册，第 408-409 页。

2 《宋会要辑稿》瑞异二之四三至四四，第 2103 页。

3 庄为玑：《泉州历代城址的探索》，见中国考古学会编：《中国考古学会第一次年会论文集》（1979 年），北京：文物出版社，1980 年，第 367-379 页。

户执历买盐，即对簿批凿为证。间索诸坊簿历不测花点不买官盐人户一二名，唤上取问因，依随轻重临时斟酌施行”。[1] 则建州（建宁府）城内分六厢，厢各统有坊巷若干，官盐专卖按厢、坊编排人户。其下文又见有“北厢官相视到仓门右边，并系低墙，居民一十二家靠墙居住，即是日前盗出官盐之所”。[2] 据此，则知厢官职司包括稽查私盐，保障官盐运销。

按：建州城规模较大。唐建中元年（780），建州刺史重建的州城周长即有九里三百四十三步；天祐间（904—907），刺史孟威添筑罗城。闽永隆三年（941），建州刺史王延政谋据建州自立，扩筑城垣，周长达二十里。罗城内的子城周四里。[3] 宋代建州城沿用之，故城内分置六厢，是可以理解的。

综上所考，可以认知：（1）宋代地方城市中的厢，其初乃是州、府、军治所城市的警巡治安区划，主要由州府都监、监押等统兵官兼任在城巡检，主管督察盗贼等治安事务，即所谓“以外路州军言之，捕盗之官，在城内则都监、监押，城外则巡检、县尉，盖不可易之官也”。[4] 这在制度上与都城开封府城由马、步军司帅臣、“四厢主”负责城内防卫，但不干预“寻常盗贼”有很大不同，与京城（以及陪都）设置左、右军巡使掌理城内一般治安事务，然隶属于京尹的安排，也不相同。由于屯驻各州、府、军的总管、钤辖、都监、监押等将兵之官属于军

1 《宋会要辑稿》食货二二之三五，第 5173 页。

2 《宋会要辑稿》食货二二之三八，第 5174 页。

3 嘉靖《建宁府志》卷七《城池》,《天一阁明代方志选刊》本，上海：上海古籍书店，1964 年，影印本，第一页。

4 毕仲游：《西台集》卷一《乞置京城厢巡检札子》,《丛书集成初编》本，上海：商务印书馆，1935 年，第 10 页。

队系统，并不隶属于州、府、军长官，更非州、府、军佐贰僚属，故由其掌握州、府、军治所城市的防卫治安，实际上是分割了州、府、军长吏的地方控制权。但由于宋代武将之地位在总体上呈下降趋势，特别是南宋时期州府军都监、监押所统之厢禁军实已沦为地方军队的背景下，州府军统兵官实际上成为隶属于州府军长吏的地方兵官，其所负责的州府军治所城市的治安，也渐次纳入地方军政系统当中。（2）虽然制度规定“州府以下都监皆掌其本城屯驻兵甲训练、差使”之事，但各州府军驻屯的统兵官数额不同，致其负责的治所城市治安的分划就各不相同：在规模较小的州府军治所城市，全城治安防务由一位兵官负责，遂不再分划城区，全城只有一厢（如上考之西和州城）。而在规模较大、屯驻兵官较多的州府军治所城市，则将城区分划为两个或两个以上的厢，分由统兵官兼任巡检。一般说来，分置左、右二厢的情况可能较普遍（如邓州城、襄州城、北宋时期的福州城、泸州城、韶州城、兴化军城等），进而是再将左、右厢各分为二或三，遂有四厢（如常州城、庆元府城、湖州城、池州城、潮州城、宁国府城、徽州城、太平州城、武冈军城等）或六厢（如广州城、隆兴府城、建州城等）。在将子城单独列为警巡区（子城厢）的情况下，遂有三厢（如嘉兴府城、饶州城、抚州城、漳州城等）或五厢（如建康府城、镇江府城、衡州城等）。城外设置的各厢，既有由屯驻统兵官兼任巡检者（如庆元府城外的府西厢与甬东厢），但大抵仍以由隶属于附郭县的尉司、巡检负责为主（如建康府城外的城南厢）。（3）由统兵官兼任的厢巡检，在制度上并无审理狱讼之权，但在北宋时期，承晚唐五代武将权力极度扩张之余绪，厢校、巡检擅掌刑狱之事频频发生，故北宋前中期，颇见禁止厢校、镇将妄理词讼之命。如天圣六年（1028）四月，“诏禁诸厢、镇擅置刑禁者。至道初，禁镇将、厢校妄理词诉而（禁）[擅]棰人者。至是，（颖）[颍]州厢校张珪强棰牛者为盗至死。刑部请申前制”。天圣七年八月十九日，又诏“京城斗竞，愿送开封府者，并听，本厢巡检不得断决；外州巡检，亦准此，送所属州府”。[1]然因职司治安，故侵夺司法审理，实为势所必然。所以，虽然屡经禁断，而事实上厢巡审理诉讼之事却频有发生，到后来，遂成为定例，甚至设有厢狱。然厢巡审理词讼，大约与开封、临安所置之勾当公事所相似，应限于轻罪的民事纠纷，较重的刑狱仍归附郭县审理。换言之，州府军治所城市的司法权虽然受到厢巡的侵夺，但主要仍是由附郭县掌握的。在这个意义上，很难说州府治所城市的厢坊“不归附郭县管辖，而由州、府直接管辖”。（4）作为治安区划的厢，在其设置之初，可能即拥有掌管辖区民户版籍的职权。宋天圣十年王信为父母买地券称王信为“并州右厢开食店”、明道二年陶美墓至称陶美为“在并州左第一厢、大铁炉为活”，显然是将“厢”作为界定王信、陶美身份的区划与户籍管理单元；宋元祐元年（1086）赵怀为父赵荣等买地契、元祐七年梁大郎买地合同、崇宁二年张氏二娘买地券则明确地将邓州右厢第四界、庐州合肥县左厢慕善坊、襄州左厢第二界，作为亡人生前籍属之所在。凡此，皆说明“厢”是拥有管理辖境内民籍户口的职权。到南宋时期，厢越来越多地介入到赈济等地方公共事务中，其作为城市社会管理单元的意义越来越大。

---

1 《宋会要辑稿》兵三之二，第6802页。

这里还有一个问题需要辨析。包伟民说:南宋时期,各地“外县”（即并非州府附郭的县）设厢的情况比较普遍。而在上文的考察中，我们却几乎未见到一个“外县”置厢的实例。包先生所举的福州怀安县的子城厢与东渎厢，以及抚州宜黄县的北厢，据上文所考，在材料上都需要慎重辨析。而包先生所引政和四年（1114）八月十三日权发遣广南东路转运判官公事李尧文的上言，则对其说甚为有利：

> 窃见诸州外县多以公事付厢收系,动成底滞。县之有厢，止于地分厢界，非有舍狱之设也，类以邸店逐月轮受。厢吏恣行乞取，其毒有甚于囹圄，愿行禁止。应诸县不得以公事付厢收系，委监司常切觉察，庶几人均恤隐之泽，可以仰副陛下子育庶民之意。[1]

李尧文明言诸州外县“多以公事付厢收系”，足见各外县置厢乃为普遍情形。其所说之“公事”，当指词讼公事，亦仅限于轻罪诉讼，故涉案之人往往被系于类似邸店的“厢院”之中，只是因为厢吏“恣行乞取”，才致使厢院之毒“有甚于囹圄”。这说明各县在县城专门划分了“厢界”,界内人户的轻罪诉讼由“厢吏”掌管。但是，在今见文献中，确未见有外县置厢之实例，而由于李尧文所言较为抽象，并无法指明究是何县或哪些县设置了厢界，并“多以公事付厢收系”，而且文献中未见有关于县城“厢吏”的更多记载，故我们倾向于认为李尧文所言，很

1 《宋会要辑稿》刑法二之六三，第 6527 页。

可能是北宋后期广南东路部分“外县”的“违制”之举。然此说并无充足证据，聊备为一说。对于宋代县城是否普遍置厢，姑且存疑。

六、余论：唐宋时期城市控制的实质

如所周知，“厢”的本义，是指正房两旁的廊或室；正房坐北朝南，故两厢得称为左、右厢或东、西厢。《续汉书·礼仪志》“大丧”记天子大敛之仪，谓：“大敛于两楹之间，五官、左右虎贲、羽林五将，各将所部，执虎贲戟，屯殿端门陛左右厢，中黄门持兵陛殿上。”[1]是陈兵于宫殿正门外之左右两侧，即左右厢。将左、右厢用于军队编制与军事行动，遂指左、右翼或左、右两个部分。北朝时，军队即有左、右厢之称；隋、唐、五代沿用之，并渐次成为固定的军事编制单位，“诸军各分左、右厢统之”，将官之职衔亦多系以左、右厢之名。[2]军队编制即分为左、右厢，乃以左、右厢分称其军营或屯驻、防守之区，遂在理中。故以为宋代城市之分置左右厢，乃源于军队编制与驻防，在方向上是正确的。据理推测，将城郭之内区域分为左、右两部分的做法，或可上溯至北朝时代。其时隶属军府（不隶州郡户籍）的镇民、城民多居于城郭之中，筑

1 司马彪：《续汉书·志》卷六《礼仪志》下，中华书局校点本《后汉书》第十一册，北京：中华书局，1965年，第3142页。

2 参阅肖爱民：《中国古代北方游牧民族两翼制度研究》，北京：人民出版社，2007年；王曾瑜：《宋代军制初探》（增订本），北京：中华书局，2011年，第30-33页。

垣以守[1]。既然以左、右厢作为军队编制的基本方式，推测镇民、城民在城郭之中的屯驻与防卫，也当按左、右厢分划区域（进而言之，同时分划的坊，也与部落兵之编制与分区屯驻有着密切关联，说另详）。

北周、隋、唐诸官、兵、礼之制，多分置左、右，长安城（以及洛阳城）左、右金吾街使之设，亦当是此种左、右分置制度的组成部分。而左、右街使分辖之区，实际上就是长安（以及洛阳）城的左、右二厢。故在城市中由军队系统负责治安并分区警备，至少可上溯至长安城中的左、右街使。隋与唐前期州府治所城市，是否亦分置左、右厢，尚不能详知，但可以肯定，中唐以后，诸节镇治所及部分州府城市，因屯驻的军队大都分置左、右厢，其在城内的屯驻、防守之区遂相应地亦分为左、右厢，而子城则别为一区，多由节镇或州府长吏之亲信将领直接负责，城中遂别为三个（罗城左、右厢与子城）或两个（子城与罗城）屯驻、防守和治安区域。以军将分区负责州府治所城市的防卫、治安的做法，至五代十国，各地的具体情况虽有所不同，但在总体上是一致的。它是晚唐五代政治、经济乃至社会文化各领域全面受到军事武力侵夺的具体体现之一。

至北宋时代，在制度上规定由马、步司大将分任都城巡检，由都监、监押等统兵官分任驻在州府军治所城市巡检，从而将

---

1 关于北魏中后期的“城人”（“城民”）及其城居情形，请参阅唐长孺：《北魏南境诸州的城民》，见氏著《山居存稿》，北京：中华书局，1989 年，第 96-109 页；《二秦城民暴动的性质和特点》，《武汉大学学报》1979 年第 1 期，第 53-67 页；谷川道雄：《北魏末的内乱与城民》，见氏著《隋唐帝国形成史论》，李济沧译，上海：上海古籍出版社，2004 年，第 132-162 页。

此种军将分区负责城市防卫、治安的做法制度化。但是，统兵官对城市防卫、治安事务的控制，并不意味着其所掌理的厢，成为一个相对独立的军政管理区域。事实上，宋代都城及府州军监治所城市的厢，需要在地方权力高度分割的大背景下加以认识。在大多数情况下，统兵官虽然负责都城与治所城市的防卫、治安，但却并未被授予司法权，刑狱诉讼由隶属于京尹的左右军巡院及州府军附郭县负责；都城的厢及州府军治所城市的厢巡检虽或掌管辖区民户版籍（北宋开封府由左右军巡院系统的厢掌管户籍，南宋临安府城内由厢巡检、城外由城南北厢公事所掌管户籍），并控制部分官营地产（楼店务等），却无权征发赋役。因此，很难说厢是与县“平级”的政区，更谈不上厢的设立乃是“城乡分治”的表现。北宋中后期以迄南宋，随着禁厢军统兵官地位的降低及其所统军队实力的衰退，大部分州府军治所城市的厢巡检，渐次沦落为州府军长吏的属官，其分割州府军长吏权力的功能降低乃至丧失。然与此同时，厢巡的权能逐步向赈济、防火等公共事务领域拓展，在有的城市（如福州，可能还有温州）中，甚至演变成为民间色彩较为浓厚的地方社会组织。

当然，厢的设立及其增加，反映了城市在空间上的扩展以及经济社会的发展。南北朝、隋至唐前期的州郡治所城市，规模大都较小，城内以官署和军营为主，居民较少，即使分区警巡，区域亦甚小，故文献中甚少见到此一时期城内分区的记载（除都城长安、洛阳外）。中唐以后，大多数节镇驻在城市和部分州府城市渐次增筑了规模远大于旧城的罗城（旧城多被改建为“子城”），用于军队屯驻和民户居住，从而出现了分区警巡的厢。但是，中晚唐五代州府治所城市普遍增筑或扩筑罗城，绝非经济社会发展的结果，而主要是诸种势力争夺对地方与财富的控制、强化自身权力的手段[1]；其在罗城中设置厢乃至里坊，也主要是为了强化对城市的控制[2]。此一时期，可能就有部分厢的管辖范围扩张到城外（城外的坊，当也归厢管辖），但多是因为部分军营驻在城外之故，也不反映城市经济的发展。北宋时期，推动厢把辖区扩展到城外的最初动因，也主要是军营移驻城外，但人口增加、经济发展所发挥的作用越来越大。因此，北宋中后期以至南宋，人口增加、城外街区的发展及其商业经济的繁荣，是在城外置厢的主要动因，而其根本目标仍在于对城外街区及其居住人口、经济活动与财富的控制。

由此，我们触及唐宋时期城市控制的实质。刘淑芬在谈到中古时代大规模城坊规划之形成背景时说："为了安置大量迁徙至都城的人民和军队，以及为了加强控制都城内的居民，是中古城市出现大规模城坊规划的主要原因。"[3]其说大致可从。中晚唐五代，各色军阀纷纷大规模兴筑罗城，并在罗城中推行严格的里坊制（虽然并不一定筑有坊墙），其根本目的不外两方面：一是安置作为其权力基础的大量军兵及其家属，以及所挟裹的、主要作为辅助与后备兵源的民户；二是强化对这些军兵及其家属、民户的控制。利用军将负责城市的防卫、警巡，正是因为

1　参阅爱宕元：《唐末五代期における城郭の大規模化：華中・華南の場合》，见氏著《唐代地域社会史研究》，京都：同朋舍，1997年，第415-450页。

2　参阅鲁西奇：《唐代地方城市中的里坊制及其形态》，刊《厦门大学国学研究集刊》第2辑，北京：中华书局，1910年，第1-17页。

3　刘淑芬：《六朝的城市与社会》，台北：学生书局，1992年，第433页。

在城市中屯札、居住的大部分是军兵及其家属，地方行政官员根本不可能弹压住这些飞扬跋扈的军兵。宋代沿用这种做法并将之制度化，虽然是延续晚唐五代以来一系列变化的结果，但也不无不信任州府军长吏、不将军权委于其手的考虑。至少在制度规定上，宋代州府军治所城市的治安权是由屯驻兵官负责的，而且厢巡干预辖区司法之事频有发生，所以，军事权力对于城市社会的控制仍是宋代城市控制的重要组成部分和主要途径。城市中甚至存在大量由军队掌握、经营的楼店务等地产业。换言之，军营产业在城市经济中也占有相当比重。因此，将宋代城市描绘为商品经济高度发达、民间社会相对独立、政治相对宽松、文化多元发展的“自由”城市，甚至将其界定为现代意义上的“近代城市”，很可能与历史真实相距甚远。我们在关注并强调宋代城市中繁华的市井、热闹非凡的瓦肆的同时，还不应忽视同样存在于城市之中的巍峨肃穆的宫禁、刁斗林立的军营以及横行无忌的官兵。换言之，宋代城市中高度发达的商品经济、相对独立的民间社会以及多元的文化，都是以官府的有效控制为前提的，或者说是在官府的强力控制下发展的。在这个意义上，或者可以将宋代的城市界定为“官府强力控制下的‘自由’城市”，其性质，仍属于“中古政治型城市”，而并非“近代商业型城市”。[1]

1　这里涉及我们对中国古代城市性质及其变化的总体看法，已超出本文所可讨论的范畴，姑系于此。请参阅鲁西奇、马剑：《空间与权力：中国古代城市形态与空间结构的政治文化内涵》，《江汉论坛》2009 年第 4 期，第 81-88 页。

新县的置立及其意义

——以唐五代至宋初新置的县为中心

一、问题之提出

谭其骧先生在《浙江省历代行政区域——兼论浙江各地区的开发过程》中说：

> 县乃历代地方行政区划之基本单位。州郡置罢、分并无常，境界盈缩不恒，县则大致与时俱增，置后少有罢并，比较稳定。同为一州，西汉时平均领郡七八，南北朝晚期只领郡一二；同为一郡，秦时平均领县二十，西汉时犹十四五，南北朝晚期又只一二。后世的道、路、行省，初创时皆辖境极广，历久而逐渐缩小，略如州郡之比。县则历代标准大致相似，虚置滥设者较少。一地方至于创建县治，大致即可以表示该地开发已臻成熟；而其设县以前所隶属之县，又大致即为开发此县动力所自来。故研求各县之设治时代及其析置所自，骤视之似为一琐碎乏味的工作，但就全国或

> 其一区域内各县作一综合的观察，则不啻为一部简要的地方开发史。[1]

谭先生主要从区域开发史的角度考察县的建置与分合，认为一个地方创建县治，大抵即可表示该地方社会经济已得到相当程度的发展，足以支撑、维系一个县级行政系统的存在与运作，而且在设县之初即较充分地考虑到自然环境、经济和行政运作等因素，并在适当调整之后逐步形成为辖境适中的行政管理区域，从而得以较长时间地保持稳定。在谭先生研究的基础上，周振鹤进一步阐发说：

> 农业经济的发展，新的农耕区的开发，人口的增殖和外来移民的迁入，都会引起政区的增设；反之，经济凋敝，人口减少或迁离，就会撤废一定数量的政区。因此政区的置废和分布情况的变化，实际上是经济兴衰和人口变迁的一项动态指针。当然，政治、军事、文化等因素也会对政区的置废和分布发生影响，但是这种影响不如经济因素的作用深刻、持久和稳定。[2]

因此，置立新县，也就可以看作为其所在地区社会经济发展的重要表现；而分析一个地区县的置废增减，也就往往被作为考

1　谭其骧:《浙江省历代行政区域——兼论浙江各地区的开发过程》，初刊于杭州《东南日报》1947年10月4日，《云涛》副刊第5期，后收入氏著《长水集》上册，北京:人民出版社，2009年，第416-434页，引文见第422页。

2　周振鹤：《中国地方行政制度史》，上海：上海人民出版社，2005年，第280页。

察地区经济开发与社会发展的重要理路。[1]

另一方面，作为中国历史上最重要的一级行政管理区域，县首先是一种行政管理单位。《史记》卷五《秦本纪》记商鞅变法，谓："（秦孝公）十二年，作为咸阳，筑冀阙，秦徙都之。并诸小乡聚，集为大县，县一令，四十一县。为田开阡陌。东地渡洛。十四年，初为赋。"[2]同书卷六八《商君列传》云："集小（都）乡邑聚为县，置令、丞，凡三十一县。为田开阡陌封疆，而赋税平。"[3]将较小的乡、聚、邑"集"为县，显然是为了便于控制；控制的对象，则是户口、田亩和赋役。《汉书 · 百官表》谓县令长之职，为"掌治其县"，未详举其职掌；由其所属各乡所置之三老、啬夫、游徼的职掌，可知县令长的职掌当包括教化、听讼、征发赋役及禁贼盗等数端。[4]《续汉书 · 百官志》本注谓县令长"皆掌治民，显善劝义，禁奸罚恶，理讼平贼，恤民时务，秋冬集课，上计于所属郡国"，[5]亦即全面掌控县域内的教化、治安、司法与财政事务。后世县令长（知县）之职掌与此大致相同。因此，置立县邑，首先是政治举措，其目的是加强对置县区域的控制与管理，包括对其户口、治安、田亩与赋役等各方面的控制。

周振鹤说："基层政区县的设置受到种种因素的影响，首先

1 在区域经济史与区域历史地理研究中，往往通过分析县的增设与区域范围内县的密度，考察区域地区经济与社会发展的程度。作者早年的研究，也曾运用这种分析理路，见拙作《区域历史地理研究：对象与方法——汉水流域的个案考察》，南宁：广西人民出版社，第 270-277、373-399 页。

2 《史记》卷五《秦本纪》，北京：中华书局，1959 年，第 203 页。

3 《史记》卷六八《商君列传》，第 2232 页。

4 《汉书》卷十九上《百官公卿表》上，北京：中华书局，1962 年，第 742 页。

5 《续汉书 · 百官志》五，见中华书局本《后汉书》志第二十八，北京：中华书局，1965 年，第 3622-3623 页。

是政治因素，尤其是行政管理的需要，其次是军事上的需求，同时也有经济发展的推动。而且经济因素的影响随着历史的发展越来越明显。”[1]此就总概而言，至为确当。当然，落实到具体朝代、时段或区域范围内县的设置，特别是具体到某一个县的设置，政治、经济、军事乃至文化的因素究竟在置县过程中如何发挥作用、何种因素占据主导地位，则是非常复杂的问题。近年来，一些学者主要从王朝国家与地方社会的关系角度，特别是地方控制、户口编排、赋役分割、地方势力之兴起与发展、地域社会建构等方面，对析置新县的过程以及各方面因素在其中所发挥的作用，展开了深入细致的分析，初步揭示了这一过程的复杂性，[2]也启发我们进一步思考这一问题。

就新县设置的区域而言，大致可分为三种情况：（1）在新开

1　周振鹤：《中国行政区划通史》第一卷，上海：复旦大学出版社，2009年，第181页。

2　参阅秋山元秀：《上海県の成立——江南歷史地誌の一齣として》，见梅原郁编：《中國近世の都市と文化》，京都：京都大學人文科學研究所，1984年，第455-484页；前村佳幸：《南宋における新県の成立：江西·江浙·広東を中心として》，《史林》（京都）83卷第3号，2000年，第82-114页；前村佳幸：《北宋、金代における県の新設と統廃合》，《名古屋大学東洋史研究報告》第26号，2002年，第1-31页；青山一郎：《明代の新県設置と地域社会：福建漳州府寧洋県の場合》，《史学雑誌》第101编第2号，1992年，第82-108页；陈贤波：《“割都分治”之下——明末清初潮州属县都图争端的初步分析》，《历史人类学学刊》第三卷第二期，2005年；陈贤波：《明代中后期粤东增设新县的地方政治背景——以万历〈普宁县志略〉为中心》，《中国历史地理论丛》2010年第1期；谢湜：《清代江南苏松常三府的分县和并县研究》，《历史地理》第22辑，上海：上海人民出版社，2007年，第111-139页；元廷植：《明中期福建的新县设置及宗族发展》，《中国社会历史评论》第10卷，天津：天津古籍出版社，2009年，第1-30页；元廷植：《明代中期福建省建置新县的理想与现实》，收入陈支平主编：《第九届明史国际学术讨论会暨傅衣凌教授诞辰九十周年纪念论文集》，厦门：厦门大学出版社，2003年，第182-188页。关于唐五代县的置废，请参阅张达志：《唐宋之际由场升县问题试释——以宣歙、江西、福建为中心》，《复旦学报（社会科学版）》2015年第3期；李永：《试析唐宋之际福建地区的“由场升县”现象》，《中国历史地理论丛》2018年第3期。

拓疆域设置的新县。由于新拓疆域此前并未有县的建置，所以可能同时设置一批新县。如汉武帝元狩二年（前121）秋，汉得匈奴昆邪、休屠王所据之河西地，初置五属国以处之；至太初间（前104—101），相继开设张掖（太初元年开）、酒泉（太初元年开）、武威（太初四年开）三郡（至后元元年又分酒泉郡置敦煌郡，遂合称“河西四郡”），同时分设觻得、昭武等三十五县。[1]元鼎六年（前111）汉平南越，定西南夷，开南海、郁林、苍梧、交阯、合浦、九真、日南、珠崖、儋耳及武都、牂柯、越嶲、沈黎、文山等十四郡（后又增开益州郡），前后所置者盖有一百三十余县。元封三年（前108）平朝鲜，以其地为乐浪、临屯、玄菟、真番郡，同时置五十余县。[2]凡此新置之郡县，在民户版籍、徭役及郡县任官诸方面，均与内地郡县有别；而其省并废弃，则往往与王朝国家对边疆区域控制力的衰退直接相关。

（2）在原有县的基础上，分割出来部分地域而设置的新县。在原有县的基础上析置新县的原因、过程非常复杂。汉代特别是西汉时期的侯国、邑往往由原有的县境中分割出来。如永始元年（前16）封王莽为新都侯所建之新都侯国，就是分南阳郡新野县东乡与棘阳县南境而立。[3]汉代设立的大多数侯国与邑的辖境均较狭小，除了少部分得以长期保留、演变成为后世的县

1 《汉书》卷六《武帝纪》，元狩二年秋，第176页；卷二八下《地理志》下，第1612-1615页。

2 据《汉书·地理志》，玄菟郡领三县，乐浪郡领二十五县（第1626-1627页）。《汉书·武帝纪》元封三年夏“朝鲜斩其王右渠降”记事下注引臣瓒曰：“《茂陵书》临屯郡治东暆县，去长安六千一百三十八里，十五县；真番郡治霅县，去长安七千六百四十里，十五县。”（第194页）如所言可信，则临屯、真番二郡共领三十县。

3 《汉书》卷九九上《王莽传》上，第4040、4042、4052页。

之外，后来大都被省并。又如东晋南朝时期，为了安置南来的移民，政府设置了大量的侨县。这些侨县初始时往往只有户口，并无实土，寄治于原有的实土县内，后来经过多次土断，一些侨县拥有了实土，甚至合并了旧县的实土。南北朝后期，为了安抚各地蜂起的土豪，中央更是增置了大量的县，形成所谓“十羊九牧”的情形。[1]这些县，经过隋至唐初的多次调整、省并，很多未能保存下来，但也有相当部分一直留存下来，成为唐宋时期乃至明清时期县的基础。

（3）在王朝国家疆域内部的“隙地”置立的新县。在王朝国家的疆域内部，特别是郡县交界地区，往往存在一些并未真正纳入王朝国家控制体系或国家控制相对薄弱的区域，这些区域多处于中华帝国政治经济乃至文化体系的空隙处，是帝国政治经济体系的“隙地”，或称为“内地的边缘”。[2]在这些“隙地”或“内地的边缘”区域，官府往往不能掌握居住其间的民户版籍，亦不能征发赋役，故不能实行有效的控制。《隋书》卷八二《南蛮传》总序称：“南蛮杂类，与华人错居，曰蜒，曰獽，曰俚，曰獠，曰㐌，俱无君长，随山洞而居，古先所谓百越是也。”[3]同书卷八〇《列女传》“谯国夫人”（即洗夫人）条谓：“谯国夫人者，高凉洗氏之女也。世为南越首领，跨据山洞，部落十余万家。”[4]山洞之渠帅则被华夏士人称为“洞酋”“洞主”。如《隋书》卷六八《何稠传》记开皇末年（600）何稠受命征桂州叛俚，“师

1 《隋书》卷四六《杨尚希传》，北京：中华书局，1973 年，第 1253 页。

2 鲁西奇：《内地的边缘：传统中国内部的“化外之区”》，《学术月刊》2010 年第 5 期。

3 《隋书》卷八二《南蛮传》，“总序”，第 1831 页。

4 《隋书》卷八〇《列女传》，“谯国夫人”，第 1800 页。

次衡岭，遣使者谕其渠帅，洞主莫崇解兵降款”。[1] 又《册府元龟》卷一六二《帝王部·命使》载开元二十九年（741）五月诏书称："江淮之间，有深居山洞，多不属州县，自谓莫徭，何得因循致使如此？”[2] 则知其时江淮之间“不属州县”之“山洞”仍相当普遍。随着王朝统治的不断强化，王朝国家的势力逐步渗透到此种“边缘”地区，遂于其地置立县邑。此类新置立的县，虽然处于王朝国家已控制的疆域内部，但实际上却是新控制的地区，所以也是“开县”。[3]

在新拓疆土内创置郡县，主要是将已经相对成熟的地方行政制度推行到新拓疆域，以实现王朝国家对新拓疆域的控制。王朝国家如何在军事征服和政治控制的基础上，于新拓疆域内分划行政区、设治立县、编排户籍、征纳赋役，进而推行教化，建立文化教育体系，灌输并确立主流性意识形态，逐步强化对新拓疆域经济、社会与文化的控制，是一个饶有趣味的论题，论者已给予相当的关注，并取得诸多研究成果。而在早已纳入王朝国家版图之内、居于王朝国家疆域内部的“隙地”或“内地的边缘”区域开置新县，或者在原有县域基础上析置新县，则主要表现出国家权力对其固有疆土控制力的加强，说明王朝国家的权力逐步向国家疆域内部的各部分渗透，从而将王朝国家疆域内的每一个角落都纳入王朝国家的控制体系之中。在这一过程中，也同样存在分疆划野、立治建衙、编排户籍、划分乡里、征纳赋役等问题。在原有县

---

1 《隋书》卷六八《何稠传》，第 1596 页。

2 《册府元龟》卷一六二《帝王部 · 命使》，北京：中华书局，1960 年，影印本，第 1956 页。

3 参阅周振鹤：《中国地方行政制度史》，第 281 页。

的基础上析置新县，虽然分县区域在此前已纳入王朝国家的行政管理系统，拥有相对完备的编户乡里、赋役征发与治安制度，但分割成立的新县往往处于旧县的偏远区域或与邻县毗邻区域，在原县范围内也往往属于控制薄弱的地区，所以，析置新县，也可视为强化对原县境内偏远区域的控制；即使是在基本平衡分割旧县基础上成立的新县，也主要是为了强化控制而设立的。因此，无论是在新拓疆域内及“内地的边缘”区域“开设”新县，还是在原县基础上“置立”新县，均主要表现为王朝国家不断拓展并强化对其疆域各部分之政治、经济与文化控制的过程。

唐五代至宋初增置的新县，大抵也可分为上述三种情形。而欲讨论“新县”的开置，必须确定两个前提：一是哪一时间段内的“新县”。如所周知，唐初武德间为笼络、安抚地方豪右，曾广泛增设州县，所谓“天下初定，权置州郡颇多”；至贞观初年，“始命并省”，“至（贞观）十三年定簿，凡州府三百五十八，县一千五百五十一。明年，平高昌，又增州二，县六”。[1]故唐王朝疆域内分置一千五百余县的格局，至贞观十三年（639）基本确定下来。因此本文讨论之上限定为贞观十四年（640）。而宋初州县之调整，大约至雍熙间基本确定下来。《宋史》卷八五《地理志》序云：“雍熙中，天下上闰年图，州、府、军、监几于四百。至是，天下既一，疆理几复汉、唐之旧，其未入职方氏者，唯燕、云十六州而已。”[2]《太平寰宇记》所载政区建置，

---

1 《新唐书》卷三七《地理志》，北京：中华书局，1975 年，第 959 页。为节省篇幅，以下凡引用《新唐书·地理志》者，一般不再注出页码。

2 《宋史》卷八五《地理志》，北京：中华书局，1977 年，第 2094 页。

主要以太平兴国（976—983）后期特别是太平兴国四年（979）为根据，又补充了雍熙（984—987）、端拱（988—989）年间的政区调整。自此之后，宋朝内地府州军监县的建置一直相对稳定，“无大增损”。因此，本文讨论之下限确定为端拱元年（988）。二是哪些县可视为“新县”。在新拓疆域与“内地的边缘”区域“开设”的县，自属于“新县”。比较难以确定的是在原县基础上分置的新县。两《唐书》之《地理志》、《元和郡县图志》、《太平寰宇记》等史志述某县沿革，往往称为“秦县”“汉县”“晋县”“隋县”或“古县”“旧县”，其意或指其所述之县为秦、汉、晋、隋县之延续，或指其一部分，然此类“古县”“旧县”可能在南北朝至隋唐之际曾经废省，在本文讨论之时段内复置。此类“复置”的县，实际上也是新县。但有些县，是在本文讨论的时段内设置，中间经过省并，后又复置的。由于其复置的原因、过程大致与其初置时相类，本文不再将其作为“新县”讨论。

综观唐贞观十四年至宋端拱元年（640—988）三百余年间县级政区的增设，可以大致区分为唐前期（贞观后期至长安末年，640—704）、唐中期（神龙元年至天宝十四载，705—755）、唐后期（至德元载至天祐四年，756—907）以及五代十国至宋初（907—988）四个时期。故本文分四个时期，讨论此三百余年间增置的新县以及开置新县的背景、原因变化。

二、唐前期置立的县及其区域类型

根据我们可能不太完全的考证统计，唐前期（640—704）

置立的新县共有 182 个,其中在新拓疆域内开置者 43 个,在“内地的边缘”区域开置者 51 个，在原有县的基础上析置者 88 个。

(一) 在新拓疆域开置的新县

此一时期，唐王朝在新开拓的疆域里，相继设置了 43 个县，主要集中在西域、青海、黔中及剑南、岭南的缘边地区。

一是在西域地区新置高昌、柳中、天山、交河、蒲昌、蒲类（贞观十四年，640）及金满、轮台（贞观二十二年，648）等八县。贞观十四年，唐王朝平定高昌，于其地置立西州及高昌、柳中、天山、交河、蒲昌等五县，并收降此前屯于可汗浮图城的西突厥叶护部落,置庭州及蒲类县(后复增置金满、轮台二县)。故于西域所置新县共有八县。高昌、柳中、天山、交河、蒲昌五县均置于贞观十四年（640)。《唐会要》卷九五《高昌》载:

> （贞观）十四年八月十日，交河道行军大总管侯君集、副总管牛进达，平高昌国。下其郡三、县五、城二十二，户八千四十六、口三万七千七百三十八，马四千三百匹。太宗欲以其地为州县。魏徵谏曰:“未若因抚其人，而立其子，所谓‘伐罪吊民，威德被于遐外’，为国之善者也。今若利其土壤，以为州县，常须千余人镇守，数年一易，往来交替，死者十有三四，遣办衣资，离别亲戚。十年之后，陇右空虚，陛下终不得高昌撮粟尺布，以助中国，所谓‘散有用而资无用’。”上不从。以其地为西昌州，又改为西州；以交河城为交河县，始昌城为天山县，田山城为柳中县，东镇城为蒲昌

县，高昌城为高昌县；并为都护府，留军以镇之。[1]

《旧唐书》卷一九八《西戎传 · 高昌》、《新唐书》卷二二一《西域传 · 高昌》所记大致相同，并谓褚遂良亦赞同魏徵之议。则在征服高昌之初，魏徵、褚遂良等曾建议实行羁縻制度，而太宗未从，终得建立正州县。

庭州所领金满、蒲类、轮台三县的置立较为复杂。《旧唐书》卷四〇《地理志》三"北庭都护府"叙云："贞观十四年，侯君集讨高昌，西突厥屯兵于浮图城，与高昌相响应。及高昌平，二十［二］年四月，西突厥泥伏沙钵罗叶护阿史那贺鲁率众内附，乃置庭州，处叶护部落。"[2]此谓庭州之置在贞观二十二年。然于其下又谓金满、蒲类、轮台三县"贞观十四年与庭州同置"，与叙文形成冲突。《旧唐书》卷一九八《西戎传 · 高昌》记唐平高昌时，"西突厥遣其叶护屯兵于可汗浮图城，与高昌相影响，至是惧而来降，以其地为庭州"。《唐会要》卷九五《高昌》并谓同时置有蒲类县。同书卷七八《诸使中 · 节度使》安西四镇节度使"瀚海军"条："置在北庭都护府，本乌孙王境也。贞观十四年置庭州。"[3]而同书卷七三《安西都护府》记："（贞观）二十二年四月二十五日，突厥泥伏沙钵罗叶护阿史那贺鲁率众内附，置庭州。"[4]《旧唐书》卷一九四下《突厥传》下"阿史那贺鲁"

1 《唐会要》卷九五《高昌》，北京：中华书局，1955 年，第 1701-1702 页。

2 《旧唐书》卷四〇《地理志》三，北京：中华书局，1975 年，第 1645 页。为节省篇幅，以下凡引用《旧唐书 · 地理志》，一般不再注出页码。

3 《唐会要》卷七八《诸使中 · 节度使》，第 1429 页。

4 《唐会要》卷七三《安西都护府》，第 1322 页。

条下谓其受射匮可汗迫逐，“贞观二十二年，乃率其部落内属，诏居庭州”。[1]综上可知：贞观十四年平高昌后所置之庭州所领为屯于可汗浮图城的西突厥叶护兵众，其时庭州只领有蒲类一县；而贞观二十二年所置之庭州所统则为阿史那贺鲁内属之部落，领有金满、轮台、蒲类三县。[2]故蒲类县当置于贞观十四年，而金满、轮台二县则置于贞观二十二年。

二是在青海地区增置鄯城县（仪凤三年，678）。《新唐书·地理志》陇右道鄯州“鄯城”县原注：“仪凤三年置。有土楼山，有河源军。”虽然《元和郡县图志》卷三九鄯州“鄯城县”称鄯城县乃分自湟水县，然实际上此县却在是新拓疆土上新置的。《旧唐书》卷一九六《吐蕃传》云：

> 上元三年，进寇鄯、廓等州，杀掠人吏，高宗命尚书左仆射刘仁轨往洮河军镇守以御之。仪凤三年，又命中书令李敬玄兼鄯州都督，往代仁轨于洮河镇守。仍召募关内、河东及诸州骁勇，以为猛士，不简色役。……其年秋，敬玄与工

1 《旧唐书》卷一九四下《突厥传》下，第5186页。

2 贞观十四年所置庭州，当只领有蒲类一县。《旧唐书·地理志》北庭都护府“金满”县：“流沙州北，前汉乌孙部旧地，方五千里。后汉车师后王庭。胡故庭有五城，俗号‘五城之地’。贞观十四年平高昌后，置庭州以前，（故）［胡］及突厥常居之。”则贞观十四年至二十二年之间，似尚未设立金满县。又其“北庭都护府”叙云：“旧领县一，户二千三百。天宝领县三，户二千二百二十六，口九千九百六十四。”也说明庭州最初所领只有一县（当即蒲类县）。郭声波认为贞观十四年所置之庭州属羁縻性质，故谓贞观二十二年升羁縻庭州及三县为正州、县（郭声波：《中国行政区划通史·唐代卷》，上海：复旦大学出版社，2012年，第1042-1044、1333-1334页）。然上引《旧唐书·地理志》称庭州“旧领县一，户二千三百”，当指贞观十四年所置之蒲类县，应无疑义。若然，则贞观十四年之庭州与蒲类县，也当为正州、县。另请参阅鲁才全：《关于唐代庭州的几个问题》，《西北史地》1986年第3期。

> 部尚书刘审礼率兵与吐蕃战于青海，官军败绩，审礼没于阵，敬玄按军不敢救。……寻而黑齿常之破吐蕃大将赞婆及素和贵于良非川，杀获二千余级，吐蕃遂引退。诏以常之为河源军使以镇御之。[1]

然则，在仪凤之前，唐王朝并未能控制青海湖东岸今西宁地区；正是在仪凤间的一系列战事中，唐军才较稳定地控制此一地区。河源军与鄯城县的设置，正是唐朝在据有其地后的举措。

三是在黔中西部缘边地区开置荣懿、扶欢、乐来（属溱州）、夜郎、丽皋、乐源（属珍州）等六县（贞观十六年，942）。六县均在渝州以南的僰溪水流域。《新唐书·地理志》"溱州"叙及"夜郎"县原注谓溱、珍二州及所属六县并于"贞观十六年开山洞置"。《元和郡县图志》卷三〇"溱州"叙云："本巴郡之南境，贞观十六年，有渝州万寿县人牟智才上封事，请于西南夷窦渝之界招慰不庭，建立州县。至十七年置，以南有溱溪水为名。"同书卷"珍州"条谓："本徼外蛮夷之地，贞观十六年置。"并谓珍州所管夜郎、丽皋、乐源三县，"并贞观十六年，开山洞与州同置。三县并在州侧近，或十里，或二十里，随所畬种田处移转，不常厥所"。[2]则溱、珍二州之地，本属"徼外蛮夷之地"，二州及所领六县，皆当为开西南夷之"山洞"区域而置。

四是在剑南道西部及南部缘边地区，以已较稳定控制的州县为基础，逐步向疆域外的"蛮夷"区域扩展，渐次增设了17

1 《旧唐书》卷一九六上《吐蕃传》上，第5223-5224页。
2 《元和郡县图志》卷三〇，"溱州""珍州"，北京：中华书局，1983年，第743-744页。

个新县。(1)松外县、寻声县、林开县(属牢州),贞观二十二年(648)置。《新唐书·地理志》巂州"昌明"县条:"贞观二十二年开松外蛮,置牢州及松外、寻声、林开三县。永徽三年州废,省三县入昌明。"所谓"松外蛮",当指巂州西南部、东泸水以西地区的土著人群。《新唐书》卷二二二下《南蛮传·两爨蛮》"松外蛮"条云:

> 松外蛮尚数十百部,大者五六百户,小者二三百。凡数十姓,赵、杨、李、董为贵族,皆擅山川,不能相君长。有城郭、文字,颇知阴阳历数。自夜郎、滇池以西,皆庄蹻之裔。……贞观中,巂州都督刘伯英上疏:"松外诸蛮,率暂附亟叛,请击之,西洱河天竺道可通也。"居数岁,太宗以右武候将军梁建方发蜀十二州兵进讨,酋帅双舍拒战,败走,杀获十余万,群蛮震骇,走保山谷。建方谕降者七十余部,户十万九千,署首领蒙、和为县令,余众感悦。[1]

《旧唐书》卷三《太宗纪》下贞观二十二年四月丁巳:"右武候将军梁建方击松外蛮,下其部落七十二所。"[2]牢州及所属三县,即当为击服松外蛮之后所置,三县县令很可能均由蒙、和之类的蛮酋充任。其时大抵曾编排松外蛮诸部落之户口(虽然十万九千户之数未必可信),故牢州及三县当属正州、县,并非羁縻州县。(2)悉唐县、识臼县(属悉州),显庆元年(656)置。

1 《新唐书》卷二二二下《南蛮传·两爨蛮》,"松外蛮",第6321-6322页。

2 《旧唐书》卷三《太宗纪》下,"贞观二十二年四月丁巳",第61页。

《新唐书 · 地理志》“悉州”：“显庆元年以当州之左封置，并置悉唐、识臼二县，治悉唐。咸亨元年徙治左封，仪凤二年羌叛，侨治当州，俄徙治左封。”则悉唐、识臼二县与悉州同时置于显庆元年（656），悉唐县且为悉州治所。《新唐书·地理志》真州“昭德”县原注：“本识臼，显庆元年开生獠置，隶悉州，天宝元年隶翼州。”则知悉唐、识臼二县皆当为开生獠所置。（3）罗目县（属沐州），麟德二年（665）置。《新唐书·地理志》嘉州“罗目”县：“麟德二年开生獠置，以县置沐州。高宗上元三年州废，县亦省。仪凤三年复置，来属。”《旧唐书 · 地理志》嘉州“罗目”县所记大致同。《元和郡县图志》卷三一嘉州“罗目县”：“本汉南安县地。麟德二年，招慰生獠，于今县西南一百八十三里置沐州及罗目县。前上元三年，州县俱废。仪凤三年重置，属嘉州。罗目，獠中山名，因以名县。”[1]则罗目县（及同时所置之沐州）为开生獠所置，其地盖在大渡水以南。（4）小封县（属维州），咸亨二年（671）置为羁縻县，垂拱三年（687）改为正县。《新唐书 · 地理志》维州“通化”县原注：“本小封，咸亨二年以生羌户于故金川县地置，后更名。”《旧唐书·地理志》维州“小封”县条：“咸亨二年，刺史董弄招慰生羌置也。”按：维州白苟羌，在唐初即已降附，故武德初即置立羁縻维州及金川、定廉二县。“麟德二年，进为正州。寻叛，羌降，为羁縻州。垂拱三年，又为正州。”咸亨三年立小封县时，维州仍为羁縻州，小封县亦当属羁縻性质；至垂拱三年方与维州同时改为正州、县。（5）柘县、乔珠县（属柘州），前上元二年（675）置。《资治通鉴》卷

1 《元和郡县图志》卷三一，嘉州“罗目县”，第 788 页。

二〇〇《唐纪》十六“显庆元年冬十一月丙寅”条:“生羌酋长浪我利波等帅众内附,以其地置柘、栱二州。”胡三省注云:“柘州,蓬山郡。栱州,以钵南伏浪恐部置,皆属松州都督府。”《新唐书·地理志》“柘州”:“显庆三年开置。”[1]然《元和郡县图志》卷三二“柘州”谓“仪凤二年置,以山多柘木,因以为名。其城四面险阻,易于固守”。其柘县下称:“前上元二年置。”[2]郭声波谓显庆元年浪我内波率部内附所置之柘州属羁縻性质,未有领县;至前上元二年始改为正州,并置柘、乔珠二县,[3]今从之。(6)静居县、清道县、广平县(属南和州),仪凤元年(676)置。《新唐书·地理志》“静州”条:“本南和州,仪凤元年以悉州之悉唐置,天授二年更名。”领县三:悉唐、静居、清道。据上引《新唐书·地理志》“悉州”条,知咸亨元年(670)悉州移治左封县,故仪凤元年得于悉唐县置南和州,其所领静居、清道二县,盖与州同置。据《新唐书·地理志》“悉州”条,仪凤二年悉州地区羌人曾发生大规模变乱,攻占了悉州治所左封,迫使悉州寄治当州。变乱之发生,很可能就是由于此前一年之置南和州。盖南和州及静居、清道二县,亦皆当为“开生羌”所置。又据《旧唐书·地理志》“恭州”条,知同时所置者还有广平县(后改为和集县)。(7)飞越县、大渡县(属雅州),仪凤二年(677)置。据《新唐书·地理志》黎州“飞越”县原注:“仪凤二年析汉源置,并置大渡县,隶雅州,长安二年省。”《新唐书·地理志》雅州“卢

---

1 《资治通鉴》卷二〇〇《唐纪》十六,“显庆元年冬十一月丙寅”,北京:中华书局,1956年,第6299页。

2 《元和郡县图志》卷三二,“柘州”,第818页。

3 郭声波:《唐弱水西山羁縻州及保宁都护府考》,《中国史研究》1999年第4期。

山”县原注:“仪凤二年置大渡县,长安二年省。”《元和郡县图志》卷三二黎州汉源县“飞越山”条:“在县西北一百里。山西北两面并接羌戎界,仪凤二年置飞越县,天宝初废。”[1]则飞越、大渡二县当为开羌戎所置。(8)谷和县、平唐县(属当州),文明元年(684)置。《新唐书·地理志》当州“谷和”县原注:“文明元年开生羌置,并置平唐县,后省。”《旧唐书·地理志》所记同。[2]则谷和、平唐二县乃开生羌所置。(9)长城县(属姚州),垂拱元年(685)置。《新唐书·地理志》姚州“泸南”县原注:“本长城,垂拱元年置,天宝初更名。”《旧唐书·地理志》姚州“泸南”县:“县在泸水之南。”按:姚州初置于武德四年,麟德元年(664)移治弄栋川,建都督府,每岁差兵募五百人镇守。其时所领盖仅姚城一县。咸亨三年(672),唐“发梁、益等一十八州兵募五千三百人,遣右卫副率梁积寿往姚州击叛蛮”。[3]姚州长城县之置,当即平定姚州叛蛮之后的措置之一,也是“开夷蛮”所置的县。

五是在岭南道西北部缘边的宜州与南部交州都督府缘边地区新设了11个县。(1)龙水县、崖山县、东玺县、天河县(属粤州,后改为宜州),贞观十七年(643)开置。[4]《太平寰宇记》

1 《元和郡县图志》卷三二,黎州汉源县“飞越山”,第821页。

2 《元和郡县图志》卷三二,当州“谷和县”:“文明元年开生羌置。”(第816页)《太平寰宇记》卷八一“当州”误作“谷利县”,谓:“西南六十里。一乡。唐文明元年开生羌置。”(北京:中华书局,2007年,第1639页。以下引用《太平寰宇记》,一般不再注出页码)

3 《旧唐书》卷五《高宗本纪》下,“咸亨三年正月辛丑”,第96页。

4 《新唐书·地理志》“宜州龙水郡”:“唐开置,本粤州,乾封中更名。有银、丹沙。户千二百二十,口三千二百三十。”《旧唐书·地理志》“粤州”下谓“失起置年月”。郭声波考证粤州及所领四县均置于贞观十七年,见郭声波:《中国行政区划通史·唐代卷》,第742页。今从之。

卷一六八《岭南道》,“宜州”叙云:“按郡同环州之地,招降所置。”并引《投荒录》云:“宜州乃桂之属郡……故老流传,旧神龙所开,其郭邑,名龙水。”其“风俗”栏称:“江山险峻,人风犷戾,常持兵甲以事战争。皆左衽椎髻,礼俗殊异,以岩穴为居止。”与其相邻之环州开置于贞观十二年。[1]《太平寰宇记》卷一六八“环州”叙云:“唐贞观十二年,太史清平公李弘节遣融州、柳州首领慰安,由是归附。环落洞是诸洞要冲,故以环名州。”[2]粤州及其所领四县之置,亦当与此相类,应系抚慰“洞蛮”开置。(2)汤泉县、罗韶县、绿水县(属汤州)、文阳县、长山县、铜蔡、其常县(属长州),前上元二年(675)置。前上元二年,开交州蛮獠地置汤州,领汤泉、罗韶、绿水三县;[3]同时改羁縻长州为正州,其所属文阳、长山、铜蔡、其常四县亦同时改为正县。[4]

(二)在“内地的边缘”区域开置的新县

唐朝前期,可以确定是置于“内地的边缘”区域的新县有25个,主要集中在岭南和江南道西部地区,陇右、山南乃至关

1 《太平寰宇记》卷一六八,岭南道“宜州”,北京:中华书局,2007年,第3214-3215页。

2 《太平寰宇记》卷一六八,岭南道“环州”,第3220页。

3 《旧唐书·地理志》“汤州”:“秦象郡地。唐置汤州,失起置年月。天宝元年,改为温泉郡。乾元元年,复为汤州。领县三。”郭声波据《大唐六典》安南府有汤州,推定汤州与陆、庞二州同时置于前上元二年,今从之。见氏著《中国行政区划通史·唐代卷》,第683-684页。

4 《旧唐书·地理志》“长州”条:“唐置长州,失起置年月。天宝元年,改为文阳郡。乾元元年,复为长州。领县四,户六百四十八。”按:长州本为羁縻州,据郭声波所考,前上元二年(675)改为正州,所领四县亦当于同时改为正县。其时于交州都督府外围分置陆、汤、庞三州,以拱卫交府,长州及所领四县改为正州、县,亦应属此措置之一部分。参阅郭声波:《中国行政区划通史·唐代卷》,第661-662页。

内地区也有个别县（他楼县、七盘县、铜梁县及安业县）。

（1）乐会县（属琼州），显庆五年（660）置。《新唐书·地理志》琼州“乐会”县原注：“显庆五年置。”其“琼州”叙云：“贞观五年以崖州之琼山置。自乾封后没山洞蛮，贞元五年，岭南节度使李复讨复之。”《唐会要》卷七一《州县改置下》岭南道“琼州”下录贞元十五年十月岭南道节度使李复奏收复琼州表曰：“琼州本隶广府管内，乾封中，山洞草贼反叛，都督李逸控驭失所，遂致沦陷，已经一百余年。”[1] 则知琼州境内所居为山洞蛮。乐会县当琼州南境与万安州交界处，正属于边缘“隙地”。

（2）怀义县（来宾县）、归化县（属严州），乾封二年（667）置。《新唐书 · 地理志》“严州”叙云：“乾封二年招致生獠，以秦故桂林郡地置。”其所领三县，除循德县外，来宾（怀义县所改）、归化二县下均注明“乾封二年置”。严州及所领三县所治之地，为生獠集居区，在此前并未置有州县，然因其周围地域皆已置于唐王朝控制之下，并已置有州县，故可视为在“内部的边缘”区域（“隙地”）增设的州县。

（3）洛封县（属柳州），乾封二年（667）置。《元和郡县图志》卷三七柳州“洛封县”：“本乌蛮所住村名，乾封二年招慰蛮户，因为县。”[2] 则洛封县为招慰乌蛮所新置。

（4）思封县、高城县、石岩县（属岩州），调露二年（680）置。《新唐书 · 地理志》岩州“思封”县原注：“本伏龙洞，当

1 《唐会要》卷七一《州县改置下》，第 1281 页。

2 《元和郡县图志》卷三七，柳州“洛封县”，第 927 页。

牢、白二州之境，调露二年与高城、石岩同置。”伏龙洞处于牢、白二州交界地带，向为洞蛮所居之区，此前未置有州县。《唐会要》卷七一《州县改置下》岩州“安乐县”条下录元和十三年（818）十月容管经略使奏：“岩州为黄洞贼所陷，请置行岩州于安乐县。”[1]则知其地至唐后期为“黄洞蛮”所据。

（5）怀仁县（抚安县）、善劳县、善文县、宁仁县（属党州）、安仁县、怀义县、福阳县、古符县（属平琴州），永淳元年至二年（682—683）置。《新唐书·地理志》“党州”叙：“本郁林州地。永淳元年开古党洞置。”其“容山”县原注称：“本安仁，永淳二年析党州置平琴州平琴郡，领安仁、怀义、福阳、古符四县。垂拱三年废，神龙三年复置。至德中更安仁曰容山。建中二年州废，县皆来属。”则永淳元年至二年间相继设置了党州与平琴州，各领有四县。此八县，亦当为同时开置。

（6）他楼县（属原州），高宗时置。《新唐书·地理志》武州“萧关”县原注：“贞观六年以突厥降户置缘州，治平高之他楼城。高宗置他楼县，隶原州，神龙元年省，更置萧关县。”《旧唐书·地理志》原州“萧关”县所记大致同。《元和郡县图志》卷三原州“萧关县”条：“本隋他楼县，大业元年置，神龙三年废。别立萧关县，以去州阔远，御史中丞侯全德奏于故白草军城置，因取萧关为名。”[2]盖贞观于他楼城置缘州以处突厥降户时，仅置州，属羁縻性质；至高宗时，乃省缘州，置他楼县，隶原州。故他楼县应是高宗时改羁縻州缘州而置，至神龙三年（707）改

1 《唐会要》卷七一《州县改置下》，第1280页。
2 《元和郡县图志》卷三，原州“萧关县”，第60页。

称萧关县，县治亦由他楼城移至故白草军城。治于平高县他楼城的羁縻州缘州周围多为正州县，亦可视为“隙地”，故他楼县当属于在“隙地”所置的新县。

（7）卢阳县、招谕县、渭阳县、万安县（属锦州），垂拱三年（687）置。《旧唐书 · 地理志》锦州叙：“垂拱二年，分辰州麻阳县地并开山洞置锦州及四县。”其所领卢阳、招谕、渭阳、常丰（万安所改）四县，“并垂拱三年与州同置”。四县虽名义上分自麻阳县，但其所统“山洞”，在此前麻阳县并未实际控制，故仍得称“开山洞置”。

（8）雷乡县（属循州），天授二年（691）置。《新唐书·地理志》循州“雷乡”县注：“天授二年置。”《旧唐书·地理志》称：“新置。”《舆地纪胜》卷九一循州“龙川县”下引《元和郡县图志》：“天授二年，广东都督陈蒙业奏置雷乡县。”[1] 此雷乡县在循州东北境，与州治相距甚远，诸书皆不言其分置，而径称“置”，应属在“隙地”“开置”的新县。

（9）安业县（属商州），万岁通天元年（696）置。《旧唐书·地理志》商州“安业”县：“万岁通天元年，分丰阳置。”《太平寰宇记》卷二七雍州“乾祐县”称：“唐万岁通天元年分丰阳县及招谕、左绵等谷逃户以置安业县。”[2] 则此县所管户口，主要是检括南山诸谷所得逃户。在此前一年，证圣元年，凤阁舍人李峤上表，请检括诸州逃户，建议“逃人有绝家去乡，离失本业，

1 《舆地纪胜》卷九一，广南东路循州“龙川县”，扬州：江苏广陵古籍刊印社，1991 年，第 769 页。

2 《太平寰宇记》卷二七，关西道雍州“乾祐县”，第 586 页。

心乐所在，情不愿还，听于所在隶名，即编为户”。[1]安业县之置当即此项政策之结果。

（10）归顺县（属戎州），圣历二年（699）置。《新唐书·地理志》戎州“归顺”县原注：“圣历二年析郁鄢县地，以生獠户置。”《旧唐书·地理志》戎州“归顺”县：“圣历二年，分郁鄢县置，以处生獠也。”其地在置县之前所居者主要是生獠，并未置于官府有效控制之下。

（11）七盘县（属巴州），久视元年（700）。《新唐书·地理志》巴州“七盘”县原注：“久视元年置。”《旧唐书·地理志》同。《太平寰宇记》卷一三九巴州“七盘县”：“（巴州）西北一百二十里。元四乡。唐久视元年于七盘山东南立，因山为名。”[2]其地处七盘山区，实当为新开。

（12）铜梁县（属合州），长安三年（703）置。《新唐书·地理志》合州“铜梁”县原注：“长安三年置。”《元和郡县图志》卷三三合州“铜梁县”：“长安四年，刺史陈靖意以大足川侨户辐凑，置县，取小铜梁山为名。”[3]居于大足川中的“侨户”，大抵多为检括而得，故铜梁县实为“开置”之新县。

除以上25个县外，柳州洛容县（贞观十七年置）、黔州都濡县（贞观二十年分盈隆县置）、淳州武罗县与灵竹县（贞观二十三年置，境内为蛮獠所居）、当州利和县（显庆二年置）、万安州富云县与博辽县（龙朔二年置）、郁州兴业县（麟德二年置）、东峨州峨石县（总章二年置）、当州平康县（垂拱元年置）、辰

---

1 《唐会要》卷八五《逃户》，北京：中华书局，第1561页。

2 《太平寰宇记》卷一三九，山南西道巴州“七盘县”，第2708页。

3 《元和郡县图志》卷三三，合州“铜梁县”，第856页。

州龙门县（垂拱四年置）、溪州洛浦县（天授二年置）、沅州渭溪县（天授二年置）、贺州荡山县（圣历元年置）、富州思勤县（圣历元年置）、嘉州乐都县（久视元年置，境内多生獠）等16个县，史志虽然书曰“析某县置”，然细绎其地理位置及其与周围州、县之关系，结合相关记载，仍然可以大致断定，其地在置县之前，并未处于官府有效控制之下，可能并未编排乡里，故亦可视为在“内地的边缘”区域开设的新县。

部分在数县交界地区设立的新县，其置县区域，在置县之前很可能也属于“隙地”性质。如咸亨二年（671）析益州雒县、新都及简州金水三县所置之金堂县，“县界连金堂山”，地处益、简二州三县交界的金堂山区，置县之前官府的控制必然十分薄弱。[1]又如证圣二年（696）析衢州常山、须江二县及饶州弋阳县所置之玉山县，“本汉鄱阳县界，衢山之西鄙也，以有怀玉山，故为称”。“他山合沓，峻岭横亘，溪谷皆相牙分其流，虽步通三衢，而水绝干越，千峰万拥，隈隐不可得而虞也。自陈、隋以来，此为巨奥”，[2]是典型的“内地的边缘”区域。仪凤二年（677）析九陇、导江、郫所置之唐昌县，割九陇、雒、新都、新繁、什邡五县之地所置之蒙阳县，垂拱四年（688）析蒲台、厌次二县所置之渤海县，证圣元年分五台、崞二县于忻、代二州界所置之武延县，万岁登封元年（696）析括苍县东北界、永康县南界所置之缙云县（有缙云山），万岁通天二年（697）析南充、相如二县所置之岳池县（治思岳池，有岳安山），圣历二

1 参阅《元和郡县图志》卷三一，汉州“金堂县”，第779页；《太平寰宇记》卷七六，剑南西道怀安军“金堂县”，第1544页。

2 《太平寰宇记》卷一〇七，江南西道信州“玉山县”，第2154-2155页。

年（699）分普安、永归、阴平三县所置之剑门县，久视元年（700）分蜀县、广都县所置之东阳县，均大致与此相类，基本上也可看作为在“内地的边缘”区域设置的新县。

（三）在原有县的基础上析置的新县

唐前期，在原有县的基础上分出部分地域而置立的新县，约有 88 个。其中，明堂、乾封、永昌、来庭、鸿门、潼津等县的析置，明显是出于政治原因。总章元年（668）析万年、长安县分置明堂、乾封二县，[1] 当缘于高宗之立明堂。立明堂之议，起于永徽二年（651）。之后群儒纷竞，各持异议，至乾封二年始略定详宜。《新唐书 · 礼乐志》谓：“高宗时改元总章，分万年置明堂县，示欲必立之。”则立明堂县与改元总章相同时。高宗《置乾封明堂县制》云：

> 翼翼上京，率土攸仰，翦华抗堞，贯渭疏澜，城阙崇严，

---

1 《新唐书 · 地理志》京兆府“万年”县下原注：“总章元年析置明堂县，长安二年省。”《旧唐书 · 地理志》京兆府“万年”县：“乾封元年，分置明堂县，治永乐坊。长安三年废，复并万年。”《唐会要》卷七〇《州县改置上》关内道京兆府“万年县”条下：“总章元年，析置明堂县，以邓郓为县令。长安二年六月二日废。”（第 1243 页）当以《新唐书·地理志》《唐会要》所记总章元年置县为是。永乐坊，在朱雀大街东、偏南，光福坊之东，推测明堂县所领，当包括长安城内东南部诸坊。盖其时万年县仍理宜阳坊，在北；明堂县理永乐坊，在南。至于乾封县，《新唐书 · 地理志》京兆府“长安”县原注：“总章元年析置乾封县，长安二年省。”《唐会要》卷七〇《州县改置上》京兆府“长安县”条：“总章元年十一月二十二日，析置乾封县，以王德真为县令，分理京城内。至长安三年六月二日废。”（第 1243 页）惟《旧唐书 · 地理志》京兆府“长安”县下称：“乾封元年，分为乾封县，治怀直坊。长安三年废，复并长安。”乾封元年之说，当误。怀直坊，即怀真坊，在朱雀大街西、偏南。据此推测乾封县所领，当包括长安城内西南部诸坊。盖其时长安县治长寿坊西南隅，在长安城西部偏北；乾封县理怀直（真）坊，在西部偏南。

> 都邑夷敞，户口盈积，市狱殷繁。东西两县，官曹尚少，在于抚字，事或难周。至于词讼，综理时阙，须分所职，各使兼济。其长安县宜置乾封县，万年县析置明堂县，并于京城内近南安置。其户口即于两县逐便割隶，应须官寮并公廨等，一事以上，并准长安、万年两县，各令所司处分奏闻。[1]

虽然也述及长安城行政管理的需要，但增置二县的政治意图，仍然非常突出。

垂拱四年（688）分河南、洛阳二县置永昌县，[2]天授三年（692）析洛阳、永昌二县置来庭县，[3]均与此相类。垂拱四年（688），武承嗣伪造瑞石，文云“圣母临人，永昌帝业”，令雍州人唐同泰表称获之洛水。则天大悦，号其石为“宝图”，擢授同泰游击将军。七月，大赦天下，改“宝图”为“天授圣图”，封洛水神为“显圣”，并立庙，遂就水侧置永昌县。[4]新立的永昌县治即位于“圣图”所出之处附近。其时武则天正潜谋“革命”，作“宝图”、置永昌县，显然都是为“革命”制造舆论准备。而设置来庭县，正是则天称帝建周之时，且大修洛阳外城，徙关

1 高宗《置乾封明堂县制》，见《全唐文》卷一一，北京：中华书局，1983年，影印本，第139页。

2 《旧唐书・地理志》河南府“河南”县：“垂拱四年，分河南、洛阳置永昌县，治于都内之道德坊。……神龙元年……废永昌县。”《新唐书・地理志》所记大致相同。

3 《新唐书・地理志》河南府“洛阳”县原注：“天授三年析洛阳、永昌置来庭县，长安二年省。”《唐会要》卷七〇《州县改置上》：“来庭县，天授三年三月九日置，以陆宝绩为县令。长安二年六月二日废。”（第1248页）《旧志》作“来廷县”，谓为天授三年分洛阳县置，治于都内之从善坊。

4 《旧唐书》卷六《则天皇后本纪》，垂拱四年相关记事，第119页；卷二四《礼仪志四》，第925页。

内雍、同等七州数十万户以实洛阳;“来庭”之名，当用“万国来庭”之典，以反映出其时武周开国的新气象。正因为此，至中宗即位，永昌、来庭二县均立即省废。[1]

则天朝新置的诸多政区，都与其时的政治建构、政局变动有着密切关联。天授二年（691），即武周“革命”之翌年，其对京畿政区作了大幅度调整，分京兆府置鼎、稷、鸿、宜四州，鸿州、鸿门县及华州潼津县之设置均属此次调整的组成部分。关于鸿门县之置，《唐会要》卷七〇《州县改置上》关内道“京兆府”条录天授二年七月二十八日敕，谓“以零口置鸿州，以庆山、渭南两县十二乡，于郭下置鸿门县;割庆山、高陵、栎阳、渭南等五县隶焉”。[2]零口本非州县治所，于此立县置州，显然有深层考虑。潼津县则治于潼关关口，境内有京洛间最重要的两个关口——潼关与渭津关，于此置县，亦必有深意。[3]则天朝新置的诸多以“武”为称的新县，如郑州武泰县、湖州武源县（县界有武承塘）、婺州武义县（旋改为武成县）、幽州武隆县、莫州武兴县、睦州武盛县、陈州武城县（县本楚武王所筑）、汝州武兴县（境内有龙兴山）、陈州光武县（县有光武庙、光武乡，名符武氏）、代州武延县、衢州武安县、杭州武隆县、和州武寿县、洪州武宁县，大抵皆与武氏政权的政治建构有关，在很大程度上都是因政治原因而置立的新县。

---

1 中宗《即位赦文》称 :“永昌、来庭两县，并从废省，其百姓依旧分属河南、洛阳两县。”见《全唐文》卷一七，第 207 页。

2 《唐会要》卷七〇《州县改置上》，第 1242-1243 页。

3 《新唐书 · 地理志》华州“华阴”县 :“天授二年析置潼津县，在关口，后隶虢州，圣历二年来属，长安中省。”《旧唐书 · 地理志》作“同津县”，当误。潼津县治在潼关关口，所领当属华阴县东境。所谓“潼津”，当为潼关与渭津关之合称。

奉天、兴泰二县之置也是出于特殊的政治原因。奉天是陵县。高宗于弘道元年（683）十二月崩逝，睿宗文明元年（684）八月葬于乾陵，同时置奉天县，奉祀乾陵。[1]兴泰县则是以兴泰宫城而立。兴泰宫系武则天晚年所置诸宫阙之一，位于寿安县境内万安山。兴泰县因宫城而立，应是为尊崇兴泰宫所设。[2]

北野县则是因地方变乱而析置新县的一个例子。《旧唐书 · 地理志》歙州“绩溪”县：“永徽五年，分置北野县，后改为绩溪。”《新唐书·地理志》歙州“绩溪”原注所记大致相同，均未言明其置县原因。而《太平寰宇记》卷一〇四歙州歙县“废北野城”条称：“永徽五年，睦州青溪县女子陈硕贞作乱，而县人蒋宝举兵应之。事平，遂置县于合五山上以镇之。至大历五年废。”[3]按陈硕贞之乱，见于《旧唐书》卷四《高宗纪上》永徽四年冬十月戊申，谓：“睦州女子陈硕贞举兵反，自称文佳皇帝，攻陷睦州属县。婺州刺史崔义玄、扬州都督府长史房仁裕各率众讨平之。”[4]史乘未见关于绩溪县人蒋宝举兵响应陈硕贞的详细记载，其举兵之地，很可能就是后来置县的合五山。北野县之置，显然是平定陈硕贞之乱后各种措置的组成部分。

1 《新唐书 · 地理志》京兆府“奉天”县原注：“文明元年，析醴泉、始平、好畤、武功、豳州之永寿置，以奉乾陵，陵在北五里梁山。”

2 《新唐书 · 地理志》河南府“寿安”县原注：“西南四十里万安山有兴泰宫，长安四年置，并析置兴泰县，神龙元年省。”《唐会要》卷七〇《州县改置上》：“长安四年五月二十九日，以兴泰宫城置为兴泰县，神龙元年二月四日废。”（第 1249 页）

3 《太平寰宇记》卷一〇四，江南西道歙州绩溪县“废北野城”，第 2062 页。

4 《旧唐书》卷四《高宗纪》上，“永徽四年冬十月戊申”，第 72 页。

岚谷县的设立比较特殊。《新唐书·地理志》岚州“岚谷”县原注：“长安三年析宜芳置，神龙二年省，开元十二年复置。有岢岚军，永淳二年以岢岚镇为栅，长安三年为军。景龙中，张仁亶徙其军于朔方，留者号岢岚守捉，隶大同。”则岚谷县与岢岚军同时置。《旧唐书·地理志》岚州“岢岚”县：“旧岢岚军也，在宜芳县北界。长安三年，分宜芳于岢岚旧军置岚谷县。神龙二年,废县置军。开元十二年,复置县。”则是废军置县。《唐会要》卷七八《诸使中·节度使》河东节度使“岢岚军”条有缺文，但其意仍大致可通：

> 武德中为镇。永淳二年，改为栅，隶平狄军。长安三年，李迥秀改为……景龙中……军张仁亶移军朔方，留一千人充守捉，属大武军。开元十二年，崔隐甫又置军。十五年，李暠又废为镇。其后又改为军。[1]

结合上述三种记载，大致可知：岢岚于武德初立为镇，高宗永淳二年（683）改为栅；则天长安三年（703）立为岢岚军，同时分宜芳县北境置岚谷县，与军同治。景龙中，张仁亶改任朔方道大总管，仍留一千人驻岚谷；废岚谷县可能也是在同时。至开元十二年（724）复置军，盖于同时复置岚谷县。若上述认识不误，则岚谷县之置废，与岢岚军之置废有着密切关联。《元和郡县图志》卷一四岚州“岚谷县”：“隋大业三年置岢岚镇，压草城川贼路。长安三年，于此置岚谷县。景龙年废。开元

1 《唐会要》卷七八《诸使中·节度使》，第1426页。

十二年重置，因岚谷为名。”[1] 则知岢岚军之置乃是为了镇压草城川贼路，岚谷县则是因岢岚军而置。[2]

还有些县，史志明言是为了征发赋役、行政管理的方便而设置的。如显庆二年（657）分太和县置永新县，是因为“永新之民以太和道路阻远，请别置县”；[3] 永淳元年（682）析谷熟、宁陵复置柘城县，《元和郡县图志》卷七宋州“柘城县”载：“贞观初废入谷熟、宁陵二县。后县人徭赋路远，陈诉积年，至高宗朝复置，属宋州。”[4] 然则，永新、柘城置县之原因，都是纳赋服役、呈讼陈情多有不便。淄州莱芜县曾屡废屡置，[5]《唐会要》卷七〇《州县改置上》兖州“莱芜县”下录元和十五年（820）六月兖海节度使曹华奏疏，称：

> 兖州莱芜县在当道边界，去县山路三百余里，人户绝少，年税绢一千，官吏名数亦与大县不殊。窃以此县最小，虚置无取，请准淄、齐等州章邱、临济县例，特从并省。案《图经》：莱芜，贞观三年废入博城县，即今当州乾封县是也，相去接近，伏请依前并入乾封县。[6]

---

1 《元和郡县图志》卷一四，岚州“岚谷县”，第 397 页。

2 参阅冻国栋：《唐代前期的岢岚镇与岢岚军——读敦煌所出〈诸道山河地名要略〉残卷札记之一》，《魏晋南北朝隋唐史资料》第 14 辑，武汉：武汉大学文科学报编辑部，1996 年，第 100-107 页。

3 《太平寰宇记》卷一〇九，江南西道吉州“永新县”，第 2216 页。

4 《元和郡县图志》卷七，宋州“柘城县”，第 181 页。

5 《新唐书 · 地理志》兖州“莱芜”县原注：“本隶淄州，武德六年省入博城。长安四年以废嬴县复置，元和十五年省入乾封，大和元年复置。”

6 《唐会要》卷七〇《州县改置上》兖州“莱芜县”，第 1254 页。曹华奏疏，今本《唐会要》误作“元和十七年”，当据《旧唐书》卷一六《穆宗纪》“元和十五年六月癸未”条所记改。

则知莱芜地处山区，人户与赋税稀少，其所以置县，主要是因为山路遥远，管理不便。

很多在原县偏远地区分置的新县，如永徽四年（653）析贵平县所置之籍县，龙朔二年（662）分始安县所置之灵川县，龙朔三年分双流县所置之广都县（在隋旧县南十二里），麟德元年（664）分长城县所置之安吉县（以晋隋旧县置），乾封二年（667）分渔阳县东境所置之无终县（初治汉无终故城，后移治玉田驿）、析山阳县所置之淮阴县（治隋旧县故址），咸亨二年（671）析临武县西界所置之南平县（以汉晋旧县置）、割晋原县西界所置之大邑县（“其邑广大”），咸亨三年析郴县所置之资兴县（以汉晋旧县置），咸亨五年析信安县西界所置之常山县（以隋定阳县置）、析金华县西界所置之兰溪县，前上元二年（675）析临海县所置之永宁县（黄岩县）与乐安县（永安县），仪凤二年析会稽县西界所置之永兴县（萧山县），开耀元年（681）析南充县所置之流溪县，永淳元年（682）分富春县西境所置之新城县（以晋隋旧县置）、析南康县南境所置之南安县（信丰县，“地接岭南，人安俗阜”）、割方义县北界所置之唐兴县（蓬溪县）、析巴西县所置之西昌县（以晋隋晋昌县置），永淳二年析建昌县所置之新吴县（以汉晋旧县置），光宅元年（684）析始兴县北界化南与横山二乡所置之浈昌县（“北当驿路，南临浈水”），垂拱二年（686）分晋陵县西境三十六乡所置之武进县、析于潜县所置之紫溪县、析义乌县所置之东阳县、析龙溪县南界与西界所置之漳浦县与怀恩县、分成都县西界所置之犀浦县，垂拱四年析建安县所置之建阳县（以隋旧县置）、析邵武县所置之将乐县（以隋旧县置）、分曲江县所置之仁化县，永昌元年（689）分雉山县所置之寿昌县（治白艾里）、分信安县南境所置之须江县、析临海县所置之宁海县（以旧县置），载初元年（689）分永嘉县所置之乐成县、析建安县所置之唐兴县（浦城县，以晋隋旧县置），天授二年分鄄城县所置之西平县（以旧县置）、析聊城县所置之博平县（以汉隋旧县置）、分武康县十七乡所置之武源县（德清县）、析永康县西界所置之武义县、析营道县所置之永阳县，如意元年（692）分安次县东南诸乡所置之武隆县（以隋旧县置）、析莫县所置之武兴县[1]、分桐庐县西境四乡所置之武盛县（分水县，以旧县置）、分龙丘县所置之盈川县，证圣元年（695）割平乐县永平乡所置之永平县，万岁通天元年（696）析紫溪县所置之武隆县，圣历元年（698）析攸县所置之茶陵县（因故县置），圣历二年析长乐县东南界所置之万安县（福唐县）、析莆田县西界所置之清源县（仙游县），久视元年（700）分宕渠县东界所置之大竹县，大足元年（701）分安固县南境所置之横阳县（以晋隋旧县置），长安二年（705）

---

1 《新唐书·地理志》莫州“唐兴”县原注：“本武兴，如意元年析河间置。长安四年隶易州，是年，还隶瀛州。神龙元年更名。”《旧唐书·地理志》莫州“唐兴”县所记较详：“如意元年，分河间县置武昌县，属瀛州。长安四年，改属易州。其年，还隶瀛州。神龙元年，改为唐兴县。景云二年，改属莫州。”新、旧唐书《地理志》均谓武兴（或武昌）县由瀛州河间县分出，后改隶易州，复改属景云二年所置之鄚州，则其县境当近易州南境或鄚州南境。然瀛州北境、河间县之北另有任丘、高阳二县，若武兴县由河间县分出，则当在任丘、高阳二县之南，必不能度属易州。因此，武兴县不可能由河间县析出，《新唐书·地理志》所言之“河间”，当指河间郡，即瀛州（《旧唐书·地理志》书作“河间县”，则误）。《太平寰宇记》卷六六河北道莫州鄚县“废唐兴县”，将“废唐兴县”系于鄚县之下，谓在鄚“县西北五十里。本汉高阳县地，旧名葛乡城，一名依城。……周显德六年并入鄚县。”（第1438页）当属可信。然则，如意元年（692）所置之唐兴县，当自莫（鄚）县析出，非自河间县析出。

析闽县西北境十二乡所置之候官县（以唐初旧县置，初治州城西北三十一里，贞元五年移治州郭）、割连江县北四乡所置之温麻县（长溪县，以旧县置），长安四年（704）析历阳县所置之武寿县（含山县，以旧县置）、析建昌县所置之武宁县等，大部分是在汉晋以来旧县的基础上设置的，主要也是基于征发赋役与行政管理的需要。

还有一些新县，虽然是分割数县毗邻区域设置的，但实际上也是在旧县基础上设立的，也可归入此一类。如咸亨二年（671）析京兆府富平、华原及同州蒲城县三县毗邻之地所置之美原县，就是在北魏、隋至唐初土门县的基础上设置的。[1]调露元年（679）析鄋、飞乌二县所置之铜山县，在置县之前设有铸钱官。[2]永淳二年（683）分桐庐、雉山二县所置之建德县，是在六朝建德县的基础上设置的。[3]垂拱四年（688）析余杭、于潜地以故临水城所置之临安县，永昌元年（689）析临黄、莘县以故武阳县复置武圣县，载初元年（689）析河南、伊阙、嵩阳三县所置之武临县（颍阳县），证圣元年（695）分郏城、

1 《新唐书 · 地理志》京兆府“美原”县原注：“咸亨二年，析富平、华原及同州之蒲城，以故土门县置。”《旧唐书 · 地理志》京兆府“美原”县：“旧宜州土门县，贞观十七年废。咸亨二年，又割富平、华原及同州之蒲城县置，改为美原县。天授二年，又属宜州。大足元年，还雍州。”《元和郡县图志》京兆府“美原县”：“后魏别立土门县，以频山有二土阜，状似门，故曰土门。隋大业二年省，义宁二年再置。贞观十七年又省，咸亨二年复置，改名曰美原。”

2 《新唐书 · 地理志》梓州“铜山”县原注：“南可象山，西北私熔山，皆有铜。贞观二十三年置铸钱官，调露元年罢，析鄋、飞乌置县。”《元和郡县图志》卷三三梓州“铜山县”：“本鄋县地，有铜山，汉文帝赐邓通蜀铜山铸钱，此盖其余峰也，历代采铸。贞观二十三年置监，署官，前上元三年废监。调露元年，因废监置铜山县。”

3 《旧唐书 · 地理志》睦州“建德”县：“汉富春县地，属会稽郡。吴分置建德县，隋废。永淳二年，复分桐庐、雉山置。万岁通天二年，移州治建德县。”

鲁山二县所置之武兴县，分盈川、信安二县所置之武安县，情形大抵皆与此相类。

大基、柏崖、扬子、临淮等县的设置，则是为了加强对漕运、仓储、铸钱、驿路等事务的管理。咸亨四年（673）设置的大基、柏崖二县，[1]即与柏崖仓直接相关。据《唐会要》卷八八《仓及常平仓》载："（咸亨）三年六月十七日，于洛州柏崖置敖仓，容二十万石。"[2]而柏崖仓所在之地，即唐初之柏崖城。《太平寰宇记》卷五西京"河清县"下引《郡国县道记》云："唐武德二年，黄君汉镇柏崖，遂于柏崖东置大基县，八年省。"《太平寰宇记》称柏崖城"在县西三里，临黄河。侯景所筑。唐高祖武德二年，滑州人黄君汉以城归，乃属怀州……乾元中，太尉李光弼重修，以拒史思明"。[3]大基县（后改为河清县）治在柏崖城东三里；柏崖县与柏崖仓均在柏崖城中，二县之置，显然是为了保护敖仓。扬子县置于永淳元年（682），其地本有盐铁扬子院。[4]《太平寰宇记》卷一三〇建安军"永贞县"（南唐时改名）条云："本汉江都县地，旧扬子镇城。唐高宗时，废镇置县，因镇为名。广陵监、丹阳监并置在县郭，每岁盐铁使铸钱一万一千余贯。"[5]扬子之置县，也与其特殊的经济地位有关，而与其本地农业经

1 《新唐书 · 地理志》河南府"河清"县原注："本大基，武德二年置，隶怀州，八年省。咸亨四年析河南、洛阳、新安、王屋、济源、河阳复置，并置柏崖县，寻省柏崖。先天元年更名。……有柏崖仓。"

2 《唐会要》卷八八《仓及常平仓》，第1612页。

3 《太平寰宇记》卷五，河南道河南府"河清县"，第79页。

4 《新唐书 · 地理志》扬州"杨子"县原注："永淳元年析江都置。"《旧唐书 · 地理志》同。

5 《太平寰宇记》卷一三〇，淮南道建安军"永贞县"，第2573-2574页。

济发展并没有直接关联。长安四年（704）置临淮县，[1]与置扬子县相似。《太平寰宇记》卷一六泗州“临淮县”：“本徐城县地。地当水口，为南北御要之所。长安四年，分徐城地置。开元中移郡于此。”[2]则知临淮县因地处淮口、地位重要而置县。泗州本治宿迁县，开元二十三年（735）移治临淮县，也说明临淮县地位逐步提高。

益州蜀县（华阳县）[3]、扬州江阳县[4]、常州武进县[5]、越州山阴县[6]、苏州长洲县[7]等附郭县，都是在州城郭下分置的县，并与原有的县（成都、江都、晋陵、会稽、吴县）形成一城二县的格局。这样的县户口繁庶，经济也相当发达，析置的原因也主要是因为户口增加、经济发展、事务繁剧。上引高宗《置乾封明堂县制》谓长安城中“户口盈积，市狱殷繁”，而官曹治理，“事或难周”，“至于词讼，综理时阙”，故“须分所职，各使兼济”，或者可以看作在大州郭下置立二县的基本出发点。换言之，户口盈积、

---

1 《旧唐书·地理志》泗州“临淮”县：“长安四年，割徐城南界两乡于沙熟淮口置临淮县。开元二十三年，移治郭下。”

2 《太平寰宇记》卷一六，河南道泗州“临淮县”，第312页。

3 《太平寰宇记》卷七二剑南西道益州“华阳县”：“旧二十乡，今十六乡。本成都县地，唐贞观十［七］年分成都县之东偏置蜀县，在郭下。乾元元年，玄宗狩蜀，驻跸成都，改为华阳县。”（第1463页）则蜀县（后改为华阳县）与成都县分治成都城之东、西部分。

4 《新唐书·地理志》扬州“江阳”县原注：“贞观十八年析江都置。”《太平寰宇记》卷一二三扬州“广陵县”：“唐贞观十八年，长史李操奏割合渎渠以东九乡复立焉。”（第2447页）则知江阳、江都二县分治郭下，江阳在东，江都在西。

5 《旧唐书·地理志》常州“武进”县：“晋分曲阿县置武进，梁改为兰陵，隋废。垂拱二年，又分晋陵置，治于州内。”晋陵、武进二县同治于常州郭下，晋陵在东，武进在西。

6 《旧唐书·地理志》越州“山阴”县：“垂拱二年，分会稽县置，在州治，与会稽分理。”二县同治越州郭下，山阴在西，会稽在东。

7 《旧唐书·地理志》苏州“长洲”县：“万岁通天元年，分吴县置，在郭下，分治州界。”长洲与吴县分治苏州郭下，吴县在东，长洲在西。

经济发达、市场繁荣，固然是于州郭分置二县的经济背景，但在官府的立场上，分置新县，却主要是为了加强对州郭的管理，以周济庶务，综理词讼。

三、唐中期置立的新县及其置立原因

唐朝中期，特别是开元、天宝之世，唐王朝仍然在部分边疆地区开拓了新的疆土，但在新拓疆域一般设置羁縻府州，置立正州县却并不多，主要是在沿边地区增置了19个新县，即先天元年（712）在剑南西部悉州开生獠设置的鸡川县，[1] 开元四年（716）在黔中思州置思邛县，[2] 开元七年于剑南眉州洪雅县西边置南安、平乡二县（属义州），[3] 开元十五年（727）在岭南西部边区置立田州及都救、惠佳、武龙、横山、如赖等五县，[4] 开元

1 《新唐书 · 地理志》真州“鸡川”县原注：“先天元年析翼水县地开生獠置，本隶悉州，天宝元年隶翼州。”

2 《新唐书·地理志》思州“思邛”县：“开元四年开生獠置。”《元和郡县图志》卷三〇思州“思邛县”：“开元四年招辑生夷所置。”（第741页）《太平寰宇记》卷一二二江南西道思州“思邛县”：“四乡。唐开元四年招集生夷獠以置。按《县道四夷述》云：‘此邑最僻远，东至溪州三亭县四百五十里，东南至锦州常丰县二百里。’”（第2423页）

3 《新唐书 · 地理志》眉州“洪雅”县原注：“武德元年以县置犍州，五年省南安入焉。贞观元年州废，来属。开元七年置义州，并以獠户置南安、平乡二县。八年州废，省二县，以洪雅来属。”

4 《新唐书 · 地理志》“田州”叙：“开元中开蛮洞置，贞元二十一年废，后复置。户四千一百六十八。县五：都救、惠佳、武龙、横山、如赖。”据郭声波考证，田州原为羁縻州，开元十五年改为正州，应可从。见氏著《中国行政区划通史 · 唐代卷》，第711-713页。

二十三年(735)在易县北部缘边地带设立五回、楼亭、板城三县，[1]天宝中在妫州怀戎县缘边置立妫川县，[2]开元二十四年在剑南静州广平县西边增置博恭、烈山二县，[3]天宝五载（746）在剑南道西部西山地区置真州及真符、昭远二县，[4]以及天宝八载在

1 《新唐书·地理志》易州“五回”县原注：“开元二十三年析易置，并置楼亭、板城二县。天宝后省。”《旧唐书·地理志》“易州”条：“开元二十三年，分置五回、楼亭、板城三县。”“五回”县条：“开元二十三年，刺史卢晖奏分易县置城于五回山下，因名之。二十四年，迁于五公城。晖又奏置楼亭、板城二县，天宝后废。”《太平寰宇记》卷六七河北道易州满城县“废五回县”条所记较为详悉：“本汉易县地。唐开元二十三年，刺史卢晖奏析易县地置。在五回山东麓，以界内五回岭名之。二十四年，刺史田琬以旧县所居险隘，遂东迁于古五公城，即今县理是。五公城已解在易县。”（第1362-1363页）五回岭、五回道在唐前中期颇为著名。则天圣历初（698），狄仁杰为河北道元帅，突厥默啜“尽杀所掠赵、定州男女万余人，从五回道而去，所至残害”。（《旧唐书》卷六《则天皇后纪》，第127页）盖至开元中，唐王朝始有效控制五回岭地区，故析易县置五回、楼亭、板城诸县以治之。颇疑楼亭、板城二县所领多为蕃落，故至天宝中即废弃。

2 《新唐书·地理志》妫州“怀戎”县原注：“天宝中析置妫川县，寻省。妫水贯中。北九十里有长城，开元中张说筑。东南五十里有居庸塞，东连卢龙、碣石，西属太行、常山，实天下之险。有铁门关。”按：妫州本为武德七年讨平高开道之后所置之北燕州，其初属羁縻州性质；长安二年移治清夷军城后，方渐有编户。开元中张说于其北境筑立长城，始较为稳定地控制其北境，故至天宝中乃于其北境立妫川县。

3 《旧唐书·地理志》“恭州”条：“开元二十四年，分静州广平县置恭州，仍置博恭、烈山二县。天宝元年，改为恭化郡。乾元元年，复为恭州。”《元和郡县图志》卷三二恭州：“开元二十四年，析静州部落于柘州西置。”（第819页）则知博恭、烈山二县原本处于静、柘二州之西、南边外，当为招慰“部落”而置。

4 《新唐书·地理志》真州“鸡川”县原注：“先天元年析翼水县地开生獠置，本隶悉州，天宝元年隶翼州。”“真符”县原注：“天宝五载析鸡川、昭德置。”《旧唐书·地理志》同。据《旧唐书·地理志》，鸡川、昭德二县乃先天元年（712）“开生獠新置”，则知真符县境也多为生獠。《元和郡县图志》卷三二真州：“其地本名真符，天宝三年，节度使章仇兼琼以其地险阻，又当西山要路，奏置真符营，控押一州，仍置兵于其处。五年，节度使郭虚己缘羌、项摇动，仍奏置昭德郡，乾元元年改为真州。”所管四县中，真符县在郭下，昭德、昭远、鸡川等三县，“并在州侧近，以熟羌首领为其令长，居无常所”。（第819-820页）

西山地区增置归顺、云山二县。[1]这些在新拓疆域内设置的新县比较清晰，本节不再作细致讨论，而集中分析在内地府州“内地的边缘”区域设置的新县（24 个）以及在原有县的基础上析分置立的县（45 个）。

（一）在“内地的边缘”区域置立的新县

根据文献记载，这一时期置立的 88 个新县，除上述在沿边地带者外，绝大部分都是析分旧县而来，但是，我们仍然可以分别出部分新县，实际上是在“内地的边缘”地区新置的，其地在置县之前即使已编排户口乡里，纳入版籍，也十分稀疏、松弛。唐朝中期（705—755），可以确认是置于“内地的边缘”地区的县有思笼、封陵、新秦、铁麟、怀安、太平、长汀、龙岩、开化、古田、尤溪、唐年等 12 个县。

（1）思笼县、封陵县（属邕州），景云二年（711）置。《新唐书·地理志》邕州“思笼”县：“乾元后开山洞置。”封陵县下原注全同。《旧唐书·地理志》邕州：“思龙、如和、封陵三县，开磎洞渐置也。”思笼、封陵二县之置，据郭声波所考，当在景云二年，[2]兹从之。

（2）新秦县、铁麟县（属胜州），开元四年（716）、七年（719）置。《新唐书·地理志》麟州“新秦”县原注：“开元二年置，七年又置铁麟县，十四年州废，皆省。天宝元年复置新秦。”《旧唐

---

1 《新唐书 · 地理志》保州“归顺”县条：“天宝八载析定廉置。”“云山”县：“天宝八载析定廉置。”《太平寰宇记》卷八〇保州：“本维州之定廉县，南接吐蕃，为夷落之极塞。唐开元二十八年，羌夷内附，因置奉州，以董晏立为刺史，领定廉一县。天宝元年改为云山郡，八载移治所于天保军，乃改为天保郡。”（第 1621 页）则知归顺、云山二县是天宝八载保州移治天保军之同时所置，其时保州辖境略向西南推进，二县即当置于新推进的地区。

2 郭声波：《中国行政区划通史 · 唐代卷》，第 691-692 页。

书·地理志》谓新秦县为“天宝元年，分连谷、银城二县地置”，当是指天宝元年之复置。其地当在今陕北神木县境窟野川流域，其时当为党项与“胡”人所居。开元九年，“胡贼”康待宾反，即攻占银城、连谷二县，新秦、铁麟二县抑或为其所占领。根据唐王朝势力与党项、胡在这一地区的进退局势，特别是其后发生的康待宾之乱，推测在新秦、铁麟二县置立之前，唐王朝并未能有效控制此一地区；二县之置，正是为了加强对这一“隙地”的控制。至开元十二年平定康待宾之乱后，张说建议于新秦县置立麟州，“以安置党项余烬”，[1] 也说明其地为曾为党项集居之区。

（3）怀安县（属庆州），开元十年（722）置。《旧唐书·地理志》庆州“怀安”县：“开元十年，检括逃户置，因名怀安。”《新唐书·地理志》：“开元十一年括逃户连党项蕃落置。”《元和郡县图志》卷三庆州“怀安县”：“古居近党项蕃落。开元十年，检逃户初置，故以怀安为名。”[2]《太平寰宇记》卷三三庆州乐蟠县“废怀安县”条：“在州东北一百六十里，隋柳谷城也。居近党项，民无产税。唐开元十年以检括逃户所置，故以怀安为名。”[3] 怀安县在白马川上游、白马县（延庆县）以北，其地本属党项蕃落，在怀安置县之前，白马（延庆）、方渠、华池诸县所领，当并未及于其地，故怀安之置，并非析置旧有县域，而是通过检括逃户，强化对邻蕃区域的控制之后，设立的新县。

1 《旧唐书》卷九七《张说传》，第3053页。

2 《元和郡县图志》卷三，庆州“怀安县”，第69页。

3 《太平寰宇记》卷三三，关西道庆州乐蟠县“废怀安县”，第710页。

（4）太平县（属壁州），开元二十三年（735）置。[1]《太平寰宇记》卷一四〇壁州通江县“废东巴县”条：“本汉宕渠县地。唐开元二十三年，壁州三县耆老状论太平、曲水、王福村界东南连通州，即为浮游所集，州县不便理，请置邑就以抚之。由是敕许置太平县，因取彼太平川以为名。天宝十年改为东巴县，以处巴江之东为名。”[2]太平、曲水、王福诸村“为浮游所集，州县不便理”，实际上就是州县间的“隙地”。

（5）长汀县、龙岩县、宁化县（属汀州），开元二十四年（736）置。《旧唐书·地理志》汀州叙云：“开元二十四年，开福、抚二州山洞，置汀州。”下记所领长汀（州治）、龙岩、宁化三县，皆与州同时“开山洞置”。《元和郡县图志》卷二九“汀州”叙：“开元二十一年，福州长史唐循忠于潮州北、广州东、福州西光龙洞，检责得诸州避役百姓共三千余户，奏置州，因长汀溪以为名。”[3]《太平寰宇记》卷一〇二“汀州”条下引牛肃《纪闻》曰：“江东采访使奏于虔州南山洞中置汀州，州境五百里，山深，林木秀茂，以领长汀、黄连、杂罗三县。地多瘴疠，山都、木客丛萃其中。”[4]则知汀州及所属三县皆为开山洞、检括逃户而置。

（6）古田县（属福州），开元二十九年（741）置。《旧唐书·地理志》福州“古田”县：“开元二十九年，开山洞置。”《元和郡县图志》卷二九福州“古田县”：“开元二十九年开山洞置。东

1 《新唐书·地理志》壁州“东巴”县原注：“本太平，开元二十三年置，天宝元年更名。”

2 《太平寰宇记》卷一四〇，山南西道壁州通江县“废东巴县”，第 2723 页。

3 《元和郡县图志》卷二九，“汀州”，第 722 页。

4 《太平寰宇记》卷一〇二，江南东道“汀州”，第 2034 页。

与连江接界,与沙县分界。”[1]淳熙《三山志》卷三《地理类三·叙县》“古田县”条:“唐开元二十八年,洞豪刘强等三人以土地人民归于都督李亚丘,乃遣杨参军招致林镕等千余户,咸曰:‘祖父咸亨中来此潜焉,因古昔田亩垦辟而居。’以闻于朝。明年立县双溪之汇、屏山之南,平陆三十五里。”[2]此处的记载最为清楚:据林镕等洞民自述,其祖父辈自咸亨(670—673)来此垦居,数十年间并无官府乡里之置,由刘强等洞豪统领“洞”中的“土地人民”;古田县初置时,所领地域“平陆三十五里”,显然是一处山间盆地。

(7)尤溪县(属福州),开元二十九年置。[3]《元和郡县图志》卷二九福州“尤溪县”:“开元二十九年开山洞置。县东水路沿流至侯官,县西水路泝流至汀州龙岩县。”[4]显然,“山洞”就是指沿着溪流的河谷地带。《太平寰宇记》卷一〇〇南剑州“尤溪县”所述更为详悉:“其地与漳州龙岩县、汀州沙县及福州侯官县三处交界。山洞幽深,溪滩崄峻,向有千里,其诸境逃人,多投此洞。开元二十八年,经略使唐修忠使以书招谕其人,高伏等千余户请书版籍,因为县,人皆胥悦。此源先号尤溪,因为县名,属福州。”[5]高伏等,当即如古田刘强之类的“洞豪”。

(8)唐年县(属鄂州),天宝二载(743)置。《旧唐书·地理志》鄂州“唐年”县:“天宝二年,开山洞置。”《太平寰宇

1 《元和郡县图志》卷二九,福州“古田县”,第718页。

2 淳熙《三山志》卷三《地理类三·叙县》,“古田县”,《宋元方志丛刊》本,北京:中华书局,1990年,第7808页。

3 《新唐书·地理志》福州“尤溪县”原注:“开元二十九年开山洞置。”

4 《元和郡县图志》卷二九,福州“尤溪县”,第717页。

5 《太平寰宇记》卷一〇〇,江南东道南剑州“尤溪县”,第2000页。

记》卷一一二鄂州“崇阳县”条：“唐天宝元年，江西采访使奏以蒲圻梓洞中二千余户，去县六百余里，若不别置县则难以统摄；二年，敕于其洞桃花溪口置唐年县。”[1]蒲圻县南境的梓洞中有二千余户，而在置县之前，显然并无统摄。

除此12县之外，汝州临汝县等12县，均是在原有县境的偏远区域或者合并毗邻各县的边缘地带设立，置县之目的，基本上可以断定是为了强化对其所在区域的控制，也大致可视为在“内地的边缘”区域设立的县。

（1）临汝县（属汝州），先天元年（712）置。《旧唐书·地理志》汝州“临汝”县：“先天元年置。贞元八年，以梁县西界二乡益之，兼移县于石壕驿。”《太平寰宇记》卷八汝州龙兴县“废临汝县”条：“在州西六十里。本汉梁县地。唐先天元年十二月割置县，于今县西南二十里紫逻川置，以邑城南临汝水兼郡名为邑之称。至贞元八年，刺史陆长源以旧县荒残，因移于东北李成驿侧，近当大路。周显德三年废入梁县，其地为镇。”[2]李成驿，当即上引《旧唐书》所见之石壕驿。先天二年所置之临汝县初治紫逻川，地僻人稀，且不当大路；分梁县置临汝县，显然是为了强化对其所在地区的控制。

（2）凉川县（属会州），开元四年（716）置。《新唐书·地理志》会州“会宁”县原注：“本凉川，武德二年更名。开元四年别置凉川县，九年省。”开元四年分新置之凉川县，当在凉川（今祖厉河）之上游，应是分会宁县东南境置，其地近蕃落，置

1 《太平寰宇记》卷一一二，江南西道鄂州“崇阳县”，第2286页。

2 《太平寰宇记》卷八，河南道汝州龙兴县“废临汝县”，第152页。

县之原因，当与庆州怀安县略同。

（3）舞阳县（属许州），开元四年（716）分叶县置。[1]《唐会要》卷七〇《州县改置上》河南道“仙州”条下录开元十一年崔沔议移仙州治舞阳县曰：“州东新置舞阳县，则汉樊哙之旧国……又南接白羊川口，村聚幽僻，妖讹宿肖，此为根柢。自置县来，十减七八，今若移州镇之，亦可杜绝。”[2]则知开元四年复置舞阳县之前，其所在之白羊川“村聚幽僻，妖讹宿肖”，官府的控制相当薄弱。

（4）华阳县（属洋州），开元十八年（730）置。[3]《太平寰宇记》卷一三八洋州“真符县”条云：“本汉安阳县地。唐开元十八年，梁州长史韦敬祖奏于此置华阳县，取古华阳之地为名。天宝三年废；八年，王鉷开清水谷路，复于黎园置华阳县。其年因凿山路得玉册，遂改为真符县，仍隶京兆府，北去府四百余里。至十一年，又隶洋州；其年，以县去州偏远，移县就桑平店。”[4]开元十八年所置之华阳县治当在今洋县北之华阳镇，地处骆谷道上，是深山中的一处小盆地；天宝八年重置华阳县于黎园，当仍在华阳镇附近。《舆地纪胜》卷一九〇洋州“景物”栏“华阳关”条云：“唐柳宗元作《馆驿使壁记》，论扞蔽长安之名关有八，而华阳关居其一。盖华阳一带，实为秦蜀扞蔽重地。今之真符

1 《新唐书 · 地理志》许州“舞阳”县原注：“本北舞，隶道州。贞观元年来属，寻废。开元四年复置，更名。有铁。”

2 《唐会要》卷七〇《州县改置上》，第 1253 页。

3 《新唐书 · 地理志》洋州“真符”县原注：“本华阳，开元十八年析兴道置。天宝三载省。八载开清水谷路，复置，因凿山得玉册，更名，隶京兆府。十一载来属。”《旧唐书·地理志》《唐会要 · 州县改置下》《元和郡县图志志》所记大致同。

4 《太平寰宇记》卷一三八，山南西道洋州“真符县”，第 2691 页。

县，即华阳县也。”同书卷“碑记”栏又记有“华阳寨磨崖刻”，谓“骆谷路华阳寨下有大溪，俟冬水落，则见大字刻之道旁，云：‘建中三年造此回河镇，同节度副使张大使记。’”[1]则华阳县或据关而立县，南宋时华阳仍有城寨。至于天宝十一年（752）移真符县治于桑平店，当在华阳镇之南，南距洋州六十里，揣其地，当在今茅坪、八里关一带。“桑平”或作“桑坪”，亦为山间小盆地。

（5）巴川县（属合州），开元二十三年（735）置。《旧唐书·地理志》合州“巴川”县：“开元二十三年，割石镜、铜梁二县置。”《新唐书·地理志》所记同。《元和郡县图志》卷三三合州“巴川县”：“开元二十三年，刺史孙希庄奏割石镜之南、铜梁之东置县。”[2]新置之巴川县在小安溪流域，当石镜县之南境、铜梁县之北境。[3]如上所述，铜梁县即长安三年（703）检括逃户而置，推测巴川县也当是检括逃户而设。

（6）舒城县（属庐州），开元二十三年（735）置。《旧唐书·地理志》庐州“舒城”县：“开元二十三年，分合肥、庐江二县置，取古龙舒县为名。”《新唐书》卷一一八《韦虚心传》称：“以庐江多盗，遂县舒城，盗贼为衰。”[4]盖舒城地处合肥、庐江二县之边缘，故以“多盗”为称；置县之后，“盗贼为衰”，则置县之目的，主要是便于缉捕盗贼，强化治安。

---

1 《舆地纪胜》卷一九〇，“洋州”，第1296、1299页。

2 《元和郡县图志》卷三三，合州“巴川县”，第857页。

3 《太平寰宇记》卷一三六山南西道合州“巴川县”条：“南二百里，旧三乡。本垫江县地。唐开元二十二年，刺史孙希庄奏割石镜之南、铜梁之东地置巴川县，以地在巴川，故为名。”其下所录“小安溪”条：“源出县南巴山中，北流经县理南，又东北合侯溪水。”（第2658页）

4 《新唐书》卷一一八《韦凑传》附《韦虚心传》，第4271页。

（7）唐城县（属隋州），开元二十六年（738）置。《新唐书·地理志》隋州“唐城”县原注：“开元二十六年以客户析枣阳地置。”《唐会要》卷七一《州县改置下》山南道隋州“唐城县”：“开元二十五年六月十五日，以客户编成十二乡，置唐城县属焉。”[1]《元和郡县图志》卷二一随州“唐城县”：“本汉随县地，梁于此置下溠戍。后没魏，改为下溠镇。隋开皇三年，改镇为唐城县。大业二年废。开元二十四年，采访使宋鼎奏置。”[2]唐城县治下溠镇虽然距离随州治所甚近，然其所管十二乡均由检括而得之客户编成，亦可视为在“内地的边缘”区域设置的新县。

（8）婺源县（属歙州），开元二十八年（740）置。[3]《太平寰宇记》卷一〇四歙州“婺源县”条：“元六乡。本晋休宁县西南之回王乡。唐开元二十四年，乡人洪贞叛，聚徒于此，至二十八年置县以镇之。有婺水绕县城三面，故以为名。”[4]“回王乡”，《新安志》卷五《婺源沿革》作“回玉乡”，谓在休宁县西南；[5]洪贞，《元和郡县图志》卷二八歙州“婺源县”作“妖贼洪氏”。显然，回王（或玉）乡因为位置偏僻，又是山区，故为诸种异端信徒集聚之区，需“置县以镇之”。

（9）青阳县（属宣州），天宝元年（742）置。《旧唐书·地理志》池州“青阳”县：“天宝元年，分泾（阳）、南陵、秋浦三县置，

---

1 《唐会要》卷七一《州县改置下》，第1265页。

2 《元和郡县图志》卷二一，随州“唐城县，第543页。

3 《旧唐书·地理志》歙州“婺源”县：“开元二十八年正月九日置。”《新唐书·地理志》歙州“婺源”县原注：“开元二十八年析休宁置。”

4 《太平寰宇记》卷一〇四，江南西道歙州“婺源县”，第2069页。

5 《新安志》卷五《伍元改革》，《宋元方志丛刊》本，北京：中华书局，1990年，影印本，第7658页。

治古临城。”《新唐书·地理志》池州“青阳”县原注所记同。《元和郡县图志》卷二八池州“青阳县”条：“本汉泾县地，天宝元年洪州都督徐辉奏，于吴所立临城县南置，属宣州，在青山之阳为名。永泰二年隶池州。”[1]新置之青阳县处泾、南陵、秋浦三县交界地带，与下文所及之石埭县相似，也属于“内地的边缘”区域。

（10）阆英县（属通州），天宝九载（750）置。《新唐书·地理志》通州“阆英”县原注：“天宝九载置。”《太平寰宇记》卷一三七达州石鼓县“废阆英县”条：“县本天宝九年太守韦虚受奏于应水南一里置阆英县，以县南五里阆英山为名。”[2]新置之阆英县地处阆英山区、应水流域，也当是检括户口而置者。

（11）太平县（属宣州），天宝十一载（752）置。《新唐书·地理志》宣州“太平”县：“天宝十一载析当涂、泾置，大历中省。永泰中复置。”[3]《太平寰宇记》卷一〇三宣州“太平县”：“本泾县之地。唐天宝十一载以地居郡东南僻远，游民多结聚为盗，邑人患之，因安抚使奏，非别立郡邑，无以遏此浇竞。时以天下晏然，立为太平县。”[4]太平之置县，乃缘于“邑人”通过安抚使上奏，亦即由邑人主动提出，说明地方势力在置县问题上发挥了作用。

1 《元和郡县图志》卷二八，池州“青阳县”，第 689 页。

2 《太平寰宇记》卷一三七，山南西道达州石鼓县“废阆英县”，第 2677 页。

3 《新唐书·地理志》宣州“太平”县：“天宝十一载析当涂、泾置，大历中省。永泰中复置。”《旧唐书·地理志》与《唐会要·州县改置下》并谓“析泾县置”，无当涂县。《元和郡县图志》卷二八宣州“太平县”：“本泾县地。天宝四年，宣城郡太守李和上奏，割泾县西南十四乡置。”亦无当涂县。

4 《太平寰宇记》卷一〇三，江南西道宣州“太平县”，第 2051 页。

（12）峨和县（属翼州），天宝十一载（752）置。《元和郡县图志》卷三二翼州“峨和县”：“天宝十一年，分置峨和县，以县有峨和山也。县在石臼戍北大江之西也。”[1]大江，即今之岷江。峨和筑有城，在贞元年间韦皋主持之对吐蕃战争中曾颇为著称。其地当翼针县北境，应是天宝末年招徕夷獠所置。然翼州其实并不临边，其西之当州、悉州及其北之松州均已建为正州，故峨和县应视为在“内地的边缘”区域增置的新县。

（二）析分原县置立的新县

在此一时期内地府州置立的69个新县中，除以上24县大致可断定属于在“内地边缘”区域置立者外，大部分均可断定是析分原县部分区域或者合并毗邻各县的边缘地带设立的，置县之目的，基本上可以断定是为了便于征发赋役与行政管理。如神龙元年（705）析宁海与鄮县所置之象山县（属明州）。[2]《元和郡县图志》卷二六明州“象山县”条云：

> 本汉鄞县地。神龙元年，监察御史崔皎奏于宁海县东界海曲中象山东麓彭姥村置县，东至大海二十里，南至大海三十五里，东北至大海四十里，正北至大海一十五里，唯西南有陆路接台州宁海。[3]

新置的象山县处于半岛之上，与宁海县相距甚远，史志虽未明言，

1 《元和郡县图志》卷三二，翼州“峨和县”，第814页。
2 《新唐书·地理志》明州“象山”县原注：“本隶台州，神龙元年析宁海及鄮置，广德二年来属。”
3 《元和郡县图志》卷二六，明州“象山县”，第630页。

然可以推知，在置县之前，其赋役征发必有诸多不便。又如景云二年（711）析南城县所置之南丰县（属抚州）。[1]《太平寰宇记》卷一一〇抚州“南丰县”条：“吴太平二年置，隋开皇九年废入南城县。唐景云二年又置，先天二年废。开元七年，刺史卢元敏奏田地丰饶，川谷重深，时多剽劫，乃复置南丰县。”[2]景云二年置南丰县，当与开元二年重置相似，皆因为其地“田地丰饶，川谷重深，时多剽劫”，于此置县应是为了征发其丰饶田地的赋役，并强化其地治安。再如开元二十六年析鄮县所置之翁山县，在翁洲（今舟山岛）之上，在置县之前，需向陆地上的鄮县纳赋服役，显然多有不便。[3]虔州大庾县（神龙元年析南康县置）、凉州嘉麟县（神龙二年分神乌县西境置，治汉鸾鸟故城）、岳州昌江县（神龙三年分湘阴县置，治吴昌故城）、遂州遂宁县（景龙元年割青石县置）、扬州海安县（景龙二年析海陵县置，其地原有盐官）、潭州浏阳县（景龙二年析长沙县置）、遂州唐安县（景龙二年分唐兴县置）、滁州永阳县（景龙三年析清流县置，治来安村）、苏州海盐县（景云二年分嘉兴县置）、处州青田县（景云二年析括苍县东境置）、处州遂昌县（景云二年分松阳县置）、河南府伊阳县（先天元年割陆浑县南境三乡置）、深州陆泽县（先天二年分饶阳、鹿城二县置，治古鄡城）、巫州潭

1 《新唐书 · 地理志》抚州“南丰”县：“景云二年析南城置，先天二年省，开元八年复置。”

2 《太平寰宇记》卷一一〇，江南西道抚州“南丰县”，第 2238 页。

3 《新唐书 · 地理志》明州“鄮”县原注：“开元二十六年析置翁山县，大历六年省。有盐。”按是年置明州，同时置奉化、慈溪、翁山三县，均为分鄮县而立（《唐会要》卷七一《州县改置下》“明州”条，1273 页）。明州及三县之置，反映出唐王朝对滨海地域控制之加强；而至大历六年因袁晁反于翁山县，遂废其县（《太平寰宇记》卷九八明州“废翁山县”条），说明对翁洲的控制还不十分稳固。

阳县（先天二年析龙标县置）、蓟州三河县（开元四年析潞县置）、饶州新昌县（开元四年析鄱阳县置）、莫州利丰县（开元十年析文安、任丘二县置）[1]、泌州上马县（开元十三年析湖阳县东北境置）、郴州安陵县（开元十三年析郴县北界四乡置）、邓州菊潭县（开元二十四年割新城县置）、明州奉化县（开元二十六年析鄮县置）、明州慈溪县（开元二十六年析鄮县置）、平州马城县（开元二十八年分卢龙县置，治古海阳城）、扬州千秋县（天宝元年割江都、六合、高邮三县置）、幽州广宁县（天宝元年分蓟县置）、宣州宁国县（天宝三载析宣城、当涂二县置）、苏州华亭县（天宝十载割昆山、嘉兴、海盐三县置）、坊州升平县（天宝十二载割宜君县西北三乡置）、婺州浦阳县（天宝十三载析义乌县北鄙十乡、兰溪县二乡、富阳县二里置）、春州罗水县（天宝末置）等三十县，均与上述象山、南丰、翁山三县相类似，都基本可以断定是为了征发赋役与行政管理之便而设立的。

而济阳、黄县、灵川、霍山、晋江、河阴等新置立的县，与其所自出的原县之间，却并非处于原县的边远地区或诸县毗邻地带。这些县的分置，多是出于特殊的行政管理需要。如景龙元年（707）析高苑县置济阳县。[2]《太平寰宇记》卷一九淄州高苑县“废济阳县”条称:“唐景龙元年析高苑置,以在济水之北,故名。县寻废,还高苑。在州北九十四里。”[3]据《元和郡县图志》

---

1 《新唐书·地理志》莫州“长丰”县原注:“本利丰，开元十年析文安、任丘置，是年更名。”《唐会要·州县改置下》亦作“开元十年置”。《旧唐书·地理志》莫州“长丰”县作“开元十九年，分文安、任丘二县置”。当以开元十年置为是。

2 《新唐书·地理志》淄州“高苑”县:“景龙元年析置济阳县，元和十五年省。”

3 《太平寰宇记》卷一九，河南道淄州高苑县“废济阳县”，第380页。

卷一一淄州“济阳县”所记，高苑县治在济水南七十步；而新置的济阳县治则在济水北岸，其南一里有八会津，“相传水陆所凑，其路有八，故名”。[1]则在分置济阳县之前，高苑县所领地域兼跨济水南北两岸地，管理多所不便，分置济阳县，或即由于此；分置济阳县后，高苑、济阳二县盖分领济水南、北两岸地；济阳县治八会津在置县之前，即已成为“水陆所凑”的市镇，成为原高苑县境的另一个中心。

先天二年（712）分蓬莱县西境置黄县，与此相类似，又有所不同。《旧唐书 · 地理志》登州“黄”县：“汉旧县。神龙元年，改为蓬莱县，属登州，以为州治。先天元年，又割蓬莱置黄县。”在此之前，神龙三年（707），登州治所由牟平县移至蓬莱县境内的蓬莱镇（贞观八年置镇），蓬莱县治也由黄县故城移至蓬莱镇之南一里，原蓬莱县故城遂不再是县治。故五年之后，复于神龙三年之前的蓬莱县治置立黄县，仍沿用汉晋以来县名。这样，蓬莱、黄二县乃分治原蓬莱县境：新的蓬莱县在东，治蓬莱镇，并成为登州治所；而新设的黄县则在西，治原蓬莱县故城。新县并非原县的偏远地区，甚至还可算是原县的核心区域。

先天二年（713）分交城县北境置灵川县，大抵与此相同。《旧唐书 · 地理志》太原府“交城”县：“隋分晋阳县置，取县西北古交城为名。初治交山，天授元年，移治却波村。先天二年，于故县分置灵川县，开元二年后省。”《太平寰宇记》卷五〇大通监“交城县”条：“隋开皇十六年析晋阳置交城县，属并

1 《元和郡县图志》卷一一，淄州“济阳县”，第 310-311 页。

州，因县西北古交城为名。唐天授二年，长史王及善自山北古交城移就却波村置。”其“废卢川县”条：“在县东北九十五里。唐天授二年移交城于山南平川却波村置，开元二年以卢川县非要冲，因废。”[1]“卢川”当即“灵川”之讹。据此，交城县城本在交城山以北之古交城，天授元年或二年移治山南却波村之后，其山北部分与新县治之间即隔有交城山。故先天二年（713）分置灵川县，即在古交城的基础上置县，管领原交城县之山北部分；而治于山南却波村的交城县，则管领交城山山南部分。

天宝初（742）分盛唐县置霍山县，亦与此相同。《新唐书·地理志》寿州“霍山”县：“天宝初析盛唐别置。”其“盛唐”县原注：“本霍山。武德四年以霍山、应城、灊城三县置霍州。贞观元年州废，省应城、灊城，以霍山来属。神功元年曰武昌，神龙元年复故名，开元二十七年更名。”其所言盛唐、霍山二县沿革甚明：盖隋时有霍山县，唐初于其地置霍州，后废霍州，以霍山县改隶寿州，复改名武昌、盛唐县；天宝初又分盛唐县（原霍山县）新置霍山县。《旧唐书·地理志》于此处记载则略显混乱。其“霍山”条谓：“汉灊县，属庐江郡。隋置霍山、应城三县。贞观元年，废霍州，省应城、灊城二县，以霍山属寿州。”所述实为隋霍山县、唐盛唐县沿革。其“盛唐”县则称：“旧霍山县。神功元年，改为武昌。神龙元年，复为霍山。开元二十七年，改为盛唐，仍移治于驺虞城。”这里的关键是开元二十七年盛唐县移治驺虞城。盖在此之前，盛唐县治本在隋霍山县治；开元二十七年，移治驺虞城；至天宝初，新置之霍山县则治于开元二十七年前的盛

1 《太平寰宇记》卷五〇，河东道大通监“交城县”，第1048页。

唐县旧址，故《旧唐书》将新置之霍山县误作隋时霍山县。驺虞城在北，隋霍山县治在南，故新置之霍山县实为析盛唐县南境置。

泉州晋江县的置立则是另一种情形。《旧唐书 · 地理志》泉州“晋江”县：“开元八年，分南安置，今为州之治所。”《新唐书 · 地理志》所记同。按：《元和郡县图志》卷二九“泉州”叙云：“今泉州，本南安县也。久视元年，县人孙师业诉称赴州遥远，遂于南安县东北界置武荣州，景云二年改为泉州，即今理也。”则武荣州初治时并不在南安县治，而在南安县东北界。其“晋江县”条：“开元六年，刺史冯仁知缘州郭无县，请析南安县东置，在晋江之北，因名。”[1] 据此，可知久视元年（700）置武荣州时，州治当即在后来的晋江县治，其时属南安县东北界，并未置县，故开元六年刺史冯仁知谓“州郭无县”。开元八年在泉州（武荣州）州郭置立晋江县，正是为了改变“州郭无县”的格局。

河阴县的设立，则是为了加强对漕运仓的管理。《旧唐书 · 地理志》孟州“河阴”县条称：“开元二十年，割汜水、荥泽二县置，管河阴仓。”《旧唐书》卷八《玄宗纪》开元二十二年八月下载：“先是，驾至东都，遣侍中裴耀卿充江淮、河南转运使，河口置输场。壬寅，于输场东置河阴县。”[2]《唐会要》卷七〇《州县改置上》河南府“河阴县”：“开元二十二年四月，侍中裴耀卿奏，[分] 汜水、荥泽、武陟三县，于河口输场置焉，隶河南。”[3] 而《太平寰宇记》卷五二河北道孟州“河阴县”条所记则略详：

1 《元和郡县图志》卷二九，“泉州”，第 720 页。

2 《旧唐书》卷八《玄宗纪》，开元二十二年八月，第 201 页。

3 《唐会要》卷七〇《州县改置上》，第 1249 页。

> 旧三乡，今二乡。其地即汜水、荥泽、武陟三县之地也，开元二十二年，侍中裴耀卿奏以地当汴河口，便于漕运，宜析上三县之地置县以顿之，因在河之南，故于输场东、渠口北二百五十步，立河阴县焉。[1]

则河阴县治即位于汴河口、输场东，其地分自汜水、荥泽、武陟三县，置县时当有三乡，很可能即分别来自三县。河阴县之置，与大基（河清）、柏崖县相似，也是为了应对漕运转输的繁剧事务。置县的创议人就是当时正担任江淮、河南转运使的裴耀卿。

马邑、安边县是为了适应驻军而设置的。（1）马邑县，开元五年（717）置。《旧唐书·地理志》朔州“马邑”县：“秦汉旧名，久废。开元五年，分善阳县于大同军城置。”《元和郡县图志》卷一四朔州“马邑县”条：“本鄯阳县地，开元五年，分鄯阳县于州东三十里大同军城内置马邑县。建中年间，河中节度使马燧权移州于马邑县焉。”[2]《太平寰宇记》卷五一朔州“马邑县”条：“自后魏末陷入虏中，唐贞观以来，为大同军城，其地属鄯阳县理。至开元五年分鄯阳县东三十里置大同军以戍边，复于军内置马邑县，征旧名也。此邑自置有户无税。建中年间，河东节度使马燧权移州于马邑县。”[3]则开元五年分善阳县置马邑县与设置大同军同时，县治即在军城之中，而所领编户“有户无税”，大抵皆为屯军户。（2）安边县，开元十二年（724）置。《新

1 《太平寰宇记》卷五二，河北道孟州“河阴县”，第1082页。
2 《元和郡县图志》卷一四，朔州“马邑县”，第408页。
3 《太平寰宇记》卷五一，河东道朔州“马邑县”，第1070页。

唐书 · 地理志》蔚州“兴唐”县原注：“本安边，开元十二年置，治横野军，至德二载更名。”《元和郡县图志》卷一四蔚州“兴唐县”条：“郭下。开元户一千四百七十二。乡四。本灵丘县也。开元十二年于州东北一百三十里横野军子城南置安边县，属蔚州。天宝元年改为安边郡，仍自灵丘移州理于安边城。至德二年改为兴唐郡，仍改安边县为兴唐县。”[1] 则安边县当分灵丘县东境置，治于横野军城内，情形与岚谷、马邑县类似。

临州安乐县（长乐县）之置，虽也有驻军有关，却与马邑、安边县又有所不同。《元和郡县图志》卷三九“临州”叙云：“天宝初，割兰州狄道县又别置安乐县，置临州。州郭旧有临洮军，久视元年置，宝应元年陷于西蕃。”[2] 按：临州及其附郭县安乐县都是在临洮军的基础上设置的。临洮军，据上引《元和郡县图志》，置于久视元年（700）。《唐会要》卷七八《节度使》记陇右节度使所辖诸军，谓“临洮军，置在狄道县。开元七年移洮州，县就此军焉。”其“莫门军”条则称：“莫门军，置在洮州，仪凤二年置军。开元十七年，洮州移隶临洮军，百姓隶岷州。置临州，二十七年四月又改为洮州，今为临洮（军）[郡]是也。”[3] 据此，则知临洮军置于久视元年（700），在狄道县境内；至天宝初，临洮军已西移至鄯州城郭下，[4] 其故治因置临州，领狄道、长乐二县。所以，长乐县应当是在临洮军西移鄯州之后，在临

1 《元和郡县图志》卷一四，蔚州“兴唐县”，第 405 页。

2 《元和郡县图志》卷三九，“临州”，第 1002 页。

3 《唐会要》卷七八《节度使》，第 1426-1427 页。

4 《旧唐书 · 地理志》记开元二十一年陇右节度使所领诸军，谓“临洮军，在鄯州城内，管兵万五千人，马八千匹。”则知开元二十一年，临洮军已移至鄯州。

洮军故治设置的县。

开元八年（720）析河东县西境所置之河西县，则是典型的政治举措。《新唐书·地理志》河中府“河西”县原注：“开元八年析河东置，寻省。”《旧唐书·地理志》河中府“河东”县条：“隋县，州理所。开元八年，分置河西县，其年罢中都，乃省。”据《旧唐书·地理志》“河中府”叙，其年改蒲州为河中府，建为中都，分河东县立河西县，盖于中都立二县以崇之。其时所置之河西县辖境不详，盖在原河东县所领之黄河西岸部分。

从文献记载看，唐中期所置诸县中，明确是由于户口繁盛、经济发展而置立的县，大抵只有宿城、开封二县。宿城县是景云三年（712）分郓州附郭县须昌县东南境置立的。《太平寰宇记》卷一三郓州须城县“废东平县”条：“汉县，故城在今郓州东南三十二里。隋于故城置宿城县，仍置须昌县于今所。唐贞观八年州自郓城移于须昌县，后废宿城县。景云二年，以郡邑颇大，人物繁极，复分须昌置宿城县。”[1] 则分置宿城县，确因须昌县户口繁盛之故。开封县则置于同一年。《旧唐书·地理志》汴州“浚仪”县：“延和元年六月，割浚仪十四乡分置开封县。”《太平寰宇记》卷一开封府“开封县”谓“旧二十乡，今十八乡，八坊”。[2] 开封与浚仪县同治汴州郭下，分治东、西界，与上述京兆、河南、益州、扬州、苏州、湖州诸府州郭下同置二县相同，皆是户口繁盛、事务纷杂之故。

---

1 《太平寰宇记》卷一三，河南道郓州须城县“废东平县”，第251页。

2 《太平寰宇记》卷一，河南道开封府“开封县”，第4页。

四、唐后期析置新县的新动向

据今见文献记载，唐后期（756—907）一百五十余年中，增设的新县有44个，其中壁山等19县，基本可以断定是分割原县的边远地区或两个以上县的毗邻区域设置的，置县的主要原因是为了强化控制，基本上可视为是在“内地的边缘”区域设置的新县。

（1）壁山县（属渝州），至德二载（757）置。[1]《元和郡县图志》卷三三渝州“壁山县”：“本江津、万寿、巴三县地，四面高山，中央平田，周回约二百里。天宝中，诸州逃户多投此营种。川中有一孤山，西北二面险峻，东南面稍平，土人号为重壁山。至德二年置县，因山为名。”[2]《太平寰宇记》卷一三六渝州“壁山县”所记大致相同。壁山县地处河谷盆地，置县之前“诸州逃户多投此营种”，正与福建、岭南地区的“山洞”“溪峒”相类似。

（2）至德县（属江州），至德二载（757）置。《新唐书·地理志》池州“至德”县原注：“至德二载析鄱阳、秋浦置，隶寻阳郡，乾元元年隶饶州。”《太平寰宇记》卷一〇五池州“建德县”条：“本鄱阳、秋浦二邑地。唐至德二年，采访使、宣城郡太守宋若思奏以此地山水遥远，因置县邑，以遏寇攘，仍以年号为名，属寻阳郡。”[3]至德县地本处鄱阳、秋浦二县交界处，“山水遥远”，置县之目的乃是“遏寇攘”，即镇遏地方变乱。

---

1 《新唐书·地理志》渝州“壁山”县原注：“至德二载析巴、江津、万寿置。有盐。”

2 《元和郡县图志》卷三三，渝州“壁山县”，第855页。

3 《太平寰宇记》卷一〇五，江南西道池州“建德县”，第2088页。

（3）上饶县、永丰县（属信州），乾元元年（758）置。《旧唐书·地理志》"信州"叙云："乾元元年，割衢州之常山、饶州之弋阳、建州之三乡、抚州之一乡，置信州，又置上饶、永丰二县。"则上饶、永丰二县与信州同时置。《元和郡县图志》卷二八"信州"叙："乾元元年，租庸使洪州刺史元载奏置。"[1]《太平寰宇记》卷一〇七"信州"录乾元元年江淮转运使元载奏：

> 以此邑川源夐远，关防襟带，宜置州。州东南五十里，即饶州弋阳县进贤乡永丰里，可置一县，以永丰为名。兼割饶州之弋阳置，衢州之常山、玉山，建州之三乡，抚州之三乡，固当迤逦相望，自然无虞。[2]

其上饶县"废永丰县故城"条："本饶州弋阳县进贤乡永丰里也，乾元元年正月与州同时置永丰县。故路通闽川，越客担荷麕至。元和六年废县，并入上饶。"[3] 上饶、永丰二县处衢、建、饶、抚四州之间，二县之地分别割自弋阳县及建州之三乡、抚州之三乡，其"边缘"区位至为突出；又为通闽大路之所经，"越客担荷麕至"，地理位置十分重要。元载强调其地"川源夐远，关防襟带"，增置州县乃是为了使县邑"迤逦相望"，以保障地方"无虞"。

（4）落屯县（属振州）、洛场县（属儋州），乾元元年（758）置。《新唐书·地理志》振州"落屯"县："天宝后置。"《旧唐书·地理志》谓为"新置"。《旧唐书·地理志》"振州"叙："武德五年，

---

1 《元和郡县图志》卷二八，"信州"，第 678 页。

2 《太平寰宇记》卷一〇七，江南西道"信州"，第 2148 页。

3 《太平寰宇记》卷一〇七，江南西道信州上饶县"废永丰县故城"，第 2152 页 .

置振州。天宝元年，改为临振郡。乾元元年，复为振州也。”则落屯县当是乾元元年重置振州时所置。《新唐书 · 地理志》儋州“洛场”县：“乾元后置。”《旧唐书 · 地理志》谓为“新置”。也当是乾元间改昌化郡为儋州时新置。《太平寰宇记》卷一六九儋州“洛场县”称：“新置，元县在黎洞心，因黎贼作乱，今移入州城下。”[1] 则知洛场县应是开黎洞所置。落屯县情形与此相似，也应是开黎洞所置。

（5）昌元县、静南县、大足县（属昌州），乾元二年（759）置。《新唐书 · 地理志》“昌州”叙：“乾元二年析资、泸、普、合四州之地置，治昌元。大历六年州、县废，其地各还故属，十年复置。光启元年徙治大足。”《元和郡县图志》卷三三“昌州”叙云：

> 本汉资中县之东境，垫江县之西境，江阳县之北境。皇朝乾元元年，左拾遗李鼎祚奏以山川阔远，请割泸、普、渝、合、资、荣等六州界，置昌州。寻为狂贼张朝等所焚，州遂罢废。大历十年，本道使崔宁又奏复置，以镇押夷獠。其城南凭赤水，北倚长嵓，极为险固。[2]

昌州处泸、普、渝、合、资、荣交界地带，昌元、静南、大足三县之地割自四州，却并不详悉出自何县，说明其地在置县前实属“隙地”，并无明确管辖。昌州及三县之置显然引发了地方社会的动乱，“狂贼张朝”等很可能就是此前控制这一地区的“豪

1 《太平寰宇记》卷一六九，岭南道儋州“洛场县”，第 3233 页。
2 《元和郡县图志》卷三三，“昌州”，第 867 页。

酋”;而置立州县就意味着编排乡里、征发赋役,自必引起当地“夷獠”的反对。故至大历十年崔宁上奏复置昌州,谓其目的在于“镇押夷獠”。又《太平寰宇记》卷八八昌州永川县“废静南县”条:“在州西五十里,与州同置。西接龙溪,地名静南坝,因为县名。以地荒民少,皇朝并入大足等三县。”[1]则三县之所在,均应是山中盆地,即西南地区频见之“坝”。

(6)巴渠县(属通州),永泰元年(765)置。《旧唐书·地理志》通州“巴渠”县:“永泰元年六月,分石鼓县四乡置巴渠。”《太平寰宇记》卷一三七达州“巴渠县”:“州东二百三十里。……唐永泰元年又析石鼓县之四乡地置,在东关水北五十步。此县是当夷獠之边界,其民俗,聚会则击鼓踏木牙,唱《竹枝歌》为乐。”[2]巴渠县地当“夷獠之边界”,在此前虽已置有四乡,而官府之控制仍相当薄弱。

(7)贵溪县(属信州),永泰元年(765)置。《旧唐书·地理志》信州“贵溪”县:“永泰元年十一月,分弋阳西界置。”《元和郡县图志》卷二八信州“贵溪县”条:“永泰元年,洪州观察使李勉奏割乐平、余干二县置,在贵溪口,因以为名。”[3]《太平寰宇记》卷一〇七信州“贵溪县”条云:

> 元一十乡。本汉豫章郡余干之地,今在弋阳、余干两县之间。自此以西,地相去阔远,山水回合,群盗潜藏,舟行船泝,人不自保,寖以成俗,久而逾甚。永泰元年,就贵溪

1 《太平寰宇记》卷八八,剑南东道昌州永川县“废静南县”,第1748页。

2 《太平寰宇记》卷一三七,山南西道达州“巴渠县”,第2678页。

3 《元和郡县图志》卷二八,信州“贵溪县”,第679页。

口置贵溪县，即今理也。[1]

则贵溪之置县，盖因弋阳、余干两县之间地域辽阔，交通不靖，置县直接目的，乃在保障交通安全。

（8）石埭县（属池州），永泰二年置。《旧唐书 · 地理志》池州"石埭"县："永泰二年，割秋浦、浮梁、黟三县置，治古石埭城。"据下文所引《太平寰宇记》卷一〇四歙州"祁门县"及独孤及《贺袁傪破贼表》，[2] 知方清之乱时曾屯驻石埭城，石埭之置县当与此相关。又据《元和郡县图志》卷二八池州"石埭县"所记，石埭置县出于洪府都督李勉之奏请。[3]《太平寰宇记》卷一〇五"池州"叙云：

> 永泰元年，侍御史李芃巡抚至此，时宣、饶二郡人陈庄、方清聚兵据乌石山并太平等古城为乱，遂绝江路，劫掠行旅，日久，芃乃请以秋浦仍旧置州，守其要地，以破其谋。观察使、洪州都督李勉以闻，代宗嘉之，乃以宣州之秋浦、青阳，饶州之至德三县以隶之，兼徙宣、饶、歙三郡户以实之，又析三邑之地，复于东南置石埭县，俾四邑以成郡。[4]

则复置池州之议起于李芃，事在永泰元年，目的是应对陈庄、

1 《太平寰宇记》卷一〇七，江南西道信州"贵溪县"，第 2155 页。

2 独孤及：《贺袁傪破贼表》云："今年五月十七日破石埭城贼方清，并降乌石山贼陈庄等徒党二万五千五百人者。"（见《全唐文》卷三八四，第 3908 页）

3 《元和郡县图志》卷二八，池州"石埭县"，第 690 页。

4 《太平寰宇记》卷一〇五，江南西道"池州"，第 2085 页。

方清之乱发生后的局势，加强对江南西道东北部地区（今皖南、赣东北一带）的控制；其时石埭城尚处于方清控制之下，官府自不可能于此置县。故石埭之置县，实在陈庄、方清之乱平定之后，即永泰二年。石埭县之地本属秋浦、浮梁、黟三县，正是诸县交界地带。《旧唐书》卷一三二《李芃传》谓“方清、陈庄聚众据山洞”，[1] 则石埭城也正处于所谓“山洞”之中。

（9）归德县、绩溪县、祁门县（属歙州），永泰二年（766）置。三县并置于方清之乱平定以后，都是平定动乱后为安抚、稳定地方而采取的措施。其中，归德县分自休宁县。《新唐书·地理志》歙州“休宁”县原注：“永泰元年，盗方清陷州，州民拒贼，保于山险，二年贼平，因析置归德县，大历四年省。”《太平寰宇记》卷一〇四歙州歙县“废归德县”条：“在郡西南五十里。永泰元年，草贼方清陷郡城，而县人自割据八乡之地，保于此山，不属贼。贼平，因请置县。大历五年废。”[2] 则归德县是朝廷因方清之乱时县人自保、不从贼乱而给予的“奖赏”。

设置祁门县的动因，则与归德县有所不同。《新唐书·地理志》歙州“祈门”县原注：“永泰二年平方清，因其垒析黟及饶州之浮梁置。”《元和郡县图志》卷二八歙州“祁门县”云：“本古昌门地，汉黟县之南境。永泰元年，草贼方清于此伪置昌门县，以为守备。刺史长孙全绪讨平之，因其旧城置县，耻其旧号，以县东北一里有祁山，因改为祁门县。大历五年又移于东，面临大溪，西枕小山。”[3]《太平寰宇记》卷一〇四歙州“祁门县”

1 《旧唐书》卷一三二《李芃传》，第3654页。

2 《太平寰宇记》卷一〇四，江南西道歙州歙县“废归德县”，第2063页。

3 《元和郡县图志》卷二八，歙州“祁门县”，第688页。

条所记更为详悉：

> 元七乡。本名阊门，著于秦汉之代。县有巨石，夹流水，两相对，其状似门，故号阊门焉。……唐永泰元年，土人方清作乱，屯石埭城，故取其城置邑，因权立阊门县。其城拒险作固，以为守备。至二年平方清，因其城邑定为县，分饶州浮梁县及歙县、黟县六乡广焉，遂以所近祁山为名，因曰祁门县。[1]

阊门在方清之乱时立为县，其地民众当有较多“从乱”者。而乱平后刺史长孙全绪仍于其地置县，或因据有其地的从乱豪酋“反正”投诚，需加抚慰羁縻；[2]或因官府于其地驻兵设守，需置县邑以便弹压。

绩溪县亦当置于同年或稍后。[3]《元和郡县图志》卷二八歙州“绩溪县”：“本梁大通元年于此置梁安县，武德中废。大历二年，刺史长孙全绪奏分歙县置。此县北有乳溪与徽溪，相去一里，并流，离而复合，有如绩焉，因以为名。”[4]谓绩溪置县在大历二

---

1 《太平寰宇记》卷一〇四，江南西道歙州“祁门县”，第 2068 页。

2 罗愿：《新安志》卷四祁门县“贤宰”栏记有“吴仁欢”，谓：“县人，方清之乱，仁欢率众破贼，刺史公孙绰上其事，代宗嘉之，因置祁门县，授仁欢朝散大夫、石州刺史，赐金紫。旋拜本县令。”（《宋元方志丛刊》本，第 7658 页）吴仁欢当即阊门（祁门）本地的豪酋，方清之乱后投附官府，故得任为新置之祁门县令。

3 《旧唐书·地理志》歙州“绩溪”县：“永徽五年，分置北野县，后改为绩溪。”《新唐书·地理志》歙州“绩溪”：“本北野，永徽五年析歙置，后更名。有银，有铅。”皆以绩溪为北野县所改置。实误。盖北野县废于大历五年，在此前已置有绩溪县，故绩溪不可能由北野所改。

4 《元和郡县图志》卷二八，歙州“绩溪县”，第 688 页。

年（766）。而《太平寰宇记》卷一〇四歙州“绩溪县”条则谓其置于永泰二年（即大历元年，765），并称：“县则歙之华阳古镇。梁大同元年置为梁安县。唐武德年中废。至永泰二年，宣州旌德县贼王万敌入寇其地，贼平置县。”[1]则知华阳古镇也曾被乱贼王万敌所据，情形与祁门县相似。

（10）旌德县（属宣州），宝应二年（763）置。《新唐书·地理志》宣州“旌德县”：“宝应二年析太平置。”《旧唐书·地理志》《唐会要》所记同。《元和郡县图志》卷二八宣州“旌德县”条：“本太平之地，以县界阔远，永泰初土贼王、方据险作叛，诏讨平之，奏分太平置旌德县。”[2]《太平寰宇记》卷一〇三宣州“旌德县”记置立旌德县之背景、目标甚明，谓：“元九乡。本汉泾县地，唐初为太平县地，永泰初以兵寇初平，尚储戎器，此土征赋或有不供者，因聚而为盗，以其山谷深邃，舟车莫通，不立城邑，无以镇抚，遂割太平县九乡以置焉，冀其邑人从此被化，故以旌德为县名。”[3]

（11）永泰县（属福州），永泰二年（766）置。《元和郡县图志》卷二九福州“永泰县”：“永泰二年观察使李承昭开山洞置。县东水路沿流至侯官，县西泝流至南安县，南北俱抵大山，并无行路。”[4]淳熙《三山志》卷三《地理类三·叙县》“永福县”条：“州西百二十里，唐永泰二年节度使李承昭析侯官、尤溪县各一

1 《太平寰宇记》卷一〇四，江南西道歙州“绩溪县”，第2064页。

2 《元和郡县图志》卷二八，宣州“旌德县”，第685页。

3 《太平寰宇记》卷一〇三，江南西道宣州“旌德县”，第2050页。

4 《元和郡县图志》卷二九，福州“永泰县”，第718页。

乡置，号永泰。”[1] 永泰县地在置县之前分属侯官、尤溪二县，各编有一乡，然《元和郡县图志》仍称其为“开山洞置”，说明在置县之前官府的控制实十分薄弱。

（12）仙凫县（属仙州），大历四年（769）置。《新唐书·地理志》汝州“叶”县原注：“大历四年，复以叶、襄城置仙州，又析置仙凫县，以许州之舞阳、蔡州之西平、唐州之方城隶之。五年州废，省仙凫，余县皆还故属。”《唐会要·州县改置上》河南道“仙州”条：“大历三年三月二十八日复置（仙州），仍置仙凫县。五年二月初六日又废，仙凫县亦停。”此次重置之仙州及新置的仙凫县存在之时间皆不足一年。其设置之原因，盖可于开元十一年崔沔请移仙州治于舞阳的奏疏中得见一斑。崔沔说：

> 仙州四面，去余州界虽近，若据州［治］而言则元远。土地饶沃，户口稀疎，逃亡所归，颇成渊薮，旧多劫盗，兼有宿寇，所以往年患之，置州镇压。……今废州则生患，置州则称烦，所以武德已来，迭为废置，足明利害，不专一途。[2]

据此则知后来的仙凫县所领之地，处叶、襄城二县交界地带，纳入版籍的户口固然稀少，然多聚逃户宿寇，故需置立州、县以资“镇压”。

（13）永川县（属昌州），大历十一年（776）置。《元和郡县图志》卷三三昌州“永川县”云：“大历十一年置。东西北三

1　淳熙《三山志》卷三《地理类三·叙县》，“永福县”，第 7809 页。

2　《唐会要》卷七〇《州县改置上》，第 1252-1253 页。

面并枕侯溪水，南面接延陵英山。”[1]《太平寰宇记》卷八八昌州“永川县”条称：“元管二乡。本渝州壁山县地，与州同置。枕侯溪水，山川阔远，因名永川县。”[2] 其时复置昌州，“以镇押夷獠”。永川之地，“山川阔远”，亦为“夷獠”集聚之区。

安远等九县，虽然也是析分原县偏远地区设置的，但置县之动因与目的，却主要是为了征发赋役与行政管理的方便。如贞元四年（788）析雩都、信丰二县置安远县（属虔州），《太平寰宇记》卷一〇八虔州“安远县”条称：“梁大同十年置安远县。隋开皇中废。其后雩都县以地僻人稀，每有赋徭，动逾星岁。建中三年，刺史路应奏请析雩都三乡并信丰一里再置。”[3] 分置安远县的原因乃是“地僻人稀，每有赋徭，动逾星岁”；置县之目的，正在便于征发赋役。再如贞元十六年（800）置分宁县（属洪州），[4]《太平寰宇记》卷一〇六洪州“分宁县”条引《邑图》称：“本当州之亥市也。其地凡十二支，周千里之内，聚江、鄂、洪、潭四州之人，去武宁二百余里，豪富物产充之。”[5] 分宁县之地原属武宁县西界，正是江、鄂、洪、潭四州毗邻之区（今为修水县，也是湘鄂赣三省交界之地）；后来的县治本为一处集市，亥市，聚四州之人，“豪富物产充之”，正是一幅边区集市的面貌。处州龙泉县（乾元二年析遂昌、松阳二县置）、永州灌阳县

---

1 《元和郡县图志》卷三三，昌州“永川县”，第 868 页。

2 《太平寰宇记》卷八八，剑南东道昌州“永川县”，第 1747 页。

3 《太平寰宇记》卷一〇八，江南西道虔州“安远县”，第 2178 页。

4 《新唐书 · 地理志》洪州“分宁”县原注：“贞元十五年析武宁置。”《旧唐书 · 地理志》洪州分宁县作“贞元十六年二月置”。《唐会要 · 州县改置下》与《旧唐书 · 地理志》同。兹从《旧唐书 · 地理志》。

5 《太平寰宇记》卷一〇六，江南西道洪州“分宁县”，第 2110 页。

（后上元二年析湘源县置）、睦州昭德县（宝应二年析分水县置）、道州大历县（大历二年析延唐县置）、越州上虞县（贞元元年析会稽县东境置）、荆州荆门县（贞元二十一年割长林、乐乡二县置）、桂州古县（乾宁二年析慕化县三里一乡置）等七县，置县之情形大致与安远、分宁二县相同。

上述二十八县，除仙凫一县位于河南道外，其余二十七县均在南方各道。而同一时期北方各道所增置的县不多，除仙凫县以及下文所及之天兴、河西县之外，大多由藩镇自置，然后奏报唐王朝予以认可。这样的县，共有 13 个。

（1）昭义县（属磁州），永泰元年（765）置。《旧唐书·地理志》磁州“昭义”县：“永泰元年，廉察使薛嵩，特置于滏口之右故临水县城。”薛嵩本为安史部将，安史乱平后，被唐王朝任为相州刺史，充相、卫、洺、邢等州节度观察使，与田承嗣、张志忠（李宝臣）、李怀仙分镇河北。《旧唐书 · 地理志》“磁州”叙云：“永泰元年六月，昭义节度使薛嵩，请于滏阳复置磁州，领滏阳、武安、昭义、邯郸四县。”则昭义县与磁州同时置。县以“昭义”为名，盖取军号为县名。县治滏口，《太平寰宇记》卷五六磁州昭义县“滏口泉”条谓在县西一里半。则永泰初所置昭义县正扼守著名的太行东西通道滏口陉之东口。[1] 薛嵩置县于此，显然是为了加强对滏口陉的控制，以防备来自泽潞、河东方向的威胁。

（2）新昌县、新城县（属涿州），大历四年（769）置。《旧唐书 · 地理志》涿州“新昌”县：“汉县名，后废。大历四年，

1 《太平寰宇记》卷五六，河北道磁州昭义县“滏口泉”，第 1165 页。参阅严耕望：《唐代交通图考》第五卷《河东河北区》，篇四一《太行滏口壶关道》，上海：上海古籍出版社，2007 年，影印本，第 1421-1424 页。

复析固安县置。”其“涿州”叙云：“本幽州之范阳县。大历四年，幽州节度使朱希彩，奏请于范阳县置涿州，仍割幽州之范阳、归义、固安三县以隶涿，属幽州都督。”则新昌县与涿州同时置。同时增置者还当有新城县。[1]《旧唐书》卷一七下《代宗纪》大和六年九月辛丑条：“涿州置新城县，古督亢之地也。”[2]督亢之地，《太平寰宇记》卷七〇涿州“范阳县”记有“督亢陂”，谓在范阳县东南十里，并引刘向《别录》，谓“督亢，燕膏腴之地”。[3]则督亢之地当在范阳县东南境，新城县当为分范阳县东南境置。新昌、新城分别当固安、范阳县之东南境，其地一马平川，并无险可守，又不当大路，朱希彩于其地分置二县，盖因其地“膏腴”富庶，为幽州财富之地故。

（3）清丰县、观城县（属澶州）、永济县（属贝州），大历七年（772）置。《旧唐书》卷一一《代宗纪》“大历七年春正月戊子”条载：“于魏州顿邱县置澶州。以顿邱县之观城店置观城县，以张（之）清丰店置清丰县，并割魏州之临黄县，并隶澶州。以贝州临清县之张桥店置永济县。”[4]《唐会要》卷七一《州县改置下》澶州条所记同。据《新唐书·地理志》“澶州”叙及魏州“永济”县原注，此事全出于魏博节度使田承嗣之意，敕书不过是予以认可而已。《旧唐书·地理志》澶州“清丰”县：“大历七年，割顿邱、昌乐二县界四乡置。以县界有孝子张清丰门阙，魏州

1 《新唐书·地理志》涿州“新城”县原注：“大和六年，以故督亢地置。”《旧唐书·地理志》作“大历四年置”。当以大历四年为是。

2 《旧唐书》卷一七下《代宗纪》，“大和六年九月辛丑”，第546页。

3 《太平寰宇记》卷七〇，河北道涿州“范阳县”，第1412页。

4 《旧唐书》卷一一《代宗纪》，“大历七年春正月戊子”，第299页。

田承嗣请为县名。”据此，上引《旧唐书·代宗纪》“张之清丰店”中“之”字，当系衍文。其“观城”县条：“大历七年，割昌乐、临黄二县四乡，置县于旧观城店。”二县所治，皆以“店”为名，其地应当是市集。又，《新唐书·地理志》魏州“永济”县原注：“本隶贝州，大历七年田承嗣析魏州之临清置。天祐三年来属。”《元和郡县图志》卷一六贝州“永济县”：“本汉贝邱县地，临清县之南偏，大历七年，田承嗣奏于张桥行市置，西井永济渠，故以为名。”[1] 其时贝州仍属相卫节度使管辖，然原属贝州的临清县已归属魏州，故田承嗣得于其南境置立永济县。县治之所在，称为“张桥行市”，亦作“张桥店”，亦显为一处市集。《通典》卷七《食货七 · 历代盛衰户口》尝记开元中之太平景象云：

> 至（开元）十三年封泰山……东至宋汴，西至岐州，夹路列店肆待客，酒馔丰溢。每店皆有驴赁客乘，倏忽数十里，谓之驿驴。南诣荆、襄，北至太原、范阳，西至蜀川、凉府，皆有店肆，以供商旅。[2]

张清丰店、观城店、张桥店（行市）皆当属此种“店肆”。其地既为商旅之必经，复有行市经营货物，“关津之税”的收入必甚为可观。田承嗣于上述三“店”分置三县，很可能与安史乱后藩镇纷纷开征“关津之税”、以“关津之税”和“市肆之税”为核心的商税在诸藩镇财政收入中所占的比重逐步增大，有着一

1 《元和郡县图志》卷一六，贝州“永济县”，第 466 页。
2 《通典》卷七《食货》七“历代盛衰户口”，北京：中华书局，1988 年，第 152 页。

定的关联。[1]

（4）幽都县（属幽州），建中二年（781）置。《新唐书·地理志》幽州“幽都”县原注：“本蓟县地。隋于营州之境汝罗故城置辽西郡，以处粟末靺鞨降人。武德元年曰燕州，领县三：辽西、泸河、怀远。……六年自营州迁于幽州城中，以首领世袭刺史。贞观元年省怀远。开元二十五年徙治幽州北桃谷山。天宝元年曰归德郡。户二千四十五，口万一千六百三。建中二年为朱滔所灭，因废为县。”《旧唐书·地理志》幽州“幽都”县：“管郭下西界，与蓟分理。建中二年，取罗城内废燕州廨署，置幽都县，在府北一里。”唐前期的燕州由“首领世袭刺史”，属于羁縻州性质；其治所，自武德六年（623）即在幽州城内，开元二十五年（737）移至幽州北境桃谷山（当即下文所见之昌平城）。《旧唐书》卷一九九下《北狄传·靺鞨》云：

> 有酋帅突地稽者，隋末率其部千余家内属，处之于营州，炀帝授突地稽金紫光禄大夫、辽西太守。武德初，遣间使朝贡。以其部落置燕州，仍以突地稽为总管。刘黑闼之叛也，突地稽率所部赴定州，遣使诣太宗请受节度，以战功封蓍国公。又徙其部落于幽州之昌平城。会高开道引突厥来攻幽州，

---

1 《通典》卷一一《食货十一·杂税》记天宝天年以后，“盗贼奔突，克复之后，府库一空”。“其后诸道节度使、观察使多率税商贾，以充军资杂用，或于津济要路及市肆间交易之处，计钱至一千以上者，皆以分数税之。自是商旅无利，多失业矣。上元中，敕江淮堰埭商旅牵船过处，准斛斗纳钱，谓之埭程。”（第250页）观城店、清丰店、张桥店均处于“津济要路”，复有市肆交易，当然是“理想”的征税地点。参阅青山定雄：《唐·五代の關津と商税》，见氏著《唐宋時代の交通と地誌地図の研究》，东京：吉川弘文馆，1969年，第127-160页。

突地稽率兵邀击，大破之。贞观初，拜右卫将军，赐姓李氏。寻卒。子谨行，伟貌，武力绝人。麟德中，历迁营州都督。其部落家僮数千人，以财力雄边，为夷人所惮。[1]

盖突地稽家族一直控制燕州，是幽州地区最重要的地方势力集团之一，且或忠于李唐，故为幽州节度使朱滔所忌，遂于建中二年（781）灭之。朱滔消灭燕州突地稽靺鞨集团之后，可能将其余部迁入幽州城中，故复于幽州城内置幽都县，统领原蓟县西境地。其时朱滔僭称冀王，于其治所附郭分置二县，也有尊崇幽州城之意。

（5）汝南县（属蔡州），贞元七年（791）置。《新唐书 · 地理志》蔡州“汝阳”县原注：“贞元七年析汝阳、朗山、上蔡、吴房置汝南县，元和十三年省。”《唐会要 · 州县改置上》河南道豫州“汝南县”：“贞元七年正月二十三日于（蔡州）郭下置。元和十三年正月，汝南县宜却停省。”[2] 则汝南县与汝阳县同置于蔡州郭下。《太平寰宇记》卷一一蔡州汝阳县“汝南县城”条：“唐贞元七年正月割汝阳县汝水之南地置县，续元和十三年敕停，以地复归汝阳。”[3] 在此之前，贞元二年，唐廷平淮西，以吴少诚为淮西留后、蔡州刺史；少诚缮兵完城，谋叛朝廷，而朝廷不得已，只能因循。《旧唐书 · 德宗纪》于贞元七年正月下书曰：“蔡州置汝南县。”[4] 这正是《春秋》笔法，明言汝南县为蔡州吴少诚

1 《旧唐书》卷一九九下《北狄传 · 靺鞨》，第 5358-5359 页。
2 《唐会要》卷七〇《州县改置上》，第 1251 页。
3 《太平寰宇记》卷一一，河南道蔡州汝阳县“汝南县城”，第 201 页。
4 《旧唐书》卷一三《德宗纪》下，“贞元七年正月壬戌”，第 371 页。

所置，并非朝命。盖其时淮西节镇治蔡州，吴少城于蔡州附郭分置汝南县，当是崇重州城之意。正因为此故，元和十二年（817）平蔡州后，唐廷即以敕命省废汝南县，以其地得复归汝阳县。

（6）归化县（属德州），元和十三年（818）置。《新唐书·地理志》齐州“临邑”县原注：“元和十三年析德州之安德置归化县，隶德州。大和二年来属，四年省入临邑。”《旧唐书》卷一六二《郑权传》：

> （元和）十三年，迁德州刺史、德棣沧景节度使。时朝廷用兵讨李师道，权以德、棣之兵临境。奏于平原、安德二县之间置归化县，以集降民。[1]

《唐会要》卷七一《州县改置下》河北道德州“归化县”条下录横海军节度使郑权奏称（误作“开元十三年”）云：

> 当道管德州安德县，渡黄河，南与齐州临邑县邻接，有灌家口草市一所。顷者，成德军于市北十里筑城，名福城，割管内安德、平原、平昌三县五都，置都知管勾当，臣今请于此置前件城。缘隔黄河与齐州临邑县对岸，又居安德、平原、平昌三县界，疆境阔远，易动难安。伏请于此置县，为上县，请以归化为名。[2]

则在此之前，成德军已于灌家口草市筑有福城，割安德、平原、

---

1 《旧唐书》卷一六二《郑权传》，第 4246 页。

2 《唐会要》卷七一《州县改置下》，第 1264 页。

平昌三县五都以隶之，置“都知管勾当”。四十余年后，开成五年（840）四月十一日，求法僧圆仁从这里渡过黄河，记述说：

> 午时，到黄河渡口，时人唤为药家口。……渡口南北两岸，各有渡口城，南北各四町有余，东西各一町许。此药家口多有舟船，贪载往还人，每人出五文，一头驴十五钱。河南属齐州禹城县，河北属德州南界。过河北岸断中。[1]

此处所记之“药家口”，当即上引《唐会要》所见之“灌家口”，二者当有一误，或以“药家口”为是。河北岸的渡口城，当即郑权奏中所说之“福城”，亦即“灌家口草市”。而郑权奏置归化县，据称为为了“以集降民”“绥纳降附”，有着明显的政治目的。正因为此故，郑权继任为横海军节度使后，为平定事态，即奏请废归化县，“归化县本是草市，请废县，依旧属德州”。[2]至长庆元年（821）五月，即诏废归化县。[3]然此命并未得到执行，直到太和二年（828），才正式废归化县，并入临邑县。

（7）天池县、楼烦县、玄池县（属宪州），龙纪元年（889）置。《旧唐书·地理志》“宪州”叙：“旧楼烦监牧也。先隶陇右节度使。至德后，属内飞龙使。旧楼烦监牧，岚州刺史兼领。贞元十五年，杨钵为监牧使，遂专领监司，不系州司。龙纪元年，特置宪州于楼烦监，仍置楼烦县。”则楼烦监初由岚州刺史兼领，贞元十五年与州司分离，监司所领实际上已成为独立的政区，至

1 小野胜年：《入唐求法巡礼行记の研究》，第二卷，京都：法藏館，1989 年，第 367 页。

2 《旧唐书》卷一六一《乌重胤传》，第 4223 页。

3 《旧唐书》卷一六《穆宗纪》，“长庆元年五月丁巳”，第 489 页。

龙纪元年置州。据《新唐书·地理志》“宪州”叙，知以楼烦监牧使置宪州，出于河东节度使李克用之意。盖楼烦兵马甚为精锐，[1]克用特置州县以统之。楼烦县治所，据《旧唐书·地理志》，在监西一里，所领当即原楼烦监统领区域。《新唐书》卷五〇《兵志》谓玄池、天池与楼烦同置监牧使，故岚州有“三使”。则玄池、天池二县，当分由二监改置。《旧唐书·地理志》“天池”县：“本置于孔河馆，乾元后移于安明谷口道人堡下。”当即指天池监治所。换言之，楼烦、玄池、天池三县，当分由三监改置而来。

（8）永安县（属宁州），光化二年至天祐十年（900—913）间置。《太平寰宇记》卷六八“乾宁军”叙云：“理冯桥镇。本古卢台军地，后为冯桥镇，临御河之岸，接沧州、霸州之界。幽州割据，伪命升为宁州。周世宗显德六年收复关南，却为乾宁军，仍置乾宁县。”其“乾宁县”条：“四乡。旧名永安县，与军同置在城下。太平兴国七年六月改为乾宁县。”[2]

所谓“古卢台军”，当指唐末所置之卢台军，其正式名称，可能就是“乾宁军”，当置于乾宁年间（894—897）。[3]上引《太

---

1 《旧五代史》卷二三《梁书·刘鄩传》记贞明初（915）刘鄩复末帝奏书中说：“楼烦之人，皆能骑射，最为劲敌，未可轻谋。”（北京：中华书局，1976年，第311页）

2 《太平寰宇记》卷六八，河北道“乾宁军”，第1379-1380页。

3 《旧五代史》卷九〇《晋书·赵在礼传》记在礼之父元德在光化（898—900）前后为卢台军使（第1177页）。同书卷九一《晋书·房知温传》记天成初（926），房知温以北面招讨，屯于卢台军。此军之正式名称可能本就是乾宁军。《旧五代史》卷二〇《梁书·张存敬传》记光化二年（900），“幽、沧侵凌魏郡”，朱温以存敬为都指挥使；三年，“与葛从周连统诸军攻浮阳，树数十栅，围刘守文累月。时幽州刘仁恭举兵来援，存敬潜军击之于乾宁军南老鸦堤”。（第276页）同书卷一三五《刘守光传》记其事，谓：“汴人乘胜攻沧州，仁恭率师援之，营于乾宁军。汴将氏叔琮逆战，燕军逗挠，退保瓦桥，乃卑辞厚礼乞师于晋。”（第1801页）浮阳，当即沧州附郭县清池县之别称。寻绎其地，乾宁军当即卢台军。《宋史·地理志》“清州”条：“本乾宁军。幽州芦台军之地，晋陷契丹。”（第2125页）亦足证芦台军即乾宁军。其置军，可能就在乾宁年间(894-897)，盖因年号而名军。

平寰宇记》谓刘仁恭、守光父子割据幽州时，曾于此置宁州；而据注文所引《旧五代史 · 梁书 · 张存敬传》，光化二年（900）时乾宁军尚未改置宁州，则宁州之置，只能在此之后，又在刘守光覆灭之前，即光化二年至天祐十年间（900—913）。永安县之置，则当与宁州同时。[1]

而天兴、河西、长宁三县之置，则主要出于朝廷的意图。（1）天兴县（属凤翔府），至德二载（757）置。《旧唐书·地理志》“凤翔府”条：“至德二年，肃宗自顺化郡幸扶风郡，置天兴县，改雍县为凤翔县，并治郭下。初以陈仓为凤翔县，乃改为宝鸡县。其年十月，克复两京。十二月，置凤翔府，号为西京，与成都、京兆、河南、太原为五京。宝应元年，并凤翔县入天兴县，后罢京名。”其“天兴”县条：“隋雍县。至德二年，分雍县置天兴县。宝应元年，废雍县，并入天兴。”肃宗于至德二载二月到达凤翔，分雍县置天兴县，并改雍县为凤翔县（原凤翔县改为宝鸡县）之事，当在此稍后。雍县分置天兴县，同治岐州郭下；稍后复改岐州为凤翔府，号曰西京。凡此，均为尊崇凤翔府之策。

（2）河西县（属河中府），乾元三年（760）置。《旧唐书·地理志》“河中府”叙：“（乾元）三年四月，置河中府，析同州之朝邑，于河西盐坊置河西县来属。”其“河西”县条：“旧朝邑县，属同州，管长春宫。乾元元年，置河中府，割朝邑来属，改为河西县，以盐坊为理所。”《新唐书 · 地理志》河中府“河

1　除了正文所讨论的十三县之外，光启二年（886），幽州卢龙节度使李匡威上表置武州、新州，分别领文德县及永兴、矾山、龙门、怀安四县，考详郭声波：《中国行政区域通史·唐代卷》，第 207-209 页。由于文献记载阙略，不详此二州五县设置的具体情况，本文暂不予讨论。

西”县原注：“乾元三年更同州之朝邑曰河西，来属。大历五年复还同州，析朝邑、河东别置。”《太平寰宇记》卷四六蒲州“河西县”条云：

> （蒲州城）西四里。旧八乡，今三乡。本同州旧朝邑县之地，唐上元元年以朝邑之地置河西县，属蒲州。至大历（三）[五]年，同州复置朝邑县，仍析朝邑五乡、并割河东三乡，依旧为河西县。贞元七年，河中尹浑瑊奏于古安远府城内置县理，县境东西十四里。[1]

后上元元年即乾元三年（760）。据《唐会要》卷六八《诸府尹》，是年二月二十三日改蒲州为河中府，以萧华为尹。分同州朝邑县东境置河西县，并度属河中府，显然是要扩大河中府在黄河以西的管辖区域。至大历五年以朝邑县复还同州之后，河中府（蒲州所改）仍需领有河西地，遂分朝邑县五乡、河东县三乡另外新置河西县。此河西县，初当如乾元三年所置河西县一样，治于河西盐坊；至贞元七年，移治安远府城（安远府，当是《新唐书·地理志》所记同州境内二十六个折冲府之一）。

（3）长宁县（属江陵府），后上元元年（760）置。《新唐书·地理志》江陵府“枝江”县原注：“上元元年析江陵置长宁县。二年省枝江入长宁。大历六年复置枝江，省长宁。”《旧唐书·地理志》“荆州”叙云：“上元元年九月，置南都，以荆州为江陵府。长史为尹，观察、制置，一准两京。……二年，置长宁县于郭

1 《太平寰宇记》卷四六，河东道蒲州“河西县”，第955页。

内，与江陵并治。其年，省枝江县入长宁。"《太平寰宇记》卷一四六荆州"枝江县"云："唐上元元年析枝江县置长宁县于郡郭，以视两京赤县，至二年又废枝江入长宁，寄户口实于长宁。久之不便，至大历六年复废长宁，却立枝江于旧地，即今邑也。"[1]则上元元年分江陵县西境置长宁县，治在江陵城内；二年，并枝江县入长宁县，以枝江县所属户口归长宁县。分置长宁县的原因，是建江陵府为南都，县邑之置，亦准两京制度。

五、五代十国至宋初在军镇场院基础上置立的新县

今见文献记载中，这一时期增置的县级政区，共有102个。其中，苏州吴江县（开平三年，吴越国析吴县置）、越州新昌县（开平中，吴越国以其地人物繁庶，处于自越州南去温州的路途上，析剡县一十三乡置）、杭州钱江县（龙德三年，吴越国析钱塘、盐官二县之地置，与钱塘县同治杭州郭下）、泰州泰兴县（南唐昇元元年，析海陵县南五乡置）、秀州崇德县（天福四年，吴越国析嘉兴县崇德等九乡，于义和市置）、潭州龙喜县（乾祐三年，马楚析长沙县东界置）、洪州新建县（太平兴国六年，割南昌县水西地一十四乡置，治洪州城内升平里，与南昌县同为洪州附郭县）、筠州新昌县（太平兴国七年，析高安县太平等七乡，计四千七百九十六户置，治盐步镇）、福州怀安县（太平兴国七年，割闽县敦业等九乡八千户置，治芋源）、湖州归安县（太平兴国七年，分乌程县置，与乌程同治湖州郭下）等十县，基

1 《太平寰宇记》卷一四六，山南东道荆州"枝江县"，第2840页。

本可断定是由于户口繁庶、经济发达而分置出来的新县；[1] 而明州望海县（开平三年，吴越国以地滨海口，有鱼盐之利，析慈溪东境海壖之地置）、泉州德化县（南唐保大六年分南安县西界置）、汉阳军汉川县（周显德五年析汉阳县西北境置）、潍州安仁县（乾德三年，析寿光县长寿乡置）、邵武军光泽县（太平兴国五年，析邵武县光泽、鸾凤二乡置，治财演镇）、泉州惠安县（太平兴国六年，析晋江县北乡置）、虔州兴国县（太平兴国八年，析赣县七乡置）、虔州会昌县（太平兴国八年，析雩都县六乡置）、袁州分宜县（雍熙元年，析宜春县神龙等十一乡置）等九县，则大抵处于原县的偏远区域，主要是为了行政管理、征发赋役之便利而分置的。[2] 除此之外，这一时期设置的新县，大多数是在军、镇或场、院的基础上设立的。

（一）在军、镇基础上设置的县级政区

五代十国至宋初（907—988）的八十余年间，五代、宋政权在其西北、北部缘边地区的行政区域均有较大幅度的调整，主要是废弃了大量的州县。但在调整过程中，也增设了部分县级政区。同时，五代、宋政权在与南唐、后蜀等南方政权的毗邻地带，

---

1 如筠州新昌县，《太平寰宇记》卷一〇六筠州“新昌县”条：“本高安县管古宜丰县地盐步镇，皇朝太平兴国六年，以高安县见管一万四千五百七十二户，今分太平等七乡，计四千七百九十六户，于此置新昌县，从转运司之奏请也。”（第 2121 页）又如福州怀安县，淳熙《三山志》卷三《地理类 · 叙县》“怀安”县云：“皇朝太平兴国六年，郡守何允昭奏闽县画疆不啻百里，户仅二万，吏患簿籍繁、征输远，（折）［析］九乡八千户置。”（第 7813 页）

2 如袁州分宜县，《太平寰宇记》卷一〇九袁州“分宜县”条：“本宜春县地，皇朝雍熙元年八月析宜春神龙等十一乡置分宜县，以便民欲，当宜春、新喻两县界之中也。”（第 2201 页）

南唐在自己疆域的边缘地带，也增设了一些新的县级政区。此类县级政区虽然是由不同的政权分别设立的，但却有一个共同的特点，即很多是在军、镇的基础上设立的。兹试作考析。

（1）府谷县（属府州），唐天祐七年（910）置。《太平寰宇记》卷三八关西道“府州”叙云：“本河西蕃界府谷镇，土人折太山、折嗣伦代为镇将。后唐庄宗天祐七年，有河朔之地，将兴王业，以代北诸部，屡为边患，于是升镇为府谷县。至八年，麟州刺史折伦嗣男从阮招回纥归国，诏以府谷县建府州以扼蕃界，仍授从阮为府州刺史。”[1] 则府谷县由府谷镇升置，折氏世守其地，置县立州皆不过借以崇其位望而已。

（2）天水县、陇城县（属秦州），后唐长兴三年（932）置。《太平寰宇记》卷一五〇秦州“天水县”条：“后唐长兴三年于南冶镇置。”[2]《五代会要》卷二〇《州县分道改置》陇右道“秦州天水县、陇城县”录后唐长兴三年二月秦州奏言：

> 见管长道、成纪、清水三县外，有十一镇，征科并系镇将。今请以归化、恕水、五龙、黄土四镇，就归化镇复置旧陇城县；赤砂、染坊、夕阳、南（台）[冶]、铁务五镇，就赤砂镇复置旧天水县。其白石、大（泽）[潭]、良恭三镇，割属长道县。[3]

《旧五代史》卷四三《唐书·明宗本纪》长兴三年二月乙卯录秦

1 《太平寰宇记》卷三八，关西道“府州”，第812页。

2 《太平寰宇记》卷一五〇，陇右道秦州“天水县”，第2902页。

3 《五代会要》卷二〇《州县分道改置》，上海：上海古籍出版社，2006年，第332页。

州奏言，作："州界三县之外，别有一十一镇人户，系镇将征科，欲随其便，宜复置陇城、天水二县以隶之。"[1]与此所记为同一事。则知天水、陇城二县是在诸镇基础上设立的。而凡此十一镇之地，在唐前中期本属成纪、陇城、长道、汉阳等县管辖，至德（756—757）以后受到吐蕃侵扰，百姓流移，渐趋荒废；至咸通十三年（872），吐蕃势力稍衰，秦州复于其地置立诸镇，由镇将负责征科。[2]至是合诸镇新置天水、陇城二县，应是试图削弱镇将权责、将该地行政纳入州县系统的表现。

（3）栗亭县（属秦州），后唐清泰三年（936）置。《太平寰宇记》卷一五〇成州"栗亭县"："本栗亭镇地，后唐清泰三年六月于秦州奏置栗亭县。"其下记有栗亭川，谓为"县理之地"。其"成州"叙云："自至德之后，为吐蕃侵扰，百姓流散，诸县并废为镇。咸通十三年，人户渐复，却置成州并县，又割长道县属秦州。梁开平初改为汶州。后唐同光初复旧，仍于栗亭镇置栗亭县。"[3]则知栗亭县与上述天水、陇城二县一样，也是由镇改置。《五代会要》卷二〇《州县分道改置》陇右道"成州同谷县、栗亭县"条下引后唐清泰三年六月秦州奏言，谓：

> 阶州元管将利、福津两县，并无巡镇。成州元管同谷县，余并是镇，便系征科。今欲取成州西南近便镇分，并入同谷

---

1 《旧五代史》卷四三《唐书·明宗本纪》，"长兴三年二月乙卯"，北京：中华书局，1976年，第588页。

2 《太平寰宇记》卷一五〇陇右道秦州"长道县"下引《成州图经》曰："旧有长道、汉阳、上禄等四县，以吐蕃侵扰，百姓流移，并废为镇。唐咸通十三年以成州奏人户归复，土田渐阔，却置长道县。"（第2902-2903页）

3 《太平寰宇记》卷一五〇，陇右道"成州"，第2905-2907页。

> 县。其东界四镇，别创一县者。州西南有府城、长丰、魏平三镇，其地东至泥阳镇界二十五里，北至黄竹路、金砂镇界五十里，南至兴州界三十里，西至白石镇界一百一十里，西南至旧阶州界砂地岭四十五里。其三岭管界并入同谷县，废其镇额。州东界有胜仙、泥阳、金砂、栗亭四镇，东至凤州姜赡镇界一十五里，南至巢州界二十里，北至高桥界三十五里，西至同谷界三十五里，北至秦州界六十七里，欲并其四镇地于栗亭县，其征科委县司，捕盗委镇司。[1]

据此，则知栗亭县由栗亭、胜仙、泥阳、金砂四镇合并组成。置立新县后，征科固然委诸县司，而捕盗治安则仍由镇司负责。

（4）德清军，后晋天福四年（939）置。《太平寰宇记》卷五七“德清军”叙云：

> 理陆家店地。本旧澶州，晋天福三年移澶州于德胜寨，乃于旧澶州置顿丘镇，取县为名。至四年，晋幸天雄军，改镇为德清军。开运二年十一月又移德清军于陆家店置，在新澶州之北七十里。……户：皇朝管户主八十八，客三百三十八。[2]

按：唐澶州置于大历七年（772），治顿丘县，领顿丘、清丰、观城、临黄四县。后晋天福三年（938）移顿丘县、澶州治所至德胜寨，

1 《五代会要》卷二〇《州县分道改置》，第 332-333 页。

2 《太平寰宇记》卷五七，河北道“德清军”，第 1182-1183 页。

澶州旧治改称顿丘镇，仍属顿丘县。至四年，改顿丘镇为德清军，由顿丘县分置出来，而顿丘县则仍属澶州。所以，德清军是天福四年（939）分顿丘县新置的，初治顿丘故城（唐澶州城），开运二年（945）移治于陆家店，在旧澶州城北二十五里，新澶州城之北七十里。德清虽名为“军”，但实际上并不领县，且隶属于澶州，是新置的县级政区。德清军之规模甚小，至宋初所领编户合主客户也只有四百二十六户。而《太平寰宇记》记其四至八到，谓东至金堤四里，西至沙河十里，北至南乐县二十五里，南至清丰县、观城县约三十里。所以，德清军所领地域，实际上是一个南北盖不足五十里、东西约十四里的狭长地带。其时后晋疆土甚为蹙迫，逾河不远即是契丹控制或影响之区，故德清军实已是在缘边区域建置的政区。

（5）清江县（属吉州），南唐昇元中（937—942）置。《太平寰宇记》卷一〇六筠州“清江县”条：“三乡。本吉州萧滩镇，伪唐昇元年中，以其地当要冲，升为清江县，以大江清流为名，仍析高安之建安、修德两乡，吉州新淦之易阳一乡以实焉。”[1]则此地处交通要道上，故晚唐置有镇，[2]南唐因之而立县。

（6）松溪县、延平军（剑浦县），南唐保大四年（946）置。《太平寰宇记》卷一〇一建州“松溪县”：“元三乡。本建安县地，旧为闽越之界，戍兵所屯，号松溪镇焉。伪唐保大中得闽地，

---

1 《太平寰宇记》卷一〇六，江南西道筠州“清江县”，第2121页。

2 《全唐诗》卷六八〇有韩偓《乙丑岁九月在萧滩镇驻泊两月忽得商马杨迢员外书贺余复除戎曹依旧承旨还缄后因书四十字》，句云：“旅寓在江郊，秋风正寂寥。紫泥虚宠奖，白发已渔樵。事往凄凉在，时危志气销。若为将朽质，犹拟杖于朝。”（第7860页）韩偓于龙纪元年（889）擢进士第，岁在己酉。乙丑岁当为天祐二年（905）。则知晚唐时萧滩镇已兴起。

因为县，取旧镇为名。其界松溪，源自处州龙泉县，东北流入，自县南正西合于建安县界。”[1]“闽越之界”，指王氏闽国与钱氏吴越国交界地带。《舆地纪胜》卷一二九建宁府“县沿革”：“（松溪县）本吴越国处州之东平乡，王氏据闽，夺而有之，以为松溪镇。”[2]则知闽国曾在松溪置镇。保大二、三年间（944—945），南唐军队入闽，据有闽北地，故于保大四年因其镇而置县。

延平军之置与其同时。《太平寰宇记》卷一〇〇“南剑州”叙云：“伪唐保大四年立为延平军，因析沙县、建安、顺昌等县所管交溪、上阳、员当、逐咨、芹哨、富沙等六里户口，共成九里，为军额；至保大六年，升为剑州，仍割古田县积善、赖溪二里，共一十一里，为剑浦县。又割沙县、顺昌、尤溪等县来属。皇朝太平兴国四年割将乐县以隶焉。”[3]则知南唐先割沙县等所管六里及军户三里，置延平军，后来又割古田县二里以益之，改置为剑浦县。剑浦县的前身是延平军，虽只存在两年，然其初建为军管政区、后渐改为行政系统之县的轨迹至为清晰。换言之，剑浦县是在延平军的基础上改置的。

（7）通远县（通远军），后周显德四年（957）置。《太平寰宇记》卷三七“通远军”叙云：“本西蕃边界灵州方渠镇，晋天福四年建为威州，仍割宁州木波、马岭二镇隶之。至周广顺二年避御名改为环州。显德四年，以地理不广，人户至简，降为通远军，管通远一县，并木波、石昌、马岭等三镇，征科人户。”其“通

1 《太平寰宇记》卷一〇一，江南东道建州“松溪县”，第 2016 页。

2 《舆地纪胜》卷一二九，“建宁府”，北京：中华书局，1992 年，影印本，第 3694 页。

3 《太平寰宇记》卷一〇〇，江南东道“南剑州”，第 1996-1997 页。

远县”条称：“无乡，以四镇管人户。与州同置在郭下。”[1]则知晋天福四年（939）所置威州并不领县，径以州领方渠、木波、马岭等镇。显德四年降威州为通远军，同时置通远县，军、县实合二为一，均径领镇，以方渠、木波、石昌、马岭四镇负责征科人户，其镇将之权责较之上述天水、陇城、栗亭诸县更重（天水诸县由县司征科，镇司只管捕盗）。然特别置为军者，盖以军使方得督率镇将，县令于镇将，无能为力也。

（8）湖口县（属江州），南唐保大中（943—957）置。《太平寰宇记》卷一一一江州“湖口县”条：“二乡。本湖口戍，是南朝旧镇。上据大钟石，傍临大江。唐武德五年，安抚使李大亮以为要冲，遂置镇在彭蠡湖口。伪唐保大年中，升为县。”[2]按：《新唐书·地理志》“江州”叙：“有湖口、湓城二戍。”则湖口在唐时置“戍”。开宝八年（975）五月，宋军已进围金陵，南唐后主李煜令洪州节度使朱令赟“以上江兵入援”。其时令赟“拥十万众屯湖口”，迁延不敢下。[3]《江南野史》卷一〇《朱令赟传》载：“王师征金陵，令赟于浔阳湖口缚大筏，万里载粮军器凡数十万，战艘上具炉炭，将断采石矶浮梁，以援金陵。”[4]则知湖口盖为南唐在上游的军事基地。保大中，盖因其军镇而置县。

（9）静海军（属通州），后周显德五年（958）置。《太平寰宇记》卷一三〇“通州”叙云：“今理静海县。……南唐李氏于

1 《太平寰宇记》卷三七，关西道“通远军”，第788-789页。

2 《太平寰宇记》卷一一一，江南西道江州“湖口县”，第2260页。

3 《续资治通鉴长编》卷一六，“开宝八年五月”，第341页。

4 龙衮撰：《江南野史》卷一〇《朱令赟传》，见傅璇琮《五代史书汇编》，杭州：杭州出版社，2004年，第5227页。

海陵县之东境置静海制置院。周显德中，世宗克淮南，升为军，后以为通州。”其“静海县”条：“三乡。随州置。管盐场八。”[1]《新五代史》卷六〇《职方考》“通州”条：“本海陵之东境，南唐置静海制置院。周世宗克淮南，升为静海军，后置通州，分其地置静海、海门二县为属，而治静海。”[2]按：世宗克淮南，在显德五年初，静海制置院升为军，当即在此时；其立通州，当稍后，盖同时改静海军为静海县。

（10）海门县（属通州），后周显德五年（958）置。《太平寰宇记》卷一三〇通州“海门县”条：“东南隔海水二百余里。六乡。本东洲镇，因洲升为海门县。”[3]据上引《新五代史》，知海门县当与通州同时置，亦在显德五年。海门县之前身为东洲镇，处长江口沙洲之上。《册府元龟》卷四三五《将帅部·献捷第二》记开平二年（908）十月己亥，“两浙节度使钱镠奏于常州东洲镇杀淮贼万余人，生擒将校千余人，获战船一百二十只”。[4]“淮贼”，当即指其时与吴越钱氏为敌的淮南军兵。盖东洲镇为淮南（杨吴及后来的南唐）与吴越水师交战之前沿，多为淮南所据，置有镇。周世宗柴荣因其镇而置县。

（11）保顺军（属沧州），后周显德六年（959）置。《太平寰宇记》卷六八“保顺军”：“本沧州无棣县之保顺镇。周显德六年建为军，以旧镇为名。”[5]《宋史·地理志》“保顺军”叙：

1 《太平寰宇记》卷一三〇，淮南道“通州”，第2567-2568页。

2 《新五代史》卷六〇《职方考》，北京：中华书局，1974年，第741页。

3 《太平寰宇记》卷一三〇，淮南道通州“海门县”，第2568页。

4 《册府元龟》卷四三五《将帅部》，北京：中华书局，1960年，第5167页。

5 《太平寰宇记》卷六八，河北道“保顺军”，第1385页。

“周置军于沧州无棣县南二十里。开宝三年，又以沧、棣二州界保顺、吴桥二镇之地益焉，仍隶沧州。”[1]则知显德六年所置之保顺军只领有无棣县界保顺镇，至宋开宝三年（970）增领吴桥镇。保顺虽名为“军”，然仍隶沧州，亦并不领县，故实为县级政区。

（12）华亭县（属义州），后周显德六年（959）置。《太平寰宇记》卷一五〇仪州“华亭县”：“周显德六年置，以华亭乡为名。”其“仪州”叙云：“本西戎之界，秦、陇之地，凤翔之边镇。后魏普泰二年筑城置镇，以扼蕃戎之路。唐为神策军。后唐同光元年改为义州。周显德六年置华亭县于州郭。”[2]按：《新唐书·地理志》陇州“汧源”县原注：“华亭有义宁军，大历八年置。”此处所言之“唐有神策军”，当即指义宁军。后唐义州当即在由义宁军改置，初置之时，州郭无县；至周显德六年，方于州郭置华亭县。

（13）通山县（属鄂州），显德六年（959）置。《太平寰宇记》卷一一三兴国军“通山县”：“本永兴县新丰之一乡也。淮南伪吴武义年中隶羊山镇征赋。周显德六年，唐国建为通山县。皇朝太平兴国二年来属。”[3]《宋史·地理志》兴国军“通山”县原注：“太平兴国二年，升羊山镇为县。”[4]羊山镇处吴、唐与马楚分界处，故杨吴、南唐于此置镇。镇使本无征科之责，吴武义中（919—920）由羊山镇征永兴县新丰乡之赋，得有征赋之权，故至显德

1 《宋史》卷八六《地理志》二，第2123页。

2 《太平寰宇记》卷一五〇，陇右道仪州“华亭县”，第2909页。

3 《太平寰宇记》卷一一三，江南西道兴国军“通山县”，第2308页。

4 《宋史》卷八八《地理志》四，第2191页。

六年(其时南唐用后周年号,通山地并未入于后周)遂升为通山县。

（14）建安军（属扬州），建隆三年（962）置。《太平寰宇记》卷一三〇“建安军”叙：“本扬州白沙镇地。伪吴顺义二年改为迎銮镇,是扬州大江入京口之岸。皇朝建隆三年升为建安军。雍熙三年仍割扬州之永贞县以属焉。”[1]按：白沙镇在唐后期即已著名，置有镇遏使[2]。吴改白沙镇为迎銮镇，见于《新五代史·吴世家》，谓顺义四年（924），吴王杨溥“至白沙，阅舟师，徐温来见，以白沙为迎銮镇”。[3]则杨吴、李唐时白沙当为舟师基地。宋初承后周余绪，与南唐划江而治，迎銮镇正处于沿江前线，又有舟师基地，故建为军。白沙镇原属扬子县。建隆三年所建之建安军并不领县，是从扬子县分置的县级政区。

（15）崇信县（属凤翔府），建隆四年（963）置。《太平寰宇记》卷三〇凤翔府“崇信县”条：“本唐神策军之地，后改为崇信军。皇朝建隆四年，以崇信暨赤城东、西两镇及永信镇等四处，于此合为崇信县。”[4]崇信军,不知置于何时。《新唐书》卷六四《方镇表》“兴凤陇”：“（元和元年）升陇右经略使为保义节度，寻罢保义，复旧名。是年，增领灵台、良原、崇信三镇。”[5]则知元和初已置有崇信镇。永信镇，当即永信城。《旧唐书》卷一九六《吐蕃传下》：“（贞元）十三年正月，邢君牙奏请于陇州西七十里筑

1 《太平寰宇记》卷一三〇，淮南道“建安军”，第2573页。

2 《旧唐书》卷一八下《宣宗本纪》大中二年（848）二月下引御史台奏，述江都县尉吴湘狱事甚悉，其中即见有“节度押牙、白沙镇遏使傅义”。（第619页）

3 《新五代史》卷六一《吴世家》，“杨溥”，第758页。

4 《太平寰宇记》卷三〇，关西道凤翔府“崇信县”，第647-648页。

5 《新唐书》卷六四《方镇表一》，“兴凤陇”栏，元和元年下，第1778-1779页。

城以备西戎，名永信城。”[1]《新唐书·地理志》陇州“汧源”县原注：“贞元十三年筑永信城于平戎川。”永信镇盖置于永信筑城之同时。赤城东、西二镇，未能详考。《宋朝事实》卷一八《升降州县一》泾原路“渭州”条载：“乾德元年，以旧崇信军地置崇信县，属凤翔府。”[2]则崇信县是在旧崇信军的基础上，合崇信、永信及赤城东、西四镇而置，是以军、镇置县。

（16）东明县（属开封府），建隆四年（963）置。《太平寰宇记》卷二开封府“东明县”：“东九十里，六乡。即府界静戎镇之地，寻为东明镇。西南去陈留县八十里，在东昏城之东。至皇朝建隆四年七月于本镇城置县，仍以东明为名。”[3]按：静戎镇（东明镇）当兴起于晚唐五代。《旧唐书》卷一九下《僖宗纪》下光启三年（887）四月载：“蔡贼秦贤攻汴州，周列三十六砦。朱全忠乞师于兖郓，朱瑾率师来赴，屯封禅寺，朱瑄屯静戎镇。”[4]则静戎镇在开封东去兖郓的东西大路上。《旧五代史》卷一九《梁书·朱珍传》记朱珍破淮西后，自亳州“北趣静戎，济舟于滑，破黎阳、临河、李固三镇”。[5]则静戎镇又处于自淮西北去河北的南北要道上。静戎镇之兴起，盖即因为其交通地理位置之重要。

（17）大潭县（属秦州），乾德元年（963）置。《太平寰宇记》卷一五〇秦州“大潭县”：“本良恭、大潭两镇，皇朝乾德

---

1 《旧唐书》卷一九六下《吐蕃传下》，第 5258 页。

2 《宋朝事实》卷一八《升降州县一》，《丛书集成初编》本（第 835 册），北京：中华书局，1985 年，影印本，第 287 页。

3 《太平寰宇记》卷二，河南道开封府“东明县”，第 34 页。

4 《旧唐书》卷一九下《僖宗纪》，“光启三年四月”，第 727 页。

5 《旧五代史》卷一九《梁书 · 朱珍传》，第 260 页。

元年合二镇立大潭县于上木竹谷，即今理。”[1]良恭、大潭二镇，已见于上引后唐长兴三年二月秦州之奏言，其时秦州奏以二镇（及白石镇）属长道县。据《旧唐书 · 地理志》宕州“良恭”县，知良恭本为唐县，至德以后废为镇；大潭，或即贞观初废入良恭县的潭水县。

（18）光化军（属襄州），乾德二年（964）置。《太平寰宇记》卷一四五“光化军”叙云：“理乾德县。本襄州之阴城县地，后废为镇，故城在今谷城县北。皇朝乾德二年四月改镇为光化军，仍割谷城县遵教、翔鸾、汉均等三乡置乾德县，以年号为名。”[2]按：阴城为隋县，武德初尝于其地置酂州，贞观八年省入谷城县。“阴城镇”，或为唐后期之军镇。[3]《续资治通鉴长编》卷五“乾德二年三月辛卯”条书其事，作“以襄州阴城镇为光化军”。[4]则知光化军初置时只领阴城一镇之地，属襄州。[5]盖其时正谋分路平蜀，光化正处于由汉水上溯、经汉中入蜀的要道之上，故置军以重之。

（19）安化县（属义州），乾德二年（964）置。《太平寰宇记》卷一五〇仪州“安化县”条：“皇朝乾德二年割秦、陇三镇之地置。西北至蕃界十里。”[6]其所谓“秦、陇三镇”，未言明何指。据《元丰九域志》卷三陕西路渭州“安化”县所记，北宋中期

1 《太平寰宇记》卷一五〇，陇右道秦州“大潭县”，第 2903 页。

2 《太平寰宇记》卷一四五，山南东道“光化军”，第 2821 页。

3 《旧唐书》卷一一四《裴茙传》记肃宗时山南东道行军司马裴茙图谋夺节度使来瑱之位时，以所部二千人驻谷城。（第 3364 页）据此可知谷城、阴城一带为山南东道屯军之地，于其地置有镇将是完全可能的。

4 《续资治通鉴长编》卷五，“乾德二年三月辛卯”，第 124 页。

5 至翌年，乾德三年，方置乾德县，属光化军所领，光化军才成为领有一县的军。《太平寰宇记》于“乾德县”条称：“本汉谷城县遵教、翔鸾、汉均三乡。乾德二年置，以年号名县。”（第 2822 页）然据《宋会要辑稿》方域五之一八，乾德县置于乾德三年（965）。

6 《太平寰宇记》卷一五〇，陇右道仪州“安化县”，第 2909 页。

安化境内有安化、白岩河二镇。[1] 此安化镇，当在中晚唐时著名的安化峡（安化隘）之峡口，当于晚唐五代时置镇。《续资治通鉴长编》卷一三九“庆历三年（1043）正月丙子”条录泾原路安抚使王尧臣“论泾原路五州军城寨控扼要害”奏，曰：“仪州地控山险，制胜关西五里有流江口，东二十里至白岩河南有细巷口，又有安化峡一带，上隔陇山，并通水洛城生户八王等族，即唐吐蕃出入之路。”[2] 则知白岩河镇当在宋时制胜关（在今宁夏泾源县城）以东二十里，安化峡则在制胜关西南，是通过六盘山的隘口，过峡可通水洛城（在今甘肃庄浪县城）。此二镇（另一镇可能即“新置胜关镇”）大抵皆当置于大中三年（849）唐朝收复秦、原、安乐三州之地以后。宋初于此置安化县，说明对其地已有较稳定之控制。

（20）永安军，乾德四年（966）置。《太平寰宇记》卷七三“永康军”叙：

> 今理灌口镇。本彭州导江县灌口镇地，唐贞观十年立为镇静军，管四乡。皇朝乾德三年平蜀，四年改为永安军，仍割蜀州之青城、彭州之导江二县隶焉。太平兴国三年改为永康军。[3]

“贞观十年立为镇静军”，当有误。《新唐书·地理志》彭州“导江”县下原注：“有镇静军，开元中置。有白沙守捉城。有木瓜戍、三奇戍。”《通典》卷一七六《州郡六》彭州“导江”县下记有

1 《元丰九域志》卷三，陕西路渭州“安化”县，北京：中华书局，1984 年，第 131 页。
2 《续资治通鉴长编》卷一三九，“庆历三年正月丙子”，第 3340 页。
3 《太平寰宇记》卷七三，剑南西道“永康军”，第 1493 页。

灌口镇，未见镇静军。[1]《旧唐书 · 地理志》总叙开元二十一年剑南节度使所领诸军，仍未见有镇静军。若上引《新唐书 · 地理志》所记不误，则镇静军应置于开元二十一年之后至开元末（733—741）。[2] 其地本有灌口镇，镇静军当即由灌口镇升置。

上引《太平寰宇记》称镇静军“管四乡”，颇值得注意。按军、镇使本属军职，并不管乡，由军使领乡，此为初见，其事盖不会早于开元后期。唐镇静军或屡有置废，前后蜀亦未得见，或复降为镇，故《续资治通鉴长编》卷七乾德四年闰八月甲子条书其事，作“以灌口镇为永（康）[安]军。”[3] 而在此之前，王全斌平蜀，处置不当，致全师雄叛，曾保聚灌口寨。新置军以“永安”为名，实为祈愿。其时所置之永安军，抑或仅领灌口镇及其周围五乡之地。以导江与青城二县来隶之后，军治仍在灌口，而导江县治则在其东十八里，并非一处。

（21）陇安县（属陇州），开宝二年（969）置。《太平寰宇记》卷三二陇州“陇安县”条：“去州八十五里，四乡。本南由镇，即古南由县之地。国朝开宝二年割汧阳县之四乡，于陇州界置陇安县，从转运使李守信之所奏也。”其吴山县“废南由县”条称：

1 《通典》卷一七六《州郡》六，彭州“导江”县，北京：中华书局，1988 年，第 4628 页。

2 《新唐书·地理志》“蜀州”原注称：“有府三，曰金堰、广逢、灌口。有镇静军，乾符二年，节度使高骈置。”则镇静军又似为乾符二年（875）高骈所置。然《旧唐书》卷一四〇《韦皋传》记贞元中，韦皋久任剑南西川节度使，贞元十七年（801），“德宗遣使至成都府，令皋出兵深入蕃界。皋乃令镇静军使陈泊等统兵万人出三奇路”。（第 3824 页）同书卷一九六《吐蕃传下》又见有“诏韦皋出兵成都西山以纾北边。皋遂命镇静军兵马使陈泊等统兵万人出三奇路，威戎军使崔尧臣率兵一千出龙溪石门路南”。（第 5260 页）则至迟到贞元间，已见有镇静军使与镇静军兵马使。乾符中高骈所置之镇静军，当即复置，盖此前或曾省废镇静军。

3 《续资治通鉴长编》卷七，“乾德四年闰八月甲子”，第 176 页。

“在州西南一百二十里。在今县东南十里。汉之汧县地也。后魏明帝孝昌年于县西南由谷口置县，因谷为名。隋开皇三年属岐州。唐贞观四年割入陇州。元和三年并入吴山县。”[1]据《新唐书·地理志》“吴山”县原注，唐南由县废于元和三年（808），并入吴山县。至大中三年（849）唐朝收复秦、原诸州，重新措置秦陇间军政布局，于南由路建置关城。《唐会要》卷八六《关市》载大中六年三月陇州防御使薛逵奏状称：“臣当界又有南由路，亦是要冲，旧有水关，亦请准前扼捉。去正月二十七日起工，今月十七日毕，谨画图进上。”敕旨：“薛逵新置关城，得其要害，形于图画，颇见公忠，宜依所奏。”[2]南由镇当即设于此时。南由镇并非在唐南由县治旧址（唐南由县旧址在宋吴山县境内），很可能是在南由路水关城。宋初改镇为县，取名“陇安”，说明其地正当南由路上。

（22）万寿县（属颍州），开宝六年（973）置。《太平寰宇记》卷一一颍州“万寿县”：“北九十里。五乡。本汝阴县百尺镇也，至国朝开宝六年十一月分汝阴北五乡为万寿县，以万寿乡为名。”[3]百尺镇似为晚唐五代兴起的镇。同卷“汝阴县”下记有“百尺堰”,谓“在县西北一百里。[4]司马宣王讨王浚至百尺堰，即此”。百尺镇与百尺堰当在同一地。

（23）芜湖县（属金陵府），南唐时（937—974）置。《太平寰宇记》卷一〇五太平州“芜湖县”：“元七乡。本汉县……晋

1 《太平寰宇记》卷三二，关西道陇州“陇安县”、吴山县“废南由县”，第689页。

2 《唐会要》卷八六《关市》，第1580页。

3 《太平寰宇记》卷一一，河南道颍州“万寿县”，第211页。

4 《太平寰宇记》卷一一，河南道颍州“汝阴县”，第209页。

为重镇，谢尚、王敦皆镇于此。陈平，县废，地入当涂，其实为江津之要。自武德已来为镇，隶姑孰。伪唐割宣城、当涂二邑之地复置，隶昇州。国破，还宣州。”[1]芜湖自汉末三国至南朝，向为重镇；然隋唐之世，地位并不显，然或置有镇戍。《新唐书》卷一八九《田颙传》记田颙与淮南杨行密交争，以芜湖为根据地，“陈舟芜湖”。[2]盖在江东与淮南交争形势下，芜湖地位复形重要。南唐于此置县，盖亦因其地位之重要。

（24）保安军，太平兴国二年（977）置。《太平寰宇记》卷三七关西道“保安军”叙云：“本延州之古栲栳城。唐咸亨中，曾驻泊禁军于此。至贞元十四年建为神策军，寻改为永康镇，属延州，扼截蕃贼。至皇朝太平兴国二年升为保安军，管二镇一十九寨。”[3]《元丰九域志》卷三“保安军”注称：“太平兴国二年以延州永安镇置军。”[4]贞元十四年（798）于延州栲栳城屯驻神策军、建为永康镇（或永安镇）一事，未见他处记载，而《旧五代史》卷四八《唐书·末帝本纪下》清泰三年三月戊午条见有“延州保安镇将白文审”，[5]则知晚唐五代时延州置有多个镇。据《太平寰宇记》所记，保安军辖境蕃汉户相杂，军治（今陕西志丹县）“东至蕃部末䅉族七里”，“西至蕃部悉逋族一十里”，四周均属蕃落，是深入蕃落的一处军事据点。[6]其所管户口，为主户七百一十四，客户二百七十五，主客户合计尚不足一千。

1 《太平寰宇记》卷一〇五，河南西道太平州“芜湖县”，第2083页。
2 《新唐书》卷一八九《田颙传》，第5478页。
3 《太平寰宇记》卷三七，关西道“保安军”，第789页。
4 《元丰九域志》卷三，北京：中华书局，1984年，第120页。
5 《旧五代史》卷四八《唐书·末帝本纪》下，“清泰三年三月戊午”，第659页。
6 《太平寰宇记》卷三七，关西道“保安军”，第789-790页。

（25）广济军（定陶县），太平兴国二年（977）置。《太平寰宇记》卷一三“广济军”叙云：

> 唐三百年只为镇戍。至周广顺中，于定陶建廪庾，摧盐鹾之利。至皇朝乾德元年，东疏菏水，漕转兵食，于镇置发运务，开宝元年寻改为转运司。太平兴国二年转运使和岘奏请升定陶镇为广济军，至四年转运使张去华又奏请分曹、单、濮、济四州之境民置定陶县，以隶军。[1]

定陶虽在战国秦汉时期即已成为天下名镇，但在唐代，地位并不显，“只为镇戍”。定陶镇之复兴，盖源于五代至宋初开通广济河。《宋史》卷九四《河渠志》“广济河”条称：“广济河导菏水，自开封历陈留、曹、济、郓，其广五丈，岁漕上供米六十二万石。”为管理广济河漕运，乾德元年在定陶设立发运务（后改为转运司），定陶在广济河漕运中实处于枢纽位置。而其时负责河役者，是右龙武统军陈承昭。[2] 太平兴国二年于定陶置广济军，盖亦以军使护理河役漕运。广济军初置时，仅领定陶一镇，至太平兴国四年，始“割曹、单、济、濮四州近军境人户置县”，编排为五乡，并置立定陶县以领之。

（26）无为军（无为县），太平兴国三年（978）置。《太平寰宇记》卷一二六“无为军”叙云：“本庐州巢县之无为镇，即

---

1 《太平寰宇记》卷一三，河南道“广济军”，第 263 页。

2 《宋史》卷九四《河渠志》四“广济河”条：“（建隆二年三月）诏左监门卫将军陈承昭于京城之西，夹汴水造斗门，引京、索、蔡河水通城濠入斗门，俾架流汴水之上，东进于五丈河，以便东北漕运。公私咸利。三年正月，遣右龙武统军陈承昭护修五丈河役，车驾临视，赐承昭钱二十万。”（第 2338-2339 页）

曹操征孙权，筑城于此，攻吴无功，因号为无为。城临濡须水上壖也。寻为无为监，为江淮之要津。皇朝太平兴国三年，改为无为军。”[1]唐时无为镇地位亦不显，盖与芜湖一样，至唐末方显重要。《宋史》卷八八《地理志四》淮南西路“无为军”条：“太平兴国三年，以庐州巢县无为镇建为军，以巢、庐江二县来属。”其“无为”县条：“熙宁三年，析巢、庐江二县地置县。”[2]则知宋初于巢县南境无为镇置无为军，除领巢、庐江二县，本军自有直辖区域，即无为镇周围地区；至熙宁三年，复析巢、庐江二县地置无为县。

（27）星子县，太平兴国三年（978）置。《太平寰宇记》卷一一一“南康军”叙：“理星子县。本江州星子镇（属德化县），以落星石为名。皇朝太平兴国三年，以地当要津，改镇为星子县。至七年，于县置南康军，领星子县，仍割江州之都昌、洪州之建昌等县以属焉。”其“星子县”条：“本星子镇，皇朝太平兴国三年，升为县。”[3]按：星子镇盖置于唐后期。《续资治通鉴长编》卷二“建隆二年七月”条下载南唐礼宾使孟骈曾“建议于星子造大舰以御敌”，[4]星子镇在南唐时可能是重要的水师基地。《宋史》卷四三一《孔宜传》记太平兴国中，孔宜以司农寺丞掌星子镇市征，上言：“星子当江湖之会，商贾所集，请建为军。”“诏以为县，就命宜知县事，后以为南康军。”[5]则星子立县，盖以其

1 《太平寰宇记》卷一二六，淮南道“无为军”，第2500页。

2 《宋史》卷八八《地理志》四，第2185页。

3 《太平寰宇记》卷一一一，江南西道“南康军”，第2261页。

4 《续资治通鉴长编》卷二，“建隆二年七月”，第51页。

5 《宋史》卷四三一《儒林传 · 孔宜》，第12814页。

为江湖之会，地当要津，且为商贾所集。

（28）兴化军（兴化县），太平兴国四年（979）置。《太平寰宇记》卷一〇二“兴化军”：“本泉州莆田县地也，皇朝太平兴国四年于泉州游洋镇置兴化军，以游洋、百丈镇共六里人户，仍析莆田二里人户，置兴化县，并割莆田、仙游等县以属焉。至八年，以游洋镇地不当要冲，移于莆田县为军理，从转运使杨克让之所请也。”[1] 按：漳泉陈洪进纳土归朝，在太平兴国三年五月；翌年即于泉州分置兴化军，显然是接收泉、漳地区的政区调整。游洋、百丈二镇皆当置于王氏闽或留从效、陈洪进据有泉、漳时，亦属军镇。兴化军初置时当只领游洋一镇之地，后以游洋、百丈二镇六里之地，又益以莆田县的二里，重编为三乡，置立兴化县。

（29）顺阳县（属邓州），太平兴国六年（981）置。《太平寰宇记》卷一四二邓州“顺阳县”条：“新割二乡。本顺阳镇，皇朝太平兴国六年置，从镇将孔莹上利便故也。在淅川、内乡两县界之中。”[2] 顺阳本为汉隋旧县，武德六年省入冠军县。顺阳之置镇，盖在五代至宋初。《宋史》卷二五五《张永德传》记开宝末，宋师征南唐，时任邓州（武胜军）节度使的张永德“以己资造战船数十艘，运粮万斛，自顺阳沿汉水而下”。[3] 则顺阳应是汉水上游重要的水师基地。镇将孔莹盖即因之而上“利便”。顺阳镇本不领乡，置县后益以割自淅川、内乡二县的二乡，故《太平寰宇记》称“新割二乡”。

1 《太平寰宇记》卷一〇二，江南东道“兴化军”，第 2037 页。

2 《太平寰宇记》卷一四二，山南东道邓州“顺阳县”，第 2759 页 .

3 《宋史》卷二五五《张永德传》，第 8916 页。

（30）宁化军，太平兴国六年（981）置。《太平寰宇记》卷五〇“宁化军”叙：“本岚州之故军，东北接蕃界。皇朝太平兴国六年改为宁化军。……皇朝管户主四百一十四，客二百八十一。”[1]“故军”，当为“固军”之讹。《元丰九域志》卷四“宁化军”注：“太平兴国四年以岚州之固军为宁化县，五年于县置军。”[2]则“故军”当作“固军”。《武经总要》前集卷一七河东路“宁化军”条：“宁化军，本岚州地，伪汉刘崇置军，控西北，至契丹界。”[3]《续资治通鉴长编》卷二三太平兴国七年八月条：“初，北汉置固军于岚州，北汉亡，废为（宣）[宁]化县，甲戌，复号宁化军。”[4]则此军当为北汉刘崇所置，本名“固军”，属岚州；太平兴国四年宋平北汉后，先改为宁化县，复改为宁化军。

（31）破虏军，太平兴国六年（981）置。《太平寰宇记》卷六八“破虏军”叙：“古淤口关。周显德六年收复关南，于此置（塞）[寨]，至皇朝太平兴国六年，割霸州永清、文安县三百一十七户属焉。”[5]《宋史·地理志》“信安军”条：“太平兴国六年，以霸州淤口砦建破虏军。景德二年，改为信安。”[6]则破虏军由后周显德六年（659）收复淤口关后所置淤口寨（砦）改置，所领编户则分自永清、文安二县。该军并不领县，地域狭小，辖域内亦

1 《太平寰宇记》卷五〇，河东道“宁化军”，第1055-1056页。

2 《元丰九域志》卷四，河东道“宁化军”，第178页。

3 《武经总要》前集卷一七，河东路“宁化军”，《中国兵书集成》第四册，北京、沈阳：解放军出版社、辽沈书社，1993年，影印本，第848页。

4 《续资治通鉴长编》卷二三，“太平兴国七年八月庚申”，第525页。

5 《太平寰宇记》卷六八，河北道“破虏军”，第1380-1381页。

6 《宋史》卷八六《地理志》二，第2125页。

不分置乡里，而统以周河、刁鱼等寨。

（32）静戎军（静戎县），太平兴国六年（981）置。《太平寰宇记》卷六八“静戎军”叙：“本易州宥戎镇，周为梁门口（塞）［寨］，在州东南九十里。皇朝太平兴国六年二月升为静戎军，寻割遂城三乡人户属焉。……管军城周回三乡户五百一十九。”[1]《武经总要》前集卷一六河北路“安肃军”条：“安肃军，治安肃县，唐宥戎镇，周为梁门口砦，太平兴国中建军。”[2]《宋史·地理志》“安肃军”条：“太平兴国六年，建为静戎军，析易州遂城三乡置静戎县隶焉。景德元年并县改安肃军。”[3]宥戎镇盖置于唐后期，后周取其地，改为梁门口砦；宋因之而立军，并置同名之县，其统领编户，则割自遂城县之三乡，故此军（县）亦可视为从遂城县析分而成。

（33）平戎军，太平兴国六年（981）置。《太平寰宇记》卷六八“平戎军”：“本莫州新镇之地。皇朝太平兴国六年升为平戎军，以扼边陲之喉。”[4]《宋史·地理志》“保定军”条：“太平兴国六年，以（涿）［莫］州新镇建平戎军。景德元年，改为保定军。景祐元年，析霸州文安、大城二县五百户隶军。”[5]则太平兴国六年初置平戎军时，只领有新镇之地；直到景祐元年（1034），方析文安、大城二县五百户隶之。

（34）平塞军（平塞县），太平兴国六年（981）置。《太平

1 《太平寰宇记》卷六八，河北道“静戎军”，第1384页。
2 《武经总要》前集卷一六，河北路“安肃军”，第803页。
3 《宋史》卷八六《地理志》二，第2130页。
4 《太平寰宇记》卷六八，河北道“平戎军”，第1386页。
5 《宋史》卷八六《地理志》二，第2126页。

寰宇记》卷六八“平塞军”叙云：“理平塞县。皇朝太平兴国六年六月改（为）易州南三十五里太保村（塞）[寨]为平塞军，仍割易县候台、凌云两乡白沟河已南人户及满城县玉山乡人户以属焉。至七年，军城又置平塞县。”其“平塞县”条：“三乡。皇朝太平兴国七年置，以军额名县。”[1]则平塞军初置时只领太保村寨一地，后割易、满城二县三乡人户以隶之，置平塞县。三乡所领户数，据《太平寰宇记》所记，为户主八百一十，客二十。

（35）火山军，太平兴国七年（982）置。《太平寰宇记》卷五〇“火山军”：“在于岚州火山之下，皇朝平晋后置，控临边境，仍以火山为名。……皇朝户主二百五十五。”[2]《武经总要》前集卷一七河东路“火山军”条：“本岚州地，东控契丹界，西接藏才三族，最为极边。伪汉刘崇置雄勇镇，居河上。宋平晋阳，始建军于镇西三十里，改今名，仍临河置护水砦。”[3]则火山军乃北汉所置雄勇镇所升置。其所领雄勇、偏头、桔槔等寨，亦均置于刘汉时。

（二）由场、院升置的新县

根据今见文献记载，这一时期新置的县中，有46个县是由场、院升置的。[4]这些以场、院为基础发展而来的县，大致可分为两种情形：

1 《太平寰宇记》卷六八，河北道“平塞军”，第1383页。

2 《太平寰宇记》卷五〇，河东道“火山军”，第1055页。

3 《武经总要》前集卷一七，河东路“火山军”，第855-856页。

4 关于唐宋之际由场升县的讨论，另请参阅张达志：《唐宋之际由场升县问题试释——以宣歙、江西、福建为中心》，《复旦学报（社会科学版）》2015年第3期；李永：《试析唐宋之际福建地区的“由场升县”现象》，《中国历史地理论丛》2018年第3期。

一是在矿场、木场等官办资源开发机构的基础上逐步发展形成的县，包括德兴、铅山、瑞金、龙泉、大冶、铜陵、繁昌、金溪等八县。各县走向置县之路不尽相同。有的场在置场之初即领有民户与地域，是相对完整的行政管理区域。如德兴县。《太平寰宇记》卷一〇七饶州“德兴县”云：

> 本饶州乐平之地，有银山，出银及铜。唐总章二年，邑人邓远上列取银之利。上元二年，因置场监，令百姓任便采取，官司什二税之，其场即以邓公为名，隶江西盐铁都院。至伪唐升为德兴县。四面皆水。[1]

邓公场置于前上元二年（675），隶江西盐铁都院。其虽由官府开办，但由百姓采取，官司税之，属于“官办民采”性质，所以，自置场之初，当即领有“百姓”，有“牧民”之责，故渐次发展而成为县，实为必然。邓公场虽在饶州乐平县境内，却因为矿冶重要之故，直隶江西盐铁院，在其置场之初，即已表现出特殊性。

吉州龙泉县与此相似。《太平寰宇记》卷一〇九吉州“龙泉县”云：

> 元六乡。本吉州太和县龙泉乡什善镇地，伪唐保大元年析龙泉、光化、遂兴、和属等四乡置龙泉场，以乡为名，采择材木之故也。显德七年升为县。开宝元年析龙泉等四乡为

---

1 《太平寰宇记》卷一〇七，江南西道饶州“德兴县”，第 2146 页。

六乡，在龙泉、怀德、永兴、永乐四乡之地，水源周匝八百里。[1]

则南唐保大元年所置之龙泉场，主要负责采择材木，是伐木场，领有四乡之地与编户，其设立之初就是相对完整的行政区域。

大冶县也是如此。《太平寰宇记》卷一一三兴国军“大冶县”：“本鄂州武昌县地，天祐二年，伪吴析置大冶青山场院，主盐铁。乾德五年，唐国升为大冶县。”[2]天祐二年（905）所置之大冶青山场院，乃分武昌县地而来，说明其置场之初就是相对独立的政区单元。

有的场起初只是资源开发管理机构，寄治在所属县域内，并无统领民户之权，亦无明确管理地域；后来方渐次领有土、民，成为相对独立的行政管理区域。如铅山县。《太平寰宇记》卷一〇七信州“铅山县”条：

按《上饶记》云：“出铜、铅、青碌。”本置铅场，以收其利。旧在宝山，伪唐升元二年迁置鹅湖山郭水西邓田坂，即廨署是也。至四年，于上饶、弋阳二县析五乡以为场，后升为县。皇朝平江南后，直属朝廷。[3]

其“铅山”条：“在县西北七里，又名桂阳山。《旧经》云：‘山出铅。’先置信州之时铸钱，百姓开采得铅，什而税一。建中元年封禁。贞元元年置永平监。其山又出铜及青碌。”铅场初亦为“官办民

1 《太平寰宇记》卷一〇九，江南西道吉州“龙泉县”，第2218页。
2 《太平寰宇记》卷一一三，江南西道兴国军“大冶县”，第2309页。
3 《太平寰宇记》卷一〇七，江南西道信州“铅山县”，第2158页。

采”性质,然建中元年（780）封禁后,当改由官府直接经营开采,并于贞元元年（785）置永平监以统之。监有廨署，初在采矿地铅山（桂阳山）上，南唐升元二年（938）迁至邓西坂。永平监之性质，属于官营机构，当不领编户。然后来当渐次演变为“官办民采”，故至南唐升元四年（940）立铅山场，并析上饶、弋阳二县五乡以属之，实已成为统有民户的行政区域，故至保大二年（944）乃正式升置为县。[1]

瑞金县与此相似。《新唐书·地理志》虔州“雩都”县原注:“有金,天祐元年置瑞金监。”《舆地纪胜》卷三二赣州“瑞金县”沿革引《太平寰宇记》谓:“本瑞金场淘金之地也，伪唐保大中升为县。”[2]天祐元年（904）所置之瑞金监，性质大抵与永平监一样，也是官府直接经营开采的机构。

金溪县也是在唐代银监的基础上发展而来的。《太平寰宇记》卷一一〇抚州“金溪场”条:“本临川县上幕镇。其山冈出银矿,唐朝尝为银监，基址犹存。至周显德五年析临川近镇一乡，并取饶州余干白马一乡，立金溪场，置坊以烹银矿。”[3]则金溪初为银监,在南唐时置为场,领临川、余干县各一乡之地。据《宋史·地理志》，至开宝五年（972），复升为县。

铜陵、繁昌二县的置县过程则较为复杂。《太平寰宇记》卷一〇三宣州“南陵县”条:

1 《舆地纪胜》卷二一信州“铅山县”:“本建、抚二州之地，山产铜铅，旧置铜场，以笼其利。后唐尝析上饶、弋阳五乡以为场。保大二年，升为县。”北京：中华书局，1992 年，影印本，第 948 页。

2 《舆地纪胜》卷三二赣州“瑞金县”，第 1412 页。

3 《太平寰宇记》卷一一〇，江南西道抚州“金溪场”，第 2239 页。

梁武帝置南陵县，属南陵郡。唐武德以来，置县在临江，有城基见存，去今县百三十里。复于仁义乡析置法门、石録两场，以别征摄。自后法门为义安县，又废义安入铜官冶，为铜官场。今铜官为铜陵县，石録为繁昌县，皆此邑之地也。[1]

其卷一〇五池州“铜陵县”条称：

元五乡。本汉南陵县，自齐、梁之代为梅根冶，以烹铜铁。庾子山《枯树赋》云：“东南以梅根作冶。”地元管法门、石（埭）[録]二场。隋升法门为义安县，又废入铜官冶。后改为铜官县，属宣州。皇朝割属池州。[2]

《元和郡县图志》卷二八宣州“南陵县”下记有“梅根监”，谓“在县西一百三十五里。梅根监并宛陵监，每岁共铸钱五万贯”。其“利国山”条：“出铜。供梅根监。”[3]则法门、石録二场，最初应当是梅根监、宛陵监所属的冶场，地属南陵县仁义乡。《太平寰宇记》卷一〇五太平州“繁昌县”条下称：“本宣州南陵县地，在南陵之西南，大江西，对庐州江口。以地出石绿兼铁，由是置冶。自唐开元已来，立为石绿场。其地理枕江，舟旅憧憧，实津要之地。以南陵地远，民乞输税于场，伪唐分南陵之五乡，立为繁昌县。”[4]石绿场当即石録场。石绿（録）场在开元以后

1 《太平寰宇记》卷一〇三，江南西道宣州“南陵县”，第2049页。
2 《太平寰宇记》卷一〇五，池州“铜陵县”，第2089页。
3 《元和郡县图志》卷二八，宣州“南陵县”，第682页。
4 《太平寰宇记》卷一〇五，江南西道太平州“繁昌县”，第2084页。

渐次成为周围五乡民户输税之场，复发展成为县。铜陵县的立县之路可能也是如此。

二是在原县域范围内分散于县城之外的“输场”“征科院”基础上发展而成的县。《唐六典》卷一九《司农寺》云：“凡受租，皆于输场，对仓官、租纲，吏人执筹，数函，其函大五斛，次三斛，小一斛。”盖编户输纳赋税，须将应纳之税粮丝布等物输送到官府指定之地点，即“输场”。[1]各县输场大抵多置于县治，然在地域辽阔的县，则可能需要在县治之外另立“输场”或“征科院”“征科巡院”。如鄂州永安县，《太平寰宇记》卷一一二鄂州“永安县”条：“本江夏县之南界，去旧县三百里，征发调赋，动经浃旬。唐大历二年，割金城、丰乐、宣化等乡置镇。伪吴乾贞三年改为永安场。伪唐保大十二年升为县。”[2]永安之地，去江夏县三百里，征发调赋，十分不便，故于其地设镇立场，以便于民户输纳赋税。又如梓州东关县，则由草市发展而来。《太平寰宇记》卷八二梓州“东关县”云：“本盐亭县雍江草市也，伪蜀明德四年以地去县远，征输稍难，寇盗盘泊之所，因割乐平等三乡立招葺院，计征两税钱一万三千贯硕。皇朝乾德四年平蜀升为县，取古东关地之名，从本州知州张澹之所请也。”[3]此“招葺院”的职责是征收两税钱，而且数额较大，故不久即升为县。荆州建宁、潜江、玉沙三县均由征科巡院发展而来。

---

1 《唐六典》卷一九《司农寺》，北京：中华书局，1992年，第525页。此处所见之“输场”，一般认为仅指京、都受纳州县输送租税的场所，即司农寺输场；对正文所引这条唐令的理解，一般也认为主要是适用于京、都司农寺输场。我们认为这条唐令可能还适用于州县赋税的输纳，其所说之输场，也可能泛指州县受纳赋税之所。说另详。

2 《太平寰宇记》卷一一二，江南西道鄂州“永安县”，第2287页。

3 《太平寰宇记》卷八二，剑南东道梓州“东关县”，第1655页。

《太平寰宇记》卷一四六荆州“建宁县”条：“七乡，新置。唐元和十一年以人户输纳不便，于白臼置征科巡院。皇朝乾德三年因之升为建宁县。”“潜江县”条：“新置。唐大中十一年以人户输纳不便，置征科巡院于白洑。皇朝乾德三年因之升为潜江县。”“玉沙县”条：“五乡，新置。朱梁开平四年分汉江南为白沙征科巡院。皇朝乾德三年因之升为玉沙县。”[1] 白臼、白洑、白沙三个征科巡院分别置于元和十一年（816）、大中十一年（857）、开平四年（910），分处于江陵、监利县的偏远地区，入宋以后同时升置为县。

吉水、桃源二场、县的置立，也反映出在县域范围内分置场，正是为了征发赋役之便。《舆地纪胜》卷三一吉州“吉水县”称：“南唐保大八年，割水东十一乡置吉水县。”并谓：“县之荐福寺有乾（正）[贞]二年铜钟，款识云：‘庐陵县吉水场。’”则知吴乾贞中（927—928）已置有吉水场，至南唐保大八年（950）升为县。[2] 水东，当即淦水（今赣江）之东。盖庐陵县兼领淦水两岸地，而县治在西岸，水东十一乡在东岸，若渡河至庐陵县城输纳赋租，至为不便。桃源县的设置比较复杂。《太平寰宇记》卷一一八朗州“桃源县”条：“本武陵县地，皇朝乾德二年以朗州所管武陵龙阳二县、敷余一场人户不等，仍析武陵上下二乡四千余户，于延泉村别置一县，以桃源为名，并废敷余场入近县。从转运使张永锡之所请也。”[3] 当时朗州所管

1 《太平寰宇记》卷一四六，山南东道荆州“建宁县”、“潜江县”“玉沙县”，第 2844 页。

2 《舆地纪胜》卷三一吉州“吉水县”条，第 1363 页。《太平寰宇记》卷一〇九吉州“吉水县”条：“元十一乡。本吉阳县地，县东古城是也。隋开皇十年废吉阳县入庐陵县。大业末分庐陵水东十一乡置吉水县。”（第 2217 页）所说不确，《舆地纪胜》编者已辨其非。

3 《太平寰宇记》卷一一八，江南西道朗州“桃源县”，第 2384 页。

武陵、龙阳二县及敷余场，则敷余场实已具备与县同样的行政管理地位。新置之桃源县所领二乡，却有四千余户；加上敷余场所领人户，俨然是一个大县。然则，在县置之前，敷余场所领人户亦必不少。

据今见记载，在县域内较为偏僻的地区另置场、院以负责征发赋役，盖在唐初即已开始。《太平寰宇记》卷一〇〇南剑州“顺昌县”条：

> 本建安县之校乡地也。吴永安三年割建安之校乡置将乐县，又移于将水口置，属建安郡。隋开皇九年与绥城县同并入邵武之南乡，属抚州。唐武德四年复立将乐、绥城二县。至贞观三年又废，东南两乡属建安县，置将水场；西北三乡割属邵武县，置金泉场。元和五年依旧复将乐县额，属建州。景福二年又置将水镇，寻改为永顺场，复立为顺昌县焉。[1]

则贞观三年（629）废将乐、绥城二县之后，分别设立将水、金泉场，各统东南两乡与西北三乡，分属建安县与邵武县。如此条记载可信，则于县域内分立场、院以征发赋役，或可追溯到唐前期贞观年间。

当然，在今见文献中，关于征税场院的记载，主要集中于“安史之乱”后。《太平寰宇记》卷一一一江州“瑞昌县”称：“本赤乌场地。……唐武德初以江州领浔阳、彭泽、都昌三县，赤乌之地则浔阳西偏。建中四年以浔阳西偏僻远，因立为场。伪

1 《太平寰宇记》卷一〇〇，江南东道南剑州“顺昌县”，第 1998 页。

唐昇元三年改为瑞昌县。”[1]则赤乌场本处于浔阳县西境，以地偏远，而于建中四年置场。后来升为德安县的蒲塘场可能也于同时设置。《太平寰宇记》卷一一一江州“德安县”叙云：

> 本蒲塘［场］。……唐武德五年，安抚使李大亮析湓城更置浔阳、楚城两县，为三县；至八年废湓城入浔阳。贞观八年又废楚城归浔阳。详其地，即旧属柴桑。后遂分三乡，于敷浅水之南为场，以地有蒲塘为名。至咸通三年还浔阳，至四年复为场。伪吴顺义七年，升为德安县。[2]

则蒲塘场亦由浔阳县分出，很可能与赤乌场同时。

此种征税场、院，在初置时即领有明确的乡里与辖境。上举蒲塘场初置时领有三乡，辖境在敷浅水之南。贞元元年（785）所置之梅溪场领有十里（梁乾化元年王氏闽升为闽清县），[3]贞元十九年（803）置立的大同场为“析南安县南界四乡置”（闽永隆元年升为同安县），长庆二年（822）置立的桃林场“析南安县西界两乡置”（闽永隆四年升为永春县），太和五年（831）所置之如皋场“析海陵之五乡置”（南唐保大十年升为如皋县），大中元年（847）所置之罗源场为“割连江县一乡置”（闽龙启

---

1 《太平寰宇记》卷一一一，江南西道江州“瑞昌县”，第 2260 页。

2 《太平寰宇记》卷一一一，江南西道江州“德安县”，第 2259 页。

3 《太平寰宇记》卷一〇〇福州“闽清县”：“今二乡。唐贞观元年割侯官一十里为梅溪场。至梁乾化元年改为县。”（第 1996 页）将梅溪场之置，系于贞观元年。然淳熙《三山志》卷三《地理类 · 叙县》所述较为详悉 ：“闽清县，州西北百二十里。唐贞元中，观察使王雄析候官县十里置梅溪场，梁乾化元年王审知以为闽清县。”（第 7810 页）王雄，当作“王雍”。当以《三山志》所记为是。

元年升为永贞县)，开成中（836—840）置立的盛德场“割长溪、古田两乡置”（闽龙启元年升为宁德县)，会昌初（841）所置之东流场本为彭泽县之黄菊乡（南唐保大十一年升为东流县)，咸通五年（864）所置之小溪场为“析南安县西界两乡置”（南唐保大十三年升为清溪县)，乾符三年（876）所置之武德场为割大同场西界六里置（南唐保大十三年升为长泰县)，保大元年（943）所置龙泉场为“析龙泉、光化、遂兴、和属四乡”、就什善镇置（南唐保大元年升为龙泉县)，吴天祐中（907—918）所置之上游场“析南康县之一乡半”置（南唐保大十年升为上游县)，武义中（919—920）所置之龙南场乃“析信丰县顺仁乡一里”（南唐保大十年升为龙南县)，顺义元年（921）所置之万载场乃分高安县之高安、进城、康乐、高侯四乡置（南唐保大十年升为万载县)，清泰二年（935）所置安仁场乃割衡山县宜阳、熊耳两乡置（乾德二年升为安仁县)，天福八年（943）所置的义宁场乃析灵川县归义乡而来（开运元年南汉升为义宁县)，乾德四年（966）所置开化场为钱氏析常山县七乡置（太平兴国六年升为开化县)，乾德六年所置之宜黄场乃割崇仁县之仙桂、崇贤、待贤三乡立（开宝元年升为宜黄县)。[1]《唐会要》卷七一《州县改置下》福州“侯官县”条载：“元和三年三月，并侯官、长乐

1 此段叙述据《太平寰宇记》卷九七衢州“开化县”(第 1947 页)，卷一〇〇福州“闽清县”“永贞县”“宁德县”(第 1996 页)，卷一〇二泉州“同安县”“永春县”“清溪县”(第 2032 页)，漳州“长泰县”(第 2034 页)，卷一〇五池州“东流县”(第 2090 页)，卷一〇八袁州“万载县”(第 2203 页)，虔州“上游县”“龙南县”(第 2186-2187 页)，卷一〇九吉州“龙泉县”(第 2218 页)，卷一一〇抚州“宜黄县”(第 2239 页)，卷一一五衡州“安仁县”(第 2333 页)，卷一三〇扬州“如皋县”(第 2566 页)，卷一六二桂州“义宁县”(第 3107 页)，以及《宋史》卷八八《地理志》衢州“开化”县原注（第 2177 页)。

入闽县、福唐两县，并将乐县入建安、邵武两县。观察使陆初准例省之，于旧县各置场官一，刻木为印，征其租税。居人不便。至五年四月又置。”[1]候官、长乐、将乐三县省并后，各于其旧县地置场，设有场官。这样的场，领有明确的乡里编户，置有场官，“刻木为印，征其租税”，所辖地域已基本具备行政管理区域的性质。正因为此，在《太平寰宇记》的叙述中，即将一些场列为与县同级的政区。如卷一〇一建州总叙下述建州所领县，谓“今县四场一”，场即指崇安场。其“崇安场”条称：“无乡，管三里。本建阳县东北三里，伪唐保大九年割为场。”[2]则知保大九年（951）割建阳县东北三里建为崇安场，至宋初已被视为与县平级的政区。[3]《太平寰宇记》卷一〇二所记上杭、武平二场，也得与长汀、宁化、龙岩三县并列，至淳化五年（994）方升为县。因此，唐五代至宋初一些设置在县境边远地区、负责征发赋役的场、院，实际上已是县级政区的雏形。

那么，场司是否拥有捕盗治安乃是司法审理之权呢？我们注意到，有的场是在镇的基础上设置的。镇司之责，本在捕盗治安。但从今见材料看，唐后期的一些镇，也可能负责征发赋役，从而领有乡里编户。上引大历二年（767）所置永安镇，乃割江夏县南界金城、丰乐、宣化等乡置，应是今见文献中以镇领乡的最早记载。又如靖安镇，《太平寰宇记》卷一〇六洪州“靖安县”条云：“唐广明之后，草寇侵掠本州，以靖安、孝悌两乡去

---

1 《唐会要》卷七一《州县改置下》，1274 页。

2 《太平寰宇记》卷一〇一，江南东道“建州”，第 2011、2017 页。

3 据《宋史》卷八九《地理志》五福建路建宁府“崇安”县原注，崇安场至淳化五年（994）方升为县（第 2208 页）。

（建昌）县稍远，乃于此置镇。至伪吴乾贞二年升为场。伪唐升元年中改为县，取靖安乡以名县。相次又析建安、奉新、武宁等三县邻近三乡以实焉。”[1] 则广明中（880）或稍后设置的靖安镇，即领有靖安、孝悌两乡。鄂州蒲圻县鲇渎镇，在天祐三年（906）将“镇界所管怀仁、宣化三里合为一乡，属镇征科”（南唐保大十一年升为嘉鱼县）。[2] 南唐后蜀广政十二年（949）所置之横渠镇征科院负责征收郭信等八乡的赋税。[3] 这种由镇先升作场、再改置为县的例子还有不少，如高安县上高镇，据说是唐僖宗时钟传所建，南唐昇元中（937—942）升为场，至保大十年（952）立为上高县；[4] 显德五年（958）南唐所置之建州归化县，也是先在唐末置镇、保大三年（945）升为场，十余年后升为县的。[5] 建宁县亦由永宁镇渐次改为场、县。[6] 镇司即主捕盗，复兼

1 《太平寰宇记》卷一〇六，江南西道洪州“靖安县”，第 2113 页。

2 《太平寰宇记》卷一一二，江南西道鄂州“嘉鱼县”，第 2285 页。

3 《太平寰宇记》卷七五剑南西道蜀州“永康县”：“八乡。伪蜀广政十二年割郭信等八乡，就横渠镇置征税院，至十六年改为永康县，以便于民。”（第 1531 页）

4 《太平寰宇记》卷一〇六筠州“上高县”条：“本高安之上高镇，以地形高上，故曰上高。伪唐升元中，立为场，保大十年升为县，以隶筠州。”（第 2121 页）《舆地纪胜》卷二七瑞州“上高县”：“唐僖宗时，钟传始建高安镇。《旧经》云：南唐元宗保大十年壬子岁，分高安六乡置县。”（第 1207-1208 页）

5 《太平寰宇记》卷一〇一江南道邵武军“归化县”条：“本将乐县地，古之金城场。唐末于此立归化镇。后以去郡遥远，民难输纳，户口稍滋，伪唐保大三年升为场。周显德五年改为县，属建州。”（第 2019 页）其所说“古之金城场”，当是指矿冶之场，不领乡里；保大三年由镇改置之场，则是输场，负责所领乡里的赋役征发。

6 《太平寰宇记》卷一〇一江南道邵武军“建宁县”条：“本将乐县地，晋绥城县，莫徭之民居焉。唐武德中并入邵武，垂拱中割入将乐。乾元二年，宁海军使董玠奏置黄连镇。乾符五年为义宁军，复废，寻为永宁镇。伪唐升为场。至建隆二年，伪唐升为县，属建州。”（第 2019-2020 页）按：此处叙述比较混乱，黄连镇当为汀州宁化县之前身，不当与建州建宁县混为一谈。乾符五年（878）所置之义宁军，当是唐末动乱中的临时举措，故旋改为永宁镇。

输纳，并领有乡里，其权责范围相当广泛。[1] 由镇改置而来的场，虽然镇司与场官未必合而为一，但因其统辖地域乡里相同，权责很可能是叠加的，即兼具捕盗与征科之权。赋役征发与捕盗治安之权既合在一起，置县也就顺理成章了。[2]

六、“向外扩大”与“向内充实”：置立新县的意义

本文不厌其烦地梳理梳理唐贞观十四年至宋端拱元年三百余年间（640—988）增置的四百多个新县的情形。综上考析，可以认知：

（1）唐前期增设的 182 个新县中，在新拓疆域内开置者 43 个，在内地府州所领的“隙地”（“内地的边缘”区域）开置者

1 镇司监督赋税之征，可能在唐前期即已如此。吐鲁蕃出土文书“唐神龙二年白涧屯纳官仓粮帐”见有“监纳官、镇将刘初”，就是一例。此一问题较为复杂，尚俟有机会详考。

2 除正文所及之四十县之外，这一时期由场、院升置的县，还有六县：(1) 招远县，《太平寰宇记》卷一三〇淮南道泰州“兴化县”条：“本海陵县地，属淮南。伪吴武义年中析为招远场，寻改为兴化县，属扬州。伪唐昇元元年改隶泰州。”（第 2566 页）(2) 罗城县，《太平寰宇记》卷一六六岭南道融州“罗城县”条：“无乡。管七里。皇朝开宝五年割到。《图经》上不言州。”（第 3171 页）按：《元丰九域志》卷九融州领“县一”下注称：“开宝五年以桂州之珠川洞地置罗城县。”（第 424 页）不言此前有场。然《太平寰宇记》记与其相邻之沛溪场，谓：“本融水县沛溪洞，以其偏远，输赋甚艰，故置场，以便于民。”（第 3171 页）据此，可以推知珠川洞在置县之前，很可能置有场。(3) 石城县，《太平寰宇记》卷一〇八江南西道虔州“石城县”条：“本石城场，伪唐改为石城县。”（第 2186 页）(4) 南新县。《太平寰宇记》卷九三江南东道杭州“南新县”：“本临安县地。皇朝乾德五年，钱氏割临安县地置南新场，以便征科。至太平兴国六年，改为南新县。”（第 1871 页）(5) 东安县，《太平寰宇记》卷一一六江南西道永州“东安县”条：“本零陵县地，丙申岁，马氏割据时，析零陵县置东安场，以近东安江岸为名。皇朝太平兴国七年改为县。”（第 2351 页）丙申岁，为马希范统治湖南时，即后唐清泰三年（936）。(6) 安仁县，《宋史 · 地理志》饶州“安仁”县原注：“开宝八年，以余干县地置安仁场。端拱元年，升为县。”（第 2187 页）

51个，两项合计，占了全部新县的一半强。在这两种类型的区域增设新县，反映的主要是唐王朝统治势力的向外扩展和向内渗透。在原有县的基础上析置的88个县中，明堂、乾封、永昌、来庭、鸿门、潼津、奉天、兴泰八县之置，均与朝政直接相关；光武、武城等十余个以“武”为称的新县，也都程度不同地与则天朝政治意识形态的建构联系在一起，有着强烈的政治色彩。北野、岚谷二县之置，则出于特殊的军政安排。大基、柏崖、扬子、临淮四县之置，是为了加强对漕运、仓储等事务的管理，所涉亦为朝廷大事。因此，此一时期析置的新县，约有三分之一，可以说是与朝廷大政联系在一起的。蜀县、江阳、武进、山阴、长洲五个州城附郭县的设置，主要是应对“户口盈积，市狱殷繁”的州城的行政管理与司法审理，属于强化地方行政的范畴。永新、柘城等66县（包括部分诸“武”县），则主要是为了征发赋役、行政管理的方便，也属于强化地方控制的范畴。凡此182个新县的设置，固然也有户口增加、经济发展的因素在发挥作用，但至少从文献记载看，朝廷置县之动因，主要是出于政治、行政与军事的考虑，其涉及经济的部分，也主要是以赋役征发为核心的财政考虑。换言之，唐前期置立的新县，政治与行政因素占据着绝对主导的地位。

（2）在唐中期（705—755）所增设的88个新县中，19个置于缘边新拓置的疆域（包括由羁縻县改为正县），24个县基本可以断定是置于所谓“内地的边缘”区域，两者合计，仍然占据此一时期所置全部新县的近一半。值得注意的是，唐中期“开置”的新县，有五个（长汀、龙岩、宁化、古田、尤溪）在福建地区，三个（婺源、青阳、太平）在宣歙地区，反映出唐王朝对这两个地区的控制明显加强。而在由原县析分置立的 45 个新县中，与朝廷大政直接相关的，只有开元八年短期设置的河中府河西县和职司管理河阴仓的河阴县两个县。马邑、安边、安乐三县的设立，分别与大同军、横野军和临洮军三个军镇有关，可视为适应军政需求的举措。济阳、黄县、灵川、霍山、晋江、开封、须昌等七县的设置，都是为了特殊的行政管理需要。象山、南丰、翁山等 33 个县，均为析分原县部分乡里或合并毗邻两三县的边缘地带而置，基本可断定是为了征发赋役与行政管理之便。因此，以赋役征发、社会治安和诉讼审理为核心内容的县级政权日常行政管理需求，在唐中期置立新县的过程中，发挥了重要的甚至是主导性的作用。

（3）唐后期的一百五十余年间，只增设了 44 个新县，其中有 19 个新县基本可断定是在南方“内地的边缘”区域设立的，其中宣歙及与之相邻的江西东部地区最为集中（有至德、上饶、永丰、贵溪、石埭、归德、绩溪、祁门、旌德等九县），其次是渝州、昌州地区（有壁山、昌元、静南、大足、永川等五县），而且此 14 县之置均集中在至德二载至永泰二年（757—766）十年间，这从一个侧面反映出“安史之乱”后唐王朝对长江沿线部分敏感地区的重新措置，在很大程度上是与肃、代二朝南方军政布局的调整联系在一起，而不仅仅是强化地方控制问题。[1]

1 乾元二年（759）割渝、合、泸、普诸州置昌州，并设置静南军，以及永泰元年割宣、饶、歙三州之地置池州，表面观之，似皆为应对地方变乱和强化地方控制的举措，然结合肃、代二朝之政局，联系昌州处剑南东道与山南西道交界处、池州处江南东西与淮南三道交界处的特殊格局，可以确知：此二州之置，必然与肃、代二朝对东南地区军政布局的调整有着直接关联。说另详。

天兴、河西、长宁三县之置，则与朝廷政局变动直接相关。主要出于赋役征发与行政管理而设置的新县遽然减少（只有安远等九县），既与政治与社会动乱大背景下地方行政管理需求意义的降低有关，也可能与安史乱后特别是两税法实施后赋役征纳制度的变化有着更为密切的关联。而在北方地区增置的昭义等13县，则全部出于藩镇之自置，是站在藩镇的立场上加以考虑的，其设置新县之目的，除了抬升藩镇驻在州城之地位（如幽都、汝南二县）以及对军事要地的控制（如昭义、永安二县）外，则是为了更好地控制财赋源地（如清丰、观城、永济、新昌、新城、归化等六县）与兵马源地（如楼烦、天池、玄池等三县）。

（4）自五代十国至宋初（907—988）八十余年中，五代、宋与吴—南唐、吴越、闽、马楚、后蜀等政权前后增设了102个县级政区。其中，吴江、钱江等十县之置基本可断定是由于户口繁庶、经济发展而分置的，而望海、德化等九县之置则可大致断定是出于赋役征发与行政管理的需要。凡此19个县，除潍州安仁县外，都处于南方地区。由场、院升置的46个县，也全部在南方地区，特别是今江西、福建地区。[1] 这些由矿冶场监及征科场院发展而来的县，固然以民户增加、经济发展为其背景，然就其置县过程而言，却是矿冶开发管理、赋役征发、社

1 如果再加上以军、镇升置，地处南方地区的清江、松溪、延平（剑浦）、湖口、静海、海门、通山、建安、光化、永安、芜湖、无为、星子、兴化、顺阳等15个军县，这一时期南方地区新置了80个县级政区，占增置新县总数的近80%。关于开元以后至宋初新置县的地理分布，前人已有部分讨论，此不赘说。請参阅佐竹靖彦：《唐宋變革期における江南東西路の土地所有と土地政策》，见氏著《唐宋変革の地域的研究》，京都：同朋社，1990年，第311-359页，特别是第324-327页；冻国栋：《唐代人口问题研究》，武汉：武汉大学出版社，1993年，第296-299页。

会治安、行政管理等相关制度不断发展演化的结果。同样，由军、镇改置的 37 个县级政区，也正处于不断变化之中，镇司、军司与县司之间的职权分划、管辖地域均有诸多不明未稳之处，明显处于过渡阶段，这也说明置县本身实是诸种军政管理制度演变过程的组成部分。无论所在地区户口如何繁庶、经济多么发达，置县立衙，都仍然需要经过一系列的制度安排。

在上文的考析中，我们注意到，自唐前期以迄于宋初，分置县级政区（无论是析分原县，还是先分置场、镇），大都以乡里特别是乡为单位。如光宅元年（684）析始兴县化南、横山二乡置浈昌县，垂拱二年分晋陵县西境三十六乡置武进县。[1] 其所以如此，是因为“乡”是地方上最基层的财政单位，籍帐编造与申报、赋役征发的基本单位；而由于里正实际负责当乡的籍帐编造和赋役征发，所以“里”又具有一定的独立性。正因为此，也有以“里”为单位析置新县者，如天宝十三载（754）割义乌县北境十乡、兰溪县二乡及富阳县二里置浦阳县，乾元元年（758）以弋阳县进贤乡永丰里置永丰县。场、镇的析置也多以乡、里为单位。同样，在“内部的边缘”区域设置新县，也是将检括获得的户口编排为乡里。如开元二十六年（738）以检括而得之客户编成十二乡，析枣阳县置唐城县。以乡里为单位（而不是以地域为单位、划分明确或大致明确的地域范围分位）置立新县，说明新县的基础乃是官府可以控制的户口及可据版籍征发的赋

1 此种例证甚多，上文考析中已有所及，不具举。《唐会要》卷七一《州县改置下》“兴元府”条下录宝历元年（825）山南西道节度使裴度奏称：“兴元府废金牛县为乡三，洋州废洋源县为乡五，阆州废岐平县为乡四……”奉敕：“废金牛等十六县为乡，令并随便近割隶属诸县讫。”（第 1268 页）此足以说明，县的析置与省并，一般均以乡为单位。

役。反过来说，官府置立新县的目的，主要是为了更好地控制人户、征发赋役，并强化对地方社会的控制。

当然，官府控制的目标，不仅仅在于人户、田地，还包括矿冶、盐、竹木等各种资源以及关津行市的税收。如上所述，大历中魏博节度使田承嗣在张桥店、清丰店、观城店分置永济、清丰、观城三县，很可能就是为了控制其商税收入。而德兴、铅山等以矿冶资源开发发展而来的场、县，则重点在于控制诸种资源开发收入。即便如晚唐五代在缘边地区设置的天水、陇城、栗亭等县，也有诸多争夺财源的考虑。开平三年（909）钱镠在明州增置望海县，《太平寰宇记》卷九八明州“定海县”条谓“吴越王钱镠以地滨海口，有鱼盐之利，因置望海县”，[1] 揭示出析置新县的重要目标正在于“利”。

在十国政权中，杨吴—南唐设置的新县最多，共有 32 个（招远、德安、泰兴、德兴、瑞昌、靖安、清江、铅山、顺昌、吉水、松溪、延平军、如皋、上高、上游、龙南、万载、东流、嘉鱼、永安、湖口、瑞金、通山、龙泉、建宁、归化、大冶、宜黄、铜陵、繁昌、石城、芜湖）；其次是王氏闽及清源军，增置八县（闽清、永贞、宁德、同安、永春、德化、清溪、长泰）；再其次是钱氏吴越，增置五县（吴江、望海、新昌、钱江、崇德）。三国共增置了 45 个新县，占了此一时期南方地区增置新县的大部分。这固然是由于三国大抵皆能“保境安民”、境内社会经济得到较好发展之故，但与作为地方割据政权，三国对其所领疆域的统治更为直接、控制更为加强有着密切关联。开平中（907—

1 《太平寰宇记》卷九八，江南东道明州“定海县”，第 1961 页。

910），钱镠割剡县南境十三乡置新昌县，《太平寰宇记》卷九六越州“新昌县”谓其原因是“以去温州之道路悠远，此地人物稍繁，且无馆驿”。[1]江南南下浙南温、括（处）二州之途，除海路外，自六朝以迄唐代，向来是溯东阳江越缙云岭转入丽水溪，下永嘉江。钱氏立都钱塘，而对婺、衢之控制并不稳固，入温、处之途遂改经越州南行穿越天台、括苍二山。新昌之置县，显然与此种交通格局的改变直接相关。王氏闽新置四县中有三县集中于福州周围；至留从效、陈洪进割据漳、泉，二州遂分置永春、德化、清溪、长泰四县。凡此诸县之置立，与割据格局下地域政治经济格局的变动当不无关系。

由此，我们触及新县置立的根本目的与意义。许倬云在探讨中华帝国的体系结构及其变化时，曾论及中华帝国体系之成长有两个层面：一是向外扩大，“由中心的点，扩大为核心的面，再度由核心辐射为树枝形的扩散，又由树枝形整合为网络，接下去又以此网络之所及，作为下一阶段的核心面，继续为下一阶段的扩散中心。如此重复进行，一个体系将不断地扩大，核心开展，逐步将边陲消融为新的核心，而又开展以触及新的边陲”。这一层面上的成长，基本可理解为帝国体系在空间上的扩展。二是向内充实，即体系内部的充实。许先生说：

> 一个体系，其最终的网络，将是细密而坚实的结构。然而在发展过程中，纲目之间，必有体系所不及的空隙。

1 《太平寰宇记》卷九六，江南东道越州“新昌县”，第 1937 页。

> 这些空隙事实上是内在的边陲。在道路体系中，这些不及的空间有斜径小道，超越大路支线，连紧各处的空隙。在经济体系中，这是正规交换行为之外的交易。在社会体系中，这是摈于社会结构之外的游离社群。在政治体系中，这是政治权力所不及的“化外”；在思想体系中，这是正统之外的“异端”。[1]

中华帝国体系“向内充实”的过程，就是不断“填充”这些“体系所不及的空隙”、将“空隙”中的“游离社群”纳入社会结构之中、将“化外”之区置于王朝国家的控制之下、将其信仰与思想“教化”为“正统的”信仰与思想的过程。

本文所讨论的在新拓疆域“开置”新县，正属于许先生所说“帝国体系向外扩大”的过程，而在“内地的边缘”区域不断增设新县，则是“帝国体系向内充实”的过程。在本文所研究的时段内，“帝国体系向外扩大”的过程主要是在唐前中期，集中在西南、南部和西北边疆地区，具体表现为共增设了 62 个县。而“向内充实”的过程，则不仅表现为在“内地的边缘”区域增设了 94 个新县，更表现为在原有县基础上析置的二百余县，它表明帝国体系的触角一步步地伸展到帝国疆域内部的各个角落，政治经济与社会控制的网络越来越严密，帝国体系内部的“隙地”越来越少，“边缘”空间越来越压缩。特别是唐后期至宋初，“向外扩大”的进程已基本停止，增置的新县均在帝

1　许倬云：《试论网络》，《新史学》二卷 1 期（1993 年），又见《许倬云自选集》，上海：上海教育出版社，2002 年，第 30-34 页，引文见 32 页。

国体系的内部，而且大部分均集中在南方地区；尤其是在诸国分立格局下，杨吴—南唐、吴越、闽等南方诸国，在唐代所置场、院、镇的基础上，析置了大量的新县，从而在很大程度上“填充”了帝国体系的内部空间，使其变得越来越“细密而坚实”。

晚唐五代十国在中华帝国建构与发展进程中的特点与意义由此而得以突显出来。如果说南北朝以来数百年间的政治经济与文化发展以及隋至唐前期的“文治武功”奠定了唐帝国的基本蓝图和统治架构的话，那么，所谓“藩镇割据、诸国分立”的晚唐五代十国时期，则通过各种途径（置立新县只是一种途径），不断充实帝国体系内部空间，使其越来越细密坚实。宋代继续推进这一进程，“向内充实”的重心也一直放在南方地区，从而几乎是彻底改变了直到唐前期仍然多有“不属州县”之“深居山洞”的政治地理面貌，使南方地区成为帝国体系中最为充实而细密的部分。在这个意义上，或者可以说：晚唐五代十国时期，至少在南方地区，是帝国体系不断向内充实的时代，而置立新县，正是“向内充实”的重要途径和表现之一。

当然，“向内充实”的进程并不是由朝廷、割据政权和地方官府单方面“自上而下”主导、推进的。确实，在文献记载中，新县的置立，均是由朝廷、割据政权和地方官府主导的，但我们依然发现某些地方社会参与这一进程的踪迹。如“洞豪”刘强等人“以土地人民归于都督李亚丘”，并招致林镕等千余户，方得置立古田县；尤溪洞酋高伏等受经略使招谕，率千余户“请书版籍”，因立为尤溪县，“人皆胥悦”；方清之乱，休宁县部分民众割据八乡之地，保于山险，乱平后特立为归德县。虽然受到文献记载的限制，已无法详知这些地方社会的力量参与置县过程的详情，但可以相信，除了直接由朝廷基于政治军事等“大政”需要置立的新县之外，大部分新县的设立都可能有地方社会力量的参与；而地方社会正是通过这种参与，才渐次进入帝国体系之内（“化内”），并逐步完成自身的建构。

“充实”是相对的，所以“向内充实”的过程是漫长的。自中晚唐以迄于两宋，帝国体系内部的“化外之区”越来越少。但“隙”与“化”都是相对的，在辽阔的中华帝国疆域内，仍有一些官府控制相对薄弱或未能控制的区域。万历《郧台志》卷一〇录赵贞吉《郧阳追祀抚治大理少卿吴公（道宏）记》云：“予尝浮汉江横郧而东者屡矣。其地枕秦跨楚，包络险阻，幅员数千里。元季弃之为荒，国初歼之为墟，间置数县，以领其遗民，而在三省之徼，司燎击柝，弃而不守者殆数十年。”[1]然则，在明前期，楚豫川陕交界地区的郧阳山地实被视为“荒”“墟”，“弃而不守”。直到清中后期，秦巴山区仍多有流民萃聚的“隙地”。道光初，严如熤在《三省山内风土杂识》中描述南山（即秦岭）山地之情形谓：“穹岩邃谷，老林深菁，多人迹所不至，时虞伏莽，故往史所称，动曰‘南山盗贼’。”又述大巴山区，谓：“巴山老林，跨川陕两省，周遭千余里，老树阴森，为太古时物。春夏常有积雪，山幽谷暗，入其中者，蒙蔽不见天日，官府稽防难周，宜其为逋逃薮也。”[2]因此，如果说“向外扩大”有所终极的话，那么，“向内充实”之路则是无止境的。

---

1 赵贞吉：《郧阳追祀抚治大理少卿吴公记》，见万历《郧台志》卷一〇《著述下》，万历十九年刻本，日本名古屋市蓬左文库藏，四十九页上、下。

2 严如熤：《三省山内风土杂识》，《丛书集成初编》本（3114 册），北京：中华书局，1985 年，第 1-2 页。

宋代农田水利规章的结构及其成立

——以《通济堰规》为中心

一、问题之提出

本文所讨论的“农田水利”，是指以灌溉、排涝为主要功能的水利事业，而不包括兼具农田保护、灌溉功能的大型防洪、运河等水利工程；“农田水利规章”，是指在农田水利的兴修、维护、使用过程中形成并得到遵守的各种规则与制度性安排，包括管理机构的组织章程、水利设施的维修制度、灌溉用水的分配与管理等，而无论其是否形诸文字以及在怎样的意义上具有约束力和强制性。

日本学者好并隆司在《关于水利的律、条例和“共同体”规约》一文中，将古代中国与水利相关的法规分为三个层次：一是国家的水利法，主要是对诸种破坏水利设施的行为（如盗决堤防河渠）给予惩罚，表现为“惩罚性”条款；二是地方水利条例，以维护水利秩序为主旨，其主要内容是禁止诸种破坏水利秩序的行为，表现为“禁止性”条款；三是“水利共同体”的规约，主旨是建立水利秩序，包括诸如水利管理机构之组织、维修与管理责任之负担、灌溉用水之分配等方面的规定，主要表现为“当行性”条款[1]。当然，在农田水利系统的实际建立、运作、维护过程中，国家的水利法（律）、地方水利条例与水利系统的“共同体规约”在不同层面上同时发挥着作用，而且国家水利法往往需要通过地方官府颁行的水利条例而具体化并具有可操作性，国家与地方官府颁行的水利法与条例亦需要落实到具体的农田水利系统中才能够得到遵行，因此，我们认为，在农田水利的创立、运作与维护过程中，真正发挥根本性作用的，应当是好並隆司所谓的“水利共同体规约”。

那么，这些水利共同体规约又是如何制定出来的？它主要包括哪些内容？其结构与性质如何？

今见宋代“水利共同体规约”性质的农田水利规章主要有四种：（1）宋真宗咸平间（998—1003）订立的昇州（江宁府）绛岩湖（赤山湖）条规，[2]（2）徽宗宣和元年（1119）兴化

---

1 好并隆司:《水利に関する律、条例と「共同体」規約——宋代以降の浙江を中心として》，见氏著《中国水利史研究論攷》，日本冈山市：冈山大学文学部，1993 年，第 11-41 页。

2 见景定《建康志》卷十八《山川志二 · 江湖》“绛岩湖”条（《宋元方志丛刊》本，北京：中华书局，1990 年，影印本，第 1588-1589 页）、《永乐大典》卷二二六一“湖”字韵“赤山湖”条（北京：中华书局，影印本，1986 年，第一册，第 743-744 页），又可见马蓉等点校：《永乐大典方志辑佚》，北京：中华书局，2004 年，第 558-561 页。按：诸书均未言明此项条规之制定年代，惟“湖条”中谓：“保大中，曾别差官亲到赤山湖所，再建斗门三所，通放湖水出入，常令湖中积水五尺。”则此条规必订立于南唐保大（943-957）之后。又条规后称：“右前件湖堰，承旧浇灌九乡田苗共一千余顷亩。伏奉省符帖，命指挥修作贮水，逐乡差承润户管当。先有条流，岁久去失。续于晋天福中，再兴功役修作，经今六十余年。伏遇明朝重兴添修建造，贮捺百里溪汊山源，赈卹耕民，备供王赋。累奉敕恩，给赐料物及借助日食等。差两县官员，置造斗门三所，计用一万七千六百八十工，及添修湖埂并百冈堰，共计三万三千六百八十工。（转下页）

知军詹时昇所立兴化军莆田县木兰陂《陂司规例》及高宗绍兴二十一年（1151）莆田县丞陈弥作所立《陂司则例》,[1]（3）孝宗乾道五年（1169）订立的处州通济堰堰规（见下文),（4）淳熙十一年（1184）萧山县令顾冲所订立的《湘湖均水利约束》。[2]其中,《通济堰规》最为系统，故本文以《通济堰规》为例，试图对宋代农田水利规章的内容、结构及其形定过程略作分析，探究其根源，以期进一步明晰传统中国农田水利规章的实质：它究竟是官法，还是民约？抑二者兼而有之？其有效性与权威性或合法性究竟源于何处？

二、《通济堰规》的内容与结构

通济堰位于宋代处州丽水县境，瓯江上游大溪流域，松阳、龙泉二溪合流处，堰头在今丽水西南境大港头镇北。关于通济堰之创立，地方文献多上溯至南朝萧梁时。北宋哲宗元祐八年

（接上页）众议重置条流，严加束辖。谨连符条如前，伏乞员外尊慈，特赐判印指挥，永为证据。”则此项条规是在重修斗门与百冈堰之后，根据旧有“条流”修订的，其时间约在晋天福中（937-942）之后六十余年，盖当在宋真宗咸平间（998-1003）。

1 见雷应龙、廖必琦编：《木兰陂集节要》卷四《累朝规例》，乾隆十九年刻本，第一页 a 至第十五页 b；陈池养：《莆田水利志》卷五，“陂田”，同治八年刻本，第二十四页 a 至二十六页 b。日本学者森田明在《福建におけけ陂圳の水利組織——木蘭陂を中心として》一文（见氏著《清代水利史研究》，东京：亚纪书房，1974 年，第 171-206 页）中，对木兰陂作了细致研究，请参阅。

2 见万历《绍兴府志》卷十六《水利志一·湖》,《中国方志丛书》本（华中地方第 520 号，台北：成文出版社，1983 年，据万历十五年刊本影印），第 1248-1253 页。钱杭在《湘湖农业水利集团的秩序规则》（初刊《史林》2007 年第 6 期，后收入氏著《库域型水利社会研究——萧山湘湖水利集团的兴与衰》，上海：上海人民出版社，2009 年，第 145-188 页）对此项《水利约束》作了详细讨论，请参阅。

（1093），处州知州关景晖所撰《通济堰詹、南二司马庙记》云：

> 丽水十（县）[乡]，皆并山为田，常患水之不足。去县而西五十里，有堰曰通济，障松阳、遂昌两溪之水，引入圳渠，分为四十八派，析流畎浍，注溉民田二千顷。又以余水潴而为湖，以备溪水之不至。自是，岁虽凶而田常丰。元祐壬申，堰坏，命尉姚希治之。明年，帅郡官往视其成功。堰旁有庙曰詹、南司马，不知其谁何。墙宇颓圮，像貌不严，报功之意略矣。尉曰：尝询诸故老，谓梁有司马詹氏始谋为堰，而请于朝，又遣司马南氏共治其事。是岁，溪水暴悍，功久不就。一日，有老人指之曰：过溪北，遇异物，即营其地。果见白蛇因自山南绝溪北。营之，乃就。明道中，有唐碑刻尚存。后以大水漂亡，已数十年矣。乡之老者谢去，壮者复老，非特传之亦讹，而恐二司马之功遂将泯没于世矣。[1]

其说为后世文献所传承。范成大《通济堰规》“序”云：通济堰“合松阳、遂昌两溪之水，引而东行，环数十百里，溉田广远，有声名浙东。按长老之记，以为萧梁时詹、南二司马所作。

1 此记宋碑已不存，明洪武三年（1370）丽水知县等重立，现存丽水碧湖镇堰头村通济堰旁詹南二司马庙内，刊刻于元叶现《丽水县重修通济堰记》碑阴。碑文楷书，分上下两段：上段为《丽西通济堰图》，下段为《通济堰记》。《通济堰记》之第一部分即关景晖所撰《通济堰詹、南二司马庙记》，碑文共二十一行，满行二十一字。2009 年 11 月 5 日，林昌丈拍照录文。另请参阅雍正《处州府志》卷十八《艺文志》，关景晖：《詹南二司马庙记》，雍正十一年刻本，第十一页 a、b；同治《丽水县志》卷五《祠祀志》，“詹南二司马庙”条，“中国方志丛书”本（华中地方第 186 号，台北：成文出版社，1975 年，据同治十三年刊本影印），第 373-374 页。

至宋中兴乾道戊子，垂千岁矣”。[1]《读史方舆纪要》卷九四浙江六处州府丽水县“通济堰”条亦称：“（处州）府西五十三里。松、遂间多山田，岁旱，民辄先困。梁天监中，障松阳、遂昌两溪入大溪之口，疏为四十八派，自保定至白桥三十里，灌田二十万亩，又蓄为陂湖以备旱潦。自宋至元皆修葺之，民被其利。”[2]詹、南二司马并无所考，然萧梁时丽水一带属永嘉郡，而南朝郡国并无“司马”之职，故此处所记之“梁”非指萧梁，当指后梁（907—923）；盖五代时丽水地区为吴越国属地，而吴越常奉中朝正朔，故老相传遂指为梁时所修。据此，基本可以断定通济堰当修于五代吴越国时期。然则，关景晖距通济堰初创之时代尚不足二百年，其所说仁宗明道中（1032—1033）尚存之碑刻或即通济堰初创时所刻。由通济堰其时已“分为四十八派，析流畎浍，注民田二千顷”观之，则其初创时或即订有规章。

上引关景晖《通济堰詹、南二司马庙记》谓“元祐壬申，堰坏，命尉姚希治之”，则元祐七年（1092）曾由丽水县尉姚希主持对通济堰作了较大规模的维修。南宋绍兴八年（1138）丽水县丞赵学老所书《丽水通济堰规碑阴》云：“今谨图其堰之形状，并《记》刊之坚珉，立于庙下，仍以姚君县尉所规堰事悉镂碑阴，庶几来者知前修勤民经远之意，不坠垂无穷矣。”则知姚希重修

1 范成大：《通济堰碑》，见李遇孙辑：《括苍金石志》卷五，同治十三年处州府署刻本，第十四页。日本学者好并隆司曾对通济堰作了较详尽的研究，见氏著《中国水利史論攷》，第二章第二节，《通濟堰水利機構の検討——宋代以降の国家権力と村落》；第三节，《〈通濟堰誌〉による萬歷·道光修築》，日本冈山市：冈山大学文学部，1993 年，第 79-155 页。

2 《读史方舆纪要》卷九四《浙江六》，处州府丽水县“通济堰”，中华书局，2005 年，第 4322 页。

通济堰后，当立有堰规，惜今已不见。

南宋乾道五年（己丑，1169），处州知州范成大与州判张澈主持修复之，“事悉列新规”，并“列其规于石以告”。清人李遇孙辑《括苍金石志》卷五据拓本迻录了范成大所订通济堰规之大部分，[1] 遂使我们得以窥知其规章之总概。

(一）堰渠管理组织之产生及其职责之规定

今存通济堰规共十九条。[2] 就其内容而言，大致可分为三部分。第一部分包括第一、二、三、十三、十八、十九等六条，主要涉及堰渠管理组织的产生及其职责。其第一条“堰首”云：

> 集上中下三源田户，保举下源十五工以上、有材力、公当者充。二年一替，与免本户工。如见充堰首当差保正长，即与权免，州县不得执差；候堰首满日，不妨差役。曾充堰首，后因析户工少，应甲头脚次，与权免。其堰首有过，田户告官追究，断罪改替。所有堰堤斗门、石函叶穴，仰堰首寅夕

1 碑现存丽水碧湖镇堰头村通济堰旁詹南二司马庙内，多漫漶不清。林昌丈于 2009 年 11 月 5 日得见是碑，然未能校核。本文所引《通济堰规》文本，据李遇孙辑：《括苍金石志》卷五，第十四页至第二十四页，题作“范石湖书通济堰碑”。孔凡礼辑：《范成大佚书辑存》（北京：中华书局，1983 年）亦据《括苍金石志》收录了通济堰碑和渠规（第 174-181 页），可参阅。

2 《括苍金石志》卷五于“范石湖书通济堰碑”条下李遇孙按语谓“原刻尚有‘堰山’一条，共二十条”，碑尾部分“字迹模糊难辨”；其所见《通济堰志》所记堰规亦为十九条，然明言“堰规凡二十条，今除去堰山一条”。李氏并说明堰山一条除去之原因：“盖旧堰自春初起工，用木篠筑成堰堤，取材于山，拦水入堰。自开禧元年，郡人参政何澹筑成石堤，以图久远，不费修筑，因请于有司给此山。今山为何氏物业，非堰山矣。是则何氏因捐筑石堤，后据山为己有，遂除去堰山一条。”（第二十四页 b 至二十五页 a）其说当有所据。

> 巡察。如有疏漏倒塌处，即时修治。如过时以致旱损，许田户陈告，罚钱三十贯，入堰公用。

关于堰首的职责，《堰规》但称“所有堰堤斗门、石函叶穴，仰堰首寅夕巡察。如有疏漏倒塌处，即时修治”，即只负责巡察堰渠设施并组织维修事宜。然《堰规》第二条“田户”规定：“遇有工役，与堰首同共，分局管干”，并“同堰首收支钱物人工”；其第三条“甲头”规定：“委堰首集众上田户，以秧把多寡，次第流行、依公定差（甲头）”；其第四条规定：堰匠如发现堰堤疏漏，“即时报堰首修治”；其第五条“堰工”规定：“堰首同论月上田户，逐时抄上（堰工赤历），不得容情增减作弊”；其第六条“船缺”规定：堰首应“以时检举（船缺经行情况），申使府，出榜约束”；其第十二条“湖塘堰”规定：湖塘“或有浅狭去处，湖堰首即合报堰首及承利人户，率工开淘”；其第十三条“堰庙”规定：堰上龙王庙及叶穴龙女庙，并“仰堰首锁闭看管，洒扫崇奉，爱护碑刻，并约束板榜。堰首遇替交割或损漏，即众议依公破工钱修葺”；其第十六条“开淘”规定：“每年堰首将满，于农隙之际，申官差三源上田户，将二年所留工数，并力开淘，取令深阔，然后交下次堰首”；其第十九条“堰簿”规定：由堰首收管堰簿（都工簿）。综括上述规定，可知堰首之职责当主要包括：（1）与（上）田户一起，负责堰坝维修工程，包括堰坝大修（“工役”）、例行的堰渠疏浚，并监督“湖塘堰首”（又作“湖塘堰头”）开淘淤浅湖塘；（2）负责催发偃工，包括确定堰工标准、出工（钱）份额，编制并掌管都工簿，据都工簿与催工历催发偃工及征收工钱等；（3）与上田户一起，集议确定甲头；（4）掌管合堰公用钱物，负责钱物收支；（5）监督堰渠船只通行事宜；（6）负责维修、管理堰庙（龙王庙与龙女庙）。

堰首由下源十五工以上的上田户中“保举”产生。《通济堰规》第二条“（上）田户”称：

> 旧例：十五工以上，为上田户，充监当。遇有工役，与堰首同共，分局管干。每集众，依公于三源差三名，二年一替。仍每月轮一名，同堰首收支钱物人工。或有疎虞不公，致田户陈告，即与堰首同罪。或大工役，其合充监当人，亦仰前来分定窠座管干，或充外役，亦不蠲免，并不许老弱人抵应。内有恃强不到者，许堰首具名申官追治，仍倍罚一年堰工。

是上田户之资格为出工十五工以上（据《堰规》第五条，每秧五百把出一工，则上田户需拥有秧把七千五百的田地），其下源上田户可被保举为堰首（上、中源田户则无资格充当堰首）；每源各“差”一名为轮月田户，与堰首共同承担兴工起役、收支钱物人工等责任。上田户中还择请一名靠近叶穴者充当叶穴穴头，负责看管“一堰要害去处”的叶穴（第十七条“叶穴头”）；另选“公当上田户一名”，收管灌区“承利人户”的“田秧等第簿”（第十九条“堰簿”）。

堰首与上田户集议“依公定差”甲头。《堰规》第三条“甲头”云：

> 旧例分九甲。近缘堰田多系附郭上田户典卖，所有堰工，起催不行。今添立附郭一甲。所差甲头，于三工以上至十四

> 工者差充，全免本户堰工。一年一替，委堰首集众上田户，以秧把多寡，次第流行，依公定差。如见充别役，即差下次人，俟别役满日，依旧脚次。仍各置催工历一道，经官印押收执。遇催到工数，抄上，取堰首佥人。堰首差募不公，致令陈诉，点对得实，堰首罚钱二十贯，入堰公用。

甲头由出工三工至十四工的田户轮充，其职责当即具体催发堰工，轮充甲头者得免当年本户堰工。当年轮充的十甲甲头中，得“差能书写人一名”，充堰司，负责堰务相关文书事宜（第十八条“堰司”）。

此外，在控制灌溉水量的堰槩及渠下湖塘，又分设槩头及湖塘堰头。偃规第七条“堰槩”称：“开拓、凤台、城塘、陈章塘、石刺槩，皆系利害出处，各差槩头一名，并免甲头差使。其余小槩头与湖塘堰头，每年与免本户三工。”槩头负责启闭分水闸门。四大槩头之地位，大致与甲头相当；而诸小槩头及湖塘堰头（也称“塘湖堰首”）则大抵由普通堰夫充当。

这样，堰首、上田户（包括一名叶穴头、一名负责收管田秧等第簿的公当上田户）、甲头以及槩头、湖塘堰头就构成了通济堰的管理系统。《堰规》未言明堰首、上田户等会商、处理堰渠事务的场所，然第十三条“堰庙”称“非祭祀及修堰，不得擅开”，则修堰时当开堰庙作为集会之所。又第二条称上田户与堰首“分局管干”，则或有“堰局”之设。

那么，堰首、上田户、甲头以及槩头、湖塘堰首的性质究竟若何？从《堰规》看，这些田户充当堰首等差，似属于杂役，文中所谓“差三名”“差充”之类表达，亦易使我们将其视为官府之差役。实际上，在官方法规文献中，有很多证据说明此类堰首、陂头多由官府选差，与差夫例相同。如仁宗明道元年（1032）十一月辛卯诏书称："舒州吴塘堰，自今令本县令佐一员岁检功料，以上户为陂头，部众修筑之。"[1]至和元年（1054），光州仙居县令田渊在所条具的水利章程中规定："逐处立团头、陂长监催，本州差逐县官点检部辖。候毕，责干系人结罪供状报，仍别差官覆检料例，并视差夫条约。""所差团头、陂长于上等户内如差夫队头例选差，仍给文贴，令董其役。"[2]然而，一些地方文献却提供了与此不同的说法。《永乐大典》卷二二六一"湖"字下"赤山湖"条又录绍兴九年（1139）三月二十一日建康府帖云：

> 照勘句容县西南三十里赤山下有绛岜湖，俗称赤山湖，周回一百二十里。上元县丹阳乡地远相接，其湖东以南连及东北并枕山冈，自北以西系湖埂岸，分东西两湫口放水，旧有斗门，下通秦淮河。自河以南，连带湖上，尽属句容县临泉、福祚、上容、崇德、通德五乡；秦淮河西，系属上元县丹阳、清化两乡。已上南北岸七乡四十二埠人户，全藉湖水浇灌田土。古来于秦淮河下口十三里，拦河置百冈堰。父老相传：句容、上元两县水利人户，推排堰长二人看守，及置团首二人掌管湖水，逐时兴葺岸埂，固护湖水，轮转交替。如遇天旱年岁，要水灌溉田苗，两县团首商议。未放水前，堰长先

---

1 《续资治通鉴长编》卷一一一，"仁宗明道元年十一月辛卯"，北京：中华书局，2004年，第2593页。

2 《宋会要辑稿》食货七之一三、一四，北京：中华书局，1957年，影印本，第4912-4913页。

> 经县陈状，集水利人并工修作百冈堰坝，断水头，再经县过状，方始放水湧入百冈堰，次第散水入湖下七乡四十二埠，浇灌田苗。水足依旧闭塞湫口。[1]

则百冈堰堰长与赤山湖团首各二人，向来均由上元、句容两县用水人户“推排”产生。而在北宋咸平间订立的赤山湖条规中，即已见有堰长，然未载明其产生方式。在《永乐大典》卷二二六一“湖”字下“赤山湖”条所录史事中，另见有太平兴国六年（981）赤山湖团首唐滔男霸向句容县陈状，“知县事兼兵马监押巡检宋籍给据”，说明团首、堰长之置由来已久，并非根据咸平间所立之湖规；同页建隆三年（962）的一条记事中，又见有“大田户唐滔等陈请查员外判执条，常常严加束辖”。其时建康仍处于南唐统治下，唐滔已控制赤山湖水利事务，说明势家大户对水利设施的控制得以跨越朝代之更替。又咸淳《临安志》卷三四《山川》余杭县“南下湖”条下录宣和五年（1123）余杭县丞成无玷撰《南下湖水利记》云：

> 往时湖与溪皆有塘长，官免差科，俾专缮治。既而役之如皂隶，然又常以假人，民厌苦之，罢去。既久，禁戒寖弛，隳者弗增，阙者弗茨，蚁蛀鼠穿，獭龟之穴漫而不訾者，水至则溃。今稍复，增置塘长而蠲其役。又于五亩塍举条令为

1 《永乐大典》卷二二六一，“湖”字下“赤山湖”条，北京：中华书局，影印本，1986 年，第一册，第 744 页。又见马蓉等点校：《永乐大典方志辑校》，北京：中华书局，2004 年，第 562 页。

约束，以绝盗决之弊。[1]

"役之如皂隶"，则知塘长之属本非皂隶之比；民既厌苦，遂乃罢去，正说明其置废受"民"意影响。在福建兴化军莆田县，福州侯官人李宏（李长者）在应募建成木兰陂后，"拨塘田八百石设立陂司，委子孙掌管修陂"。[2] 至绍兴二十一年莆田县丞陈弥作所订《陂司则例》第一条则称："木兰陂以土著有陂分高大田户轮差正副，盖缘有浩大田业，朝夕自知爱惜，乃肯为众竭力。"此条下"贴说"云："李长者捨拨赡陂田，经官请产，立木兰陂寄庄户李金紫纳粮，元系李长者本派子孙轮流前来，与南洋承食水利田多上户相参，充陂正、副，掌管钱谷，专备修陂祭赛等用，欲其互相关防，以贻久远。"[3] 据此，则知木兰陂自熙宁年间修成之后，长期由李氏子孙与"承食水利田多上户"分别担任陂正、副。凡此，都说明陂头、团首、堰首、渠长之类农田水利的实际控制者与管理者，早在官府介入之前即已存在，他们多由水利设施之"承利人户"中的上田户通过推选（推排、保举）方式产生，间有世袭其职者（如李氏子孙得世代充任木兰陂正、副），并非官府按差夫队头例选差的杂役。《通济堰规》有关"见充堰首，当充保正长即与权免，州县不得执差；候堰首满日，不妨差役"，以及上田户"或充外役，亦不蠲免，并不许老弱人抵应"等规定，更说明堰首等并未被纳入职役系统。

---

1 咸淳《临安志》卷三四《山川》，余杭县"南下湖"条，《宋元方志丛刊》本，北京：中华书局，1990年，影印本，第3669页。

2 林大鼐：《李长者传》，见陈池养编：《莆田水利志》卷七，第二页b。

3 《木兰陂集节要》卷四《累朝规例》，第七页b至第八页b。

因此，《通济堰规》中有关“集上中下三源田户，保举下源十五工以上、有材力公当者充”当堰首，由“堰首集众上田户，以秧把多寡，次第流行，依公定差”诸甲头等规定，正描绘出一幅灌区受益田户（特别是上田户）自行推举灌区管理者、组织管理机构的图画，进一步证明农田水利的管理系统主要源于地方社会自发的组织动力与管理需求，并非来自官府的制度性安排。故堰规中有关堰首、上田户、甲头等堰渠管理系统之产生、职掌的规定，当主要是相承已久的实际运作办法的文字性概括，绝非官府（或范成大）的“制度创新”。至于堰规对堰首、上田户的诸多限制，如第二条规定，上田户若有“恃强不到者，诸堰首具名申官追治，仍倍罚一年堰工”；第五条规定，“堰首不得多敷工数，掠钱入己”，恰恰反映出堰首等平时多有此类“非违不当”行为，以致官府不得不介入约束。

（二）关于堰渠工役之征发与雇募的规定

《通济堰规》的第二部分包括第四、五、八、九等四条，主要是关于堰工、堰匠等堰渠工役的征发与雇募。其第五条“堰工”相当细致：

> 每秧五百把，敷一工；如过五百把有零者，亦敷一工。下户第二十把至一百把，出钱四十文足；一百把以上至二百把，出钱八十文足。二百把以上敷一工。乡村并以三分为率，二分敷工，一分敷钱。城郭止有三工以下者，并敷钱。其三工以上者，即依乡村例，亦以三分为率，每工一百文足。如有低昂，随时申官增减。官给赤历二道。二道一年一易，内

> 一道充收工，一道充收钱粮。并仰堰首同论月上田户，逐时抄上，不得容情增减作弊，不许泛滥支使。如违，许田户陈告；官司勘磨得实，其管掌人轻重断罪外，或偷隐一文以上，即倍罚，入堰公用。至岁终，结算有钱，樁管在堰。其堰工，每年并作三限催发，谓如田户管六十工，每限发二十工，设使不足，又量分数催发，田户不得执定限。如遇大兴工役，量事势轻重，敷工使用。值年分堰堤不损，用工微少，堰首不得多敷工数，掠钱入己。如违，即依隐漏工钱例责罚。田户不如期发工纳钱，仰堰首举申勾追，倍罚一年工数。

以“秧把”作为应出堰工或钱粮的计算单位，以及以钱折工、堰工分三限催发等规定，显然来自当地的生产实践，非官府所能“制定”之规章。“每秧五百把，敷一工”，即由灌区“承利人户”按照受益田亩负担堰渠维修的夫工与费用，是本条规定的核心。

灌区承利人户需要负担水利设施的维修工、费，在今见文献中，至迟在唐前中期即已形成惯例。唐《水部式》残卷云：“河西诸州用水溉田，其州县府镇官人公廨田及职田，计营顷亩，共百姓均出人功，同修渠堰。若田多水少，亦准百姓量减少营。”[1] 然则，用水灌溉的灌区百姓，“计营顷亩”，“均出人功，同修渠堰”，久已成为惯例，此条“式”文不过是针对性质特殊的公廨田、职田而作出的特别规定而已。周藤吉之曾根据大谷文书中

1　采用王永兴《敦煌写本唐开元水部式校释》中的释文，见北京大学中国中古史研究中心编：《敦煌吐鲁番文献研究论集》第三辑，北京：北京大学出版社，1986 年，第 41-67 页（图版一三至一九）。

的佃人文书对唐前期西州（吐鲁番地区）的佃人制作过深入考察，其中涉及文书所见的“堰头”。他指出：堰头需要负责申报本堰青苗地亩、主佃姓名、四至及种植的作物等，并引《唐六典》卷三《仓部郎中·员外郎》条下所记“凡王公已下，每年户别据已受田及借荒等，具所种苗顷亩，造青苗簿，诸州以七月已前申尚书省”的规定，认为堰头的申报，即是州县青苗簿的基础。周藤并特别注意到此种青苗簿与灌溉的关系，认为“堰头需要了解种植作物的种类，以便进行适度的灌溉。”[1] 虽然并无直接证据，我们依然可以据此作出进一步推论：所有耕种本堰浇灌田亩的人户，应“均出人功，同修渠堰”，而其所出“人功”多寡，则与其耕种田亩、种植作物直接相关。

敦煌所出部分契约文书和社邑文书，进一步证明河渠维修工役是由受益田户负责的。《天复九年（909）洪润乡百姓安力子卖地契》载明，安力子将“阶和渠地一段两畦共五亩”卖于同乡百姓令狐进通，“地内所着差税河作，随地祗当”，[2] 说明“河作”（河渠修治工役）是与田地所有权一同转让的。而在社邑文书中，则颇见招集渠人、修治河渠水口之例。如《甲申年（984）二月廿日渠人转帖》谓：“今缘水次逼近，切要通底河口。人各锹䦆一事，白刺三束，枝两束，桎一笙。帖至，限今月廿二日卯时于票子口头取齐。如有后到，决丈（杖）七下；全段不来，

1 周藤吉之：《吐魯番出土の佃人文書研究——唐代前期の佃人制》，见氏著《唐宋社會經濟史研究》，日本东京：东京大学出版会，1965 年（1975 年第二次印刷），第 1-99 页，特别是第 1-40 页。另请参阅关尾史郎：《「佃人文書」新探——「堰頭」の性格と職掌に関する予備的考察》，见森田明编：《中国水利史の研究》，东京：国书刊行会，1995 年，第 163-186 页。

2 沙知辑校：《敦煌契约文书辑校》，南京：江苏古籍出版社，1998 年，第 18-19 页。

重有责罚。”[1]研究表明，至少 10、11 世纪的敦煌，使用一条渠水的用户共同组成一个渠水社，负责水渠维修等事宜。[2]联系上引安力子卖地契中“河作”随土地一同转让的规定，可以相信：修治河渠的工役负担是与其受益田亩联系在一起的。

北宋时期，承利人户按受益田亩负担河渠维修工役，已成为官府分配河渠工役的基本原则。至和元年（1054），光州仙居县令田渊在条具的水利章程中建议：“欲乞诸路凡有陂塘湖港可以溉田之处，今后令逐县将元籍所管及不曾供报之处逐一拘收，每年预先检讨工料，各具折合，系使水人户各有田段亩数，据实户远近各备工料，候至初春，本县定日如差夫例，点集入役。”[3]显然，使水人户应出的工、料，是按照其各自拥有的田段亩数、参照居地与应修水利工程间的距离远近而确定的。嘉祐五年（1060），睦州桐庐县令刘公臣在给两浙转运司的上言中建议：“每遇春农之际，并仰有田分之家，各据顷亩多少均摊，出备工力修开，取令深阔，盛贮其水。或遇水旱，即据田亩轮番取人浇溉。明置文簿拘管，官为印押，给与本处乡长收管。或有贫人下户贸易田土与别主者，亦据见佃之人承认水分。违者严寘之法。”[4]即明确规定农田水利维修工役由用水人户“各据顷亩多少均摊”。

---

1 宁可、郝春文辑校：《敦煌社邑文书辑校》，南京：江苏古籍出版社，1997 年，第 382-383 页。

2 参阅那波利贞：《唐代の農田水利に関すろ規定に就きて》，《史学雜誌》第 54 编第 1、2、3 号（1943 年）；佐藤武敏：《敦煌の水利》，见《講座敦煌》三，《敦煌の社會》，东京：大东出版社，1980 年，第 265-295 页；郝春文：《敦煌的渠人与渠社》，《北京师范学院学报》1990 年第 1 期；冯培红：《唐五代敦煌的河渠水利与水司管理机构初探》，《敦煌学辑刊》1997 年第 2 期；孟宪实：《敦煌民间结社研究》，北京：北京大学出版社，2009 年，第 304-341 页。

3 《宋会要辑稿》食货七之一三、一四，第 4912 页。

4 《宋会要辑稿》食货七之一五、一六，第 4913 页。

乾道元年（1165），知徽州吕广问条奏农田水利，其第三款规定："诸塘堨系众利害，蓄水救田，本县于农隙之时，告示知首及同食水利人均备人夫，并力修作。塘堨下合承水利田产人户典卖者，并依资次承水。如系买税户塘堨水，亦申官（江）[注]籍。"[1]则凡"同食水利人"，无论田户、佃户及买水户，均需"均备人夫，并力修作"。[2]因此，由承利人户按受益田亩负担堰渠修治工、费，可以说一直是农田水利实际运作过程中的惯常作法。《通济堰规》第五条的相关规定，不过是将这一原则运用于通济堰并结合实际（"依乡村例"）加以具体化而形成的。当然，"官给赤历二道"，"一年一易，内一道充收工，一道充钱粮"的做法，显然是上引刘公臣所言"明置文簿拘管，官为印押"在通济堰的具体实施，反映出官府对堰渠工、费征发的直接干预。

《通济堰规》第四条"堰匠"是关于雇募堰匠的规定，其文云：

> 差募六名，常切看守堰堤，或有疎漏，即时报堰首修治。遇兴工，日支食钱一百二十文足。所有船缺，遇舟船上下，不得取受情倖容纵，私折堰堤。如疎漏，申官决替。

---

1 《宋会要辑稿》食货八之七、八，第 4938 页。

2 关于田户、佃户、借水户在河渠工役中的负担分配，淳熙《三山志》卷十五《水利》"侯官县"下记蔡襄主持修治渠浦，谓："嘉祐二年，疏导渠浦六十九，延袤百二十五里，田主以四分，佃户以六户开淘，借盘水利者，亦以四分助之。仍令民以时修治，不用命者有罚。"（《宋元方志丛刊》本，北京：中华书局，1990 年，影印本，第 7912 页）是田主与佃户分别工役负担之四、六成，而借盘水利者与田主同，亦占四成。《皇宋中兴两朝圣政》卷六一孝宗淳熙十一年六月知婺州洪迈上奏称：金华县县丞江士龙，"以身任责，深入阡陌，谕使修筑（境内陂湖），令耕者出力，而田主出谷以食之，凡为官私塘堰及湖，总之为八百三十七所。"（台北：文海出版社，影印本，1980 年，第 2296 页）是用田主出粮、耕者（佃户）出力的方式分配工役负担。

据第六条“船缺”，知此六名堰匠中，轮差两名看管在堰大渠口，余人则负责“常切看守堰堤”。又，堰规第十一条规定：“石函或遇沙石淤塞，许破堰工开淘。斗门，遇洪水及暴雨，即时挑闸，免致沙石入渠；才晴，水落，即开闸放水入堰渠。轮差堰匠，以时气闭。如违，致有妨害，许田户告官，将堰匠断罪，如堰首不觉察，一例坐罪。”则堰匠的主要职责，在于看护堰堤，负责大渠口过船以及启闭斗门。

据上引堰规，堰匠在平时似并无报酬，惟“遇兴工，日支食钱一百二十文足。”然据本条及第六条严格限制堰匠“取受情倖容纵”观之，偃匠看护堰堤、过船大渠口，当有“余利”可得，或即堰匠日常之薪给。因此，此类堰匠的性质乃是雇募。在水利工程施工与管理中雇用工匠，盖亦自唐代即已出现。上引《水部式》残卷第六条所见在龙首、泾堰、五门、六门、昇原等堰分番看守的匠，与中男、差夫分别开来，当不属役夫，很可能即为和雇而来。[1]北宋时期，黄河河工所使用的工匠已普遍采用雇募方式。[2]在农田水利的施工与管理中，一些技术环节需要特殊的技能，故多采用雇募工匠的方式。宋人林大鼐撰《李长者传》述莆田木兰陂之创修云：

> 莆田壶公洋三面濒海，潮汐往来，泻卤弥天，虽有塘六所，潴积浅涸，不足备旱暵，岁歉，无以输官，民则转徙流

1 关于和雇在唐代即已存在，前人已有考论，参阅张泽咸：《略论六朝唐宋时期的夫役》，《中国史研究》1994 年第 4 期。

2 参阅长濑守：《北宋の治水事業》，初刊于《東洋史學論集》五，1960 年，后收入氏著《宋元水利史研究》，东京：国书刊行会，1983 年，第 185-280 页，特别是第 255-260 页。

移矣。土人皆知濑溪一水可引而南，其如垄岫间隔何？间有作者，往往莫辨地脉，使流膏美利，空坠于海，为可惜也。……宋治平元年，钱四娘者，自长乐邑来，捐金九擞，大如头，于溪上流将军岩前堰溪为陂，开渠鼓角山，西南行。其陂甫成，(截)[载]酒引楫以落之。酒正酣，守者报溪流涨，陂败，即时赴水而死。继有乡进士林从世，号十万，复来，相溪下流，于上杭温泉水口筑陂，欲成，潮势功搏而不之御。最后，宏应诏募而至。按二人遗迹，皆非地脉，逆水性，安得成功？时有僧冯智日者，散世混俗，惟宏事之甚谨。乃引至其地，密禀神算，谋于木兰山前施功，未有定处。方斋祷之，夕，地神于今址截溪插竹，似相指授。……乃倾家得缗钱数百万，命工伐石，依列竹成基，摆布石柱三十二间，以石鑱条掰治，互相钩锁，屹立如山。……官司酬奖李公，得小龟屿东沿海白地。[1]

是李宏之修建木兰陂，实际上是应雇募而往，其报酬则是“小龟屿东沿海白地”。又，刘克庄《后村先生大全集》卷八八《重修太平陂》记莆田太平陂管理体制之变化云：

绍兴复田，八姓之力，故陂事迭主之。八姓皆有私田于陂，知护田则知爱陂矣。百年之间，八姓盛衰不常，于是有私田尽去、而视陂田为券内、置陂患于度外者，公（指兴化知军曾用虎）按其籍，岁得谷一百六十九石、钱四十一千各

1 《莆田水利志》卷七《传记》，“李长者传”，第一页 b 至第二页 a。

> 有奇，曰：果修陂，此足矣。以田属囊山寺，陂正一人，干一人，以庵僧充；甲首、长工各二人，岁给钱谷，一如旧约。租之出纳、陂之修废，在八姓不可问，在僧可覆也。[1]

则即便是在八姓控制太平陂时期，所置甲首、长工各二人，亦“岁给钱谷”，属于雇佣性质；绍定六年（1233）更定章程后，以囊山寺僧充任陂正、干，而酬以陂田，亦属雇佣。因此，雇佣掌握水工技术的工匠修治、管理堰渠，乃是当时普遍的做法。通济堰此项条规，亦当因袭已久，并非淳熙中制定堰规时所创制。

（三）有关堰渠之运营与维护的规定

《通济堰规》之第三部分包括第六、七、十、十一、十二、十四、十五、十六、十七等九条，都是有关堰渠运营的具体管理规定。其中最重要的是第七条“堰槩”：

> 自开拓槩至城塘槩，并系大槩，各有阔狭丈尺。开拓槩中枝，阔二丈八尺八寸，南枝阔一丈一尺，北枝阔一丈二尺八寸。凤台两槩，南枝阔一丈七尺五寸，北枝阔一丈七尺二寸。石刺槩阔一丈八尺。城塘槩阔一丈八尺。陈章塘槩，中枝阔一丈七尺七寸半，东枝阔一丈八寸二分，西枝阔八尺五寸半。内开拓槩遇亢旱时，揭中枝一槩，以三昼夜为限，至第四日，即行封印；却揭南北槩荫注，三昼夜讫，依前轮揭。

1 刘克庄：《后村先生大全集》卷八八《重修太平陂》，《四部丛刊初编》本（上海：上海书店，1989年，重印本），第七页a、b。另见《莆田水利志》卷八，第十二页b至第十三页a。

如不依次序及至限落槩，槩首申官施行。其凤台两槩不许揭起外，石刺、陈章塘等槩，并依放开拓槩次第揭吊。或大旱，恐人户纷争，许申县那官监揭。如田户辄敢聚众持杖恃强，占夺水利，仰槩头申堰首或直申官，追犯人究治，断罪号令，罚钱二十贯，入堰公用。如槩头纵容，不即申举，一例坐罪。其开拓、城塘、陈章塘、石刺槩，皆系利害出处，各差槩头一名，并免甲头差使。其余小槩头与湖塘堰头，每年与免本户三工。如违误事，本年堰工不免，仍断决。

按：槩，本意是指一种平斗斛木，这里指挡水平木，即用木板制作的水闸。[1]据上引堰规，知开拓槩有三个水门（中枝、南枝、北枝），凤台槩两个水门（南枝、北枝），陈章塘槩三个水门（中枝、东枝、西枝），石刺、城塘二槩各有一个水门。各水门宽度皆确定丈尺，显系为控制水量。开拓槩当是控制入渠水量的总槩，故遇亢旱，三枝轮揭。这些规定，都是为了贯彻"均水"的原则。

尽可能公平合理地分配水资源，是农田水利设施运作并得以长期稳定维系的根基，这一原则，如前所述，早在西汉中期即已确立，惟在具体运作过程中需根据具体情况而详加斟酌。因此，有关"均水"（合理分配用水）的规定是农田水利规章的核心内容。《临川文集》卷八九《萧公（定基）神道碑》记仁宗时萧定基监成都府市买务，"蜀引二江溉诸县田，多少有约。李顺为乱时，成都大豪樊氏盗约，改一昼夜为六，由此他县岁赂

1 同治《丽水县志》卷三《水利》"通济渠"条下谓："所谓槩者，节制三原之水、轮流蓄放、以均其灌溉之大牐也。外有小槩七十二处，承接大牐之水，分流布润。"（第三十一页a，台北：成文出版社，1975年，影印本，第269页）。

樊氏县，乃得其余水。讼二十年不决，转运使以属公（指萧定基——引者）。公曰：‘约所以为均，即不均，约不可恃也。’乃亲决水，视一昼夜，而樊氏县水有余。樊氏即伏罪，诸县得水如故约”。[1]则都江堰早在李顺之乱（太宗淳化五年，994）之前，即已形成分水规约，其根本原则即在“均水”，所谓“约所以为均”。至和元年（1054），光州仙居县令田渊所条具的水利章程中规定：“遇愆亢使水，须众议同开决，自上及下均匀灌溉，不得壅障。”[2]则“均水”已成为较普遍的原则。孙觌《孙尚书大全文集》卷三二《周氏十公记》述北宋中期信州弋阳人周文垣买田，“山田高仰，率潴水为塘以备旱，多寡先后有约。公命先溉寡妇者，余田以次受水如约。”[3]然则，信州弋阳县的塘陂的“约”主要是规定用水之多寡。又杨万里《诚斋集》卷一二二《新喻知县刘公（廷直）墓表》记吉州安福县西有寅陂，“岁溉田万三千亩，擅于豪右，贫民病之。公（刘廷直）为作均水约，上之官，事下，至今利焉。”[4]则将寅陂规章称作“均水约”。淳熙十一年（1184），萧山县令顾冲在《湘湖均水利约束记》中说：“湘湖周围八十里，溉田千余顷，水之所至者九乡。绍兴二十八载，县丞赵善济以旱岁多讼，乃集塘长暨诸上户，与之定议，相高低以分先后，

1 王安石：《临川先生文集》卷八九《故淮南江浙荆湖南北等路制置茶盐礬酒税兼都大发运副使、赠尚书工部侍郎萧公（定基）神道碑》，《宋集珍本丛刊》本（北京：线装书局，2004 年，第十三册，据宋绍兴刻、元明递修本影印），第 724 页。

2 《宋会要辑稿》食货七之一四，第 4913 页。

3 孙觌：《南兰陵孙尚书大全文集》卷三二《周氏十公记》，《宋集珍本丛刊》本（北京：线装书局，2004 年，第三十五册，据明钞本影印），第 514 页。

4 见王琦珍整理：《杨万里诗文集》，南昌：江西人民出版社，2006 年，第 2001-2002 页。

计毫厘以约多寡，限尺寸以制泄放，立为成规，人皆悦之。”[1]是赵善济所立旧约是“根据需灌土地所在位置的高、下不同，排列开闸顺序；根据需灌土地多少和所需湖水总量，核定水量尺规，确定开闸时间”。顾冲所订的“新约”，也是以这一原则为基础，对湘湖灌区的用水分配所作的具体规定。[2]

因此，在用水分配中尽可能贯彻“均平”的原则，乃是得到官民普遍认可的水利惯习，而其根基仍在农田水利运作的具体实践。然而，在具体实施过程中，这一原则却时常受到挑战和破坏，所以水利规章中包含诸多对违规行为的禁止和惩罚条款。如上引《通济堰规》第七条中规定：“如田户辄敢聚众持杖恃强，占夺水利，仰槩头申堰首或直申官，追犯人究治，断罪号令，罚钱二十贯，入堰公用。”发生纠纷由槩头先申告堰首，“或直申官”，以及第五条有关“田户不如期发工纳钱，仰堰首举申勾追，倍罚一年工数”的规定，说明此类禁约和惩罚措施很可能源自“乡例私约”，并非官府介入后才增加的内容。又如堰规第十二条称：“不许纵人作捺为塘及围作私田，侵占种植，妨众人水利”；第十五条“逆扫”规定：“诸湖塘堰边，有仰天及承坑塘，不系承堰出工，即不得逆扫。堰内水利田户，亦不得容纵偷遞。其承堰田，各有堰水，不得偷扫别堰水利，及不许用板木作捺，障水入田，有妨下源灌溉。亦仰人户陈首重断，追赏钱一十贯，入堰公用。”这些禁止与惩罚性条款，并未借助官府力量，其实施当主要依靠地方社会的内在约束力。

---

1 万历《绍兴府志》卷十六《水利志一 · 湖》，《中国方志丛书》本，第 1248 页。

2 钱杭：《库域型水利社会研究——萧山湘湖水利集团的兴与衰》，第 151-159 页。

综上所考，可以认知:《通济堰规》所涉及亦即一般农田水利规章均有的三方面主要内容，即农田水利管理组织的产生与职责、水利工役的征发与负担以及灌区用水分配，其基本原则与具体措施，大都来自农田水利的生产实践，是相承已久的民间惯习。因此,农田水利规章的实质应是“乡例私约”或“民约”，而非“官法”。[1]

三、水利规章形成过程中的“官”与“民”

然而，今见农田水利规章却几乎全部是由地方官府名义颁行的，文献记载则一般迳称为官员某所制定。[2]《通济堰规》于文末述及此项规则的制定、颁行过程，谓:“右依准州县备据到官张文林申：重修到前项规约，州司点对，委是经久，除已保明供申转运衙及提举常平衙外，行下镌石施行。”张文林即时任

1 在今见文献记载中，也颇见将农田水利规章视为“乡例民约”者。如至和元年光州仙居县令田渊在陈述其访闻所得民间水利情形时，谈到江淮间陂塘水利“私有文约”；乾道元年（1165）徽州知州吕广问在所条具的塘堨水利规约中也提到按“乡例私约”轮充塘堨知首（《宋会要辑稿》食货八之六、七，影印本，第 4937-4938 页）。

2 如《建炎以来系年要录》卷一五四“绍兴十五年十二月戊辰”条记眉州知州勾龙庭实主持重修眉州通济堰，“贷诸司钱六万缗，躬相其役，更从江中创造，横截大江二百八十余丈，与下流小筒堰一百十有九。于是前日荒野尽为沃壤，庭实又为书，名曰‘堰规’，至今不废。邦人为立祠，岁时祀之。”（上海:上海古籍出版社，1992 年，影印本，第三册，第 159 页）是以勾龙庭实为通济堰堰规之制定者。又如嘉泰《会稽志》卷一〇《水》萧山县“湘湖”条谓:“初，崇化、由化、夏孝、昭明、长兴、安养、新义、来苏八乡，皆仰食湖利。乾道中，知县顾冲以许贤一乡距湖水虽差邈，亦可溉及，乃合旧约，益以许贤为九乡，均其利，刻石示众，曰‘均水约束’云。”（《宋元方志丛刊》本，北京：中华书局，1990 年，影印民国十五年刻本，第七册，第 6889 页）是以湘湖均水约束之制定，归于知县顾冲。此例甚多，不具举。

处州军事判官的文林郎张澈。则此项规约乃是“重修”，此前已有成例，当即堰规中所说之“旧例”“古额”；规约重修后，申报州县审核（“点对”），确认其“委是经久”后，又转申转运司和提举常平司，然后“行下镌石施行”。范成大作为处州知州兼管内劝农事在此项新规制定过程中的作用，主要是“点对”；而此项规约经州县“点对”并申报监、仓二司之后，遂成为官府颁布的地方水利法规。

那么，官府是在怎样的情况下、出于何种考虑介入本为“乡例民约”的农田水利规章之修订中的呢？官府介入后，在水利规章中增加了哪些条款？

在《通济堰规》中，与官府直接相关的条款主要涉及三方面内容：一是当堰役与官方差役发生冲突时的处理办法。如第一条规定，“如见充堰首，当差保正长即与权免，州县不得执差，候堰首满日，不妨差役”。第三条规定，“如见充别役，即差下次人，俟别役满日，依旧脚次”。二是由官府颁行催工历和赤历，以作为佥发甲头和征发堰工、收纳钱粮的凭证。三是禁止堰首、田户的某些违规行为并给予处罚。如第一条规定，“其堰首有过，田户告官追究，断罪改替”。第三条规定，“堰首差募不公，致令陈诉，点对得实，堰首罚钱二十贯，入堰公用”。凡此诸款，大抵皆为官府介入后所增加者。

这些增加的条款，显露出官府介入农田水利规章之修订的直接动因，乃是协调堰役（堰差）与官方差役的冲突、维护农田水利秩序。在上引王安石撰《萧公（定基）神道碑》所记宋仁宗时都江堰的案例中，正是由于成都大豪樊氏破坏了“水约”（“盗约”），官府才予以介入，维护旧约，使“诸县得水如故约”。

至和元年（1054）光州仙居县令田渊在呈请制定水利章程的上言中说：

> 窃见江淮民田十分之中，八、九种稻，春中遇雨，则耕耨布种常宜沾润，盛夏稍愆雨泽，则其苗衰薄，所收微尠。惟是陂塘有修筑坚固、蓄水高广，则下所灌田不以旱沴，无不厚收。访闻民间不肯协力乘闲修作，虽私有文约，愚顽之民多不听从，兴工之时，难为纠率，或矜强恃猾，抑卑凌弱，或只令幼小应数，而坐俟其利。似此之类，十居其半。及用水之际，争来引注，是以劳费不均，多起斗讼。勤力懦善之家受其弊，故不能专志特力，用工兴修，是致因循，极有遗利。[1]

其所说“私有文约”，当指民间固有水约；“愚顽之民多不听从”，“劳费不均，多起斗讼”，显然是建基于“私有文约”基础之上的水利秩序受到破坏。嘉祐五年（1060），睦州桐庐县令刘公臣陈述其请求定立水利章程的理由说：“民间有古溪涧沟渠泉源，接连山江，多被富豪之家渐次施工，填筑作田耕种，无力之人田亩接连，或遇水旱，并不约水溉田，因兹害稼。”[2]则直指破坏水利秩序者乃是“富豪之家”。绍兴二十一年（1151），莆田县丞陈弥作在致兴化军通判的申状中述及其所以主持修订《木兰陂司则例》之缘由，谓：“比年以来，所差正、副□□侥求，视

1 《宋会要辑稿》食货七之一三、一四，第 4912 页。

2 《宋会要辑稿》食货七之一五、一六，第 4913 页。

水利无一分顾藉其余，于陂司财谷直指为囊中物，岁中造帐，恣意侵欺，较其实费十无一二。此不为谋，日复一日，钱谷侵失，则民田亦随以圮坏也。”[1] 上引《湘湖均水利约束记》述及绍兴二十八年萧山县丞赵善济制定湘湖水约，也是因为“旱岁多讼”，频繁发生水利纠纷。

因此，官府介入农田水利规章之制定、修改的直接动因，当是由于固有水利秩序受到破坏，影响到赋役之征发；而水利纠纷频繁发生，亦使地方社会秩序紊乱，影响官府对地方的控制。由于破坏水利秩序者多是“富豪之家”“遇顽之民”，而这些有势力的“上田户”（“形势户”）实际控制了农田水利设施，[2] 故官府介入后所增加的条款，主要表现为对此类豪民的限制、约束。在这个意义上，官府的介入强化了农田水利规章的相对公平与公正性，从而有利于农田水利秩序的相对稳定与持续。

作为“水利共同体规约”的《通济堰规》，虽然主要是关于如何建立灌区水利秩序的“当行性”条款，但也包括若干带有处罚措施的禁止性条款，而且一些禁止性条款还需要借助官府的权威才能实施。显然，在农田水利秩序的建立与维护（在制度层面上主要表现为农田水利规章的制定与实施）问题上，“官”与“民”（国家与社会）、“官法”与“民约”（“私约”）并非处于国家社会及其秩序体系的两端，更非分离或对立的两极，而是相互渗透、互相补充，共同构成维护农田水利秩序的法规体系。

《通济堰规》虽然在形式上是由官府颁行的，但其“读者对

---

1 《木兰陂集节要》卷四《累朝规例》，第六页 b 至第七页 a。

2 参阅周藤吉之：《宋代の陂塘の管理機構と水利規約——郷村制との関連においてて》，《唐宋社會經濟史研究》，第 737-781 页。

象”则是通济堰灌区的民众（包括士绅）。在堰规条文中，诸多“许田户陈告”“许偃首具名申官追治”“申官决替”“许经官陈告”之类用语，都是官府面向百姓的说辞，清晰地表明它是给“民”看的。在这里，由官府颁行的农田水利规章，不过是将民间水利惯习冠以官府名义，加上一些禁约与惩罚性条款，再向民众宣示而已。[1] 在这一由“官法”和“民约”共同构成的农田水利规章体系中，来自具体水利实践的民间水利惯习（民约）乃是其基础部分。进而言之，在具体水利实践中，特别是在构建并维护水利秩序的过程中，真正发挥作用的乃是民间水利惯习，即“民约”，而非“官法”。这些根基于具体水利实践的农田水利章程，既生自民间，为地方民众所创造、拥有和遵从，且以此为基础，构成水利秩序的基本格局，无论它们在多大程度上获得官府的承认，甚或“上升”为“官法”，其权威和有效性都主要来自民间社会，而并非官府。

---

1 明清时期，农田水利规章更多以官府告示的形式颁行，表面上看，似乎完全属于官府单方面制定、宣示的规范或约束。寺田浩明指出：“如果不从理念而从日常性共同行为规范的形成方面来看，官的‘法’与民间乡村层次上的‘约’在‘首唱’和‘唱和’这一结构上并无决定性的区别。在这个意义上可以把地方官的告示本身理解为不过是‘首唱’的一种，发布告示的行为也就是在州县层次上意图获得‘唱和’或‘齐心’的尝试而已。”（寺田浩明：《明清法秩序における「約」の性格》，原刊沟口雄三等编《社会と国家》第四卷《シリーズ · アジアから考えする》，东京：东京大学出版会，1994 年，第 69-130 页；中译文《明清时期法秩序中“约”的性质》，王新亚译，见王新亚、梁治平编《明清时期的民事审判与民间契约》，北京：法律出版社，1998 年，第 139-190 页，引文见第 174 页）我们以汉中五门堰水利碑刻为中心的分析表明，地方官府的这些告示，多是由相关士绅“请”来的，所以，地方官府在此类水利规章成立过程中的“首唱”作用，其实是很令人怀疑的。因此，官府告示这一形式，并未从根本上影响这些农田水利规章的“民约”性质。

卷三 社会

中国古代早期庶人的“名”与“姓名”

郑樵《通志·氏族略》“序”云:“三代之前，姓氏分而为二，男子称氏,妇人称姓。氏所以别贵贱,贵者有氏,贱者有名无氏。”[1]在《通志》总序中,郑樵引左氏之论,以为“因生赐姓,胙土命氏,又以字、以谥、以官、以邑命氏，邑亦土也”，[2]其所举三十二类氏姓，亦皆源于国、邑、族、部、官、爵及事、技，故其所说之“贵者”即有土有民或有官爵、身份及因技能而得尊显者,“贱者”则是普通的平民百姓，即“庶人”。[3]此论为后人所沿袭并

1 郑樵：《通志二十略》，王树民点校，北京：中华书局，1995 年，第 1-2 页。

2 郑樵：《通志二十略》，《通志总序》，第 5 页。

3 “庶人”的本义即“众人”。在先秦至秦汉文献中，“庶人”一般与诸侯、卿大夫、士以及工商、隶臣并列，用以指称无特权身份、人数众多的平民百姓。本文所讨论的“庶人”，即在此意义上的“庶人”，主要指西周春秋时期不具有贵族身份的“国人”和“野人”，以及战国秦汉时期的编户齐民。在战国秦汉时期，部分平民（编户齐民）因军功而获得官爵，或因罪而被罚没为徒隶，然其出身身份仍是普通平民，也包括在本文所讨论的“庶人”范畴之内。关于先秦时期“庶人”的内涵与指称范围，请参阅斯维至：《论庶人》，《社会科学战线》1978 年第 2 期；张玉勤：《也论庶人》，《山西师大学报》（社会科学版）1986 年第 3 期；应永深：《说“庶人”》，《中国史研究》（转下页）

不断充实、发挥，遂基本成为定论：贵者有氏有名，庶人有名无氏。顾炎武概括说："最贵者国君，国君无氏，不称氏称国"；"次则公子，公子无氏，不称氏称公子"；"最下者庶人，庶人无氏，不称氏称名"。[1]李学勤说："在古代社会中，并不是人人都有姓氏。姓是只有具备一定身份的人才能有的。……至于氏，得自世功官邑，身份低贱的人自然也无从具有。"李先生并引述考古发现所见甲骨文、金文文献作了较为充分的论证。[2]张淑一对此提出质疑，认为"先秦的庶人与贵族二者虽然存在贵贱、贫富的差别，但其毕竟都生活在同一个社会发展模式当中，有着类似的血缘组织形态，因此在血缘组织的标志符号上也不会有太多的差异，庶人也应当有姓、氏"。[3]张氏之驳议虽然并非十分有力，然却说明：庶人（平民）既然均属于特定的血缘组织（或集团），自当"有"其姓氏；而文献所见，庶人却多无姓氏，盖"有姓氏"与"称姓氏"并非一事：庶人有姓氏，却未必"称姓氏"，故文献所见庶人"称名不称氏"，并不意味着事实上"庶人"即"无氏"。

（接上页）1981 年第 2 期；何兹全：《众人和庶民》，《史学月刊》1985 年第 1 期。关于秦、西汉时期的"庶人"，请参阅曹旅宁：《秦汉法律简牍中的"庶人"身份及法律地位问题》，《咸阳师范学院学报》2007 年第 3 期；王彦辉：《论秦及汉初身份秩序中的"庶人"》，《历史研究》2018 年第 4 期。

1　顾炎武：《原姓篇》，见顾炎武著、黄汝成集释：《日知录集释》卷二三《氏族》下《集释》所引，上海：上海古籍出版社，2006 年，第 1279 页。

2　李学勤：《考古发现与古代姓氏制度》，《考古》1987 年第 3 期；李学勤：《先秦人名的几个问题》，《历史研究》1991 年第 5 期。二文并收入氏著《古文献丛论》，上海：上海远东出版社，1996 年，第 116-136 页。关于中国古代姓名的一般性认识与相关研究，请参阅魏根深（Endymion Wilkinson）著：《中国历史研究手册》，侯旭东主持翻译，北京：北京大学出版社，2016 年，第 170-219 页。

3　张淑一：《先秦姓氏制度考索》，福州：福建人民出版社，2008 年，第 92-106 页，引文见第 106 页。

故此一认识的正确表述，当是：上古时代，庶人或亦有其姓、氏，却并不称其姓氏，而只称其名。

在这一认识基础上，论者遂得进一步讨论上古时代（西周，以及商代）的姓氏制度与称名方式（贵者用“氏＋名”，庶人但称名）如何向秦汉及其以后的姓名制度演变的问题。一般认为：自春秋战国以迄于秦并六国，随着同姓不婚制度逐渐破坏、家族组织一步步解体，姓氏“别婚姻，明贵贱”的功能逐步丧失，“姓氏混而为一”，姓即氏，氏即姓。[1] 同时，不同社会阶层的称名方式也渐趋统一，无论贵贱，皆得使用“姓（氏）+ 名”的称名方式，以姓名为称。战国以至秦汉时期，乃是庶人姓氏形成并逐步普遍化的阶段；秦汉以后，庶人及其以下阶层均得普遍使用姓氏。[2] 因此，对于庶人称名方式的变化，可以简要地概括为：在商西周时代，庶人称名不称氏（无论其是否有氏），春秋战国庶人渐有称氏者，至秦汉时期，庶人逐步普遍地使用“姓名”。

总的说来，关于中国古代姓名的研究，主要集中在姓氏制

---

1 关于春秋战国时期姓氏制度的变革及姓氏合一，请参阅陈絜：《商周姓氏制度研究》，北京：商务印书馆，2007 年，第 411-458 页；张淑一：《先秦姓氏制度考索》，第 131-146 页。

2 关于春秋战国时期庶人逐步拥有姓氏、庶人称名由单称名到使用姓（氏）名的演变，请参阅尾形勇：《中国古代的“家”与国家》，张鹤泉译，北京：中华书局，2010 年，特别是其第一章《古代姓氏制的展开和“家”的建立》，第 63-94 页；杜正胜：《编户齐民：传统政治社会结构之形成》，台北：联经出版事业公司，1990 年，第 188-196 页。杜先生曾概括性地指出：自春秋战国以迄于秦汉，随着古代贵族社会的解体，以及编户齐民制度的实行，普通民众乃模仿或抄袭上层贵族社会，给自己的名字冠以姓氏，从而使人人得有姓。可是，杜先生并未对此展开细致深入的讨论，特别是并未举出证据，以说明普通民众的姓氏乃模仿或抄袭上层贵族社会而来，以及何以要模仿或抄袭上层社会的称名方式。请参阅杜正胜：《传统家族试论》，黄宽重、刘增贵主编：《台湾学者中国史研究论丛·家族与社会》，北京：中国大百科全书出版社，2005 年，第 1-87 页，特别是第 11-12 页。

度的形成、变化及其政治、社会内涵与意义方面，特别是社会上层（贵族与官僚士大夫阶层）采用或获取怎样的姓氏、姓氏在政治与社会建构中的作用与意义，对于庶人（平民百姓）的称名方式及其变化，仅在讨论称名方式的阶层差别及其所反映的尊卑贵贱的政治与社会差别时有所涉及，并未予充分展开。[1]然庶人的称名方式及其变化，实是中国古代社会、文化史上的重要问题：盖庶人惟有其名，方得与他人交往，通婚、交易乃至发生矛盾、纠纷，结成社会关系与组织，形成社会关系网络。而庶人之名，本起于口语称谓，口语所称之名主要使用于特定的人群范围及其社会体（主要是其所在的血缘或地缘人群与组织）内，以音表达并传递其意涵，故在一般情况下并无须指称其所属之血缘或地缘人群、组织或集团（族、氏），亦无可能得到书写并被文献记录下来（文献所记，主要是血缘或地缘人群组织、集团的首领与上层，即贵者，故贵者称氏）。春秋战国时期，王纲解纽，礼崩乐坏，古代血缘或地缘性人群组织或集团渐趋解体，建立在地域与人民控制之上的新型政治体逐步“越过”贵族阶层，直接掌握、控制普通平民（庶人），列名籍，别乡里，庶人之名遂被书写成文字（而不仅仅限于口语发音），列入籍簿，以征发赋役。在这一过程中，庶人名的功用、内涵均超越了其原有的血缘、地缘组织（家族或村落）的范畴，并被应用于更为广大的社会、政治体系中，故其所属之血缘或地缘组织乃成为界定其属性（特别是来源属性）的组成部分，氏遂被冠于其

1　侯旭东在讨论中国古代人名的使用及其意义时，曾分析户籍制度的建立对于平民百姓“策名委质”的意义，请见侯旭东：《中国古代人“名”的使用及其意义——尊卑、统属与责任》，《历史研究》2005 年第 5 期。

名之上，形成姓名。不仅如此。由于庶人多不识字，不能自书其名，庶人之名得到书写，多是书写者根据庶人所报告其名之发音，选取适当的文字书写成特定汉字，并在其名之上冠以氏称。所以，庶人名之书写及其姓名之成立，虽然有庶人自身之报告与其所属血缘、地缘组织为基础，但在根本上，仍主要是国家权力（书写者、文字本身在很大程度上都是国家权力的代表）从外部进行干预甚至直接执行的结果。

因此，庶人的称名方式，包括三个层次的问题：一是庶人如何称名（口语表达的人名），二是庶人之名如何被书写为特定的文字（书写成文字的人名），三是庶人之名如何被使用（实际使用的人名）。就逻辑层次而言，庶人自然是先有其名，后被书写，然后方得被使用。可是，历史上的庶人之名，惟有被书写下来，方能得见。故吾人所讨论之庶人名，乃是见于文献记载的庶人名，是在被使用的过程中得到记录的书写人名。本文之研究，即从中国古代早期（周秦至汉初）不同文献对于庶人名的记载出发，考察古代庶人名使用的不同类型与方式，分析书写性庶人名的结构，进而探究庶人“名”与“姓名”的本源与实质。

一、庶人的称名方式及其变化

“九年卫鼎”铭文记载共王九年（前914）裘卫用车和各种皮革同矩伯交换土地的经过，其中说到交换的土地位于颜林昬里，由颜氏具体占有并管理，故裘卫在向“矩”和“矩姜”支付眚车、较、贲鞃、帛等物之外，另外“舍颜陈大马两，舍颜姒虡呇，舍颜有嗣寿商圞裘盠冟（幎）”。协议达成后，“矩”与“濂”

乃指挥“寿商”具体办理交接事宜，“乃成夆四夆，颜小子具叀夆”。交接完成后，裘卫通过“卫小子家”“卫臣虣”，“舍盠冒□羝皮二，罡皮二，业舄俑皮二，朏帛金一反，厥吴鼓皮二。舍湩虎冟、□贲□鞃，东臣羔裘，颜下皮二”。[1]铭文中的“矩姜”当是矩伯之妻，“颜陈”与“颜姒”当是颜氏的夫人，其称名方式，皆属于贵族阶级的称名方式，即“夫方的氏＋父方的姓”。“裘卫”之名，则为“氏＋名”，是贵族阶级男子最为普遍的称名方式。“湩”可能是矩伯的“有司”或“臣”，“寿商”是颜氏的“有司”，“家”是裘卫的“小子”，“虣”是裘卫的“臣”；“盠”“业”（或“业舄”）“朏”“吴”“东臣”都是参与此次土地交割的“小子”，铭文所记，皆当为其名，其称名方式，符合“庶人不称氏，称名”的规则。

著名的“散氏盘”铭文记载“散”与“夨”双方划定眉、井二邑土地疆界的过程及其结果。据铭文所记，参与勘界的“夨”方代表有十五夫，即：“眉田鲜、且、微、武父、西宫、襄，豆人虞丂、录贞，師氏右眚，小门人繇，原人虞艿，淮𤔲工虎孝、閛丰父，难人有司荆、丂”；“散”方代表有十夫，即：“𤔲土□□、𤔲马单𢊁，𢦚人司工骇君、宰德父，散人小子眉田戎、段父、效果父，𢦚之有司橐，州𧷊，焂从𧙗。”[2]豆人“虞丂”与原人“虞艿”称名中的“虞”，当为姓。其余诸人，鲜（“田”为职名）、且、微、武（“父”为尊称）、西宫、襄、贞（“录”为职名）、眚（“师

1 岐山县文化馆、陕西省文管会等：《陕西省岐山县董家村西周铜器窖穴发掘简报》，《文物》1976年第5期；唐兰：《陕西省岐山县董家村新出西周重要铜器铭辞的译文和注释》，《文物》1976年第5期，又见故宫博物院编：《唐兰先生金文论集》，北京：紫禁城出版社，1995年，第194-204页；龚军：《九年卫鼎新析》，《华夏考古》2014年第2期；叶达雄：《西周土地制度探研》，《台湾大学历史学系学报》第14期（1988年7月）。

2 陈梦家：《西周铜器断代》，上册，北京：中华书局，2004年，第345-346页。

氏右”当为职名)、繇(“小门人”为其身份)、虎孝(淮人,“嗣[司]工”为职名)、丰(“留”为职名,“父”为尊称)、荆、丂(难人的有司)、兽螿、谅(“君”亦当为尊称)、德(“宰”为职名)、戎、段、貍、橐(“州”当为职名)、嚣(“焂”当为地名,“从”当为职名,或“焂从”即为职名),则皆有“名”而无“氏”。豆、原、小门、淮、难、毂、敔等皆当是眉、井二邑所统辖的聚落,其“有司”即各聚落的管理者,故铭文只称其名;“虞丂”“虞艿”则当为豆人、原人之首领,故得有姓(“豆”“原”或为其氏)。

山东临淄等地出土战国陶文中,述“立事”之官长,多称其氏与名,如“平陵陈导立事岁”的“陈导”、[1]“内郭陈齎叁立事左里敀(亳)[亭]豆”的“陈齎”、[2]“王孙陈棱立事岁左里敀(亳)[亭]区”的“陈棱”等;[3]而署制陶之陶工名,则多为单字名,如“高闾棏里曰潮”“高闾豆里人匋者曰兴”[4]“左南郭(巷)[乡]辛(匋)[䦔]里臧(井圈,临淄出土)”。[5]《新出齐陶文图录》0349:

昌櫅陈固南左[里][敀](毁)亭区
(左)[右](毁)[敀]□(巷)[乡]尚毕里季踞[6]

1 张政烺:《“平陵墜导立事岁”陶考证》,见氏著《张政烺文史论集》,北京:中华书局,2004年,第46-54页。
2 王恩田:《陶文图录》卷二《齐国》上,济南:齐鲁书社,2006年,第91页,
3 王恩田:《陶文图录》卷二《齐国》上,第96、99页。
4 王恩田:《陶文图录》卷二《齐国》上,第500、525页。
5 徐在国:《新出齐陶文图录》,北京:学苑出版社,2015年,第1178页。
6 徐在国:《新出齐陶文图录》,第476页。

“陈固”是昌櫅（又作“昌齐”，齐都临淄的区域名）的“立事”，由他主持制作此件置于昌櫅南左里敀亭的“区”；右敀□（巷）[乡] 尚毕里的“䍜”（“季”为其排行）是制作此件陶区的陶工。“立事”者称名用“氏＋名”，陶工单用“名”，符合“贵者有氏，贱者有名无氏”的称名规则。

包山楚简 85 是一支疋狱（狱讼记录）简。简文曰：

> 荆层之月辛巳之日，鍾缶公德讼宋䝙、宋庚、差令悆、沈缅、黄鷗、黄旱、陈欹、番班、黄行、登（邓）蒉、登（邓）逅、登（邓）坚、登（邓）諫、登（邓）阩、登（邓）諢、䠶上、周敚、莫（郑）痐、黄为宾、畬（熊）相䨻、苛胼、雷牢、隰晨、沈敢，以其受鍾缶人而逃。疋吉戠之，秀滭为李。[1]

“鍾缶公”，或认为是负责陶制量器的监造官，其名称为“德”；“鍾缶人”当即陶工。“宋䝙”等二十四人受控接受“鍾缶人”为之担保却又逃避，其地位大抵与“鍾缶人”相似，或稍高。“疋”即胥，“为李”意为“为理”，“吉”与“秀滭”为人名。在此件疋狱文书中，地位较高的鍾缶公“德”和疋（胥）“吉”使用单名，与“吉”同样属于胥吏的“秀滭”（“秀”当是氏称）以及受控、地位较低的“宋䝙”等人则使用“氏＋名”的称名方式，与“贵者称氏，贱者称名不称氏”的规则不合。

包山简 120–123 所记是关于一宗刑事诉讼案的详细记录。

---

1 湖北省荆沙铁路考古队：《包山楚简》，北京：文物出版社，1991 年，第 22 页；陈伟等：《楚地出土战国简册 [十四种]》，北京：经济科学出版社，2009 年，第 37 页。

其大意谓：周客监“匿”迈楚之岁享月乙卯，下蔡荨里人“舍（余）猥”向下蔡的“鼽执事人”（负责治安司法事务）、昜（阳）城公“美（瞿）睪”报告说：“郏倴”（据下文，为下蔡山阳里人）窃马于下蔡而卖之于阳城，又杀下蔡人“余睪”。阳城公瞿睪命令“倞郏”拘捕了郏倴。丁巳日，郏倴向阳成公瞿睪、大敂尹“屈適”、郙昜（阳）莫嚣“臧献”、“舍（余）羊”供称：自己并不曾盗马，但确实与下蔡关里人“雇女返”、东邗里人“场贾”、荑里人“竞不割（害）”共同杀害余睪于“竞不割之官”，但竞不割并未亲手杀人（“不至兵焉”）。行文相关各里，命令抓捕场贾、雇女返与竞不割以及郏倴的家小（“孥”），（东邗里）里公“郏𦬁”、士尹“细缜”、加公“臧申”、（关里）里公“利臤”、（荑里）里公“吴拘”、亚大夫“郕（宛）乘”以及加公“范戌”、（山阳里）里公“余□”都回复说：诸人已于此前逃跑。后来，未及判决，郏倴即死于狱中。[1] 在这件文书中，“周客”（当是周天子的使者）、“监”（官称）被称为“匿”，是单名，未及其姓、氏，然前已指明其为“周客”。昜（阳）城公“瞿睪”、大敂尹“屈適”、郙昜（阳）莫嚣“臧献”、“舍（余）羊”以及里公“郏𦬁”、士尹“细缜”、加公“臧申”、里公“利臤”、里公“吴拘”、亚大夫“郕（宛）乘”、加公“范戌”、里公“余□”是不同级别的官员，其称名大抵皆可确定为“氏＋名”。“余猥”是下蔡荨里人，“郏倴”是下蔡山阳里人，“雇女返”是下蔡关里人，“场贾”是东邗里人，“竞不割（害）”是荑里人，他们都当属于楚国的庶人，也使用“氏＋名”的称名方式。

1 《包山楚简》，第 25 页；《楚地出土战国简册［十四种］》，第 53 页。

在包山简126、127、128中，“子左尹命漾陵之邑大夫谨（察）州里人鄹（阳）锹之与其父鄹年同室与不同室”。大邑“痃”、大驲尹帀（师）回报称：“阳锹不与其父阳年同室。锹居郢，与其季父［舒］连嚣鄹必同室”。[1]“鄹（阳）锹”被称为“州里人”，虽然其季父得任为连嚣，但他本人与其父仍很可能是庶人。“锹”与父“年”、季父“必”在名字前共冠以“鄹（阳）”，说明“鄹（阳）”乃是其家族共用的“氏”。

在包山简90中，“竞得讼繁丘之南里人龚怵、龚酉，胃（谓）杀其跸（兄）”。九月甲辰，繁丘少司败“远[illegible]”回复抓捕龚怵、龚酉的公文（“笭”），说：“繁丘之南里信有龚酉，酉以甘固之岁为偏于鄗，居□里。繁昜（阳）旦无有龚怵。”[2]龚酉是繁丘南里人，在鄗地“为偏”（偏，释为“隶”），其地位不会高，当是庶人。龚怵、龚酉以及“竞得”之称名，皆当是以“氏＋姓”。

包山楚简151–152载：

> 左驭番戌飤（食）田于邛域（国）噬邑城田，一索畔（半）畹。戌死，其子番疐后之。疐死无子，其弟番點后之。點死无子，左尹士命其从父之弟番款后之。款飤田，病于责（债），骨侇之。左驭遊晨骨贾之。又（有）五箭、王士之后岀赏间之，言胃（谓）番戌无后。右司马适命左令默定（正）之，言胃（谓）戌有后。[3]

1 《包山楚简》，第26页；《楚地出土战国简册［十四种］》，第54页。

2 《包山楚简》，第23页；《楚地出土战国简册［十四种］》，第37页。

3 《包山楚简》，第28页；《楚地出土战国简册［十四种］》，第56页。

左驭“番戌”有食田,属于贵族阶层,故“番戌”“番疐”“番黯”“番款”之称名,用“氏+名”的方式,“番”乃为其氏。然番戌之食田,在�国噬邑,“番”之氏称并非得自于食地。番戌死后,番家地位似渐次降低,至番款乃卖掉食田以偿债,其地位盖已降为庶人,然仍得称为“番”氏。

据包山简2–6记载:鲁阳公以楚师后城郑之岁(楚怀王九年,前320)冬柰之月,剁令“彭围”(下文称为“围”)受命检查剁人的户口籍帐,有一位名叫“敳”的书吏具体登记了两个人(“凡君子二夫,敳是其箸之”),都属于“剁瞂之少僮,盬族”,一个叫“鄡”,一个叫“瘏”,居于鄗路区湶邑。[1]“鄡”与“瘏”都属于“盬族”,族即氏,则二人的正式称名当分别为“盬鄡”、“盬瘏”。他们被登记在剁的“玉府之典”中,又被称为“君子”,其地位可能较高,或者并非庶人。

而在包山简11中,郹瞂的上连嚣“之还集瘳(廖)族衍一夫,凥(处)于郹或(国)之少桃邑,才(在)陈豫之典”。这里的“衍”属于“瘳(廖)族”,被登记在“陈豫之典”中。所谓“陈豫之典”,当即简7–9中齐客陈豫贺王之岁(楚怀王十二年,前317)八月乙酉日大莫嚣“屈昜(阳)”命邦人上内(纳)的“溺典”。在简7–9中,“臧王之墨”(官署名,可能负责供应王宫的用墨)上纳了“其臣之溺典”,中有“喜之子庚一夫,凥(处)郢里,司马徒箸(书)之;庚之子昭一夫、昭之子疕一夫,未在典。”[2]居于郢里的“庚”被登记在“臧王之墨”管领的“溺典”

1 《包山楚简》,第17页;《楚地出土战国简册[十四种]》,第3页。
2 《包山楚简》,第17页;《楚地出土战国简册[十四种]》,第3页。

中，其身份似乎是“臣”。喜、庚、昭、疕，一家四代人，均以名称，未及其氏或族。列入陈豫之典的“衍”，地位当与“庚”一家相似（或者都属于“臣”），却有明确的“族属”。而在简32中，邸昜（阳）君之州里公“登（邓）缨”于八月戊寅“受期”，然到辛巳之日，却因“不以所死于其州者之居处名族至（致）命”而使“阩门有（又）败”。[1]死于邸阳君之州者不知何人，然里公“登（邓）缨”按规定应当报告其“居处名族”，说明其时无论身份若何（即使是“臣”），皆有其“名”与“族”。上引简120–123中，述及“郏傒”“雇女返”“场贾”“競不割（害）”等人，都言明其居处名族，即符合法律的规定。

总之，在包山楚简“集箸”“集箸言”“受期”“疋狱”“案卷”“所诓”等司法文书中，大部分人，无论其身份如何（包括列入“溺典”的、地位可能较为低下的“臣”），都采用“氏＋名”的称名方式；单纯记载单字名，也并不表示其无氏，更不表示其地位低下。因此，可以认为，战国时期，楚地庶人已普遍采用“氏＋名”的称名方式，并未遵守庶人“称名不称氏”的规则。

而秦人的称名方式又有所不同。“秦封宗邑瓦书”铭文记载秦惠文王前元四年（前334）分封宗邑的情况。在铭文中，受周天子之命“来致文武之酢（胙）”的卿大夫书作“辰”，传命分封的秦大良造、庶长名“游”，受封的右庶长名“歜”，具体负责确立封地的司御、不更（秦军功爵第四级）“顝”，参与划分封地界线的大田佐“未”、史“初”与“羁”、卜“蛰”、司御

1 《包山楚简》，第19页；《楚地出土战国简册［十四种］》，第16页。

“心”，无论其地位高低，均只称名，而未著其姓氏（无论其有无氏），其中，颤、未、初、羁、蛰、心等低级官吏，地位大抵近于庶人。[1]

里耶秦简中所见的洞庭郡“守”或“假守”有“高”（假守，秦始皇二十六年二月在任）[2]、“昌”（假守，秦始皇二十七年十一月在任）、[3]“礼”（守，秦始皇二十七年十一月、二十七年二月、三十四年六月在任）[4]、“齮”（假守，秦始皇三十一年六月任）、[5]“铺”（假守，秦始皇三十四年十月在任）、[6]“绎”（假守，秦始皇三十四年六月在任）、[7]“冣”（假守，秦二世二年十月在任），[8]南郡“守”有“恒”[9]，内史“守”有“衷”，[10]南阳郡“守”有“衍”。[11]这些郡守一级的官员，在正式的官方文书中，也只是用单名。

里耶简 8–138+8–174+8–522+8–523 正、背所载，是秦始皇二十六年十一月至六月（秦历以十月为岁首）八个月中由县廷

1 陈直：《秦陶券与秦陵文物》，《西北大学学报》1957 年第 1 期；郭子直：《战国秦封宗邑瓦书铭文新释》，中国古文字学会等编：《古文字研究》第 14 辑，北京：中华书局，1986 年，第 177-196 页；尚志儒：《秦封宗邑瓦书的几个问题》，《文博》1986 年第 6 期。

2 陈伟主编：《里耶秦简牍校释》第二卷，武汉：武汉大学出版社，2018 年，第 374 页，简 9-1861。

3 《里耶秦简牍校释》第二卷，第 35 页，简 9-23。

4 《里耶秦简牍校释》第二卷，第 447-448 页，简 9-2283。《里耶秦简牍校释》第一卷，第 46 页，简 8-61+8-293+8-2012；第 193 页，简 8-657；第 217 页，简 8-759。

5 《里耶秦简牍校释》第二卷，第 186-187 页，简 9-713。

6 《里耶秦简牍校释》第二卷，第 376 页，简 9-1864。

7 《里耶秦简牍校释》第一卷，第 217 页，简 8-759；第 348 页，简 8-1523。

8 《里耶秦简牍校释》第二卷，第 325 页，简 9-1547+9-2041+9-2049。

9 《里耶秦简牍校释》第一卷，第 119 页，简 8-228；《里耶秦简牍校释》第二卷，第 414-415 页，简 9-2076。

10 《里耶秦简牍校释》第一卷，第 119 页，简 8-228。

11 《里耶秦简牍校释》第二卷，第 414-415 页，简 9-2076。

举行庙祭的情况，其中具体负责“行庙”的令史或史，有庆、麃、阳、夫、韦、犯、行、钔、莫邪、戎夫、上、除等十二人，[1]其中十人为单字名，只有“莫邪”“戎夫”两个双字名，却难以判断属于“氏＋名”的称名方式（见下文）。

简 8–149+8–489 是有关迁陵县官吏因事受罚赀的记录，其中见有司空守“謷”“匜”，司空佐“敬”“沈”，库守“武”库佐“驾”，田官佐“贺”，髳长“忌”，校长“予言”，仓佐“平”，令佐“圂”“冣”“逌”，以及更成昼、五、登、婴、袭、得、堂、齿、暴等。[2]在二十余人中，只有校长“予言”一人是双字名，其中“予”很可能是语气词，而并非“氏”（分析见下文）。

里耶秦简中留存了部分户籍记录，其中所见的“户人”也多以单名为称。如“分”（南里户人，大女子，有子，小男子）、“刀”（阳里户人，秦始皇三十五年五月己丑）、“婴”（阳里户人，大女子，有南里小女子“苗”，为其隶）、“宜”（成里户人，司寇，有下妻“甾”）、“茆”（南里户人，大夫，寡）、“印”（东成里户人，大夫，有小臣“邀”）、“晏”（东成里户人，大夫寡，有子小女子“女巳”、子小女子“不惟”）、“瞶”（高里户人，大女子）、“成”（启陵乡成里户人，士伍）、“寄”（阳里户人，司寇）、“匡”（高里户人，小上造，有弟小女子“检”，下妻曰“婴”）、“夫”（贰春乡东成里户人，士伍，有妻大女子“沙”，子小女子“泽若”，子小女子“伤”，子小男子“嘉”，下妻曰“泥”）、“布”（南里户人，

1 《里耶秦简牍校释》第一卷，第 78 页。

2 《里耶秦简牍校释》第一卷，第 89-90 页。

官大夫）等。[1]

里耶简 8–145 所记是迁陵县接受并分配、移交官徒的记录，其中所见徒隶之名，有圂、叚、却、剧、复、卯、桒、痤、带、阮、道、遏、莀、猥、款、緰、林、娆、粲、鲜、夜、丧、刻、婢、娃、变、齐、媿、楸、兹、缘、婢、般、橐、南、儋、青、夕、强、姊等,全部是单字名。[2] 简 9–2289 是秦始皇三十二年十月十七日迁陵县司空守“圂”上报的“徒作簿”,所记徒隶之名,见有平、臣、益、惊、亥、央、閒、赫、宵、金、廄、椑、鲤、厩、强、童、刚、聚、移、昭、操、宽、未、衷、丁、圂、辰、卻、剧、复、卯、桒、痤、蔡、阮、道、遏、莀、类、款、林、娆、粲、鲜、夜、吴、刻、嫭、卑、鬻、娃、变、齐、媿、楸、兹、缘、般、橐、南、儋、青、夕、强、姊、谈等；接收其中三名徒隶的县仓假守名“信”，书写并致送此件“徒作簿”的司空佐名“痤”。在这份文书中，从司空守、县仓假守、佐，到徒隶，全部是单字名。[3]

在里耶简中，也有一些“户人”使用“氏（或姓）+ 名”的称名方式。如“杜衡”（高里户人,大女子)、己夏（东成里户人,不更，有隶大女子“瓦”）。[4]“受令”简中，“受令”者有安成里不更“唐颓”，东成里不更“朱发”、武安里不更“周柳”、南里

1 《里耶秦简牍校释》第一卷，第 120 页，简 8-237；第 234 页，简 8-834+8-1609；第 238 页，简 8-863+8-1504；第 264 页，简 8-1027；第 370 页，简 8-1623；第 388 页，简 8-1765；第 395 页，简 8-1813；第 409 页，简 8-1946。《里耶秦简牍校释》第二卷，第 157 页，简 9-567；第 316 页，简 9-1474；第 408 页，简 9-2037+9-2059；第 409 页，简 9-2045+9-2237；第 465 页，简 9-2295；

2 《里耶秦简牍校释》第一卷，第 84-86 页。

3 《里耶秦简牍校释》第二卷，第 455-458 页。

4 《里耶秦简牍校释》第二卷，第 50 页，简 9-43；第 108 页，简 9-328。

不更“公孙黚”、南里不更“屈埜”、东成里不更“相赫”、安成里不更“屈杨”、安成里不更“远禾”、安成里不更“蛮孔”。[1]在《里耶发掘报告》所公布的户籍简中，见有“蛮强”（简 K27，南阳户人，荆，不更，伍长，妻曰“嗛”，子小上造“□”，子小女子“驼”，臣曰“聚”），“黄得”（简 K1/25/50，南阳户人，荆，不更，伍长，妻曰“嗛”、有子小上造“台”、“□”、定，子小女“虖”“移”“平”），“大□”（简 K43，南阳户人，荆，不更，有弟不更“庆”，妻曰“嬛”，庆妻“规”，子小上造“视”和“□”）、李獾（简 K31/37，南阳户人，荆，不更，妻与二子之名均为单字，漫漶不识），“黄□”（简 K17，南阳户人，荆，不更，妻曰“不实”，有子不更“昌”，子小上造“悍”“□”，子小女“规”）、“彭奄”（简 K30/45，南阳户人，荆，不更，有弟不更“说”，母曰“错”，妾曰“□”，子小上造“状”），“蛮喜”（简 K4，不更，有子不更“衍”，妻大女子“媐”，隶大女子“华”，子小上造“章”，子小上造“□”，子小女子“赵”、子小女子“见”），“宋午”（简 K2/23，南阳户人，荆，不更，有弟不更“熊”，弟不更“卫”，熊妻曰“□□”，卫妻曰“□”，子小上造“传”与“逐”，熊子小上造二人，并失名；卫子小女子“□”，臣曰“襦”）。[2]他们全部是南阳里的户人，爵级亦均为不更，各自的弟、子也多有不更、上造、小上造的

1 《里耶秦简牍校释》第二卷，第 81 页，简 9-170；第 266 页，简 9-1130；第 274 页，简 9-1186；第 337 页，简 9-1623；第 342 页，简 9-1644+9-3389；第 343 页，简 9-1650；第 345 页，简 9-1668；第 442 页，简 9-2273；第 567 页，简 9-3292。

2 湖南省文物考古研究所编著：《里耶发掘报告》，长沙：岳麓书社，2007 年，第 203-208 页；郑曙斌、张春龙、宋少华、黄朴华：《湖南出土简牍选编》，长沙：岳麓书社，2013 年，第 144 页；邢义田：《从出土资料看秦汉聚落形态和乡里行政》，收入所著《治国安邦：法制、行政与军事》，北京：中华书局，2011 年，第 249-355 页，尤见第 295-305 页。

爵位，更全部是荆人。这些人的称名方式，很可能沿用上揭包山楚简所见战国中期楚人的称名方式（“氏＋名”），而其弟、子、妻、妾、臣则因系于“户人”名之下，故仅称其单名。受令简中的“唐颓”等人，身份也都是不更，其地位与南阳里不更“蛮强”等人相似，故也很可能是荆人。

有五支简述及其所记之人时，特别指明其所属之“族”。如简 9-885：

> 更戍卒城父公士西平贺长七尺五寸，年廿九岁，族苏☐
>
> 卅四年［六月］甲午朔甲辰，令佐章探迁陵守丞昌前，令☐[1]

简 9-757 的行文格式与此相同：

> 更戍卒士五（伍）城父成里产，长七尺四寸，黑色，年卅一岁，族☐
>
> 卅四年六月甲午朔甲辰，尉探迁陵守丞衔前，令☐[2]

“产”与“贺”都是来自城父县的更戍卒，同一天在戍地迁陵县廷受“探”（检查），监督“探”的迁陵县守丞“昌”“衔”与具体负责检查的令佐“章”均只署有单名，却特别指出“贺”与“产”

1 《里耶秦简牍校释》第二卷，第 220 页。第 106 页，简 9-311 是一支残简，残存文字作：“☐五寸，年廿九，族［苏］☐” 其所记之人名残，然很可能与简 9-885 所记为同一人，即“贺”。

2 《里耶秦简牍校释》第二卷，第 199 页。

的族属（“产” 的族恰残缺）。[1] 城父，《汉书 · 地理志》属沛郡，治所在今安徽亳州市东南城父集，属楚东国故地。简 8–1555：

> 冗佐上造临汉都里曰援，库佐冗佐。为无阳众阳乡佐三月十二日。凡为官佐三月十二日。年卌七岁。族王氏。为县买工用，端月行。库六人。[2]

临汉，当为县名，其地当近汉水，也是楚国故地。“族王氏”，说明简文所说之“族”,即氏,故“贺”“援”得分别称为“苏贺”“王援”。简 8–850 又见有更戍的城父阳里士伍“郑得”，8–980 见有更戍卒、城父阳里士伍“糴倗”，简 8–1517 见有更戍士伍城父阳里“翟执”、西里“中痤”，简 9–2209+9–2215 背见有更戍士伍城父西里“章义”,[3] 均说明来自城父的更戍卒称名,或用“氏（族）+ 名”的方式。

更为重要的是，据里耶秦简 8–461，在秦统一后公布的正用字中,“曰产曰族”,即改“产”为“族”。换言之,秦言之“族”,乃是指六国言之“产”。[4] 而在上引简 9–885、8–1555 等简文中所说的“族”，显非“产”意，故其所谓“族”某氏，只能是在楚言的意义上使用的。因此，里耶秦简中所见“氏＋名”的称名方式，很可能沿自战国中期以来楚人的称名方式，而其时秦

1 简 9-1029 所记的一个人，卅八岁，“族”字下也恰残；简 9-1257 所记的一位，名字也缺，卅一岁，“族黄氏”。分别见《里耶秦简牍校释》第二卷，第 244、282 页。

2 《里耶秦简牍校释》第一卷，第 357 页。

3 《里耶秦简牍校释》第一卷，第 237、256、345 页;《里耶秦简牍校释》第二卷，第 433 页。

4 《里耶秦简牍校释》第一卷，第 156 页。

人仍然多以单名为称（无论地位高低）。

秦据有楚地及统一全国后，盖推行秦的称名方式，故睡虎地秦简、里耶秦简与岳麓秦简所见人名，乃以单名为主，即使是荆（楚）人，也多单称其名，而较少使用“氏＋名”的楚人称名方式。在岳麓书院藏秦简《狱状》“癸、琐相移谋购案”与“尸等捕盗疑购案”（均发生在秦王政二十五年）中，南郡假守“贾”，州陵守“绾”、丞“越”，沙羡守“驩”，校长“癸”，狱史“驩”，史“获”，监御史“康”，求盗上造“柳”，士伍“轿”“沃”“琐”“得”“潘”“沛”,走马“达”“好”,求盗“尸”，以及逃亡在荆地的秦男子“治”等固然是单名，荆男子“阆”等也都是单名。[1]“芮盗卖公列地案”发生在秦王政二十二年，是一起经济纠纷案件，涉案诸人大抵均为江陵本地人，其中有公卒“芮”、大夫“朵”、士伍“方”（“朵”子）、隶臣“更”、亭佐“驾”、大夫“材”、走马“喜”，都是单名。[2]

至西汉初年，情形又有所不同，普通编户齐民（庶人、庶民）盖已普遍采用“姓（氏）+名”的称名方式。湖北江陵凤凰山十号汉墓所出衣物疏称：

> 四年后九月辛亥，平里五大夫伥（张）偃敢告地下主，偃衣器物所以蔡（葬），具器物名，令会，以律令从事。[3]

---

1 朱汉民、陈松长主编：《岳麓书院藏秦简》（叁），上海：上海辞书出版社，2013 年，第 1-18、95-117 页。

2 朱汉民、陈松长主编 ：《岳麓书院藏秦简》（叁），第 22-26、129-140 页。

3 湖北省文物考古研究所编：《江陵凤凰山西汉简牍》，北京：中华书局，2012 年，第 91 页。

四年，即景帝四年（前153）。张偃即墓主，他生前曾任过江陵西乡的有秩或啬夫，是乡里小吏。衣物疏是正式的丧葬文书，具有向地下主陈告亡人身份的功能。同墓所出另一块木牍上，记载了致送奠仪的人名（奠仪名单），有载翁仲、庄伯、应小伯、阎翁仲、陶仲、王它、王翁季、胡兄、袁兄、氾氏、姚季、张母、张苍、杨公子、靳悍、伥（张）父等十六人；在木牍的背后，又特别记载了"不予者"二人：陈黑、宋则齐。翁仲、伯、小伯、仲、翁、翁季、兄、母、公子、氏、季、父等称谓，显然不是正式的名，但这些人的称名，却均当如张偃、张苍、靳悍一样，是"姓氏＋名"的方式。

十号墓所出A类竹简（郑里廪籍），是景帝初年官府向郑里二十五户发放贷种、食的记录，其中所记"户人"之名，有圣、犅、擊牛、野、瘢、痫、立、越人、不章、胜、虏、積、小奴、佗、定民、青肩、人奴、楚奴、射□、田（公士）、骈、朱市人、□页奴、□轵□、市人（公士）。[1]这些在廪籍上登记，且有其具结的户人名，应当是正式的称名方式，大多未使用"氏＋名"的称名方式。然在B类竹简关于"计算应役"的记录中，又以"氏＋名"的方式称名。如简35：

> 邓得二、任甲二、宋则二、野人四·凡十算遣一男一女·男野人，女惠[2]

---

1 湖北省文物考古研究所编：《江陵凤凰山西汉简牍》，第106-113页。

2 湖北省文物考古研究所编：《江陵凤凰山西汉简牍》，第113页。

据A类竹简13，“户人野，能田四人，口八人，田十五亩”。简35中的“野人四”很可能就是指简13中“户人野”家中能田的四人。在A类竹简15中，“户人瘌，能田二人，口三人，田廿亩”。“瘌”，很可能就是B类竹简35中的“宋则”。若然，则A类竹简所记“户人”，至少有一些本当有姓、氏，只是在廪籍中未予记载而已。在同墓所出记算钱的木牍上，张偃也只被记作“偃”，[1]说明即使在正式的官文书中，也可能只写其名，而省略其姓氏。

D类竹简中，每一支简只记一个人名，应当是乡里的名籍。简63–66四支简，人名上都加了一个圆点，分别作“·杨人”“·郭贞”“·王则”“·杨皞”，应当是“户人”（户主），均使用“氏（姓）+名”的方式。其余简所记人名，既有用“氏（姓）+名”者，如“大女杨凡”、“杨阇，小”“杨毋智”“杨累”“王终古”“王圣”“郭脩”“伥（张）奴”“伥时”“伥□”“徐来”“杜留”“朱旦”“黄婢”；也有仅记其名而未及其姓氏者，如“女进”“泽之”“毋佗”“欧”“婧”“喜”“昴”“田”“益”“送”“缇”等，一般认为当属于家庭成员，因为系于“户人”之下，故省略其姓或氏。[2]

综上考述，可以认知：西周之世，姓、氏盖为贵族阶级所独用，庶人不称氏，仅得称名。此种规则，至春秋时期，盖大多得到遵行。至于战国，齐国仍秉持旧规，贵族官吏多使用“氏＋名”的称名方式，庶人徒隶则但称其名（多用单字）；楚国则较为普遍

1 湖北省文物考古研究所编：《江陵凤凰山西汉简牍》，第97-100页。
2 湖北省文物考古研究所编：《江陵凤凰山西汉简牍》，第120-129页。

地使用“氏＋名”的称名方式，无论贵族平民，大抵皆有其名、族（氏）；秦人则较少称氏（族），贵族官民，大抵皆以名为称。到西汉前期，姓、氏既合而为一，称名亦不再有贵族官僚与庶人（编户齐民）之别，故庶人称名，多用“姓氏＋名”的方式。

二、庶人名的书写

包山楚简“集箸言”“受期”“疋狱”及“案卷”等文书中，在每件文书的末尾，一般会标明由某人“戠（识）之”，某人“受李”（受理），所记当是本件文书的记录者和归档者，其身份应当是书吏。[1]简 46：

> 九月甲晨（辰）之日，越异之司败番觊受旮（几）。戊申之日，不逘（将）越异之大师越倰以廷，阩门又（有）败。沢硍。

简 52：

> 九月己酉之日，越异司败番豫受旮（几）。癸丑之日，不逘（将）越异之大帀（师）倰以廷，阩门又（有）败。沢臆。

1 关于“戠之”与“受李”，诸家有不同解释，请参阅陈伟等：《楚地出土战国简册［十四种］》，第 15 页，注 18；第 21-22 页，注 6。结合比较诸家之说，“戠”仍当释作“识”，解为“志”“记”；“为李”，当即“受理”。

简 55：

> 九月癸丑之日，越异之司败番逗受昌（几）。癸亥之日，不逆（将）大市（师）倲以廷，阩门又（有）败。浞堤。

简 64：

> 十月乙亥之日，越异之司败番覵受昌（几）。戊寅之日，不逆（将）越异之大市（师）越倲。疋堤。[1]

四支简相比较，可知其所记实为同一案件之多次提交审理，越异之司败、大市（师）及“疋”（浞）前后皆当同为一人。可是，在简文中，越异司败之名的写法，有“覵”“豫”“逗”（“番”当为其氏）三种（其在原简中的写法也确实不同）。如果排除释读导致的差异，那么，这种现象只能是同一人名的不同写法。简 46 中的“浞碨”、简 55 中的“浞堤”、简 64 中“疋堤”也显然是同一人，其名却分别写作“碨”与“堤”。

在包山楚简中，此种现象相当普遍。简 22、24、30 所记，显然也是同一案件。在简 22 中，“受期”的邲司马之州加公作“李端”，里公作“随得”，受伤者作“陈宔頠”；而在简 24 中，则作“邲司马豫之州加公李逗，里公随得”，伤者作“陈觟”；在简 30 中，受期者作“邲司马之州加公李偳、里公随得”，伤者作“陈頠”。

1 《包山楚简》，第 20-21 页；《楚地出土战国简册［十四种］》，第 17-18 页。

三支简的记录者均为“罗恎”。[1]“端”“逗”“偳”是邧司马之州加公之名的不同写法（“李”为其氏），“宔颌”“雃”“颌”是本案中伤者之名的三种不同写法。同样，郘昜（阳）君之州里公，在简 27 中写作“登（邓）婴”，而在简 32 中则被写作“登（邓）缨”（“登”为其氏）；前一支简的记录者作“郘塙”，后一支简的记录者作“旦塙”，显然也是同一人。[2]

在里耶秦简中，“狐”是一个常见的名字，至少见有八位“狐”。[3]简 9–356 是一支残简，仅留有一行文字：

☐［月］壬辰朔戊申，仓守狐付尉守狐☐☐[4]

其时迁陵县的仓守与尉守均名“狐”。据简 8–769，秦始皇三十五年八月三日（己未），启陵乡守“狐”向县廷户曹提交了一份报告，回复县廷要求取鲛鱼献之的命令，并亲自书写了这份文书（“狐手”）。[5]据简 9–202+9–3238 载，“［癸］巳，仓守适、佐齎、稟人中出稟启陵乡狐正月、二月十三日食。”[6]由于简 8–58、

1 《包山楚简》，第 18-19 页；《楚地出土战国简册［十四种］》，第 15-16 页。

2 《包山楚简》，第 18-19 页；《楚地出土战国简册［十四种］》，第 16 页。

3 至少有八位“狐”：一是“尉守”（简 8-132+8-334），二是启陵“乡守“（简 8-769），三是“少内守”（简 8-806，秦始皇三十四年九月），四是启陵“乡佐“（简 8-1783+8-1852），五是“库佐”（简 9-89），六是“仓守”（简 9-356），七是“史”（简 9-482），八是“田佐”（简 9-1486），分别见《里耶秦简牍校释》第一卷，第 70、222、230、390 页；里耶秦简牍校释》第二卷，第 65、113、141、317 页。

4 《里耶秦简牍校释》第二卷，第 113 页，简 9-356。

5 《里耶秦简牍校释》第一卷，第 222 页。

6 《里耶秦简牍校释》第二卷，第 87 页。

770、1797 见有“恬”在秦始皇三十五年五月时任启陵乡守，[1] 所以，“狐”任启陵乡守的时间，必包含秦始皇三十五年八月三日到三十六年二月五个月。而在简 8-205 背，则见有“[九月戊子，启陵乡守] 觚敢 [言]”。[2] 九月在八月至二月的五个月里（秦以十月为岁首），故简 8-205 背的“启陵乡守觚”，很可能就是 8-769 与 9-202+9-3238 所见的“启陵乡守狐”。因为简 8-1101 中又见有“守觚出以稟发弩绎”，[3] 所以简 8-205 背的“觚”不会是一时的误写。“狐”与“觚”，很可能是在秦始皇三十五年八月至三十六年二月间担任启陵乡守的一个人名字的不同写法。

同一个人的名，可以写成不同的汉字，说明一个人的名字被写成怎样的汉字，可能是由书写者在书写时决定的，被书写者或许并不知道自己的名应当使用怎样的汉字，而只知其发音。包山楚简 162-165 是左尹“所逗（嘱）告于正娄忶”的诸种诉讼案件，其中简 163 见有“楚斨族伥动”。[4]“动”既属于“斨族”，则“斨”即为其氏；然简文又称其名为“伥动”，是以“伥”为其氏，故“伥”“斨”当为同一发音的不同写法。

里耶秦简 8-550：

> 嫱，皙色，长二尺五寸，年五月，典和占。
> 浮，皙色，长六尺六寸。年卅岁。典和占。[5]

---

1 《里耶秦简牍校释》第一卷，第 42、223、392 页。
2 《里耶秦简牍校释》第一卷，第 113 页。
3 《里耶秦简牍校释》第一卷，第 277 页。
4 《包山楚简》，第 29 页；《楚地出土战国简册［十四种］》，第 78 页。
5 《里耶秦简牍校释》第一卷，第 178 页。

里典“和”登记了“浮”与“嫱”母女二人的户籍，并将其身体特征记录下来。在上引里耶简9-757与9-885中，秦始皇三十四年六月十一日（甲辰），迁陵县的尉、令佐“章”分别是在守丞“衔”与“昌”面前，检查（“探”）更戍卒“产”“贺”的年龄、身高与肤色，并将其族属与名记录下来。户籍登记可能不会如对更戍卒的检查登记一样严格，但程序应当大致相同。所以，“和”显然是在现场登记的：“嫱”只有五个月大，“浮”也未必会书写自己和女儿的名字，她应当只是告诉“和”自己和女儿名字的发音，是“和”选择“浮”与“嫱”二字作为其汉字书写的名，并用以暗示其女性特征。

里耶简8-1443+8-1455：

> 卅二年六月乙巳朔壬申，都乡守武爰书：高里士五（伍）武自言，以大奴幸、甘、多，大婢言、言子益等，牝马一匹予子小男子产。典私占。[1]

高里士伍“武”向里典“私”报告（“言”）自己的财产分割情况，“私”将之登记下来，大奴“幸”“甘”“多”，大婢“言”、“言”子“益”之名，都可能是由“私”书写为特定的汉字的。在简8-1554中，秦始皇三十五年七月二十二日（己酉），“高里士伍广自言：谒以大奴良、完，小奴嚋、饶，大婢阑、愿、多、□，禾稼、衣器、钱六万，尽以予子大女子阳里胡，凡十一物，同券齿。

1 《里耶秦简牍校释》第一卷，第326页。

典弘占”。[1]良、完、嚋、饶、阑、愿、多等“广”家奴婢之名，也可能是由里典“弘”写定的。而在里耶简 9-2037+9-2059 所记东成里户人士伍“夫”一家的名籍中，子小男子名“嘉”，妻（大女子）名“沙”，下妻曰“泥”，两个女儿（子、小女子）分别名“泽若”“伤”。[2]使用特定的汉字以表明具体人的性别特征，应当也出自负责占籍的里典。上引里耶简 8-550、9-757 分别记录了“嬗”“浮”与“产”的肤色（“皙”，“黑”），说明肤色乃是户籍登记时记录的内容。而“黑”也是常见的名字，某人之名被写成“黑”，或者亦因为其肤色较黑之故。[3]里耶简 9-2552 见有一位女子名“黑容”，显然是因其面黑而得名。[4]睡虎地四号墓所出十一号与六号木牍中所见的“黑夫”，肤色也应当比较黑。[5]

除了里典，其他小吏也可能是庶人名的书写者。里耶简 8-988：

> 迁陵狱佐士五（伍）朐忍成都谢，长七尺二寸，年廿八岁，白皙色。舍人令佐冣占。[6]

---

1 《里耶秦简牍校释》第一卷，第 356-357 页。

2 《里耶秦简牍校释》第二卷，第 408 页。

3 在里耶秦简中，至少有三位叫做“黑”的人。一是□城县宗里人，二是襄县完里人簪裹，在迁陵县屯戍（这两位“黑”也有可能是同一人），三是迁陵县贰春乡的乡佐（秦始皇二十八年正月在任），四是迁陵县库的佐（秦始皇二十七年十二月在任）。分别见《里耶秦简牍校释》第一卷，第 239 页，简 8-871；第 363 页，简 8-1574+8-1787；《里耶秦简牍校释》第二卷，第 34 页，简 9-22 背；第 36 页，简 9-23 背。

4 《里耶秦简牍校释》第二卷，第 504 页。

5 陈伟主编：《秦简牍合集》[壹] 上，武汉：武汉大学出版社，2014 年，第 629、637 页。

6 《里耶秦简牍校释》第一卷，第 257 页。

“冣”是“谢”的舍人，他报告并登记了“谢”的身高、年龄与肤色，虽未必当着“谢”的面，但对“谢”是有充分了解的，“谢”的名也是由“冣”书写的。简 8–217 是迁陵县仓发放稟食的记录：

稻四斗八升少半半升。卅一年八月壬寅，仓是、史感、稟人堂出稟隶臣婴（自）[儿]槐庫。

令史悍平。六月食。感手。[1]

隶臣（身份）婴儿之名“槐庫”很可能是仓史“感”写成具体的汉字的。简 8–984 是一支残简：

产子□＝子女婴曰女巳。令史华监。瘳手。[2]

女婴“女巳”应当刚出生，需要向官府申报以领取稟食。令史“华”与“瘳”受理此事，“女巳”之名（以地支“巳”命名），或者就是记录者“瘳”命名并书写的。

里耶秦简 8–533 是一份刑徒名册，其中见有“齰”“欬”“瘳”等三人，均被罚作城旦。[3] 三人名所用的汉字，都与具体的身体特征有关联。“瘳”的本义是指病愈，“齰”的本义是咬舌，“欬”即咳。以这样的汉字书写人名，除了记录其发音之外，还应当与所记录者的身体状况有关系。

具有书写能力的人，当然自己书写己名。里耶秦简 6–10：

1 《里耶秦简牍校释》第一卷，第 116 页。

2 《里耶秦简牍校释》第一卷，第 256 页。

3 《里耶秦简牍校释》第一卷，第 175 页。

□成不更小黄亥自占，以廿五年三月丁未以城□▨[1]

简文中“自占”者名“黄亥”，应当是他自己申报并书写的。在简 9–947 中，“自占”人之名恰残缺，而他声明是“昭王卌二年产”。[2] 上引里耶简 8–1555 所记“援”的宦历，也当出自其自述；作为官佐，“援”当然会写自己的名字。睡虎地十一号墓地的主人名叫“喜”，他的两个弟弟分别叫“敢”和“遬”，三个子女分别叫“获”“恢”和“穿耳”，均见于“喜”编写的《编年记》（《叶书》中），其所使用的汉字应当是“喜”确定并书写的。[3] 在喜墓所出的漆器的外底等处，见有针刻的“士五军”（M11:19、M11:9、M11:18）、“安里皇”（M11:1）、“大女子娶”（M11:51、M11:28、M11:11）、“大女子臧”（M11:29、M11:35）等字样，很可能是这些器具的使用者或与其亲近的人刻下的，“军”“皇”“娶”“臧”应当是其使用者或其亲近者选择的文字。[4]

因此，秦简中所见的许多庶人名，应当是书手（里典、佐或史等）或当事人及其亲近者在登记户籍、制作籍帐、记录禀食发放情况时，根据其发音，并结合在现场所见当事人的身体特征，用自己认为适当的字写下来的；具有书写能力的当事人，当然会自己选择适当的字。

在大多数情况下，书吏或当事人应当会使用较为简单的一

1 《里耶秦简牍校释》第一卷，第 21 页。

2 《里耶秦简牍校释》第二卷，第 228 页。

3 睡虎地秦墓竹简整理小组编：《睡虎地秦墓竹简》，北京：文物出版社，1990 年，“释文注释”部分第 5-7 页。

4 《云梦睡虎地秦墓》编写组：《云梦睡虎地秦墓》，北京：文物出版社，1981 年，第 27-28、30-31、34、122-132 页。

个字，记录一个人名字的发音。从书写简易的角度来说，无论一个人的名字在口语中发音如何，最好能用一个常见的汉字加以表达，所以，在人名书写系统中，单字名应当是一种原初的倾向。在同音字较多的情况下，采用哪一个汉字，则大抵取决于书写者的书写能力、情景判断或情感偏好和意义选择。上文所见人名用的汉字，大多比较常见，所用文字本身并不具有特定的意义，但也有些人名所用的汉字，可能具有特定的意义。[1] 在包山楚简中，地位较高的人名使用的汉字明显较为复杂，而且可能具有某种特定的意义，如“集箸”所见的剑令“围”（彭氏），佯大令“悆”，新官市（师）“瑗”，新官令“越”，大莫嚣“昜（阳）”（屈氏），漾陵大邑“痎”，大驲尹“帀”（师）、郚公“丁”，士帀（师）“墨”，可能是当事人自己或其家人选用的字；而地位较低的庶人，人名用字则较为随意，或者不具有特定意义，如同样见于“集箸简”少僮“郲”“瘩”（属于盬族），“衍”（瘳族），以及“喜”“庚”“昭”“疕”等，其人名用字则可能是负责登记（“箸”）的书吏（如司马“徒”）在登记时写定的。[2] 但这种区分并不是很明显，也难以确证。里耶秦简所见的人名，则很难辨析出存在类似的差别。

有的名字发音较为复杂，就写成两个或两个以上的汉字，从而形成双字名或多字名。包山楚简与里耶秦简中，皆见有一些庶人（包括地位较低的基层官吏）的名字，被写成双字（不包括姓、氏）。这些双字名的构成，有两种类型：

1　刘钊曾讨论人名音、义的问题，请参阅刘钊：《古文字中的人名资料》，《吉林大学社会科学学报》1999 年第 1 期。

2　《包山楚简》，第 17 页；《楚地出土战国简册［十四种］》，第 3 页。简 2-13。

一是由单纯词构成的双字名。里耶简 8–1069+8–1434+8–1520 是秦始皇三十二年五月二十五日迁陵库守“武”报告的“作徒簿”，有奖、庆、忌、敫敫、船、何、冣、交、颉、徐、娃、聚、窜、亥、罗等城旦、鬼薪、舂、隶臣，共十五人。其中，只有“敫敫”是双字名。[1] 在现代汉语口语中，常见以叠字称呼人名，然在简文中，却甚少见到，盖以书写简省之故。

在里耶简中，见有迁陵守丞“膻之”。据简 8–75+8–166+8–485，秦始皇二十八年十二月癸未，迁陵守丞“膻之”为了涉及某些金钱的事情，致函本县少内；[2] 而在简 8–60+8–656+8–665+8–748 中，又见有秦始皇二十八年十二月戊寅，“迁陵丞膻”就冗佐、原籍在僰道西里的“亭”欠赀问题的报告，其中的“丞”当为“守丞”。[3] 显然，“膻”和“膻之”就是同一个人。他的名字在口语中，或者更近于“膻之”，但书写时，也可以只用“膻”一个字。所以，“膻之”与“膻”一样，都是单纯词。

里耶简 8–823+8–1997 是校长（低级军官）“予言”写给他的一位长辈“柏”的信，在信中，他自称“校长予言”。[4] 上引简 8–149+8–489 所见的“校长予言”，与这位写信的“校长予言”可能是同一人。里耶秦简中见有另几位名叫“言”的人：一位

---

1 《里耶秦简牍校释》第一卷，第 272-273 页。简牍上的“敫”字二见，编校者认为其中的一个“敫”可能是衍文，或者是两个人同名“敫”。编校者将“敫敫”释为两个同名“敫”的人，而将“庆忌”释为一个人。今按：若以“庆忌”为人名，则“庆”当为氏称。在里耶秦简所记作徒簿中，除此例外，并无以“氏 + 名”指称徒隶者，故“庆”“忌”当是两个人的名。“庆”“忌”既为二人，则“敫敫”当为一个人的名。

2 《里耶秦简牍校释》第一卷，第 55-56 页。

3 《里耶秦简牍校释》第一卷，第 43 页。同一件文书中另见有“迁陵丞昌”。据上引材料，知此一时期担任迁陵县丞的，确是“昌”，那么，“膻”的职务当是“守丞”。

4 《里耶秦简牍校释》第一卷，第 233 页。

是迁陵“仓守”，[1] 一位是高里士伍“武”家里的大婢，[2] 还有一位是迁陵县的令史。[3] 显然，“言”也是一个常用名，“予言”的“予”字应当是语气词，这位校长名字的核心还是“言”，所以，“予言”也是单纯词。

上引里耶简 8–138 背 +8–174 背 +8–522 背 +8–523 背所载迁陵县负责“行庙”的令史中，见有一位“莫邪”。简 8–647 中另见有一位“莫邪”，是酉阳县的令佐；[4] 简 9–23 背又见有一位“莫邪”，是秦始皇二十七年十一月迁陵县库中负责收发文件的小吏；[5] 他与简 9–1408 背 +9–2288 背中所见的“莫邪”当是同一个人。[6]“莫邪”也当是一个双音节的单纯词。

里耶简中所见的“缭可”（右里人，士伍，秦始皇二十五年九月逃亡）、“免将”（巫县中陵里人，士伍，在迁陵县从役，秦始皇在三十一年正月）、“渠良”（巫县司空守，秦始皇三十一年四月在任）、“郄般”（郫县小莫里人、士伍，在迁陵县从役，为尉史）、“可思”（江陵慎里大女子）、“虿华”（使治狱）、“良朱”（隶臣）、“玺余”（高里士伍“顺”的小妾）等双字人名，[7] 大抵都是由双音节的单纯词构成的。

---

1 《里耶秦简牍校释》第一卷，第 245 页，简 8-898+8-972；第 303 页，简 8-1268，秦始皇三十五年七月。

2 《里耶秦简牍校释》第一卷，第 326 页，简 8-1443+8-1455。

3 《里耶秦简牍校释》第一卷，第 359 页，简 8-1560，秦始皇三十一年后九月。

4 《里耶秦简牍校释》第一卷，第 189 页。

5 《里耶秦简牍校释》第二卷，第 35-36 页。

6 《里耶秦简牍校释》第二卷，第 301 页。

7 分别见于《里耶秦简牍校释》第一卷，第 149 页，简 8-439+8-519+8-537；第 219 页，简 8-764；第 228 页，简 8-793+8-1547；第 316 页，简 8-1364；第 327 页，简 8-1444；第 335 页，简 8-1470；第 343 页，简 8-1515 背；《里耶秦简牍校释》第二卷，第 236 页，简 9-986。

以“不”“毋”“如”字为称的人名，如“不疑”（书吏）、“不耆”（隶徒）、“不狱”（阳陵县仁阳里人，士伍，戍洞庭郡）、“不识”（阳陵县下里人，士伍，戍洞庭郡）、“不仆”、“不唯”（小女子，东成户人大夫寡“晏”之子）、“不害”（迁陵少内守，秦始皇二十六年六月在任）、“不市”（居债），[1]“毋害”（男子）、“毋死”（阳陵县宜居里人，士伍，戍洞庭郡）、“毋择”，[2]“如意”（一位是迁陵县的书吏，一位是□阳县益里人，士伍），[3]也都是双音节的单纯词。值得注意的是，里耶秦简中见有两位“彼死”（一是酉阳县书吏，一是迁陵县令史）。[4]“彼死”，或当作“不死”“弗死”解。同样，“去死”（涪陵县戏里士伍，在迁陵县作戍卒）也当看作为一位单纯词（而不当理解为动宾结构的复合词）。[5]简 8–201 见有酉阳县守丞“扶如”，[6]简 8–2299+9–1882 见有发弩守“相如”。[7]“相如”意为“相同”；“扶如”之意，或当即“弗如”（不如）。凡此，都说明这些人名应当是根据其发音记录下来的。

二是由复合词构成的双字名。根据用作人名的复合词的构成方式，又可分为三种类型：

---

1 《里耶秦简牍校释》第一卷，第 46 页，简 8-61+8-293+8-2012；第 351 页，简 8-1531；《里耶秦简牍校释》第二卷，第 9-10 页，简 9-2；第 11-12 页，简 9-3；第 26 页，简 9-19；第 157 页，简 9-567；第 380 页，简 9-1872；第 400 页，简 9-1969。

2 《里耶秦简牍校释》第一卷，第 114 页，简 8-209；《里耶秦简牍校释》第二卷，第 1 页，简 9-1；第 204 页，简 9-778。

3 《里耶秦简牍校释》第一卷，第 362 页，简 8-1565 背；第 432 页，简 8-2113。

4 《里耶秦简牍校释》第一卷，第 189 页，简 8-647 背；第 338 页，简 8-1490+8-1518。

5 《里耶秦简牍校释》第一卷，第 276 页，简 8-1094。

6 《里耶秦简牍校释》第一卷，第 112 页，简 8-201。

7 《里耶秦简牍校释》第二卷，第 384 页。

（1）偏正型，即由一个修饰或说明、限定性的词与一个主体词构成的人名，如“敦狐”（秦始皇二十六年至二十七年间担任迁陵守丞）、[1]“小欬”（阳陵县褆阳里士伍，在洞庭郡戍守）、[2]“央刍”（官徒，分别受派负徒、徒养，一次病）、[3]“般刍”（官徒，私自为人佣），[4]以及“皇楗”（男子，涉及刑狱）、“敝臣”（孱陵县咸阴里士伍，在迁陵县屯戍）、“久铁”（巫县狼旁里人，士伍，在迁陵县屯戍）[5]等人名中的“敦”“小”“央”“盘”“皇”“敝”“久”，是分别用来修饰“狐”“欬”“刍”“楗”“臣”与“铁”的。[6]

（2）联合型，即由两个平等并列的词构成的人名。如戎夫、氏夫、夷吾、囚吾、越人、吴骚等（见下文）。有些复合词构成的人名，是在特定语境下使用的。里耶秦简 9–2344 所记是迁陵田官守“武”上报县廷的爰书：

> 卅三年六月庚子朔丁巳，[田]守武爰书：高里士五（伍）吾武[自]言：谒豤（垦）草田六亩武门外，能恒藉以为田。典缦占。

---

1 《里耶秦简牍校释》第二卷，第 260 页，简 9-1112，秦始皇二十六年二月；《里耶秦简牍校释》第一卷，第 341 页，简 8-1510 背，秦始皇二十七年三月。

2 《里耶秦简牍校释》第二卷，第 15-16 页，简 9-7。简文又将他的名字简写作“欬”，显然，“小”是用于修饰“欬”的。

3 《里耶秦简牍校释》第一卷，第 225 页，简 8-780；第 301 页，简 8-1259；《里耶秦简牍校释》第二卷，第 23 页，简 9-18。

4 《里耶秦简牍校释》第一卷，第 385 页，简 8-1743+8-2015。

5 《里耶秦简牍校释》第一卷，第 144 页，简 8-406；第 354-355 页，简 8-1545；《里耶秦简牍校释》第二卷，第 201 页，简 9-762。

6 《里耶秦简牍校释》第一卷，第 144 页，简 8-406；第 354-355 页，简 8-1545；《里耶秦简牍校释》第二卷，第 201 页，简 9-762。

六月丁巳，田守武敢言之，上黔首豤（墾）草一牒。敢言之。衔手。

［六］月丁巳日水十一刻刻下四，佐衔以来。□发。[1]

高里士伍“武”又见于简 8–1443+8–1455（已见前引）、8–1537，只是称其为“武”。在本件文书中，田守“武”、佐“衔”、里典“缦”等皆仅书单字名，惟有高里士伍“武”书为“吾武”，当是为与田守“武”相区分之故。

里耶秦简 8–138 背 +8–174 背 +8–522 背 +8–523 背所记“行庙”日程中，见有“史戎夫”（当为“令史戎夫”）；在同一件文书中，另见有“令史夫”。[2] 参与“行庙”的众吏，除“莫邪”、“戎夫”二人外，均为单字名。“莫邪”乃双音节的单纯词，已见前；然则，“戎夫”之称，很可能是为与令史“夫”相区别，根据其身份特征而加上“戎”字的。“氐夫”是迁陵县贰春乡守（秦始皇三十一年前后）。[3] 在此前后，启陵乡（迁陵县的另一个乡）的守也叫“夫”（“夫”是很常见的人名）。[4] 贰春乡守“氐夫”，可能也是为了与启陵乡的乡守“夫”相区别，特别加上“氐”字。因此，“戎”与“氐”，当是在同时存在同名“夫”之人的情况下，

1 《里耶秦简牍校释》第二卷，第 477 页。

2 《里耶秦简牍校释》第一卷，第 78 页。第 356 页，简 8-1551，见有“令史戎夫”，当与简 8-138 背 +8-174 背 +8-522 背 +8-523 背中所见的“史戎夫”是同一人。

3 《里耶秦简牍校释》第一卷，第 231 页，简 8-816，秦始皇三十一年三月；第 312 页，简 8-1335，秦始皇三十一年四月；第 358 页，简 8-1557，秦始皇三十一年四月；第 364 页，简 8-1576，秦始皇三十一年三月；第 366 页，简 8-1595；《里耶秦简牍校释》第二卷，第 201 页，简 9-761。

4 《里耶秦简牍校释》第一卷，第 94 页，简 8-157，秦始皇三十二年正月；第 327 页，简 8-1445，秦始皇三十二年。

为表示区别，而加上的。

里耶秦简中又见有三位“囚吾”：一是田佐，一是校长，一是发弩（秦始皇三十年九月在任）。[1] 简 8–136 背 +8–144 背则见有一位小史，名叫“夷吾”，负责传送文书。[2]“吾”也是常见人名。在里耶秦简中，至少见有三位“吾”（一位是贰春乡守，一位是贰春乡佐，一位是书手）。[3] 因此，“囚”与“夷”很可能是为了区分不同的“吾”而加上的，用以表示其身份。

“乾人”“它人”“越人”“程人”“滑人”作为人名，构词方式与“戎夫”“氐夫”“囚吾”“夷吾”的构词方式，应当是一致的，“乾”“它”“越”“程”“滑”都是用于说明“人”的来源或属性的，只是其使用语境有所不同。“乾人”在里耶简中两见，一次是官徒，被分配去“负土”；一次是小城旦，被分配到贰春乡捕鸟及羽。[4] 称为“它人”的，也有两位：一位是“隶徒”，被分配从事一种编织工作（“级”）；一位是“佐”，与三个隶徒一起运输粟。[5]“越人”虽两见，但大约为同一个人，是阳陵县逆都里的士伍，在洞庭郡戍守。[6]“程人”见于简 9–31 背，身份是士伍。[7]“滑人”

1 《里耶秦简牍校释》第一卷，第 368 页，简 8-1610；第 101 页，简 8-167+8-194+8-472+8-1011；第 390 页，简 8-1783+8-1852。

2 《里耶秦简牍校释》第一卷，第 76 页。

3 《里耶秦简牍校释》第一卷，第 291 页，简 8-1207+8-1255+8-1323；第 312 页，简 8-1335；《里耶秦简牍校释》第二卷，第 108 页，简 9-328。

4 《里耶秦简牍校释》第一卷，第 225 页，简 8-780；第 343 页，简 8-1515。

5 《里耶秦简牍校释》第一卷，第 351 页，简 8-1531；《里耶秦简牍校释》第二卷，第 56 页，简 9-53。两处所见的“它人”应当不是同一个人。

6 《里耶秦简牍校释》第二卷，第 16 页，简 9-8；第 246 页，简 9-1044。

7 《里耶秦简牍校释》第二卷，第 44 页。

见于简 8–48 与简 9–33，身份是隶臣。[1] 这几个以“人”为称的人，除“越人”外，身份都比较低，基本上是官徒，这些名字很可能并非其原名，只是在登记作徒簿时，根据其来源地，将其登记为“某人”——“乾”“它”“程”“滑”，应当都是地名。“越人”来自阳陵，盖在阳陵，来自越地的人甚少，故以“越人”称呼这位士伍，其意亦为“来自越地的人”。

（3）补充型，即由一个主词和一个补充性的词构成的人名，如“李季”“毛季”“兰叔”“孟妪”等，其中“季”“叔”“妪”乃是对“毛”“李”“兰”“孟”的补充。[2] 江陵凤凰山十号汉墓出土木牍“奠仪名单”所见的“载翁仲”“庄伯”“王翁季”“胡兄”“姚季”“张母”等人名（已见上文），其构词方式也均为补充说明型。里耶秦简 8–659+8–2088 是“赣”致“芒季”的信：

> 七月壬辰，赣敢大心再摔（拜）多问芒季：得毋为事▨/居者（诸）深山中，毋物可问，进书为敬。季丈人、柏及▨/毋恙殹。季幸少者，时赐▨/史来不来之故，敢谒□▨/▨官▨/[3]

简 8–1817 见有“私进令史芒季自发”，[4] 说明“芒季”当是正式人名。而简 8–477 见有“臞季”，简 8–1065 又见有“忘季”，[5] 以

---

1 《里耶秦简牍校释》第一卷，第 40 页；《里耶秦简牍校释》第二卷，第 46 页。

2 《里耶秦简牍校释》第一卷，第 113 页，简 8-206；第 126 页，简 8-272；《里耶秦简牍校释》第二卷，第 262-263 页，简 9-1117+9-1194；第 203 页，简 9-768。

3 《里耶秦简牍校释》第一卷，第 194 页。

4 《里耶秦简牍校释》第一卷，第 395 页。

5 陈伟主编：《里耶秦简牍校释》第一卷，第 162、272 页。

及上文已及之“毛季”“李季”等，说明“季”非特定人名。在“赣”的信中，“季”与“柏（伯）”并列，显系行第，当是以行第之称为名，则“季”是对“芒”的补充性说明（意为“芒”家之“季”）。

无论是偏正型、联合型，还是补充型，复合词构成的双字（或多字）人名一般由限定或说明性语素和主体语素构成，具有特定的内涵与意义。在偏正型复合词构成的人名中，限定或说明性语素多为形容词（如“敦”“小”“央”），用于描述、说明主体语素的特征；在补充型复合词构成的人名中，说明性语素多置于主体语素之后，用于说明主体语素的地位属性；而在联合型复合词构成的人名中，限定性或说明性语素多为名词，与主体语素之间是平等、并列的关系，用于说明主体语素的身份、居地、来源、族属等，当说明性语素固定下来，成为具有血缘或地缘关系的人群共同的说明性语素，实际上就成为“姓（氏）”。

三、庶人称氏及庶人“姓名”之成立

“氏（姓）+名”的称名方式，属于联合型复合词汇，前一个语素“氏（姓）”与后一个语素“名”在结构上是并列平等的关系，但又有某些限定或说明的作用。在这个意义上，使用“氏＋名”的称名方式，盖源于单称其名不足以确切指明特定的人，故以其所属之氏（族）或“姓”加以“名”之前，“氏（姓）”具有说明、限定“名”的作用。在上引里耶简 9-2344 中，因为田守与高里士伍均名为“武”，故田守“武”在其报告中特别将高里士伍“武”称为“吾武”，即是典型的例证。而上文所举的“戎夫”“氏夫”“囚吾”“夷吾”的称名，则并不局限于特定的语境，只是“戎”“氐”“囚”“夷”之称，尚未被“夫”“吾”的后人却继承。而在上引南阳里户籍简中，户人“蛮强”“蛮喜”的子女，均可得称为“蛮某”，故“蛮”实已成为氏（姓）称。需要指出的是，戎、氐、蛮、夷、囚，应当主要是“他者”（特别是官吏）从外部给予当事人的指称和身份界定，并非当事人的自称；其成为氏（姓）称，也是由外部给予的，所以，很可能因为得不到当事者后人的认可，而不能稳固地沿用。

以其职业、身份（包括族群身份）指称庶人，并将之作为庶人的氏（姓），在包山楚简中即颇有所见。上引包山简 46、52、55、64 所见的“越异之大币（师）”“倿”被称为“越倿”，其“越”字（当为其氏）当来自“越异”。越异之司败与大师并非庶人，然其氏称仍或是来自外部的他称。

包山简 80：

> 冬柰之月甲辰之日，少臧之州人冶士石佢讼其州人、冶士石腻，言谓伤其弟石耴鸠。既发筝，执勿遊（佚）。沢期戠之，秀履为李。[1]

“石佢”之弟称为“石耴鸠”，则“石”当为其氏称。石佢等是“少臧之州人”，被称为“冶士”，其氏称“石”，很可能源于其职业。

“乾人”“它人”“越人”“程人”“滑人”中的“乾”“它”“越”“程”“滑”大抵皆为地名，当是以当事人之来源地指称其人，尚难以视为当事

1 湖北省荆沙铁路考古队：《包山楚简》，第 22 页；陈伟等：《楚地出土战国简册［十四种］》，第 36 页。

人的“氏”。里耶简 8–2098 见有一位大女子，称为“巍（魏）婴㛹”，年可七十岁，“故居巍（魏）箕李”。简 8–2133 另有一人，“故居巍（魏）箕攻”。[1] 校释者将“婴㛹”之前的“巍（魏）”释为姓；将“巍（魏）箕”释为县名，认为就是汉代琅邪郡的魏其县；将“李”“攻”释为里名。可是，在岳麓书院藏秦简《狱状》“𥃇盗杀安、宜等”案中，“𥃇”自称本是魏国熊城人，降秦后被罚作隶臣。“𥃇”是他自称的名字，显然得自他是魏国人。[2] 据此，里耶简中所见的“巍（魏）婴㛹”之“巍（魏）”，也当是指魏国；“巍（魏）婴㛹”，意为“来自魏国的婴㛹”。“箕”与“熊城”一样，也应当是魏国的县邑名，而“李”与“攻”则很可能是里名。如果将“巍（魏）”视为婴㛹的氏（或姓），则当来自其原属的魏国。

里耶简 8–894 见有一位“吴骚”，简文说他是“故邯郸韩审里大男子”，年已六十三四岁。[3] 那么，他在赵国都城邯郸时，就已经被登记为“吴骚”。大概他本为吴人，故入赵后即在其单名“骚”之上加了其来源地“吴”，遂称为“吴骚”。

以来源地作为庶人的属性，并进而成为其氏称，在战国时或即颇为盛行。上引包山简 85 中所见诸人之氏称，有沈、黄、陈、登（邓）、番、郑、宋、周等，多为楚国境内或相邻区域的古国名。在“集箸言”中，五帀（师）宵倌之司败“若”报告视日说：邵行之大夫“盘𠊎”今无故而“执仆之倌登虩、登期、登仆、登臧”。在另一个案子里，“蔡遗受铸剑之官宋强，宋强法

1 《里耶秦简牍校释》第一卷，第 429、435 页。

2 朱汉民、陈松长主编：《岳麓书院藏秦简》（叁），第 47-49、185-195 页。

3 《里耶秦简牍校释》第一卷，第 244 页。

(废)其官事,命受正以出之。”[1]“五帀(师)宵倌”与“铸剑之官”皆当是官营的手工业作坊。五师宵倌的“倌人”均以“登(邓)”为氏,很可能本是邓人,或来自古邓国(在今襄阳北邓城遗址);而铸剑之官“宋强”则或出自宋国,“蔡遗”则可能出自蔡国。“案卷”简中有一个复杂的案子,诉讼的一方是秦竞夫人之人“舒”氏一家(“庆”,庆父“逘”,庆兄“眆”“綅”,以及“舒㫾”、“舒逿”),另一方是阴人“苛冒”“逗(桓)卯”“逗(桓)䊵”,相关的证人则有陈䐈、陈旦、陈越、陈鉩、陈宠(陈龙)、陈无正、陈猌、连利等,都是阴人。[2]此案显然发生在阴地。舒氏当是外来移民,简文特别指明其“坦尻阴侯之东窮之里”,很可能来自“群舒”(原居于淮水中游两岸,为楚所灭);逗(桓)氏则可能是阴地土著;诸陈被认为是阴人,当已久居阴地,也可能本来自陈国(原在淮水流域,为楚所灭)。在简82中,“舒快讼郘坚、郘鼈、郘怿、郘寿、郘卒、郘瞢,以其不分田之古(故)”。[3]诸郘(吕)可能是当地土著,而舒快或为后来之移民,故要求诸郘分田。“郘(吕)”氏或源自吕国(在南阳盆地,春秋时其故地入楚,东迁淮水流域,复入于楚)。包山楚简145载:

> 东周之客缃朝、鄢客登余善、秦客陈慎、郻(魏)客郻(魏)奋,郻(魏)客公孙哀、越客前穖、越客左尹餂、郻(魏)客蘽梟、郙客望困羕之宊宫叙雁,肉家旦法之,无以赐(归)之。

1 《包山楚简》,第17-18页,简14-18;《楚地出土战国简册[十四种]》,第11页。
2 《包山楚简》,第26-27页,简131-139;《楚地出土战国简册[十四种]》,第54-55页。
3 《包山楚简》,第22页;《楚地出土战国简册[十四种]》,第37页。

中舒戠婦（归）之客。[1]

“绅朝”等入楚为“客”，地位并不低，其中，登（邓）余善、陈慎在其居郾（燕）、秦时即各以“登（邓）”、“陈”为氏（“绅朝”之氏，或即“申”），而“魏奋”的氏“魏”，则很可能是在入楚之后方因身为魏客而以“魏”为氏。公孙哀、鼙臬虽同为魏客，各以其身份（“公孙”“鼙”）为氏；越客前穖、左尹锃也各以其身份冠于名前（“前”“左尹”皆当是官位身份），说明魏奋在魏国时或者并无特别身份，故入楚后不得不以“魏”为其氏称。据此推论，当楚国灭亡邓、吕、陈、蔡、黄、舒诸国之后，诸国之民（非诸国公族，庶人）渐散处于楚境各地，乃以其故国之名为氏，以与当地固有之楚人相区分。楚地庶人之称氏，或即源于此。

在包山楚简“受期”简中，见有“旦塙”，又作“郢塙”，其身份是“正”，当是书吏，“郢（旦）”当为其氏称。[2]简 56 见有“不将郇遢、郷（酱）庆以廷”，[3]其中的“郇”、“郷”亦当为氏称。简 72 见有“郘豫”，简 84 见有“圣夫人之人郘鬏、郘未”，“郘”当为氏称。[4]简 78 见有长沙正差（佐）“鄆思”[5]，简 83 见有罗之庑宽（国）之坠者邑人“郧女”，[6]简 88 见有壆路斨邑“郕军、

1 《包山楚简》，第 27 页；《楚地出土战国简册［十四种］》，第 56 页。

2 《包山楚简》，第 18-19、21 页，简 21、27、32、37、76；《楚地出土战国简册［十四种］》，第 15-16、19 页。

3 《包山楚简》，第 20 页；《楚地出土战国简册［十四种］》，第 17 页。

4 《包山楚简》，第 21、22 页；《楚地出土战国简册［十四种］》，第 18、37 页。

5 《包山楚简》，第 21 页；《楚地出土战国简册［十四种］》，第 19 页。

6 《包山楚简》，第 22 页；《楚地出土战国简册［十四种］》，第 37 页。

郷豩”，[1]其中的“鄴”“郚”“郷”也都是氏称。这些氏称，以及上引简 120–123 所见“傍”、“郑解”之“郑”，均从“邑”，本皆为城邑名，当是以邑为氏。上引简 126–128 中所见“墬铺”、“墬年”之“墬”氏，亦颇见于包山简中。“墬”从“土”，而上引简 88 中正见有“墬路”，说明“墬”当为地域名，“墬年”等是以地域名为氏称。“墬年”等为漾陵州里人，早已离开了“墬路”。同理，简 126–128 所见“场贾”之“场”氏，亦当源于地名。

郑樵论姓氏之起源，谓“有封土者，以封土命氏；无封土者，以地居命氏。盖不得受氏之人，或有善恶显著，族类繁盛，故因其所居之所而呼之，则为命氏焉。”实际上，其所举“以国为氏”“以邑为氏”“以乡为氏”“以亭为氏”，也都是“以地为氏”。而在“以族为氏”下则说：“姓之为氏，与地之为氏，其初一也，皆因所居而命，得赐者为姓，不得赐者为地。”因此，“以地为氏”，乃是最重要的姓氏来源，大部分姓氏均可能来源于居地或与居地有关。问题在于，何以要“以地为氏”？郑樵曾谈到：“居傅岩者为傅氏，徙嵇山者为嵇氏，主东蒙之祀则为蒙氏，守桥山之冢则为桥氏”；而“隐逸之人，高傲林薮，居于禄里者，呼之为禄里氏，居于绮里者，呼之为绮里氏，所以为美也。优倡之人，取媚酒食，居于社南者，呼之为社南氏，居于社北者，呼之为社北氏，所以为贱也。又如介之推、烛之武未必亡氏，由国人所取信也，故特标其地以异于众”。[2]则“以地为氏”，无论是自命，还是他称，都是为了“标其地以异于众”，即以其居地或来源地

1 《包山楚简》，第 22-23 页；《楚地出土战国简册［十四种］》，第 37 页。

2 郑樵：《通志二十略》卷一《氏族略》，“氏族序”，第 3-4 页。

作为自身人群的标识，以区别于周围的其他人群。战国时期楚国境内本属于其他古国古族、其故国为楚所灭、自身被强制迁移到新地的庶人，或者来源于楚国周边地区、因不同原因进入楚国的庶人，为表示其非楚国本地之人，乃以其故国或来源地为氏，以区别于新居地的其他人（特别是楚人）。

在上引里耶秦简中，"乾人""它人""越人""程人""滑人""巍（魏）婴始""吴骚"等，基本上均可判定其已离开其故土，故特别以其故土之地为称，以明其来源或地域属性。里耶户籍中所见的"蛮强""蛮喜"，受令简中所见的"蛮孔"，已入籍成为户人，显然早已脱离"蛮"区，盖离开蛮区之后，方被称为"蛮"，并以"蛮"命氏。同理，里耶户籍简中所见的"黄得""黄□""彭奄""宋午"，"受令简"中所见的"吕柏""唐颊""朱发""周柳""相赫""远禾"等（均已见前），也很可能是以其故属之国或故土之地作为其氏。

在里耶"受令简"中，大都使用"氏＋名"的方式指称受令之人，其所受之令，当是从事转输之类徭役。里耶秦简 9-1667：

> 不更舆里寍它☐
> 厚□夫☐
> 大女二人。
> 廿六年繇（徭）☐[1]

"寍"应是氏称，"它"为名。在这支简中，舆里不更"寍它"

1 《里耶秦简牍校释》第二卷，第 345 页。

的称名方式是“氏＋名”。简 9-1707：

不更舆里□豕。

□大女三人。

小女二人

……繇（徭）□七日……[1]

“豕”前所缺之字，也当是氏称。岳麓书院藏秦简《秦律令》（一）录“徭律”规定：“岁兴繇（徭）徒，人为三尺券一，书其厚焉。节（即）发繇（徭），乡啬夫必身与典以券行之。田时先行富有贤人，以闲时行贫者。皆月券书其行月及所为日数，而署其都发及县请。其当行而病及不存，署于券，后有繇（徭）而聂（蹑）行之。”[2] 上引里耶简 9-1667、9-1707 或者就是此类征发徭役的券。然则，征发徭役的券中，是要写明应征人的氏（姓）与名的。换言之，一个人如果离开家乡、外出从役，即需使用“氏＋名”的称名方式。在上引里耶简 8-1555 中，“援”受命带领县库的六名吏员，“为县买工用，端月行”，故简文特别写明其“族王氏”。上文所见更戍卒“贺”“产”，或者亦因为从城父县来到迁陵县更戍，才特别写明其族属（即氏称）。

1 《里耶秦简牍校释》第二卷，第 350 页。

2 陈松长主编：《岳麓书院藏秦简》（肆），上海：上海辞书出版社，2015 年，第 149-150 页，简 1241+1242+1363+1386。“书其厚焉”之“厚”，整理者引《韩非子 · 有度》“毁国之厚以利其家”，释为“财物”，似不妥恰。此处的“厚”当解作“重”，乃是指主要的事项。“署其都发及县请”，整理者将“都”释为“都官”，或可从；“县请”之“请”，认为是通“情”，则难以信从。盖“县请”相当于睡虎地秦简所见的“邑中之功”，就是县中征发的徭役；而“都发”就相当于“御中之征”，也就是朝廷征发的徭役。

可是，里耶秦简所见的大部分更戍卒，虽然来自外地，却并未写明其氏（姓）称，即使在正式的官方文书中，也仍然使用单名。盖更戍、转输仍多以所在县为单位，[1]故士卒、役徒仍大都在“熟人社会”里活动并得到界定，无须特别指明其来源地。江陵凤凰山十号汉墓所出C类竹简所记，应当是市阳里受征前往“仓”从役的记录：

> 市阳，两户遣一人繇仓，书。/ 郭、乙二户，儋行，少一日。/ 寇、都二户，兼行，少一日。/ 好、昆论二户，善行，少一日。/ 越人、□二户，唐行，少一日。/ 上官巴人、圣二户，□，养餑，少一日。/ □、贞二户…… / 安国、晨二户，赤行。/ 终（？）古、斯二户，□己行。/ 臣、□二户，□行。/ 首（？）、右车二户，士子行。/ □徒、宫二户，如行。/ 任、但二户，造行。/ 莫、□□二户，泽。/ 儋、宇（？）二户，庳。/ 状（？）、小奴，□树行。成。/ 平，中章。见。/ [2]

1　秦军的编制，按照《商君书 · 境内》的说法，是以五人为一伍（或“屯”），百人置一将。百人之将（百人队）乃是秦军最基本的编制单位。一个百人队的士卒，基本上来自同一个地方。里耶秦简 9-1114 所记是秦始皇二十六年十一月鄢将奔命尉“沮”与迁陵县贰春乡乡守“后”交涉的文书。沮是鄢县的尉，他率领一支由本县壮丁组成的快速反应部队（“将奔命”）经过迁陵县，有部分士兵因伤病，不得不留在迁陵县治疗，“沮”将他们的情况登记在“牒”上，移交给迁陵县贰春乡，请给予口粮，病愈后即让他们归队（陈伟主编：《里耶秦简牍校释》第二卷，第 261 页）。简 9-452 所记应当与此相同时。另一支快速反应部队，“丹阳将奔命”，在丹阳县尉“虞”的率领下，经过迁陵县，要求迁陵县供应“丹阳将奔命吏卒”的稟食。这份文书由丹阳县□里的士伍“向”送达迁陵县（陈伟主编：《里耶秦简牍校释》第二卷，第 127 页）。显然，这一支部队是由丹阳县的子弟兵编成的。

2　湖北省文物考古研究所编：《江陵凤凰山西汉简牍》，第 116-120 页。

据简文首行，市阳里每两户要遣一人到“仓”中服徭（繇）役，则第二至第十五行“二户”之前所记，即分别为户名，“郭”“乙”“寇”“都”等，大抵皆为姓氏之称（有的也可能是名）；而“儋”“兼”“善”“唐”等人，则当是受遣前往“仓”服役之人。在这份文书中，虽然“儋”“兼”等人是到“仓”中服役，然仍以“市阳里”为其服役单位，故简文但书其名，而不著其姓氏（“儋”“兼”等人当有其姓氏）。同样，在B类简中，计“算”的户人多以姓名相称，如邓得、任甲、宋则，而受遣的男女则仅称其名，如“男野人、女惠”（简35，已见上文）。同墓所出A类竹简（郑里廪籍）虽然是发放廪、种的官方文书（C类竹简也是官方文书），但所记限于同里（郑里）户人，故也无须指明各户人的姓氏。而同墓所出的“中服共侍约”，则写明“中服”（参加“服”）诸人的姓氏，却未著其名，但以“张伯”“□兄”“□仲”“陈伯”为称。[1] 服长张伯，即十号墓的墓主张偃。张偃等人所“中”之“服”，无论其功能若何，都是一种民间共同体性质的组织，“中服”者相互熟悉，彼此尊重，故“服约”但以其“姓氏＋行辈”为称，而不称其名，以示尊敬。显然，采用怎样的称名方式，与不同的语境有着密切关联。

四、庶人“名”与“姓名”的文字化及其意义

“人之有名，以相纪别。”[2] 在较小的家庭范围内，人们用亲

---

1 湖北省文物考古研究所编：《江陵凤凰山西汉简牍》，第94-96页。

2 《三国志》卷四八《吴书·孙休传》裴注引《吴略》录孙休诏，北京：中华书局，1959年，第1160页。

属关系区分不同的个体，所以，亲属称谓可能是最基本的人名来源；当家庭规模扩大、家族亲属关系较为复杂，特别是同辈同性别人数较多时，人们就需要使用特定的称谓，以指称个体的人，这就是“名”；当人们走出家庭或家族、在家庭或家族之间交往时，就可能需要分别同一“名”的个体所来自的不同家庭或家族，会在其“名”上冠以其母亲或父亲的“名”，或者其家庭、家族所在的地点或标志。人们逐步确立了某些规则，用同一原则指称来自不同家庭或家族的同名和相同行第的个体，并将之固定下来，这就是口头传统中的“姓”，亦即“姓（氏）”的本源。简言之，在口语系统中，是先有“名”，后有“姓（氏）”。

可是，在文字表述系统中，“姓（氏）”与“名”的使用先后，可能正与此相反。文字表述系统乃是一个自上而下的标识系统，其标识规则在于首先区分人群，然后再区分个体的人。一个血缘或地缘性的人群是“族”，用于标识“族”的文字符号便是“姓”或“氏”。郑玄谓：“天子赐姓命氏，诸侯命族。族者，氏之别名也。姓者，所以统系百代，使不别也。氏者，所以别子孙之所出。故《世本》之篇，言姓则在上，言氏则在下也。”[1]所谓“赐姓命氏”，本质上就是以包括文字形式在内的符号标识不同的人群及其组织。在姓、氏相同的情况下，则需要标识其首领（酋长、祭司）的“名”（也可能发展为“氏”）。因此，在文字表述系统中，是先著明“姓”（或“氏”），然后才会标明其首领之名。在古代社会中，无论是血缘人群、组织，还是地缘人群、

1 《史记》卷一《五帝本纪》，“帝禹为夏后而别氏姓，姒氏。契为商，姓子氏。弃为周，姓姬氏”句下“索隐”引郑玄《驳许慎五经异义》，北京：中华书局，1959 年，第 46 页。

组织，其普通成员，在文字表述系统里并不需要“名”，也不会书写其名。在这种以血缘、地缘人群组织为基本单位的古代社会解体之后，原来属于血缘、地缘人群组织的个体（个人与家庭）才成为新型“国家”的“庶民”和“编户”，由于需要“直接”面对“国家”，而不能再通过血缘、地缘人群组织人群作为中介，他才需要一个用文字表达的自己的“名”。用文字书写的人名是用于标识、分别不同个体的人的符号，庶人平民拥有这样的文字符号，必须具备一个前提，即是可以直接面对“国家”的、相对自主的个体。在中国历史上，只有到春秋战国时期，才具备这样的条件。因此，只有在春秋战国以后，庶人在文字表述系统中，才逐步拥有书写成文的“名”，而且在“名”不足以标识具体之人的情形下，复在“名”之前冠以姓、氏，使用“姓名”的方式指称个体及其家户。

普通民众如何得到用文字书写的自己的名字、其名字用怎样的文字表示以及表现为怎样的结构（在由两个或以上的汉字组成的情况下），不仅关涉到以汉字书写为中心的华夏文化传统如何进入广大乡村地区的问题（即所谓“文字下乡”问题），还关涉到“华夏文化”如何向新拓展区域扩散、渗透并扎根的问题（即所谓“华夏化”问题）。杜正胜率先将庶人姓氏之使用及其普遍化与战国至秦汉时期的编户化进程联系起来，认为姓本是统治阶级的专利品，是统治者特殊身份的表征，平民本无姓氏可言，姓“是随着编户齐民的出现才逐渐普遍化的。”[1]魏斌曾主要利用长沙走马楼所出三国吴简材料，讨论其所见吏

1　杜正胜：《编户齐民：传统政治社会结构之形成》，第188-196页，引文见第188页。

民姓氏的构成、汉姓与蛮姓的辨别、编户化进程与汉式姓名的推广，关注点在于姓氏所反映的族群类别、蛮民所用汉名姓氏的来源、编户蛮民与汉人移民的关系以及地方豪族的成长等问题。[1] 在《单名与双名：汉晋南方人名的变迁及其意义》一文中，魏先生进一步讨论走马楼吴简所见吏民的名字均为整齐的单名（指"姓"以外的"名"）这一引人注目的现象，认为这一现象应是东汉时期长沙等郡大规模编户化过程中新附人口户籍登录整齐化的结果，而其背后则是华夏文化对南方社会的持续影响。[2] 魏先生的研究抓住"编户化"与"华夏化"两条主线索，认为南方地区土著人群使用汉字姓名乃是秦、汉、吴等政权推行编户制度的结果，而其使用怎样的汉字姓名，则主要反映了其"华夏化"的进程。

在上述研究的基础上，本文试图进一步讨论庶人之名文字化、庶人使用姓氏的历史过程及其原因和意义。首先，本文的研究更有力地表明，著籍（编户化）乃是庶人（平民）称名文字化最重要的途径。上引包山楚简所见的"玉府之典"、"溺典"、"陈豫之典"皆为特殊功用的户口籍帐，居于鄞路区溙邑、属于"鹽族"的"歖""痽"，居于郢里的"喜"之子"庚"，凥（处）于鄟寏（国）之少桃邑的瘳（廖）族"衍"，分别被登记在斘人的"玉府之典"、鄟敔的"陈豫之典"与"臧王之墨"的"溺典"上，歖、痽、衍、庚等人之名是在著籍时被写成特定的文字、成为文字名的。同样，上引里耶秦简 8–550 所见的"浮"与"嬗"，9–2295

1　魏斌：《吴简释姓——早期长沙编户与族群问题》，武汉大学三至九世纪研究所编《魏晋南北朝隋唐史资料》第 24 辑，武汉：武汉大学文科学报编辑部，2008 年，第 23-45 页。

2　魏斌：《单名与双名：汉晋南方人名的变迁及其意义》，《历史研究》2012 年第 1 期。

所见的贰春乡东成里户人、士伍“夫”一家（妻“沙”，下妻“泥”，子“泽若”、“伤”、“嘉”）、简6-10所见的“黄亥”等，都是在著籍时拥有其文字书写之名的。江陵凤凰山十号汉墓所出D类竹简则可能就是造籍时用于登记个人的名籍简（已见上文），其上登录的人名，很可能就是其当事人名原初的书写方式。

在上引里耶秦简8-217与8-984中，婴儿“槐庳”、“女巳”的名字，是在向县仓领取稟食时被记录下来的。江陵凤凰山十号汉墓所出A类竹简（“郑里廪籍”）登记了郑里领取贷种的户人，B类竹简记录了计“算”的户人以及当“遣”的男、女之名，C类竹简记载了市阳里应徭县仓的户名及当“行”者的人名。稟（廪）籍、算簿、徭籍，都是户口赋役籍帐的组成部分，庶人名被登录在这些籍帐之上，其文字形式得到不断强化，逐步确定下来。

徒簿、作徒簿（或徒作簿）是记录刑徒、隶臣妾劳作的文书，也可以看作为一种籍帐。上引简9-2289背称：“[卅]二年十月己酉朔乙亥，司空守圂敢言之：写上，敢言之。痤手。”[1]里耶秦简所见的大部分类似的徒簿、作徒簿，均注明为“写上”（誊录如上），说明其籍簿是抄录而来。盖县司空在接收隶臣妾时，即有一种徒簿，司空守“圂”所上的徒作簿即是“痤”据已有的徒簿抄录、整理而成。简8-533可能就是一份移交到迁陵县来的刑徒名单。简牍分上下两栏，上栏五行，下栏两行：

戌，有罪，为鬼薪。/ 齰，城旦。/ 赢，城旦。/ 欬，城旦。

1 陈伟主编：《里耶秦简牍校释》第二卷，第458页。

/瘳，城旦。/滕，司寇。/憎，司寇。/[1]

如上所述，“齰”“欬”“瘳”三人之名皆暗示其身体特征，很可能是在三人被罚为刑徒之后，才被书写为“齰”“欬”“瘳”三字的。换言之，徒、隶之名，可能在编制徒簿时写定或改写的。而徒、隶本身自亦有其籍。里耶简8-18是一支断简，仅写有“隶臣赤”三字；8-119仅见有“城旦脩”。[2]这两支简，很可能就是隶臣“赤”、城旦“脩”的名籍简。简8-48右上方写有“隶臣滑人”四字，左下方署“感手”；简8-261右上方写有“妾宛”，左下方署“感手”。[3]这两支简，则应当是隶臣“滑人”、隶妾“宛”被送到迁陵县后，由迁陵司空官的史“感”另外签发的。在这一过程中，徒隶人名的具体用字也可能发生改变。

显然，在编户著籍之外，庶人还有诸多方式获得其文字化的人名。徒隶之名在被“写”入徒簿（作徒簿、徒作簿）之前，很可能出现在不同类型的司法文书中。包山楚简的“集箸”“集箸言”“受期”“疋狱”“案卷”等，都是司法文书，其中所见的诸多庶人名，很可能是首次被写成文字出现在官方文书中。在上引包山简80中，少臧之州人冶士“石佢”控告其同州、同为冶士的“石腻”杀伤了其弟“石耴䳄”，三人之姓名因此而被写成文字，记录在文书中。在包山简83中，罗之壦里人“湘痐”讼罗之庑寏（国）之圣者、邑人“郧女”，谓“郧女”

1 《里耶秦简牍校释》第一卷，第175页。

2 《里耶秦简牍校释》第一卷，第32、66页；湖南省文物考古研究所编著：《里耶秦简》（壹），北京：文物出版社，2012年，第16、28页。

3 《里耶秦简牍校释》第一卷，第40、124页；湖南省文物考古研究所编著：《里耶秦简》（壹），第19、53页。

杀嗌昜（阳）公“会”之妾“㕣与”。[1]“湘痼”是墉里人，“郰女”夗寏（国）之坌者、邑人，在此前当已著籍，或列名于某“典”中，然“会”妾“㕣与”似并不在典中。上引包山简 7–9 说“喜”之子“庚”已由司马“徒”登记在籍（“箸之”），而“庚”之子“昭”与“昭”之子“疕”本不在“典”上，因为此次“集箸”方被检查出来；然后，当廷记录下来，列入“典”中（“廷等［志］，所以内［纳］”）。那么，“昭”“疕”是先在司法文书中得到书写，然后才被登录到户口籍帐中的。

上引“九年卫鼎”铭文与“散氏盘”铭文以及“秦封宗邑瓦书”也都是具有法律意义的文书。在“九年卫鼎”铭文中，“逩”“家”“虩”“盠”“业”（或“业舄”）“朏”“吴”“东臣”等“小子”或“臣”，因为参与裘卫与矩伯间的土地交换事宜而被记录在铭文中。在“散氏盘”铭文中，“鲜”“且”“微”“武”等聚落中的头人或长老也因为参与眉、井二邑的疆界划分与标识，而被记录在铭文里。同样，“秦封宗邑瓦书”中也记录了参与划分封地界线的大田佐“未”、史“初”与“羁”、卜“蛰”、司御“心”等基层小吏的名字。这三宗涉及土地交换与疆界划分的文书，均在大规模登记、编制户籍之前，然地位较为低下的“小子”、“臣”及基层小吏，若参与贵族间或国家的重要事务，亦可能被记录下来，并因此而拥有文字化的人名。

齐国的陶工将名字印、刻在自己制作的区、豆等标准量器上，以示负责，也具有法律意义。《礼记 · 月令》说孟冬之月，“命工师效功，陈祭器，案度程，毋或作为淫巧，以荡上心，必功

---

1 《包山楚简》，第 22 页；《楚地出土战国简册［十四种］》，第 37 页。

致为上。物勒工名，以考其诚。功有不当，必行其罪，以穷其情”。孙希旦解释说：“勒，刻也。器之功致与否，一时未能遽辨，必用之而后见，故刻工名于物，于其既用而考之，则其诚伪莫能逃矣。”[1] 是在器物上铭刻工匠之名，意在表明其对于器物之质量、标准负有责任。侯旭东说：“人‘名’出现在器物上主要意味着‘责任’，而不是‘拥有’。”[2] 所论颇为中的。据此反推，“九年卫鼎”、“散氏盘”铭文与“秦封宗邑瓦书”中特别写明相关众“小子”“臣”及“众人”之名，也是为了表明其对于土地疆界之划分与标识负有责任。

因此，庶人（“贱者”）人名之被书写为文字，较早应当是由于其参与“贵者”或“国家”的有关事务并被要求负有责任，故一般在具有法律意义的文书中被记录下来。法律文书对于庶人名的记载虽然并不普遍，却早于编户化进程中户口赋役籍帐文书对于庶人名的记载。更为重要的是，由于法律文书的适用与有效范围一般均超越当事人所生活、活动的人群或地缘单位，故而需要标识其所属的人群或地缘单位，亦即其氏（族，或姓）。换言之，庶人文字化的人名使用“氏（姓）＋名”的方式，盖源于在诉讼事务与法律文书中需要指明当事人之所属、居地与来源。

在上引里耶户籍简以及凤凰山所出“郑里廪籍”等户口赋役文书中，很多户人并未使用“姓氏＋名”的称名方式，而是直称其名，并不标明其姓氏。在凤凰山十号汉墓所出 C 类竹简所记市阳里行徭册中，行徭户名或用姓氏称，而受遣前往“仓”

1　孙希旦:《礼记集解》卷十七《月令》第六之三，北京:中华书局，1989 年，第 489-490 页。

2　侯旭东 :《中国古代人“名”的使用及其意义——尊卑、统属与责任》,《历史研究》2005 年 5 期。

中行徭的人则只称其名（已见上文）。显然，参与行徭的家户及记录者皆明知受遣行徭人的姓氏，故简文略而不书。“郑里廪籍”所记三十四位户人，多无姓氏。杜正胜说：“有姓无姓并存，应当是姓氏普及化前期的自然现象”；而“因为户籍系于县里行政系统，汉代的籍贯绝不能省略里，里贯既明，政府对于有名无姓的庶民仍能有效地控制”。[1]所以，著籍并不必然要写明其姓氏，编户化也并不必然带来姓氏的普遍化。

然则，姓氏的使用或者另有源头。据上引包山简 32，知楚国法律规定，凡司法诉讼，必须说明当事人之“居处名族”。在上引包山楚简所见司法文书中，述及诉讼双方，大抵均说明其“居处名族”。因此，在楚国，庶人称氏（族）乃是法律要求的。很可能正是由于法律要求明确当事人的“居处名族”，才使得许多本无姓氏的庶人以其居地或来源地作为其“族”（氏）称。而睡虎地秦简《封诊式》“有鞫”谓男子某有鞫，辞曰：“士五（伍），居某里。”“可定名事里，所坐论去可（何）。”“覆”及“告臣”、“黥妾”爰书亦皆作“定名事里”。[2]里耶秦简 8-136+8-144 所记，当是迁陵县仓守“敬”回复狱史的文书，谓接到命令，要求配合重新审理（“覆狱”）迁陵隶臣“邓”之案，询问其“名吏（事）、它坐、遣言”。“敬”询问的结果，知其“有名吏（事），定，故旬阳隶臣”，“有遝耐辠以上，毄（系）迁陵未夬（决）”。[3]在岳麓书院藏秦简《为狱等状》所录“猩、敞知盗分赃案”中，秦王政二十一年五月，江陵县狱史“窣”派遣士五（伍）“去疾”、

1　杜正胜：《编户齐民：传统政治社会结构之形成》，第 194 页。

2　睡虎地秦墓竹简整理小组编：《睡虎地秦墓竹简》，“释文注释”部分第 148、150、154、155 页。

3　《里耶秦简牍校释》第一卷，第 76 页。

“号”前往醴阳,抓到了一名男子,“士五(伍),定名猩”。[1] 在“魏盗杀安、宜等案”中,“魏”被抓捕后,先是自称“同,大宫隶臣”;后来方供称:“定名魏。故熊城人,降为隶臣。”[2] 在“学为伪书案”中,“癸”供称:“君子子,定名学,居新壄(野)。”[3] 则知秦律但规定“定名”,即只确定其“名”即可,并不要求明确当事人之“族”。

然则,盖楚法要求明确当事人之“居处名族”,故楚人多言其名与族(姓、氏);而秦律要求“定名事里”,故秦人多只称名。秦并楚地,以秦律为主,然仍得杂用楚人惯习,称楚地之人,或仍用楚法,兼称其名族(姓+名),抑或以秦律,单称其名。入汉以后,则渐用楚俗,姓名之称乃渐次普遍。故从本源而论,庶人使用姓名当来自楚国、楚地与楚人。

可是,如前所述,楚法之所以要求载明涉事人之“居处名族”,正是因为其境内人民来源多样,“族”属复杂,且迁民既已离其故乡,与楚地土著及来自他处之人共居,故以其来源地冠于“名”之前,亦易于标识。上引里耶简 9–1667、9–1707 及“受令简”等材料也表明,人们在离开其原居地,前往外地“更戍”、“转输”时,更需要标明其居地名族。因此,离开故乡,脱离其固有的血缘或地缘人群组织,很可能才是庶人称名普遍使用姓氏的主要原因。居延汉简所见的士卒名籍,皆普遍记录士卒的姓名,盖正是因为他们均离乡远戍之故。

1 朱汉民、陈松长主编:《岳麓书院藏秦简》(叁),第 19、119 页。
2 朱汉民、陈松长主编:《岳麓书院藏秦简》(叁),第 48、187 页。
3 朱汉民、陈松长主编:《岳麓书院藏秦简》(叁),第 67、227 页。

秦统治下人民的身份与社会结构

岳麓书院藏秦简“治从人令”末尾说：“谨布令。令黔首、吏、官徒隶、奴婢明智（知）之，毋巨（歫）罪。”[1] 是以黔首、吏、官徒隶以及奴婢作为“布令”的对象。里耶秦简 8–769 是秦始皇三十五年（前 212）八月三日启陵乡守“狐”回复县廷要求取鲛鱼与山今鲈鱼的报告，其中说：“问之启陵乡吏、黔首、官徒，莫智（知）。”乡吏、黔首、官徒是启陵乡所属的三种人。简 8–389+8–404 是一支断简，只见有“主贰春、都乡”及“吏卒、黔首及奴婢”等字样，推测涉及贰春、都乡（以及启陵乡）所管领的吏卒、黔首与奴婢。[2] 简 9–557 也是一支断简，盖谓当地有“蛮夷”，“时来盗黔首、徒隶田蓾者，毋吏卒☐”。[3] 大概

---

1 陈松长主编：《岳麓书院藏秦简》(伍)，上海：上海辞书出版社，2017 年，第 48 页。

2 陈伟主编，何有祖、鲁家亮、凡国栋撰：《里耶秦简牍校释》第一卷，武汉：武汉大学出版社，2012 年，第 222、142 页。

3 陈伟主编，鲁家亮、何有祖、凡国栋撰：《里耶秦简牍校释》第二卷，武汉：武汉大学出版社，2018 年，第 155 页。以下凡引用里耶秦简，只在文中注出简号。

是说耕田采集的黔首、徒隶经常受到蛮夷的侵扰，而并无吏卒给予保护。

“吏卒”“黔首”“徒隶”以及“奴婢”，是秦对其所统治对象的身份界定与划分。这些用于界定身份的用语，分别指称怎样的人？具有怎样的内涵与意义？在秦统一前后，上述身份界定与划分又有哪些变化，其原因与意义又若何？已有的研究分别从不同侧面或出发点探究了上述问题的不同层面。本文即试图在已有研究的基础上，进一步辨析上述身份用语的内涵、意义及其变化，以期勾勒出秦时身份体系的基本构架，并进而从总体上把握秦代立足于身份界定的社会结构。

一、吏卒

《史记 · 项羽本纪》记巨鹿之战后，项羽军进至新安，“诸侯吏卒异时故繇使屯戍过秦中，秦中吏卒遇之多无状，及秦军降诸侯，诸侯吏卒乘胜多奴虏使之，轻折辱秦吏卒”。秦吏卒或有异动，项羽乃与黥布、蒲将军计谋，以“秦吏卒尚众，其心不服，至关中不听”，遂“夜击坑秦卒二十余万人”，“而独与章邯、长史欣、都尉翳入秦”。[1] 则“吏卒”所指，大抵是军吏与兵卒，并不包括将官。《史记 · 傅靳蒯成列传》说汉王二年（前205）靳歙在楚汉战争中，击邢说军，“身得说都尉二人，司马、候十二人，降吏卒四千一百八十人”；又攻破赵军，“得其将司

1 《史记》卷七《项羽本纪》，北京：中华书局，1959年，第310页。

马二人，候四人，降吏卒二千四百人”。[1] 据此，则知都尉、司马、候等军中将官，并不在“吏卒”之列。

睡虎地秦墓竹简《秦律十八种》“置吏律”共有三条。其第一条规定“县、都官、十二郡免、除吏及佐、群官属，以十二月朔日免、除，尽三月而止之。其有死亡及故有夬（缺）者，为补之，毋须时”。其所说之“吏”由县、都官和郡自除、补、免，与佐、群官（当指县、都官与郡直属的诸官）的“属”并列，显然是指县、都官、郡所属吏员。其第二条说“除吏、尉，已除之，乃令视事，及遣之”；“啬夫”若调任“它官”（其他机构），“不得除其故官佐、吏，以之新官”（不得在新任官署任用其原任职机构的佐、吏）。此条中，前一个“吏”与“尉”并列，任命后须立即上任视事，应是负责任的长吏；后一个“吏”则与“佐”并列，是啬夫（责任长官）的属吏。其第三条规定：若官啬夫（诸种机构的责任长官）不在，应让令史之类“君子毋（无）害者”负责官署的运作（“守官”），“毋令官佐、史守”。[2] 显然，诸官署中的令史、佐、史都是“置吏”的对象，属于“吏”。

岳麓书院藏秦简《秦律令》（一）录有“置吏律”五条。其第一条说“县除有秩吏，各除其县中”；若“欲除它县人及有谒置人为县令、都官长、丞、尉、有秩吏，能任者，许之”；若“县及都官啬夫”被免职或改徙他任，可解除其原“所任者”的职务；新任长官（“新啬夫”）若认为其不能胜任，亦得免除其职务。此条所涉及的“吏”，既包括县令、都官长、丞、尉、有秩吏，

1 《史记》卷九八《傅靳蒯成列传》，第 2709-2710 页。

2 睡虎地秦墓竹简整理小组编：《睡虎地秦墓竹简》，北京：文物出版社，1990 年，“释文注释”部分第 56 页。句读、解释有所不同。

也包括县、都官长官（啬夫）“所任者”（属吏）。其第二条说“县除小佐毋（无）秩者，各除其县中，皆择除不更以下到士五（伍）史者为佐，不足，益除君子子、大夫子、小爵及公卒、士五（伍）子年十八岁以上备员。”所涉及的，乃是无秩的小佐。其第三条说“有辠以䙴（迁）者及赎耐以上居官有辠以废者，虜、收人，人奴、群耐子免者，赎子”，要检查相关的考核记录与籍簿（“傅其计、籍”），若发现其中有被任为“冗佐、佐吏、县匠、牢监、牡马、簪褭者”，“毋许”。则冗佐、佐吏、县匠、牢监、牡马、簪褭等，也属于“吏”的范畴。其第五条规定，“补军吏、令、佐、史，必取壹从军以上者”。这里的“军吏”当指校长、发弩守等军中武职，而令、佐、史则当指军中的文职吏员。[1]

因此，秦时所称的“吏”，当包括县、都官之令、丞、长、尉，有秩吏，佐、史、属（包括冗佐、佐吏等），以及军中的基层武职和文职人员，不包括县、都官啬夫以上的高级官员和军中的将官。

里耶秦简 9–633“迁陵吏志”谓迁陵县有“长吏三人，其二人缺，今见一人”。其所说之长吏三人当即令、丞、尉，“今见一人”当即守或丞、尉。其余吏员（编制一百一人，实任五十一人），包括令史（编制二十八人，实任十八人，十人徭使）、官啬夫（编制十人，实任五人，三人徭使，缺二人）、校长（编制六人，实任二人，四人缺）、官佐（编制五十三人，实任二十四人，二十二人徭使，缺七人）、牢监（一人），皆为普通吏员。[2]《汉书·百

1 陈松长主编：《岳麓书院藏秦简》（肆），上海：上海辞书出版社，2015 年，第 136-138、141 页。

2 参阅孙闻博：《里耶秦简〈迁陵吏志〉考释——以“吏志”、“吏员”与“员”外群体为中心》，《国学学刊》2017 年第 3 期。

官公卿表》叙云：

> 县令、长，皆秦官，掌治其县。万户以上为令，秩千石至六百石。减万户为长，秩五百石至三百石。皆有丞、尉，秩四百石至二百石，是为长吏。百石，以下有斗食，佐、史之秩，是为少吏。[1]

此言汉代县廷以令、长、丞、尉为长吏，“掌治其县”，“主理其县内”，是责任官员；百石以下至于斗食，乃佐、史之秩，则为少吏。则知汉时与“长吏”相对应者，即为“少吏”。张家山汉简《二年律令》“贼律”有一条规定，说“长吏以县官事詈少吏者”，得毋用“以县官事殴若詈吏，耐”之律。[2]则知汉初“少吏”确与“长吏”相对应。里耶简 8-1721 是一支残简，其大意是要求相关部门、人员妥善保管“畜及钱财、财物”，“毋令少吏、吏徒”有机会挪用、占据。简文中的“吏徒”当指军吏士卒，“少吏”应即各部门、机构的普通吏员。岳麓书院藏秦简《秦律令》（一）引秦王政二十年（前 227）二月辛酉内史之言，谓若“里人及少吏有治里中，数昼闭门不出入”，请县廷以律论之。又说：“乡啬、吏智（知）而弗言，县廷亦论”；要求“乡啬夫、吏令典、老告里长，皆勿敢为”。[3]这里的“少吏”与里长、里人共治于

1 《汉书》卷十九上《百官公卿表》上，北京：中华书局，1962 年，第 742 页。句读、理解有所不同。

2 张家山二四七号汉墓竹简整理小组编著：《张家山汉墓竹简（二四七号墓）：释文修订本》，北京：文物出版社，2006 年，第 15 页。

3 陈松长主编：《岳麓书院藏秦简》（肆），第 193-194 页。

里中，其上有乡“吏”、乡啬夫，则其地位尚低于乡吏、乡啬夫。

长吏，是掌治之吏，又是众吏之长。睡虎地秦简《秦律十八种》“仓律”规定纳禾谷入仓时，“县啬夫若丞及仓、乡相杂以印之”；其下文又说：“长吏相杂以入禾仓及发”。后句中的“长吏”，当即上句中的“县啬夫若丞及仓、乡”。[1] 换言之，“长吏”除指县令、丞、尉等县廷长官外，还包括了仓、乡的长官（啬夫、守）。另一条律令规定：县仓在出禾谷、刍稾时，要上报县廷，“廷令长吏杂封其廥，与出之”。[2] 其所说之“长吏”，当是指仓啬夫（守）。《金布律》述及吏置仆养、车牛，规定“都官有秩吏及离官啬夫”（同条下文又称为“官长”）各有仆养一人，“其佐、史”则共同使用仆养（“共养”）与牛、车，[3] 是将吏分为有秩吏（官长，含离官啬夫）与佐、史两类。有秩吏当即相当于长吏，而佐、史当即属于少吏。所以，秦制的“长吏”即“官长”之谓，指称责任长官；“少吏”即属吏，是官长下属的吏员。

长吏皆为“有秩吏”“有秩之吏”，即享有秩禄的吏。少吏则当属于“月食者”，即按月领取稟食。睡虎地秦简《秦律十八种》“仓律”规定，“月食者”因“公使”或“告归”而月底不在，则停发其下月稟食，“有秩吏不止”。[4] 显然，“月食者”与“有秩吏”是两种吏。“有秩吏”的收入，包括秩禄与月食两部分。睡虎地秦简《秦律十八种》“金布律”说：如果官啬夫负债欠赀而贫无

1 睡虎地秦墓竹简整理小组编：《睡虎地秦墓竹简》，“释文注释”部分第 25 页。
2 睡虎地秦墓竹简整理小组编：《睡虎地秦墓竹简》，“释文注释”部分第 27 页。
3 睡虎地秦墓竹简整理小组编：《睡虎地秦墓竹简》，“释文注释”部分第 37-38 页。
4 睡虎地秦墓竹简整理小组编：《睡虎地秦墓竹简》，“释文注释”部分第 31 页。

以偿，可“稍减其秩、月食以赏（偿）之，弗得居。”[1]里耶简8-1345+8-2245记秦始皇三十一年五月乙卯，时任迁陵县丞“昌”从县仓领取了四、五两个月的稟食，共计稻一石一斗八升，仓守“是”、史“感”、稟人“援”具体经手此事。而少吏（属吏）则只有月食，并无秩禄。某年八月丙戌，令史“旌”从仓“是”、史“感”、稟人“堂”处领取了稟食（里耶简8-1031）；秦始皇三十一年七月二十九日，佐“蒲”“就”从启陵乡守“带”、佐“冣”、稟人“小”领取了七月各二十三日的稟食，共计三石泰半斗。

上引《史记》之《项羽本纪》与《傅靳蒯成列传》所称“吏卒”之吏，则是军吏。睡虎地秦简《秦律杂抄》有一条规定：“徒卒不上宿，署君子、敦（屯）长、仆射不告，赀各一盾。”[2]“徒卒”乃是指普通士兵，署君子、屯长、仆射皆当是基层军士，亦即军吏。《秦律杂抄》另有一条规定，说“不当稟军中而稟者，皆赀二甲，法（废）；非吏殹（也），戍二岁”。在军中领取稟食却并非“吏”，自当是“卒”。“徒食、敦（屯）长、仆射弗告，赀戍一岁；令、尉、士吏弗得，赀一甲。”同一条下文又说：“军人买（卖）稟稟所及过县，赀戍二岁；同车食、敦（屯）长、仆射弗告，戍一岁；县司空、司空佐史、士吏将者弗得，赀一甲；邦司空一盾。”[3]此处的“士吏”将兵，当是一种军吏，身份要高于屯长、仆射，而与县司空的佐、史相近。岳麓书院藏秦简《秦律令》（一）“尉卒律”规定：“县尉治事，毋敢令史独治，必尉及士吏与，身临之，

1 睡虎地秦墓竹简整理小组编：《睡虎地秦墓竹简》，“释文注释”部分第39-40页。

2 睡虎地秦墓竹简整理小组编：《睡虎地秦墓竹简》，“释文注释”部分第88页。

3 睡虎地秦墓竹简整理小组编：《睡虎地秦墓竹简》，“释文注释”部分第82页。

不从令者，赀一甲。”[1] 其所说之“士吏”，当不包括尉之佐、史，而当是军中的基层军官。《秦律令》中另有一条规定，说如果“材官、趋发、发弩、善士敢有相责（债）入舍钱酉（酒）肉及予者”，“士吏坐之，如乡啬夫”。[2] 军中的士吏，地位与乡啬夫大致相同。

里耶秦简 8-482 记县尉的考课项目，包括“卒死亡课”“司寇田课”“卒田课”等三课，说明县尉管辖的，除士卒外，还包括司寇。里耶简 8-132+8-334 是一支残简，其大意是说尉守“狐”在十一月己酉至十二月辛未间视事，期间所领诸种士卒合计 626 人，包括“冗募群戍卒”143 人。这应当是迁陵县尉所领的大致兵力。里耶简 8-1552 应当是迁陵县廷给县尉的文书，要求尉“以书到时，尽将求盗、戍卒喿（操）衣、器诣廷，唯毋遗”。则知县尉所领部队，分为“求盗”和“戍卒”两部分。无论是求盗还是戍卒，各基层部队的指挥官，都是“校长”。据简 9-633 所录“迁陵吏志”，迁陵县编制有校长六人，则每位校长所领士卒大约为一百人。

卒、徒以及士吏在服役期间皆当按月领取稟食。里耶简 9-174+9-908 记载，秦始皇三十一年六月三日，来自安陵县昌甚里、在迁陵县屯戍的士伍“广”，从田官守“敬”、史“部”、稟人“娙”处领取了粟米一石九斗少半斗。当年四月一日，贰春乡守“氏夫”、佐“吾”、稟人“蓝”向来自江陵县戏里的屯戍司寇“□”（人名恰缺）发放了稟食粟米四斗泰半斗，令史“扁”负责监督检查（“视平”）（里耶简 9-761）。秦始皇三十三年十

1 陈松长主编：《岳麓书院藏秦简》（肆），第 114 页。
2 陈松长主编：《岳麓书院藏秦简》（肆），第 221 页。

月十九日，发弩［守］“绎”、尉史“过”贷给来自醴阳县同□里的罚戍士伍“禄”粟米一石九斗少半斗（里耶简 8–761）。凡此，皆说明服役期士卒得领取官府发放的稟食。

这里有一个问题需要辨析，即吏卒与军功爵之间的关系。《汉书·百官公卿表》叙说：

> 爵：一级曰公士，二上造，三簪袅，四不更，五大夫，六官大夫，七公大夫，八公乘，九五大夫，十左庶长，十一右庶长，十二左更，十三中更，十四右更，十五少上造，十六大上造，十七驷车庶长，十八大庶长，十九关内侯，二十彻侯。皆秦制。以赏功劳。[1]

如何看待《汉书·百官公卿表》所记的二十等爵制，以及秦爵与汉爵的关系，论者颇有分歧，而论者之共识，大抵认为上述二十等爵中的前八等爵，都可以授给一般庶民与下级官吏，其中前五等是民爵，六、七、八三等是吏爵；五大夫以上，则是秩六百石以上的官吏才可以受的爵，属于官爵。如果从爵级的角度来说，拥有官爵的是“官”，拥有吏爵的是“吏”，有民爵和没有民爵的“民”都是“民”。[2]但这主要是就汉制而言的，秦时是否有如此分划，实颇值得怀疑。

“公士”是最低一级的军功爵。里耶秦简 8–60+8–656+8–665+8–748 见有一位公士，是僰道西里的“亭”，在迁陵县的少

---

1 《汉书》卷十九上《百官公卿表》上，第 739-740 页。

2 西嶋定生：《中国古代帝国的形成与结构——二十等爵制研究》，武尚清译，北京：中华书局，2004 年，特别是第 84-103 页。

内担任“冗佐”。另一位公士“竭”，来自旬阳隗陵，在迁陵县担任“史冗”（简 8–1275）。还有一位公士“贺”，来自城父县西平里，在迁陵县做更戍卒（简 9–885）。获得最低一级爵“公士”的人，既可能做最低级的小吏（“冗佐”“史冗”之类），也可能作为“卒”参加“更戍”（轮流戍守）。

秦始皇二十七年八月，时任迁陵县丞“欧”因未能觉察男子“毋害”“诈伪自爵”而受到指控，迁陵守“拔”负责讯问“欧”。“欧”自述其爵级为上造，原住于成固县畜园里，受任为迁陵县丞（简 9–2318）。秦始皇三十年，迁陵县丞“昌”由于在审理案件中运用法律不当，受到指控，并由狱史“堪”负责侦讯。“昌”陈述自己的履历：“上造，居平□，侍廷，为迁陵丞。”（简 8–754+8–1007）“配”是迁陵县的守丞，原住竞陵县阳处里，爵级也是上造（简 8–896）。秦始皇三十二年，迁陵县启陵乡守“夫”因违法受到处分，被调往临沅县担任司空啬夫。他本住在梓潼县武昌里，爵级也是“上造”（简 8–1445）。简 8–879 是一支残简，人名恰缺，他是芒县安□里人，爵为上造，在迁陵县应役时是冗佐。来自武陵县当利里的“敬”，来自旬阳县平阳里的“操”，爵也都是上造，也都在迁陵县做冗佐（简 8–1089，简 8–1306）。来自阳陵县西就里的“驺”，爵为上造，做了八年的冗佐（简 8–1450）。来自临汉县都里的上造“援”，曾“为无阳众阳乡佐三月十二日”；到迁陵县应役时，身份是县库的冗佐（简 8–1555）。上造是秦爵的第二级。据今见材料，大部分上造都担任级别不等的吏职，从冗佐到县丞。但即便担任县里的守丞乃至丞，其爵位也并没有晋升，还是上造。

也有的上造，并不担任吏职，而只是普通的“卒”。简 9–6

中所见来自阳陵县褆阳里的上造“徐”，简 9-268 所见来自虞县吉里的上造“□”，都是普通的戍卒。简 9-630+9-815 是迁陵县司空“色”的爰书，其中说涪陵县高桥里的上造“难”，本来是“吏”，现以“卒”的身份应役屯戍（“吏以卒戍”）。那么，“上造”本来是可以做“吏”的，只是因为违法等原因，才以“卒”的身份应役戍守。

同样，簪褭（秦爵第三级，又称为“走马”）如果应役，也应当担任吏职。里耶简 8-781+8-1102 是秦始皇三十一年六月六日迁陵县的田官守“敬”、佐“郤”、稟人“娙”出贷稟食给“罚戍簪褭坏（褱）德中里悍”的记录。“悍”又见于简 8-1574+8-1787，是在同一年的七月二十三日，仍由田官守“敬”等发放稟食给屯戍的簪褭“黑”（襄县完里人）、士伍“增”（朐忍县松涂里人）等，由“敦长簪褭襄坏（褱）德中里悍”负责接收。结合这两支简牍所记，可知“悍”本是襄县怀德中里人，爵位是簪褭，他被“罚戍”才到迁陵县来屯戍，在军中仍给他安排了“敦长”。与他同县的“黑”爵级也是簪褭，地位排在士伍“增”之前，说明即便“罚戍”，簪褭也还是不同于普通的士兵。

“不更”是秦爵的第四级。里耶秦简 8-987 见有“充狱史不更宽受嘉平赐信符”。不更“宽”是“狱史”。从狱史“堪”可以审理迁陵县丞“欧”与“昌”的案件来看，狱史的地位是比较高的。简 9-14 是秦始皇三十三年一份交接物品的清单，包括一张莞席，一合竹笥，一合小竹笥以及一条粗麻做的、三股绞在一起的绳索（长三丈），简文书其事，作“城父安杕不更□受少内守冣”。不更“□”从迁陵县的少内守“冣”处领取各种办公用品，显然担任某种吏职，而且地位可能与“冣”相当。在“受令简”中，受令的“唐颖”（简 9-170）、“贾”（简 9-284）、“屈扬”（简 9-1668）、“古超”（简 9-2188）、“远禾”（简 9-2273）、“蛮□”（简 9-2654）、“蛮孔”（简 9-3292）等都是安成里的不更，“朱发”（简 9-1130）、“相赫”（简 9-1650）是东成里的不更，“周柳”（简 9-1186）是武安里的不更，“公孙黚”（简 9-1623）、“屈埜”（简 9-1644+9-3389）、“爰”（简 9-1290）是南里的不更。受令的不更，或皆在当地较有地位的人；其所受之“令”，可能是让他们率领其所属去从事某一事。

但也有的“不更”，只是普通的戍卒。如简 9-363 所见留县荣阳里人“詹”，简 9-672 所见雩娄县西昌里人“礼”、简 9-1112 背所见舆里人“戌”、简 9-2315 背所见南里人“除鱼”等，爵位都是不更，却也都是普通的“更戍卒”。他们是否因为受罚而“以吏为卒”，不能确定，但这些材料至少可以说明，并非所有拥有爵级的人，都会被安排吏职。

“大夫”是秦爵的第五级。今见里耶秦简中，有四位拥有“大夫”爵：一是迁陵县守丞“敬”，他在秦始皇二十七年前后在任（简 6-16、8-63）；二是丞“迁”，居雒阳县城中里，以“入赀”而“在廷”（简 8-232）；三是阳里户人“刀”（简 8-834+8-1609）；四是东成里户人大夫“印”，他家里有一个“小臣遬”（简 8-1765）。此外，还见有一位“大夫寡茆”，是南里户人（简 8-1623）。

在岳麓书院藏秦简《奏谳书》“识劫婉案”中，大夫“沛”有妻有妾，还至少有一位隶“识”。当他放免“识”时，为他娶了妻子，买了一栋价值五千钱的房屋，并分给他一匹马，稻田二十亩。死后，他留下的遗产包括市场上的一家布店（“市布肆”）、一家旅店（“舍客室”），以及钱六万八千三百。他的儿子“羛（义）”

继承了他的家产，并按照规定得到了“走马”的爵位。显然，大夫“沛”是当地的一位富豪，拥有较高的经济与社会地位。[1]

按《商君书·境内》的说法，公士、上造、簪袅、不更、大夫，都是“行间之吏”。“故爵公士也，就为上造也。故爵上造，就为簪袅。故爵簪袅，就为不更。故爵不更，就为大夫。爵吏而为县尉，则赐虏六，加五千六百。”[2] 所谓“爵吏”，意为根据爵级而任为吏。因此，秦时的公士、上造、簪袅、不更、大夫等五级爵位，应当是可以担任吏职的爵。当然，拥有上述爵位，只是具备了任吏的资格，并不必然被任为吏。他们没有担任吏时，只是拥有爵位的“民”（黔首），如上文所见的大夫“沛”“刀”“印”以及上造“徐”“难”等那样。

《商君书·境内》接着说：“爵大夫而为国治，就为官大夫。故爵官大夫，就为公大夫。故爵公大夫，就为公乘。故爵公乘，就为五大夫，则税邑三百家。故爵五大夫，就为大庶长；故大庶长，就为左更；故四更也，就为大良造。皆有赐邑三百家，有赐税三百家。”[3]“五大夫”以上，都有食税的封邑，则五大夫之前的官大夫、公大夫、公乘三级爵位只有任官方得食禄（禀食与俸禄），乃是领取禄食的官僚阶层。这样，官大夫（第六级）以上的爵级，乃可分为两个层级：一是食禄的官大夫、公大夫、公乘三级；一是食税邑的五大夫以上各级。《史记·蒙恬列传》谓赵高以“强力，通于狱法”，秦王“举以为中车府令”；后“高

---

1 朱汉民、陈松长主编：《岳麓书院藏秦简》（三），上海：上海辞书出版社，2013 年，第 32-41、153-174 页。

2 高亨注译：《商君书注译》，《境内》，北京：中华书局，1974 年，第 149 页。

3 高亨注译：《商君书注译》，《境内》，第 149 页。

有大罪”，蒙毅“当高罪死，除其宦籍，帝以高之敦于事也，赦之，复其官爵”。[1]则赵高任为中车府令时，列属“宦籍”；犯罪被赦后，却只是“复其官爵”，并未复其“宦籍”，则“官爵”低于或至少不同于“宦籍”。睡虎地秦简《法律答问》：“可（何）谓‘宦者显大夫？’宦及智（知）于王，及六百石吏以上，皆为‘显大夫’。”[2]“显大夫”包括为王所知的宦者和六百石以上的吏，地位当高于五大夫，但仍然是食禄的官吏，而不是食税邑的贵族。

二、黔首

秦献公十年（前 375），“为户籍相伍”，即以五家为“伍”编排户口；[3]秦孝公三年（前 359），商鞅变法，“令民为什伍，而相牧司连坐”。[4]由此，秦国遂得渐次建立起严密的户籍制度与户口控制体系，“四境之内，丈夫、女子皆有名于上，生者著，死者削。”[5]著籍的百姓被称为“民”，又以其归于秦国统治之早晚，而有“故民”“新民”之别。《商君书 · 徕民》中说：应当“以故秦事敌，而使新民作本”，或“令故秦民事兵，新民给刍食”。[6]“故秦”“故秦民”是指原属秦国统治的“秦民”，“新民”则是指新归附秦国或被秦国征服的“民”。故秦民“事敌”“事兵”，新秦民“作本”“给刍食”，这是秦国对其统治之“民”根据其入秦

1 《史记》卷八八《蒙恬列传》，第 2566 页。

2 睡虎地秦墓竹简整理小组编：《睡虎地秦墓竹简》，“释文注释”部分第 139 页。

3 《史记》卷六《秦始皇本纪》，第 289 页。

4 《史记》卷六八《商君列传》，第 2230 页。

5 高亨注译：《商君书注译》，《境内》，第 146 页。

6 高亨注译：《商君书注译》，《徕民》，第 121 页。

之早晚所做的分划。

秦并天下后，采取了诸多措施，其中之一就是“更名民曰‘黔首’”或“命民曰‘黔首’”，亦即将全国百姓统称为“黔首”，而不再称为“民”。[1]“黔首”的本义，是指黑色的头。《说文》释“黔”，谓“黎也。从黑，今声。秦谓民为黔首，谓黑色也。周谓之黎民”。[2]“黎民”之“黎”，本字作“黧”，意为“黑”或“黑黄”。以“黔首”指称庶民百姓，大抵是秦言，六国盖用“黎民”。《吕氏春秋·仲夏纪》“古乐”说大禹导河、疏三江五湖，注之东海，“以利黔首”。[3]其《慎行论》“求人”篇也说禹“不有懈堕，忧其黔首”。[4]而《尚书》中的《皋陶谟》录夏禹之言，则说“安民则惠，黎民怀之”。[5]同时，《吕氏春秋》述及平民百姓，多用“黔首”，未见有使用“黎民”者；而《管子》各篇则多用“黎民”，未见用“黔首”者。因此，秦始皇二十六年统一官方用语，应当主要是用秦言统一六国之言。

更“民”名“黔首”，从统治者的角度，乃是用秦言统一称谓；那么，这种改变对于被统治的平民百姓（“民”“黔首”）来说，究竟意味着什么呢？相对于秦国的“民”，秦帝国的“黔首”究竟有怎样的不同呢？

---

1 《史记》卷六《秦始皇本纪》，第239页；卷十五《六国年表》，第757页。王子今：《说“黔首”称谓——以出土文献为中心的考察》，中国文化遗产研究院编：《出土文献研究》第十一辑，上海：中西书局，2012年，第174-193页。

2 许慎：《说文解字》，“黑”部，北京：中华书局，1963年，第211页。

3 陈奇猷校释：《吕氏春秋校释》卷五《仲夏纪》，“古乐”，上海：学林出版社，1984年，第286页。

4 陈奇猷校释：《吕氏春秋校释》卷二二《慎行论》，“求人”，第1514-1515页。

5 孙星衍：《尚书今古文注疏》卷二《皋陶谟》，北京：中华书局，1986年，第79页。

首先，天下百姓虽皆得称为“黔首”，然亦仍有故、新之别。[1] 岳麓书院藏秦简 1114：“泰山守言：新黔首、不更昌等夫妻盗，耐为鬼薪白粲。”[2] 泰山郡辖区是齐国故地，“昌”有秦的爵（“不更”），仍被称为“新黔首”，当是被征服齐地的土著民。张家山汉简《奏谳书》所记案例中，有一件是秦始皇廿八年的南郡狱簿。此案的本末大略是：苍梧县利乡发生反叛事件，苍梧守“竈”、尉“徒”令攸县发“新黔首往击”；令史“义等将吏卒、新黔首击反盗，反盗杀义等，吏、新黔首皆弗救援，去北”。御史令南郡严查，“新黔首恐，操其叚（假）兵匿山中”，“黔首当坐者多，皆榣（摇）恐吏罪之，有（又）别离居山谷中”。在所发新黔首中，有来自攸县者，攸县令史“駐”，主管籍帐，“其二辈战北当捕名籍、副并居一笥中，駐亡，不得，未有以别智（知）当捕者”。[3] 狱簿称苍梧、攸县等地为“所取荆新地”，则秦据有其地未久，然已建立起版籍控制体系，并征发其“新黔首”往征盗贼，说明新黔首须受征从军。

与商鞅时代为鼓励“山东”之民归附秦国，规定“新民给刍食”、短期内不“事兵”不同，在统一后归于秦的“新黔首”需应征从军。《史记 · 陈涉世家》说秦二世元年（前 209）七月，“发闾左适戍渔阳”。“闾左”有不同解释，然陈郡为故楚东国之地，陈胜、吴广等皆为秦的“新黔首”，亦受征远戍渔阳。[4] 上引《史

1 于振波：《秦律令中的“新黔首”与“新地吏”》，《中国史研究》2009 年第 3 期，第 69-78 页。

2 陈松长主编：《岳麓书院藏秦简》（伍），第 63 页。

3 张家山二四七号汉墓竹简整理小组编著：《张家山汉墓竹简（二四七号墓）：释文修订本》，第 103-105 页。

4 《史记》卷四八《陈涉世家》，第 1950 页。

记·项羽本纪》记项羽所统“诸侯吏卒”乃来自关东六国故地，而其“异时故繇使屯戍过秦中”，自是在秦始皇时受征前往秦中屯戍。里耶秦简 9-2287 所记，是秦始皇二十六年五月酉阳县与迁陵县间关于男子“它”处罚问题的来往文书。根据这份文书，“它”是新武陵县轻上里的士伍。秦始皇二十五年八月，“它”所属的部队，在邦候“显”、候丞某（不知名）的率领下前往迁陵县，攻击“反寇”，候丞某战死。新武陵县属于洞庭郡，或者就是洞庭郡治所在的县。[1] 据里耶简 8-461,“邦候”当即“郡候”。“它”为新武陵人，其所属的部队由洞庭郡的候和丞率领，去进攻迁陵县（也属洞庭郡）境的反寇，这支部队应当是由洞庭郡的“新黔首”编成。据简 9-452 记载，“丹阳将奔命”在丹阳县尉“虞”的率领下，经过迁陵县，要求迁陵县供应“丹阳将奔命吏卒”的稟食。这份文书由丹阳县□里的士伍“向”送达迁陵县。丹阳原属楚地，“丹阳将奔命”的吏卒也都是“新黔首”。

在迁陵县屯戍的士卒，有相当多来自城（成）父县。简 8-26+8-752 见有成（城）父县安平里的不更“□徒”，与广武县的上造“灶”、鱼（渔）阳县的簪裹“□”一起，到迁陵县库领取了弦、矢等军用物资。简 8-466 见有城父县蘩阳里的士伍“枯”，因娶贾人之女为妻，遣戍迁陵四年；简 8-850 见有城父县阳里士伍“郑得”，在迁陵县更戍；简 8-980 见有来自城父阳耀里的士伍“倗”，更戍迁陵，领取贷给的稟食；简 8-1000 是更戍的城父中里士伍“简”领取贷给的稟食；简 8-1024 是在迁陵更戍的城父蒙里的士伍“□”领取稟食；简 8-1517 背

1 晏昌贵：《里耶秦简牍所见郡县订补》，《历史地理研究》2019 年第 1 期，第 50-57 页。

见有“更戍士五城父阳翟执”与“更戍士五城父西中痤”，二人在秦始皇三十五年三月受命携带迁陵县关于吏、徒的报告，送往洞庭郡的尉府；简 9–757 记载，秦始皇三十四年六月十一日，迁陵县尉当着迁陵守丞“衔”的面，检视更戍卒、城父县成里的士伍“产”的身高、肤色与年龄等；简 9–885 所记是同一天，令佐“章”在迁陵县守丞“昌”面前，检视更戍卒、城父西平里的公士“贺”的身高、年龄等；简 9–1980 见有更戍、城父左里不更“节”；简 9–2203 见有秦始皇三十四年八月，更戍卒、城父乐里士伍“顺”，受命跟从令史“唐”，去参加传输转送之役。简 9–2209+9–2215 正面是尉“广”给县库的公文，大意是说派遣戍卒前往县库办理公事，请按律令从事；背面载有戍卒的名字：“更戍簪褭城父□利□”“更戍士五（伍）城父西章义”“更戍簪褭城父平”。在短短的数年内，有如此多城父县的士卒到迁陵县来更戍，说明更戍卒应当是以县为单位征发、调配的。在上引简文中，来自城父县的更戍卒（或遣戍卒）大都注明了其户籍所属的“里”，说明他们来到迁陵更戍，仍当是按其原属的“里”编制的：在更戍地，同“里”的更戍卒仍当尽可能编在同一个军事单位里，编成“伍”“什”“屯”等。因此，对六国故地“新黔首”的征发应当是全面的、系统性的。

统一前，秦大抵以“新民”“作本”“给刍食”，而以“秦民”“事敌”“事兵”；统一后，六国故民与新拓疆域之“新黔首”，均须应征从役，屯戍征战。这是秦统一前后“民”与“黔首”地位的重要变化之一。

其次，统一前，秦“民”（无论“故民”，还是“新民”）均得受田，立功获爵得益其田；统一后，六国故地与新拓疆域并未普遍授田,“新黔首”不再能受田。这是统一前后“民”与“黔首”地位的另一个重要变化。

商鞅变法以来，秦国即实行授田制度（“名田宅”），即秦国的“民”，可以按照其所获得的军功爵及相关地位，获得国家分配的数量不等的田地；投附秦国的“新民”，也可以得到国家授予的一部分田地。[1] 睡虎地秦简《秦律十八种》“田律”规定:“入顷刍稾，以其受田之数，无豤（垦）不豤（垦），顷入刍三石、稾二石”，即每户按照其所受田亩数（无论其是否垦种），交纳刍、稾。故至少在制度规定上，秦在统一前是实行授田的。[2]

云梦龙岗秦简 116 /102/102/180 :“廿四年正月甲寅以来，吏行田赢律诈☐”其中所说的“行田”，一般认为即授田；所谓“行田赢律”，则是授田超过了律令规定的标准。根据这条简文，秦在统一之前，确曾授过田；然简文抄录的内容，重点应当是对“行田赢律”行为的限制和惩罚，说明当时存在诸多授田违反法律规定的现象。换言之，授田制正

1 《商君书 · 境内》:“能得甲首一者，赏爵一级，益田一顷，益宅九亩。”（高亨注译 :《商君书注译》，第 152 页）。一顷田（一百亩）、九亩宅，大概是秦国授与庶人（一户）田宅的基数。在此标准上，爵位每增加一级，即增授一个基数的田宅。但这是可授田之数，并非每户人家都可以得到其应得的田宅数。

2 睡虎地秦墓竹简整理小组编 :《睡虎地秦墓竹简》，“释文注释”部分第 139 页。秦在商鞅变法之后，实行授田制，此点得到学界的认同，分歧在于对授田制内涵、性质的判断。相关讨论请参阅晋文《睡虎地秦简与授田制研究的若干问题》,《历史研究》2018 年第 1 期。

受到破坏。[1]龙岗秦简 151/104/104/182 规定："田及为诈伪写田籍，皆坐臧（赃），与盗□☑。"[2]说明秦政权已实行田地登记制度（"田籍"）。而法律特别规定了对"诈伪写田籍"的处罚，正说明其时较多存在此种情形；而"田籍"之所以能够"诈伪"，或正因为它可能历史久远。换言之，统一后六国故地的"田籍"，很可能沿袭了六国时期的田籍，只是略加改动，并未全面重新分配田地。

迁陵县是秦在统一前不久新开拓的疆域，秦始皇二十五年方得置县。里耶秦简 8-1519 记录了秦始皇三十五年迁陵县全县及启陵、都乡、贰春三乡的田亩数与应纳田税数：

> 迁陵卅五年豤（垦）田舆五十二顷九十五亩，税田四顷□□
>
> 户百五十二，租六百七十七石。衔（率）之，亩一石五；户嬰四石四斗五升，奇不衔（率）六斗。
>
> 启田九顷十亩，租九十七石六斗。
>
> 都田十七顷五十一亩，租二百卌一石。
>
> 贰田廿六顷卅四亩，租三百卅九石三。

1 陈伟主编：《秦简牍合集》（贰），武汉：武汉大学出版社，2014 年，第 65 页。关于"行田"的讨论，请参阅于振波：《简牍所见秦名田制蠡测》，《湖南大学学报》（社会科学版）2004 年第 2 期，第 5-10 页；臧知非：《龙岗秦简"行田"解：兼谈龙岗秦简所反映的田制问题》，见雷依群、徐卫民主编：《秦汉研究》第一辑，西安：三秦出版社，2007 年，第 71-76 页；杨振红：《龙岗秦简诸"田"、"租"简释义补正》，见氏著《出土简牍与秦汉社会》，桂林：广西师范大学出版社，2009 年，第 164-187 页，特别是第 165-168 页；晋文：《龙岗秦简中的"行田""假田等问题》，《文史》2020 年第 2 期。

2 陈伟主编：《秦简牍合集》（贰），武汉：武汉大学出版社，2014 年，第 88 页。

凡田七十顷卌二亩。·租凡九百一十。

六百七十七石。[1]

秦始皇三十五年，迁陵县新垦田五十二顷九十五亩，折合税田四顷五十一亩（按每亩纳税一石五斗计算），田租（税）合计为六百七十七石（下文三乡合计为六百七十七石九斗，多出九斗），分由一百五十二户承担，户均四石四斗五升稍多。全县共有田地七十顷四十二亩，应纳田租（税）九百一十石，则旧有田地十七顷四十七亩，应纳田租二百三十三石，约合税田一顷五十五亩。[2]换言之，在秦始皇三十五年之前，迁陵县仅有著籍田地十七顷四十七亩，户均十一亩半（秦亩，百

---

1 陈伟主编，何有祖、鲁家亮、凡国栋撰：《里耶秦简牍校释》第一卷，第 345-346 页。

2 关于这段简文，论者解说颇有分歧，关键在于对“舆”与“税田”的理解。请参阅臧知非：《说“税田”：秦汉田税征收方式的历史考察》，《历史研究》2015 年第 3 期，第 22-39 页。按：张家山汉简《算数书》“误券”说：租禾误券有两种情况：一是“毋升者，直税田数以为实”，当以券所记的“斗”作为一，以券所记的“石”为十，“并以为法，如法得一步”（简文“其券有斗者”以下句，系“毋升者”句的复文，整理者已予指出。）盖有斗无升，本为同一种情况。二是“有斗者，直舆田步数以为实”，“而以券之升为一，以斗为十，并为法，如法得一步”。（整理者将“直”释为“置”，“舆”释作“与”，兹不从）又“税田”条说：“税田廿四步，八步一斗，租三斗。今误券三斗一升，问几何步一斗？得曰：七步卅七分步廿三而一斗。术（术）曰：三斗一升者为法，十税田为实，令如法一步。”［张家山二四七号汉墓竹简整理小组编著：《张家山汉墓竹简（二四七号墓）》，第 145、141 页］则舆田与税田分别是两种计算田亩的方法。彭浩指出：“舆田”之“舆”与“舆地”之“舆”用法、字义相当（彭浩：《谈秦汉数书中的“舆田”及相关问题》，《简帛》第六辑，上海：上海古籍出版社，2011 年，第 21-28 页）。据此，“舆田”当是实地打量的田亩数，相当于后世所说的“实亩”（“实田”）。然则，“税田”即是征纳租税的田亩数，即后世所谓“册亩”。在简 8-1519 中，新垦田、旧有田中舆田与税田之比，均为 11：1 左右，即约 11 亩实亩折合税亩 1 亩。关于中国历史上实际田亩数（实亩）与赋税田亩（册亩，纳税单位）的关系，请参阅何炳棣：《中国历代土地数字考实》，北京：中华书局，2017 年，特别是第 84-134 页。

步一亩），远不足一顷之数。其时距迁陵立县已有十年，则秦在迁陵县并未实行授田，而册载著籍田亩数也不会是迁陵县编户实际耕种的田亩数。那么，本年新垦的田地，是秦王朝“授予”的吗？

据里耶简 9-15 载，秦始皇三十五三月二十七日，贰春乡守“兹”在一份爰书中报告说：“南里寡妇慭自言：谒豤（垦）草田故桒（桑）地百廿步，在故步北，恒以为桒（桑）田”。“慭”将本来即属于自己的桑地上报为新垦的“草田”，将请求仍将之作为“桑田”。无论如何，这块地不是政府“授”给她的。

简 9-2344 是秦始皇三十三年六月十八日迁陵田官守“武”向县廷上报的“黔首垦草牒”，亦即垦荒报告书。“武”报告说：“高里士五（伍）吾武自言：谒豤（垦）草田六亩武门外，能恒藉以为田。典缦占。”这是一份正式的垦草田牒：垦田人吾武自己提出申请，里典“缦”予以登记，田守“武”以牒文的方式上报县廷。这块田完成了法律上的手续，成为吾武的田。

里耶秦简 9-543+9-570+9-835 题为“刍稾志”，应是迁陵县征收刍稾的年度报告。其中记都乡黔首在启陵乡境内有田一顷四十一亩，纳刍稾钱八十五；在贰春乡境内有田二顷四十七亩，纳刍稾钱一百四十九。都乡黔首分别在启陵乡、贰春乡拥有田地，显然是户籍与田地相脱离的结果，而户籍与田地相对应，却正是“授田”的基本原则。所以，都乡黔首在贰春乡、启陵乡拥有的田亩，也不会是国家授予的。

如果迁陵县这样的边地县份均未能实行授田制，那么，在大部分土地已有明确占有者或使用者的六国故地，秦政权大概也很难实行授田制，重新分配田地。[1]

第三，田租与户赋（“顷刍稾”）皆按户征纳，户赋（“顷刍稾”）由纳实物渐改为纳钱、布，并与编户占有的田地数相脱离。[2]

“租禾稼”与“顷刍稾”是秦代编户两种主要的赋税负担。岳麓书院藏秦简《秦律令》(一)“田律”说:“租禾稼、顷刍稾，尽一岁不觱（毕）入”者，要由“县官”负责督催；催交满三十日仍未交纳，“赀其人及官啬夫、吏主者各一甲，丞、令、令史各一盾”。[3]“租”当指田租，又称田税，纳“禾稼”即谷物；“顷”与“租”对应，显系另一种赋税名目，纳“刍稾”即粗粮草料。张家山汉简《二年律令》“户律”:“卿以上所自田户田，不租，不出顷刍稾。”[4]也是以“租”与“顷刍稾”并列，说明二者乃是当时的赋税类别。

在岳麓书院藏秦简《田律》中，负责交纳“租禾稼”与“顷刍稾”是“人”(若久不交纳，则“赀其人”)。在上引里耶秦简8-1519中，简文在说明税田四顷余、每亩税一石五斗之后，特别说明平均每户要承担四石四斗五升，说明田租当是按户征纳或至少是要落实到户的。张家山汉简《户律》中，享受“不租，

1 当然，在六国故地部分地区，可能也实行了授田。里耶秦简8-161+8-307应当是某一种《叶书》(或《编年记》)的残简，其中简8-161存有“颖阴繁阳东乡”字样，简8-307有“庚申，颖阴相来行田宇。”颖阴，即颍阴，当为魏国故地。“行田宇”，一般即理解为授田宅。那么，秦在魏国故地的一些地方，应当是实行过授田的。

2 李勉、俞方洁曾论及户赋缴纳形式的变化。参阅李勉、俞方洁:《秦至汉初户赋的性质、征收与管理》,《重庆师范大学学报》(社会科学版) 2018年第2期。

3 陈松长主编:《岳麓书院藏秦简》(肆)，第103页。

4 张家山二四七号汉墓竹简整理小组编著:《张家山汉墓竹简（二四七号墓）:释文修订本》，第52页。

不出顷刍稾”待遇的是“卿以上所自田”的“户田”，亦即在其户名下的田地，也说明田租是以户为单位征纳的。据上引里耶秦简 8-1519，秦始皇三十五年，迁陵县著籍户一百五十二户，旧有与新垦田地合计七十顷四十二亩，折合税田六顷六亩，应纳田租九百一十石，亩均一石五斗，户均约六石。显然，迁陵县的田租总额是按税田总数计算的，然后均摊到每户头上，故在实际征收过程中，应当是按每户六石征收的（无论其占有田地多少）。

据睡虎地秦简《田律》，顷刍稾的标准是刍三石、稾二石。“顷”的本义当然是田亩面积，而一顷（百亩）是商鞅变法时代所确立的庶人一户授田基数；若该户人立功受爵一级，复受田一顷，则其所纳“顷刍稾”即为二倍，依次类推。因此，“顷刍稾”仍然是以户为单位征纳的，而“一顷”乃是其基数。据上引里耶秦简 9-543+9-570+9-835 迁陵县“刍稾志”，都乡黔首在启陵乡境内的一顷四十一亩田，纳刍稾钱八十五，每顷约合六十钱；在贰春乡境内的二顷四十七亩田，纳刍稾钱一百四十九，每顷亦合六十钱。这里的田亩数当是折合的税田数，其所纳刍稾钱则当是折算的钱数。岳麓书院藏秦简《金布律》规定：

> 出户赋者，自泰庶长以下，十月户出刍一石十五斤；五月户出十六钱，其欲出布者，许之。十月户赋，以十二月朔日入之；五月户赋，以六月望日入之，岁输泰守。十月户赋不入刍而入钱者，入十六钱。吏先为（？）印，敛，毋令典、

老挟户赋钱。[1]

不入刍则可入钱，说明户赋本来是要纳刍的。然则，户赋就是“顷刍稾”。十月户赋每户出刍一石十五斤，值十六钱，五月出钱十六钱,合计为三十二钱。据张家山汉简《二年律令》“田律”:“卿以下，五月户出赋十六钱，十月户出刍一石，足其县用，余以入顷刍律入钱。”[2]知户赋收入实分为两部分：一半纳县廷留用，另一半输送朝廷。岳麓书院藏秦简《金布律》所规定的户赋，应当只是输送朝廷的一半。所以，秦时每户户赋当为六十四钱。据上引迁陵县“刍稾志”，知“刍稾”每“顷”合纳六十钱左右，正与每户所当纳的户赋钱相近。这也说明岳麓书院藏秦简《金布律》所说的“户赋”就是睡虎地秦简《田律》所说的“顷刍稾”。[3]

里耶秦简 8-1165 是一支残简，存“户刍钱六十四。卅五年”数字。六十四钱正是一户所当纳的户赋钱数，则所谓“户刍钱”就是“户赋”。里耶秦简 8-559 也是一支残简，前后均残，仅留下“十月户刍钱三百”七字，颇疑“百”字下当可补出“二十”。三百二十钱，当是十户所纳十月份的户刍钱。里耶秦简 9-743

1　陈松长主编：《岳麓书院藏秦简》（肆），第 107 页。

2　张家山二四七号汉墓竹简整理小组编著：《张家山汉墓竹简（二四七号墓）：释文修订本》，第 43 页。

3　关于“入顷刍稾”及“户赋”，学界有诸多讨论，请参阅晋文：《睡虎地秦简与授田制研究的若干问题》，《历史研究》2018 年第 1 期。按：有关讨论颇多分歧，核心的问题在于对“顷”的理解，以及对“户刍”与“田刍”关系的认识。自商鞅变法以来，按照法律，庶人每户授田一顷（百亩），故一顷田实际上就对应于一户编户（虽然并非每个编户皆有一顷田），故“顷”与“户”是对应的（若一户有两顷田，则其在纳税赋时，即按二顷亦即二户计算），所以，户赋与“顷刍稾”实际上是一回事。

记秦二世元年二月二十九日，少内守“疵”接受了右田守“纶”所纳的“田刍稾钱一千一百卅四。”田官所领“公田”由徒隶耕种，无所谓“户赋”，仍按田亩数计征刍稾钱。[1]而据上引迁陵县“刍稾志”，知田刍稾钱也当是按每顷六十钱左右折算的，仍以顷、户对应为准则。

第四，朝廷与地方征发的各种徭役不断增加，黔首的徭役负担起来越重，特别是“传输之役”与“更戍之役”均大为加重。

在睡虎地秦简《秦律十八种》（统一前抄录）中，“徭律”有九支简，主要涉及五个方面的规定：（1）应征朝廷徭役（“御中发征”）失期的惩罚，（2）征发徭役兴建县邑工程（“兴徒以为邑中之功”）的规定，（3）禁苑、公马牛苑（牧养马牛的官府苑囿）所在的县，负责征发民工（“兴徒”）修理苑囿围墙篱笆、壕沟的规定，（4）县廷衙署房舍（“公舍官府及廷”）维修工程的规定，（5）征发徭役所兴工程的工程量的计算。[2]这五个方面，除第一方面外，均关涉对县邑征发徭役、徭役工程的管理。显然，抄录者关注的重心，乃是地方官吏在徭役及其工程方面的责任。

岳麓书院藏秦简《秦律令》（一）收录了七条“徭律”（统一后抄录）。（1）关于县乡征发徭役的规定（简1232+1257+1269+1408），其所涉及的徭役，主要是指“御史发征”与“给邑中事”，而其核心则是“传送委输”之役，对应征

1 论者或将“户刍”与“田刍”视为两种“刍稾”，前者按户缴纳，后者“以其受田之数”缴纳。参阅杨振红：《出土简牍与秦汉社会 续编》，桂林：广西师范大学出版社，2015 年，第 148-151 页。据里耶秦简 9-743，则知“田刍”乃是田官所管公田缴纳的“刍稾”，“户刍”乃是编户所纳的户赋，并非编户既要纳“户刍”，也要纳“田刍”。

2 睡虎地秦墓竹简整理小组编：《睡虎地秦墓竹简》，“释文注释”部分第 47-48 页。

发何种人及何种人、何种情况下不能征发作了详细规定。(2)兴办地方工程征发徭役的规定(简 1255+1371+1381),涉及“补缮邑院、除田道桥、穿波(陂)池、渐(堑)奴苑”等工程事务,“皆县黔首利也”,故规定“自不更以下及都官及诸除有为殴(也),及八更,其睆老而皆不直(值)更者,皆为之”。(3)禁止临时征调人员从事杂役(简 1374+1406-1),规定“毋敢傳(使)叚(假)典居旬于官府,毋令士五(伍)为吏养、养马,毋令典、老行书,令居赀责(债)、司寇、隶臣妾行书”。(4)关于免征条件的规定(简 1295+1294+1236+1231),其中特别规定:“载粟乃发敖童年十五岁以上,史子未傅先觉(学)觉(学)室,令与粟事”;“当行粟”的敖童,只有“寡子独与老父老母居,老如免老,若独与瘁(癃)病母居者”,方得免征。(5)征发徭役的程序(简 1241+1242+1363+1386),规定:“岁兴繇(徭)徒,人为三尺券一,书其厚焉。节(即)发繇(徭)。乡啬夫必身与典以券行之。”(6)关于“委输传送”(简 1394+1393+1429),具体规定了重车、空车与徒行的每日里程,并要求优先使用徒隶,只有在徒隶不足时,才可征发黔首。(7)关于“更戍之役”(简 1305+1355+1313+0913+1420+1424),规定自不更以下去更戍,“自一日以上尽券书,及署于牒”;“当繇(徭)戍,病不能出及作盈卒岁以上,为除其病岁繇(徭)”。[1] 显然,岳麓书院藏秦简《秦律令》抄录者关注的重心,乃是徭役的征发,特别是征发哪些徭役、征发哪些人以及怎样征发。

---

1 陈松长主编:《岳麓书院藏秦简》(肆),第 116-120、149-153 页。整理者将简 1420+1424 置于简 1305 正之前,然其内容实关于徭戍,宜置于简 0913 背后。

睡虎地秦简、岳麓书院藏秦简中保存的律令条文，都是抄录者根据需要“选抄”的秦律令条文，其所抄录的条文，反映了抄录者需要并关注哪些法律规定及其实施。比较睡虎地秦简抄录的“徭律”与岳麓书院藏秦简抄录的“徭律”，统一前后抄录者所关注的律令条文的差别是明显的：首先，“传送委输”在“御中发征”（朝廷征发）的徭役中，所占的比重大为增加。无论是统一前，还是统一后，由朝廷征发的徭役均居于最重要的地位，但在统一前，运输之役没有得到强调，说明其时在朝廷征发徭役中，所占的比重还不是甚大。在岳麓书院藏秦简抄录的《徭律》中，虽然强调传送之役要尽可能使用徒隶，在徒隶够用的情况下不要征用黔首，但实际上，连未傅的“敖童”和“史子”都有可能被征去“行粟”，大约没有徒隶够用的时候。因此，大幅度增加的运输之役，很可能是统一后黔首最重的负担之一。其次，“郡县之役”也增加了。在统一前，秦对于县邑修建衙署房舍，采取了严加控制的政策，地方官府所兴发的工程之役，应当是受到限制的。统一之后，在“皆县黔首利”的旗帜下，秦鼓励地方官府兴办各种地方公共工程，包括通往田地的农村道路网络、农田水利系统。在这个过程中，已践更八次的人（“八更”）和不再需要践更的“睆老”都要被征发。第三，“更戍之役”（兵役）也有大幅度增加。在睡虎地秦简中，只抄录了一条“戍律”，规定“同居毋并行，县啬夫、尉及士吏行戍不以律，赀二甲”。[1] 睡虎地秦简《除吏律》中说：一个人已任“驾驺”四年，却仍不能驾御，要“赏（偿）四岁繇（徭）戍”。然则，统一前

1 睡虎地秦墓竹简整理小组编：《睡虎地秦墓竹简》，“释文注释”部分第 89 页。

一人一生徭戍的时间，当不低于四年。[1]统一之后，兵役应当更重。岳麓书院藏秦简《徭律》规定：征发徭戍之役，不得“多员少员”，禁止“隤计后年繇（徭）戍数”，亦不得“伪为其券书以均”。[2]律令对上述行为的禁止，正说明这些现象在当时非常普遍。

三、徒隶

据上引岳麓书院藏秦简“治从人令”及里耶秦简8-769、8-389+8-404、9-557等，知徒隶与吏卒、黔首并列，是秦对其统治对象的一种身份划分。《管子·轻重篇》假托管子之言，说：“今发徒隶而作之，则逃亡而不守。发民，则下疾怨上。”[3]则知“徒隶”不是“民”（“黔首”），其地位比“民”低得多。

“徒”是刑徒，“隶”是隶臣妾。里耶秦简9-2283所记，是秦始皇二十七年二月十五日，洞庭郡守“礼”给各县啬夫及郡府卒史“嘉”、假卒史“穀”、属“尉”的命令。他先引用朝廷的“令”，说“传送委输，必先行城旦舂、隶臣妾、居赀赎责（债）。急事不可留，乃兴繇（徭）”；然后，他接着说：“今洞庭兵输内史，及巴、南郡、苍梧输甲兵，当传者多。节（即）传之，必先悉行乘城卒，隶臣妾，城旦舂、鬼薪白粲，居赀赎责（债）、司寇、隐官践更县者”，因为正是农作之时，“不欲兴黔首”。他要求嘉、穀、尉等，“各谨案所部县卒，徒隶，居赀赎责（债）、司寇、隐官践更县者薄（簿）”，只要这些人够用，就不要征发

---

1 睡虎地秦墓竹简整理小组编：《睡虎地秦墓竹简》，“释文注释”部分第79页。

2 陈松长主编：《岳麓书院藏秦简》（肆），第152-153页。

3 马非百：《管子轻重篇新诠》，“轻重乙”，北京：中华书局，1979年，第573页。

黔首。上下文相比较，知“乘城卒”就是“卒”，“徒”大致相当于“城旦舂、鬼薪白粲”，“隶”大致相当于“隶臣妾”。隶臣妾（隶），城旦舂、鬼薪白粲（徒），居赀赎责（债）、司寇、隐官践更县者（践更者），则是除“乘城卒”（卒）之外、要优先征发的三类人。

对于官府而言，无论隶臣妾，还是刑徒，或者践更的居赀赎责（债）、司寇、隐官，都是可供使用的、不得自由的劳动力，所以，在官府文书中，往往将上述三类人合称为“徒隶”或者径称为“徒”,而不加区别。[1] 里耶简 8–495 是迁陵县的“仓课志”，见有“徒隶死亡课”“徒隶产子课”“徒隶行繇（徭）课”三种课。而在简 8–481 所记“仓曹计录”中，则作“徒计”。显然，“仓曹计录”的“徒”，就是“仓课志”中的“徒隶”，都是指县仓所管领的各种强制性劳动人员。

官府文书虽然可以将各种强制性劳动人员合称为“徒”“作徒”“官徒”“徒隶”，但这些被强制劳动人员的身份差别却是非常清楚的。里耶简 8–686+8–973 是秦始皇二十九年八月乙酉迁陵县“库守”“悍”提交的“作徒簿”：县库从县司空接收了城旦四人、丈城旦一人、舂五人，从县仓接收了隶臣一人，总计十一人。其中城旦二人被指派“缮甲”，一人“治输”，一人及丈城旦一人“约车”，隶臣一人负责看门，三位舂去编织（“级”）。其所列“作徒”的顺序是城旦（丈城旦）、舂、隶臣。简 8–1143+8–1631 是秦始皇三十年八月迁陵县贰春乡的“作徒

1　参阅李学勤：《初读里耶秦简》，《文物》2003 年第 1 期，第 73-81 页；孙闻博：《秦及汉初的司寇与徒隶》，《中国史研究》2015 年第 3 期。

簿”：这个月在贰春乡劳作的“作徒”共有二百九十二人，其中城旦、鬼薪九十人，仗城旦三十人，舂、白粲合计六十人，隶妾一百一十二人。在这里，城旦（包括丈城旦）、舂，鬼薪、白粲，隶妾，是“作徒”的三个等级。简 9–2289 是迁陵县“司空守”“圂”上报的“徒作簿”，记录当时县司空所管的“徒”共有二百二十六人，其中成年男性一百二十五人，包括城旦司寇一人，鬼薪二十人，城旦八十七人，仗（丈）城旦九人，隶臣系城旦三人，隶臣居赀五人；成年女性八十七人，包括白粲八人，舂五十三人，隶妾系舂八人，隶妾居赀十一人，隶妾七人；未成年的小城旦九人，小舂五人。其所列徒隶的顺序是城旦司寇、鬼薪白粲、城旦（包括丈城旦）舂、隶臣妾系城旦舂、隶臣妾居赀、隶妾（无隶臣）。

上述官文书列举各种徒隶的顺序，应当是按照其地位高低分别开来的。据上引简 9–2283，“居赀赎责（债）、司寇、隐官践更县者”之上即是“黔首”，故“隶臣妾，城旦舂、鬼薪白粲，居赀赎责（债）、司寇、隐官践更县者”的地位顺序应当是从低到高的。“居赀赎责（债）、司寇、隐官践更县者”地位最高，其次是鬼薪（男性）与白粲（女性）、城旦（包括丈城旦，男性）与舂（女性），再次是隶臣系城旦（男性）和隶妾系舂（女性）、隶臣居赀（男性）和隶妾居赀（女性）以及隶臣妾。

在法律意义上，“居赀赎责（债）、司寇、隐官践更县者”大概都不属于徒隶，而应当是“庶人”（黔首中地位较低者）。[1] 但由于他们与城旦舂、隶臣妾等一起劳作，故地方官府往往将

1 参阅王彦辉：《论秦及汉初身份秩序中的“庶人”》，《历史研究》2018 年第 4 期。

之合并统计，并称为“作徒”或“徒隶”。“居赀赎责”乃是以劳役抵免债责，其身份地位仍属于黔首（庶人）。在里耶简 9–2283 中，“居赀赎责”就没有被列入“徒隶”的范畴。里耶秦简 7–304 是秦始皇二十八年迁陵县“隶臣妾及黔首居赀赎责作官府课”，谓二十七年留存的隶臣妾一百一十六人，二十八年新入三十五人，合计隶臣妾一百五十一人，当年有二十八人死亡；“黔道（首）居赀赎责作官”有三十八人，当年死亡一人。[1] 所谓“黔首居赀赎责作官”，当是在“官”中劳作以赎免债责的“黔首”，故简文将之与隶臣妾区分开来。睡虎地秦简《秦律十八种》“司空律”规定：“公士以下居赎刑罪、死罪者，居于城旦舂，毋赤其衣，勿枸椟欙杕。”“大啬夫、丞及官啬夫有罪、居赀赎责（债），欲代者，耆弱相当，许之”；“一室二人以上居赀赎责（债）而莫见其室者，出其一人，令相为兼居之。居赀赎责（债）者，或欲籍（藉）人与并居之，许之，毋除其繇（徭）戍”；“百姓有赀赎责（债）而有一臣若一妾，有一马若一牛，而欲居者，许”；“居赀赎责（债）者归田农，种时、治苗时各二旬。”[2] 显然，“居赀赎责（债）者”只是因欠资赎罪而作于“官”，其本身仍是相对自由的。[3]

司寇，大致可判断为“刑满释放人员”。睡虎地所出《秦律十八种 · 司空律》中见有“城旦、舂之司寇”“城旦司寇”“舂

1　郑曙斌、张春龙、宋少华、黄朴华：《湖南出土简牍选编》，长沙：岳麓书社，2013 年，第 18 页。

2　睡虎地秦墓竹简整理小组编：《睡虎地秦墓竹简》，“释文注释”部分第 51-52、53 页。句读有所不同。

3　朱绍侯曾指出居赀赎债者并非刑徒，参阅《军功爵制研究（增订版）》，北京：商务印书馆，2017 年，第 81 页。

司寇"，整理小组释为城旦、舂减刑为司寇者，大致可从。这样的司寇有的仍留在原服刑地点，与城旦舂、隶臣妾等一起劳作。城旦司寇可以担任二十名城旦组成的作徒队队长（"及城旦傅坚、城旦舂当将司者，廿人，城旦司寇一人将"）；如果需要，可把劳动已满三年以上的城旦，免为城旦司寇（"司寇不踐，免城旦劳三岁以上者，以为城旦司寇"）。[1] 里耶秦简 8-2151 见有城旦司寇一人，鬼薪二十人，当是由一位城旦司寇督率二十位鬼薪。简 8-2156 所见，则是城旦司寇一人，领鬼薪十九人。"司寇"的本义，或即指徒隶的监督者。在里耶秦简 8-19 中，见有"司寇"一户，乃是指其"户人"（户主）的身份是司寇。简文将"司寇"排在士伍之下，小男子、大女子之前。简 8-1027 又见有"成里户人司寇宜"，及其"下妻甾"。简 8-1946 见有"阳里户人司寇寄"。显然，"司寇"可以作为"户人"著籍。岳麓书院藏秦简 1864 记有一条令，规定"诸军人、漕卒及黔首、司寇、隶臣妾有县官事不幸死"，死所官吏要予以妥善处置。[2] 在这条令文中，"司寇"正处于黔首与隶臣妾之间。[3]

"隐官践更者"，又见于岳麓书院藏秦简 0587。简文记泰上皇时内史言，谓："西工室司寇、隐官践更，多贫不能自给糧（粮）。"议称："令县遣司寇入禾，其县毋（无）禾当贳者，告作所县，偿及贷。"[4] 隐官和司寇一起，受县派遣，前往内史所属西

---

1 睡虎地秦墓竹简整理小组编：《睡虎地秦墓竹简》，"释文注释"部分第 52-53 页。

2 陈松长主编：《岳麓书院藏秦简》（伍），第 111 页。

3 孙闻博指出：司寇与奴婢不同，又与一般编户有别。参阅孙闻博：《秦及汉初的司寇与徒隶》，《中国史研究》2015 年第 3 期。

4 陈松长主编：《岳麓书院藏秦简》（肆），第 204 页。句读有所不同。

工室践更，其地位当与上述得著籍的司寇相似。简 0793 所记为司空律条文，谓“黔首及司寇、隐官、干官人、居赀赎责（债），或病及雨不作，不能自食者，贷食，以平贾（价）”折算。[1] 其中，隐官列在司寇之后、干官人与居赀赎责（债）之前，在“官”中践更，需要自食或贷食。岳麓书院藏秦简 1975+0170 说寺车府、少府、中府等机构的“隶臣”，可“免为士五（伍）、隐官”，“及隶妾以巧及劳免为庶人”。则隐官可与士伍、庶人并列。[2] 据张家山汉简《二年律令》，隐官与司寇受田宅各五十亩、半宅，为公卒、士伍、庶人所受田宅的一半。[3] 颇疑“隐”当作“没”解，“隐官”即“没于官”的编户，盖相当于后世的匠户、船户等特殊的户口类别（“官户”）。[4]

鬼薪、白粲与城旦、舂，按照卫宏《汉官旧仪》的解释，分别是三年和五年的刑期，前者是男犯，后者是女犯。[5] 对于秦及西汉初律令是否有服刑期限的规定，学界有不同看法，但对

---

1 陈松长主编：《岳麓书院藏秦简》（肆），第 154 页。句读有所不同。

2 陈松长主编：《岳麓书院藏秦简》（肆），第 49-50 页。

3 张家山二四七号汉墓竹简整理小组编著：《张家山汉墓竹简（二四七号墓）：释文修订本》，第 52 页。

4 马非百将“隐官”理解为后世的劳动教养，黄展岳、苏家寅理解为凡受肉刑而获赦免、平凡或私属得放免者，皆入隐官，为贱民。参阅马非百：《云梦秦简中所见的历史新证举例》，《郑州大学学报》（社会科学版）1978 年第 2 期；黄展岳：《释“隐官”》，《湖南省博物馆馆刊》总第 7 辑，长沙：岳麓书社，2011 年，第 289-291 页；苏家寅：《释“隐官”》，《史学月刊》2020 年第 2 期。睡虎地秦简《秦律十八种》“军爵律”谓“工隶臣斩首及人为斩首以免者，皆令为工。其不完者，以为隐官工。”《法律答问》又见有“处隐官”，谓：“群盗赦为庶人，将盗戒（械）囚刑罪以上，亡，以故罪论，斩左止为城旦，后自捕所亡，是谓‘处隐官’。”（睡虎地秦墓竹简整理小组编：《睡虎地秦墓竹简》，“释文注释”部分第 55、123 页）“隐官工”，大致即相当于“匠户”；而“处隐官”，当即“没为官户”。

5 孙星衍等辑，周天游点校：《汉官六种》，北京：中华书局，1990 年，第 53 页。

于鬼薪、白粲的惩罚轻于城旦、舂，则并无异议。同是"城旦、舂"，还有完、黥之别。睡虎地秦简《法律答问》说："五人盗，臧（赃）一钱以上，斩左止，有（又）黥以为城旦；不盈五人，盗过六百六十钱，"黥、劓（劓）以为城旦；不盈六百六十到二百廿钱，黥为城旦；不盈二百廿以下到一钱，䙴（迁）之"。[1] 张家山汉简《二年律令》"盗律"作"盗臧（赃）直（值）过六百六十钱，黥为城旦舂。六百六十到二百廿钱，完为城旦舂。不盈二百廿到百一十钱，耐为隶臣妾"。[2] 两相比较，可知斩足且黥最重，黥而且劓次之，"黥"最为普遍；"完"为城旦，在同类刑罚中最轻。

隶臣妾基本上是一种终生身份，其地位当低于城旦舂。[3] 睡虎地秦简《秦律杂抄》有一条律令，规定："战死事不出，论其后。有（又）后察不死，夺后爵，除伍人；不死者归，以为隶臣。"另一条规定："寇降，以为隶臣。"[4] 未死归来者与投降的敌寇均"以为隶臣"，意味着其终生都是隶臣。岳麓书院藏秦简 0185 又说："阑亡盈十二月而得，耐。不盈十二月为将阳，毄（系）城

1 睡虎地秦墓竹简整理小组编：《睡虎地秦墓竹简》，"释文注释"部分第 93-94 页。

2 张家山二四七号汉墓竹简整理小组编著：《张家山汉墓竹简（二四七号墓）：释文修订本》，第 16 页。

3 据《汉书·刑法志》，汉时隶臣妾地位在鬼薪白粲之上，仅次于司寇或庶人（《汉书》卷二三《刑法志》，第 1099 页）。据上引张家山汉简《二年律令》"盗律"，耐为隶臣妾的惩罚亦轻于城旦舂。论者多据此推论秦时隶臣妾地位亦在城旦舂、鬼薪白粲之上。此种认识，盖以汉制推论秦制而得，兹未从。关于隶臣妾的地位、性质及其与城旦舂、鬼薪白粲的关系，请参阅陈伟主编：《秦简牍合集》［壹］上，第 77-80 页；李力：《"隶臣妾"身份再研究》，北京：中国法制出版社，2007 年。

4 睡虎地秦墓竹简整理小组编：《睡虎地秦墓竹简》，"释文注释"部分第 88-89 页。

旦舂。”[1]“耐”即耐为隶臣妾，“系城旦舂”当释为罚作城旦，是一种单独刑罚，故“耐为隶臣妾”要重于“系城旦舂”。岳麓书院藏秦简 1975+0170+2035+2033：

> 寺车府、少府、中府、中车府、泰官、御府、特库、私官隶臣，免为士五（伍）、隐官，及隶妾以巧及劳免为庶人，复属其官者，其或亡盈三月以上而得及自出，耐以为隶臣妾；亡不盈三月以下而得及自出，笞五十；籍亡不盈三月者日数，后覆亡，軵数盈三月以上得及自出，亦耐以为隶臣妾，皆复付其官。[2]

属于诸官署的隶臣妾，与隐官、庶人相对应，性质是官奴婢。岳麓书院藏秦简 0168+0167 规定：“奴亡，以庶人以上为妻，婢亡，为司寇以上妻，黥奴婢頯（颜）頯，畀其主。以其子为隶臣妾。”[3] 其所说的奴、婢，各有主，是指私奴婢；而以其子为隶臣妾，当是没为官奴婢，则官奴婢的地位要低于私奴婢。

“隶臣妾系城旦舂”是附系于“城旦、舂”之下的“隶臣妾”，亦即其本来的身份是隶臣妾，又要被强制从事城旦舂的劳作。睡虎地秦简《秦律十八种》“司空律”规定：系于城旦舂的隶臣妾、司寇及居赀赎责（债）者，“勿责衣食”；“其与城旦舂作者，衣食之如城旦舂”；系城旦舂的“人奴妾”（私奴婢），亦由官府

1 陈松长主编：《岳麓书院藏秦简》（肆），第 69 页。
2 陈松长主编：《岳麓书院藏秦简》（肆），第 49-50 页。
3 陈松长主编：《岳麓书院藏秦简》（肆），第 68 页。

贷予衣食。[1] 所谓"系城旦舂"，就是与城旦舂从事同样的劳作，受到同等的对待，由官府供给衣食。睡虎地秦简《法律答问》说："当耐为隶臣，以司寇诬人"，"当耐为隶臣，有（又）系城旦六岁"。[2] 本即当耐为隶臣的人，又因诬人而被加重惩罚，从事城旦的劳作六年。岳麓书院藏秦简 2129+2091+2071：

> 奴婢毄（系）城旦舂而去亡者，毄（系）六岁者，黥其頯（颜）頯；毄（系）八岁者，斩左止；毄（系）十岁、十二岁者，城旦黥之，皆畀其主。其老小不当刑者，毄（系）六岁者，毄（系）八岁；毄（系）八岁者，毄（系）十岁；毄（系）十岁者，毄（系）十二岁。皆毋备其前毄（系）日。[3]

奴婢系城旦舂者，当是作为城旦舂从事劳作的私奴婢；其虽然"系城旦舂"，但仍然属于其主人。然私奴婢本非徒隶，其因逃亡而被"系城旦"，实为受刑，并非加刑。岳麓书院藏秦简 2065+0780 背："诱隶臣、隶臣从诱以亡故塞徼外蛮夷，皆黥为城旦舂。"[4] 受诱逃亡的隶臣，被抓捕后黥为城旦舂，方是"隶臣（妾）系城旦舂"。

"隶臣妾居赀"，则当是居赀赎责（债）的"隶臣妾"。岳麓书院藏秦简 2047+1947+1922+1946：

1　睡虎地秦墓竹简整理小组编：《睡虎地秦墓竹简》，"释文注释"部分第 52-53 页。

2　睡虎地秦墓竹简整理小组编：《睡虎地秦墓竹简》，"释文注释"部分第 120-121 页。

3　陈松长主编：《岳麓书院藏秦简》（肆），第 51 页。

4　陈松长主编：《岳麓书院藏秦简》（肆），第 72 页。

十四年七月辛丑以来，诸居赀赎责（债）未备而去亡者，坐其未备钱数，与盗同灋。其隶臣妾殹（也），有以亡日臧数，与盗同灋。隶臣妾及诸当作县道官者、仆、庸，为它作务，其钱财当入县道官而逋未入去亡者，有（又）坐逋钱财臧，与盗同灋。[1]

隶臣妾逃亡期间欠下的工日，可折合赀财；其在"官"中劳作，则可能挪占、贪污钱财。其罪既以盗同法，则只能以劳役充抵其欠赀与罪责。居赀的隶臣妾大抵亦从事城旦舂之类的劳作。

徒隶由官府供给稟食。睡虎地秦简《秦律十八种》"仓律"说"隶臣妾其从事公，隶臣月禾二石，隶妾一石半；其不从事，勿稟。小城旦、隶臣作者，月禾一石半石；未能作者，月禾一石。小妾、舂作者，月禾一石二斗半斗；未能作者，月禾一石"。[2]《仓律》的另一条规定说：城旦从事筑垣等劳动，"旦半夕参"（早饭半斗，晚饭三分之一斗）；"城旦舂、（舂）司寇、白粲操土攻（功），参食之；不操土攻（功），以律食之"。[3]说明城旦舂、鬼薪白粲及司寇，在从事官府劳役时，均由官府供给稟食。

里耶秦简 8–212+8–426+8–1632 记载：秦始皇三十一年正月初四，司空守"增"、佐"得"发放了舂、小城旦"渭"等四十七人四十七日的稟食，每日按四升又六分之一升计算，共计粟米一石九斗五升又六分之五升。正月二十九日，启陵乡

---

1 陈松长主编：《岳麓书院藏秦简》（肆），第 60-61 页。

2 睡虎地秦墓竹简整理小组编：《睡虎地秦墓竹简》，"释文注释"部分第 32 页。

3 睡虎地秦墓竹简整理小组编：《睡虎地秦墓竹简》，"释文注释"部分第 33-34 页。简文"城旦舂、舂司寇、白粲"的第二个"舂"，当是衍文。

守“尚”、佐“䢅”、禀人“小”发放了大隶妾□、京、窑、莀、并、□人、乐、窅、韩、欧毋等人正月的禀食，前后三十九日，每日三升泰半半升，合计粟米一石六斗二升半升（里耶简8-925+8-2195）。同年三月丙寅，仓“武”、佐“敬”与禀人“援”向大隶妾某发放了禀食一石二斗半斗（里耶简8-760）；八月壬寅，仓守“是”、史“感”与禀人“堂”一起给隶臣婴儿“槐庫”发放了六月份的禀食，稻四斗八升少半半升（简8-217）。凡此，都是徒隶领取官府发放禀食的记录。

徒隶的部分衣服亦由官府配给。睡虎地秦简《秦律十八种》“金布律”有一条规定：夏衣从四月至六月发给，冬衣从九月至十一月发放，并详细规定了褐衣的用料与价值。简文没有说明其所说的夏衣与冬衣向何人发放，但说到褐衣是为“囚有寒者”准备的；而在下文述及某种衣料时，说“隶臣妾、舂城旦毋用”。[1]那么，授衣的对象，当即城旦舂、隶臣妾等。《金布律》的另一条规定说：“禀衣者，隶臣、府隶之毋（无）妻者及城旦，冬人百一十钱，夏五十五钱；其小者冬七十七钱，夏卌四钱。舂冬人五十五钱，夏卌四钱；其小者冬卌四钱，夏卅三钱。隶臣妾之老及小不能自衣者，如舂衣。·亡、不仁其主及官者，衣如隶臣妾。”[2]那么，隶臣妾及城旦舂等亦可自备衣服，若不能自备，可向官府领取，但需要计算钱货。

1　睡虎地秦墓竹简整理小组编：《睡虎地秦墓竹简》，“释文注释”部分第41页。

2　睡虎地秦墓竹简整理小组编：《睡虎地秦墓竹简》，“释文注释”部分第42页。

四、秦时人民的身份与社会结构

综上可知:(1)“吏卒”包括吏与卒,吏又分为长吏(大致与“有秩吏”相对应)与少吏(属吏,大致与“月食者”相对应)两类,“卒”主要包括屯戍卒和求盗卒。吏、卒在任职、服役期间,均由国家发放稟食,其中长吏除月食外,还可以按等级享受秩禄。获得公士、上造、簪裹、不更、大夫等五级爵位,即可以担任相应的吏职。(2)统一后所称的“黔首”,与统一前所说的“民”含义基本相同,乃是指著籍的编户齐民。较之于统一前的“秦民”,统一后“新黔首”皆得应征从军,“故黔首”的更戍之役也大为增加;六国故地与新拓疆域的新黔首大抵未得普遍授田,其所承担的田租与刍稟渐变为按户交纳;传输之役更是大幅度加重。(3)徒隶包括刑徒和隶臣妾,都在官府强制下从事各种劳作。徒隶又具体别为鬼薪白粲、城旦舂、隶臣妾(包括隶臣妾系城旦舂、隶臣妾居赀)等,在服刑劳作时得由官府配给稟食和部分衣服。司寇、居赀赎责(债)、隐官等也可能被编入“作徒簿”,在劳作时被视同徒隶。在隶臣妾之外,还有大量的私属奴婢,其地位或比隶臣妾稍高。私奴婢由其主人支配,并不在国家直接控制之列。

吏卒、黔首与徒隶三种身份的人,是秦的基本统治对象。在吏卒之上,有管治一方、领受稟食俸禄的官僚阶层(拥有官大夫、公大夫与公乘三级爵位者)和拥有食邑的军功贵族阶层(拥有五大夫以上爵位者),他们是秦的统治阶级。吏卒、黔首与徒隶三种身份的人群,则基本上可以看作为被统治阶级。吏卒虽然包括负责县以下军政管理事务的各种各样的“吏”以及军队的基层军官与兵卒，其相当部分拥有较为低级的爵（包括大夫、不更、簪褭、上造和公士等五级），但他们不担任吏职和应役从军时，就是普通的“黔首”（民）。黔首就是编户齐民，包括未担任吏职和应役从军的前五级爵位获得者，公卒、士伍、大男子、大女子及小男子、小女子等普通庶民，以及地位大抵同于贱民的司寇、隐官等。吏卒与黔首的身份，实际上是不断变动的：黔首立功受爵任吏或应征从军就是吏卒，吏卒卸任或返乡即成为黔首。因此，吏卒更主要是一种职役身份，并非较为稳定的社会等级。他们虽然担任吏职或参军打仗，成为秦的统治工具，但他们主要是被统治者，绝不是统治阶级。徒隶（以及私奴婢）是被强制劳作、地位低下的人群，是社会的底层。吏卒、黔首当然易于因罪、欠赀等原因而沦为徒隶，然一旦沦为徒隶（以及私奴婢），则很难再取得黔首的身份，更难以成为吏卒。在黔首与徒隶之间，又存在着一个“贱民”阶层，包括司寇、隐官及居赀赎责（债）者。

在秦代，吏卒、黔首与徒隶（以及私奴婢）是被统治的人民群众，他们构成了秦代人口的主体。在秦帝国的边缘小县迁陵县，即使是担任长吏的“欧”“昌”等人也只有“上造”的爵，可能连领取俸禄的官僚阶层都算不上，更遑论拥有食税邑的贵族阶层。因此，可以说，迁陵县的吏卒、黔首与徒隶（以及私奴婢），都是被统治的人民。那么，在可统计的社会总人口中，上述三种人各自占有怎样的比重呢？

据里耶秦简 9-633 所记“迁陵吏志”，迁陵县编制吏员应为一百三人，在任五十一人，徭使三十五人，合计八十六人。据上引里耶简 8-132+8-334，迁陵县尉所领士卒合计六百二十六人。这两组数据均没有准确系年，但不会出于秦始皇二十七年至秦二世元年间（前 220–209）。大概言之，在秦稳定控制迁陵县的十余年时间里，迁陵县的吏卒合计，应当在七百一十人上下。

迁陵县分为都乡、贰春、启陵三个乡。里耶秦简 8–487+8–2004 记载了一组“见户”数，简文说明是秦始皇三十四年八月十一日户曹令史“頎”所疏二十八年到三十三年的“见户数”：“廿八年见百九十一户。廿九年见百六十六户。卅年见百五十五户。卅一年见百五十九户。卅二年见百六十一户。卅三年见百六十三户。”简 9–1706+9–1740 明确记载：“廿九年迁陵见户百六十六。”正与简 8–487+8–2004 所记廿九年的见户数相合。因此，简 8–487+8–2004 所记的这组“见户数”，应当就是这六年间迁陵县的“见户数”，即其实存的著籍户数。[1] 六年平均，也大约是一百六十六户。如果以平均每户 5.8 口计算，约为九百六十二人。[2]

---

1 陈伟：《里耶秦简所见秦代行政与算术》，简帛网，2014 年 2 月 4 日，http://www.bsm.org.cn/show_article.php?id=1986。

2 黎民钊：《里耶秦简：户籍档案的探讨》，《中国史研究》2009 年第 2 期。与“见户”相关的还有“积户”，即里耶秦简 8-552：“卅二年迁陵积户五万五千五［百］卅四”，8-1716：“卅五年迁陵贰春乡积户二万一千三百☐”。张春龙认为，这表明秦始皇三十二年迁陵县户总计有 55534，参阅张春龙：《里耶秦简所见的户籍和人口管理》，收入中国社会科学院考古研究所、中国社会科学院历史研究所、湖南省文物考古研究所编：《里耶古城 · 秦简与秦文化研究——中国里耶古城 · 秦简与秦文化国际学术研讨会论文集》，北京：科学出版社，2009 年，第 191 页。陈伟认为两种户大概同时存在而具有不同的性质，“见（现）户”与租赋有关，“积户”则未见涉及租赋，参阅陈伟：《里耶秦简所见秦代行政与算术》，简帛网，2014 年 2 月 4 日，http://www.bsm.org.cn/show_article.php?id=1986。唐俊峰认为“积户”是秦政府以某种计算方法算出的累积户数，而“见户”可能就是指县里正式登记，需承担租赋的编户数目。参阅唐俊峰：《里耶秦简所示秦代的“见户”与“积户”——兼论秦代迁陵县的户数》，简帛网，2014 年 2 月 8 日，http://www.bsm.org.cn/show_article.php?id=1987。我们认为“积户”或可能当作“系户”即“系于此乡、县之户”解。（转下页）

据上引里耶简 9-2289 是秦始皇三十二年迁陵县司空守圂上报的“徒作簿”，当时迁陵县县司空所管各种“徒隶”共有二百二十六人，分别被派往贰春乡（九人）、都乡（四人）、启陵乡（三人）、尉（六人）、少内（四人）、库（三人）、畜官（四人）、田官（五十七人）、仓（六人），其余的由司空直接管领，从事各种劳作，或者受派随从小吏去徭使。此徒作簿所记，当即其时迁陵县全部徒隶数。

从秦始皇二十七年到秦二世元年，如果迁陵县的吏卒以七百十二人、黔首以九百六十二人、徒隶以二百二十六人计，三种身份的人群在统计的总人数（1900 人）中，分别占 37.5%、50.6% 和 11.9%。吏卒基本上可视为统治阶层用以进行社会控制与管理的力量，而徒隶则基本上属于社会底层人群。在秦统治下的边区小县里，控制与管理力量占可统计总人口的 37.5%，社会底层人群占据统计人口的 10% 强（考虑到大量存在的私奴婢，未能进入官府统计系统，社会底层人群所占的比例应当更高），至少在一定程度上反映出秦统治下社会结构的部分特征。

(接上页)《秦律十八种·属邦律》:“道官相输隶臣妾、收人，必署其已禀年日月、受衣未受、有妻毋有。受者以律续食衣之。属邦。”(睡虎地秦墓竹简整理小组编:《睡虎地秦墓竹简》，“释文注释”部分第 65 页)《属邦律》中“道官”所输之隶臣妾、所收之人，当来自“属邦”。《法律答问》又见有“臣邦”:“臣邦人不安其主长而欲去夏者，勿许。可（何）谓‘夏’？欲去秦属，是谓‘夏’。”(睡虎地秦墓竹简整理小组编：《睡虎地秦墓竹简》，“释文注释”部分第 135 页）则“臣邦人”为“秦属”，“臣邦”亦即臣属于秦之邦，而臣邦人（属邦人）之主长则为“夏”（秦）（关于属邦的讨论，请参阅工藤元男：《睡虎地秦简所见秦代国家与社会》，广濑薰雄、曹峰译，上海：上海古籍出版社，2010 年，第 73-104 页）。据此，所谓积户，或者可能就是系于迁陵县下的“属邦”（臣邦）人户。然此事关涉实甚广，我们的证据也不足，姑备一说。

中古早期中国南方地区普通僧人的生计

《高僧传》卷五记释道安南投襄阳，宣扬佛法，“四方学士，竞往师之”，雍州刺史朱序、荆州刺史桓豁等亦深相结纳。清河张殷舍宅为基，供道安立檀溪寺，“大富长者，并加赞助，建塔五层，起房四百”。凉州刺史杨弘忠送铜万斤，秦主苻坚遣使送外国金箔倚像，高平郄超遣使遗米千斛。[1] 与道安同时南来的竺法汰，入都居于瓦官寺，晋简文帝深相敬重，请讲《放光经》，“开题大会，帝亲临幸，王侯公卿，莫不毕集”。汰遂扩建瓦官寺，“更拓房宇，修立众业，又起重门，以可地势”。及其圆寂，孝武帝诏书营丧，赙钱十万。[2] 竺潜（法深）出身琅琊王氏，乃王敦之弟。出家后居于剡东仰山，结旅山门，其地则当为王氏家产，故支遁曾遣使求买仰山之侧沃洲小岭，潜辄给之。[3] 凡此名僧大德，或位崇身显，广受礼敬，或出身豪门，挟资隐居，皆生计

1 慧皎撰、汤用彤校注:《高僧传》卷五《义解》二，北京：中华书局，1992 年，第 179-180 页。

2 《高僧传》卷五《义解》二，第 193 页。

3 《高僧传》卷四《义解》一，第 156-157 页。

无虞，自可优游山林，论道说义，弘扬佛法。而在佛教进入中国南方地区之初，却并不为人所知，僧人游历四方，生计颇为艰难，弘法更为不易。佛教在南方地区初步立足、略具根基之后，虽颇得帝王显宦、达官贵人之信仰，舍宅立寺，广施供养，从而培育一众高僧，然仍有众多普通僧人，深入海隅山林，筚路蓝缕，开辟道场；或留连市肆，或深入村里，乞食自给，说法布道，以广其教。

佛教进入中国北方之后，逐步得到君王贵族等权势阶层之信仰，布施田产租税及金钱财物甚多，遂奠定佛教传播与发展之经济基础；十六国北朝时期，北方普通民众亦愈来愈普遍地信仰佛教，从而给佛教在北方地区的传播发展提供了深厚的社会经济基础。而在南方地区，却迄未见有六朝政权统治阶层较大规模地布施田产的记载，南方乡村民众，亦非如北方乡村民众一般，以佛教信仰为核心，结社立场，共营寺庙，写经造像，供养僧众。因此，汉末六朝时期，南方地区的普通僧人，遂多依靠向当地原有神庙争夺资源与信众、向商贾求取布施、乞食等方式，以维持生计；特别着意于在滨海、河湖地带以及山区活动，以得到渔人、山民的供养。中古早期北、南方地区僧人生计手段的差别，固然受到北、南方地区统治集团政治文化取向的影响，亦与北、南方地区经济社会结构的差别有着密切关联；而此种差别，对于佛教在中国的传播、影响及其派别的形成与演化，更产生深刻的影响。

一、邾亭湖庙的财物

《高僧传》卷一《译经》“汉阳安清”记安世高（安清）离开洛阳，到南方游历：

> 高游化中国，宣经事毕，值灵帝之末，关洛扰乱，乃振锡江南。云：“我当过庐山，度昔同学。”行达邾亭湖庙。此庙旧有灵威，商旅祈祷，乃分风上下，各无留滞。尝有乞神竹者，未许辄取，舫即覆没，竹还本处。自是舟人敬惮，莫不慑影。高同旅三十余船，奉牲请福。神乃降祝曰：“船有沙门，可便呼上。”客咸惊愕，请高入庙。神告高曰：“吾昔外国与子俱出家学道，好行布施，而性多瞋怒。[以瞋恚故，堕此神报。]今为邾亭庙神，周回千里，并吾所治。以布施故，珍玩甚丰。（以瞋恚故，堕此神报。）今见同学，悲欣可言。寿尽旦夕，而丑形长大，若于此舍命，秽污江湖，当度山西泽中。此身灭后，恐堕地狱。吾有绢千疋，并杂宝物，可为立法营塔，使生善处也。”……高即取绢物，辞别而去。舟侣扬帆……倏忽之顷，便达豫章，即以庙物造东寺。[1]

世高度邾亭庙神、移庙中财物立寺的传说，在六朝时即有不同版本。慧皎引不详撰人之《安世高别传》云：“晋太康末，有安侯道人来至桑垣，出经竟，封一函于寺，云：‘后四年可开之。’吴末行至杨州，使人货一箱物，以买一奴，名福善，云‘是我

1 《高僧传》卷一《译经》上，第5-6页。

善知识’。仍将奴适豫章，度郏亭庙神，为立寺竟。福善以刀刺安侯胁，于是而终。……”。又引庾仲雍《荆州记》云：“晋初有沙门安世高，度郏亭庙神，得财物，立白马寺于荆城东南隅。”而昙宗《塔寺记》则称：“丹阳瓦官寺，晋哀帝时沙门慧力所立。后有沙门安世高，以郏亭庙余物治之。”[1]则世高所立之寺，即有豫章东寺、荆城东南隅白马寺、丹阳瓦官寺三说，时间亦各不相同。可知世高度神立寺之事，当非信史。然此一故事，在六朝时期颇多流传，却说明佛教进入中国南方之初，或以不同方式，获取民间固有神庙之财产及信众，使之成为佛教早期发展的基础。

上引四种版本的世高度神立寺传说，共同之处在于世高移用立寺的财物所自之庙，皆为“郏亭庙”（或郏亭湖庙）。郏亭庙，当即宫亭庙。《元和郡县图志》又作“官亭湖神庙”（“官”当为“宫”之误），谓“在（浔阳）县东南九十里”。[2]《水经注·庐江水》谓庐山南岭（天子鄣）下“有神庙，号曰宫亭庙，故彭湖亦有宫亭之称焉”。并记载当时传说云：

> 山庙甚神，能分风擘流，住舟遣使，行旅之人，过必敬祀，而后得去。故曹毗咏云：分风为二，擘流为两。昔吴郡太守张公直，自守征还，道由庐山，子女观祠，婢指女戏妃像人，其妻夜梦致聘，怖而遽发，明引中流，而船不行。合船惊惧，曰：“爱一女而合门受祸也。”公直不忍，遂令妻下

1 《高僧传》卷一《译经》上，第7页。

2 李吉甫撰：《元和郡县图志》卷二八，北京：中华书局，1983年，第676页。

女于江。其妻布席水上，以其亡兄女代之，而船得进。公直方知兄女，怒妻曰："吾何面目于当世也。"复下己女于水中。将渡，遥见二女于岸侧，傍有一吏立曰："吾庐君主簿，敬君之义，悉还二女。"故干宝书之于感应焉。[1]

吴郡太守张公直，据干宝《搜神记》，名璞，不知何时人，[2] 盖本为传说，不必究其实。《后汉书 · 栾巴传》记顺帝时栾巴为豫章太守，"郡土多山川鬼怪，小人常破赀产以祈祷。巴素有道术，能役鬼神，乃悉毁坏房祀，翦理奸巫，于是妖异自消。百姓始颇为惧，终皆安之"。注引葛洪《神仙传》曰："时庐山庙有神，于帐中与人言语，饮酒投杯，能令宫亭湖中分风，船行者举帆相逢。巴未到十数日，庙中神不复作声。郡中常患黄父鬼为百姓害，巴到，皆不知所在，郡内无复疾疫。"[3] 此庐山庙，当即宫亭湖庙。则知在世高南游之前，宫亭庙早已存在，是当地民众与经行于长江、彭泽湖上的行旅商贾奉祀的神庙。《太平寰宇记》引《江州图经》，谓宫亭庙"在（江）州南彭蠡湖侧，周武王十五年置"，[4] 也曲折地反映出此庙来源甚古。六朝时，宫亭庙仍颇得信奉，香火甚盛。《初学记》卷七《地部》引盛弘之《荆州记》曰："宫亭湖庙神甚有灵验，途旅经过，无不祈祷。能使湖中分风，而帆南北。"[5] 宫亭庙神甚至得到南朝皇族的奉祀。《南齐书》卷

1 郦道元著、王先谦校：《水经注》（合校本）卷三九《庐江水》，成都：巴蜀书社，1985 年，据光绪十八年新化三味书室《合校水经注》本影印，第 600 页。
2 干宝撰、汪绍楹校注：《搜神记》卷四，北京：中华书局，1979 年，第 49 页。
3 《后汉书》卷五七《栾巴传》，北京：中华书局，1965 年，第 1841-1842 页。
4 乐史撰：《太平寰宇记》卷一一一《江州》，北京：中华书局，2007 年，第 2256 页。
5 徐坚等著：《初学记》卷七《地部 · 湖》，北京：中华书局，1962 年，第 140-141 页。

一八《祥瑞志》载:“昇明三年，世祖遣人诣宫亭湖庙还福，船泊渚，有白鱼双跃入船。”[1]萧赜初仕，即为寻阳国侍郎，辟江州西曹书佐;沈攸之反,萧赜据守湓口城;昇明二年,得任江州刺史。故江州实为萧赜发迹之所，其间，或曾往祈宫亭庙。昇明三年，萧赜已入为尚书仆射、中军大将军，进爵为公，即将成为齐国世子。他于其时派人前往宫亭湖庙还福，奉献必然甚丰。

因此，东汉六朝时期，彭泽湖畔的宫（郏）亭庙甚得官民商旅信仰，庙中累积财富甚丰，当非虚言。上引《高僧传》庙神称其“珍玩甚丰”,“有绢千疋，并杂宝物”，应大致可信。而正是在这一时期，庐山地区逐步发展成为南方佛教的中心之一。虽然世高行经彭泽湖、度郏亭庙神、移神庙之财帛立佛寺的故事未必是信史，但佛教在中国南方传播的早期，必然与民众信仰的诸种神祇争夺信众与财源，却应当是真实的历史过程。在《高僧传》所记的故事中，郏（宫）亭庙神皈依了佛教，而其作为庙神肉身的巨蟒则死于“山西泽中”,“庙神歇末，无复灵验”。隋唐以后，虽然《元和郡县图志》《太平寰宇记》仍记有宫亭庙，但却再也未见有灵验事迹发生，亦未见有商旅前往祈祷布施的记载。显然，宫亭庙神已基本失去经行商旅的信仰，可能只在当地民众中仍保有某些影响。

佛教在南方地区传播之初，以诸种方式，与当地固有信仰乃至道教争夺信众与资源，或颇有发生，惟其事不彰，故于文献中仅得曲折见出。《高僧传》记慧远初到庐山,“始住龙泉精舍。此处去水大远，远乃以杖扣地曰:‘若此中可得栖立，当使朽壤

1 《南齐书》卷一八《祥瑞志》，北京：中华书局，1972 年，第 356 页。

抽泉。’言毕，清流涌出，后卒成溪。其后少时，浔阳亢旱，远诣池侧读《海龙王经》，忽有巨蛇从池上空，须臾大雨，岁以有年，因号精舍为龙泉寺焉”。[1]慧远在未得桓伊相助之前，如何于庐山安居，已无从知悉。据此处所记传说，似可推知，慧远盖以奇术，慑伏当地信仰蛇神的民众，并可能利用原有奉祀蛇神的神庙资财，营建龙泉寺，从而在庐山初步立足。

慧远弟子昙邕受摈出山，于庐山之西南另营立茅宇，别创门户。《高僧传》说昙邕弟子昙果“梦见山神求受五戒，果曰：‘家师在此，可往咨受。’后少时，邕见一人着单衣帽，风姿端雅，从者二十许人，请受五戒。邕以果先梦，知是山神，乃为说法授戒”。[2]这个故事折射出的事实，应当是昙邕、昙果师徒被摈离开东林之后，借居庐山西南原有之山神庙中，复渐将山神信仰纳入佛教信仰范畴之内。

《高僧传》卷四又记竺法崇“尝游湘州麓山，山精化为夫人，诣崇请戒，舍所住山为寺。崇居之，少时，化洽湘土”。[3]法崇初到麓山，显然居止于原有的夫人庙中，后来渐渐吸引民众，使之改信佛教，麓山夫人庙遂渐变为佛寺。

而最为典型的例证则是法安伏虎立寺的故事。《高僧传》卷五《义解》三谓：

> 晋义熙中，新阳县虎灾。县有大社树，下筑神庙，左右居民以百数，遭虎死者，夕有一两。安尝游其县，暮逗此村。

1 《高僧传》卷六《义解》三，第212页。

2 《高僧传》卷六《义解》三，第237页。

3 《高僧传》卷四《义解》一，第171页。

> 民以畏虎，早闭间。安径之树下，通夜坐禅。向晓闻虎负人而至，投之树北，见安如喜如惊，跳伏安前。安为说法授戒，虎踞地不动，有顷而去。旦，村人追虎至树下，见安大惊，谓是神人，遂传之一县，士庶宗奉，虎灾由此而息。因改神庙，留安立寺，左右田园，皆舍为众业。[1]

新阳县为竟陵郡属县，在今湖北京山市。新阳县村里的神庙，在大社树下，应即社庙，祀社神（土地神）。法安降服吃人老虎，遂得村人乃至全县士庶尊崇信仰，乃改庙立寺，“左右田园，皆舍为众业”，是以原有神庙资产为基础，发展佛教的事业。

与此相类似的降虎立寺故事，在六朝时期颇有所见。《高僧传》卷一一《习禅》记帛僧光于晋永和初游于江东，投剡县之石城山，“山民咸云此中旧有猛兽之灾，及山神纵暴，人踪久绝。光了无惧色，雇人开剪，负杖而前”，入于山南石室中修禅，“经三日，乃梦见山神，或作虎形，或作蛇身，竞来怖光，光一皆不恐。经三日，又梦见山神，自言移往章安县寒石山住，推室以相奉。尔后薪采通流，道俗宗事，乐禅来学者，起茅茨于室侧，渐成寺舍”。[2] 在这个故事里，山神自动退让，把山神庙交给了帛僧光。竺昙猷在始丰县赤城山石室坐禅，也是山神“推室以相奉”，且山神称自己是夏帝之子，“居此山二千余年”，虽自身愿皈依佛尊，然其“部属未洽法化”，故率部属移往山阴庙。[3] 则知赤城山神庙已颇历岁月，香火供奉不菲。

1 《高僧传》卷六《义解》三，第 235 页。

2 《高僧传》卷一一《习禅》，第 402 页。

3 《高僧传》卷一一《习禅》，第 403 页。

而另一些故事则折射出佛教未能“战胜”固有民间信仰，双方采取了共存互助的方式。《高僧传》卷五《义解》二记昙翼为造江陵长沙寺，入巴陵君山伐木，“山既灵异，人甚惮之。翼率人入山，路值白蛇数十，卧遮行辙。翼退还所住，遥请山灵为其礼忏。乃谓神曰：‘吾造寺伐材，幸愿共为功德。’夜即梦见神人告翼曰：‘法师既为三宝须用，特相随喜，但莫令余人妄有所伐。’明日更往，路甚清夷，于是伐木，沿流而下”。[1] 在这个故事里，佛教未能“征服”君山的山灵，但却得到了山神的支持与帮助。

二、渔人与山民

《高僧传 · 兴福》记竺慧达东游吴县，礼拜石像，据传其像乃建兴元年（313）浮在吴淞江沪渎口，“渔人疑为海神，延巫祝以迎之，于是风涛俱盛，骇惧而退。时有奉黄老者，谓是天师之神，复共往接，飘浪如初。后有奉佛居士吴县民朱应，闻而叹曰：‘将非大觉之垂应乎？’乃洁斋，共东云寺帛尼及信者数人，到沪渎口。稽首尽虔，歌呗至德，即风潮调静。遥见二人浮江而至，乃是石像。背有铭志，一名惟卫，二名迦叶。即接还安置通玄寺。吴中士庶，嗟其灵异，归心者众矣”。[2] 此事亦见于传为梁简文帝萧纲所撰之《浮海石像铭》中，而叙述更为详悉：

1 《高僧传》卷五《义解》二，第 198-199 页。

2 《高僧传》卷一三《兴福》，第 478-479 页。

> 晋建兴元年癸酉之岁，吴郡娄县界，淞江之下，号曰沪渎。此处有居人，以渔者为业。挂此詹纶，无甄小鲋；布斯九罭，常待六鳌。遥望海中，若二人像。朝视沉浮，疑诸蜃气；夕复显晦，乍若潜火。于是谓为海神，即与巫祝，同往祈候。七盘圆鼓，先奏盛唐之歌；百味椒浆，屡上东皇之曲。遂乃风波骇吐，光景晦冥，咸起渡河之悲，窃有覆舟之惧，相顾失色，于斯而返。又有受持黄老、好尚神仙、职在三洞、身带八景，更竭丹款，复共奉迎。尊像沉躯，没而不见。经历旬日，遐迩俱闻。吴县华里朱膺，清信士也，独谓大觉大慈，将宏化迹，乃沐浴清斋，要请同志，兴东灵寺帛尼及胡伎数十人，乘舡至沪渎口，顶礼归依，歌呗赞德。于时微风送棹，淑景浮波，云舒盖而未移，浪开花而不喷。虽舟子招招，弗能远骛；而灵相峨峨，渐来就浦。仰覩神像，嶷然霎泛。非因鹢首，讵假龙桥；岂藉银连，宁须玉轴。背各有题，一名维卫，一名迦叶。于是时众踊跃，得未曾有。复惧金仙之姿，非凡所徙，试就提捧，豁尔胜舟。指燕宫而西归，望葑门而一息。道俗侧塞，人祇协庆，膺家住近。[1]

《高僧传》与萧纲铭文都提到渔人延巫祝以迎海神。这里虽然未见渔民祠海神的庙宇，但可以相信，其所延巫祝当就是海神祠的巫祝。萧纲铭文中说渔人、巫祝前往沪渎口迎接海神时，“七盘圆鼓，先奏盛唐之歌；百味椒浆，屡上东皇之曲”。七盘，《初

1 范成大撰:《吴郡志》卷三一《宫观》，“开元寺”条，北京:中华书局，1991年，影印《宋元方志丛刊》本，第一册，第932页。

学记》“乐部 · 舞” 叙事谓 “古之舞曲，有回鸾舞、七盘舞”。原注：“张衡有《七盘舞赋》。”[1]《文选》卷一七傅武仲《舞赋》“眄般鼓则腾清眸，吐哇咬则发皓齿”。句下李善注云：“般鼓之舞，载籍无文，以诸赋言之，似舞人更递蹈之而为舞节。古新成《安乐宫辞》曰：‘般鼓钟声，尽为铿锵。’张衡《七盘舞赋》曰：‘历七盘而屣蹑。’又曰：‘般鼓焕以骈罗。’王粲《七释》曰：‘七盘陈于广庭，畴人俨其齐俟；揄皓袖以振策，竦并足而轩跱。邪睨鼓下，伉音赴节，安翘足以徐击，驱顿身而倾折。’卞兰《许昌宫赋》曰：‘振华足以却蹈，若将绝而复连，鼓震动而不乱，足相续而不并。婉转鼓侧，蝼蛇丹庭，与七盘其递奏，觌轻捷之翾翾。’义并同也。”[2] 则七盘是一种由鼓乐相伴的舞蹈，当以节奏明快为其显著特征。盛唐之歌，据《汉书 · 武帝纪》，为汉武帝元封五年南巡盛唐时所作之歌；[3] 东皇之曲，当即《楚辞 · 九歌》中的 “东皇太一” 之曲，为娱神之乐。七盘之舞、盛唐之歌、东皇之曲以及百味椒浆（酒），虽然是萧纲的典雅之辞，但沪渎渔人在巫祝的带领下，备椒浆，载歌载舞去迎接海神，却是可以肯定的。沪渎民众以奉祀海神的方式迎接石像而不可得，又见石像之灵异，至少有一部分渔民 “归心” 佛教，而其原来给海神的奉献，当有一部分改奉给了佛教。《高僧传 · 兴福》“竺慧达” 又说慧达离开吴郡通玄寺之后，“进适会稽，礼拜［鄮县］塔。此塔亦是育王所造，岁久荒芜，示存基跖。达翘心束想，

---

1 《初学记》卷一五《乐部》，第 380 页。

2 萧统编、李善等注：《六臣注文选》卷一七傅武仲《舞赋》，北京：中华书局，1987 年影印本，第 323 页。

3 《汉书》卷六《武帝纪》，北京：中华书局，1962 年，第 196 页。

乃见神光焰发，因是修立龛砌，群鸟无敢栖集。凡近寺侧畋渔者，必无所获。道俗传感，莫不移信”。[1]鄮县阿育王塔据说为西晋时所造。按《高僧传》的说法，慧达修立龛砌之后，阿育王塔复显神光，并出现群鸟不敢栖、渔畋无所得的异迹，“道俗”方“移信”佛教。换言之，鄮县渔人本有所信，见塔显神迹之后，乃皈依佛教。渔人原本给其所信之神明的奉献，自也“移”给了佛教。《高僧传》卷三又说罽宾僧人昙摩蜜多于元嘉间来到会稽，“于鄮县之山，建立塔寺。东境旧俗，多趣巫祝。及妙化所移，比屋归正，自西徂东，无思不服”。[2]接受教化而归正的“东境”（会稽郡所辖）民众，自然有一部分是滨海的渔人。

滨海渔人“移信”佛教的故事，在中古早期文献中颇有所见。《高僧传》卷六《义解》三“晋庐山释慧远”中说：“昔浔阳陶侃经镇广州。有渔人于海中见神光，每夕艳发，经旬弥盛，怪以白侃。侃往详视，乃是阿育王像，即接归，以送武昌寒溪寺。”[3]广州滨海渔人在海中见到神光，并向刺史陶侃报告，这些（并非一人）渔人应当是信奉佛教的。《高僧传·兴福》“竺慧达”又说东晋时“有临海渔人张系世，于海口得铜莲华趺，浮在水上，即取送县。县表上上台”。敕使将铜莲华趺安置于前此在建康张侯桥浦所出、时已置在长干寺中的金像足下，“契然相应”；又说：“晋咸安元年，交州合浦县采珠人董宗之，于海底得一佛光，刺史表上。晋简文帝勅施此像。孔穴悬同，光色一重。”[4]临海县与

1 《高僧传》卷一三《兴福》，第 479 页。
2 《高僧传》卷三《译经》下，第 122 页。
3 《高僧传》卷六《义解》三，第 213 页。
4 《高僧传》卷一三《兴福》，第 478 页。

合浦县相隔数千里，而临海渔人与合浦采珠人分别得到佛像底座之铜莲花趺与佛像头上的佛光，并献之于朝廷。无论其事之真相如何，均说明这两处的渔人已信奉佛教，并在传播传教的过程中发挥了作用。

上引《高僧传》说宫亭庙“旧有灵威，商旅祈祷，乃分风上下，各无留滞”，似乎主要是经行其地的商旅奉祀的神庙。而下文又说“舟人敬惮，莫不慑影”。“舟人”既包括从事中远程航行的商旅舟人，也当包括当地业渔的舟人。宫亭庙神的形象是一头大蟒，也说明它本来应当是当地人信仰的蛇神。那么，在宫亭庙的故事里，也当有一部分河湖渔人皈依了佛教。

山区民众也是较早接受佛教信仰的人群。《高僧传》卷三《译经》下记释宝云取经归来，初入长安，后于元嘉中安止于建康道场寺，治定诸经。“云性好幽居，以保闲寂，遂适六合山寺，译出《佛本行赞经》。山多荒民，俗好草窃，云说法教诱，多有改更，礼事供养，十室而八。”[1] 六合山在建康郊区。《南齐书·李安民传》载：“先是，宋世亡命王元初聚党六合山僭号，自云垂手过膝。州郡讨不能擒，积十余年。安民遣军侦候，生禽元初，斩建康市。”[2] 则知六合山区虽密弥建康，却并不安宁。“荒民”，当指流荒之民，亦即脱离版籍的民户。山区“俗好草窃”的荒民，受宝云教化后，礼事佛教，供养僧人，山区风俗并因之而改变。

《高僧传》又记罽宾僧人求那跋摩随商人竺难提舶到广州后，宋文帝敕州郡“资发下京”，“路由始兴，经停岁许”，居虎市山，

1 《高僧传》卷三《译经》下，第 103 页。

2 《南齐书》卷二七《李安民传》，北京：中华书局，1972 年，第 507 页。

"于山寺之外，别立禅室。室去寺数里，磬音不闻，每至鸣椎，跋摩已至，或冒雨不沾，或履泥不湿，时众道俗，莫不肃然增敬。……此山本多虎灾，自跋摩居之，昼行夜往，或时值虎，以杖按头，弄之而去。于是山旅水宾，去来无梗，感德归化者十有七八焉"。[1] 神僧伏虎之类故事，曲折反映了佛教进入山区之初，通过各种方式获得民众的信仰的过程。

三、广州客、会稽市与建康的"南海商人"

安世高之南游，乃随商旅而行，并颇得商贾之助，于前引《高僧传》已可见出。《高僧传》续云：

> 高后复到广州，寻其前世害己少年，时少年尚在，高径至其家，说昔日偿对之事，并叙宿缘。欢喜相向，云："吾犹有余报，今当往会稽毕对。"广州客悟高非凡，豁然意解，追悔前愆，厚相资供，随高东游，遂达会稽。至便入市，正值市中有乱相打者，误着高头，应时陨命。[2]

世高到广州所见之"客"，当为安息客商。二世纪后期，广州已颇有来自印度的商人居住，向无疑义，而基本可确定来自安息者，则并不多见。同为安息人的广州客不仅对安世高"厚相资供"，且随世高北上会稽（当走海路，亦即沿海北上），"至便入市"，

---

1 《高僧传》卷三《译经》下，第 107 页。

2 《高僧传》卷一《译经》上，第 6 页。

应是到会稽"市"去寻访其同道，说明会稽也很可能有安息商人居住或经营商业。联结广州、会稽的安息商人网络，给安世高等在中国南方旅行并传播佛教提供了条件（虽然安世高本人未必实际经行此一路程）；同时，无论这些安息客商在来中国前已皈依佛教，还是他们受安世高的影响后方信奉佛教，他们都是中国南方地区较早皈依佛教的人群，也是最重要的布施者。而世高在市中为人所杀，《高僧传》虽称为误杀，然其实更可能是因为与当地民众发生冲突所致。

当汉末三国之时，中国南方沿海各港口，盖颇有中亚、印度商人居住、经商，他们声气相通，结成网络，且多信奉佛教，从而给佛教的传播提供了可资利用的社会网络和经济基础，也给游方僧人提供了基本的生计条件。《高僧传》卷一《译经》上谓康僧会："其先康居人，世居天竺，其父因商贾移于交（趾）[阯]。会年十余岁，二亲并终，至孝服毕出家。"[1] 僧会虽为康居人，然其祖已世居天竺，而其父又移居交阯。僧会出家之所，亦当在交阯。《高僧传》说："时吴地初染大法，风化未全。僧会欲使道振江左，兴立图寺，乃杖锡东游，以吴赤乌十年初达建邺，营立茅茨，设像行道。"僧会入建邺之途，不能详知。然传文既称其"东游"，则其必经建业以西之荆楚地区。《高僧传》记江陵辛寺昙摩耶舍弟子竺法度之事云：

> 度本竺婆勒子。勒久停广州，往来求利，中途于南康生男，仍名南康，长名金迦，入道名法度。度初为耶舍弟子，

1 《高僧传》卷一《译经》上，第 14-15 页。

承受经法。耶舍既还外国，度便独执矫异，规以摄物，乃言专学小乘，禁读方等。唯礼释迦，无十方佛。食用铜钵，无别应器。又令诸尼相捉而行，悔罪之日，但伏地相向。唯宋故丹阳尹颜竣女法弘尼、交州刺史张牧女普明尼，初受其法。今都下宣业、弘光诸尼，习其遗风。东土尼众，亦时传其法。[1]

僧祐《出三藏记集》卷五所记与此大致相同，谓：

元嘉中，外国商人竺婆勒久停广州，每往来求利。于南康郡生儿，仍名南康，长易字金伽。后得入道，为昙摩耶舍弟子，改名法度。其人貌虽外国，实生汉土，天竺科轨，非其所谙。但性存矫异，欲以摄物，故执学小乘，云无十方佛，唯礼释迦而已，大乘经典不听读诵。反抄着衣，以此为法，常用铜钵，无别应器。乃令诸尼作镇肩衣，似尼师坛，缝之为囊，恒着肩上，而不用坐，以表众异。每至出路，相捉而行；布萨悔过，但伏地相向，而不胡跪。法度善闲汉言，至授戒先作胡语，不令汉知。案律之明文，授法资解，言不相领，不得法事。而竺度昧罔，面行诡术，明识之众，咸共骇弃。唯宋故丹阳尹颜竣女宣业寺尼法弘，交州刺史张牧女弘光寺尼普明等信受其教，以为真实。[2]

竺婆勒为天竺人，在广州经商。南康，即南康郡。《宋书 · 州郡

1 《高僧传》卷一《译经》上，第 42-43 页。

2 僧祐：《出三藏记集》卷五，《小乘迷学竺法度造异仪记》，北京：中华书局，1995 年，第 232-233 页。

志》“南康公相”条下云：“晋武帝太康三年，以庐陵南部都尉立。领县七，户四千四百九十三，口三万四千六百八十四。去州水三千七百四十。去京都水三千八十。”[1]“州”指江州，“京都”指建康。南康郡治赣县，在今江西赣州。由南康沿赣水而下，至江州转入大江，沿江下至建康，溯江上达江陵。故法度师从江陵辛寺昙摩耶舍，当由广州，北逾大庾岭，经过南康，沿赣水而下至江州，复西至江陵。三国时康僧会由交阯至建邺，亦当经行此途，即先至广州，经过南康、江州，复“东游”建邺。法度生于汉土，在师从耶舍之前，当已于广州皈依佛门，而其所习，乃是小乘佛教。后来他入建邺传道，所传亦为小乘。交州刺史之女普明，又见于《高僧传》所记昙摩耶舍事迹下，谓耶舍“以晋隆安中，初达广州，住白沙寺。耶舍善诵《毘婆沙律》，人咸号为大毘婆沙。时年已八十五，徒众八十五人。时有清信女张普明咨受佛法。耶舍为说《佛生缘起》，并为译出《差摩经》一卷”。[2]看来普明（及其父）很可能就是耶舍在广州时的“檀越主”。耶舍所传，本为小乘，其所译《阿毗昙论》，乃著名的小乘之学。耶舍入广州之前，普明已称为“清信女”，则其时当已信奉小乘。“东土”，指会稽、临海诸郡。“东土尼众，亦时传其法”，则法度、普明所宗之小乘佛教在会稽、临海等沿海地区亦有相当影响。然则，法度、普明等信奉的小乘佛教就广布于广州、会稽与建康诸处，亦与航海贸易之路相合。

六朝时番舶当可经由长江直航建康。《高僧传》记天竺僧佛

---

1 沈约撰：《宋书》卷三六《州郡志》二，北京：中华书局，1974 年，第 1090 页。

2 《高僧传》卷一《译经》上，第 42 页。

陀跋陀罗（觉贤）受秦沙门智俨之邀，由天竺至交趾，“附舶循海而行”，至青州东莱郡，往长安从鸠摩罗什；复由长安，南诣庐岳，又西适江陵，“遇外国舶至，既而讯访，果是天竺五舶，先所见者也”。[1] 此一故事颇为神奇，不可据为信史，然其说或有故。沿海航行的天竺舶，入长江口后，溯江而上，经建康而达江陵，并非没有可能。《续高僧传》卷一记扶南国僧人僧伽婆罗（僧养、僧铠），“闻齐国弘法，随舶至都，住正观寺，为天竺沙门求那跋陀之弟子也”。[2] 僧伽婆罗由扶南至建康，亦附商舶而行，说明当时建康与南海间航路较为通达。同书卷记天竺僧人拘那罗陀，受出使扶南国的梁使张汜之邀，于大同十二年八月十五日达于南海，“沿路所经，乃停两载，以太清二年闰八月，始届京邑”。[3] 梁使往来扶南及拘那罗陀之来梁，皆当经由海路。

因此之故，六朝时建康当颇有航海而至的胡商居住。《高僧传》卷三记天竺僧人求那毘地于齐建元初来到建康，“止毘耶离寺，执锡从徒，威仪端肃。王公贵胜，迭相供请”。又说他：“为人弘厚，故万里归集，南海商人咸宗事之，供献皆受，悉为营法。于建邺淮侧造正观寺居之，重阁层门，殿堂整饰。以中兴二年冬终于所住。”[4]《出三藏记集》于“万里归集”上有“是以外国僧众”，[5] 则“南海商人”当指经由南海而来的商人，

---

1 《高僧传》卷二《译经中》，第 70-72 页。

2 道宣撰：《续高僧传》卷一《译经》，北京：中华书局，2014 年，第 5 页。

3 《续高僧传》卷一《译经》，第 19 页。

4 《高僧传》卷三《译经》下，第 138-139 页。

5 《出三藏记集》卷一四《求那毗地传》，第 552 页。

非指南海郡的商人。正观寺在建康秦淮河畔，由“南海商人”赞助建成,其地很可能就是“南海商人”的聚居地,也可能是“胡市”所在。

建康秦淮河畔的正观寺，盖为“胡僧”集聚之所。天竺僧求那毗地、扶南僧人僧伽婆罗、天竺僧人拘那罗陀等安止于此。《续高僧传》卷一《僧伽婆罗传》说梁天监五年，婆罗“被勅征召，于杨都寿光殿、华林园、正观寺、占云馆、扶南馆等五处传译,讫十七年”,共译经十一部、四十八卷。占云馆，当取“占云望日，梯山航海，重译而至”之意，应是接待远来诸国人的场所；扶南馆，则显系扶南人集居之馆。正观寺、占云馆、扶南馆都当是经由南海而来之天竺（以及中亚）、扶南等处僧俗聚居之所。

四、乞索以自营

《高僧传》记佛陀跋陀罗（觉贤）率门侣至于江陵，与弟子一同持钵分卫：

> 倾境士庶，竞来礼事。其有奉遗，悉皆不受。持钵分卫，不问豪贱。时陈郡袁豹，为宋武帝太尉长史。宋武南讨刘毅，随府届于江陵。贤将弟子慧观诣豹乞食，豹素不敬信，待之甚薄，未饱辞退。豹曰：“似未足，且复小留。”贤曰：“檀越施心有限，故令所设已罄。”豹即呼左右益饭，饭果尽，豹大惭愧。既而问慧观曰：“此沙门何如人？”观曰：“德量高邈，非凡所测。”豹深叹异，以启太尉。太尉请与相见，

甚崇敬之，资供备至。俄而太尉还，便请俱归安止道场寺。[1]

其时觉贤师徒实为游方僧人，并无寺院可供安止，故在江陵分卫。袁豹，《宋书》卷五二有传，谓其以太尉长史从刘裕征讨时镇荆州的刘毅，[2]其时当住于军中。则觉贤与弟子慧观是往军营时乞食，因而得见主管随军事务的袁豹。但前往军中乞食，当非常例，故袁豹初待之甚薄，后“深叹异”，盖皆以其入营中乞食之故。

《高僧传》卷四记康僧渊于晋成帝时，与康法畅、支敏度等俱过江，“渊虽德愈畅、度，而别以清约自处。常乞匄自资，人未之识。后因分卫之次，遇陈郡殷浩。浩始问佛经深远之理，却辩俗书性情之义，自昼至曛，浩不能屈，由是改观”。[3]僧渊见殷浩事，亦见于《世说新语·文学》，谓：

康僧渊初过江，未有知者，恒周旋市肆，乞索以自营。忽往殷渊源许，值盛有宾客，殷使坐，麤与寒温，遂及义理。语言辞旨，曾无愧色。领略麤举，一往参诣。由是知之。[4]

殷渊源（又作深源）即殷浩。“忽往殷渊源许”，当即前往殷浩此处就其施。《世说新语》谓康僧渊“恒周旋市肆，乞索以自营”，说明市肆是僧人乞食最主要的场所。《高僧传》卷一〇《神异》下记有巴西阆中人范材，“初为沙门，卖卜于河东市。徒跣弊衣，

1 《高僧传》卷二《译经》中，第72页。
2 《宋书》卷五二《袁豹传》，第1500页。
3 《高僧传》卷四《义解》一，第151页。
4 余嘉锡：《世说新语笺疏》卷上之下，《文学》，北京：中华书局，1983年，第231-232页。

冬夏一服，言事亦颇时有验”。[1]范材以沙门而卖卜于市中，也是乞食的一种方式。又记史宗，“常在广陵白土埭，凭埭讴唱引（绯）[笮]，以自欣畅，得直随以施人”。[2]白土埭在广陵城外，是著名的交通要道，往来船舶行人甚多，当形成集市。史宗于埭上讴唱引 [笮]，以向行人求直的方式乞食。

僧人亦常入普通人家乞食。《高僧传》记于法开（于法兰弟子）：“尝乞食投主人家，值妇人在草危急，众治不验，举家遑扰。开曰：‘此易治耳。’主人正宰羊，欲为淫祀，开令先取少肉为羹，进竟，因气针之。须臾，羊膜里儿而出。”[3]又记竺法慧入襄阳，止羊叔子寺，“不受别请，每乞食，辄赍绳床自随，于闲旷之路，则施之而坐。时或遇雨，以油帔自覆”。其下文述法慧在新野，“行于畦畔之间”，向一老公乞牛。[4]说明僧人或离开寺院，行走乡村乞食。其卷一〇《神异》下说释慧通到寿春，“游历村里，饮宴食噉，不异恒人”。[5]卷一一《习禅》记帛僧光投剡县石城山，于山南石室中禅修，“至明旦雨息，乃入村乞食，夕复还中”。[6]都是入乡村乞食之例。

《高僧传》卷一一《习禅》记释道法入成都，为兴乐、香积二寺主，“训众有法，常行分卫，不受别请及僧食”。[7]别请，即私请，在家人于众比丘中特请一人而供养之。《高僧传》卷一〇《神异》

1 《高僧传》卷一〇《神异》下，第 372 页。
2 《高僧传》卷一〇《神异》下，第 376 页。
3 《高僧传》卷四《义解》一，第 167-168 页。
4 《高僧传》卷一〇《神异》下，第 371 页。
5 《高僧传》卷一〇《神异》下，第 393 页。
6 《高僧传》卷一一《习禅》，第 402 页。
7 《高僧传》卷一一《习禅》，第 420 页。

下记杯度到建康，“时潮沟有朱文殊者，少奉法，度多来其家”。朱文殊受度出家后，“时南州有陈家，颇有衣食，度往其家，甚见料理”。[1] 杯度入湖沟朱文殊、南州陈家受其供养，当即“别请”。僧食，当即设供饭僧。

僧人抑或直接从事贸易。《高僧传·神异》下记“江陵边有僧归者，游贾寿春。将应反乡，路值慧通，称欲寄物。僧归时自负重担，固以致辞，遂强置担上，而了不觉重。行数里，便别去”。[2] 僧归盖为江陵僧人，游贾寿春，自负担而归，应当是较小的行商。

五、中古早期普通僧人生活的南北差别

《高僧传》卷三《译经》下记法显少时，在故乡平阳郡武阳县出家为沙弥，“尝与同学数十人，于田中刈稻，时有饥贼欲夺其谷，诸沙弥悉奔走，唯显独留，语贼曰：‘若欲须谷，随意所取，但君等昔不布施，故致饥贫，今复夺人，恐来世弥甚，贫道预为君忧耳。’言讫即还，贼弃谷而去，众僧数百人，莫不叹服。”[3] 法显与众沙弥刈稻之田，显属寺院。卷五《义解》二记道安少时于常山郡扶柳县出家，不为师之所重，“驱役田舍，至于三年，执勤就劳，曾无怨色，笃性精进，斋戒无阙”。还说他从师处求得经书后，“赍经入田，因息就览”。[4] 则知从事农业生产，

1 《高僧传》卷一〇《神异》下，第 380-381 页。

2 《高僧传》卷一〇《神异》下，第 393 页。

3 《高僧传》卷三《译经》下，第 87 页。

4 《高僧传》卷五《义解》二，第 177 页。

乃北方普通僧人之义务，亦为其获取食物之主要途径。

支遁（支道林）投迹剡山，于沃洲小岭立寺行道。其立寺之地产，来自竺潜（竺法深）所赠，当有田可耕。然“僧众百余，常随禀学”，并不见其耕田劳作。[1]竺法义居于始宁县之保山，“受业弟子常有百余”，似也不事生产。[2]慧安少时，被虏卖至荆州为奴，后出家为沙弥，止江陵琵琶寺，“风貌庸率，颇共轻之”，“众僧列坐，辄使行水”。[3]慧安在琵琶寺中地位甚低，然亦不过受使汲水而已，并不见其耕田。荀济说：“佛家遗教，不耕垦田，不贮财谷，乞食纳衣，头陀为务。”[4]不耕垦田原是僧人应守的本分。

竺僧朗（京兆人）居于泰山金舆谷昆仑山，徒众颇盛。秦主苻坚沙汰众僧，独昆仑山不在搜检之列。南燕慕容德据有青齐，“钦朗名行，假号东齐王，给以二县租税，朗让王而取租税，为兴福业”。[5]是以官租为僧供。而晋孝武帝征请竺法义入都讲说，法义卒于建康，“帝以钱十万，买新亭岗为墓，起塔三级，义弟子昙爽于墓所立寺，因名新亭精舍”。[6]孝武以皇帝之尊，尚需“买”地营墓，与慕容氏“给以二县租税”，形成鲜明对比。至若郄超遣使遗道安以千斛米，长沙太守滕含于江陵舍宅为寺（长沙寺），大抵皆出于私财，乃因信仰而施舍，非借官资以求福报。

1 《高僧传》卷四《义解》一，第 160 页。

2 《高僧传》卷四《义解》一，第 172 页。

3 《高僧传》卷一〇《神异》下，第 390 页。

4 道宣:《广弘明集》卷七，《辨惑篇》第二之三，梁荀济，上海:上海古籍出版社，1991 年，（与《弘明集》合刊），第 135 页。

5 《高僧传》卷五《义解》二，第 190 页。

6 《高僧传》卷四《义解》一，第 172 页。

释道安南投襄阳，至新野，谓徒众曰："今遭凶年，不依国主，则法事难立"；而其令法汰诣扬州，谓法汰曰："彼多君子，好尚风流。"[1] 弘法北方，则须依"国主"；传道江南，则当赖"君子"。道安于北南政治经济环境之差别，了然在胸。而其居于襄阳，既可依国主，复得赖君子，"弥天释道安"之谓，诚为不虚。庐山慧永由邑中还山，"至乌桥，乌桥营主醉，骑马当道，遮永不听去"，慧永以杖指马，马惊，营主倒地，因尔致疾，明晨往寺，向永悔过。[2] 此一故事，或者仅得产生于庐山，而不得传说于泰山也。

长安沙门道恒（346—417）《释驳论》说："沙门既出家离俗，高尚其志，违天属之亲，舍荣华之重，毁形好之饰，守清节之禁，研心唯理，属已唯法，投足而安蔬食而已。"佛家虽提倡"少欲知足"，认为"钱、财、宝"对修行是一种障碍，但僧人毕竟需要"投足"之所与必要之"蔬食"。而在物资并非充裕甚乃匮乏之时代，投足、蔬食并非易事，更惶论若弘扬佛法，则须"庄严具足"，以宝塔宏寺、豪华物品来吸引信徒。正因为此，僧人虽栖托高远，四大皆空，而为生存计，却难免行为鄙近，乃至"营求孜汲，无暂宁息，或垦殖田圃与农夫齐流，或商旅博易与众人竞利，或矜恃医道轻作寒暑，或机巧异端以济生业，或占相孤虚妄论吉凶，或诡道假权要射时意，或聚畜委积颐养有余，或抵掌空谈坐食百姓"。[3] 凡此在道恒看来"德不

---

1 《高僧传》卷五《义解》二，第 178 页。

2 《高僧传》卷六《义解》三，第 232 页。

3 僧祐撰、李小荣校笺：《弘明集校笺》卷六，上海：上海古籍出版社，2013 年，第 296-297 页。

称服、行多违法”之事，却是当时南方僧人赖以为生，且得弘扬佛法之必须，而道恒斥之，正反映出北南方僧人生存环境之巨大差异。